GB

한길그레이트북스

인 류 의 위 대 한 지 적 유 산

황소를 제물로 바치는 미트라 신.

멕시코 달의 여신. 초승달이 만월이 되었다가 3일 동안 모습을 감추고 다시 태어나는 것과 같이 달이 스스로 자신을 낳고 있는 모습을 상징한 것이다.

아일랜드의 뉴 그랑주에 있는 곡모(穀母)의 여신.
고구려 시조 주몽의 어머니 유화도 곡모여신이다.

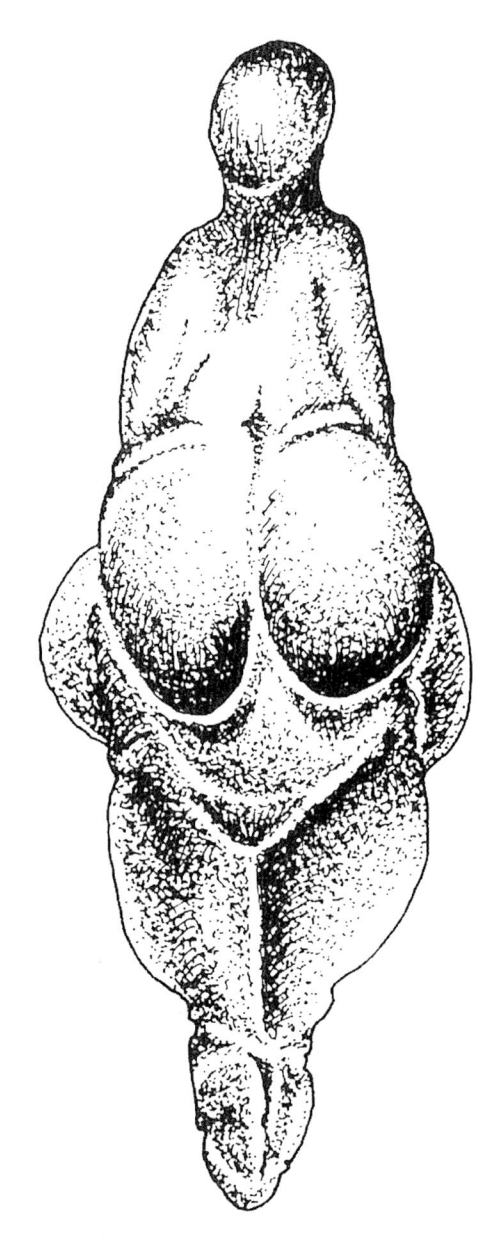

프랑스 레푸그의 비너스 상. 기원전 24000년 신생대 때 매머드의 상아로 조각된 여신상. 풍만한 엉덩이가 강조되고 있다.

만다라 상. 전체는 원환운동을 하고 있으며
4가지 색깔로 된 소낭(小囊) 안에 아이가 누워 있다.

티베트의 만다라 상. 중앙에 하얀빛이 하늘에서 비추는 듯이 빛난다.
첫번째 원은 원형질의 생명의 씨앗을, 두번째 원은 4가지 색깔을 가진
우주적 원리가 순환하는 것을, 세번째와 네번째 원은 안쪽으로 또는 바깥쪽으로
작용하는 창조적인 힘을 상징한다. 밝은 부분과 어두운 부분으로 나뉜 것은
남녀 양성을 나타낸다.

고대의 연금술을 상징한 그림. 남녀 양성 둘레에 하나의 원을 만든 후,
그 원 주위에 사각형을 만들고, 그 다음에 삼각형을 만들고, 마지막으로 하나의 원을 만든다.
이것이 철학자의 돌이다.

중국의 천자가 동지(冬至) 때 하늘에 제사지내던 신전.

모헨조다로 유적에 있는 여신의 목욕탕.

프랑스 아리에주에 있는 레 트루아 프레르 선사시대의 동굴 벽화.
마법사가 춤추는 모습을 그린 것이다.

인류의 위대한 지적유산

Mircea Eliade

Patterns in Comparative Religion

Translated by
Lee Eun Bong

Published by Hangilsa Publishing Co., Ltd., Korea

인류의 위대한 지적 유산

마르치아 엘리아데

종교형태론

이은봉 옮김

한길사

메소포타미아에 있는 우주산 지구라트. 기원전 2050~기원전 1950년의 것이나 많이 주저앉아 있어 원래의 모습을 복원시켜 그린 것이다.

옮긴이 **이은봉**은 서울대 문리대 종교학과와 같은 학교 대학원을 졸업하였으며,
성균관대 동양철학과 대학원 박사과정을 마쳤다. 덕성여대 인문대 학장과 대학원장,
한국종교학회 회장을 지냈으며, 지금은 덕성여대 명예교수이다.
저서로는 『한국고대종교사상』 『종교세계의 초대』 『종교와 상징』
『여러 종교에서 본 죽음관』 『한국인의 죽음관』 『중국고대사상의 원형을 찾아서』
『신판』(神判, 편저), 『노자―나만 홀로 우둔하고 멍청하도다』 등이 있다.
옮긴 책으로는 한길사에서 펴낸 미르치아 엘리아데의 『종교형태론』 『성과 속』
『신화와 현실』을 비롯해 『종교학 입문』(엘리아데·기다가와), 『심리학과 종교』(카를 융),
『근대 중국종교의 동향』(윙치찬), 『과학, 신념, 사회』(마이클 폴라니) 등이 있다.

인류의 위대한 지적 유산

미르치아 엘리아데

종교형태론

이은봉 옮김

한길사

• 『종교형태론』· 차례

옮긴이 해제
− 상징해석학자로서의 엘리아데 ──────── 25
지은이의 말 ─────────────── 45

제1부
천공신과 태양

제1장 성(聖)의 구조와 형태
   1. 성(聖)과 속(俗) ──────────── 53
   2. 방법론적 난점 ──────────── 57
   3. 히에로파니의 종류 ─────────── 60
   4. 히에로파니의 다양성 ────────── 64
   5. 히에로파니의 변증법 ────────── 66
   6. 터부와 성의 양면성 ──────────── 69
   7. 마나 ─────────────── 74
   8. 히에로파니의 구조 ─────────── 81
   9. 히에로파니의 재평가 ────────── 84
  10. '원시'종교의 복합성 ───────── 89

제2장 천공과 천공신
 11. 천공적 성성(聖性) ───────── 94

12. 오스트레일리아의 천공신 ──────── 98
13. 안다만 제도 및 아프리카인 등의 천공신 - 101
14. 격절신(隔絶神) ──────────── 105
15. 천공신을 대신하는 새로운 '신의 형태' ── 111
16. 융합과 교체 ───────────── 113
17. 천공의 지고존재자의 태고성 ────── 116
18. 북극과 중앙아시아 주민의 천공신 ──── 120
19. 메소포타미아 ───────────── 127
20. 디아우스, 바루나 ─────────── 130
21. 바루나와 지상권 ────────── 134
22. 이란의 천공신 ───────────── 138
23. 우라노스 ───────────── 141
24. 제우스 ────────────── 145
25. 주피터, 오딘, 타라니스 등 ────── 147
26. 폭풍신 ────────────── 151
27. 번식신 ────────────── 155
28. 대모신의 배우자 ──────────── 162
29. 야훼 ─────────────── 165
30. 천공신을 대체하는 번식신 ────── 168
31. 천공의 상징 ───────────── 172
32. 승천신화 ───────────── 175
33. 승천의례 ───────────── 178
34. 승천의 상징 ───────────── 182
35. 결론 ────────────── 184

제3장 태양과 태양숭배

36. 태양의 히에로파니와 '합리화' ───── 188

37. 지고존재자의 '태양화' —————— 191
38. 아프리카, 인도네시아 —————— 194
39. 문다족의 태양화 ———————— 195
40. 태양숭배 —————————— 198
41. 태양의 자손 ————————— 200
42. 비의사제와 영혼인도자로서의 태양 —— 202
43. 이집트의 태양숭배 ——————— 206
44. 고대의 오리엔트와 지중해 연안의 태양숭배
    ———————————————— 210
45. 인도 : 태양의 양면성 —————— 213
46. 태양영웅, 죽은 자, 선택된 자 —————— 218

제2부
풍요와 재생

제4장 달과 달의 신비학
47. 달과 시간 —————————— 225
48. 모든 달의 에피파니의 통일성 ———— 228
49. 달과 물 —————————— 231
50. 달과 식물 ————————— 234
51. 달과 풍요 ————————— 236
52. 달, 여성, 뱀 ————————— 241
53. 달의 상징 ————————— 243
54. 달과 죽음 ————————— 245
55. 달과 가입의례 ———————— 250
56. 달의 '생성'의 상징 ——————— 252
57. 우주생물학과 신비적 생리학 ———— 255

58. 달과 운명 ─────────────── 258
59. 달의 형이상학 ─────────── 260

제5장 물과 물의 상징
60. 물과 사물의 씨 ─────────── 264
61. 물에 의한 우주창조 ──────── 267
62. 우주의 어머니로서의 물 ───── 269
63. 생명수 ───────────────── 271
64. 침례의 상징 ─────────── 273
65. 세례 ───────────────── 275
66. 죽은 자의 갈증 ─────────── 277
67. 기적과 신탁의 샘 ─────────── 280
68. 물의 에피파니와 물의 신 ───── 283
69. 님프 ───────────────── 285
70. 포세이돈, 아에기르 등 ────── 287
71. 물의 동물과 물의 표장 ────── 289
72. 홍수의 상징 ─────────── 293
73. 요약 ───────────────── 295

제6장 성스러운 돌 : 에피파니, 표시, 형태
74. 돌의 크라토파니 ─────────── 297
75. 장례거석비 ─────────── 299
76. 풍요석 ───────────────── 302
77. '미끄럼' ─────────────── 305
78. 구멍이 있는 돌 : '뇌석' ────── 309
79. 운석과 베델 ─────────── 311
80. 돌의 에피파니와 상징 ────── 313

81. 성스러운 돌, 옴팔로스, '세계의 중심' ─── 316
　　82. 표시와 형태 ─── 319

제7장 대지, 여성, 풍요
　　83. 대지의 어머니 ─── 322
　　84. 원초의 배우신 : 하늘과 땅 ─── 324
　　85. 대지의 히에로파니의 구조 ─── 327
　　86. 지하신의 모성 ─── 330
　　87. 대지의 자손 ─── 333
　　88. 재생 ─── 337
　　89. 인간과 토양 ─── 340
　　90. 우주론적 연대성 ─── 342
　　91. 흙과 여성 ─── 344
　　92. 여성과 농경 ─── 346
　　93. 여성과 밭고랑 ─── 348
　　94. 종합 ─── 350

제8장 식물 : 재생의 상징과 의례
　　95. 임시적인 분류 ─── 353
　　96. 성스러운 나무 ─── 356
　　97. 소우주로서의 나무 ─── 359
　　98. 신의 거처로서의 나무 ─── 361
　　99. 우주나무 ─── 363
　100. 거꾸로 선 나무 ─── 365
　101. 이그드라실 ─── 367
　102. 식물의 에피파니 ─── 370
　103. 식물과 대여신 ─── 373

104. 도상적 상징 ────────── 376
105. 대여신과 생명의 나무 ────── 377
106. 선악과나무 ────────── 381
107. 생명나무의 수호자 ──────── 383
108. 괴물과 그리핀 ────────── 385
109. 나무와 십자가 ────────── 387
110. 회춘과 불사 ──────────── 390
111. 약초의 원형 ──────────── 392
112. 세계축으로서의 나무 ────── 396
113. 초목으로부터의 인류발생의 신화 ── 398
114. 초목으로의 변형 ────────── 402
115. 인간과 초목의 관계 ──────── 404
116. 재생하는 나무 ──────────── 406
117. 나무의 결혼 ──────────── 408
118. 5월의 나무 ──────────── 410
119. '왕'과 '왕비' ──────────── 414
120. 성과 식물 ──────────── 416
121. 식물의 대리인 ──────────── 418
122. 의례적 경기 ──────────── 421
123. 우주적 상징 ──────────── 424
124. 요약 ──────────── 427

제3부
성스러운 공간과 시간

제9장 농경과 풍요의 의례
125. 농경의례 ──────────── 433

126. 여성, 성, 농경 ——————— 435
127. 농경의 공물 ——————— 437
128. 수확의 '힘' ——————— 438
129. 신화적 의인화 ——————— 441
130. 인신공희 ——————— 446
131. 아스텍족과 콘드족의 인신공희 ——— 448
132. 공희와 재생 ——————— 451
133. 수확완료의 의례 ——————— 454
134. 죽은 자와 종자 ——————— 456
135. 농경과 장례의 신들 ——————— 459
136. 성생활과 논밭의 풍요 ——————— 461
137. 오르기의 의례적 기능 ——————— 464
138. 오르기와 재합일 ——————— 466
139. 농경적 신비주의와 구원 ——————— 468

제10장 성소 : 사원, 궁전, '세계의 중심'
140. 히에로파니와 반복 ——————— 470
141. 공간의 성별 ——————— 473
142. 성스러운 공간의 '건조' ——————— 476
143. '세계의 중심' ——————— 480
144. 우주적 유형과 건조의례 ——————— 486
145. '중심'의 상징 ——————— 487
146. '낙원에의 노스텔지어' ——————— 490

제11장 성스러운 시간과 영원한 재생의 신화
147. 시간의 이질성 ——————— 494
148. 히에로파니적 시간의 통일과 연속 ——— 498

149. 주기적인 반복 : 영원한 현재 ——— 499
150. 신화적 시간의 회복 ——— 502
151. 비주기적인 반복 ——— 505
152. 시간의 재생 ——— 506
153. 매년 반복되는 우주창조 ——— 508
154. 우주창조의 우연적 반복 ——— 514
155. 전면적 재생 ——— 517

제12장 신화의 형태와 기능
156. 우주창조 신화 : 범형신화 ——— 519
157. 우주창조의 알 ——— 523
158. 신화가 계시하는 것 ——— 528
159. 반대의 일치 : 신화적 유형 ——— 531
160. 양성구유 신의 신화 ——— 532
161. 양성구유 인간의 신화 ——— 535
162. 갱신, 건조, 가입의례 등의 신화 ——— 538
163. 신화의 구조 : 바루나와 브리트라 ——— 541
164. 모범적 역사로서의 신화 ——— 543
165. 신화의 타락 ——— 545

제13장 상징의 구조
166. 상징으로서의 돌 ——— 549
167. 상징의 타락 ——— 553
168. 유치화(幼稚化) ——— 557
169. 상징과 히에로파니 ——— 560
170. 상징의 수미일관성 ——— 563
171. 상징의 기능 ——— 567

172. 상징의 논리 ──────── 569

결론 ──────────── 572
옮긴이의 말 ───────── 580
엘리아데 연보 ──────── 585
찾아보기 ────────── 593

● 상징해석학자로서의 엘리아데
── 엘리아데의 『종교형태론』

1. 방법의 문제

엘리아데의 종교연구에서 종교적 상징은 매우 중요하고 독특하다. 그러나 그러한 상징을 연구하는 일은 그렇게 쉬운 일이 아니다. 먼저 종교를 연구하는 사람이 직면하는 첫번째 난점은 방대한 자료에 대한 분류작업이다. 그러한 자료들은 또한 역사적 자료일 수밖에 없다. 이 자료들은 여러 문화적 맥락에서 불가결한 구성요소들로 되어 있는데, 과연 그것에 정통하여 마음대로 분류, 비교, 조작하는 일이 가능한 일인가? 자료들은 제각기 특정한 의미를 갖고 있고, 그 자료가 생겨나온 원천을 이룬 문화나 역사와 불가분의 관계를 가지고 있게 마련이다. 그렇다면 이럴 때 종교적 상징의 역할 을 우리는 어떻게 서술하고 해석해야 할 것인가? 엘리아데는 종교를 연구하는 사람들이 다음의 두 가지를 동시에 수행해야 한다고 말하고 있다. 첫째는 종교적 행동의 '역사적 상황'을 가능한 한 모두 알아야 하고, 둘째는 다양한 상황에서 생겨난 종교적 행동의 '구조'를 알아야 한다.[1]

예컨대 종교에는 여러 나라에 퍼져 있는 우주나무의 상징이 있다. 우주나무의 상징에는 세계적으로 무수한 이형(異形)이 있고, 그 이형의 상당 부분은 어떤 전파의 중심으로부터 파생했을 것이라고 생각할 수도 있을 것이다. 이때 기원의 중심, 전파경로, 편력의 과정에서 그 상징이 영향받은 여러 가지 가치를 명료화할 수 있다면, 그에 의해서 우주나무의 상징의 '역사'가 어느 날엔가는 재구성되리라는 기대를 가질 수 있을 것이다. 그러나 이러한 기대가 과연 실현될 수 있을까? 그것이 가능하다면 종교연구에 기여하는 면은 상상할 수 없을 만큼 클 것이다. 그러나 그것은 어차피 기대하기 어려운 일이므로 오늘날에는 우주나무의 의미, 즉 종교적 상징으로서의 우주나무는 무엇을 '나타내고' 무엇을 '보여주고' 있는가 하는 것, 그리고 역사적 과정에서 나타나는 다양한 변형들이 우주나무의 상징에서 어떤 양상을 특별히 강하게 나타내고 있고, 어떤 양상을 불명료하게 나타내고 있는지, 그리고 그 원인은 무엇인지를 관찰하고 있다.

이러한 연구방법에 의하여 볼 때 엘리아데는 대체로 우주나무는 다음 세 가지 부류로 유형화할 수 있다고 말하고 있다.

첫째, 우주나무는 우주축(宇宙軸, axis mundi)의 상징으로 나타나고 있다. 가령 아직도 채집과 수렵의 경제상태에 머물러 있는 오스트레일리아의 아룬타족을 조사해본 결과, 눔바쿨라라는 신적인 존재가 이미 신화시대부터 그들의 지역을 우주화하고 선조를 창조하고 제도를 창설하였다고 주장하고 있음을 발견하였다. 그런데 눔바쿨라는 고무(gum)나무 가지로 성주(聖柱)를 만들고 거기에 피를 바르고 올라가 하늘로 사라졌다는 신화가 있다. 즉, 이 성주는 우주축을 상징한다. 이 성주가 마련됨으로써 미지의

---
1) M. Eliade & J. M. Kitagawa, *The History of Relgion*, p. 93.

영역인 공간은 질서가 부여되고 그곳은 신들이 행한 근원적인 모본(模本)이 되는 일들을 재현하는 우주화와 성화의 장소가 되었다. 이 우주축이 나타내는 성현(聖顯)은 언제나 3개의 우주영역(하늘, 땅, 지하)이 서로 교차하는 '입구'의 역할을 한다. 천지를 교류하는 입구의 역할을 하는 것은 나무기둥뿐 아니라 사다리(야곱의 사다리), 산 등 여러 가지가 있으며, 이곳은 '세계의 중앙', '대지의 배꼽'에 있다고 표현된다.[2] 단군신화에 나오는 신단수도 이러한 의미에서 우주축의 역할을 한다고 할 수 있다.

둘째, 우주나무는 '우주의 모상'(imago mundi)의 역할을 한다. 국토 전체(팔레스타인)가 우주의 모상이 되는 경우도 있고 도시(예루살렘), 성전이 모상이 되는 경우도 있다.

셋째, 우주나무는 '세계의 중심'의 역할을 하기도 한다. 우주나무는 세계의 중심이기 때문에, 우주의 주기적 재생의 기능과 창조력은 이곳을 통해서 가능하게 된다. 뿐만 아니라 세계의 중심의 상징은 인간에게 내면화되어 마음의 중심, 즉 종교적 인간인 우리에게 끊임없이 '원초의 체득'이라는 이상을 강요하고 있다고 지적한다.[3]

그런데 종교사의 많은 자료에서는 엘리아데가 지적한 위의 세 가지 유형 이외에도 우주나무의 상징이 항상 똑같은 의미를 유지하고 있는 것은 아니다. 어떤 경우 우주나무→세계의 기둥→인류의 발생→우주의 재생→우주의 중심→천지를 관통하는 길 등으로 발전하기도 한다. 이러한 발전이 이루어지는 원천은 물론 우주나무가 고대인에게 있어서 마르지 않고 끊임없이 재생하는 신비의 표적이 되었기 때문임에는 틀림없다.

이때 종교를 연구하는 사람이 해야 할 일은 이 상징들의 의미가 어째서 어떤 때는 보존되고 어떤 때는 망각되는지, 그 이유를 해명해야 한다는 것이다. 우주나무→세계의 기둥→인류의 발생이라는 상징을 나타내는 신화를 가진 민족과 우주나무가 달의 상징과 연결된 체계를 가진 민족이 있을

---

2) M. Eliade, *The Sacred and the Profane*, Harvest Book, pp. 32~37.
3) 같은 책, p. 58.

때, 종교를 연구하는 사람은 우주나무라는 전체적인 상징구조하에서 전자와 후자는 상보적인 관계에 놓여 있다는 것을 발견해야 하고, 그렇게 함으로써 그 문화가 지닌 혼(魂)의 내부에 깊이 들어갈 수 있고 다른 문화와의 차이를 인식할 수 있다는 것이다.

엘리아데는 이런 면에서 종교학이 심층심리학의 연구방법과 유사함을 지적하고 있다.[4] 그에 의하면, 종교학이나 심층심리학은 다 함께 잃어버린 여러 사실을 찾으려 한다는 데 그 공통점이 있다고 한다. 또한 양자는 모두 경험적 방법을 사용하고 있고, 그 목적은 '상황'의 이해에 있다. 다만 심리학자의 경우는 '개인적 상황'을 이해하려 하고 종교학자의 경우는 '역사적 상황'을 이해하려고 하는 데 차이가 있을 뿐이다. 심리학자는 개인의 기벽(奇癖)으로부터 그 사람의 심적인 경과를 이해해야 한다. 그렇지 못하면 개인적 상황을 이해할 수 없고 또 환자를 치료할 수 없을 것이다. 그리고 심리학자는 분석과정에서 발견된 사실을 참작하면서 자기의 연구방법을 개선하고 그 현상을 읽기 위한 이론의 틀을 축조해나간다. 이와 마찬가지로 종교학자는 예컨대 위의 우주나무의 상징을 연구할 때 자기의 연구범위를 우선은 중앙아시아나 인도네시아 등에 한정하여 구체화하지만 점차 세계 전체에 걸쳐 있는 그 상징을 논하면서 가능한 한 우주나무의 이형 '전체'를 고찰함으로써 부분이 지니고 있는 의미를 밝혀낼 수 있다고 기대한다.

2. 상징의 성격

위에서 우리는 종교를 연구하는 자가 상징의 기능 일반을 해명하는 일을 가장 중요한 과제로 삼고 있다는 사실, 그리고 그 상징의 연구는 최초에 존재했던 표현으로 환원하려는 것이 아니라 상징의 역사적 발전과정에서 더욱 풍부해진 자체의 논리와 구조를 밝히는 것임을 엘리아데가 어떤 방법에

---

[4] M. Eliade & J. M. Kitagawa, *The History of Religion*, p. 95.

의하여 주장했는지를 살펴보았다. 그러면 상징의 논리와 구조를 말하기 전에 상징 자체는 종교에서 어떤 성격을 띠고 있는가를 밝힐 필요가 있다. 엘리아데는 상징의 성격을 다음 여섯 가지 특징으로 설명하고 있다.[5]

첫째, 상징은 인간의 직접적 체험으로는 밝혀지지 않는 실재의 양태나 세계의 구조를 드러낸다. 상징이 인간의 체험으로는 가까이 할 수 없는 실재의 양태를 나타내는 예로서는 물의 상징을 들 수 있다. 합리적인 인식으로는 도달하기 어려운 전형태적(前形態的)인 것들, 잠재적(潛在的)인 것들은 물이라는 물질을 통한 상징의 도움이 없이는 드러나지 않는다. 엘리아데는 다음과 같이 지적한다.

> 물은 형태가 없는 것, 잠재적인 것의 원리로서 모든 우주적 표명의 토대이자 모든 씨앗의 용기(容器)로서 모든 형태가 발생하는 원초의 물질을 상징하고 있다. 물은 그 자신의 퇴행 혹은 대홍수에 의하여 다시 그 형태로 돌아가지 않으면 안 되는 본체이다. 물은 태초에 존재했으며, 역사나 우주의 순환의 종말에 다시 돌아가야 하는 본체이다. 물은 언제까지나 존재할 것이다. 그러나 물은 결코 단독으로는 존재하지 않는다. 왜냐하면 물은 항상 배태력을 가지고 그 긴밀한 단일성 가운데 모든 형태의 잠재적 형질을 포함하고 있기 때문이다. 우주발생론이나 신화, 의례나 도상(圖像)에서도 물은 똑같은 기능을 하고, 어떤 구조의 문화유형 가운데도 물은 존재하고 있다. 즉 물은 모든 형태에 선행하며, 모든 창조를 떠받치고 있다.[6]

여기서 우리는 물이란 물질을 통하여 형성된 상징을 매개로 세계의 근원과 '깊이'에 관한 최초의 반성이 시작될 수 있음을 알게 된다. 즉 생의 깊은 구조에 대한 비밀을 드러내기에 안성맞춤인 종교적 상징은 일상적 경험에

---

5) 같은 책, pp. 98~102.
6) M. Eliade, *Patterns in Comparative Religion*(졸역, 이 책, 265쪽)

의해 파악되기 어려운 보다 깊고 보다 신비적인 '삶'을 드러내며, 생의 불가사의한 설명하기 어려운 측면을 드러냄을 알 수 있다.

둘째, 이와 같이 상징은 '실재하는' 것, '세계의 구조'를 지시하고 있기 때문에 진정한 의미에서 '종교적'이라고 할 수 있다. 문화의 고대적인 단계에서는 '실재하는' 것은 힘 있는 것, 의미 있는 것, 생이 있는 것으로서 성(聖)과 똑같은 가치를 지니고 있는 것이다. 또한 세계는 신들이나 초자연적 존재의 창조물이기 때문에 세계의 구조를 드러낸다는 것은 신의 손을 통해 비밀스런 암호로 씌어진 의미를 밝히는 것과 동일하다. 이러한 이유로 고대적인 종교적 상징은 종교적인 힘을 지닌 것으로 기능하고 있는 것이다.

셋째, 종교적 상징의 본질적인 특성은 그 다가성(多價性)에 있다. 즉 종교적 상징은 직접적 체험으로는 그 연관성이 명료하게 나타나지 않는 많은 의미를 동시에 나타내는 능력이 있다. 예컨대 달의 상징을 들 수 있다. 달의 상징은 달의 차고 기울음, 시간적인 생성, 물, 식물의 생장, 여성, 죽음과 부활, 인간의 운명 등과 동시에 연관되어 있으며, 그 전체적인 성격을 동시에 나타내고 있다. 달의 상징은 우주적 실재의 여러 지평과 인간존재의 어떤 양태 사이에 존재하는 '신비적' 질서의 조응관계를 나타내고 있다. 이 조응관계는 직접적, 자연적 체험이나 비판적 반성으로 알 수 있는 성질이 아니다.

넷째, 상징은 이질적인 여러 현상을 하나의 전체와 연결시키는 기능, 즉 하나의 '체계'로 통합시키는 성격을 가진다. 다시 말하면, 종교적 상징은 인간에게 통일체의 세계를 발견하도록 하는 동시에 세계 속에 들어 있는 인간 자신의 운명을 자각하게 한다. 세계는 이질적인 여러 차원이 서로 교류하고 있음을 보여주고 있는 것이다.

다섯째, 종교적 상징의 가장 중요한 기능은 역설적 상황, 달리 표현할 수 없는 절대적 실재의 구조를 표현해낼 수 있다는 사실이다. 니콜라우스 쿠자누스가 신의 본질을 '반대의 일치'라고 말한 것에서 잘 나타난다. 엘리아데는 상징이 대국적, 적대적 원리의 신(神)에 있어서의 역설적 공존을 나타내는 중요한 표현수단임을 말하고 있다. 절대는 상징적으로 표현될 수밖에 없다. 엘리아데가 '전체성의 상징'이라고 말한 것은 바로 이것을 말한 것이다.

분극적(分極的)인 것의 공존 혹은 통합을 나타내는 상징의 예는 수없이 들 수 있다. 지하의 어둠과 미현현(未顯現)의 상징인 뱀 그리고 태양 및 현현의 상징인 독수리의 결합을 보여주는 상징을 도상이나 신화 가운데서 많이 볼 수 있는 점, 남자는 여장을 하고 여자는 남장을 하는 오르기적 의례, 신과 악마의 결합에 의하여 우주개벽이 이루어지는 신화들, 신성(神性)의 양극감정 등이 모두 전체성의 상징을 나타내고 있다. 세계 안에 살면서 세계구조의 조건에 구애받지 않는, 즉 자기 정신 안에서 반대의 일치를 실현하려고 하는 생전해탈자(生前解脫者, jivam mukta)를 이상으로 하는 인도의 성자들이나 그리스도 안에서 한 몸을 이룬 사람은 그 지체의 구실을 하는 것으로 표현되는(로마서 12:4~5) 상징이 모두 그러하다. 특히 모든 시조신화나 창조신화에 많이 나타나는 신의 양성구유(兩性具有)는 전체성의 상징이 표상되고 있는 것이다. 세계는 우주개벽의 '알'(卵), 즉 구형(球形)을 한 원초의 전체성으로부터 발생했다든가(플라톤의「향연」), 중성 혹은 여성의 신적인 존재가 혼자 자식을 낳았다고 하는 단성생식도 반대의 통합을 나타내는 상징이다. 중국에서의 음양의 분기와 통합의 상징도 전체성의 상징으로 볼 수 있다.

여섯째, 종교적 상징은 그 자체로도 존재적 가치를 지니고 있다. 상징은 인간존재에 관련되어 있는 실재 혹은 상황을 가리키고 있기 때문이다. 엘리아데는 상징은 일종의 누미노제(numinose)적 향기를 지니고 있다고 말하고, 상징의 무의식의 발생설을 배격한다. 이미지나 상징에는 심리학적인 요소뿐만 아니라 초의식적 요소도 반드시 있게 마련이라고 주장하는 것이다. 그래서 엘리아데는 정신분석학이라고 해야 할 것이 아니라 초정신분석학(meta-psychoanalysis)이라고 해야 한다고 주장하면서 원형(archetype)은 초정신분석학적이라고 말한다.

역사적인 존재로서만이 아니라 살아 있는 상징으로서의 인간을 연구

대상으로 할 때, 종교학은 (만약 이 말이 허용되기만 한다면) 초정신분석학이 될 것이다. 왜냐하면 전 인류의 종교적 전통 가운데서 아직 살아 있는 것이든 혹은 지금 화석이 되어버린 것이든, 원초의 상징과 원형을 종교학은 다시금 소생시키고 다시 의식화하는 데로 이끌고 가기 때문이다. 우리는 위험을 무릅쓰고 초정신분석학이라는 용어를 감히 써보려고 한다. 여기서 문제가 되는 것은 원형의 이론적 내용을 해명하고, 암시적 혹은 은비적(隱秘的), 단편적인 것을 투명하고 수미일관된 것으로 할 때에 적용되는, 보다 정신적인 것의 기술이기 때문이다.[7]

이렇게 하여 상징의 암호 해독을 주임무로 삼는 종교학자는 소크라테스가 추구했던, 근원이 어디 있는지 모르는 '정신'의 사고를 하도록 도왔던 것과 같이, 종교학은 완전하고 새로운 인간을 낳도록 돕는다는 것이다. 즉 여러 종교 전승의 연구를 통하여 현대인은 원초의 행동을 취할 수 있을 뿐만 아니라 그 행동에 내포된 정신의 풍부함을 의식화할 수 있다고 믿는 것이다.

하여간 상징은 존재적 가치를 지니고 있는 것이기 때문에 상징의 메시지를 읽을 수 있는 사람은 존재적 계시를 얻을 수 있다. 그리고 종교적 상징은 인간의 상황을 우주론적인 말로 번역하고 있기 때문에 이 상징을 이해하는 자는 객관적 세계를 향하여 자기를 '열어놓고' 있을 뿐만 아니라 자기의 특정한 상황으로부터 벗어나 보편적인 것의 이해에 도달할 수도 있다.

3. 상징의 구조

1) 상징과 성의 관계
위에서는 상징의 깊이를 해독하는 사람은 성(聖)의 깊이에 도달할 것이

---

7) M. Eliade, *Images and Symbols*, p. 35.

라는 일반론만을 제시하였다. 그런데 엘리아데의 상징론은 실상 그의 히에로파니의 이론과 떼어서 생각할 수 없다. 엘리아데의 종교양태론의 대부분이 히에로파니의 변증법이라고 해도 과히 틀린 말이 아닐 것이다. 그리고 히에로파니는 그의 상징의 이론과 밀접히 관련되어 있다. 엘리아데는 히에로파니와 상징의 관계를 한마디로 요약하여 "상징은 히에로파니의 변증법을 연장한다"[8]고 표현하고 있다. 히에로파니는 상징이 될 수 있는 것은 물론이고, 상징은 히에로파니를 연장하고 대용(代用)하고 히에로파니화를 돕는다는 것이다.

그런데 상징과 히에로파니, 양자 사이에는 어떤 기능상의 차이가 있는가? 우선 히에로파니는 종교경험의 불연속(성 聖과 속 俗 사이에는 단절이 있다)을 전제로 하는 데 반하여, 상징은 인간과 성(聖) 사이에 항구적인 연속을 실현한다는 점이다. 물론 이때의 연속은 그때그때 자각되지 않고 막연한 것으로 있는 것이 특색이다. 예컨대 몸에 부착하고 있는 호부(護符), 비취, 진주 등은 그것을 지니고 있는 사람을 '항구적으로' 이 사물들이 표현하는(상징하는) 성스러운 권내로 들어가게 한다는 것이다. 원래 이러한 보물들은 종교적 상징을 지닌 것들이었기 때문이다. 그러니까 상징화 작용이란 세계의 히에로파니화를 무한히 연장하고 임의의 히에로파니의 대리물, 대용물을 끊임없이 찾아나서고 끊임없이 히에로파니를 분유(分有)하고자 하는 욕망을 나타낸다는 것이다. 다시 말하면, 상징화 작용은 히에로파니를 우주 전체와 일체화시키기까지 하는 경향을 나타낸다는 것이다.

상징과 성(聖)의 관계에서 또 하나 지적할 수 있는 것은, 히에로파니가 '계기적'으로 '단편적'으로 계시할 수 있는 데 반하여 '상징'은 '동시적'으로 '전체적'으로 계시할 수 있다는 점이다. 즉 상징은 히에로파니가 전체로서 계시하고 있는 것보다도 더 많은 것을 계시할 수 있다는 것이다. 예컨대 빛과 어둠의 결합이란 상징은 동시에 우주의 낮과 밤, 어떤 형태의 출현과 소멸, 죽음과 부활, 우주의 창조와 해체, 잠재와 현재(顯在) 등을 상징한다.

---

8) 같은 책, p. 35.

또 고대 중국에서 비취는 주술종교적인 기능을 하고 있었지만 어떤 여성이 비취를 몸에 지니면, 그 돌의 수(數), 배열, 색 등이 그 여성을 우주나 계절과 결부시킬 뿐만 아니라 여성과 그것을 결부시켜 가령 그 여성이 하녀인지 기혼녀인지 혹은 과부인지, 어떤 사회계급과 가정에 속하는지, 어떤 지방 출신인지, 그녀의 약혼자나 남편이 여행중인지 등을 동시에 나타내고 있다. 이와 같이 히에로파니를 상징 가운데 통합하는 것은 고대인의 심성에서 정상적인 경험이었다고 엘리아데는 생각한다.

여기서 잠시 우주의 삼라만상 가운데 어떤 것은 성(聖)이 되고 어떤 것은 속(俗)이 된다는, 성속의 선택적인 구별이 이루어지는 이유에 대한 엘리아데의 견해를 살펴볼 필요가 있다.

그에 의하면, 성의 현현(히에로파니)은 모두 인간의 개입을 통하여 이루어졌다. 인간이 다루어왔던 것이나 같이 느꼈던 것, 접촉했거나 사랑했던 것들은 특별히 히에로파니로 변할 가능성이 많다. 엘리아데는 많은 돌 중에서 성(聖)의 힘을 표명하는 돌은 어떤 것인지에 대하여 다음과 같이 묘사하고 있다.

물질의 견고함, 조야함, 항구성은 원시인의 종교의식에 히에로파니를 표상한다. 장엄한 바위나 오만하게 우뚝 선 화강암보다 강함의 완전성을 드러내는 데 더 직접적이고 자율적이고 더 고고하고 장엄한 것은 없다. 무엇보다도 돌은 존재하고 있다. 돌은 항상 무엇에 의존해 있지 않으며 스스로 존재한다. 이보다 더 중요한 것은 돌이 눈에 띈다는 것이다. 눈에 띄는 것으로서의 돌을 느끼기 전에 인간은 그 앞에서 장애(육체로 받는 장애가 아니라면 최소한 시선의 장애)에 부딪힌다. 그리하여 인간은 돌의 견고함, 조야함, 힘을 확인한다. 바위는 인간조건의 불안정함을 초월한 어떤 것을 보여준다. 즉 절대적인 존재양태를 인간에게 보여주고 있다. 바위의 강함, 부동성, 크기, 기괴한 외형 등은 어떤 것도 인간적인 것이 아니다. 그것들은 현혹하고 위협을 주며, 끌어당기고 놀라게 하는 어떤 것의 현존을 가리키고 있다. 인간은 돌의 크기, 견고함, 형태, 색깔

에서 인간이 속해 있는 속세와는 다른 세계에 속해 있는 실재와 힘을 만나게 된다.[9]

이러한 돌이 숭배되는 이유에 대하여는 다음과 같이 언급하고 있다.

  인간은 항상 돌을 단순히 돌로서 숭배해왔다고는 말할 수 없다. 원시인의 신앙은 모든 경우에 있어서 돌이 구현하고 표현하고 있는 것 자체를 넘어선 어떤 것과 관련을 가지고 있다. 바위나 조약돌은 어떤 것을 표상하거나 모방하였기 때문에, 혹은 어떤 곳으로부터 유래하였기 때문에 신앙의 대상이 될 수가 있었을 것이다. 돌의 성스러운 가치는 항상 어떤 것, 어떤 곳에서 온 것에 기인하며 결코 그 존재 자체의 현실적 실존에서 연유된 것이 아니다. 사람들은 돌이 자신과는 다른 어떤 것을 표상하는 한에 있어서만 그 돌을 숭배하였다. 사람들은 돌을 영적 작용의 도구로서, 그들 자신이나 죽은 자를 방어해주는 에너지의 중심으로서 숭배하고 또는 이용하였다. 예배의 대상이 된 돌의 대부분은 도구로 사용되었기 때문이라고 말할 수 있을 것이다.[10]

돌이 성(聖)이 되는 것은 '어떤 것', '어떤 곳'에서의 유래 때문이라고 기술하고 있는 것을 보게 된다. 그런데 '어떤 것', '어떤 곳'에서의 유래가 생기는 계기는 대단히 다양하다. 어떤 돌은 죽은 자의 혼이 거기에 기숙(寄宿)하고 있기 때문에 숭배되고, 어떤 돌은 신성한 협약이나 종교적 사건이 그 돌 근처에서 일어났기 때문에, 또 야곱이 베고 잔 돌은 야곱이 꿈속에서 천사들이 오르내린 사다리를 보았기 때문에 신성한 돌이 되고 있다. 베델(현재는 요르단령인 팔레스타인의 고대도시)이나 옴팔로스(고대 그리스의 아폴로 신전에 있던 반원형의 돌제단)가 성스러운 곳이 된 것은 그들이 '세

---

9) 이 책, 297, 298쪽.
10) 이 책, 298쪽.

계의 중심'이며 우주의 세 영역이 그곳에서 접하고 있기 때문이다. 여기서 '어떤 것', '어떤 곳'으로부터의 유래는 바로 주술종교적인 힘의 원천이 되고 있음을 알 수 있다. 즉 이 경우 히에로파니화된 돌의 '형태'는 경험주의적 혹은 합리주의적인 것에 의해서가 아니라 주술종교적인 경험에 의해서 파악된다. 일단 이렇게 하여 획득된 성(聖)은 상징과 결부됨으로써 줄기찬 생명력을 유지할 뿐 아니라 성속의 벽을 넘어 확대된다.

2) 상징의 타락과 유치화

엘리아데는 위에서 어떤 것, 어떤 곳으로부터의 유래가 생긴 '기원'에 대하여 언급하면서 그것은 경험적인 것이 아니라 주술종교적인 것이라고 하였다. 즉 그 기원은 형이상학적인 것이다. 그 '기원'에 대한 이야기는 신화로서만 설명이 가능하다. 이러한 논거에서 보면 엘리아데의 신화론은 본질(essential)은 존재(existence)에 선행한다는 입장에 서 있음을 알 수 있다. 엘리아데에 의하면 종교적인 인간에게 있어서 진정한 존재는 원초의 신화적인 역사가 그에게 전해준 것을 이용할 때에 비로소 이루어진다.[11] 그러므로 비취든 진주든 어떤 돌이든지 간에 그것이 주술적인 돌로서의 가치를 유지하려면 그것들을 둘러싼 신화가 선행함으로써만 가능하다는 것이다. '어떤 것', '어떤 곳'으로부터의 유래에 관한 이야기인 신화나 상징과 결부되지 않은 돌은 모두 속적인 돌이다. 즉 본질이 선행하지 않은 존재는 속적이다.

그런데 앞서도 말한 바와 같이, 이렇게 획득한 성(聖)은 상징과 결합함으로써, 즉 상징성을 나타냄으로써 그 성이 연장되고 여러 가지로 확대 해석되고 체험된다. 그러나 그 과정 속에서, 즉 상징의 역사 속에서 그 성이 마침내는 속신이 되기도 하고 오늘날 우리가 경험하는 바와 같이 그 성의 상징물이 다만 경제적, 미적인 가치만으로 타락해버리는 일이 발생한다.

많은 신화들에 의하면 '어떤 것', '어떤 곳'으로부터의 유래에서 성스럽게

---

11) M. Eliade, *Myth and Reality*(졸역, 『신화와 현실』, 성대 출판부), p. 92.

된 '절대계'는 특별히 선별된 지대나 생명의 나무든가 황금사과 나무 등으로 상징되어 있는 것이 보통이다. 그런데 이러한 곳은 쉽게 도달하기가 어렵다. 왜냐하면 거기에는 반드시 이것들을 지키고 있는 괴물(용이나 뱀과 같은 것)이 있어서 이 괴물과 영웅적으로 싸워서 이기지 않으면 안 되기 때문이다. 어떤 돌이나 진주, 비취도 용이나 뱀이 지키고 있다고 표현되고 있다. 이러한 고대적인 신화의 테마는 여러 가지 합리화나 속화의 과정을 거치면서 형이상학적인 상징이 뱀이나 용에 의해 감시되고 지켜지는 구체적인 대상물(objects)로 변형되고 마는 일이 생긴다. 다시 말하면, 신화적인 뱀이라는 테마가 변형되어 실제로 뱀의 앞머리나 눈, 목구멍에서 진주와 비취와 같은 보물이 발견된다고 생각하기에 이른다. 즉 신화는 잃어버리고 현실의 속적인 대상물만을 바라보는 것이다. 실제로 뱀의 머리 부분에서는 이따금 견고한 돌 같은 결석(結石)이 발견되기도 하는데, 이러한 돌이 주술치료적인 효과가 있다고 호들갑을 떨게 되는 것이다. 이러한 현상을 엘리아데는 상징의 타락(degradation)이라고 말하고 있다.[12] 이것은 우리 마음의 절대적 상태와의 일치가 얼마나 어렵고 자칫 물신화(物神化)해버리는가를 나타내는 것이기도 하다.

이와 관련하여 상징의 유치화(infantilism) 현상도 지적할 수 있다. 유치화의 현상이 생기는 것은 다음 두 가지 경우에서이다. 첫째, 지적인 심벌리즘이 오랜 기간 최하층의 사회계급에서 사용되게 되면 원초의 의미가 저락한다. 둘째, 상징이 극단적으로 구체화하면, 상징은 그 상징이 속하여 있는 체계로부터 탈락한다. 양자는 서로 관계가 있고 상징의 타락과도 밀접히 관련되어 있다. 이 상징의 유치화 경향을 설명하기 위하여 두 개의 예를 들어본다. 하나는 엘리아데가 루마니아(엘리아데는 루마니아 사람이다) 민간요법의 처방법에서 인용하고 있는 다음과 같은 구절이다.

사람이나 동물이 변비가 되었을 때는 Phison, Gehon, Tigris, Eu-

---

12) 이 책, 553쪽.

phrates 등의 말을 깨끗한 접시에 써놓는다. 그리고 나서 그 접시를 깨끗한 물로 닦아, 그 물을 환자가 마시면 병이 낫는다고 한다. 만약 동물인 경우에는 콧구멍으로 그 물을 흘려넣는다.[13]

이에 대하여 엘리아데는 또한 다음과 같은 주석을 붙였다.

이 4개의 단어는 성서에 나오는 낙원을 흐르는 강의 이름인데, 주술종교적인 관점에서 보면 이 강들은 모든 '우주'를 정화시킬 수 있고, 따라서 인간이나 동물의 신체를 구성하고 있는 소우주도 정화시킬 수 있다. 이 경우 낙원의 물에 의한 정화라는 상징 해석의 유치화는 4개의 단어와 접촉한 물을 마신다고 하는 단순소박하고 구체적인 방법으로 분명하게 나타나고 있다.[14]

또 하나의 예는 레뷔-브릴의 책에서 인용한 다음과 같은 이야기이다.

밤바족 추장의 설명에 의하면 적도 아프리카의 고지 오고우에(Ogooue)에서는, 양(羊)이 밤에만 풀을 뜯어먹는다. 낮 동안에는 양은 거처를 옮기지 않고 잠을 자든가 반추를 하든가 한다. 원주민은 이 습성을 정주성(定住性)의 상징으로 삼았다. 원주민은, 이 양의 고기를 함께 먹는 자는 누구나 새로운 촌락을 세웠을 때 결코 그 촌을 떠나서 다른 곳으로 옮겨 살지는 않을 것이라고 확신하고 있다.[15]

원주민은 접시 바닥에 써놓은 4개의 문자가 변비가 있는 사람을 전화할 수 있다고 생각한 것과 같이 상징이 구체적인 분유에 의하여 전달된다고

---

13) 이 책, 558쪽.
14) 이 책, 558쪽.
15) 이 책, 559쪽.

생각하는 상징의 유치화 과정을 나타내고 있음을 보게 된다. 우리는 이 상징의 타락과 유치화의 경향에서 성스러운 것의 퇴행이 의식세계의 현상에서뿐만 아니라 무의식의 영역에서도 이루어짐을 살펴야 할 것이다.

3) 상징의 통합화 경향

관점을 달리하면 상징의 기능은 다음 두 가지 기능이 있음을 또한 관찰하게 된다. 첫째, 상징은 사물을 속적인 경험으로 나타나는 것과는 '다른 어떤 것'으로 변하게 함으로써 히에로파니의 변증법을 계속한다. 둘째, 사물은 상징이 되고 초월적 실재의 기호가 됨으로써, 그 사물 자체의 '구체적 한계를 폐지'함으로써, 이 둘을 다시 한마디로 요약하면, 어떤 사물이 상징이 되면 그것은 늘 '전체'와 일치하려는 경향이 있게 된다고 할 수 있다. 즉 일단 만들어진 상징의 형태들은 다른 많은 상징들을 자신에게 일체화시키고 병합하려는 경향이 있게 된다. 이와 같은 경향에 대하여 엘리아데는 다음과 같이 말하고 있다.

요약해서 말하면, 어떤 사물이 상징이 되면 그것은 '전체'와 일치되어 가는 경향이 있다. 이와 같이 히에로파니는 모든 성을 구현하고, 히에로파니 그 자체만으로 성스러운 힘의 모든 표명을 포괄하려는 경향이 있다. 베다 시대의 제단에 있는 돌도 프라자파티(조물주)가 됨으로써 전체 우주와 일치하려는 경향이 있다. 이와 같이 모든 지방적 여신은 '대여신'이 되고, 마침내는 가능한 한 성을 모두 병합해버리려는 경향이 있다. 이와 같은 종교 '형태'의 '제국주의'는...... 이 병합주의적 경향은 상징의 변증법에서도 발견된다. 그 이유는, 어떤 상징이든 가능한 한 많은 인간적, 우주적 경험의 층이나 영역을 통합하고 일체화시키려고 할 뿐만 아니라 가능한 한 많은 사물, 상황, 양태를 자신과 일체화시키려고 하기 때문이다. 물이나 달의 상징은 생명과 죽음에 관계되는 것, 즉 생성과 '형태'에 관계되는 것은 무엇이나 통합하려고 한다. 진주와 같은 상징은 그 단독으로 생명, 여성, 풍요의 모든 에피파니를 구현함으로써 달과 물의 이 두 가지 상징을 표현하려고 한다. 이와 같은 '통합화'(unification)는 혼동(confusion)과는 확실히 다르다. 상징은 한 차원에서 다른 차원으로, 어떤 양태에서 다른 양태로의 이행을 가능하게 하는데 그에 의해서 모든 면, 모든 차원을 통합하지만, 결코 그것을 융합시키는 것은 아니다. '전체'와 일치하려는 경향은 '모든 것'을 하나의 단순한 체계에 통합시키고, 다양성을 될 수 있는 한 명료한 것이 되도록 하면서 유일의 '상황'으로 환원시키려는 경향으로 이해해야만 한다.[16]

하나의 돌에 불과한 것도 성스러운 것의 상징형태를 취하게 되면 프라자파티를 표명하는 상징이 되고, 한 지방의 여신의 속성에 불과했던 것이 어느 사이엔가 우주의 대여신으로까지 발전하는데, 그것은 마치 제국주의자들처럼 다른 상징형태를 통합하기 때문에 이루어진다. 이렇게 하나의 체계로 통합하려는 경향은 우주와 생명을 명료한 상황으로 보려고 하는 상징의 기능 때문에 생기는 것이다.

엘리아데는 이 문제를 좀더 깊이 살펴보기 위하여 우리의 의식적, 무의식적 정신활동과의 비교에서 어떤 시사를 얻어내려고 하고 있다. 즉 이른바 무의식의 창작(꿈, 백일몽, 정신병리적 창작)은 어떤 형태로 이루어지는가? 아무런 논리 없이 제멋대로 이루어지는가? 무의식의 자연발생적인 창작과 각성 상태에서 만들어지는 논리 사이에는 실제로 연속성이 전혀 없는 것일까? 무의식의 창작은 의식적 창작과는 전혀 다른 구조를 나타내는 것일까? 이러한 의문이 생겨난다. 이 문제에 대해서 엘리아데는 한마디로 "무의식의 창작은 원형을 모방한다"고 말하고 있다.

많은 무의식의 창작은 어떤 의미에서 원형의 모사적 혹은 모방적인 성격을 나타내고 있는데, 이 원형은 전혀 무의식의 영역의 투영만은 아닌 것처럼 보인다는 것이다. 꿈이나 정신병은 그 자체로서 완전히 지적인

---

16) 이 책, 567, 568쪽.

이해가 가능하고 아무런 내적 모순을 포함하지 않고, 아주 논리적인, 따라서 의식적(또는 초의식적) 활동에서 생기는 정신적 활동과 똑같은 형태를 취한다. 이 현상은 일반적으로는 히에로파니의 문제, 특수하게 상징의 문제를 해명하는 데 어떤 빛을 비춰주고 있다. 종교사에서는 거의 어디서나 원형의 '쉬운' 모방이라는 현상을 보게 된다.[17]

무의식도 어떤 원형을 따라 모방한다는 것과 그 원형이라는 것은 전혀 무의식의 영역에서만 나오는 것이 아니라는 것, 한편 종교적 상징에서 원형의 너무 '쉬운' 모방 현상이 생기는 것을 비교해볼 때, 무의식의 정신활동과 상징의 모방 현상 사이에는 평행이 이루어짐을 짐작할 수 있다. 상징에 있어서 원형의 '쉬운' 모방 현상을 우리는 위에서 언급한 유치화라고 부를 수 있을 것이다. 즉 상징이 사물을 모든 체계 속에 통합하려는 욕망은 의미를 명료하고 유일한 '상황'으로 환원하려고 하는 것이다. 그런데 이 과정은 불가불 원형의 '쉬운' 모방이라는 현상과 일치하고 있다. 그리고 우리는 유치화가 히에로파니를 무한히 연장하는 경향임을 보았다. 다시 말하면, 유치화는 성스러운 것을 모든 단편 가운데로 존속시키고 궁극적으로는 '전체'를 가장 미소한 하나의 단편 가운데로 존재시키려고 하고 있음을 본다. 이와 마찬가지로 꿈을 매개로 하여 나타나는 원형도 의식의 단편 가운데에 전체의 의미를 존재시키려고 하는 욕망이 있음을 본다. 이것을 달리 표현하면 성(聖)이란 속적 현실과 일체화하려고 하는 끝없는 욕망이 있다고 할 수 있다.

1996년 1월 5일
옮긴이 이은봉

---

17) 이 책, 569, 570쪽.

□ 약어표

Acta Orientalia ······ AOA
American Anthropologist ······ AA
American Journal of the Semitic Languages and Literatures ······ AJSL
Annales Academiæ Scientiarum Fennicæ ······ AASF
Année sociologique ······ AS
Anthropos ······ APS
Das alte Orient ······ AOR
Archiv für Religionspsychologie ······ AFRP
Archiv für Religionswissenschaft ······ AFRW
Archiven für Völkerkunde ······ AFV
Archiv Orientální ······ AOI
Ars Islamica ······ AI
Art Bulletin ······ AB
Asiatica ······ ASA
Atharva Veda ······ AV
Bernice P. Bishop Museum Bulletin ······ BMB
Bulletin de la société française de philosophie ······ BSFP
Bulletin of the Museum of Far Eastern Antiquities, Stockholm ······ BMAS
Bulletin of the School of Oriental Studies ······ BSOAS
Corpus Inscriptionum Græcarum ······ CIG
Deutsche Forschungen ······ DF
Eranos Jahrbuch ······ EJ
Ethnos ······ ES
Etudes asiatiques ······ EA
Folklore ······ FRE
Folklore Fellowship Communications ······ FFC
Gazette des beaux-arts ······ GBA
Germanisch-Romanische Monatsschrift ······ GRM
Globus ······ GBS
Glotta ······ GLA
Harvard Journal of Asiatic Studies ······ HJAS
Hermes ······ HE
Indian Historical Quarterly ······ IHQ
Indogermanische Forschungen ······ IGF
Internationales Archiv für Ethnologie ······ IAFE
Jahrbuch des deutschen archäologischen Instituts ······ JDAI

약어표 43

Jahrbuch des kaiserlichen deutschen archäologischen Instituts ······ JKDAI
Journal asiatique ······ JA
Journal de la société des africanistes ······ JSA
Journal of American Folklore ······ JAF
Journal of the American Oriental Society ······ JAOS
Journal of the American Society for Semitic Languages ······ JASS
Journal of Egyptian Archaelogy ······ JEA
Journal of the Indian Society of Oriental Art ······ JISOA
Journal of the Polynesian Society ······ JPS
Journal of the Royal Anthropological Institute ······ JRAI
Journal of the Royal Asiatic Society ······ JRAS
Man ······ MN
Mana ······ MA
Mannus-Bibliothek ······ MB
Mitteilungen der anthropologischen Gesellschaft in Wien ······ MAGW
Mitteilungen des Instituts für österreichische Geschichtsforschungen ······ MIOG
Mnemosyne ······ ME
Le Monde oriental ······ MO
Nova et Vetera ······ NV
Oceania ······ OA
Orientalia ······ ORA
Osterreichische Zeitschrift für Pflege religiöser Kunst ······ OZK
Patrologia Latina ······ PL
Philologus ······ PS
Préhistoire ······ PHE
Revue anthropologique ······ RAN
Revue archéologique ······ RAR
Revue celtique ······ RC
Revue des études grecques ······ REG
Revue des études slaves ······ RES
Revue d'ethnographie et des traditions populaires ······ RETP
Revue de l'histoire ancienne ······ RHA
Rg Veda ······ RV
Revue d'histoire des religions ······ RHR
Revue des sciences religieuses ······ RSR
Revue hispanique ······ RH
Rivista del reale istituto d'archeologia e storia dell' arte ······ RIASA
Rivista di studi orientali ······ RSO
Studia Ægyptica ······ SA
Studia Orientalia ······ SO

Studi e materiali di storia delle religione ······ SMSR
Transactions of the American Association of Philosophy ······ TAAP
T'oung Pao ······ TP
Wiener Beiträge zur Kulturgeschichte und Linguistik ······ WBKL
Wiener Zeitschrift für die Kunde des Morgenlandes ······ WZKM
Wörter und Sachen ······ WS
Zalmoxis(Cahiers de Zalmoxis) ······ ZCZ
Zeitschrift der deutschen morgenländischen Gesellschaft ······ ZDMG
Zeitschrift für Ethnologie ······ ZFE
Zeitschrift für neutestamentlische Wissenschaft ······ ZNW
Zeitschrift für Sozialwissenschaft ······ ZFS
Zeitschrift für Völkerpsychologie und Sprachwissenschaft ······ ZVS

● 지은이의 말

　근대과학은 19세기에 일련의 혼란을 겪으면서 심각한 위기에 직면한 원리, 즉 '현상을 만들어내는 척도'라는 원리를 부활하였다. 앙리 푸앵카레는 조롱 섞인 말로 "코끼리를 현미경을 통해서만 연구하는 자연과학자가 과연 그 동물을 충분히 알았다고 할 수 있을까?" 하고 물었다. 현미경은 세포의 구조와 메커니즘, 즉 모든 다세포생물이 똑같이 가지고 있는 구조와 메커니즘을 보여준다. 코끼리는 확실히 다세포생물이다. 그러나 이것으로 다 안다고 할 수 있을까? 현미경적 차원에서는 어떤 해답도 기대할 수 없다. 하지만 코끼리를 최소한 동물학적 현상으로 인식하는 인간적 시각의 차원에서는 모든 불확실성이 사라진다. 이와 마찬가지로 종교현상은 그 자체의 고유한 차원에서 파악했을 때만, 즉 종교적인 어떤 것으로서 연구했을 때만 인식될 수 있다. 종교현상을 생리학, 심리학, 사회학, 경제학, 언어학,

예술 등에 의하여 그 본질을 파악하려고 하는 것은 잘못이다. 이러한 것들은 종교현상 속에 있는 유일하고 독자적인 것, 다른 것으로는 환원할 수 없는 것, 즉 성(聖)의 요소를 놓치고 만다. 물론 **순수한** 종교현상이란 없다. 어떤 현상도 그 자체로서 절대적으로 종교적인 것일 수는 없다. 왜냐하면 종교는 인간적 현상, 즉 사회적 현상이자 언어학적 현상이며 또 경제학적 현상이기 때문이다(언어나 사회로부터 분리된 인간은 생각할 수 없다). 그러나 사실 인간이 무엇인가를 말해주는 방법 중 이외에는 다른 방법이 없는 이들 근본적인 기능 가운데 어느 하나로만 종교를 설명하려 한다면 소용없는 일이 될 것이다. 마찬가지로 『보봐리 부인』을 일련의 사회적, 경제적, 정치적 사실에 의하여 설명할 수 있다고 생각한다면 이 또한 부질없는 일이다. 이들의 해석이 옳다고 하더라도 문학작품 자체에는 영향을 끼치지 못하기 때문이다.

나는 종교현상을 충분히 여러 가지 각도에서 접근할 수 있다는 것을 부정할 생각은 없다. 다만 무엇보다도 중요한 것은 종교현상을 그 독자성, 달리 환원할 수 없는 독자적인 방법으로 고찰하여야 한다는 것이다. 이 과제는 쉬운 일이 아니다. 문제는 종교현상에 대한 명확한 정의를 내릴 수는 없다 할지라도 최소한 그 한계를 정하고 그것과 정신의 여러 대상의 올바른 관계를 정립하는 것이기 때문이다. 로제 카이루아(Roger Caillois)가 그의 저서 『인간과 성(聖)』의 서두에서 말하고 있는 바와 같이, "일반적으로 성에 대하여 우리가 유일하게 말할 수 있는 것은 바로 그 말의 정의에 포함되어 있다. 즉 그것은 속된 것에 대립한다는 것이다. 그러나 그 대립의 성질, 양태에 대해서 명확히 진술을 하려고 하자마자 곧바로 우리는 큰 장애에 부딪힌다. 성과 속의 대립이 아무리 기본적인 것이라 할지라도 어떤 정식(定式)도 그 미궁과 같은 복잡한 사실을 설명할 수는 없다." 그러나 연구를 하면서 나의 관심을 끌었던 것은 어떤 정식이나 정의도 거절해버리는, 그 미궁 같은 복잡한 사실들이었다. 터부, 의례, 상징, 신화, 마신, 신 등은 그 종교적 사실의 몇 가지 예가 될 것이다. 그러나 이러한 항목들로 전체를 말한다는 것은 지나친 단순화에 불과하다. 우리가 여기에서 다룬 것은 이것들을 모두 합쳐 이른바 종교현상이라 부를 수 있는, 서로 분리되어 있는 듯하지만 실제로는 하나로 뭉뚱그려 있는 행동, 신앙, 체계이다.

이 책이 취급하는 것은 다음 두 가지 문제이다. 첫째는 종교란 무엇인가이고, 두번째는 종교의 역사에 대하여 우리는 얼마만큼 말할 수 있는가이다. 종교현상을 미리 정의하고 들어가는 것이 필요한가에 대해서는 회의적이므로, 여기서는 단지 여러 가지 '히에로파니'(그리스어의 hieros=성, phainein=나타내다의 합성어로서 '성을 나타낸다'는 말의 가장 넓은 의미로 사용한다)를 조사하려고 한다. 따라서 우리가 종교형태의 역사 문제를 제기할 수 있는 것은 우선 상당수의 종교형태를 검토한 후에나 가능할 것이다. 종교현상을 단순한 것에서 복잡한 것의 순서로 설명하는 것은 이 연구의 목적을 생각해볼 때 별로 필요가 없다고 생각한다. 여기에서 내가 연구하려고 하는 것은 우선 가장 기본적인 히에로파니(마나 mana, 신기한 것 등)에서 시작하여 토테미즘, 주물숭배(페티시즘), 자연숭배, 정령숭배, 그 다음으로 신이나 마신으로 이행하고 최후로 일신교의 신 관념에 도달하는 것이다. 이러한 서술은 자의적이라고 할 수 있다. 왜냐하면 그것은 입증될 수 없는 가설에 지나지 않는 단순에서 복잡으로라는 종교현상의 진화를 전제하고 있고, 또한 가장 기본적인 히에로파니로만 구성된 단순한 종교를 우리는 지금도 어디서나 만날 수 있을 뿐더러, 한편 이러한 서술방법은 종교를 있는 그대로, 즉 그것이 계시하는 것을 탐구한다는, 내가 채택한 목적에도 반하기 때문이다.

우리가 가는 길이 비록 더 쉽지는 않겠지만 최소한 좀더 확실한 길은 될 것이다. 이 연구는 우선 우주적 히에로파니, 즉 천공(天空), 물, 대지, 돌과 같은 각기 다른 우주적 차원에서 계시된 성스러운 것을 설명하는 데서부터 시작한다. 그와 같은 종류의 히에로파니를 선택한 것은 그것이 가장 옛날 것이기 때문이 아니라(역사적인 문제는 아직 제기되지 않는다), 그것을 기술하는 것이 한편으로는 성의 변증법을, 다른 한편으로는 성이 스스로를 나타내는 여러 종류의 형태들을 해명해주고 있기 때문이다. 예를 들어 천공과 물에 관한 히에로파니를 검토해보면 다음 두 가지, 즉 천공과 물이라는 특별한 우주적 차원에서 성의 표명은 정확히 무엇을 의미하는가 그리고 천공과 물의 히에로파니는 얼마만큼 자율적인 형태로 구성되어 있는가를 이해할 수 있는 자료를 제공해준다. 우주적 히에로파니 다음에는 생물학적 히에로파니(달의 리듬, 태양, 식물, 농경, 성 性 등)로, 그 다음에는 특정한 장소에 관계하는 히에로파니(성소 聖所, 사원 등)로, 마지막에는 신화와 상징으로 넘어갈 것이다. 이상에 대하여 충분한 양의 자료를 검토한 후에, 앞으로 발간할 책에서 종교사의 다른 문제에 대해서도 착수할 수가 있을 것이다. 즉, '신의 형태', 사람과 성(聖)의 관계, 성을 다루는 행위(의례 등), 주술과 종교, 혼과 죽음의 관념, 성별(聖別)된 인간(사제, 주술사, 왕, 가입 의례자 등), 신화·상징·표의문자의 연관성, 종교사의 기초를 구축할 가능성 등이다.

그렇다고 해서 각 주제를 사전 항목과 같이 따로따로 기술하여, 예컨대 물이나 달의 히에로파니 장에서는 신화나 상징에 대한 언급을 피하는 식으로 논하지는 않을 것이다. 더욱이 신의 상(像)에 대하여 논할 때도 오로지 '신'의 장에서만 논하지는 않을 것이다. 반대로 독자들은 예컨대 천공의 히에로파니 장에서 대기나 천공의 신들에 관한 상당히 많은 자료를 만나거나 혹은 거기서 상징, 의례, 신화, 표의문자에 대한 논급이나 주석까지 발견하고는 놀라게 될 것이다. 이 책의 성격은 각 장의 주제들이 항상 상호삼투를 필요로 한다는 점이다. 천공과 관련된 성성(聖性)에 대하여 말할 때 우선 그 성성을 반영하고 있거나 또는 그것을 분유(分有)하고 있는 신들의 상에 대하여 언급하지 않을 수 없으며, 또 얼마간의 천공의 신화나 그 성성에 관련된 의례, 또한 그것을 인격화하고 있는 상징이나 표의문자를 언급하지 않고는 말할 수 없을 것이다. 이것들은 그 각각의 방법으로 천공예배의 양태와 그 역사를 보여주고 있다. 그러나 각각의 신화, 의례, '신의 상'은 그 적절한 곳에서 논할 것이기 때문에 나는 주저하지 않고 천공에 관한 장에서 그 정확한 의미를 가지고 이들 용어를 사용할 것이다. 이와 똑같은 방법으로 대지, 식물, 농경의 히에로파니를 연구할 때에도 나의 관심은 생물우주적 차원에서의 성의 표명이므로, 식물이나 농경의 신들이 취하는 형태들에 대한 분석은 이러한 형태와 관련된 장으로 넘어갈 것이다. 그러나 이것이 이 예비연구에서 식물이나 농경의 신들, 의례, 신화, 상징에 대하여 우리가 언급하지 않는다는 것을 뜻하지는 않는다. 이 예비연구의 몇 장의 목적은 우주적 히에로파니에서 발견되는 유형을 가능한 한 면밀하게 검토하는 것, 다시 말하면 천공, 물, 식물 등에 표현된 성스러운 것을 우리가 발견할 수 있다는 것을 입증하는 것이다.

이러한 진행방법이 가져다주는 득과 실을 비교해보면 나는 분명히 득이 더 많다고 생각하는데, 그것은 다음과 같은 여러 이유 때문이다.

(1) 종교현상에 대한 어떤 선험적인 정의로부터도 피할 수 있으며, 독자는 이 책의 여러 장을 읽는 가운데 성(聖)의 성격에 대하여 스스로 고찰할 수 있을 것이다.

(2) 히에로파니의 각각의 집단을 분석하는 것은 성의 여러 양태 가운데서 자연적 구분을 함으로써, 그리고 그 양태가 일관된 체계 가운데 얼마나 서로 관련되어 있는가를 보여줌으로써 종교의 본질에 대한 최종적인 논의를 위한 지반을 동시에 명백히 해줄 것이다.

(3) 소위 '낮은' 종교형태와 '높은' 종교형태를 동시에 검토해보고 그들이 가지고 있는 공통 요소가 무엇인지를 보면, **진화론적 혹은 서구중심주의적** 관점에서 생기는 과오를 피할 수 있을 것이다.

(4) 종교적인 전체를 지나치게 세분화하지 않을 것이다. 왜냐하면 히에로파니(물, 하늘, 식물 등)의 여러 부류는 각각 형태학적으로나(왜냐하면 신, 신화, 상징과 모든 종류의 사물에 관한 것을 다루어야 하므로), 역사적으로나(왜냐하면 종종 이 연구는 시간과 공간 속에 널리 분기하는 많은 문화권까지 확대해야 하므로) 그 자신의 방법으로 하나의 전체를 형성하고 있기 때문이다.

(5) 각 장은 특수한 성의 양태, 인간과 성 사이의 일련의 관계, 그리고 그 관계 속에서의 일련의 '역사적 순간'을 보여줄 것이다.

이 책에 '종교형태론'이라는 제목을 붙인 것은 바로 이러한 의미에서이다. 즉 나의 의도는 독자들을 미궁과 같이 복잡한 종교 자료, 이것들이 가지고 있는 근본적인 유형, 그리고 그것이 반영하고 있는 다양한 문화로 인도하려는 것이다. 나는 각각의 장마다 특별한 계획과 때로는 상이한 문체를 부여하여 모든 교훈적인 책들이 빠지기 쉬운 단조로움을 피하려고 애썼다. 전체를 절로 나눈 것은 가능한 한 쉽고 간단하게 각 부분을 참조할 수 있게 하기 위해서이다. 그러나 이 책의 요점은 전체를 통독하지 않고는 파악할 수 없다. 그러므로 이 책은 절대로 참고용 안내서가 아니다. 그러나 대표적인 학파나 방법은 될 수 있는 한 많이 수록하려고 노력하였다.

이 책에 포함되어 있는 대부분의 형태학적인 분석이나 방법론적 결론은 부쿠레슈티 대학에서의 나의 종교사 강의와 파리 대학에서의 두 번에 걸친 강좌(『성의 형태학적 연구』, 1946; 『신화의 구조 연구』, 1948)에서 얻은 것이다.

미르치아 엘리아데

제❶부
천공신과 태양

제1장 ● 성의 구조와 형태
제2장 ● 천공과 천공신
제3장 ● 태양과 태양숭배

제1장
성(聖)의 구조와 형태

1. '성'(聖)과 '속'(俗)

오늘날까지 종교현상에 대해 내건 모든 정의들은 한 가지 공통점을 가지고 있다. 즉 그 각각의 정의들은 성스러운 종교적인 삶은 세속적인 비종교적인 삶과 반대임을 그 자신의 방식으로 보여주고 있다는 점이다. 그러나 여러분들은 성(聖)의 개념의 범위를 정하려고 하자마자 이론적 및 실제적인 어려움에 직면하게 될 것이다. 왜냐하면 종교현상에 대한 어떤 정의를 내리려고 하기 전에 그 증거를 어디서 찾아야 할 것인가. 그리고 무엇보다도 제일 먼저 '순수한 상태'로 볼 수 있는 종교표현들을 어디서 찾아야 할 것인가, 즉 '단순한' 것, 가능한 한 그 기원에 근접해 있는 것을 어디서 찾아야 할 것인가 하는 점을 알아야 하기 때문이다. 그러나 불행히도 이러한 종류의 증거는 아무데서도 찾을 수 없다. 우리가 그 역사를 알고 있는 어느 사회나 '원시인들' 혹은 오늘날의 비문명인들 사이에서도 찾을 수 없다. 우리가 보고 있는 종교현상들은 거의 어디서나 오랜 역사적인 진화를 거쳐온 복합적인 것들이다.

그뿐만 아니라 어떤 종교의 자료를 모으는 일에서도 우리는 중요한 실제적인 곤란에 직면한다. 어떤 사람이 어느 한 종교를 연구하는 데만 만족하여 일생을 바친다 하더라도 그 연구를 완성하는 데 충분하다고는 볼 수 없다. 하물며 여러 종교를 비교하려고 한다면, 그 목적을 달성하기 위해서는 몇 번의 삶을 산다고 해도 충분하지 않을 것이다. 여기서 우리가 관심을 가지는 것은 비교연구인데, 이 연구를 통해서만 우리는 성의 형태 변천과 그 역사적인 발전을 발견할 수 있기 때문이다. 이 연구를 시작하면서 우리는 역사 혹은 민족학 속에서 발견한 많은 종교들 중에 몇 개의 종교를 뽑아서 그 종교의 몇몇 양상, 국면을 선택하지 않으면 안 된다.

이러한 선택은 비록 중요한 표명에만 국한한다 하더라도 미묘한 문제이다. 만약 우리가 성을 한정하고 정의하고자 원한다면, 우리가 다룰 수 있는 종교표현의 수를 자의적으로 정해야 한다. 이런 곤란을 안고 출발하면 종교표현의 다양성은 차츰 무력해진다. 우리는 의례, 신화, 신의 형태, 성스러운 숭배물, 상징, 우주론, 신학개념(theologoumena), 성별자(聖別者), 동물, 식물, 성소 등을 접하게 되며, 이들 각각의 범주는 나름대로 다채롭고 풍부한 형태들을 가지고 있다. 또한 우리는 다음과 같은 광대하고 잘못 분류된 자료더미들을 다루어야만 한다. 멜라네시아의 우주창조 신화나 브라만교의 공희(供犧)와 함께 성녀 테레사나 일련종교인(日蓮宗敎人)의 신비적 저작, 오스트레일리아의 토템, 원시적인 가입의례(加入儀禮), 보로부두르 사원의 심벌리즘, 시베리아 샤먼의 의례용 복장이나 춤, 여러 곳에서 발견할 수 있는 성스러운 돌, 농경제의, 대여신의 신화와 의례, 고대사회에서 왕의 즉위, 보석과 관련된 미신 등을 똑같이 중요하게 다루어야 한다. 그리고 그 하나하나가 어떤 식으로든 성의 양태와 그 역사의 어떤 순간을 표현하고 있는 한, 다시 말하면 인간의 많은 성의 체험 가운데 하나를 표현하고 있는 한, 히에로파니로 생각해야 한다. 각 자료는 히에로파니로서 '성의 양태'를 드러내고 있는 점, 그리고 각 자료는 역사적인 사건이기 때문에 인간이 성에 대해서 갖고 있는 태도를 드러내고 보여준다는 점에서 가치가 있다. 예컨대 죽은 사람에 대해서 베다 문헌은 다음과 같이 말하고 있다.

너의 어머니인 대지 위를 기어라! 그녀는 그대를 허무로부터 구원하리라.[원주1]

이 문헌은 대지숭배의 성격을 보여주고 있다. 대지는 대지의 어머니(Tellus Mater)로 나타난다. 그러나 또 한편으로 이 문헌은 동시에 인도 종교사의 어떤 단계를 보여주고 있다. 즉 대지의 어머니가 (최소한 한 집단에서라도) 허무로부터 보호하는 여신으로서 가치가 있던 시기를 보여주고 있다. 그러한 가치는 그후 우파니샤드의 개혁과 부처의 설법이 나오면서 사라졌다.

다시 이 연구의 출발점으로 돌아가자. 자료의 각 범주(신화, 의례, 신, 속신 등)는, 우리가 종교현상을 이해하려고 한다면 사실 똑같이 중요하다. 그리고 우리는 항상 역사와의 관련 속에서 그 현상을 이해해야 할 것이다. 우리가 바라보고 있는 모든 히에로파니는 또한 역사적 사실이기도 하다. 모든 성의 표명은 항상 어떤 역사적 상황에서 일어나기 때문이다. 대부분의 개인적, 초월적 신비체험은 그것이 일어난 역사적 시대에 의해 영향을 받는다. 유대의 예언자들은 역사상의 사건들에 의존하였으며, 역사적 사건들은 그들의 메시지를 정당화하고 지지하였다. 그들은 또한 자신들이 체험한 것을 설명하기 위해 이스라엘의 종교사에서 많은 도움을 받았다. 대승불교의 몇몇 신비주의자들이 가지고 있었던 허무주의와 본체론도 개인적 체험으로서가 아니라 하나의 역사적 현상으로서, 우파니샤드의 사변과 산스크리트어 등의 진보 없이는 불가능했을 것이다. 그렇다고 해서 모든 히

[원주1] *RV*. x. 18. 10.

에로파니와 종교체험이 정신의 작용에서 결코 반복될 수 없는 유일한 사건이라는 의미는 아니다. 가장 위대한 체험들은 그 내용이 동일하지는 않지만 표현에서는 가끔 유사한 경우가 많다. 루돌프 오토(Rudolf Otto)는 마이스터 에크하르트(Meister Eckhardt)와 인도 샹카라(Śaṅkara)의 어휘와 정식들이 놀랄 정도로 유사하다는 것을 발견하였다.

히에로파니가 언제나 역사적 사건(항상 한정된 상황에서 발생하는)이라는 사실이 그 히에로파니의 보편적 성격을 희석하지는 않는다. 어떤 히에로파니는 순전히 국지적 목적만을 가지고 있는 반면에 어떤 히에로파니는 세계적인 의미를 가지거나 획득하고 있기도 한다. 예컨대 인도 사람들은 아슈바타(aśvattha, 무화과나무)라고 부르는 어떤 나무를 숭배한다. 이 특수한 초목류에 성이 표명해 있는 것은 그들에게만 의미를 갖는 것이며, 그들에게만 아슈바타가 보잘것없는 나무 이상의 어떤 존재로 보이는 것이다. 따라서 그 히에로파니는 어떤 시간(모든 히에로파니가 그러하듯이)에 한정된 것일 뿐만 아니라 국지적인 것이기도 하다. 인도인들은 또한 우주나무(세계축 Axis Mundi)의 상징도 갖고 있는데 이 신화적, 상징적 히에로파니는 세계 어디에나 보편적으로 있다. 우주나무는 고대문화 어디에서나 찾아볼 수 있기 때문이다. 그러나 아슈바타는 끊임없는 삶의 재생 속에서 우주의 신성한 의미를 구현하고 있기 때문에 숭배되는 것이다. 즉 아슈바타는 모든 신화 속에서 우주나무가 표상하고 있는 우주를 구현하고 있거나 그것을 분유(分有)하고 있거나 상징하고 있기 때문에 숭배된다는 사실에 주목해야 한다(§99 참조). 그러나 아슈바타를 우주나무에서 찾을 수 있는 똑같은 상징으로 설명한다 하더라도, 어떤 특별한 초목 형태가 신성한 나무가 된 히에로파니는 특수한 인도 사회의 눈으로 볼 때만 의미를 가지는 것이다.

예를 더 들어보자. 이번 경우는 그 민족의 실제 역사가 남긴 히에로파니이다. 셈족의 역사를 보면 한때 폭풍과 풍요의 신인 바알(Ba'al)과 다산의 여신(특히 대지의 풍요)인 벨리트(Belit)를 함께 숭배한 적이 있다. 유대의 예언자들은 이 의례를 신성모독이라고 생각했다. 이러한 관점에서 볼 때,

즉 모세의 종교개혁의 결과로 더욱 높고 순수하고 완전한 신의 개념에 도달한 셈족의 관점에서 볼 때, 이러한 비평은 확실히 정당하다. 그러나 바알 신과 벨리트 신에 대한 고대 셈족의 숭배도 하나의 히에로파니였다. 그것은 (비록 불건전하고 괴상한 형태이기는 하지만) 혈통, 성, 다산의 근원적인 힘을 갖고 있는 유기적 생명의 종교적 가치를 보여주고 있다. 이런 계시는 수천 년은 못 되더라도 적어도 수백 년 동안 그 가치를 유지하였다. 그것은 히에로파니로서(히에로파니는 한 엘리트의 종교체험으로 완성되는데) 더욱 만족스럽고 더욱 완전한 다른 히에로파니로 대체될 때까지 위력을 발휘하였다. 야훼의 '신의 형태'는 바알의 '신의 형태'를 압도하였다. 즉 그것은 더욱 완전한 신성을 나타내게 되었으며, 바알 신 숭배에 집중되었던 근원적인 힘들이 어떤 식으로든 날뛰지 못하도록 함으로써 생활을 성스럽게 하였고, 인간의 생활이나 운명이 완전히 새로운 가치를 획득한 영적 영위(spiritual economy)를 계시해주었다. 동시에 그것은 인간들에게 더욱 풍부한 종교적 체험을 가능하게 하고 더욱 순수하고 완전하게 신과의 교통을 가능하게 하였다. 결국 야훼의 히에로파니는 최종적인 승리를 획득한 것이다. 그 까닭은 성의 보편적 양태를 표상하고 다른 문화에 개방적인 그 자신의 성격 때문이다. 야훼는 그리스도교를 매개로 세계적인 종교적 가치를 지니게 되었다. 우리는 여기에서 어떤 히에로파니는 이렇게 보편적 가치와 의미를 획득하게 되는 반면에, 어떤 것들은 국지적 혹은 한 시기의 것으로 머무르는 것을 볼 수 있다. 이 후자의 히에로파니는 다른 문화에 대해서 개방적이지 못하고 결국에는 자신을 만들어낸 사회에서조차 기억 속에서 사라진다는 것을 볼 수 있다.

2. 방법론적 난점

그러나 앞에서도 언급했듯이 가장 실제적인 어려움은 우리가 만나게 되는 자료가 대단히 다양하다는 것이다. 게다가 더욱 어렵게 만드는 것은 셀 수 없이 많은 자료들을 검토하다 보면 너무도 엄청나서 도대체 끝이 보이지 않는다는 것이다. (모든 역사적인 자료가 그러한 것처럼) 우리가 다루어야 할 것 중에는 다소 우연에 의하여(즉 기록으로 남아 있다든가 기념건조물, 비문, 구전, 풍습 등에 남아 있어서) 살아남게 된 것이 많다. 또한 이렇게, 우연히 살아남은 자료들도 다양한 원천에서 비롯된 것이다. 예를 들어 우리가 초기 그리스 종교사를 복원하려면, 지금까지 남아 있는 몇 개 안 되는 문헌, 즉 약간의 비문이나 훼손된 기념건조물, 봉헌물만 가지고는 안 될 것이다. 게르만이나 슬라브 종교를 복원할 때에도 단순한 민속자료를 사용할 수밖에 없는데, 그것을 취급하고 해석하는 데는 모험이 불가피하다. 고대 북유럽의 룬 문자로 새겨진 비문, 수세기 전에 씌어져서 해독이 불가능한 신화들, 몇 개의 상징적 판화, 원사(原史)시대의 기념비, 각종 의례의 형태, 이전 세기의 민간전설 —— 그 어떤 것도 게르만이나 슬라브 종교의 역사가 취급했던 자료보다 더 뒤죽박죽이지는 않다. 단일 종교를 연구하는 경우라면 이렇듯 뒤죽박죽으로 섞여 있더라도 그렇게 나쁘다고 할 수는 없겠지만, 여러 종교들을 비교 연구하여 성의 다양한 양태를 찾으려고 하는 사람에게는 대단히 중대한 문제가 된다.

 그것은 마치 비평가가 프랑스 문학사를 쓸 때 라신의 단편, 라 브뤼예르의 스페인어 번역본, 외국 비평가가 인용한 몇 개의 텍스트, 여행자나 외교관들의 문학적 회상기, 지방도서관의 목록, 학생들의 기록이나 노트, 기타 그와 비슷한 종류들의 암시 등이 주는 증거들을 가지고 써야 하는 것과 같다. 실제로 종교사학자들의 자료도 그와 마찬가지이다. 성직자의 방대한 구전문학 가운데 몇 가지 단편들(한 사회계급의 유일한 산물), 여행자의 노트에서 발견되는 언급, 외국 선교사들의 자료나 세속문학에서 발췌한 성찰, 몇몇 기념건조물이나 비문, 지방전승에 남아 있는 기억 등이 종교사학자의 자료가 된다. 모든 역사과학은 이런 종류의 단편적이고 우연적인 참고자료들을 조합함으로써 이루어졌다. 그러나 종교사학자는 역사가보다 더 대담해야 한다. 역사가의 일은 그들이 가지고 있는 자료들을 사용하여 일련의 사건들을 단순히 꿰어맞추기만 하면 되나, 종교사학자는 주어진 히에로파니의 역사를 추적할 뿐만 아니라 무엇보다도 그 히에로파니가 드러내고 있는 성의 양태를 이해하고 설명해야 한다. 어떤 경우든 히에로파니의 의미를 만족스럽게 해석하는 것은 어려운 일이나, 자료들의 이질적이고 우연적인 성격은 히에로파니의 올바른 의미 해석을 더욱 곤란하게 만든다. 예컨대 불교도가 그리스도교를 이해하기 위해 복음서의 단편, 가톨릭의 기도서, 여러 가지 예배용품(비잔틴의 성상, 바로크 시대의 성인상, 그리스정교회 사제의 제의 祭衣)을 이용하고, 유럽 지방 마을의 종교생활을 연구한다고 상상해보라. 의심할 여지 없이 불교도가 제일 처음 쓰는 것은 농부의 종교생활과 마을 사제의 신학적, 도덕적, 신비적 관념 사이의 분명한 차이점일 것이다. 그러나 그 차이점을 기술하는 것이 당연하기는 하지만, 그가 한 개인에 불과하다고 해서 사제가 보존하고 있는 전통에 따라 그리스도교를 이해하려고 하지 않는다면, 그것은 잘못이다. 그리스도교에 의해 계시된 성의 양태는 마을 사람들의 신앙보다도 사제(역사와 신학에 의해 아무리 짙게 도색되었다고 하더라도)에 의해 대표되는 전통에 사실상 더욱 가깝게 보존되어 있다. 불교도 관찰자가 관심을 가지는 것은 그리스도교의 역사에서 한 순간 혹은 그리스도 교단의 한 부분이 아니고 그리스도교 그 자체이다. 전체 마을에서 단 한 사람만이 그리스도교 의식, 교리, 신비신학에 대한 적절한 지식을 가지고 있고 공동체의 나머지 사람들은 그것에 관해서 잘못된 지식을 가지고 속신(즉 퇴색한 히에로파니의 잔재)에 물든 자연력을 숭배하고 있다는 사실은 적어도 그의 목적을 위해서는 전혀 문제가 되지 않는다. 중요한 것은 그 한 개인이 완전하게 보존하고 있는 것, 즉 그리스도교의 원초적인 체험은 아니라 하더라도 적어도 그 기본 요소나 신비적, 신학적, 제의적 가치를 보존하고 있는 것을 이해하는 일이다.

우리는 이러한 방법상의 잘못을 민족학에서 이따금 발견한다. 폴 라딘(Paul Radin)은 선교사 구신데(Gusinde)가 조사한 것이 개인을 대상으로 하고 있다는 이유로 그 연구의 결론을 배척할 수 있다고 보았다. 이러한 태도는 엄밀히 말해서 탐구대상이 사회학적인 것일 때만 정당화될 수 있다. 즉 이러한 태도는 조사의 목적이 역사의 어떤 시점에서 푸에고 섬의 한 농촌공동체의 종교생활이라는 엄밀하게 사회학적인 경우에만 정당화될 수 있다는 것이다. 그러나 푸에고 섬 사람들이 갖고 있는 종교체험 능력을 발견하는 문제일 때 사정은 아주 달라진다. 성의 상이한 양태를 원시인들이 어떻게 이해하는지 그 능력을 아는 것은 종교사에서 가장 중요한 문제 가운데 하나이다. 원시인의 종교생활이라 하더라도 사실상 그것은 복합적이어서 '애니미즘'이나 '토테미즘' 혹은 조상숭배 등으로 단순화시켜 생각할 수 없다. 원시인도 전능한 모든 힘을 갖춘 창조주인 지고존재자를 알고 있었다는 것을 입증할 수만 있다면(최근에 가능해졌지만) 원시인이 '높은 수준의 히에로파니'에 도달하는 것을 인정할 수 없다는 진화론적 가설은 무효가 될 것이다.

3. 히에로파니의 종류

종교사학자가 이용하는 자료가 얼마나 빈약한가를 강조하기 위해 비교를 해보았지만, 그 비교는 단지 상상적인 예에 지나지 않는다고 이해해야 한다. 나의 첫번째 목적은 이 책에서 사용한 방법을 정당화하는 것이다. 우리가 다루는 증거의 다양성과 그 빈약함을 고려해볼 때 '성의 양태'에 대하여 어느 정도까지 말할 수 있을 것인가. 이러한 양태들이 존재한다는 것은, 어떤 히에로파니는 종교적 엘리트와 공동체의 다른 성원들에 의해 아주 다르게 체험되고 해석된다는 사실로 증명된다. 두르가(Durgā) 신은, 가을마다 캘커타에 있는 칼리가트 성전에 온 군중들에게는 양을 제물로 바쳐야 하는 공포의 여신이지만, 몇몇 가입의례를 거친 샤크타스(śaktas)에게는 끊임없이 활발하게 재생하는 우주생명의 표명으로 나타난다. 시바(Śiva) 신의 남근(liṅgam)상을 숭배하는 사람들 가운데 대부분은 그것을 생식기의 원형으로만 보지만, 주기적으로 순환하는 우주의 창조와 파괴 형태를 나타내주는 표지 및 '이미지'로 재탄생되기 전에 그 형성 이전의 원초의 합일로 주기적으로 되돌아가는 것으로 보는 사람도 있다. 두르가와 시바의 진정한 의미는 어떤 것인가 —— 가입의례자들은 무엇을 해석하였으며, 또 일반 신자들은 무엇을 받아들였는가? 이 책에서 나는 두 가지 다 똑같이 가치가 있다는 점을 밝히려고 한다. 즉 대중이 부여한 의미는 가입의례자의 해석과 마찬가지로 두르가나 시바에 표명된 성의 양태를 나타낸다. 나는 그 두 개의 히에로파니가 서로 긴밀히 결부되어 있다는 것, 다시 말하면 그들을 통하여 계시되는 성의 양태는 결코 모순되는 것이 아니라 서로 보완적인 전체의 일부라는 것을 입증할 수 있을 것이다. 그것이 내가 대중의 경험이 기록하는 자료와 엘리트의 경험에서만 반영되는 자료에 동등한 유효성을 부여하는 데 대한 근거가 될 것이다. 그 두 가지 범주를 통해 우리는 히에로파니의 역사를 더듬어갈 수 있을 뿐만 아니라 더욱 중요하게는 히에로파니를 통하여 표명되는 성의 양태를 입증할 수 있을 것이다.

이러한 관찰은 (앞으로 이 책에서 광범하게 설명되겠지만) 내가 앞에서 말한 히에로파니의 다양함에 대해서도 적용할 수 있을 것이다. 앞서 말한 바와 같이 그러한 자료는 그 기원도 여러 갈래일 뿐만 아니라(어떤 자료는 성직자와 가입의례자로부터 비롯되었고, 어떤 것은 대중으로부터 비롯되었다. 또 어떤 자료는 단순히 암시, 단편, 전문 傳聞 등만 제공하지만 어떤 자료는 원전을 제공한다) 그 형태도 다양하다. 예를 들면 초목의 히에로파니(즉 식물을 통하여 표현되는 성스러운 것)는 상징(우주나무 같은)이나 '민간'의례(통나무를 태우는 '5월의 나무 행진', 농경의례와 같은), 인류가 초목에서 발생했다는 관념과 결부된 신앙, 어떤 종류의 나무와 어떤 종류의 개인이나 사회 사이에 존재하는 신비적 관계, 열매나 꽃의 생식력과 관련한 민속신앙, 초목으로 변한 죽은 자의 영웅의 이야기, 식물신과 농경신의 신화나 의례 등에서도 나타난다. 이러한 자료들은 그 역사적 측면도 다르겠지만(예컨대 인도인과 알타이족 사이에 통용되는 우주나무에 관한 상징과 인류가 식물종에서 기원한다는 원시인의 신앙을 비교해보라) 그 구조도 상이하다. 초목의 히에로파니를 이해하기 위한 모델로서 우리는 어느 것을 취해야 할 것인가? 상징인가, 신화인가, 의례인가, 혹은 '신의 형태'인가?

가장 안전한 방법은 당연히 중요한 유형을 빠뜨리지 않고 이 모든 종류의 자료를 전부 이용하고 또한 이 각각의 히에로파니가 '계시하는 것이' 무엇을 의미하는가를 항상 스스로에게 물어보는 것이다. 이러한 방법으로 우리는 뒤에서 살피겠지만 식물숭배의 다양한 양태의 일관된 체계를 정식화할 수 있는 공통적 특성을 일관성 있게 수집할 수 있는 것이다. 우리는 이와 같이 모든 히에로파니가 사실상 이러한 체계를 전제하고 있음을 알 수 있다. 즉 '5월의 나무 행진'과 관련한 민간풍습은 우주나무라는 표의문자로 표현된 식물의 성스러운 의미를 똑같이 가지고 있다. 즉 어떤 히에로파니는 전혀 분명하지 않고 거의 신비에 싸여 있어, 그들은 초목에 구현되어 있거나 상징되어 있는 성스러운 의미를 부분적으로만 드러내거나 혹은 암시해줄 뿐인 데 비해, 어떤 히에로파니(좀더 확실한 **표명**)는 자신의 모든 양태를 통해 전체적으로 성을 드러내 보여준다. 예컨대 초봄에 푸른 나뭇가지를 들고 행진하는 풍습은 신비에 싸여 있거나 거의 의미가 드러나지 않는, **어떤 지방에서만 특수하게 나타나는** 히에로파니라고 말할 수 있는 한편 우주나무의 상징은 **분명한** 히에로파니라고 말할 수 있다. 그러나 이 두 가지는 초목에 구현된 성의 똑같은 양태를 계시한다. 즉 주기적 재생인 식물이 내포하고 있는 불멸의 생명, 주기적 창조 가운데 표명되고 있는 실재 등의 양태를 드러낸다(§124). 지금 강조되어야 하는 것은 이 **모든** 히에로파니가 일관된 진술의 체계와 식물의 성성(聖性)에 대한 이론, 다른 것에 못지않게 신비에 싸인 히에로파니를 가리키고 있다는 것이다.

이상의 고찰의 이론적 귀결에 대해서는 자료를 충분히 검토한 후에 이 책 끝부분에 가서 다루려고 한다. 우선은 자료 출처의 다양성(어떤 자료는 종교적 엘리트에서 유래하고 어떤 자료는 교양이 없는 대중에서 유래한다. 또 어떤 자료는 세련된 문명의 산물이고 어떤 자료는 원시사회의 산물이다)이나 그것이 가지고 있는 형태의 다양성(신화, 의례, 신의 형태, 속신 등)이 히에로파니를 이해하는 데 장애가 되지는 않는다는 것을 보여주는 것으로 충분하다. 이것이 실제로는 많은 어려움을 야기하지만, 바로 이 다양성이 성의 서로 다른 모든 양태를 발견할 수 있게 한다. 왜냐하면 상징과 신화는 의례로는 결코 명시될 수 없는, 성의 양태에 대한 명확한 관점을 제공해주기 때문이다. 예컨대 상징과 의례는 서로 다른 차원인데, 그것은 상징이 계시하는 것을 의례는 결코 계시할 수 없다는 점이다. 다시 말하면,

농경의례에서 나타나는 히에로파니는 전체 체계, 즉, 세계 도처에서 보이는 다른 모든 농경 히에로파니가 우리에게 계시해주는 식물의 성성의 다양한 양태를 전제하고 있다.

이상의 예비적 고찰은 문제를 다른 각도에서 다시 서술하게 될 때 더욱 분명해질 것이다. 마술사가 희생자의 머리타래가 들어 있는 밀랍인형을 불태우면서 그 주술행위 밑에 깔려 있는 전체 이론을 반드시 충분히 이해하고 있는 것은 아니므로, 이 사실은 공감주술에 대한 우리의 이해에 아무런 영향도 끼치지 않는다. 이 주술을 이해하는 데 중요한 것은 인간이 몸에 부착하고 있는 물건이나 손톱, 머리카락 등이 인간에게서 떠난 후에도 그 인간과 밀접한 관계를 유지하고 있다는 것을, 개개의 인간이 경험적으로 이해하고 이론적으로 인식함으로써 비로소 그와 같은 행위가 가능함을 아는 것이다. 이와 같은 신앙은 아무리 멀리 떨어져 있는 사물이라도 특별한 법칙에 의해 지배되는 공감(유기적 공존, 형식적 또는 기능적 상징)에 의하여 결합되어 있다는 '공간연결'[역주1]의 개념에 바탕을 두고 있다. 마술사는 이 '공간연결'이 존재하는 한 효과가 있다는 것을 믿고 있다. 마술사가 그 공간연결을 알고 있는지 또는 머리카락과 그 소유자 사이를 연결하는 '공감'을 알고 있는지는 하등 중요하지 않다. 오늘날 볼 수 있는 마술사들을 보면 그들이 행하는 주술행위와 조응하는 세계관을 가지고 있는 것 같지는 않다. 그러나 주술행위 그 자체를 고찰해보면, 가령 그 주술을 행하는 자가 주술이 유래한 세계에 이론상 도달하지 못하였다고 해도, 그 행위 자체는 그 주술이 유래한 세계에 대해서 많은 것을 말해준다. 우리는 논리적인 탐구에 의해서도, 인간의 명백한 신앙에 의해서도 고대인의 정신세계에는 도달하지 못한다. 이 정신세계는 온갖 종류의 타락에도 불구하고 여전히 그것들이 의미하는 바와 그것들이 언제 유래했는지를 극명하게 보여주는 신

[역주1] 공간연결(space connection)은 주술적 인과론과 밀접한 관련이 있는 말로 마술사들은 가령 어떤 사람이 배가 뒤집혀 물에 빠졌을 때, 그것은 누군가 주술을 걸었기 때문이라고 믿는다. 공간적으로 멀리 떨어져 있어도 그것을 연결하여 보이지 않는 주술적 힘이 작용한다고 믿는다.

화, 상징, 관습 들에 보존되어 우리들에게 나타난다. 어떤 의미에서 이러한 신화, 상징, 관습은 '살아 있는' 화석이며, 때때로 우리는 이 하나의 화석으로 충분히 유기적 전체를 복원할 수 있다.

4. 히에로파니의 다양성

앞에서 인용한 예는 뒤에서 한 번 더 다루어 더욱 충실하게 보강할 예정이다. 이러한 예는 성의 개념을 규정하기 위해서가 아니라 우리가 다루고 있는 자료와 친숙해지기 위해서이다. 우리는 각 자료들에 대해서 히에로파니라는 명칭을 부여하였다. 그것들은 제각기 성의 양태를 표현하고 있기 때문이다. 이것이 드러내는 양태는 여기에 부여된 존재론적 가치와 함께 이 연구의 말미에서나 비로소 논할 수 있는 문제이다. 우선 의례, 신화, 우주발생론, 신 등의 각 자료를 히에로파니로 생각할 것이다. 다시 말하면 각각의 자료를 성스러운 것을 받아들이는 자들의 정신세계에서 나타나는 성의 표명으로 볼 것이다.

그러나 우리가 제기하는 문제가 항상 쉬운 것은 아니다. 모든 성이나 종교의 관념을, 아니 주술의 관념까지도 자동적으로 유대-그리스도교적 종교생활의 역사적 형태와 관련시키는 서양 사람들에게는 이방적 히에로파니는 크게 잘못된 것으로 나타날 것이다. 가령 서구인이 이방의 종교, 특히 동양 종교의 어떤 양상에 공감하는 사람이라도, 예컨대 돌이나 신비적인 에로티시즘에 담겨 있는 성스러운 가치를 이해한다는 것은 어려운 일이다. 이 낯선 히에로파니를 정당하다고 보는 사람조차도(예컨대 그 히에로파니를 '주물숭배'라고 보기도 한다) 현대인으로서는 전혀 받아들일 수도 없고 히에로파니의 가치를 가진 것으로도 볼 수 없는 또한 거기서 성의 양태를 판별할 수조차 없는 히에로파니가 있다는 것도 확실하다. 발터 오토는 그의 저서 『그리스의 신들』[원주2]에서 현대인들이 고대 그리스에

[원주2] Walter Otto, *Die Götter Griechenlands*, Bonn, 1929.

서 유행한 성스러운 것의 범주에 들었던 것 중의 하나인 '완전한 형태'에서 종교적 의미를 찾아내기란 힘들다는 것을 지적하고 있다. 그 어려움은 하나의 상징을 성의 표명으로 생각할 때, 혹은 많은 성의 양식과 마찬가지로 계절, 리듬, 형태의 완전성(어떤 형태이든)에 대해 생각할 때 더욱 증폭된다. 이와 같은 사정은 원시문화에서도 마찬가지라는 점을 이 책에서는 계속 밝히려고 한다. 만약 우리가 강단의 편견에서 벗어나 이러한 믿음을 단순히 범신론, 주물숭배, 유치증(幼稚症) 등이라고 비난하지 않고 정당하게 그것이 의미하는 바를 생각할 수 있다면, 우리는 원시문화에서 성의 과거나 현재의 의미를 더욱 잘 이해하고 동시에 성의 양태나 역사를 이해할 수 있는 기회를 더욱 많이 가질 수 있을 것이다.

우리는 히에로파니를 심리적, 경제적, 정신적, 사회적 생활의 모든 영역에서 사용하는 데 익숙해질 필요가 있다. 우리는 인간역사의 언제 어디에서든 히에로파니로 변형되지 않는 **어떤 것**(물체, 운동, 생리적 기능, 존재, 게임조차도)이 있다고는 확신할 수 없다. 이 어떤 것이 왜 히에로파니로 변했다가 어떤 시점에서 더 이상 히에로파니이기를 그치는가를 알아내는 것은 별개의 문제이다. 그러나 인간이 다루고 느끼고 접촉하고 사랑했던 것은 어느 것이나 히에로파니로 변할 수 있다는 것은 확실하다. 예컨대 어린이가 하는 모든 몸짓, 춤, 놀이, 장난감 등이 종교적 기원을 가지고 있다는 것은 널리 알려진 사실이다. 옛날에 그것은 예배의 동작, 대상이었던 것이다. 이와 마찬가지로 악기, 건축, 운송수단(동물, 마차, 배 등) 등은 처음에 성스러운 대상이나 성스러운 행위에서 비롯되었다. 예컨대 역사상 종교에서 **결코** 한 번도 모습을 드러내지 않은 동물이나 중요한 식물류가 있는 것 같지는 않다. 모든 상업, 예술, 공업, 기술은 성스러운 기원을 가지고 있거나 시간이 흐름에 따라 종교적 가치를 지니게 되었다. 인간의 일상적인 동작(기상, 보행, 뛰는 것), 여러 가지 직업(사냥, 고기잡이, 농업), 모든 생리적 행위(영양섭취, 성생활 등), 언어 가운데 기본적인 단어 등은 모두 이 목록에 포함시킬 수 있다. 그러나 인간이 이 단계들을 모두 다 거쳐 간다고 상상하는 것, 즉 모든 사회가 이런 방법으로 성스러운 영역에 도달한다고 보는 것은 잘못이다. 이러한 진화론적인 가설을 몇 세대 전에는 상상할 수 있었겠으나 오늘날에는 모두 배척되고 있다. 그러나 어느 곳, 어떤 역사적 시점에서 각각의 인간집단은 많은 사물, 동물, 초목, 몸짓 등을 선택하여 그것을 히에로파니로 변용시켰다. 결국 수천 년의 종교생활을 통해 계속되어온 이러한 변용을 면한 것이 남아 있으리라고 생각할 수는 없을 것 같다.

5. 히에로파니의 변증법

이 장 서두에서 지금까지의 종교현상에 대한 정의는 모두 성과 속을 대립시키고 있음을 지적하였다. 내가 지금까지 말한 것은(어떤 시점에서 어느 것도 히에로파니가 될 수 있다는) 이 모든 정의에 모순되는 것 같다. 모든 것이 성성을 부분적으로라도 구현할 수 있다면 성속(聖俗)의 이분법이 어떤 의미를 가질 수 있을 것인가? 이 모순은 사실상 표면적인 것에 불과하다. 왜냐하면 어떤 것이나 다 히에로파니가 될 수 있고 역사의 어떤 시점과 공간에서 성스러운 가치를 지니지 못한 것은 없으리라는 것도 사실이지만, 역사 속에서 이 모든 히에로파니를 다 가졌던 종교와 인종 또한 없었다는 것도 사실이기 때문이다. 다시 말하면, 모든 종교적 구조에는 성스러운 것과 나란히 세속적인 존재와 사물이 항상 있게 마련이다. (생리적 행위, 직업, 기술, 몸짓 등에 대하여 똑같은 말을 할 수는 없을 것이다. 그 구별에 대해서는 뒤에 다루게 될 것이다.) 즉, 어떤 종류의 사물은 성을 구현하는 적합한 수단으로 발견되기도 하지만 이 영광이 주어지지 못하는 종류의 사물도 있게 마련이다.

예를 들어서 소위 '돌숭배' 관념에서 살펴볼 때, 모든 돌이 다 성스러운 것으로 간주되는 것은 아니다. 그중 어떤 돌이 항상 숭배되는 것을 볼 수 있다. 그 이유는 이 돌이 남다른 형태를 지니고 있거나, 매우 크거나, 어떤 의례와 연결되어 있기 때문이다. 실제로 돌 자체를 예배하는 것이 아니란 점도 지적되어야 한다. 돌이 숭배되는 것은 정확히 말하면 단순히 돌이기 때문이 아니라 그것이 히에로파니가 되었기 때문이며, 사물로서 일반적인 상태가 아닌 다른 모습이 될 때 비로소 숭배되는 것이다. 히에로파니의 변증법은 많든 적든 분명한 선택을 포함하고 있다. 어떤 사물이 성스러운 것이 되는 것은 그것이 자기와 다른 어떤 것을 구현하고(즉 계시하고) 있는 경우일 뿐이다. 여기서 우리는 그 다른 어떤 것이 보통과 다른 독특한 형태나 그 효용성 또는 단순히 그 '힘'에서 유래한 것인지, 즉 어떤 상징에 적합한 사물이기 때문에 생긴 것인지, 성별식에 의해 주어진 것인지, 혹은 성성이 넘치는 지대(성스러운 지역, 성스러운 시간, 번개나 범죄 및 신성모독과 같은 우연한 '사고')에서 획득된 것인지는 상관할 필요가 없다. 문제는 히에로파니가 그것을 둘러싼 다른 모든 것으로부터 성을 표명하는 사물을 분명히 분리하는 선택을 내포하고 있다는 사실이다. 다른 어떤 것은 히에로파니가 광대한 영역에 걸쳐 있을 때에도 언제나 존재한다. 예를 들면 천공, 눈에 보이는 모든 풍경, '조국' 등이 그것이다. 성스러운 것이 되는 사물은 언제나 그 자체로서 분리되어 있다. 왜냐하면 단순히 세속적인 것이 되기를 멈출 때, 새로운 성성의 '차원'을 획득할 때 비로소 히에로파니가 되기 때문이다.

이러한 변증법은 민족학의 문헌에서 자주 언급되는 이들 생생한 히에로파니의 기본적인 수준에서 대단히 분명하게 나타난다. 이상하고 독특하고 신기하고 완전하고, 혹은 기괴한 모든 것은 주술종교적인 힘의 용기(容器)가 되며, 상황에 따라서 숭배의 대상 또는 공포의 대상이 된다(성스러운 것은 항상 이러한 양면적인 반응을 불러일으킨다). 크뤼트(A. C. Kruyt)는 다음과 같이 쓰고 있다.

사냥을 나간 개가 항상 행운을 만나면, 그 개는 메아사(measa, 병을 가져오는 신 혹은 화를 가져오는 자)가 된다. 사냥에서 너무 많은 행운을 얻으면 토라자족은 불안해하기 때문이다. 주술의 힘으로 동물은 먹이를 얻을 수 있지만, 필연적으로 그 힘이 주인에게는 치명적이 된다. 결국 그가 죽는다든가 쌀 수확이 나빠지거나 아니면 대개의 경우 물소나 돼지가

병이 든다. 이와 같은 속신은 중앙 셀레베스 섬 전체에 퍼져 있다.[원주3]

어떤 영역에서나 완전함은 외경심을 불러일으킨다. 성이나 주술이 갖고 있는 이런 완전함의 속성이야말로 두려움의 대상이다. 고도의 문명사회에서도 성자나 천재에 대하여 외경심을 품게 되는 것이 이를 잘 설명해준다. 완전함은 이 세상의 것이 아니다. 그것은 이 세상 밖의 것이든가 다른 어떤 곳으로부터 온 것이다.

이와 같은 공포 혹은 두려움은 외래의 것, 이상한 것, 신기한 것 등에 똑같이 적용된다. 즉 이렇게 사람을 놀라게 하는 존재는 숭배의 대상이 되거나 위험의 대상이 되기도 하는 힘을 암시하기 때문이다. 셀레베스 섬에는 이런 말이 있다.

바나나의 열매가 나뭇가지 끝에서 나지 않고 중간 줄기에서 나오면 그것은 메아사이다. ······사람들은 왕왕 바나나나무 주인이 죽을 것이라고 말한다. ······나뭇가지에 다른 두 가지 열매가 열리면(쌍둥이가 나와도 마찬가지이다) 그것은 메아사이다. 그 식물이 자라고 있는 땅 주인의 가정에 죽음이 있을 징조이다. 아무도 먹지 못하게 그 나무덩굴을 뽑아버려야 한다.[원주4]

에드윈 스미스(Edwin W. Smith)는 또 이렇게 말하고 있다.

불가사의하고 이상한 물건, 진귀한 광경, 이례적인 습관, 미지의 식물이나 물건을 만들어내기 위한 새로운 수법, 이런 것들은 모두 신비한 힘의 표명이라고 생각한다.[원주5]

[원주3] Kruyt, Lévy-Bruhl, *Primitives and the Supernatural*, London, 1936, pp. 45~46에서 재인용.
[원주4] 같은 책, p. 191에서 재인용.
[원주5] 같은 책, p. 192에서 재인용.

뉴헤브리데스 제도의 타나에서는 모든 질병의 원인이 그 섬에 들어온 백인 선교사들에게 있다고 생각한다.[원주6] 이러한 예는 얼마든지 들 수 있다.[원주7]

6. 터부와 성의 양면성

이러한 것들을 어느 범위까지 히에로파니로 볼 수 있는가에 대해서는 뒤에서 고찰하기로 한다. 이러한 것들은 크라토파니,[역주2] 즉 힘의 현현이며 따라서 그것은 두려움의 대상이 되는 동시에 숭배의 대상이 된다. 성의 양면성은 단순히 심리적 차원에 속할 뿐만 아니라(그것이 마음을 끌거나 혹은 거부의 대상일 때) 가치론적 차원에도 속한다. 성은 '성스럽고' 동시에 '더럽혀진 것'이기도 하다. 세르비우스[원주8]는 베르길리우스의 말 "황금에 저주된 악귀"(auri sacra fames)를 주석하면서, 성은 저주스러운 것과 성스러운 것을 동시에 의미하고 있음을 올바르게 지적하고 있다. 에우스타시우스[원주9]는 하기오스(hagios)라는 말이 이중의 의미를 가진 말, 즉 '깨끗함'과 '더러움'의 뜻을 동시에 표현한다고 기술하고 있다.[원주10] 이와 같은 성의 양면성은 고대 셈족의 세계나[원주11] 이집트 세계[원주12]에서도 나타나고

[원주6] 같은 책, p. 164.
[원주7] Lévy-Bruhl, *Primitive Mentality*, London, 1923, pp. 36, 261~64, 352 참조; H. Webster, *Taboo, A Sociological study*, Stanford, 1942, pp. 230 ff. 참조.
[역주2] 크라토파니(krotophany)는 글자 그대로 krato(힘)와 phainein(나타내다)의 합성어로 히에로파니를 성현(聖顯)이라고 하는 데 비해 크라토파니는 역현(力顯)이라고 번역된다. 공포, 외경심, 두려움의 대상이 되는 것 일체를 말한다. 두려움과 동시에 알 수 없는 힘으로 이끄는 양면성을 지니고 있다.
[원주8] *Ad. Aen.*, iii, 75.
[원주9] *Ad Iliadem*, xxiii, 429.
[원주10] Harrison, *Prolegomena to the Study of Greek Religion*, 3rd ed., Cambridge, 1992, p. 59 참조.
[원주11] Robertson Smith, *The Religion of Semites*, 3rd ed., London, 1927,

있다.

'더럽혀짐'에 대한 부정적 가치평가(죽은 자, 죄인 등과의 접촉)는 히에로파니와 크라토파니의 모순적 병존(ambivalence)에서 유래하고 있다. 세속적인 상태에 있을 때, 즉 적절한 의례를 준비하지 못한 경우에는 더럽혀지거나 성별화된 대상에 접근하는 것이 위험하다. 민족학자들이 사용하는 폴리네시아어의 이른바 터부라는 말은 접촉하면 위험이 따르므로 '금지되거나', 차단되어 있는 사물, 장소, 사람의 상태를 지칭한다. 일반적으로 말해서 자연스럽게 갖거나 혹은 자신의 존재론적 차원의 변화에 의해, 즉 다소 불확실한 자연의 힘에 의해 획득한 어떤 대상, 행위, 사람이 터부이며 또 터부가 된다. 터부의 본성 그리고 터부화된 모든 행위나 사물, 사람의 본성에 대한 연구는 대단히 풍부하다. 그것은 프레이저(Frazer)의 『황금가지, 터부와 영혼의 모험』 제2부를 훑어보거나 혹은 웹스터(Webster)의 『터부── 사회학적 연구』에 나오는 풍부한 목록을 보면 납득이 될 것이다. 우리는 반 게네프의 『마다가스카르의 터부와 토테미즘』[원주13]이라는 연구논문에 수록되어 있는 몇 가지의 예를 들어보려고 한다. 마다가스카르어로 터부에 해당하는 말은 파디(fady), 팔리(faly)로, 그것은 "성스러운, 금제(禁制)된, 금지된, 근친상간의, 불길한"[원주14] 것, 요컨대 위험한 것을 의미한다.[원주15] 파디는 "섬에 수입된 최초의 말, 선교사들이 가져온 토끼, 새로운 상품, 특히 유럽의 의약품(소금, 옥소, 럼주, 후추)"[원주16] 등을 가리킨다. 우리는 여기서 다시 위에서 말한 바와 같은 이상한 것, 신기한 것의 크라토파니와 만나게 된다. 이 크라토파니의 양태는 일반적으로 번갯불과

---

    pp. 446~54 참조.
[원주12] W. F. Albright, *From the Stone Age to Christianity*, 2nd ed., Baltimore, 1946, p. 321, n. 45 참조.
[원주13] Van Gennep, *Tabou et totémisme à Madagascar*, Paris, 1904.
[원주14] 같은 책, p. 12
[원주15] 같은 책, p. 23.
[원주16] 같은 책, p. 37.

같은 성격을 띠고 있다(충격적이고 놀라움을 준다 — 옮긴이). 왜냐하면 이러한 터부는 모두 그들의 성격상 영속성이 없기 때문이다. 터부가 이미 알려진 사실이 되고, 손으로 다룰 수 있고, 원주민의 질서세계 가운데 통합되어 버리면 그 터부는 힘의 균형을 깨는 능력을 상실해버리고 만다. 또 하나 마다가스카르어로 로자(loza)라는 말이 있다. 사전에서는 이 말을 다음과 같이 정의하고 있다. "모든 자연질서 바깥에 있는 것, 질서에 반하는 것, 기적, 공적인 재화, 근친상간."[원주17]

병이나 죽음의 현상은 역시 이상하고 두려운 것의 범주에 들어가는 것이 확실하다. 마다가스카르인이든 다른 민족이든 병자나 죽은 자를 '금지'로서 공동체의 다른 성원과 확실히 분리해낸다. 죽은 자를 만지거나 혹은 바라보거나 그 이름을 입에 담는 것은 금지되어 있다. 그 밖에도 여성, 성(性), 탄생, 어떤 특별한 상황에 관련되어 있는 터부가 있다. 즉, 병사가 싸우다 죽은 수탉을 먹는 것 혹은 창에 찔려 죽은 동물을 먹는 것은 금지되어 있다. 가장이 무장하고 있거나 전쟁에 나간 집에서는 동물의 수컷을 죽이는 것이 금지되고 있다.[원주18] 이런 터부들은 언제나 일시적인 금지와 관련되어 있는 수가 많다. 일시적인 금지란 어떤 종류의 중심(여성, 죽음, 병)에 순간적으로 힘이 집중되는 것, 혹은 위험한 상황에 빠진 사람들(병사, 사냥꾼, 어부 등)에게 집중되는 것을 말한다. 그러나 항구적인 터부도 있다. 즉 왕이나 성인(聖人), 이름이나 철(鐵), 어떤 우주적 구역(감히 다가갈 수 없는 암본드롬 산,[원주19] 호수, 강 또는 섬 전체)[원주20] 등이 이런 예에 속한다. 이 경우 금지는 터부가 되는 인물이나 물체가 지닌 각각의 특수한 존재방식에서 생긴다. 왕은 왕이라는 신분 때문에 넘치는 힘의 저장소가 되며 따라서 어떤 예방조치를 강구하지 않으면 왕에게 접근할 수 없다. 왕은 접

[원주17] 같은 책, p. 36.
[원주18] 같은 책, pp. 20 ff.; R. Lehmann, *Die Polynesischen Tabusitten*, Leipzig, 1930, pp. 101 ff.; Webster, pp. 261 ff. 참조.
[원주19] Van Gennep, p. 194.
[원주20] 같은 책, pp. 195 ff.

촉할 수 없는 존재, 직접적으로 볼 수 없는 어떤 존재이다. 그뿐 아니라 왕에게는 말을 걸 수가 없다. 어떤 지역에서는 군주가 땅에 발을 딛는 것조차 금지되어 있다. 왜냐하면 군주는 자기 속에 축적되어 있는 힘 때문에 대지를 파멸시켜버릴 수 있기 때문이다. 그 때문에 왕은 들것에 실려 운반되거나 융단 위로 걷는다. 성인, 사제, 주술의(呪術醫) 등에게 취하는 예방책도 이와 동일한 두려움으로 설명할 수 있다. 어떤 종류의 금속(예컨대 철)이나 장소(섬, 산)의 '터부'에 대해서도 똑같이 말할 수 있다. 이 터부를 결정하는 원인은 여러 가지가 있다. 즉 금속의 진귀함, 비밀집단(연금술사, 마술사 등)이 그 금속을 사용하고 있다는 사실, 어떤 산의 장대함 혹은 그 산이 원주민의 질서세계에 통합될 수 없다는 사실, 혹은 아직 통합되어 있지 않다는 사실 등이 그것이다.

그렇지만 터부가 되는 요소들은 항상 동일하다. 즉 어떤 사물, 인물, 장소는 어떤 식으로든 전혀 다른 존재론적 영역에 속하며, 그 결과 그들과 접촉하면 치명적이 될 수도 있는, 존재론적 차원의 단절을 일으킨다. 세속적인 상태와 히에로파니, 크라토파니의 상태 사이에 있는 존재론적인 차이에서 필연적으로 현존하게 되는 그와 같은 단절에 대한 두려움은 성별된 식품이나 어떤 주술종교적인 힘을 포함하고 있다고 생각되는 식품을 대할 때에도 존재하는 것을 알 수 있다. "어떤 종류의 식품은 성스러운 것이기 때문에 절대 먹어서는 안 되며, 먹어도 일부분만 먹어야 한다."[원주21] 그 때문에 모로코 사람들은 사원이나 축제에 갔을 때 그들에게 제공된 음식을 아주 조금밖에 먹지 않는다. 밀이 타작마당에 쌓여 있을 때 사람들은 그 밀의 '힘'(baraka)을 증대시키려고 애쓰지만, 너무 많은 힘이 거기에 쌓이게 되면 해로운 것이 될 수도 있다고 생각하기 때문이다.[원주22] 바라카가 너무 많이 들어 있는 꿀이 위험하다는 것은 이와 똑같은 이유에서이다.[원주23]

[원주21] Westermarck, *Pagan Survivals in Mahommedan Civilizations*, London, 1933. p. 125.
[원주22] 같은 책, p. 126.
[원주23] 같은 곳.

매혹적이면서도 배타적인 이러한 성의 양면성은 이 연구의 두 번째 책에서 더 자세히 논의될 것이다. 그러나 지금 주목할 수 있는 것은 인간이 성(가장 폭넓은 의미에서 이 말을 사용한다면)에 대하여 모순된 태도를 보인다는 것이다. 한편으로 인간은 가능한 한 히에로파니나 크라토파니와 효과적인 접촉을 하여 인간 자신의 실재를 확보하고 증가시키려고 시도하나, 다른 한편으로는 자신의 자연스럽고 세속적인 상태보다 우월한 존재론적 차원에 합일되어버려서 그 '실재'를 결정적으로 상실해버리지나 않을까 두려워한다. 즉, 인간은 세속적인 상태를 초월하려고 하면서도 완전히 그 상태를 버릴 수 없다. 성에 대한 인간의 태도의 양면성은 부정적인 히에로파니나 크라토파니(죽은 자, 정령, 모든 더럽혀진 것에 대한 공포)에서만 확인되는 것이 아니고, 가장 진보된 종교형태에서도 확인되고 있다. 심지어 그리스도교 신비주의자들에 의해 계시된 테오파니도 많은 사람들에게 매력뿐만 아니라 반발의 감정(이러한 반발은 증오, 모멸, 두려움, 고의의 무지, 야유 등과 같은 여러 형태로 나타난다)을 일으킨다.

앞에서 언급한 바와 같이 이상하고 이례적인 것의 표명은 보통 두려움이나 반감을 일으킨다. 터부 그리고 터부시된 행동, 사물, 인물 등 약간의 예가 우리에게 보여주고 있는 것은 이상한 것, 불길한 것, 신비적인 것 등의 크라토파니가 일반적인 경험의 범위에서 분리된 메커니즘이라는 것이다. 이 분리는 때때로 긍정적인 효과를 가져다준다. 즉 분리는 그 분리로 끝나는 것이 아니라 가치를 부여한다. 이런 뜻에서 추함이나 기형에 대해서 말하면, 보통 사람들은 그러한 사람들을 조롱하면서도 동시에 그들을 성별하기도 한다. "오지브와족 인디언 가운데는 아무런 주술을 부리지 못하면서도 추하고 기형이라는 이유로 마법사라는 이름을 가진 사람이 많다." 이들 인디언 가운데서 존경을 받는 마법사는 모두 "추하고 혐오스러운 용모를 하고 있다." 리드(Reade)가 확인한 바에 의하면 콩고에서는 난쟁이들과 백색증에 걸린 사람은 모두 성직자가 된다고 한다. 일반적으로 "이러한 사람들이 불러일으키는 외경심은 그들의 외모의 결과로서, 그들이 신비적인 힘을 가지고 있다는 믿음에서 나오고 있음은 의심의 여지가 없다."[원주24]

샤먼, 마술사, 주술의 등은 신경병 환자나 신경병으로 정서가 불안정한 사람들 가운데서 뽑았는데, 이것도 이상하고 이례적인 것이 지닌 똑같은 매력에 그 원인을 두고 있다. 이와 같은 일종의 성스러운 흔적은 그 자체가 선택되었음을 말해준다. 즉 그 성스러운 흔적을 가진 자는 그들을 성별하여준 신이나 정령에 대하여 사제, 샤먼, 마술사 등이 되어 봉사해야 한다. 물론 항상 명백하게 외적으로 드러나는 이런 종류의 특징(추함, 불구, 심약함, 신경증 등)으로만 선택이 이루어지지는 않는다. 성직이라는 소명은 지원자가 자발적으로 하든 그렇지 않든 그들이 따르는 어떤 의례적인 실천의 결과이거나 혹은 주물숭배 사제의 선발에 의하여 선택된다.[원주25] 그러나 어쨌든 선택이 이루어지고 있는 것이다.

7. 마나

이상하고 비정상적인 것은 사람을 불안하게 하는 신의 현현이기도 하다. 그것들은 자연적인 것과는 다른 어떤 것의 출현 혹은 최소한 그 어떤 것에 대한 요청을 나타내고 있다. 간교한 동물, 신기한 것, 기괴한 것은 추한 인간, 신경증적인 인간 등 어떤 별스러운 표시 때문에(선천적인 것이든 혹은 '선택된' 사람임을 표시하기 위해서 행하는 의식의 결과로 획득되는 후천적인 것이든) 공동체의 다른 성원으로부터 분리된 인간 등과 똑같이 분명하게 구분된다. 이 예는 우리가 마나[역주3]라고 하는 멜라네시아어 개념을 이해하는 데 도움을 준다. 어떤 이들은 이 마나로부터 모든 종교현상의 기원

[원주24] G. Landtmann, N. Söderblom, *The Living God*, Oxford, 1933, p. 15 에서 재인용.
[원주25] 같은 책, pp. 13 ff.
[역주3] 마나라는 용어는 영국의 선교사이며 민족학자였던 코드링턴이 처음 사용하였다. 멜라네시아 원시종교에서 도덕적인 선악과는 관계없이 초자연적인 힘을 지니고 있는 것을 말한다. 인간, 정령, 동식물, 무생물 어디에나 이 마나를 소유하고 있는 것은 멜라네시아인들에게 종교적 감정을 불러일으켰다.

을 찾을 수 있다고 믿고 있다. 마나는 멜라네시아인에게 신비적이고 활동적인 힘인데, 그 힘을 소유하고 있는 자는 어떤 개인, 일반적으로는 죽은 자의 혼과 모든 정령들이다.[원주26] 우주창조라는 거대한 행위는 신적인 힘인 마나에 의해서만 이루어질 수 있다. 예컨대 족장도 마나를 소유하고 있고, 영국인이 마오리족을 정복한 것은 영국인의 마나가 마오리족보다 더욱 강했기 때문이며 또한 그리스도교 선교사의 예배의식은 원주민 의례의 마나보다 더 높은 마나를 가지고 있다. 한편 변소도 그 자신의 마나를 가지고 있다. 그것은 인체와 그 배설물이 지니고 있는 '힘의 저장소'라는 변소의 성격에 따른 것이다.[원주27]

그러나 인간이나 사물이 마나를 지니고 있는 것은 그들이 더 높은 존재자로부터 마나를 받았기 때문이며, 다른 말로 하면 성스러운 것과 신비하게 삶을 공유하고 있는 한에서만 마나를 부여받는 것이다.

어떤 돌이 초자연적인 힘을 가지고 있다고 간주할 수 있다면, 어떤 정령이 그 돌에 결부되어 있기 때문이다. 즉 죽은 자의 뼈가 마나를 지니고 있다면 죽은 자의 혼이 거기에 존재하기 때문이며, 어떤 개인이 정령이나 죽은 자의 혼과 아주 긴밀한 관계를 가지고 있다면, 자기 자신 속에도 마나를 지닐 수 있으며 또한 원하는 대로 마음대로 마나를 행사할 수 있다.[원주28]

마나는 물리력과는 질적으로 다른 힘이다. 따라서 마나는 자의적으로 작용한다. 뛰어난 투사는 그 뛰어난 특질을 자신의 힘이나 정신력에서 얻는 것이 아니라 죽은 투사로부터 부여받은 마나에서 얻는다. 그래서 그 마나는 목에 두른 돌의 주물이나 혁대에 매단 몇 개의 잎사귀, 그들이 노래하는

[원주26] Codrington, *The Melanesians*, Oxford, 1891, p. 118.
[원주27] Van der Leeuw, *Religion in Essence and Manifestation*, London, 1938, p. 25 참조.
[원주28] Codrington, pp. 119 ff.

일정한 구절 가운데 숨어 있게 된다. 어떤 사람이 소유한 돼지가 번식하거나 그 사람의 정원에서 나무가 번창하는 것은, 그 돼지나 나무의 특별한 마나를 보유한 어떤 종류의 돌을 돼지나 정원의 소유자가 가지고 있기 때문이다. 작은 배는 마나를 가지고 있지 않으면 빨리 움직이지 않는다. 고기를 잡는 투망에도, 치명상을 주는 화살에도 마나가 있다.[원주29] 특출나게 존재하는 것은 모두 마나를 소유하고 있다. 즉 인간에게 유효하고 역동적이고 창조적이고 완전하게 보이는 것은 모두 마나를 소유하고 있다.

종교의 최초 단계가 애니미즘이라고 주장하는 타일러(Tylor) 및 이 학파의 설에 반대하여, 영국의 인류학자 마렛(Marrett)은 이러한 비인격적인 힘의 존재를 믿는, 종교의 전(前)애니미즘 단계를 인정할 수 있다고 믿었다. 나는 지금 종교의 '최초의 단계'에 대하여 어느 정도까지 명확히 말할 수 있는가를 자세하게 논의하는 것은 피하려고 한다. 또 그러한 기초형태를 증명하는 것이 종교의 '기원'을 발견하는 것이 되는가를 논증하고 싶지도 않다. 나는 단지 크라토파니와 히에로파니의 변증법을 가장 기본적인 차원에서 설명하기 위해 마나의 몇 가지 예를 언급했을 뿐이다. ('가장 기본적'이라는 것은 심리학적인 면에서 본 '가장 원시적'이란 의미나 연대적으로 '가장 오래된'이라는 의미가 아니다. 이 기본적인 차원이란 성으로 표명되는 단순하고 명백한 양태를 의미한다는 점을 이해해야 한다.) 우리가 인용한 여러 예들은 크라토파니나 히에로파니가 이상한 것, 비정상적인 것, 새로운 것과 똑같은 방법으로 그 동류들 가운데서 선택되었다는 사실을 설명해주고 있다. 그러나 첫째로 멜라네시아 이외의 여러 종교에서도 보이는 마나의 개념이 보편적인 개념이 아니며, 따라서 이것이 모든 종교의 첫번째 단계를 나타내는 것이라고는 할 수 없고, 둘째로 마나를 비인격적인 힘으로 보는 것을 완전히 옳다고는 할 수 없다는 점을 지적하고 싶다.

확실히 멜라네시아인 이외의 사람들도[원주30] 사물을 강력하게 하는, 가장

[원주29] 같은 책, p. 120.
[원주30] 그리고 그 밖에도 마나는 모든 멜라네시아인의 관념은 아니다. 그것은 Ontong

완전한 의미에서 현존하도록 하는, 같은 종류의 힘을 믿었다. 수족은 이 힘을 와칸(wakan)이라고 부른다. 그리고 그것은 세계의 어느 곳에나 존재하며, 다만 이상한 현상(태양, 달, 천둥, 바람 등과 같이)에서만, 또 강한 개성을 가지고 있는 자(마술사, 그리스도교 선교사, 신화와 전설의 인물 등)에게서만 모습을 나타낸다. 이로쿼이족은 똑같은 개념을 의미하는 오렌다(orenda)라는 말을 사용하고 있다. 폭풍은 오렌다를 가지고 있다. 쏘아서 떨어뜨리기 힘든 새의 오렌다는 대단히 교활하다. 분노하고 있는 사람은 자기의 오렌다의 먹이가 된다. 휴런족의 오키(oki), 서인도 제도의 제미(zemi), 아프리카 피그미족(밤부티)의 메그베(megbe), 이러한 말들은 모두 마나와 똑같은 종류의 것을 의미한다. 그러나 거듭 말하지만 누구나가 오키, 제미, 메그베, 오렌다를 가지고 있는 것은 아니다. 오직 신성한 것, 영웅, 죽은 자의 혼, 그리고 마술사, 주물, 우상 등과 같이 성과 연결되어 있는 인물이나 사물만이 그것을 가지고 있다. 이러한 주술종교적 현상을 기술한 민족학자 가운데 한 사람만 인용해본다면, 폴 셰베스타는 다음과 같이 기록하고 있다.

메그베는 어느 곳에나 있다. 그러나 그 힘이 동일한 강도와 동일한 방식으로 어느 곳에서나 보이는 것은 아니다. 어떤 동물에게는 그것이 풍부하게 부여되어 있다. 어떤 사람은 많은 메그베를 가지고 있고, 어떤 사람은 적게 가지고 있다. 유능한 사람은 그들이 쌓은 메그베의 양 때문에 뛰어나게 된다. 마술사도 그것을 다량으로 소유하고 있다. 메그베는 소유자가 죽음으로써 함께 사라져버리든가, 누군가 다른 사람에게 옮겨가든가 또는 토템으로 변형되는 운명을 가진 그림자 영혼(soul-shadow)과 결부되어 있는 힘인 것처럼 생각된다.[원주31]

Java(북동 솔로몬), Wogeo(뉴기니)(Hogbin, "Mana," *MN*, 1914, no. xiv, p. 268 참조), Wagawaga, Tubetube 등(Capell, "The Word 'Mana'," *OA*, 1938, vol. ix, p. 92)에서는 알려져 있지 않았다.
[원주31] Paul Schebesta, *Les Pygmées*(프랑스어본), Paris, 1940, p. 64.

어떤 학자는 이 목록에다 몇 가지 다른 용어(마사이족의 응가이 ngai, 마다가스카르인의 안드리아마니타 andriamanitha, 다야크족의 페타라 petara 등)를 첨가하고, 또 인도의 브라만(Brahman), 이란의 크바레나 (xvarenah), 로마의 임페리움(imperium), 북유럽의 하밍야(hamingja) 에 대하여 똑같은 설명을 하는 사람이 있기는 하지만, 마나의 사상이 어디서나 보이지는 않는다. 마나는 모든 종교에서 다 나타나는 것은 아니며, 또 그것이 존재하는 곳일지라도 그것이 유일하고 가장 오래된 종교형태도 아니다.

바꿔 말하면, 마나는 결코 보편적인 것이 아니다. 따라서 원시종교의 일반 이론을 확립하는 기초로 이용하는 것은 오해를 불러일으킬 뿐만 아니라 불합리하기도 하다.[원주32]

실제로 이러한 여러 가지 정식들(마나, 와칸, 오렌다 등) 사이에도 뚜렷한 차이는 아닐지라도 확실히 초기의 연구에서는 충분히 관찰될 수 없는 여러 가지 뉘앙스가 있다. 예를 들면 폴 라딘은 존스(Jones)와 플레처 (Fletcher), 휴이트(Hewitt)가 수족과 알곤킨족들에게서 보이는 와칸다 (wakanda)와 마니토(manito)에 대한 연구에서 도출해낸 결론을 분석하면서, 그 말들은 '성스러운 것', '이상한 것', '눈에 띄는 것', '놀라운 것', '비일상적인 것', '힘있는 것'을 의미하지만 '선천적인(내적인) 힘'[원주33]이라는 관념은 전혀 찾아볼 수 없다고 기술하고 있다.

마렛(그 밖의 사람들)은 마나가 '비인격적인 힘'을 나타낸다고 보고 있다. 그러나 코드링턴은 다음과 같은 사실에 주목하였다.

[원주32] Hogbin, p. 274.
[원주33] Paul Radin, "Religion of the North American Indians," *JAF*, 1914, vol. xxvii, p. 349.

그 자체는 비인격적이지만 항상 그것을 행사하는 어떤 사람과 결부되어 있다. ……어떤 사람도 그 스스로 힘을 가지고 있지는 않다. 그는 자신이 하는 모든 것을 인격적인 존재, 자연의 정령, 혹은 그 조상의 영혼의 도움을 받아서 하는 것이다.[원주34]

최근의 연구에서는(호카르트 Hocart, 호그빈 Hogbin, 카펠 Capell) 코드링턴이 정한 이러한 특질을 더욱 명확하게 파고들어갔다.

만약 마나가 항상 인격적인 존재와 결부되어 있다면, 어떻게 그것이 비인격적일 수 있는가?

호카르트는 이렇게 반문하고 있다. 예를 들면 과달카날과 말라이타 섬에서 나나마(nanama)는 죽은 자의 정령만이 독점적으로 소유하고 있다. 비록 그들이 그 힘을 사람들을 유익하게 하는 데 사용할 수는 있지만.

사람이 아무리 열심히 노동을 하더라도 정령의 승인을 얻지 못하거나 그 힘을 그를 위해 행사하지 않는다면 결코 부유해지지 못한다.[원주35]

정령의 환심을 사기 위해 온갖 노력을 하면, 마나는 항상 움직여줄 것이다. 공희는 그 허가를 얻는 가장 공통적인 방법이다. 그러나 다른 제의도 또한 정령을 기쁘게 할 수 있다고 생각되고 있다.[원주36]

또 라딘은 인디언들이 인격적인 것과 비인격적인 것, 혹은 육체적인 것과 비육체적인 것을 대립시키지 않는다는 점에 주목한다.

[원주34] Codrington, *The Melanesians*, pp. 119, 121.
[원주35] Hogbin, p. 297.
[원주36] 같은 책, p. 264.

인디언들이 관심을 갖는 것은 존재와 실재의 문제인 것 같다. 생각하고 느끼고 꿈꾸는 등의 감각을 통해서 지각되는 모든 것은 존재한다. 따라서 정령의 본성이 인격적인가 혹은 비인격적인가는 문제가 되지 않는다.[원주37]

우리는 존재론적인 용어로 문제를 제기해야 할 것 같다. 즉 인격적인가 비인격적인가 혹은 육체적인가 비육체적인가가 아니라 무엇이 **존재하는가**, 무엇이 **실재인가** 또 무엇이 **존재하지 않는가**가 문제이며, 원시인은 이러한 관념에다 후기 문명과 똑같은 의미를 부여하고 있지 않다. 마나를 소유하는 것은 어떤 것이나 존재론적인 차원에서 존재하는 것이며, 이런 이유로 유효, 다산, 풍요인 것이다. 따라서 마나를 전혀 '비인격적'인 것으로 논할 수는 없다. 왜냐하면 그러한 관념은 원시인의 정신영역 안에서는 의미를 가지지 않을 것이기 때문이다. 사물이나 우주적인 사건, 존재 또는 인간으로부터 분리되어 그 자체로서 존재하는 마나는 어디서도 발견할 수 없다. 더욱이 면밀히 분석해보면 물체나 우주적 현상, 또한 그것이 무엇이든 마나를 소유하고 있는 것은 어떤 정령의 간섭이나 어떤 신적인 존재의 에피파니에 관련되어 있기 때문이다.

사실상 마나를 비인격적인 주술적 힘이라고 보는 것을 정당화하는 것은 어디에도 존재하지 않는 것 같다. 이런 점에서 전(前)종교적 단계(완전히 주술에 지배되는)로 보는 것도 똑같이 잘못된 것이다. 이와 같은 이론은 어떤 경우에나 모든 민족(특히 가장 미개한 민족)이 반드시 마나라는 신앙을 갖고 있지는 않았다는 사실, 그리고 주술은(많든 적든 어디서나 발견되는 것이지만) 종교와 떠나서는 결코 존재하지 않는다는 사실에 의하여 무효화되고 있다. 실제로 주술이 모든 '원시'사회의 정신생활을 지배한 것은 결코 아니다. 오히려 주술이 널리 보급된 곳은 바로 진보한 사회이다. (그 예로서 오스트레일리아의 쿠르나이족과 푸에고 섬 사람들은 거의 주술을 하지

[원주37] 같은 책, p. 352.

않는다. 또 에스키모인이나 코랴크족의 사회에서는 문화나 그 밖의 부문에서 훨씬 상위에 있는 아이누족이나 사모예드족 등의 인접사회에서보다도 거의 주술이 알려져 있지 않다.).

8. 히에로파니의 구조

여러 가지 놀라우면서도 일시적인 히에로파니, 크라토파니, 마나 등을 언급했는데, 그 목적이 어디에 있었는가를 생각해보도록 하자. 우리는 이 문제를 상세하게 논의하려는 것이 아니라(이미 성의 개념, 종교와 주술 사이의 균형 등의 개념을 분명하게 가지고 있다는 것을 전제하고), 단지 몇 가지 기초적인 판단을 하면서 가장 기본적인 성의 양태를 설명하려고 했다. 이러한 모든 히에로파니와 크라토파니는 어떤 종류의 선택을 나타내고 있다. 선택된 것은 가령 단지 이상한 것, 새로운 것, 이례적인 것이라는 점 때문에 '선택'되었다 하더라도 당연히 강하고 효험이 있고 위협을 주며, 또 풍요한 것이라고 간주되었다. 히에로파니와 크라토파니로서 선택된 것은 가끔 위험한 것, 금지된 것, 더럽혀진 것으로 나타난다. 우리는 가끔 히에로파니와 결부된 힘, 혹은 효력의 관념을 발견한다. 또 나는 그것을 그 성성(聖性)이 아직 증명되지 않았기 때문에 크라토파니라고 불렀다. 그러나 성급하게 일반화하는 것이 얼마나 현명치 못한지도 역시 보여주었다. 예컨대 마나를 비인격적인 힘이라고 하는 것이 얼마나 잘못된 것인가를 보여주었다. 왜냐하면 마나가 종교적 경험에 들어올 수 있고 속인의 눈에 비칠 수 있는 것은 어떤 종류의 인격화나 구현체를 통하여 비로소 가능해지기 때문이다. 완전한 형태로 존재하는 모든 것이 마나를 가지고 있다는 존재론적 용어로 문제를 설정하는 것이 훨씬 더 현명하다. 인격적인가 비인격적인가의 차이는 원시인의 정신영역에서는 명확한 의미를 갖지 않으므로 사용하지 않는 것이 좋을 것이다.

그러나 위에 언급한 기본적인 히에로파니와 크라토파니를 '원시인'의 종교적 이론과 경험의 전체로 보는 것은 동떨어진 이야기라는 점에도 주의해야 한다. 이러한 기본적인 표명만으로 구성된 종교는 하나도 없다. 성의 범주는 항상 단순히 이상한 것, 마나, 조상숭배, 정령신앙, 자연숭배 등의 표명 이상으로 그 자신을 폭넓게 보여주고 있다. 다른 말로 하면 어떤 종교도 그것이 아무리 '원시'종교라 할지라도(오스트레일리아 종족이나 안다만 제도의 주민들 그리고 피그미족의 종교) 히에로파니의 기본적인 차원(마나, 토테미즘, 애니미즘)으로 환원시킬 수는 없다. 이 모든 단순한 종교 이론이나 경험을 추적해나가면서 우리는 많든 적든 예컨대 지고존재자의 숭배와 같은 다른 경험과 이론의 뚜렷한 흔적을 계속 발견하게 될 것이다. 이러한 흔적이 종족의 일상적인 종교생활과 별로 관계가 없다는 것은 여기서는 별개의 문제이다. 앞으로 이 문제를 제기할 기회가 있겠지만(§12) 천상계에 거주하며 천공의 에피파니[역주4]로 그 자신을 표명하는 창조자이며 전능자인 지고존재자의 신앙은 거의 모든 원시인들 사이에서도 나타난다. 그러나 이 지고존재자는 거의 어떤 의례에서도 자리를 차지하지 못한다. 그 지위는 다른 종교적인 힘(토테미즘, 조상숭배, 태양과 달의 신화, 풍요의 에피파니 등)이 대신 차지하고 있다. 왜 그러한 지고존재자가 일상의 종교생활에서 모습을 나타내지 않는지는 분명히 역사의 문제이다. 그것은 부분적으로 동일시되고 있는 여러 힘 때문이다. 그러나 지고존재자는 대단히 중요한 것으로 나타나지는 않더라도 '원시인'의 종교적, 세습적 전통에 속하며 그 때문에 초기 인류의 성의 경험에 대한 보편적 연구에서 빠뜨릴 수 없다. 기본적인 히에로파니와 번갯불 같은 크라토파니는 단지 고대적 종교경험의 요소일 뿐이다. 그들은 때때로 종교경험을 지배하기는 하지만 결코 종교경험 전체라고 말할 수는 없는 것이다.

[역주4] 에피파니(epiphany)는 히에로파니, 크라토파니와 함께 엘리아데의 독특한 종교 용어. 특정한 계기와 대상의 성현이나 역현과는 달리 존재 일반이 드러내는 포괄적 개념이지만 만물 그 자체가 성스러움을 지니고 있다는 범신론적 개념과는 다르다. 만물을 '통해서' 성(聖)이 드러나는 것이지 만물 자체 안에 그러한 힘이 있는 것은 아니라고 본다. 그러나 이 개념은 엄격히 구분되어 사용되지 않고 특정 대상의 성(聖)의 시현(示現)을 일반적으로 표현할 때 사용되기도 한다.

또한 이 기본적인 표명들은 항상 '폐쇄적'이거나 혹은 단일한 가치(monovalent)를 지니는 것은 아니다. 그것들은 그 종교적 내용은 변하지 않더라도 최소한 그 형태적 기능에서는 발전할 수 있기 때문이다. 성스러운 돌은 역사의 한 시점에서 성의 한 양태를 나타낸다. 이 돌은 성이 자연환경과는 다른 어떤 것이라는 것, 돌과 같이 성은 절대적으로 **존재하며**, 상처를 입지 않고 부동하며 불변하다는 것을 보여준다. 이 돌을 통해 나타나는 **존재의 표현**(종교적 영역에서 해석되는)은 역사의 흐름에 따라서 그 '형태'를 변화시킬 수 있다. 즉 똑같은 돌이 나중에는 성을 **직접** 계시해서가 아니라(즉 기본적 히에로파니로서가 아니라), 어떤 성스러운 장소(사원, 제단 등)의 한 부분이 되었기 때문에, 혹은 신의 표명이라고 생각되었기 때문에, 혹은 그 밖의 다른 이유로 숭배될 수 있는 것이다(§74 참조). 그것은 여전히 그 주위의 환경과는 다른 어떤 것으로 남아 있으며, 따라서 그것은 근본적인 히에로파니로서 **선택되었기** 때문에 성스러운 것이다. 그러나 그 가치는 일정한 시대에 그 히에로파니가 적합한 것으로 나타나는 종교적 이론에 의하여 변화한다.

우리는 원시적인 히에로파니에 대한 이러한 많은 재평가를 만나게 될 것이다. 왜냐하면 종교사는 과학적인 면에서 보면 주로 성의 표현과정을 형성하는 평가절하와 재평가의 역사이기 때문이다. 우상숭배와 이에 대한 비난은 자연스럽게 히에로파니의 현상에 직면하여 마음속에 나타나는 태도인 것이다. 이 양자의 지위에 대하여 각각 정당성은 존재한다. 새로운 계시(셈족의 세계에서 모세의 계시 혹은 그리스-로마 세계의 기독교)를 받아들인 사람에 의하여 초기의 히에로파니는 그 원초적 의의 —— 성의 일정한 양태를 현시하는 —— 를 잃어버렸을 뿐만 아니라 이제는 종교경험의 발전에 장애가 되기에 이르렀다. 우상을 공격하는 사람들은 어떤 종류의 우상이든 또 어떤 종교이든 그들 자신의 종교적 경험과 그들의 경험이 생겨난 역사적 시점, 이 두 가지 점을 통하여 스스로를 정당화시킨다. 그들의 생애에 훨씬 더 '완벽하고' 그들의 정신적, 문화적인 힘과 훨씬 더 일치하는 계시가 있으며, 따라서 그들로서는 종교 발전의 전단계에서 받아들여졌던 히에로파니는 믿을 수 없고, 또 거기에서 어떤 종교적 가치도 볼 수 없는 것이다.

한편 이와 상반된 태도로서 이 연구를 위해서 명명된 '우상숭배'라는 것도 또한 종교경험 그 자체에 의해서나 역사를 통해서 충분히 정당화되고 있다. 이 태도는 어떤 의미에서 고대의 히에로파니를 보존하고 또 항상 재평가하는데, 이는 성의 변증법에 의하여 지지되고 있다. 왜냐하면 성은 항상 어떤 것을 통하여 표명되기 때문이다. 이 어떤 것(나는 이것을 '히에로파니'라고 부른다)은 주변에 가까이 있는 어떤 대상일 수도 혹은 세계 그 자체만큼 커다란 어떤 것, 또는 신의 형상, 상징, 도덕률 또는 사상일 수도 있다는 사실은 여기서 중요하지 않다. 이 변증법은 똑같이 작용한다. 즉 성은 그 자신과 다른 어떤 것을 통하여 자신을 표현한다. 그것은 사물이나 신화 혹은 상징으로 나타나지만, 결코 전부를 또 직접적으로 나타내지는 않는다. 따라서 이러한 관점에서 보면 성스러운 돌, 비슈누(Viṣṇu)의 권화(權化), 주피터의 상, 야훼의 출현은 모두 신자에게 동시에 실재로도 또한 불충분한 것으로도 나타날 수 있다. 왜냐하면 어떤 경우에도 성은 그 자신을 일정한 한계 내에서 표명하고 또 구현하기 때문이다. 이 히에로파니를 전적으로 가능하게 하는 구현화의 역설은──가장 원시적인 것이든 또 하느님(the Word)의 그리스도의 수육(受肉)이든──종교사의 어디에서나 발견될 수 있다. 이 문제에 관해서는 이 책의 다른 곳에서 다시 살펴볼 것이다. 그러나 내가 우상숭배적이라는 이름을 붙인 태도는(의식적이든 무의식적이든 거의 문제가 되지 않는다) '모든' 히에로파니는 전체의 한 부분이라는 관점에서 붙인 말이다. 이 태도는 상이한 종교적 차원에서 낡은 히에로파니에 가치를 부여하고 거기에 상이한 기능을 부여함으로써 낡은 히에로파니를 보존하고 있다. 여기서 우리는 다른 역사의 과거 시점으로부터 선택한 예 두 가지를 들어보려고 한다.

9. 히에로파니의 재평가

이미 살핀 바와 같이(§5) 이례적인 것, 웅대한 것, 신기한 것에서 나온 모든 것은 히에로파니가 될 수 있고 그것은 원시인의 정신적 관점에서 보면 성의 표명으로 보일 수 있다. 탕가니카의 콘데족은 지고존재자인 키알라(Kyala) 혹은 레사(Lesa)를 믿는다. 이 신은 아프리카의 다른 지고존재자와 같이 천상적, 창조적, 전능적, 법칙부여자적인 신의 모든 영광을 부여받고 있다. 그러나 레사는 천공의 에피파니에 의해서만 스스로를 나타내는 것은 아니다.

큰 황소, 큰 숫양, 혹은 매우 인상적인 어떤 대상과 같은 이러한 종류의 위대한 것은 모두 키알라라고 부르며, 신은 이곳에 임시로 머물고 있다고 생각되는 듯하다. 폭풍이 호수면을 격렬하게 때리고 있을 때 신은 불 위를 걸어가고 있는 것이다. 폭포 소리가 보통 때보다도 크게 들릴 때는 신의 소리가 들리는 것이다. 지진은 신의 힘센 발걸음으로 생기는 것이다. 벼락 또한 레사이며 신이 노하여 땅으로 내려오는 것이다. 신은 때때로 죽은 자나 뱀의 몸 안에도 들어온다. 이와 같은 형태로 신은 인간의 움직임을 지켜보기 위하여 인간들 사이를 걸어가고 있는 것이다.[원주38]

이와 똑같이 실루크족들 사이에서도 지고존재자를 가리키는 주오크(Juok)는 기적적이며 기괴하고 이상한 어떤 것, 즉 실루크족이 이해할 수 없는 것에 부여되는 이름이다.[원주39]

이 예에서 우리는 지고존재자의 표명의 일부로 간주됨으로써 가치가 부여되는 기본적인 히에로파니와 놀랄 만한 그리고 일시적인 크라토파니를 본다. 이상하고 예외적이고 신기한 것은 모두 그 종교적 가치를 레사나 주오크의 양태로서 부여받고 있다. 나는 지금 이 현상을 층위학적(層位學的)으로 분석하거나 그 역사를 —— 지고존재자에 대한 신앙이 이상한 것은 성

[원주38] Frazer, *The Worship of Nature*, London, 1926, p. 189.
[원주39] 같은 책, p. 312: Radin, *Primitive Religion*, London, 1938, p. 260 참조.

의 표시였다는 관념 이전에 생겼는지 혹은 그 반대인지, 혹은 이 두 개의 종교적 경험이 동시에 생겼는지를 ── 확실히 하려고 하지는 않을 것이다. 우리의 관심사는 종교적 행위인데 이 행위에 의하여 기본적인 히에로파니가 지고존재자의 에피파니에 통합되어 있음을 본다. 왜냐하면 이것은 우상숭배와는 전혀 다르고, 우상이나 주물, 육체상의 표지 등 모든 것을 일련의 어떤 신성의 역설적 구현체로 보는 관대한 견해와도 다르다. 이 예가 특히 의미 있는 것은 이것들이 신학자나 신비가들이 부여한 엄격한 조직화를 경험하지 못했다고 판단되는 아프리카인에 관한 것이라는 점이다. 이것은 기본적인 히에로파니와 지고존재자(인격이며 창조자이며 전능자 등인)가 통합된 자발적인 사례라고 말할 수 있을 것이다.

나의 두번째 예는 미묘한 해석을 가지고 우상숭배의 태도를 정당화하려는 시도를 보여준다. 인도의 신비주의 비슈누파는 몇 세기 동안 인간들이 숭배해온 모든 물질(툴라시 나무, 샬라그라마 돌, 혹은 비슈누의 우상)에 아르카(arka), 즉 '존재하는 것'이라는 이름을 붙이고, 그 결과로서 이 모든 것을 위대한 신의 에피파니라고 생각하였다. 그러나 신비가와 신학자는 성이 비록 영원하고 절대적이고 자유롭다고 할지라도 그 자신을 불안정하고 임시적인 사물 속에서 모습을 나타낸다는 변증법의 계기로서 이 역설적 에피파니를 해석한다. 그리하여 비슈누파의 가르침에 의하면, 비슈누가 샬라그라마나 우상으로 수육(受肉)하는 것은 구원을 위해서이다(인간에 대한 신의 위대한 사랑에서 신은 인간들에게 열등한 존재방식으로 그 자신을 드러낸다). 그러나 이것은 신학적인 의미도 가지고 있다. 즉 신은 그러한 구현에 의해 자기가 바라는 모든 형태를 자유롭게 취할 수 있다는 것을 계시하는 것이다. 마치 성이 자신의 존재양식을 더럽히지 않고 역설적으로 속(俗)과 합치할 수 있는 것과 같다. 로차차랴(Lōcacārya)는 이러한 역설을 특히 강조하였다.

비슈누는 전능자이지만 마치 지혜가 없는 자처럼 아르카들 가운데 나타난다. 비슈누는 정령이지만 물질로 나타난다. 신이지만 참으로 사람의 뜻대로 자신을 나타내는 듯하다. 전능자이지만 약한 자로 나타난다. 모든 걱정으로부터 자유로운 자이지만 아직도 무엇을 찾을 필요가 있는 존재로 나타난다. (감각적으로는) 가까이 할 수 없는 존재이지만 형태가 있는 자로 나타난다.

이 말에 대한 사람들의 첫번째 반응을 들어보면, 로차차랴가 고대의 민간 종교행위에 대해 지나치게 과장된 해석을 하는 신비주의적 신학자라는 것이다. 비슈누 자체에는 신비가나 신학자가 보는 바와 같은 행위가 전혀 나타나지 않기 때문이다. 그러나 이 이론(異論)이 대단히 합리적인 것처럼 보이긴 해도 그것이 정당한가에 대해서는 결정하기 어렵다. 실제로 비슈누의 우상은 로차차랴의 진보한 신학과 신비주의가 있기 이전에 이미 존재했다. 그리고 경건한 인도의 시골 사람들 또한 아르카를 바로 비슈누의 화신이라고 생각하기 때문에 비슈누를 숭배한다. 그러나 문제는 이 우상의 종교적 평가가(비슈누의 본질을 어떤 형태로든 분유하고 있다고 보는 것) 단순히 어떤 물질에 종교적 가치를 부여한다는 단순한 사유로서 로차차랴의 해석과 아주 동일하다고는 말할 수 없다는 것이다. 사실상 신학자는 **성이 속된** 어떤 것을 통해 자신을 표명한다는 우상의 역설(그 밖의 다른 히에로파니도 마찬가지이다)의 함축적인 의미를 더욱 명백히 정식화한 것에 지나지 않는다.

사실상 성과 속, 존재와 비존재, 절대와 상대, 영원과 생성의 역설적인 합일화는 모든 히에로파니가, 가장 기본적인 히에로파니조차도 계시하고 있는 것이다. 로차차랴와 같은 신비가나 신학자는 단순히 이 히에로파니의 역설을 그 동시대인에게 설명한 것에 지나지 않는다. 이와 같이 명백히 표현함으로써 그는 분명하게 재평가를 하고 있는 것이다. 즉 그는 히에로파니를 새로운 종교체계에 재통합하고 있는 것이다. 왜냐하면 아르카와 로차차랴 사이의 해석 차이는 사실상 문맥의 차이, 표현의 차이에 지나지 않기 때문이다. 성과 속이 함께 공존한다는 이 역설은 우상의 경우에는 구체적으로 표현되었고 언어 해석의 경우에는 분석적 서술로 표현되었을 뿐이다.

이 성과 속의 합일화는 실제로 여러 차원의 존재를 낳았다. 이것은 모든 히에로파니에도 해당하는 것이다. 왜냐하면 어떤 히에로파니라도 모순적 본질, 즉 성과 속, 정신과 물질, 영원과 영원하지 않은 것 등의 공존을 표명하고 있다는 것을 보여주기 때문이다. 물질 속에서 성을 표명한다는 이 히에로파니의 변증법이 중세의 신학과 같이 복잡한 신학에서조차 하나의 연구대상이었다는 것은 어느 종교에서나 이것이 항상 주요 문제였다는 것을 보여준다. 사람들은 모든 히에로파니가 단순히 그리스도의 수육(受肉)의 기적의 원형이며 모든 히에로파니는 신과 인간의 합일의 신비를 계시하는 것이라고 말할 것이다. 예컨대 오캄(Ockham)은 다음과 같이 쓰고 있을 정도이다.

신이 인간의 본성을 취하고 있는 것은 신앙의 안목에서이다. 신이 당나귀의 본성을 취하고 있는 것도 모순이 되지 않는다. 이와 똑같은 추리에 의하여 '신'은 돌이나 목재의 본성을 취할 수도 있다(Est articulus fidei quod Deus assumpsit naturam humanam. Non includit contradictionem, Deus assumere naturam assinam. Pari ratione potest assumere lapidum aut lignum).

따라서 그리스도교 신학에 비추어 원시적인 히에로파니의 본성을 연구하는 것은 조금도 불합리해 보이지 않는다. 즉 신은 어떤 형태에서나(돌이나 목재와 같은 형태에서라도) 자유스럽게 스스로를 나타내고 있다. 잠시 동안 '신'이라는 말을 제쳐놓고 다음과 같이 번역할 수도 있을 것이다. 즉 성은 어떤 종류의 형태에서도, 가령 가장 낯선 형태에서도 나타날 수 있다. 사실상 역설적인 것, 우리의 오성을 넘어선다는 것은 성이 돌이나 나무로 표명될 수 있다는 뜻이 아니라 성은 모든 것으로 표명될 수 있고 따라서 한계성과 상대성을 가진 것이 될 수도 있다는 뜻이다.[원주40]

[원주40] 사람들은 일련의 수육(受肉)의 예시로 그 중요성을 보여줌으로써 그리스도교 가

10. '원시'종교의 복합성

내가 지금까지 인용한 예들은 몇 가지 중요한 원칙을 세우는 데 도움을 주리라 생각한다.

(1) 성은 속과 질적으로 다르다. 그러나 성은 어떤 방법으로든 속세의 세계에서 자신을 표명한다. 그것은 어떤 자연물이라도 히에로파니를 수단으로 하여 패러독스로 변하게 하는 힘을 가지고 있기 때문이다(자연적 대상의 외형은 변하지 않고 남아 있지만 그 자체는 더 이상 자연적 대상이 아니다).

(2) 성의 변증법은 아마 '원시적'인 형태뿐만 아니라 모든 종교에 다 적용될 것이다. 그것은 돌이나 나무 숭배에서도 나타나고 인도의 권화 사상이나 그리스도의 수육이라는 최고의 신비에서도 나타난다.

(3) 기본적인 히에로파니(이상한 것, 예외적인 것, 신기한 것, 마나 등의 크라토파니)는 어디에서나 발견되며 나아가 진화론자들이 고등하다고 지칭하는 종교형태의 흔적(지고존재자, 도덕률, 신화 등)에서도 발견된다.

(4) 우리는 어느 곳에서나, 고도의 종교형태의 흔적과는 거리가 먼 것에서조차 기본적인 히에로파니에 적합한 체계를 발견할 수 있다. 이 '체계'는 고등한 종교형태만의 전유물이 아니다. 이 체계는 부족 전체의 종교경험(마나, 이상한 것의 크라토파니 등, 토테미즘, 조상숭배 등)에서 만들어지지만, 또 기본적인 히에로파니로 환원될 수 없는 전통적 **이론체계**를 포함하고 있다. 예를 들면 세계와 인류의 기원에 관한 신화, 현재 인류의 상태를 설명하는 신화, 여러 의례의 밑바닥에 있는 이론, 윤리관 등이 있다. 이 마지막 부분을 강조하는 것이 중요하다.

르침의 빛 아래서 수육의 기적에 선행하는 히에로파니를 검증하려고 하였다. 따라서 이교적인 종교방식(주물숭배, 우상 등)을 잘못으로 생각하거나 죄로 타락한 종교감정의 낮은 단계로 보지 않고, 수육의 신비를 예견하려는 필사적인 시도로 보려고 하였다. 히에로파니의 변증법으로 표현된 인류의 모든 종교생활은 이런 관점에서 볼 때 단순히 그리스도를 예비하기 위한 단계가 될 것이다.

여기서 다음과 같은 사실을 주지하기 위해 몇몇의 민족학적 문헌(오스트레일리아인에 대한 스펜서 Spencer와 길렌 Gillen 또는 스트렐로 Strehlow, 아프리카 피그미족에 관한 셰베스타나 트릴레스 Trilles, 푸에고 섬 사람에 대한 구신데의 책 등)을 조금 인용해볼 필요가 있다. 첫째로 '원시인'의 종교생활은 일반적으로 생각하는 종교 경험과 이론의 영역을 훨씬 넘어서고 있다는 것과, 둘째로 그러한 종교생활이 항상 복합적이라는 것 —— 단일하고 일차원적인 묘사는 전적으로 저자의 자의적인 선택에 의한 종합화, 보편화의 작업에서만 발견될 수 있다는 것이다. 확실히 어떤 종류의 형태가 종교적 정경(情景)을 지배하는 듯이 보이는 것이 있다(예를 들면 오스트레일리아에서의 토테미즘, 멜라네시아에서의 마나, 아프리카에서의 조상숭배 등). 그러나 이러한 형태가 그들 종교의 전체는 아니다. 우리는 또한 수많은 상징이나 우주적, 생물학적, 사회학적 사건들, 표의문자나 사상 등을 발견하게 되는데, 그것들은 우리 현대인들의 눈에는 실제의 종교적 경험과의 연관성이 항상 분명하게 드러나지는 않지만 종교적 영역에서 대단히 중요하다는 점은 확실하다. 예를 들면 우리는 달의 모양, 계절, 성적(性的)이고 사회적인 가입의례 혹은 공간 상징이 원시인류에게 어떻게 종교적 가치를 가지게 되었는가, 어떻게 히에로파니가 될 수 있었는가를 이해할 수 있다. 그러나 똑같은 것이 어떻게 영양섭취나 성교와 같은 생리학상의 행위, '해'(the year)와 같은 표의문자에 적용되는지를 알기는 쉽지 않다. 사실상 우리는 이중의 어려움에 직면한다. 첫째는 모든 생리학적 생활에도 성스러운 어떤 것이 있음을 받아들이는 것의 어려움이고, 둘째는 일정한 사고의 형태들(표의문자, 신화도식, 자연법, 도덕률 등)을 히에로파니로 생각하는 것의 어려움이다.

사실 원시문화인과 현대인을 구별하는 중요한 차이의 하나는 현대인은 자기의 유기적 생활(특히 성생활과 영양섭취에 관하여)을 결코 성례(聖禮)로서 할 수 없다는 점이다. 정신분석학과 역사적 유물론은 아직도 민족학적인 단계에 있는 사람들에게는 성생활과 영양섭취가 중요한 역할을 한다는 사실을 자기들 이론의 가장 확실한 증거로 채택하고 있다. 그러나 그들은 민족학적 단계에 있는 사람들의 에로티시즘과 영양섭취의 가치 및 기능이 근대적인 의미와 얼마나 결정적으로 다른가 하는 점은 놓치고 있다. 근대인에게는 이것이 단순히 생리적인 행위이지만, 원시인에게는 성례이며, 생명 그 자체를 나타내는 힘과 대화하는 의식인 것이다. 나중에 보게 되겠지만, 이 힘과 생명은 바로 절대적 실재의 표현이며, 원시인에게는 이러한 기본적 행위가 단순히 자동적으로 일어나는 행위(감각적인 혹은 의미가 없는 행위)로부터 그 자신을 해방하고 변화와 속적인 것, 무로부터 자유로워짐으로써 실재에 접근하는 것을 돕는 의식이다.

후에 다시 살펴겠거니와 의례는 항상 선조나 신들이 '아득한 그때에'(in illo tempore, '역사'가 시작하기 이전) 행했던 원형적 행위의 반복이며, 사람들은 히에로파니를 통하여 가장 통상적이고 일상적인 행위에까지도 '존재'를 부여하려고 노력한다. 이 반복으로 행위는 원형과 합치하고 시간은 철폐된다. 말하자면 우리는 '아득한 그때에', 우주의 여명기에 행해졌던 똑같은 행위를 지켜보는 것이다. 그러므로 모든 생리적 행위를 의식으로 변형함으로써 원시인은 '초월하여 행하려' 노력하고 스스로 시간(변화)에서 벗어나 영원으로 돌입하려고 노력한다. 나는 여기서 의례에 의하여 실현된 기능을 강조할 생각은 없지만, 생리적 행위를 의례로 변화시키고, 그래서 거기에 정신적 가치를 부여하려는 것이 원시인의 정상적인 경향임을 주목해야 한다. 원시인은 식사를 하거나 연애를 할 때에도 단순히 먹는 행위나 혹은 성행위가 아닌 차원에 자신을 놓는다. 이것은 가입의례적 경험(첫 수확, 첫날밤 성교)과 모든 성적인 행위 혹은 영양섭취 행위에서도 마찬가지이다. 여기서 이상한 것, 이례적인 것, 마나 등의 히에로파니에 의해 표상되는 명확한 경험과는 형태가 다른 명확하지 못한 종교경험도 있다고 말할지도 모른다. 그러나 이 경험이 원시인의 생활에서 연출하는 역할은, 그 성격상 비록 관찰자의 눈을 피하려는 경향이 있을지라도, 바로 여기에 있다. 이것은 원시인의 종교생활이 마나, 히에로파니, 크라토파니의 범주를 넘어선다는 앞에서의 설명을 뒷받침해준다. 진정한 종교경험은 형태는 분명치 않지만 가장 기본적인 생리적 행위를 의식으로 변형함으로써 진실한 것, 성스러운 것으로 들어가려는 노력으로부터 생긴다.

그리고 민족학적 단계에 있는 어떤 인간집단의 종교생활도 항상 어떤 이론적 요소(상징, 표의문자, 자연신화 및 계보신화 등)를 포함하고 있다. 뒤에서 살피겠지만 원시인은 이러한 '진리'를 히에로파니로 생각한다 — 그것은 단지 그것들이 성(聖)의 양태를 계시하고 있기 때문이 아니라 이러한 '진리'가 사람들을 무의미함이나 무(無)로부터 구해주고, 사실상 속계로부터의 도피를 도와주고 있기 때문이다. 이론에 대해서는 원시인이 뒤떨어져 있음은 많이 언급되어온 바이다. 이것이 사실이라고 하더라도(많은 관찰자들은 다르게 생각하기도 한다), 원시인의 사고활동은 개념이나 개념적 요소로 표현되기도 하지만 대개는 상징으로 표현되고 있다는 사실을 너무나 자주 망각한다. 우리는 뒤에 이 상징을 '다루는 것'이 어떻게 그 고유의 상징적 논리에 따라서 작용하는가를 보게 될 것이다. 이 점에서 다음과 같이 말할 수 있다. 즉 원시인의 문화에서 보이는 외견상 개념적인 빈곤은 이론을 구성하는 힘이 없음을 의미하는 게 아니라 오히려 그리스인의 사변에 뿌리를 두고 있는 근대인의 스타일과 전혀 다른 사고형태에 속해 있음을 말해준다. 우리는 실제로 민족학적으로는 가장 발달하지 못한 민족들(예를 들면 오스트레일리아인, 피그미족, 푸에고 섬 사람) 사이에서조차 체계나 이론에 일관성 있게 조화될 수 있는 진리의 집적을 인정할 수 있다. 이러한 진리의 집적은 하나의 세계관을 구성할 뿐만 아니라 이들 '진리'의 도움을 받아서 사람들이 실재와 결합함으로써 구원을 획득하려고 노력한다는 의미에서 실용적 존재론을 의미한다(나는 이것을 구제론이라고도 부르고 싶다).

하나의 예를 들어보면, 원시인의 행위의 대부분은 일반적으로 생각되는 바와 같이 태초에 신이나 신화적 인물이 하였던 원초적인 행동을 반복하는 것이다. 하나의 행위는 초월적인 모델, 원형을 반복할 때에만 의미를 가진다. 이 반복의 목적은 행위의 규범성을 확실히 하기 위한 것이고 거기에 실재론적인 지위를 부여함으로써 그 행위를 정당화하기 위해서이다. 그것은 원형을 반복하는 경우에만 진실한 것이 된다. 원시인이 행하는 모든 행위는 초월적인 모델을 전제로 하고 있다 — 그 행위는 하나의 유형을 따름으로써 오직 진실할 때만 유효하다. 행위는 의식(이것을 통해 인간은 성스러운 영역의 일부분이 된다)이기도 하고 실재에의 돌입이기도 하다. 이 모든 관찰은 다음 여러 장에 주어진 실례를 논할 때에 더욱 명확해지겠지만 약간의 의미의 음영을 포함하고 있다. 그러나 자주 놓치고 있는 바이지만 '원시'종교가 갖고 있는 이론의 측면을 밝히기 위해 처음부터 이러한 함축을 시사할 필요가 있다고 느꼈다.

제2장
천공과 천공신

11. 천공의 성성(聖性)

세계에서 가장 대중적인 기도는 '하늘에 계신 우리 아버지'로 시작하는 기도일 것이다. 아마 인간의 최초의 기도 역시 하늘에 계신 아버지에 대한 기도였을 것이다. 아프리카 에웨족의 "하늘이 있는 곳에는 신도 계신다"는 증언이 이를 설명해준다. 비엔나의 민족학파(특히 신 관념의 기원 문제에 관하여 방대한 논문을 남긴 슈미트 신부가 대표적이다)는 원시사회에 천공신[역주1]이 존재한다는 것을 근거로 원시일신교[역주2]를 확립하려고 하였다.

[역주1] 일차적으로는 물리적 하늘을 뜻하는 푸른 하늘을 지칭하지만 원시인들은 일찍부터 천공이 지닌 히에로파니를 인격화시킨 지고존재자 관념을 가지고 있었다.

여기서는 원시일신교의 문제는 잠시 논외로 할 터이지만, 천공신에 대한 신앙이 보편적으로 존재했으며 그 신이 우주를 창조했고(천공에서 비를 내림으로써) 지상의 풍요를 약속하였다는 것은 의심의 여지가 없는 사실이다. 이 천공신은 무한한 예지와 지혜를 가지고 있으며, 종족의 도덕률이나 여러 가지 의례도 그 존재자가 지상에 잠시 체재하는 동안에 제정된 것들이다. 천공신은 자기의 율법이 잘 지켜지는가를 살피며, 그것을 위반했을 때에는 벼락으로 사람들을 징벌한다.

우리는 천공적 구조를 가진 신들의 상을 검토하기 전에 천공 그 자체의 종교적 의미를 파악할 필요가 있다. 천공 그 자체가 초월성, 힘, 신성을 직접 계시한다는 것을 보기 위해 신화의 가르침을 찾아가볼 필요는 없다. 단지 창공을 바라보기만 하여도 원시심성에서는 종교적 체험을 낳기에 충분하였으리라. 그렇다고 해서 이것이 반드시 천공의 '자연숭배'를 의미하는 것은 아니다. 원시인들에게는 '자연'이 단순히 '자연적'인 것이 아니다. '창공을 바라본다'는 표현을 원시인에게 적용해보면, 상상하기 어렵다는 의미에서 그것은 일상의 기적에 가까운 어떤 것을 의미한다. 이러한 바라봄은 계시와 똑같다. 천공은 그 모습 그대로 무한과 초월을 나타낸다. 창공은 무엇보다도 인간과 인간의 짧은 인생에 속하는 사소한 것들로부터 '멀리 떨어진 어떤 것'이다. 천공의 초월성의 상징은 그 무한한 높이의 단순한 실현으로부터 생긴 것이다. '가장 높음'은 당연히 신의 속성이다. 인간이 도달할 수 없는 곳, 성좌권(星座圈)은 초월, 절대적 실재, 영원성의 신적인 위엄을 획득한다. 이런 영역은 신들이 거주하는 곳이다. 따라서 승천의례에 의하여 어떤 특권을 획득한 자만이 그곳에 도달할 수 있으며, 어떤 종교에서는

〔역주2〕 18세기 프랑스 선교사였던 J. F. 라피토(Lafitau)가 아메리카 동부 인디언 종교 조사에서 처음 제시하고, 그후 영국의 A. 랑(Lang)이 발전시켰지만 이 학설을 바탕으로 집대성한 사람은 오스트리아의 W. 슈미트(Schmidt)이다. 그는 여러 문화를 검토하고 지고존재자에 대한 신앙이 모든 문화에 보편적으로 있는 고유한 종교형태라고 하였다. 이것을 현존 일신교와 구분하여 원문화(原文化) 단계의 원시일신교라고 불렀다.

죽은 자의 혼만이 그곳에 갈 수 있다. '높음'은 인간이 접근하기 어려운 어떤 곳이다. 그곳은 당연히 초인적 힘이나 존재가 있는 곳이다. 제단의 계단이나 천공으로 통하는 의례의 사다리를 올라가는 자는 그때 이미 인간이기를 멈추는 것이다. 특별히 은혜를 입은 죽은 자의 혼들은 천상에 오르자마자 인간의 조건을 버리게 된다.

이상의 것들은 단지 천공을 바라봄으로써 나온 결론들이다. 이것을 논리적, 합리적 과정을 거친 후에 얻은 결론이라고 보면 잘못이다. '높음', 초지상적, 무한이 갖는 초월적 특성은 인간에게 한꺼번에, 그의 영혼에도 그의 지성에도 전체로서 한꺼번에 드러난다. 상징성은 전체 의식에 직접 주어지는 것이다. 다시 말하면, 자신을 인간으로서 자각하고 우주에서 자기의 위치를 인식하는 인간의 전체 의식에 직접적으로 주어진 관념이다. 따라서 이러한 원초적 자각은 인간의 삶과 유기적으로 결부되어 있어서, 그의 무의식의 활동뿐만 아니라 정신생활의 가장 고귀한 표현까지도 똑같은 상징성에 의해 규정된다. 따라서 천공의 상징성이나 종교적 가치는 하늘을 그저 객관적으로 관찰하는 것으로부터 논리적으로 도출된 것이 아니라 할지라도, 신화적 행위나 비이성적 종교경험의 산물도 아니라는 것을 깨닫는 것이 정말 중요하다. 다시 반복해서 말하면, 천공에 종교적 가치가 부여되기 이전에 천공은 초월을 계시하고 있다. 천공은 거기 그렇게 있다는 것만으로도 초월성, 힘, 불변성을 '상징한다'. 천공이 존재하는 것은 그것이 높고 무한하고 불변이고 힘이 있기 때문이다.

높다는 것이, 가장 높이 있다는 단순한 사실이 곧 강력하고(종교적인 의미에서) 성성으로 가득 찬 존재를 의미한다는 것은 신들의 이름이 지닌 어원을 살펴봐도 알 수 있다. 이로쿼이족은 오렌다(orenda)를 지닌 것은 모두 오키(oki)라고 부르는데, 오키라는 말의 의미는 '높이 있는 자'란 뜻이다. 또 오케(oke)라는 이름의 천공의 지고존재자도 볼 수 있다.[원주1] 수족

[원주1] Pettazzoni, *Dio*, Rome, 1922, vol. i, p. 310. Pettazzoni의 저작에 대한 모든 언급은 제1권에 있는 것이다. 제2권은 아직 출판되지 않았다. Schmidt,

은 주술종교적인 힘(마나, 오렌다 등)을 표현할 때 와칸(wakan)이란 말을 사용하는데, 이 말은 음성학적으로 wakan, wankan과 매우 가깝고, 그것은 다코타어로 '높이 위에 있는'이란 의미를 지니고 있다. 태양, 달, 번개, 바람 등은 와칸을 소유하고 있으며, 그 힘은 불완전하긴 하지만 '와칸'(Wakan)으로 인격화되어 있다. 선교사들은 이것을 '주'(Lord)라고 번역하지만, 더 정확하게는 천공의 지고존재자로서 번개로 그 자신을 표명한다.[원주2]

마오리족의 지고신(至高神)은 이호(Iho)라는 이름을 가지고 있다. 이호는 '높이 오른, 높이 있는'이란 뜻이다.[원주3] 흑인 아크포소족은 지고신 우월루우(Uwoluwu)를 가지고 있는데, 이 이름은 '높이 있는 것, 천상'을 의미한다.[원주4] 이러한 예는 얼마든지 더 들 수 있다.[원주5] 우리들은 '가장 높은 것', '광휘', '천공'이란 말이 원시문명 속에서 신성을 표현하는 말로 사용된 개념임을 알게 될 것이다. 신의 초월성은 접근 불가능성, 무한성, 영원성, 천공의 창조력(비)으로 직접 계시된다. 천공의 완전성은 무진장한 히에로파니이다. 따라서 성좌의 공간, 대기권의 상층부에서 일어나는 모든 것, 즉 규칙적인 천체의 회전, 밀려오는 구름, 폭풍, 번개, 유성, 무지개 등은 동일한 히에로파니의 한 계기들이다.

이 히에로파니가 언제 인격화되었는지 언제 천공의 신성이 스스로를 드러내고 천공이 그렇게 신성의 위치를 차지하였는가는 자세하게 말하기 어렵다. 그러나 분명한 점은 천공신들은 처음부터 지고신이었다는 것, 그리고 그들의 히에로파니는 신화에 의하여 여러 가지로 극화되었지만 바로 그러한 이유 때문에 천공의 히에로파니로서 존속하고 있다는 것이다. 그래서 천공신의 역사라고 부르는 것은 대부분 '힘', '창조', '법률', '최고권력'의 관

　　Der Ursprung der Gottesidee, München, 1926, vol. ii, p. 399.
[원주2] Pettazzoni, pp. 290 ff.; Schmidt, vol. ii, pp. 402, 648~52.
[원주3] Pettazzoni, p. 175.
[원주4] 같은 책, p. 244.
[원주5] 같은 책, p. 358, n. 2 참조.

념의 역사이다. 다음에서 천공신에 대한 몇몇 그룹을 간략하게 살피려고 하는데, 이로써 신성의 본질과 그 '역사'의 행로를 이해할 수 있을 것이다.

12. 오스트레일리아의 천공신

오스트레일리아의 동남부의 부족들(카밀라로이족, 위라주리족, 유알라이족)은 지고신 바이아메(Baiame)가 천공의 큰 개울(은하수) 옆에 있는 하늘에 거주하면서 죄없는 사람들의 혼을 맞아들이고 있다고 한다. 그 신은 수정으로 된 옥좌에 앉아 있다. 태양과 달은 그의 '아들들'이며, 또 대지의 사자이기도 하다(실제로는 푸에고 섬의 할라퀼루프족, 세망족, 사모예드족들이 생각하는 것처럼, 태양과 달은 바이아메의 두 눈인 경우가 많다).[원주6] 천둥소리는 바이아메의 목소리이며, 또 그는 비를 내려서 대지 전체를 푸르게 하고 비옥하게 한다. 이런 의미에서 그는 창조자이기도 하다. 바이아메는 자기를 스스로 창조한 자이자 또 삼라만상을 무로부터 창조한 자이다. 다른 천공신과 마찬가지로 바이아메는 모든 것을 볼 수 있고 들을 수 있다.[원주7] 동쪽 해안(무링족)에 거주하는 다른 부족도 바이아메와 같은 신 다라물룸(Daramulum)을 믿고 있다. 이 비교적(秘敎的)인 명칭은 (바이아메도 마찬가지지만) 가입의례를 마친 자에게만 전해진다. 즉 여성이나 아이들은 이 신을 '아버지'(papang) 혹은 '주님'(biambam)이라고만 알고 있다. 그들이 신이라고 부르는, 점토로 만든 조잡한 신의 상도 가입의례 때만 모습을 나타내는데, 의식이 끝나면 부수어서 그 조각들을 조심스럽게 뿌린다. 옛날에 다라물룸은 잠시 땅에 내려와 살면서 가입의례를 창시하였다. 그가 다시 하늘로 올라간 후 그의 목소리는 천둥소리의 형태로 들려왔고 그로부터 신은 비를 내려보냈다. 가입의례는 특히 '오스트레일리

[원주6] Schmidt, vol. iii, p. 1087 참조.
[원주7] Howitt, *The Native Tribes of South-East Australia*, London, 1904, pp. 362 ff., 466 ff.; Pettazzoni, pp. 2 ff.; Schmidt, vol. i, p. 416, vol. iii, pp. 846 ff.

아의 의식용 악기(bull-roarer)'의 엄숙한 의식으로 이루어졌다. 이것은 길이 15센티미터, 폭 3센티미터의 나뭇조각으로 그 한쪽 끝에 구멍을 뚫고 줄을 꿰어서 회전시키면 천둥소리나 황소가 으르렁거리는 소리를 낸다. 이 악기와 다라물룸이 동일하다는 것을 아는 자는 가입자뿐이다. 한밤중에 정글에서 들려오는 이상한 소리는 비가입자에게는 성스러운 공포감을 일으키는데, 이러한 소리는 신이 가까이 오고 있음을 뜻한다고 생각하기 때문이다.[원주8]

쿨린족의 지고존재자는 분질(Bunjil)이라고 부른다. 분질은 '어두운 하늘' 위의 높은 천상에 살고 있다(주술의는 산꼭대기로 올라가듯이 이 '어두운 하늘'까지 올라간다). 거기에는 또 다른 신인 가르고미치(Gargomitch)가 있어서 주술의를 맞아들여 그들과 분질의 중재 역할을 한다.[원주9] 또한 산에는 바이아메의 시중을 드는 신이 있어서, 인간의 기도를 그에게 전달해주고 그 답변을 인간에게 전해주는 역할을 한다.[원주10] 분질이 대지, 나무, 동물, 인간을 창조하였다(그는 인간을 진흙으로 만들어 코, 입, 배꼽을 통하여 혼을 불어넣었다). 그러나 분질은 지상의 권력은 자식 빔베알(Bimbeal)에게, 천상의 권력은 딸 카라카로크(Karakarook)에게 주었기 때문에, 그 자신은 이 세상에서 은퇴해버렸다. 분질은 큰 칼을 손에 들고 '영주'처럼 구름 위에 있다.[원주11] 천공신적 성격은 오스트레일리아의 다른 지고신에서도 보인다. 그 신들은 천둥, 번개(예컨대 풀리얄라나 Pulyallana), 바람(바이메 Baime), 북극광(뭉강가나 Mungangana), 무지개(분질, 누렌데레 Nurendere) 등을 통하여 거의 모든 자신의 의지를 표명한다. 앞에서 서술하였듯이 바이아메의 천상의 집은 하늘의 강이 흐르는 중간에 있으며 별들은 알치라(Altjira)와 투쿠라(Tukura)가 피우는 모닥불의 불꽃이라고 생각한다(이들은 아란다족과 로리차족의 지고신이다).

〔원주8〕 Howitt, pp. 494 ff., 528 ff.
〔원주9〕 같은 책, p. 490.
〔원주10〕 Schmidt, vol. iii, pp. 845, 868, 871.
〔원주11〕 같은 책, pp. 656~717.

일반적으로 이와 같은 오스트레일리아의 신들은 천공, 별들이나 대기현상에 관계된 생활과 직접적이고 구체적인 관계를 지니고 있다.[원주12] 무엇보다도 이 신들이 우주를 만들고 인간(즉 인간의 신화적 조상)을 창조하였다. 그들이 지상에 잠시 머무르는 동안에 비의[역주3]를 계시하고(이것은 대부분 부족의 신화적 계통을 전해주는 것, 의식용 악기처럼 천둥의 에피파니 등으로 나타난다) 민법이나 도덕률을 제정하였다. 그들은 선하고('우리 아버지'라고 불린다) 덕이 있는 자에게 보상하고 도덕성을 옹호해준다. 또 신들은 가입의례에서 중요한 역할을 하며(예컨대 위라주리족, 카밀라로이족, 유인족, 쿠리족) 사람들은 그들에게 직접 기도를 드린다(남쪽의 유인족과 쿠리족). 그러나 이러한 천공신에 대한 신앙이 종교생활을 전적으로 지배하고 있는 곳은 아무데도 없다. 오스트레일리아인 종교의 특징은 지상의 창조주인 천공신에 대한 신앙이 아니라 토테미즘이다. 이와 똑같은 상황을 우리는 그 밖의 여러 곳에서도 찾을 수 있다. 즉 천공의 지고신들은 끊임없이 신앙생활의 외곽으로 밀려나 거의 망각되고 있는 반면에 인간과 가깝고 일상경험에 가까우며 인간에게 더 쓸모가 있는 성스러운 힘들이 주도적인 역할을 차지한다.

[원주12] 그러나 페타조니 교수가 한 것처럼 이 신들을 단순히 천공의 신화적 의인화(擬人化)라는 말로 요약할 수는 없다. 최초의 요소는, 신들의 개성의 인간우주적 구조인 것이다. 예컨대 워초부르크족은 분질을 가리켜 옛날에는 지상에 있었지만 지금은 천공에 있는 '위대한 사람'이라고 말하고 있다(Howitt, p. 489). 오스트레일리아의 최초의 지고신의 하나인 뭉강가나('우리 아버지')의 상에는 우라노스적 자연숭배의 성격이 거의 완전히 보이지 않는다(Howitt, pp. 616 ff.; Schmidt, vol. iii, pp. 591 ff. 참조).

[역주3] 비의(秘儀)는 원문에는 mystery라고 표현되어 있다. '신비'라고 번역하면 뜻이 통하지 않을 것이다. 일반적으로 가입의례를 거치는 과정중에 그 종족의 신통기와 유래, 선조령에 관한 이야기를 전수한다. 그 종족의 수장으로부터 전수받는 '교육'을 통해 정식으로 성인의 대우를 받는다.

13. 안다만 제도 및 아프리카인 등의 천공신

리슬리와 게덴은 인도의 토착민 가운데서 이제는 거의 망각된 지고신에 대한 신앙의 흔적을 발견하였다. 그들은 이 신앙을 "활동적인 힘이라기보다는 막연한 회상"[원주13] 혹은 "어떤 숭배도 받지 못하는 수동적인 지고존재자"[원주14]라 표현했다. 그러나 천공의 지고신의 흔적이 거의 망각되었다고 해도 그들은 아직도 천공이나 대기현상의 세계와 관련을 가지고 있다. 아시아에서 가장 원시적인 종족의 하나인 안다만 제도의 주민들에게는 풀루가(Puluga)가 지고존재자이다. 그는 인간의 형상을 한 것으로 생각되지만, 천공에 거주하고 있으며, 그의 목소리는 천둥소리이며, 그의 호흡은 바람이다.[원주15] 폭풍은 진노의 표시로서 계율을 범한 자를 징벌하기 위해 벼락을 내리는 것이다. 풀루가는 전지(全知)하지만, 낮 동안에만 인간의 생각을 꿰뚫어 알고 있을 뿐이다(자연적 성질로 전지는 모든 것을 볼 수 있다는 것을 뜻한다).[원주16] 풀루가는 자기를 위해 아내를 창조하여 자식들을 낳았다. 그는 자식들과 별들과 함께 태양(여성)과 달(남성)이 있는 근처의 천공에 산다. 풀루가가 잠들 때는 가뭄이 있다. 그리고 신들이 지상으로 내려와 먹을 것을 찾고 있을 때는 비가 온다.[원주17] 풀루가는 세계를 창조하고, 또 토모(Tomo)라는 이름의 최초의 인간을 창조했다. 인류는 번식하여 사방으로 흩어져 살게 되었다. 그런데 토모의 사후, 차츰 창조자를 망각하는 일이 잦아졌다. 어느 날 풀루가의 진노가 폭발하여 대지가 홍수로 잠겨 인류는 멸망했다. 단지 네 사람만 이 홍수를 면할 수 있었다. 풀루가는 이들을 불쌍하게 생각했지만 인간들은 항상 반항적인 태도를 취하였다. 신은 그들에게 마지막으로 자기의 계율을 회상하게 하고 물러났으나 인간은 그

[원주13] Geden, in the *Encyclopædia of Religion and Ethics*, vol. vi, p. 289.
[원주14] Risley, *The People of India*, London, 1915, pp. 226 ff.
[원주15] Schebesta, *Les Pygmées*, Paris, 1940, p. 161.
[원주16] Pettazzoni, vol. i, p. 96 참조.
[원주17] Schmidt, vol. i, pp. 161 ff., vol. iii, pp. 122 ff.

후에도 신을 찾지 않았다. 이렇게 신이 은둔하는 신화는 그 신에 대한 예배가 완전히 없어지는 것에서 알 수 있다. 그곳을 가장 최근에 탐험한 사람들 가운데 한 사람인 폴 셰베스타는 이 점에 대하여 다음과 같이 말하고 있다.

안다만 제도 사람들은 신에 대해 예배나 기도, 공희(供犧), 간청, 감사도 드리지 않는다. 그들은 소박하게 풀루가를 두려워하고 그 계율에 복종하는데, 그 계율 가운데는 예컨대 우계(雨季)에는 어떤 과실을 먹지 말라는 것과 같이 지키기 어려운 것들이 있다. 이 점을 좀더 확대 해석하면, 그들의 어떤 풍습들은 일종의 예배로 설명할 수도 있을 것이다.[원주18]

그들 풍습 가운데 하나로 사냥꾼들이 성공적으로 사냥을 마친 후에 마을로 되돌아올 때 하는 '성스러운 침묵'을 들 수 있다.

푸에고 섬의 유목수렵민족 셀크남족은 신을 테마우켈(Temaukel)이라고 부르는데, 경외감 때문에 그 이름을 함부로 입 밖에 내지 않는다. 보통 그 신은 소온하스칸(so'onh-haskan), 즉 '천상에 거주하는 자' 혹은 소온 카스 페메르(so'onh kas pémer), 즉 '천상에 있는 자'라고 불린다. 이 신은 영원하고 전지전능한 창조자이지만, 창조의 업은 신화적 조상에 의하여 이루어진다. 또 그 조상은 그 지고신이 별 너머로 은퇴하기 이전에 창조되었다. 사실상 이 신은 인간으로부터 멀리 떠나 있고 세상사에 관심이 없기 때문이다. 이 신에게는 성화상(聖畵像)도 없고 사제도 없다. 그는 도덕률의 제정자이며 재판관이고 궁극적으로는 모든 운명의 지배자이다. 그러나 셀크남족이 이 신에게 기도를 할 때가 있다면, 그것은 다름 아닌 병이 들었을 때뿐이다. "높은 데 계시는 주여, 제 자식을 데려가지 마소서. 그는 아직도 너무나 어리나이다." 그리고 기후가 몹시 나쁠 때에도 이 신에게 특별한 제물을 바친다.[원주19]

〔원주18〕 Schebesta, p. 163.
〔원주19〕 Martin Gusinde, "Das höchste Wesen bei den Selk'nam auf

아프리카 대륙 전체를 통해서 위대한 천공신들이 예배의 대상에서 거의 사라졌거나 사라지는 과정의 자취를 발견할 수 있다. 이 신들이 점하고 있던 지위는 다른 종교적 힘, 특히 조상숭배가 대신 차지하게 되었다. 엘리스 경(Sir A. B. Ellis)은 다음과 같이 말하고 있다.

> 흑인의 일반적인 정신 경향은 태양, 달, 대지 대신에 최고 자연신인 천계를 선택해왔다.[원주20]

한편 매리 킹슬리는 다음과 같이 말하고 있다.

> 천계는 언제나 인간의 관심에서 멀어진 잊혀진 신이다. 예컨대 추위족의 니안 쿠폰(Nyan Kupon)이나 반투족의 안잠베(Anzambe), 나암(Naam) 등이 그러한 신이다. 아프리카인은 이 신이 마음만 먹으면 언제든지 행사할 수 있는 강력한 힘을 가지고 있다고 생각한다.[원주21]

다시 이 위대한 신에 대한 무관심에 대해 잠깐만 다루어보도록 하자. 우선 이 신의 천상에서의 구조에 관심을 돌려보자. 예컨대 추위족은 니안쿠폰(Nyankupon)이란 말을 사용한다. 이것은 지고존재자의 이름인데, 천공이나 비를 의미한다. 그들이 니안쿠폰 봄(Nyankupon bom, 니안쿠폰을 친다)이라고 하면 '천둥이 친다'는 뜻이며, 니안쿠폰 아바(Nyankupon aba, 니안쿠폰이 왔다)라고 하면 비가 온다는 의미이다.[원주22] 카푸 계곡의 반투족의 하나인 바일라족은 전능하고 창조자이며 하늘에 거주하는 지고존재자를 믿고 있는데, 그 신을 그들은 레자(Leza)라고 부른다. 그러나 속어

Feuerland," *W. Schmidt-Festschrift*, Vienna, 1928, pp. 269~74 참조.
[원주20] Frazer, *The Worship of Nature*, London, 1926, p. 99에서 재인용.
[원주21] Mary Kingsley, *Travels in West Africa*, London, 1897, p. 508.
[원주22] A. B. Ellis, Frazer, p. 99에서 재인용.

로 레자라는 단어는 기상현상을 뜻하는 말이다. '레자가 떨어진다'(Leza falls)는 비가 온다는 뜻이며, '레자가 노한다'(Leza is angry)는 천둥이 친다는 뜻이다.[원주23] 수크족은 지고존재자를 토로루트(Tororut), 즉 천공이라고 부르거나 일라트(Ilat), 즉 비라고 부른다.[원주24] 흑인들 사이에서 니아메(Nyame)는 천계를 의미한다(어근 nyam은 '비추다'는 뜻이다. §20 참조).

에웨족의 대다수 주민들에게 마우(Mawu)는 지고존재자의 이름이다('퍼지다', '덮다'라는 의미의 wu에서 온 파생어). 이때 마우는 천계와 비를 의미하는 말로 사용된다. 푸른 하늘은 마우가 자기의 얼굴을 가리기 위해 사용하는 베일이며 구름은 그의 옷이자 장식품이다. 푸른색과 흰색은 그 신이 좋아하는 색이다(그러므로 이 신을 받드는 사제는 이 색 이외의 옷은 입지 않는다). 빛은 마우가 자기 몸에 바르는 기름이다. 마우는 비를 내리며 전지한 존재이다. 그러나 마우는 정기적으로 공희를 받지만 차츰차츰 예배의 대상에서 사라져가고 있다.[원주25] 나일강 유역의 마사이족에게 응가이(Ngai)는 지고신의 상이다. 지금까지도 이 신은 천공신적 성격을 보존하고 있다. 즉 이 신은 눈에 보이지 않는 천공에 거주하며, 그의 자식들은 별이라고 생각한다. 어떤 별은 그의 눈인데, 별똥별이 떨어지는 것은 그의 눈 하나가 지상을 좀더 살피기 위해 내려오는 것이다. 홀리스에 의하면, 응가이의 글자 그대로의 의미는 '비'이다.[원주26]

포니족 인디언은 티라와 아티우스(Tirawa Atius, 만물의 아버지 티라와)를 믿는데, 티라와는 존재하는 모든 것의 창조자이자 생명을 주는 자이다. 이 신은 인간에게 길을 인도하기 위해 별들을 창조했다. 번개는 그의

[원주23] Smith and Dale, *The Ila-Speaking Peoples of Northern Rhodesia*, London, 1920, vol. ii, pp. 198 ff.

[원주24] Frazer, p. 288.

[원주25] J. Spieth, *Die Religion der Eweer*, Göttingen/Leipzig, 1911, pp. 5 ff.

[원주26] Hollis, *The Masai*, Oxford, 1905, pp. 264 ff.

시선이며, 바람은 그의 호흡이다. 그에 대한 예배는 아직도 분명하게 천공신적 색채를 지닌 상징을 가지고 있다. 그의 집은 구름 너머 저쪽 불변하는 천공에 있다. 티라와는 고귀한 종교적, 신화적인 상이 되었다.

백인들은 천상에 계신 아버지에 대하여 말하지만, 우리는 높은 데 계신 티라와 아티우스에 대해서 말한다. 그러나 우리는 티라와를 인격체로 생각하지 않는다. 우리는 그가 만물 가운데 있다고 생각한다. ……그가 누구인지는 아무도 알지 못한다.[원주27]

14. 격절신(隔絶神)[역주4]

예배의 부재, 특히 주기적인 의례를 기록한 성스러운 달력의 결여는 대부분 천공신의 특징이다.[원주28] 말라카 반도의 세망족도 지고존재자인 카리(Kari), 카레이(Karei), 타페든(Ta Pedn)을 가지고 있다. 이 신은 인간보다 키가 크고 눈에 보이지 않는 존재이다. 이 신에 대하여 말할 때, 세망족은 정확하게 불사(不死)의 존재라고 말하지는 않지만 옛날부터 항상 존재해왔다는 것은 긍정한다. 이 신은 대지와 인간을 제외한 모든 것을 창조하였다. 대지와 인간은 이 신에 종속하는 또 다른 신 플레(Ple)의 창조물이

[원주27] Pettazzoni, p. 287.
[역주4] 격절신은 라틴어의 Deus otiosus를 번역한 말로 '감추어진 신'이라고 번역되기도 한다. 지고신은 너무 추상화되어 있고 또 멀리 떨어져 있어 평소에는 잘 찾지 않다가 아주 긴급한 위난 때에만 찾는 신이기도 하다. 일상생활에서는 보다 낮은 기능신들에게 양위하고 있다고 한다. 여기서는 격절신과 기능신들의 관계를 살필 수 있다.
[원주28] Pettazzoni, p. 365. 페타조니는 예배되지 않거나 혹은 다소 예배적 요소를 가진 원시적인 천공신의 리스트를 제시하고 있다. 그러나 그 리스트는 슈미트가 *Ursprung der Gottesidee* 처음 6권에서 수집하여 주석하고 있는 자료에 의하여 정정되지 않으면 안 된다(셰베스타의 피그미 연구, 구신데와 코페르스 Koppers의 셀크남족 연구, 파노바베르그 Vanoverbergh의 필리핀의 니그리토 인종 연구).

다.[원주29] 대지와 인간을 창조한 것이 카리가 아니라고 명시하는 것은 매우 의미심장하다. 그것은 인간으로부터 멀리 떨어져 있으면서 무수한 종교적, 경제적, 생활상의 요구를 만족시켜 주는 지고신의 초월성, 수동성의 관념을 나타내는 일반적 표현이다. 다른 지고천공신과 마찬가지로 카리는 하늘에 거주하면서 벼락을 내림으로써 진노를 나타낸다. 그뿐 아니라 카리란 이름 자체가 '번개'('폭풍')를 나타내는 말이다. 카리는 지상에서 이루어지는 모든 일을 볼 수 있기 때문에 전지한 존재이다. 그 때문에 카리는 "최초의 입법자가 되어 숲에 사는 인간의 사회생활을 지배하고 자기가 정한 계명을 인간이 지키는지 감시하고 있다."[원주30] 그러나 그는 참된 의미에서 예배의 대상은 아니다. 다만 폭풍이 몰아칠 때에만 사람들은 그 신에게 속죄의 피를 공물로 바칠 뿐이다.[원주31]

이와 같은 경우는 아프리카 여러 종족들에게서도 보인다. 위대한 천공신, 지고존재자, 전능한 창조주 등은 부족의 종교생활에서 별로 의미 있는 역할을 하지 못한다. 그 신은 예배를 받기에는 인간으로부터 너무 멀리 떨어져 있고 또 너무 선량하다. 극한적인 요구가 있을 때에만 이 신을 찾는다. 예컨대 서아프리카의 요루바족은 올로룬(Olorun, '하늘의 소유자'라는 뜻)이라는 천공신을 믿고 있다. 이 신은 세계를 창조하는 일은 시작하였지

[원주29] Skeat and Blagden, *Pagan Races of the Malay Peninsula*, London, 1906, vol. ii, pp. 239, 297, 737 ff.
[원주30] Schebesta, p. 148.
[원주31] 셰베스타는 이 의례를 목격한 최초의 유럽인이었다. 폭풍이 치는 동안 세망족은 대나무로 만든 칼로 다리를 베어 여신 마노이드의 공물로써 땅 위에 피를 뿌렸는데 그로부터 나머지 피를 "가라! 가라! 가라"고 외치면서 중요한 네 지점에 던지고 뇌신에게 다음과 같이 기도한다. "타패든이시어! 나는 완고하지 않습니다. 나는 나의 잘못에 대해 지불하고 있습니다. 나의 부채를 지불코자 하니 받아들이소서!" 그리고 또 "아아, 들으소서, 타패든이시어, 귀를 기울이소서. 저는 당신을 속이지 않습니다. 당신에게 지불코자 하나이다. 나는 당신의 천둥을 두려워하나이다(Shebesta, p. 149; Schmidt, vol. iii, pp. 178 ff., 190 ff.). 이 피의 속죄의 공물이 —— 이것으로 세망족은 우레의 신에 대해서 '속죄'한다 —— 그들의 유일한 예배행위이다. 그외에 어떤 기도도 하지 않는다.

만, 그것을 완성하고 관리하는 일은 하위신(下位神) 오바탈라(Obatalla)에게 위임하였다. 올로룬 자신은 지상과 인간적인 일에서 영원히 떠나 있다. 지고신이라고는 하지만 그에게는 신전도 상도 사제도 없다. 다만 사람들은 극한상황의 재앙이 생겼을 때에만 그를 찾는다.[원주32]

프랑스령 콩고의 팡족은 창조자이며 하늘과 땅의 주인인 은자메(Nzame) 또는 은삼베(Nsambe)를 섬기는데, 이것은 한때 부족의 종교생활에서 꽤 중요한 역할을 하였다. 하지만 지금은 종교생활의 배후로 사라져가고 있다.[원주33] 반투족의 은잠비(Nzambi)도 예배의 대상에서 멀리 물러나 있는 천공신이다. 원주민들은 이 신이 힘이 있고 선하고 정의롭다고 생각하지만, 바로 이러한 이유 때문에 원주민은 예배를 하지 않고, 그 신을 다른 신들이나 정령과 같이 물질적인 형상을 가진 것으로 표상하지 않는다.[원주34] 바송고족에게 천상의 창조주 에필레 모쿨루(Efile Mokulu)는 예배의 대상이 되지 않으며 맹세를 할 때에만 상기되는 존재이다.[원주35] 아프리카 남서부 반투족의 헤레로족은 그들의 지고신을 은디암비(Ndyambi)라고 부른다. 이 신은 천상으로 은둔하여 하위신에게 인간의 일을 맡기고 있다. 이 때문에 이 지고신은 예배를 받지 못하고 있다. 원주민은 이 신에 대해서 이렇게 말한다.

우리가 이 신에게 제물을 바쳐야 하는가? 우리는 이 신을 두려워할 필요가 없다. 우리의 죽은 자(오바쿠루)의 영혼과는 달리, 이 신은 우리에게 어떤 해도 입히지 않기 때문이다.

그러나 헤레로족은 예기치 않은 행운을 얻었을 때, 그 신에게 기도를 바친다.[원주36] 다른 반투족의 알룬다족은 그들의 은잠비를 인간으로부터 멀리

[원주32] Frazer, pp. 119 ff.
[원주33] 같은 책, p. 135.
[원주34] 같은 책, pp. 142 ff.
[원주35] 같은 책, p. 149.

떨어져 있어 접근할 수 없는 존재로 생각한다. 그들의 종교생활은 정령에 대한 공포나 숭배는 공포로 가득 차 있다. 비를 내려달라고 기원할 때에도 그들은 아키시(akishi), 즉 그들의 조상에게 기도를 드린다.[원주37]

이와 똑같은 상황을 앙고니족에서도 살필 수 있다. 즉 그들은 지고존재자를 가지고는 있으나 예배의 대상으로는 조상을 숭배하고 있다. 툼부카족에게 창조주는 도대체 알 수 없는 존재이며 너무나 위대하기 때문에 "인간의 일상적인 문제에는 관심을 갖지 않는다"[원주38]고 말한다. 웸바족은 레자의 존재를 알고는 있으나 조상만을 숭배하고 있다. 와헤헤족은 지고신 응구루히(Nguruhi)를 창조주인 전능의 신으로서 표상하지만, 실제로 인간세상의 일을 통치하고 규칙적인 예배를 드려야 하는 대상은 죽은 조상(masoka)의 영들임을 알고 있다. 킬리만자로에서 가장 중요한 반투족인 와차가족은 창조주이고 선한 신이자 도덕률의 수호신인 루와(Ruwa)를 숭배하고 있다. 신화나 전설에서 이 루와는 중심적인 역할을 하는 신이지만 종교에서는 큰 역할을 하지 못한다. 이 신은 너무나 선량하고 동정적이어서 인간은 이 신을 두려워할 필요를 느끼지 않을 정도이다. 그래서 그들의 관심은 모두 죽은 자의 정령에 집중되고 있다. 그들은 특히 가뭄이나 질병이 생겼을 때 이 죽은 자의 정령에게 기도나 제물을 바치고도 대답이 없을 때에만 루와에게 제물을 바친다.[원주39]

서아프리카의 츠위어를 쓰는 흑인도 니안쿠폰에 대해서는 같은 상황이다. 니안쿠폰은 전혀 예배의 대상이 아니다. 그는 어떤 숭배도 어떤 특별한 사제도 원하지 않는다. 다만 기근이나 전염병, 치명적인 태풍이 닥쳤을 때와 같이 드문 경우에만 예배의 대상이 된다. 이때 사람들은 무엇이 신을 노하게 하였는지를 신에게 묻는다.[원주40] 징베(Dzingbe, 우주의 아버지)는

[원주36] 같은 책, pp. 150 ff.
[원주37] 같은 책, p. 168.
[원주38] 같은 책, p. 185.
[원주39] 같은 책, pp. 205 ff.
[원주40] Pettazzoni, p. 239.

에웨족의 다신교적 만신전(萬神殿)에서 지도자적인 신이다. 다른 많은 지고의 천상신과는 달리, 징베는 지사이(dzisai, 하늘의 사제)라는 고유의 사제를 거느리고 있다. 이 사제는 가뭄이 들었을 때 다음과 같이 말한다.

은혜로우신 하늘이여, 지금 가뭄이 심하나이다. 비를 보내주시어 땅이 생기를 얻고 밭이 번성하게 해주소서.[원주41]

천공의 지고존재자는 인간으로부터 멀리 떨어져 있는 공평한 존재라는 것은 동아프리카의 기리아마족의 다음과 같은 말에서도 잘 표현되고 있다.

신(Mulungu)은 위에 있고 죽은 자의 영혼은 밑에 있다(좀더 정확히 말하면 땅 위에 있다).[원주42]

반투족은 "신은 인간을 창조한 이후에는 더 이상 인간에게 관심을 갖지 않는다"라고 말한다. 니그릴로 인종은 "신은 우리와 멀리 떨어져 있다"[원주43]고 반복해서 말한다. 적도 아프리카 초원지대의 팡족은 그들의 종교철학을 다음과 같은 노래로 요약하고 있다.

은자메(신)는 위에 있고 인간은 밑에 있다.
신은 신이고 인간은 인간이다.
각자는 고향에, 각자는 자기 집에 있다.

은자메는 예배의 대상이 아니다. 팡족이 이 신에게 기도할 때는 비를 내려달라고 빌 때뿐이다.[원주44] 호텐토트족이 추니고암(Tsuni-Goam)에게 기

[원주41] Spieth, *Die Religion der Eweer*, Göttingen and Leipzig, 1911, pp. 46 ff.
[원주42] Le Roy, *The Religion of the Primitives*, London, 1923, p. 123.
[원주43] Trilles, *Les Pygmées de forêt équatoriale*, Paris, 1932, p. 74.

원할 때도 비를 원할 때이다. "오오 추니고암, 어버이 중의 어버이시여, 우리의 아버지시여, 구름(Nanub)으로 하여금 비가 되어 맹렬하게 퍼붓게 하소서!" 전지한 이 신은 모든 사람의 죄를 알고 있으므로 그들은 이렇게 기도를 드린다. "아아, 추니고암이시여, 내가 죄없음을 당신은 알고 계시나이다."[원주45]

궁지에 처했을 때 이 신들에게 바치는 기도는 신들의 천공신적 성격을 완벽하게 요약하고 있다. 적도 아프리카의 피그미족은 신(큼붐 Kmvum)이 무지개를 통하여 자기들과 관계를 맺기 원한다고 믿고 있다. 그래서 무지개가 나타날 때마다 그들은 활을 가지고 무지개를 향하여 쏘면서 다음과 같은 시를 노래하기 시작한다.

싸움의 승리자시여, 당신은 노한 천둥을 당신 발 밑에 잠잠하게 하셨나이다. 당신은 우리에게 노하셨나이까?

그리고 무지개를 향해 지고의 천공신이 더 이상 그들에게 노하지 않고 천둥이나 죽음을 내리지 않게 해달라고 비는 것으로 연도(連禱)의 끝을 맺는다.[원주46] 인간은 천공으로부터 직접적으로 위협을 받을 때에만 천공이나 지고신을 기억한다. 그렇지 않을 때 그들의 신앙심은 일상적인 필요에 따라 일깨워지고, 그들의 예배나 신심은 그 일상적인 필요를 지배하는 힘에게 향한다. 그러나 그와 같은 사정에도 불구하고 천공의 지고존재자의 자율성, 관대함, 우월성은 조금도 감소되지 않는다. 단지 원시인이든 문명인이든 그들이 필요할 때에만 기억할 뿐 평소에는 곧잘 잊어버리는 경향이 있을 뿐이다. 삶의 어려움은 천상보다는 지상에 더 집착하게 만들고, 하늘로부터 죽음의 위협이 있을 때에만 천상의 중요성을 발견하게 한다.

[원주44] 같은 책, p. 77.
[원주45] Pettazzoni, p. 198.
[원주46] Trilles, pp. 78, 79 : *L'Ame du Pygmée d'rique*, Leipzig, 1933, p. 109.

15. 천공신을 대신하는 새로운 '신의 형태'

실제로 원시종교에서 천상의 지고존재자가 무대 전면에 나타나 주도적인 역할을 하는 것은 어느 곳에서도 발견되지 않는다. 오스트레일리아 원주민의 지배적인 종교형태는 토테미즘이다. 폴리네시아에서는 천공의 지고신이나 최초의 대우신(對偶神, divine pair)에 대한 신앙이 존재하긴 하나 종교생활은 풍부한 다마신(多魔神) 신앙이나 다신교가 특징이다. 서부 캐롤라인 제도의 야프 섬에는 창조주이자 선신이며 지고존재자인 옐라파즈(Yelafaz)에 대한 분명한 신앙이 존재하는데도 주민은 정령(taliukan)을 숭배하고 있다. 인도네시아의 웨터 섬에는 주물숭배[역주5]가 있으나 태양이나 천공에 거주하는 지고존재자 '낡은 신'에 대한 신앙이 아직도 있다. 일반적으로 인도네시아에서는 천공의 지고신이 태양신과 합일하든가 교대하고 있다. 예컨대 셀레베스 섬의 일라이(I-lai)는 태양신과 동일시되고 있는데, 주민들은 일라이가 처음에 시작한 창조사업을 태양신이 계승하고 있다고 믿는다. 티모르나 그 밖의 많은 섬에서도 이와 같은 관념을 가지고 있다.[원주47]

멜라네시아에서 종교생활을 지배하고 있는 것은 마나 신앙이지만, 애니미즘이나 천공신 신앙의 흔적도 존재한다. 피지 섬의 종교형태는 지고의 천공신이 지배하고는 있어도 애니미즘이다. 이 천공신은 은덴게이(Ndengei)라고 하는데, 그것은 동굴에 숨어 살거나 혹은 머리는 뱀이고 몸은 돌로 되어 있는 큰 뱀이라는 역설적인 모습으로 나타난다. 이 신이 움직일 때는 대지가 진동한다. 그러나 이 신은 세계의 창조자이며 전지하고

[역주5] fetish의 어원은 라틴어 facere(……을 하다)이다. '기술이나 인공적으로 만들어진 것'이라는 의미가 있다. 15세기 후반에 포르투갈 어부들이 서아프리카와 교역할 때 원주민들이 크고 작은 자연물이나 인공물을 숭배하는 것을 보고 본국에 보고했다고 한다. 그러므로 우리는 주물숭배(fetishism)를 인공물이나 간단히 가공된 자연물을 숭배하고 의례의 대상으로 삼는 주술종교적 태도라고 정의할 수 있다.

[원주47] Pettazzoni, pp. 130 ff. 참조.

악을 징벌한다고 믿고 있다.[원주48] 앞에서 말한 바와 같이 아프리카의 주민들은 정도의 차이는 있으나 천공의 지고존재자에 대한 신앙을 그대로 간직하고 있으면서도 일신교나 일신숭배가 아닌 다른 것들에 지배되고 있다. 인디언 데네족의 종교에는 정령숭배와 샤머니즘이 지배적이지만 또한 천공의 지고존재자 유토에레(Yuttoere, '높이 있는 자')에 대한 신앙도 여전히 남아 있다.

어떤 지역에서는 달의 신이 천공의 지고존재자와 중첩되고 있다. 예컨대 뱅크스 섬의 원주민[원주49]이나 뉴헤브리데스 제도 사람[원주50]의 경우가 그러하다. 극히 드문 경우이지만 ── 아마 모계제도의 영향일 테지만 ── 천공의 지고존재자가 여성인 경우도 있다. 뉴아일랜드의 힌투부헤트(Hintubuhet)는 천공의 지고신의 모든 속성(수동성 등)을 지니고 있으나 여성적이다. 때로는 대여신이 원시적인 천상의 지고존재자를 대치하는 경우도 있다. 예컨대 토다족, 아삼의 카비족의 경우가 그러하다. 인도 남부에서도 지고의 천공신은 거의 어떤 역할도 하지 못한다. 왜냐하면 종교생활은 지방의 여성신 그라마 데바타(grāma-devatā)에 대한 예배에 집중되어 있기 때문이다.

원시 대우신의 모티프는 하늘(남성)과 땅(여성)이 가장 일반적이다. 예를 들어 인도네시아의 케이사르 섬에서는 남성적 원리인 마카롬 마노우웨(Makarom Manouwe)가 천공에 살고 있고 때때로 태양에도 거주하며, 여성적 원리인 마카롬 마와쿠(Makarom Mawakhu)는 지상에 거주하면서 중심적인 예배대상이 되고 있다.[원주51] 원시 대우신과 그에 대응하는 우주창조 신화는 폴리네시아와 미크로네시아에 특유한 것이다. 마오리족의 랑기(Rangi)와 파파(Papa)는 그런 의미에서 가장 유명하다. 이러한 신앙의 흔적은 아프리카에서도 발견된다. 남부의 반투족과 특히 바빌리나 피오르

〔원주48〕 같은 책, pp. 155 ff.
〔원주49〕 Codrington, *The Melanesians*, pp. 155 ff.
〔원주50〕 Pettazzoni, vol. i, p. 161.
〔원주51〕 같은 책, p. 134.

트족들의 경우는 지고의 천공신 은잠비가 동명의 대지신에게 그 위치를 물려주고 배후로 물러나버렸다. 그리고 이 대지신에 대한 비의는 여성에게만 전해진다.[원주52] 천(天)—지(地)의 대우신이라는 신화적 모티프는 남캘리포니아에서(천지는 남매로 표현되며, 이 둘의 결혼으로 만물이 발생한다), 아메리칸 인디언의 피마족, 뉴멕시코, 평원 인디언, 수족, 포니족, 서인도 제도 등에서도 발견된다.[원주53]

16. 융합과 교체

이제 분명한 것은 지고의 천공신이 자기의 위치를 다른 종교적 형태들에 양보하고 있다는 것이다. 그 교체의 형태는 상당히 다양하지만 그 의미는 부분적으로는 일치한다. 즉 천공의 존재자의 초월성과 수동성이 역동적이고 활동적이며 쉽게 접근할 수 있는 형태로 변해간다. 말하자면 성이 '구체적인 것으로 점차 하강하는 행위'를 확인할 수 있고, 인간의 생활이나 그 직접적인 자연환경이 차츰 성스러운 존재의 가치를 획득해간다. 마나, 오렌다, 와칸 등에 대한 신앙, 애니미즘, 토테미즘, 죽은 자의 정령이나 지방신에 대한 신심 등은 인간이 천공의 지고존재자에 대하여 가진 신앙적 위치와는 다른 위치에 인간을 두게 된다. 따라서 종교체험의 구조 자체가 변하는데, 예컨대 다라물룸이나 티라와는 토템, 그라마 데바타, 죽은 자의 정령 등과는 완전히 다른 것으로 나타난다. 교체는 항상 숭고하고 수동적이며 멀리 떨어져 있는 천공의 지고존재자에 대하여 역동적이고 변화무쌍한 형태, 신화적 가치를 풍부하게 가진 신의 형태가 승리하는 것을 나타낸다.

따라서 뉴질랜드 마오리족의 랑기 신은 신화에는 등장하지만 예배의 대상은 아니다. 그 자리에 대신 마오리족의 만신전에 있는 지고신(태양신)

[원주52] 같은 책, pp. 210 ff.; Frazer, *Worship of Nature*, pp. 130 ff.
[원주53] Numazawa, *Die Weltanfänge in der japanischen Mythologie*, Lucerne, 1946, pp. 301 ff.

탕가로아(Tangaroa)가 있다. 멜라네시아에서는 두 형제의 신화가 널리 퍼져 있는데, 하나는 영리하나 하나는 어리석은 존재로 나타난다. 이들은 천공의 지고존재자가 창조한 존재이지만 결국에는 그 자리를 대신하게 된다. 일반적으로 지고존재자는 자기가 창조한 조물주와 교체된다. 조물주는 지고존재자의 이름으로 그 지시를 따름으로써 세계를 질서 있게 한다. 혹은 지고존재자는 태양신과 교체한다. 이와 같이 반투족의 어떤 부족에서 조물주 운쿨룬쿨루(Unkulunkulu)는 인류의 창조자이지만 천공의 지고존재자 우티코(Utikxo)에게 복종한다. 나중에 운쿨룬쿨루는 우티코를 황천으로 추방하여버렸지만. 아메리칸 인디언의 틀링깃족(태평양의 북서안)의 중심적 신의 형상은 까마귀(crow)인데, 그것은 세계를 만든(더 정확히 말하면, 세계를 조직하여 문명과 문화를 각지에 전파함) 원초의 조물주이자 영웅으로서 태양 등을 창조하고 자유롭게 한 존재이다.[원주54] 그러나 그 까마귀는 이러한 모든 것을 더 높은 신적 존재(예컨대 까마귀는 그의 자식이다)의 명령 아래 수행한다. 투피족 인디언에게 타모시(Tamosci, 과라니족에게는 타모이Tamoi)는 신화적인 선조로서 천공의 지고존재자를 대신하여 태양신이 된 조물주이다.

북아메리카에서 천공의 지고존재자는 대개 거대한 새(큰 까마귀 등)로 표상되는 천둥이나 바람의 신화적 인격화와 융합하는 경향이 있다. 그가 날개를 치면 바람이 일어나고 그의 혀는 벼락이 된다.[원주55] 천둥은 태초부터 천공신의 본질적 속성이었는데 그 이후에도 그렇다. 때로는 천둥에도 독자적인 자율성이 부여되기도 하였다. 예컨대 인디언인 수족은 별이나 대기현상, 태양, 달, 천둥 등(특히 천둥)은 와칸이 가득 찬 것이라고 믿었다. 칸사족 인디언은 자기들 신인 와칸을 한 번도 본 적은 없으나 천둥소리를 통해 그의 음성을 듣는다고 말한다. 다코타족에게 와칸탄카(Wakantanka)는

[원주54] Schmidt, vol. ii, p. 390.
[원주55] Rendel Harris, *Boanerges*, Cambridge, 1913, pp. 13 ff. ; Schmidt, vol. ii, pp. 44 ff., 266 ff., 299 ff.

'천둥을 의미하는 말'이다(Dorsey). 오마하족은 천둥을 와칸다(Wakanda)로서 경외하며 예배를 드린다. 특히 초봄에 사람들은 산으로 올라가 천둥을 경외하는 연기를 피우고 담배를 바친다.[원주56] 알곤킨족은 태풍이 내습할 때나 갑자기 천둥이 울릴 때마다 체베니아탄(Chebbeniathan), 즉 '높은 데 계신 분'에게 약속을 한다.

이미 살핀 바와 같이(§12) 오스트레일리아의 가입의례에서 천둥의 에피파니는 의식용 악기(bull-roarer)의 소리로 나타난다고 말했다. 오르페우스교 가입의례에서도 동일한 대상과 동일한 의례가 보존되어 있다. 어느 신화에서나 천둥은 천공신의 무기가 되며, 벼락이 떨어진 장소는 성스러운 곳이 되고(그리스의 enelysion, 로마의 fulguritum은 바로 그 장소를 가리킨다),[원주57] 벼락을 맞은 인간은 성스러운 존재가 된다. 빈번히 벼락을 맞은 나무(오크나무)는 지고신의 위엄을 부여받는다(예를 들면 도도나의 제우스 신의 오크나무, 로마 주피터 신의 오크나무, 게이스마르 근처에 있는 도나르의 오크나무, 프러시아의 로모베에 있는 성스러운 오크나무, 슬라브족의 페룬의 오크나무 등). 천둥의 성성에 관련된 많은 신앙들은 세계 도처에서 발견된다. 소위 '뇌석'(그 대부분은 선사시대에 벼락을 맞은 돌에 지나지 않는다)은 그것이 바로 벼락을 맞는 과녁이라고 생각하여 숭배하고 경건하게 보존하는 것이다(§78). 천계로부터 떨어진 모든 것은 천공의 신성을 보유하고 있다. 천공의 신성에 젖어 있는 운석(隕石)을 숭배하는 이유가 여기에 있다.[원주58]

[원주56] Pettazzoni, p. 290.
[원주57] Usener, *Kleine Schriften*, Leipzig-Berlin, 1912, vol. iv, p. 478 참조.
[원주58] Eliade, "Metallurgy, Magic and Alchemy," Paris, 1938, *CZ*, vol. i, pp. 3 ff. 서아프리카의 어떤 부족에서는 특정한 돌이 천공신 예배와 관련하여 숭배되고 있다. 예컨대 카수나족(Kassunas)과 부라족(Buras)은 그들을 우에(We, 그들의 천공신으로부터 유래함)라 부른다. 카수나족과 부라족은 그 돌을 숭배하고 거기에 제물을 바친다. 하베족(Habes)은 환상열석이 그들이 믿는 천공신 아마(Amma)의 화신(化身)이라고 보고 거기에 제물을 바친다. 아프리카 그 밖의 지역에서도 뇌석(雷石)을 숭배하고 있다(Frazer, pp. 91 ff. 참조).

17. 천공의 지고존재자의 태고성

천공의 존재자에 대한 신심이 원시인이 가지고 있던 유일한 최초의 신앙이며 그 밖의 종교형태는 모두 그후에 발생한 것으로 질적 저하 현상을 나타내고 있다고 단정할 수는 없다. 천공의 지고존재자에 대한 신앙은 일반적으로 가장 고대적인 원시사회에서만 발견할 수 있는 일이지(피그미족, 오스트레일리아 원주민, 푸에고 섬 사람 등), 모든 사회에서 발견되는 것은 아니다(예컨대 이 신앙은 태즈메이니아인, 베다족, 쿠부족에게는 존재하지 않는다). 그리고 이러한 신앙이 어느 경우에나 그 밖의 다른 종교적 형태들을 반드시 배제하는 것은 아니라고 생각한다. 인간은 아득한 옛날부터 천공과 맺은 관계의 경험에서 성스러운 것의 초월성과 전능의 계시를 받을 수가 있었다. 천공은 그것을 신화화한다든가 개념화하기 이전에 그 자체로서, 즉 신성한 영역으로서 나타날 수가 있다. 그러나 다른 무수한 히에로파니가 이 천공의 히에로파니와 동시에 존재하고 있다.

우리가 확실하게 말할 수 있는 것 한 가지가 있다면 그것은 일반적으로 말해서 천공의 히에로파니와 천공의 지고존재자에 대한 신앙이 다른 종교관념에 의하여 대치되었다는 것이다. 일반적으로 말해서 옛날에는 이와 같은 천공의 지고존재자에 대한 신앙이 종교생활의 중심이었으며 오늘날의 원시인들에게서 볼 수 있는 것과 같이 단순히 주변적인 부분은 아니었다. 오늘날 이 천공신에 대한 예배가 거의 없다는 것은 순수하게 그리고 단순히 수많은 종교적 실천이 다른 종교형태로 넘어갔다는 사실을 말해준다. 그렇다고 해서 이러한 천공신이 원시인의(혹은 그 '사제'의) 추상적인 창조물이라거나 그들과 종교적인 관계를 맺지 않았다거나 혹은 가질 수 없었다는 것을 의미하지는 않는다. 이미 위에서 말한 바와 같이 이러한 예배의 결여는 단지 종교력(宗敎曆)의 결여를 의미한다. 드문 경우이지만, 천공의 지고존재자는 가끔 기도와 제물로 예배를 받는 경우가 있다. 예컨대 지고존재자에 대하여 봉헌하는 북아메리카의 큰 제의가 이를 말해준다(티라와, 체베니아탄, 아워나윌로나). 아프리카에서도 많은 예를 들 수 있다. 예컨대

부시먼족이 카근(Cagn)에게 바치는 밤에 추는 춤, 아크포소족의 우월루우(Uwoluwu, 사제와 예배소와 제물을 가지고 있다)에 대한 정기적 예배, 이비비오족이 뇌신 아바시 아부모(Abassi Abumo)에게 정기적으로 드리는 인신공희, 이비비오족의 이웃인 칼라바르 주민들이 각 집 앞마당에 아직도 가지고 있는 아바시 신의 신전, 레자에게 기도와 제물을 바치는 것 등이 그것이다. 콘데족은 그들의 지고신 음밤바(Mbamba)를 춤이나 노래로써 다음과 같은 기도를 가지고 예배한다.

　　음밤바여, 우리의 자식들이 번창하게 해주소서! 가축들이 번성하게 해주소서! 옥수수와 맛좋은 고구마가 풍성하기를! 유행병이 멀리 사라지게 해주소서![원주59]

와차가족은 기도와 제물을 루와에게 바친다.

　　하늘에 계신 분, 우리의 시조여! 이 가축의 머리를 받으소서. 이 지상의 모든 병을 멀리 가져가소서!

신앙이 깊은 사람들은 제물 없이 아침 저녁으로 루와에게 기도를 드린다.[원주60] 물루구에게는 염소를 제물로 바치고, 아키큐족은 엥가이(Engai)에게 수확한 첫 열매와 양 등을 제물로 바친다.[원주61]
오스트레일리아 종교의 여러 단계를 분석해보고 분명히 알 수 있는 것은 천공신이 가장 원시적인 종교생활의 중심을 차지하고 있었다는 점이다. 옛날에 뭉강가나는 지상에서 인간과 함께 살았는데, 그후에 천상으로 은퇴하여 인간으로부터 멀리 떨어졌다. 오스트레일리아 전역을 통하여 신들이 서

〔원주59〕 Frazer, p. 190.
〔원주60〕 같은 책, pp. 212 ff.
〔원주61〕 같은 책, pp. 248 ff.

서히 멀리 철수한 신화를 확인할 수 있다. 그럼에도 불구하고 이러한 천공의 존재자에 대한 신앙을 그 이전의 어떤 특별한 신앙에서 파생된 것으로 보기는 어려울 것이다. 예컨대 이 신앙은 죽은 자의 예배로부터 파생하였다고 하기도 하지만 오스트레일리아 동남부에서는(특히 민족학적으로 가장 오래된 곳의 하나) 죽은 자 예배가 전혀 없는 곳이 있다.[원주62] 가입의례가 가장 활발하게 실시되고 있던 곳(즉 오스트레일리아의 동남부)에서 비밀의례와 결부된 천공신을 발견할 수 있다. 이에 반해 밀교가 소멸해가는 곳(중앙 오스트레일리아 대부분의 부족 —— 아룬타족이나 로리차족)에서는 천공신(알치라, 투쿠라)이 종교적 힘을 상실하고 주로 신화의 영역에서만 살아남아 있다. 이것은 천공신에 대한 신앙이 한때는 풍부하고 강했다는 것을 의미한다. 가입의례를 통하여 진정한 신의 테오파니, 씨족의 계보신화, 도덕률이나 사회법의 집성, 요컨대 우주 속에서 인간의 위치 등을 배우게 된다. 따라서 가입식은 인식의 행위였지 단순히 재생의례는 아니었다. 지식, 세계에 대한 전체적인 이해, 우주적 통일성의 해석, 실존의 밑바닥에 있는 가장 근본적인 원인의 계시 등은 천공을 바라보거나 천공의 히에로파니나 천공의 지고신을 명상함으로써 얻을 수 있는 것이다.

그러나 이상의 행위나 반성이 단순히 이성의 산물(예컨대 슈미트가 그러한 것처럼)이라고 본다면 큰 잘못이다. 이것은 반대로 모든 인간의 행위다. 물론, 이 모든 인간은 인과성에 매달리고 있으나 무엇보다도 실존의 문제를 가지고 있다. 다시 말하면 모든 인간은 이 문제에 직접적으로 매달리고 있는 것을 말한다. 이러한 형이상학적인 성질의 계시는 모두(인류의 기원, 신과 선조의 성스러운 역사, 변신 metamorphoses, 상징의 의미, 비밀의 이름 등) 가입의례의 테두리 안에 있지만, 가입자의 지식욕을 만족시키는 것만을 목적으로 하지 않고, 무엇보다도 우선 그의 실존을 전체와 통합하고 생명과 번영의 연속성을 증진하고 죽음 이후에 보다 행복한 운명을 확보하는 데 그 목적이 있다.

[원주62] Schmidt, vol. iii, p. 106.

따라서 이상을 요약하면, 무엇보다도 의미 깊은 것은 오스트레일리아 종교의 가장 원시적인 단계에서 천공신이 가입의례[역주6] 가운데 현존한다는 것이다. 이미 말한 바와 같이 이 가입식은 가입자에게 형이상학적인 성질의 비밀을 계시하면서 가입자의 재생을 확보해준다. 즉 가입식은 생명과 힘과 지식을 동시에 만족시켜준다. 가입식은 테오파니(왜냐하면 가입의례에서는 신의 참된 성질과 이름이 계시되기 때문에)와 구원론(왜냐하면 가입의례는 아무리 기본적인 것일지라도 신가입자의 구원을 확약하기 때문에)과 형이상학(우주의 기원과 원리에 대하여, 인류의 기원에 대하여 계시하고 있기 때문에) 사이에 있는 밀접한 관계를 증명하고 있다. 그러나 이 비밀의례의 중심에서 천공신을 발견하게 되는데, 이 신은 우주와 인간을 창조하며 문화와 가입의례를 창시하기 위해 지상에 내려온 신과 동일한 신이다.

천공신이 태초에는 창조주이자 전지전능자이고 최고의 '지혜'를 지닌 특권적 존재였다는 사실이 왜 몇몇 종교에서 추상적인 신의 모습으로, 우주를 설명한다든가 우주의 절대적 실재를 표현하는 인격화된 개념으로 변질되어 버렸는가를 설명해준다. 뉴질랜드나 타히티 섬의 천공신 이호(Iho)는 비교적(秘敎的)인 성직자 교의 중에서 가입자에게만 계시되며, 진실로 신이라기보다는 오히려 철학적 개념이다.[원주63] 다른 천공신 —— 예컨대 반투족의 은잠비, 아메리칸 인디언 시아족의 수시스티나코(Sussistinako) —— 은 무성(無性)이다. 즉 이것은 신이 형이상학적 원리로 변화하는 것을 보여주는 추상화 현상이다. 인디언 주니족의 아워나윌로나(Awonawilona)는 전혀 인격적 특성을 갖고 있지 않은, 남성과 여성을 다 구유하고 있는 것으로 표현되고 있다(랑 Lang은 그것을 '그—그녀' He—She라고 불렀다).[원주64]

[역주6] 가입의례의 원명은 initiation이라 한다. 종래의 사회상태로부터 다른 새로운 사회상태로의 가입은 소정의 절차를 필요로 하는데 고대에는 그 나름의 종교적인 의례를 거쳤다. 성인식이 가장 일반적이었다. 먼저 종래의 집단으로부터의 분리를 위한 고통을 거쳐야 새로운 집단으로의 참여가 보장된다. 이때 수장(首長)으로부터 신통기를 전수받기도 한다.

[원주63] Pettazzoni, p. 174.

이렇게 천공의 지고신이 철학 개념으로 변할 수 있었던 것은 천공의 히에로파니 그 자체가 형이상학적 계시로 변할 수 있었기 때문이다. 말을 바꾸면, 하늘을 바라보는 것은 그 자체의 성격상 인간으로 하여금 자연의 불확실성과 신의 초월성뿐만 아니라 인식의 가치뿐만 아니라 정신적인 '힘'의 신성한 가치를 알게 해주기 때문이다. 인간들은 무엇보다도 낮의 맑고 푸른 하늘이나 밤의 무수한 별들을 바라볼 때마다 인식의 신적 기원이나 성스러운 가치를, 보고 또한 이해하는 신의 전능을, 즉 어느 곳에나 있고 모든 것을 보고 모든 것을 만들고 모든 것을 지배하는 신의 전능을 완벽하게 깨닫게 된다. 물론 현대인의 마음으로 볼 때, 지극히 모호한 신화적 윤곽을 하고 있는 신들(이호 Iho, 브라만 Brahman)은 훨씬 추상적인 것처럼 보인다. 그리고 우리는 그것을 신이라기보다는 철학적인 개념으로 보는 경향이 있다. 그러나 원시인, 특히 이 신들을 만들어낸 사람들이 알고 인식하는 것은 '힘', '성스러운 힘'의 에피파니라는 것을 잊어서는 안 된다. 모든 것을 보고 모든 것을 아는 그는 모든 것이 가능하며 모든 것으로 나타난다. 가끔 이러한 천공에서 기원한 지고존재자는 우주의 기초가 되며 자연순환의 주체 및 지배자가 되며, 우주의 원리 혹은 우주의 형이상학적 원리와 일치하거나 법칙, 즉 신들 자신조차도 벗어날 수 없는 법칙이나 일시적 현상 및 생성중의 현상에 있는 영원하고 보편적인 것과 일치하는 경향을 갖게 된다.

18. 북극과 중앙아시아 주민의 천공신

'원시인'의 종교에서 소위 다신교라는 종교로 이행하면서, 우리가 만나는 중요한 차이는, 이러한 종교들 자체의 '역사'에서 비롯된다. 물론 '역사'는 원시적인 테오파니를 수식하고 있는 것에 불과하다. 왜냐하면 원시인의 천

〔원주64〕 양성구유(兩性具有)는 신의 원시적인 성격을 나타내는 것을 잊어서는 안 된다. 그것은(신화적 형식이 대부분 그러한 것과 같이 접근하고 있지만) 전체적, 반대물의 통합, 반대의 일치(§159)의 정식을 나타내고 있다.

공신은 어떤 것도 '순수한' 것은 없으며, 원래의 형태를 표상하는 것도 없다. 그 천공신의 '형태'는 외적인 영향을 받아서든 혹은 단지 그 신들이 인간의 전통의 한 부분이었기 때문이든 변화해왔다. 그러나 소위 다신교적 종교를 말할 때는 역사는 훨씬 크고 강력한 영향을 준다. 역사적으로 창조적인 인간의 종교 관념이나 영적, 심적 생활 전체는 영향, 공생, 변경, 침식 등의 작용을 겪어왔다. 신의 '형태'는 문명이 만들어낸 다른 '형태'들과 마찬가지로 무수히 상이한 요소들로 구성되어 있다. 그러나 다행히 종교생활은 그로부터 생겨난 모든 창조물과 같이, '원형에의 경향'이라고 부를 수 있는 것에 지배되고 있다. 종교적 창조(즉 신의 형태, 의례, 신화, 예배)에 참여하고 있는 구성요소가 아무리 많고 다양하다 하더라도 그 표현은 끊임없이 원형으로 가는 경향이 있다. 그 때문에 다신교의 천공신들을 이루고 있는 구성요소나 그 생애를 이해하기 위해 각 천공신의 '역사'를 알지 않고도 우리는 그들을 살필 수 있을 것이다. 각 천공신은 과거의 역사가 어떠했든 원래적인 '형태' 즉 원형으로 되돌아가는 경향이 있다. 그러나 이것은 천공신의 형태가 단순하다거나 혹은 단순화시키는 쪽으로 갈 수 있다는 것을 의미하지는 않는다.

지금까지 우리가 앞에서 살펴본 것과 비교했을 때 다신교에서 신들이 나타내는 첫번째 새로운 요소는 그 신들의 지상권(至上權)이다. 그 테오파니^[역주7]는 천공이나 기상의 모든 현상으로만 환원시킬 수도 없고, 또한 그 힘은 결코 단순히 우주창조에 의하여만 표명되는 것도 아니다. 그 신들은 '주인', 우주의 주권자가 된다. 따라서 이른바 다신교는 지상권이라는 이 새로운 요소를 무시하고는 언제나 천공신에 대하여 말할 수 없다. 이 새로운 요소는 천공의 대권으로부터 파생하는 것이긴 하지만, 그 자체로서 '권력'에 대한 종교적인 의미의 새로운 표현이며, 신의 개념에서 내용의 변화를 가져온 것이다.

[역주7] 테오파니(theophany)는 글자 그대로 theos(神)와 phany(현현)의 합성어이다. 신의 모습이나 위력이 나타나는 것을 말한다.

우리는 우선 북극의 주민이나 북부와 중앙 아시아의 유목민이 숭배하고 있는 지고의 천공신에 대하여 간략히 서술해보자. 사모예드족은 하늘에 거주하는(혹은 일곱번째 하늘에 거주하는) 신 눔(Num)을 숭배하는데, 그 이름은 '하늘'을 의미한다.[원주65] 그러나 그것을 물리적인 하늘과 동일시할 수는 없다. 왜냐하면 슈미트가 지적하는 바와 같이,[원주66] 사모예드족은 눔을 바다나 육지, 즉 우주 전체라고 생각하기 때문이다. 코랴크족은 지고신을 '천상의 일자(一者)', '천상의 주', '감시자', '존재하는 자', '힘', '세계의 창조신', '보호자' 등으로 부르지만, '천공'을 뜻하는 카무이(Kamui)를 의미하기도 한다.[원주67] 코랴크족의 지상신은 '하늘의 마을'에 살고 있다. 중앙 에스키모인은 자기들의 지고신이 하늘에 거주하고 있다고 믿고 그 신을 '천상의 존재자'라고 부른다.[원주68] 그러나 이러한 이름과 속성만으로는, 북극 주민의 지고신의 위격(位格)을 다 표현하지 못했다고 말할 필요는 없다. 무엇보다도 지고신은 전능하며 때로 우주 유일의 주(主)이다. 그러나 이러한 테오파니의 천공적인 성격은 명백하고 또 고대적이다. '원시인'의 천공신들과 마찬가지로, 이 지고신은 하위신이나 정령과 함께 북극 주민의 종교생활을 공유하고 있는 것이다. 때때로 사람들은 정령들에게 바치는 기원이 성취되지 않을 경우에 이 지고신에게 기도를 한다. 지고신에게는 동물의 머리 부분과 긴 뼈를 제물로 바치는 데 반하여 정령에게는 따뜻한 피(生血)만 바친다.[원주69]

[원주65] Castren, *Reisen im Norden im den Jahren 1838~1844*, Leipzig, 1953, pp. 231 ff.

[원주66] Schmidt, vol. iii, p. 357.

[원주67] Batchelor, *The Ainu and their Folk-Lore*, London, 1901, pp. 248 ff., 258 ff.

[원주68] Schmidt, vol. iii, p. 345 참조.

[원주69] A. Gahs, "Kopf-, Schädel- und Langknochenopfer bei Rentiervölkern," *W. Schmidt-Festschrift*, Vienna, 1928, pp. 231 ff. 참조. 따라서 예컨대 유라크-사모예드족은 높은 산에서 천공신 눔을 위해 하얀 순록을 제물로 바친다(같은 책, p. 238). 또 퉁구스족도 똑같이 하늘의 정령 부가(Buga)에게 제물을 바친다(p. 234). 코랴크족, 추크치족, 에스키모인에 있어서 천공신

몽고족의 지고신의 이름은 텡그리(tengri)이다. 그것은 '하늘'을 의미한다[원주70] (부랴트족의 tengeri, 볼가 지역 타타르족의 tangere, 벨티르족의 tingir, 야쿠트족의 Tangar, 추바슈족의 tura도 비교 참고하기 바란다. 체레미스족은 천공신을 원래 '하늘'을 의미하는 유메 Yume라 부른다).[원주71] 오스탸크족이나 보굴족에서 가장 많은 신의 이름은 눔-투렘(Num-Turem)이며, '높은 데 계신 투렘', '천상에 거주하는 투렘'의 뜻이다.[원주72] 더 남쪽으로 내려와서 이르티시 오스탸크족의 천공신 이름은 셴케(senke)라는 말에서 비롯되었는데, 이 말이 뜻하는 원래 의미는, '반짝거리는, 빛나는, 빛'으로서 예컨대 눔-셴케('천상의 셴케')나 옘-셴케('선신 셴케')이다.[원주73]

천공신에 대한 그 밖의 이름이나 형용은 그 신의 성격과 기능에 대한 정의를 완결시킨다. 벨티르족은 '가장 자비로운 칸'(Kaira-Kan)이나 '수령'(cajan)에게 기도를 드린다.[원주74] 미누신스크의 타타르족은 지고신을 '대지의 창조자'(car cajany)라고 부르며,[원주75] 야쿠트족은 '지혜로운 창조주'(urun ajy tojon) 혹은 '가장 높은 주'(ar tojon)라고 부르고, 알타이의 타타르족은 '위대한 자'(ulgan, ulgen) 또는 '대단히 위대한 자'(bai ulgen)

에 대한 고대적인 예배는 토테미즘, 애니미즘, 모계제 등의 요소가 혼합하여 있지만, 가스는 이러한 요소를 2차적인 것으로 보고 있다(p. 261).

[원주70] Holmberg-Harva, *Die religiösen Vorstellungen der altaischen Völker*, Helsinki, 1939, pp. 141 ff.

[원주71] Holmberg-Harva, "Die Religion der Tscheremissen," Porvoo, 1926(*FFC*, no. 61), p. 63.

[원주72] Karjalainen, "Die Religion der Jugra-Völker," Porvoo-Helsinki, 1921(*FFC*, no. 44), vol. ii, p. 250.

[원주73] Kai Donner는 소그디아나어의 '법'을 의미하는 nom으로 설명하려 한다(그리스어의 nomos 참조). 이 말은 위구르가 패권을 잡고 있을 때, 중앙아시아 주민에 의하여 북극에까지 전파된 것이리라. 이 어원에 대한 설명이 긍정되고 있다고 해도(실제로 그렇게 되지 않았다) 이러한 유래는 실제의 어휘로부터 차용한 것에 불과할 것이다. 왜냐하면 지고의 천공신이라는 개념은 북아시아나 북극의 종교에서 토착적인 것이기 때문이다.

[원주74] Holmberg-Harva, *Rel. Vorst.*, p. 144.

[원주75] 같은 책, p. 149.

라고 부르며, 또 기원할 때에는 '흰 빛'(ak ajas, 오스탸크어의 senke와 비교됨) 또는 '가장 빛나는 칸'(ajas kan)이라 부른다.[원주76] 오스탸크족이나 보굴족은 투렘이라는 이름에 '위대한', '빛나는', '금빛의', '흰', '가장 높은', '주 우리 아버지', '천상의 금빛' 등의 명칭을 부여한다.[원주77] 기도나 문자로 기록된 문헌에서는 천공신을 이따금 '아버지'라고 부르는 경우도 볼 수 있다.[원주78]

이상과 같이 열거한 이름이나 칭호는 우랄알타이 계통의 지고신의 천공적인, 지상권을 지닌 창조자적 성격을 나타내고 있다. 천공에 거주하는 그는,[원주79] 제7천, 제9천, 혹은 제16천에 거주하고 있다(Bai Ulgen, §33 참조). 아바칸의 타타르족은 이와 동일하게 천공신의 '창공'에 대하여 말하고, 부랴트족은 '금과 은으로 빛나는 집'을 말하고, 알타이족은 '황금문', '황금옥좌'를 가진 '궁전'(orgo)에 대하여 말하고 있다.[원주80] 그 신에게는 아들과 딸이 있으며[원주81] 종들과 사자들로 둘러싸여 있는데, 샤먼은 황홀상태에서 승천하여 그들과 만날 수 있다(신의 사자 중 하나인 야지크 Yajyk는 지상에 살고 있는 울겐 Ulgen과 인간 사이의 중개자 역할을 하고 있으며, 또 다른 사자 수일라 Suila는 인간의 행위를 감시하고 주인에게 보고한다).[원주82] 그러나 우랄알타이 어족, 예컨대 부랴트족의 경우에는 기도할 때 하늘을 '아버지', 땅을 '어머니'라고 부르기는 하지만 성혼신화는 발견할 수 없다.[원주83]

천공의 지고신은 대지와 인간의 창조자로서 '만물의 형성자'이며 '아버지'이다. 이 신은 눈에 보이는 사물과 보이지 않는 사물을 창조했고, 대지를

[원주76] 같은 책, p. 154.
[원주77] Karjalainen, vol. ii, pp. 250 ff.
[원주78] Holmberg-Harva, *Rel. Vorst.*, p. 154.
[원주79] Karjalainen, vol. ii, 257 참조.
[원주80] Holmberg-Harva, *Rel. Vorst.*, p. 154.
[원주81] 같은 책, pp. 156 ff.
[원주82] 같은 책, pp. 155 ff.
[원주83] 같은 책, p. 152.

풍요롭게 하는 자이다.[원주84] 보굴족의 누미타렘(Numi-Tarem)은 창조자일 뿐만 아니라 인류의 교화자로서 인간에게 고기잡이 등을 가르쳐주었다.[원주85] 창조의 개념은 우주법칙의 개념과 밀접히 연결되어 있다. 천공은 보편적 질서의 원형이다. 천공신은 우주의 규범적 순환의 영속성과 불가침성을 보증함과 동시에 인간사회의 균형을 보증한다. 천공신은 '칸'(Khan), '수령', '주', 즉 보편적 주권자인 것이다. 따라서 이 신의 명령은 존중되지 않으면 안 된다(신의 칭호에서 '명령', '명령자'의 개념이 명백하다).[원주86] 몽고족은 천공이 모든 것을 보고 있다고 믿는다. 그래서 맹세할 때에 '하늘이 알고 있으리라', '하늘이 그것을 증언하리라'라고 말한다.[원주87] 하늘이 보내는 징조(혜성, 가뭄 등)로써 그들은 신의 계시와 명령을 읽는다. 모든 것을 보고 아는 전지한 창조주로서 법의 수호자인 천공신은 우주의 지배자이다. 그러나 이 신은 직접적으로는 통치하지 않고 지상에 정치적 집단이 나타날 때마다 지상의 대리자 칸을 통해 통치한다.

망구 칸(Mangu-Khan)이 윌리엄 루브루크(William Roubruck)를 통하여 프랑스 왕에게 보낸 편지 가운데서 몽고족의 명료한 신앙고백을 볼 수 있다. "영원한 신의 질서는 이것이다. 하늘에는 오직 유일의 영원한 신이 있고, 땅에는 신의 아들인 오직 하나의 칭기즈 칸이 있다." 칭기즈 칸의 무덤에는 다음과 같은 비명이 있다. "하늘에는 오직 한 분인 신, 땅에는 칸, 세계 주인의 표시." 이와 같이 전세계적인 왕, 지상에 있는 천공신의 아들 또는 대리자라는 개념은 중국인에게서도 발견된다(이와 똑같은 것이 폴리네시아인에게도 있다). 중국의 옛 문헌에서 천공신은 두 개의 명칭을 가지고 있다. 즉 '천'(Tien, '천공', '천공신')과 '상제'(Chang-Ti, '고귀한 주', '천의 주권자')이다. 천은 우주질서의 조정자이며, 제9천에서 가장 높은 데 거주하는 지고의 주권자이다.

[원주84] 같은 책, p. 155; Karjalainen, vol. ii, p. 262.
[원주85] Karjalainen, vol. ii, p. 254.
[원주86] Holmberg-Harva, *Rel. Vorst.*, p. 144 참조.
[원주87] 같은 책, p. 150.

왕조의 섭리인 천공은 모든 것을 보고 있으며 법을 내려주는 힘이다. 천공은 서약의 신이며, 사람은 낮의 빛과 밤의 빛에 걸고 맹세한다. 사람은 푸른 창공, 푸른 하늘, 끊임없이 빛나고 있는 높은 하늘을 증인으로 하여 맹세한다![원주88]

황제는 '천자'로서 천공신의 지상에 있는 대리자이다. 몽고어의 자자간(dzajagan)은 중국어의 '천명'(T'ien-Ming) '천의 질서'에 해당한다. 이 주권자는 사회의 안녕과 질서뿐만 아니라 대지의 풍요, 자연순환의 정상적인 운행도 보증한다. 지진과 그 밖의 재해, 대이변이 일어날 때 중국의 주권자는 자기의 죄를 고백하고 정죄의 의식을 갖는다. 『시경』에서 왕은 극심한 가뭄이 들었을 때 다음과 같이 비탄한다.

어떤 죄를 지었기에 우리가 이렇게 벌을 받는가. 하늘이 죽음과 고통을 주기까지…… 이 나라의 황폐와 멸망이 나 한 몸에만 떨어지기를!

왜냐하면 천자는 '유일한 사람', 우주질서의 대표자, 법의 수호자이기 때문이다.

우주의 질서와 지상에서의 생명의 연속의 보편적 보증자로서, 천공―창조자―주권자의 결합은 천공신의 특징 즉 수동성에 의해 완전해진다. 중국이나 몽고 제국처럼 거대한 대규모의 정체(政體)에서는 천공신의 효용성이 지상권과 제국 자체의 신화에 의하여 강화된다. 그러나 '역사'가 개입되지 않을 때에, 우랄알타이 어족의 지고신은 그 예배자의 의식에서 차츰 수동적이 되고 격절적인 것이 되어가는 경향이 있다. 시베리아나 중앙아시아인들의 천공신은 너무 멀리 떨어져 있어서 인간들이 영위하는 일에 별로 관심을 갖지 않는다. 예컨대 퉁구스족의 부가(Buga, '세계', '천공')는 모든 것을 알고 있지만 인간의 일에 간섭하지 않으며, 악인일지라도 벌하지 않

[원주88] Granet, *La Religion des Chinois*, Paris, 1922, p. 57.

는다. 야쿠트족의 우란 아지 토욘(uran ajy tojon) 혹은 아이비트 아가(aibyt aga, 아가는 '아버지')는 제7천의 흰 대리석 옥좌에 앉아서 만물을 통괄하지만 오로지 선한 일만 한다(즉 처벌 같은 것은 하지 않는다). 투루칸스크 지방의 퉁구스족은 천공신이 어떤 때는 행운을, 어떤 때는 불운을 가져다주지만, 어떤 기준에 의해서 행운과 병을 주는지는 이해하지 못한다고 말하고 있다.[원주89]

일반적으로 말해서 우랄알타이 어족의 천공신은 다른 민족과 비교하여 원초적인 성격을 더 잘 보유하고 있다고 말할 수 있다. 이 천공신은 성혼과도 무관하여 폭풍신이나 뇌신으로 변용되지도 않았다(우랄알타이 어족은 북아메리카의 신화학과 같이 천둥을 새의 모습으로 그리고 있지만, 천둥에게 제물을 바치지는 않는다).[원주90] 이 천공신에게 먹을 것을 달라고 사람들은 예배와 기도를 드린다.[원주91] 이 신은 도상(圖像)으로 표현되지는 않지만 정식 예배를 받는데,[원주92] 특히 개와 흰 사슴을 제물로 바친다.[원주93] 그러나 신앙생활 전체를 지고존재자에 대한 신앙이 지배한다고 말할 수는 없다. 일련의 의례, 신앙, 속신 등은 이 신과 전혀 관계가 없다.

19. 메소포타미아

신을 의미하는 수메르어 딩기르(dingir)[원주94]는 원래 천공의 에피파니인

[원주89] Holmberg-Harva. *Rel. Vorst.*, p. 151.
[원주90] 같은 책, pp. 205 ff. 참조.
[원주91] *Numi tarem*: Karjalainen, vol. ii, p. 255.
[원주92] Karjalainen, p. 280.
[원주93] 같은 책, p. 273.
[원주94] Hommel은 수메르어의 dingir('신', '빛나는')를 터키-몽고어의 tengri('천', '신')와 관계시켰다. 한편 P. A. Barton은, 천공신 아누는 중앙아시아로부터 메소포타미아로, 이미 선사시대의 말엽쯤에 수입되었다고 생각했다(*Semitic and Hamitic Origins*, Philadelphia, 1934, pp. 245, 369). 사실 기원전 4000년경부터 고대 오리엔트 문화(Elam)와 '카스피 해 연안' 문화와 알타이 문화(즉 원(原)터키인) 사이에 어떤 접촉이 있었음을 알 수 있다. 그러나 이상의 선사문

'밝은, 빛나는'의 의미였다(딩기르는 아카드어의 엘루 ellu, 즉 '밝은, 빛나는'으로 번역되었다). '신'이란 말을 표현하는 표의문자(딩기르라 발음된다)는 또 천공을 의미하는 말의 표의문자와 동일하다(이 경우는 아나 ana, 아누 anu라 발음된다). 이 문자는 별을 표상하는 상형문자였다. an(a), an(u)라고 발음될 때, 이 상형문자는 '높은, 높은 존재'라는 공간적 초월성을 의미한다.

an이라는 기호는 '비를 내려보내는 하늘'을 나타낼 때 쓰는 말인데, 그것을 확대하여 비를 나타내는 말이 되었다. 따라서 신을 딩기르로서 직관하는 것은 천공의 히에로파니(높은, 밝은, 천공, 비)에 기반을 두고 있다. 이러한 히에로파니는 곧 (딩기르로서의) 신에 대한 직관으로부터 분리되어 나와서 초인화된 신 아누(Anu)의 주위에 집중되었다. 아누 신은 그 이름 자체로는 '천공'을 나타내는데, 이것이 역사에 출현한 시기는 대개 4천 년 전쯤 될 것이다. 수메르 기원의 아누 신은 바빌로니아 만신전의 우두머리가 되었다. 그러나 다른 천공신과 같이 아누도 시간이 지남에 따라 가장 중요한 역할을 상실하게 되었다. 역사시대에 들어오면서 아누는 다소 추상적인 신이 되었다. 아누 숭배는 널리 전파되지 못하였으며[원주95] 그는 종교문헌에도 좀체로 기록되지 않았고, 신의 이름을 기록하는 목록에도 나타나지 않는다.[원주96] 아누는 마르두크(Marduk)와 같이 창조신이 아니다. 아누의 신상은 어디서도 발견할 수 없다.[원주97] 이 사실은 아누가 바빌로니아인의

화가 어떻게 공헌하였는지는 분명하지 않다. 한편 이미 기원전 3000년에는 러시아 북부까지 오리엔트의 영향을 추적할 수 있다(Tallgren의 연구 참조). 어떻든 천공신은 가장 고대적인 원터키인에 속하는데, 이 천공신은 인도유럽 어족의 천공신과 아주 유사하여, 인도유럽 어족의 종교생활이 고대 오리엔트나 지중해 유역 민족의 종교생활보다 고대 원터키인의 종교생활과 더욱 가까운 것을 알 수 있다.

[원주95] Jastrow, *Die Religion Babyloniens u. Assyriens*, Giessen, 1902, vol. i, p. 84.

[원주96] Furlani, *La Religione Babilonese-Assira*, Bologna, 1928, vol. i, p. 110.

[원주97] 같은 책, p. 115

종교생활에 적극적으로 영향을 미치지 못하였으며, 역사시대에 들어와서는 예배의 대상이 되지 못하였음을 확증해준다.

아누는 물론 천공에 거주하고 있다. 그의 궁전은 천계의 가장 높은 데 있어서 홍수의 물이 미치지 못한다.[원주98] 그리스 신화의 올림포스 산과 같이 신들은 하늘에서 아누를 방문한다.

우루크(Uruk)에 있는 아누의 신전은 에안나(E-an-na), 즉 '하늘의 집'이라고 부른다. 아누는 천공에서 주권자의 모든 표징, 즉 홀(笏), 왕관, 머리장식, 왕장(王杖) 등을 몸에 지니고 옥좌에 앉아 있다.[원주99] 아누는 최고의 주권자이며, 그 왕권의 표장은 지상 군주의 권위를 정당화하는 원천이 된다. 왕은 그 권력을 아누로부터 직접 상징적으로 이끌어낸다.[원주100] 이 때문에 일반 서민이 아니라 오직 주권자만이 아누에게 기도를 할 수 있다. 아누는 '신들의 아버지'(abu ilani)이며 '신들의 왕'이다. '아버지'라고 부르는 것은 보통 의미에서가 아니라 최고의 권위를 나타내는 의미에서 쓰여졌다.[원주101]

함무라비 법전에서 아누는 '아누나키인의 왕'이라고 불린다. 보통 이름으로는 일 샤메(il shame, '하늘의 신'), 압 샤메(ab shame, '하늘의 아버지'), 샤르 샤메(shar shame, '하늘의 왕')라고 한다. 왕권 그 자체는 하늘로부터 부여된다.[원주102]

별들은 아누의 군대이다.[원주103] 왜냐하면 아누는 보편적 주권자이자 또한 군신이기 때문이다(성서의 '만군의 주' 참조). 아누의 최대의 제사는 신년, 따라서 세계창조의 기념일과 일치한다(§153). 그러나 시간이 지남에

[원주98] Epic of Gilgamesh, xii, 155.
[원주99] Dhorme, "Les Religions de Babylonie et d'Assyrie," *MA*, Paris, 1945, p. 67.
[원주100] Labat, *Le Caractére religieux de la royauté assyro-babylonienne*, Paris, 1939, 특히 pp. 30 ff.
[원주101] Code of Hammurabi, 42, 46.
[원주102] Dhorme, pp. 46~47 참조.
[원주103] 같은 책, p. 68.

따라 신년제는 마르두크에게 바쳐진다. 마르두크는 아누보다 젊은 신으로 (마르두크의 승천은 함무라비 왕의 시대, 즉 기원전 2150년이다) 보다 활동적이며(그는 바다의 괴물 티아마트와 싸워 그를 죽였다) 중요한 창조신이다(마르두크는 티아마트의 몸에서 세계를 창조한다). 아누의 주제(主祭)가 마르두크에게 옮겨간 것은 폭풍의 신 엔릴 벨(Enlil-Bel)이 바빌로니아 지고신의 서열로 승격한 것과 상응한다(§27). 이와 같이 동적이며 창조적이고 친근한 신들로 교체한 결과에 대해서는 이 책의 이하의 장에서 더욱 명백해질 것이다.

20. 디아우스, 바루나

우리가 여기서 모든 아리아인에게 공통된 가설적인 빛의 천공신인 디에우스(Dieus)에 대하여 논의할 필요는 없다. 확실한 것은 인도의 디아우스(Dyaus), 고대 로마의 주피터, 그리스의 제우스, 게르만민족의 티르치오(Tyr-zio)가 원초의 천공신이 진화한 역사적인 형태이며, 이 형태가 지닌 명칭들은 '빛'(낮)과 '성'이라는 근원적인 두 가지 의미를 나타낸다는 것이다(산스크리트어의 div는 '비추다', '낮'의 의미이고, dyaus는 '하늘', '낮'의 의미가 있음을 참조). 인도아리아계 지고신의 명칭은 청명하게 빛나는 하늘과 유기적인 관련을 나타내고 있다. 많은 학자들이 생각하고 있는 것처럼,[원주104] 폭풍, 벼락, 천둥과 같은 기상적 표현이 원초의 디에우스의 개념과 관련된 것이 하나도 없음을 의미하지는 않는다. 가장 원시적인 천공신(예컨대 바이아메 Baiame, 다라물룸 Daramulum 등, §12 참조)이 기상현상을 지배하고 있고, 벼락은 그 중요한 속성이었다. 아리아인의 천공신의 이름이 그의 빛과 청명한 성격을 강조한 사실이 디아우스의 인격으로부터 그 밖의 천공의 테오파니(태풍, 비 등)를 모두 배제하는 것은 아니다.

[원주104] 예컨대 Nehring, "Studien zur indogermanischen Kultur- und Urheimat," *WBKL*, vol. iv, pp. 195 ff.

앞으로 더 살피겠거니와(§26), 대단히 많은 천공신들이 말하자면 '전문화' 되어 폭풍이나 풍요의 신이 된다. 그러나 이와 같은 후대의 전문화는 가끔 종교사에서 볼 수 있는 여러 가지 경향의 결과로서 보아야 한다(구체화의 경향, 즉 '창조' 관념이 '다산' 관념으로 변모되는 과정 등이다). 그러나 어느 경우에나 천공신들은 밝은 천공신의 개념과 함께 현존하는 것으로부터 기상학적인 기능을 배제하지는 않았다.

인도아리아인의 천공신의 역사적 형태를 하나의 또는 일련의 천공의 테오파니로 환원시켜버리는 것은 어려운 일이다. 그들 천공신의 인격은 훨씬 풍부하고 그들의 기능은 훨씬 복합적이다. 천공신이 내포하거나 지배하는 성스러운 힘은 많은 영역으로, 항상 우주적인 형태는 아니지만 확대되고 있는 것 같다. 이 모든 신이 가지고 있는 인격의 결정적인 요소는 '지상권'이다. 이 지상권의 권위는 천공의 성성에 의해서 단순히 설명될 수는 없다. 예컨대 인도아리아인의 천공신의 경우를 생각해보자. 디아우스가 소위 신의 형태로서 베다 성전이나 베다 이후의 문헌에 나타나는 일은 거의 없다. [원주105] 보통 그 이름은 '천공' 혹은 '낮'(dyāvi는 '날마다'의 뜻)을 의미하는 것으로 사용되었다. 디아우스는 어떤 시대에는 진짜 신으로서 자율성을 가진 적도 있었는데, 베다 문헌을 보면 그러한 흔적이 약간 남아 있다. 즉 한 쌍을 이루는 디야바프리티비(Dyāvapṛthivi), '하늘과 땅',[원주106] '아버지 하늘', '모든 것을 알고 있는 천공'[원주107]의 기원 등이 그것이다. 성혼, 전지, 창조성은 현실의 천공신의 특수한 속성이다. 그러나 디아우스는 '자연주의적' 전문화 과정의 대상이 되었다. 다시 말하면 디아우스는 천공의 신성의 계시자임을 그만두고, 매일의 천공의 현상('하늘', '낮')을 나타내는 표현이 되었다. 그것은 또한 디아우스의 '수동성'의 결과이다. 즉 우주현상에서 신성한 요소는 자취를 감추고 성을 기술하는 것으로 사용된 말은 마침내 속

〔원주105〕 Hillebrandt, *Vedische Mythologie*, Breslau, 1929, vol. iii, iii, 392.
〔원주106〕 *RV*, i, 160.
〔원주107〕 *AV*, i, 32, 4.

적인 것이 되었다. 즉 천공신은 '하늘'이나 '낮의 현상'을 의미하는 말로 교체된다. 그러나 디아우스의 이와 같은 탈성화가 천공의 테오파니를 파괴하거나 약화시키지는 않는다. 그것은 단순히 디아우스가 다른 신들에게 자리를 양보한 것에 불과하다. 디아우스는 '자연화'됨으로써 혹은 천공의 성성을 표현하는 것을 중단함으로써 천공의 지고신으로서의 역할도 멈추었다.

이와 같은 과정은 일찍부터 있어왔다. 베다 시대의 초기부터 디아우스의 위치는 다른 신 바루나(Varuṇa, 기원전 14세기의 보가즈케우이 비문에는 u-ru-va-na로 나와 있음)에 의해 대체되었다. 바루나는 천공의 모든 속성을 지니고 있지만 단지 천공신으로만 환원될 수 없는 요소가 있다. 확실한 것은 바루나는 비슈바다르샤타(viśvadarśata), 즉 어디서나 보이는 존재[원주108]이며, '두 세계를 분리한' 존재이고,[원주109] 바람은 그 신의 호흡이며,[원주110] 미트라(Mitra) 신과 함께 '천상의 두 강력하고 숭고한 주'로서 숭배되고, 먹장구름을 만들어 천둥소리로 자신을 나타내고, 신의 기적으로 하늘로부터 비를 내리게 하는 존재이며, '천공에서 기적적인 일을 펼치는' 존재이다.[원주111] 일찍부터 바루나는 달의[원주112] 성격을 가지고 있었고, 워낙 비와 연관이 되어 있어 시간이 지남에 따라 해양신의 성격도 가지게 되었다.[원주113] 이 두 가지의 변신은 원초의 천공신적 형태에서 나온 것으로 설명될 것이다. 달의 신으로 대체되거나 혹은 일반적으로 달의 요소와 원초의 신상의 융합은 종교사에서 빈번히 일어나는 현상이다. 달이 차고 기우는 것은 비나 바다를 지배한다. 따라서 비에 관한 천공신의 특권이 달의 신에게로 이행된 것이다.

[원주108] *RV*. viii. 41. 3.
[원주109] *RV*. vii. 86. i.
[원주110] *RV*. vii. 87. 2.
[원주111] *RV*. v. 63. 2~5.
[원주112] Hillebrandt, vol. iii. p. 1 ff.
[원주113] Meyer, *Trilogie altindische Mächte und Feste der Vegetation*, Zürich-Leipzig, 1937, vol. iii, pp. 206 ff., 269 ff. 참조.

이와 똑같이 원초의 천공신적 구조를 가지고 바루나의 그 밖의 기능과 영광을 설명할 수 있다. 예컨대 그의 전지에 대해서이다.

바루나의 첩자가 하늘에서 내려와 수천 개의 눈으로 지상을 염탐한다. 바루나 왕은 모든 것을 본다. ……바루나는 인간이 눈을 몇 번이나 깜박거리는지까지 다 알고 있다…….[원주114]

바루나는 전지하고 오류가 없다.

바루나는 공중을 나는 새의 흔적을 알고 있다. ……그는 바람의 방향을 알고 있다. ……그래서 모든 것을 알고 있는 바루나는 모든 비밀, 모든 행동, 모든 의도를 감시하고 있다.[원주115]

미트라와 함께 바루나는 첩자들을 식물이나 집에 배치해놓는다. 이 두 신은 결코 한 순간도 눈을 감는 일이 없다.[원주116] 바루나는 사하스라크샤(sahasrākṣa), 즉 '천 개의 눈을 가진' 자이다.[원주117] 천 개의 눈은 별의 신화적 표현으로서 최소한 그 기원에서는 천공신을 의미하는 은유였다.[원주118] '천 개의 눈'을 가진 것은 바루나뿐만 아니라 인드라(Indra)나 바유(Vāyu),[원주119] 아그니(Agni),[원주120] 푸루샤(Puruṣa)[원주121]도 마찬가지이다. 앞의 둘(인드라와 바유)과 천공의 영역(폭풍, 바람 등) 사이에는 관계를 맺을 가능성이 있다. 그러나 아그니는 불의 신이며 푸루샤는 신화적 거

[원주114] *AV*, iv, 16, 2~7.
[원주115] *RV*, i, 25, 7 ff.
[원주116] *RV*, vii, 61, 3.
[원주117] *RV*, vii, 34, 10.
[원주118] Pettazzoni, "Le Corps parsemé d'yeux," *CZ*, i, pp. 1 ff. 참조.
[원주119] *RV*, i, 23, 3.
[원주120] *RV*, i, 79, 12.
[원주121] *RV*, x, 90, 1.

인이다. 따라서 아그니나 푸루샤가 천 개의 눈을 가졌다고 하는 특질은 그들의 천공적인 특권에서 기인하는 것이 아니라, 그들에게 바치는 찬가에서 그들을 전지전능한 신, 즉 주권자로 생각한다는 사실에서 기인한다.

21. 바루나와 지상권

바루나가 오로지 천공신으로만 생각될 수 있는지의 문제로 되돌아가보자. 베다 문헌에서는 바루나의 천공신적 성격만 강조하는 것이 아니고 가끔은 주권자로서의 특질도 강조한다. 참으로 바루나는 최고의 크샤트라(Kṣatra)이다.[원주122] 귄테르트[원주123]와 뒤메질[원주124]은 바루나의 근본 성격을 명백히 밝히는 훌륭한 정식을 발견하였다. 예배자는 바루나를 앞에 하면 자기를 '노예와 같이' 느낀다.[원주125] 겸허한 태도는 이 신에 대한 예배에서만 볼 수 있는 고유한 성격이다.[원주126] 바루나는 보편적인 주권자이기 때문에 우주질서의 규범을 지키는 수호자이다. 그러므로 바루나는 모든 것을 '볼 수 있고', 아무리 숨겨져 있는 죄라도 그의 눈을 피할 수는 없다. 인간은 좌절을 느낄 때, 자기가 어떤 죄를 지었으며 어떻게 그에게 거역했는지를 물으면서 바루나에게 기도를 드린다.[원주127] 바루나는 인간이 그에게 맹세한 서약을 지키도록 함으로써 인간과 맺은 계약을 보증한다. 바루나는 그 서약을 어기는 인간을 '속박한다'.[원주128] 인간은 이 바루나의 '올가미'가 인간을 마비시키고 완전히 지치게 만드는 속박임을 알고 있기 때문에 두려워한다.[원주129] 바루나는 '속박하는' 신이며, 이것은 또 다른 지상신도 가지

[원주122] Śatapatha Brahmaṇa, ii, 5, 2, 34; Maitri-Upaniṣad, i, 6, 11 참조.
[원주123] Güntert, Der arische Weltkönig and Heiland, Halle, 1923, pp. 97 ff.
[원주124] Dumézil, Ouranos-Varuna, Paris, 1934, pp. 39 ff.
[원주125] RV, i, 25, 1.
[원주126] Geiger, Die Amesa Spentas, Vienna, 1916, pp. 154, 157 참조.
[원주127] RV, vii, 86; AV, iv, 16 등 참조.
[원주128] RV, 1, 24, 15.

고 있는 특권이다(§23). 바루나는 또 그 주술적인 힘으로 계시를 내리고, 영적인 힘, 특히 최고 왕의 힘을 소유하고 있는 자이다.

바루나라는 이름 자체는 구속하는 힘이라는 뜻으로 설명될 수 있다. 왜냐하면 바루나가 갖고 있는 천공신적 성격을 나타낸다고 할 수 있는 어원 var(vṛnoti), 즉 '덮는다', '포위한다'는 오늘날에는 버리게 되었다고 피터슨(H. Petersson)은 제안하고 있고, 귄테르트[원주130]나 뒤메질[원주131]의 제안이 받아들여지고 있는데, 이 해석에 따르면 바루나가 인도유럽어의 어근 uer('묶는다')에서 파생했다고 보기 때문이다(산스크리트어 varatra는 '가죽끈, 그물'이라는 뜻이고, 리투아니아어 were, wert는 '실을 꿰다, 자수를 놓다'는 뜻, 러시아어의 vernica는 '끊어진 실'을 뜻한다). 바루나는 언제나 손에 그물을 쥐고 있는 신으로 나타나며,[원주132] 많은 의식이 '바루나의 속박'으로부터 인간을 해방시킬 목적으로 행해진다(매듭도 바루나의 특성이다).[원주133]

이 구속하는 능력은 바루나가 뒤에 경험하는 지하의 경향이나 달의 영향에 의하여 증대되긴 하지만 이 신의 지상권의 주술적 본질을 나타내주고 있다.[원주134] '구속'과 '올가미'에 대한 주술적 가치에 대한 귄테르트의 해석[원주135]을 완성하기 위하여 뒤메질이 그들의 왕적인 기능을 강조한 것은 정

[원주129] *RV*, i, 24, 15.

[원주130] Güntert, p. 144.

[원주131] Dumézil, p. 49.

[원주132] Bergaigne, *La Religion védique d'après les hymnes du Rig Veda*, Paris, 1878~83, vol. iii, p. 114 ; S. Lévi, *La Doctrine du sacrifice dans les Brahmanas*, Paris, 1898, pp. 153 ff.; Hopkins, *Epic Mythology*, Strasbourg, 1920, pp. 116 ff. 참조.

[원주133] Dumézil, *Ouranos-Varuna*, Paris, 1934, p. 21, n. 1; Eliade, Le 'Dieu lieur' et le symbolisme des noeuds, *RHR*, 1947~48, vol. cxxxiv, pp. 5~36을 보라.

[원주134] A. Closs, "Die Religion des Semnonenstammes," *WBKL*, vol. iv, pp. 625 ff. 참조.

[원주135] Güntert, *Der arische Weltkönig und Heiland*, Halle, 1923, pp.

당하다.

바루나는 마야(maya), 즉 주술적 영향의 주이다. 그 때문에 바루나의 올가미는 그의 지상권 자체와 마찬가지로 주술적이다. 이 올가미는 수령이 보존하고 있는 신비적인 힘의 상징이며, 그 힘은 정의, 행정, 왕과 공공의 안전, 모든 권력을 말한다. 왕권과 그물, daṇḍa와 pāśāḥ는 인도나 기타 지역에서 이상의 모두를 표징하는 특권을 공유하고 있다.[원주136]

따라서 바루나는 인도 왕의 성별식을 주재한다. 라자수야(rājasūya)는 최초의 주권자인 바루나가 자기를 위해 행한 성별식을 원형으로서 재생하는 것 외에 아무것도 아니다.[원주137]

그러므로 바루나를 단순히 천공신으로만 생각하여, 그 인격, 신화, 의례를 단지 천공신적 요소만을 가진 것으로 설명하는 것은 잘못일 것이다. 바루나 그 밖의 모든 천공신은 복합적인 모습을 가지고 있다. 그것을 '자연주의적' 에피파니로 환원한다든가 혹은 사회적 기능으로만 한정할 수는 없다. 지상권의 특권은 발전하여 천공의 특권을 증대시켰다. 바루나는 별 속에 거처를 두고 우주를 지배하고 있기 때문에, 모든 것을 보고 모든 것을 알고 있다. 그러나 바루나는 동시에 우주 지배자이기 때문에 모든 것이 가능하고, 또 우주질서의 수호자이기 때문에 법에 배치되는 자를 '속박하고'(병이나 불능으로) 벌한다. 말할 것도 없이 바루나의 모든 권한, 모든 기능의 근저를 일관하고 있는 공통의 음조가 있는데, 그것은 바루나의 '힘'이 갖고 있는 밝고 성스럽고 수동적인 성격이다. 바루나는 자신을 위해서는 어떤 권력도 행사하지 않고 아무것도 정복하지 않으며 어떤 것을 획득하기 위해 싸우지도 않는다(예컨대 인드라처럼). 왜냐하면 바루나는 단지 관조

---

120 ff.
[원주136] Dumézil, pp. 53 ff.
[원주137] 같은 책, pp. 42 ff.

만 하고 있지만 강력한 존재자이며, 주권자이다(모임에 자주 참가하는 승려).[원주138] 바루나는 인드라와 같이 단독으로 왕이 아니라 산라즈(samrāj), 즉 우주의 왕이다.[원주139] 다시 말하면 권력은 바루나 고유의 존재양태이기 때문에 당연히 바루나에게 속한다. 이 권력은 그로 하여금 주술이나 '영의 힘'이나 '지식'을 통하여 행위하는 것을 가능하게 한다.

이렇게 하여 바루나의 '천공의 면'과 '왕권의 면' 사이의 특별한 조화를 관찰할 수 있다. 따라서 그들은 서로를 보완하며 서로를 완성한다. 천공은 우주적인 주권자와 똑같은 방법으로 초월적이며 유일하다. 수동성의 경향은 모든 지고의 천공신에게 현저하게 나타난다. 인간으로부터 멀리 떨어진 높은 곳에 살고 있는 천공신은 소위 인간의 일상적 욕구에 무관심하기 때문이다. 이와 같은 원시적인 지고의 천공신의 상에서 나타나는 수동성을 우리는 바루나에서도 볼 수 있다. 그 수동성은 바루나의 관조적인 성격, 그 작용능력에 기초를 두고 있지만, 그것은 인드라와 같이 육체적 수단에 의해서가 아니라 주술적, 영적인 힘에 의한 것이다. 원시인의 천공신의 속성과 우주의 주권자 사이에도 똑같은 대칭이 발견될 것이다. 이 두 가지는 법이 지켜지는 동안 자연의 질서와 풍요를 보증한다. 비는 풍요를 확보해주지만 법을 어기면, 즉 '죄'는 계절의 정상적 순환을 위험에 빠뜨려 사회와 자연의 생명 자체를 위협하게 된다. 우리는 이 책에서 주권자가 신화뿐 아니라 현실의 예배에서도 질서와 풍요한 대지의 보증자임을 알게 될 기회가 있을 것이다. 그러나 지금 명기할 수 있는 것은 순전히 영적이고 주술적인 수단에 의해서만 수행되는 이 우주적인 지상권이라는 관념이 다분히 천공의 초월성의 개념에 의하여 발전하고 그 개요가 규정된다는 것이다. 여러 단계에서 발생하고 있는 이러한 관념은 '주술적 지상권'의 완전한 상을 가능하게 한다. 그러나 한편, '주술적 지상권'의 이론은 천공신의 원형에 결정적인 영향을 미쳤다. 바루나는 적어도 역사적인 형태에서는(즉 베다나 베

[원주138] *RV.* vi. 68. 3.
[원주139] *RV.* vii. 82. 2; Bergaigne, vol. iii. p. 140; Dumézil, p. 40.

다 이후의 문헌에 나타나 있는 그대로는) 단지 천공신이라고만 부를 수 없으며, 마찬가지로 달의 신, 바다의 신이라고만 부를 수도 없다. 바루나는 이상의 모든 신이며, 또 그와 같은 경향을 가진 신이고, 그리고 동시에 특히 지상신인 것이다.

22. 이란의 천공신

이란인도 지고의 천공신을 가지고 있다. 헤로도토스는 이렇게 말하였다.[원주140] "이란인은 가장 높은 산에 올라가 제우스에게 제물을 바쳤다. 그들은 제우스의 이름을 순환적인 창공 전체에 대하여 붙였다." 우리는 이 원초의 천공신의 이름을 이란어로 알지 못한다. 조로아스터교의 성전 가운데서 발견할 수 있는 신, 즉 차라투스트라가 그를 종교개혁의 중심에 둠으로써 변용시키고자 한 신은 아후라 마즈다(Ahura Mazda), 즉 '지혜의 주', '전지자'였다. 이 신을 형용하는 것 중의 하나를 들면 보우루 카사니(vouru casani, '시야가 넓은 자')[원주141]로서, 이것은 이미 천공신적 특징을 나타내고 있다. 그러나 차라투스트라의 종교개혁은 이 신으로부터 자연주의적 요소를 없애버렸는데, 오히려 후대의 문헌 가운데서 고대 천공신의 가장 구체적인 흔적을 발견할 수 있으며, 그것은 이란의 이전의 다신교로의 회귀를 반영해준다.

처음부터 종교의 비교연구는 아후라 마즈다를 바루나에 해당하는 상으로 지적해왔다. 어떤 학자들은 이 이론을 놓고 논쟁을 하였으나,[원주142] 나로서는 이 이론을 포기할 이유를 발견하지 못하였다. 50년 전에 올덴베르크(Oldenberg)(그의 연구서 "Varuna und die Adityas")가 지적한, 바루나와 마즈다의 공통된 특징은 아주 설득력이 있다. 즉 바루나와 같이 아후라

[원주140] i. 131.
[원주141] Nyberg, *Die Religionen des alten Iran*, Leipzig, 1928, p. 99.
[원주142] 예컨대 H. Lommel, *Les Anciens Aryens*, pp. 99 ff.

마즈다도 '지상신'인 것이다.[원주143] 상당히 자주 나오는 고대 아베스타의 표현에 미트라-아후라(Mitra-Ahura)가 있다.[원주144] 여기서 미트라는 아직 역사시대의 아후라 마즈다가 되지 않은 아후라와 결합되어 있으며 오히려 이 아후라는 베다 문헌의 아수라(Asura), 즉 바루나를 상기시켜준다. 그래서 베다의 미트라-아후라는 베다의 쌍을 이루는 미트라-바루나와 대응한다. 우리는 헤르텔,[원주145] 니베르크,[원주146] 비덴그렌[원주147] 등과 같이 미트라에서 밤의 하늘을, 아후라 마즈다에서 낮의 하늘을 볼 만큼 극단적으로 생각할 수는 없다. 그러나 천공의 구조는 아후라 마즈다의 에피파니 가운데서 투시할 수 있다. 왜냐하면 아후라 마즈다는 "견고한 창공을 의복으로 하고 있으며",[원주148] 하늘의 모든 부분에서 비를 내려 "경건한 인간이나 유용한 동물"[원주149]을 기르고 있기 때문이다. 아후라 마즈다는 "많이 보는 이, 먼 것을 가장 잘 보는 자, 먼 데서도 잘 보는 이, 염탐하는 이, 알고 있는 이, 가장 잘 알고 있는 이"[원주150]로 불리고, "속일 수 없는 이,[원주151] 알고 있는 이, ……오류가 없고, 오류 없는 전지한 마음을 가진 이"[원주152]이다. 야스나는 다음과 같이 말하고 있다. "모든 것을 보고 있는 이, 아후라를 속일 수 없다."[원주153] 다른 천공신과 같이 아후라 마즈다는 결코 잠자는 법이 없고 어떤 마취약도 그에게는 효과가 없다.[원주154] 그 때문에 어떤 비밀도 "그의 날

[원주143] Dumézil, *Naissance d'Archanges*, Paris, 1945, p. 82.
[원주144] Benveniste-Renou, *Vrtra et Vrthragna*, Paris, 1935, p. 46 참조.
[원주145] Hertel, *Die Sonne und Mithra im Awesta*, Leipzig, 1927, pp. 174 ff.
[원주146] Nyberg, *Religionen*, p. 99.
[원주147] Widengren, *Hochgottglaube im alten Iran*, Uppsala, 1938, pp. 94 ff.
[원주148] *Yasna*, 30, 5; *Yast*, 13, 2~3 참조.
[원주149] *Videvdat*, 5, 20.
[원주150] *Yast*, i, 12~13.
[원주151] *Yast*, i, 14.
[원주152] *Yast*, 12, 1.
[원주153] *Yasna*, 45, 4.

카로운 눈길"[원주155]을 피할 수 없다. 아후라 마즈다는 계약의 불가침성, 약속의 준수를 보증한다. 아후라 마즈다는 차라투스트라에게 왜 그가 미트라를 창조하였는가를 밝히면서 약속을 깨는 자(미트라 = '계약')는 나라 전체에 불운을 가져오는 이라고 말한다.[원주156] 따라서 아후라 마즈다는 인간들 사이의 좋은 계약관계를 보증하고 우주의 여러 힘의 균형과 전체의 번영을 확고히 해준다. 그것은 또 미트라가 전지한 이유가 된다. 그러므로 미트라는 1만 개의 눈과 귀를 가지고 있으며,[원주157] 또 아후라 마즈다와 같이 오류가 없고 힘이 있으며, 결코 잠자지 않고 감시하는 존재이다.[원주158] 미트라는 또 '속일 수 없는 자'(adaoyamna)이고 '전지자'(vispo, vidva)이다.

그러나 이상과 같은 모든 속성이나 기능은 천공의 에피파니만이 아니라 다른 위광(威光), 예컨대 지상권의 위광도 포함하고 있다.[원주159] 아후라 마즈다는 모든 것을 보고 있고 알고 있다. 천공신이기 때문만이 아니라 지상권의 자격을 가진 자로서 법의 수호자이며 죄인에게 벌을 주는 자이기 때문이다. 아후라 마즈다는 그 지상권으로 인하여 자연과 사회의 선한 조직과 번영을 보증하지 않으면 안 된다. 이것을 하나만 어기더라도 모든 우주적인 단계에서 질서의 균형을 위태롭게 하기 때문이다. 이란의 종교문헌으로는 무엇보다도 차라투스트라의 종교개혁 때문에, 우리가 천공신으로서의 아후라 마즈다의 원형을 재구성한다고 해도 충분하게 되지 않을 것이다. 즉 아후라 마즈다가 순수하게 단순히 천공신이었는지, 지고신이기 때문에 동시에 자신을 운명의 신으로 만들지는 않았는지,[원주160] 또 지배자의 원형임과 동시에 사제의 원형은 되지 않았는지,[원주161] 남녀 양성구유 신은 아니

〔원주154〕 *Videvdat*, 19, 20.
〔원주155〕 *Yasna*, 31, 13~14.
〔원주156〕 *Yast*, 10, 1~2.
〔원주157〕 *Yast*, 17, 16; Pettazzoni, "Le Corps parsemé d'yeux," p. 9 참조.
〔원주158〕 *Yast*, 10, 7.
〔원주159〕 *Widengren*, pp. 260 ff.를 보라.
〔원주160〕 같은 책, p. 253.
〔원주161〕 같은 책, p. 386.

없는지,[원주162] 다시 말해서 아후라 마즈다가 그 '역사'의 시초부터 복합적인 테오파니로 자신을 나타내어 여기에서 자연히 천공의 요소가 중요한 역할을 나타내고 다른 것은 다 배제해버린 것은 아닌가 하는 생각이 들 것이다.

또 격절신(deus otiosus)이라는 아후라 마즈다의 차라투스트라 이전의 개념을 지적할 필요가 있다.[원주163] 즉 이 신은 직접 창조하지는 않고 스펜타 마이뉴(spenta mainyu),[원주164] 즉 '선한 정령'을 매개로 하여 창조한다. '선한 정령'은 원시종교에서 천공의 지고존재자를 수행하는 조물주와 같은 것이다. 이 현상은 대단히 일반적이어서, 이것은 종교생활에서 몇 가지 근본적인 경향에 상응하는 것처럼 보인다. 이 경향에 대해서는 뒤에서 더 서술할 생각이다. 아후라 마즈다의 경우, 이 현상은 차라투스트라의 개혁에 의하여 좌절되었는데, 많은 종교개혁가들(예컨대 모세, 예언자, 마호메트)은 격절신으로 변한 고대의 천상의 지고신에 생명을 불어넣어 대중의 종교생활에서 보다 구체적이고 역동적인 신의 형상(풍요신, 대여신 등)으로 자리잡게 하였다. 그러나 종교개혁은 우리가 여기서 다루고 있는 종류와는 전혀 다른 성의 체험을 포함하고 있으며, 이에 대해서는 기회가 있을 때 다른 장에서 더 다루어보려고 한다.

23. 우라노스

그리스의 우라노스는 자연주의적 성격을 더욱 뚜렷하게 보존하고 있다. 즉 우라노스는 천공이었다. 헤시오도스가 우라노스를 묘사한 바에 따르면,[원주165] 우라노스는 "사랑을 찾아" 가까이 다가와서는 모든 방향으로 퍼지면서, 밤을 가져와 대지를 감싼다고 한다. 이 우주적 성혼은 천공의 사명이 무엇인지를 명백하게 해준다. 그러나 이 신화를 제외하고 우라노스에 대한

[원주162] 같은 책, p. 251
[원주163] Nyberg, p. 105 참조; Widengren, p. 374.
[원주164] *Yast*, 44, 7.
[원주165] *Theog.*, 126 ff.

이야기는 아무것도, 성상조차도 남아 있는 것이 없다. 한때 우라노스에 대한 예배가 행해지긴 하였으나 곧 그것은 다른 신들, 특히 제우스에 의하여 탈취되었다. 우라노스도 저 지고의 천공신이 도달하는 운명, 즉 서서히 현실의 종교생활과 실천에서 차츰차츰 밀려나 끝없는 침해와 교체, 융합을 거쳐 마침내 망각되어버리는 과정을 입증하고 있다. 우라노스는 종교에서는 완전히 망각되어버렸지만, 헤시오도스가 전하는 신화에는 살아남아 있다. 신화가 포함하고 있는 의례가 무엇이었든지, 그 신화는 그 기원을 알고자 하는 욕구를 만족시켜준다. 즉 사실상 처음에는 단지 천공뿐만이 아니라 적어도 천지의 대우신이 있었다는 것을 보여준다.[원주166] 최초의 신(오케아노스, 히페리온, 테이아, 테미스, 포에베, 크로노스 등)과 키클로프스(외눈박이 거인), 기타 괴물이 태어나는 것은 이 대우신의 끝없는 성혼을 통해서이다. 우라노스는 다른 모든 천공신이 그러한 것처럼, 예컨대 디아우스가 그런 것처럼[원주167] 남성의 번식자였다(디아우스는 수레타 suretah, 즉 좋은 정액을 가진 것이란 뜻이다. 그가 신성한 아내 프리티비를 포옹하는 것으로 인간과 신들을 낳는다).[원주168]

그러나 우라노스는 다른 천공신과는 달리 위험한 다산성을 가지고 있다. 우라노스가 낳은 것은 오늘날 우리가 알고 있는 세계에서 사는 것들과는 달리 괴물들이다(백 개의 팔을 가지고 있고, 눈은 50개, 무한히 큰 키 등). 우라노스는 그러한 괴물을 '첫날부터 미워하여'(헤시오도스), 괴물을 대지(가이아)의 체내에 숨겼기 때문에 가이아는 고통스러워 신음하였다. 어느 날 가이아는 막내인 크로노스를 충동하여 매일 일몰 때마다 찾아오는 아버지 우라노스가 지상에 오는 것을 기다렸다가 아버지의 생식기를 끊어 바다에 던져버렸다. 이 절단으로 인해서 우라노스의 괴물 창조는 끝을 맺고, 이 사실로 인해서 그의 지상권도 종말을 맞이했다. 뒤메질이 입증하고 있는

[원주166] 헤시오도스의 신화에는 대지 가이아는 우라노스를 낳는다. 이것은 전(前)그리스 시대의 지하신(地下神) 신앙의 흔적이다.

[원주167] RV. iv. 17. 4.

[원주168] RV. i. 106. 3; 159. 1; 185. 4; iv. 56. 2 등 참조.

바와 같이,[원주169] 이 신화는 바루나의 불능의 신화나 인도의 주권자의 임명의례 등에 해당한다. 나는 다른 곳에서 한 번 더 '지상권의 위기'의 복합적인 문제를 취급하려고 한다. 그러나 여기서 주의해야 할 것은 이 두 신화와 그에 대응하는 의례의 본질적인 의미에 대해서이다(번식의 규제와 확보). 똑같이 바루나와 우라노스의 두 지상권은 현저한 대칭을 이루고 있어 우라노스는 자연숭배적 방향으로의 진화에도 불구하고 '우주의 최초의 주권자'인 것이다.[원주170] 그에게서 최초로 태어난 딸은 바실레이아('여왕'이란 뜻)라고 불렸다.[원주171] 바루나가 '속박하는' 지고신이었던 것처럼 우라노스도 그의 자식들을 하나하나 차례로 가이아의 몸 속에 숨겼기 때문에 '속박하는' 존재이다. 바루나는 그의 아들 브리구(Bhrigu)의 '숨을 묶어' 지옥으로 보내 지옥을 견학하도록 한다.[원주172] 우라노스는 외눈박이 거인족 키클로프스들을 묶어 어두운 세계인 '타르타루스'로 세게 던져버렸다.[원주173] 우주의 지상권을 우라노스에 이어 계승한 크로노스는 적대자를 사슬로 속박한다. 오르페우스교는 제우스에게도 똑같은 주술적인 힘을 부여하였다.

우라노스가 다른 천공신들과 구별되는 점은 그가 괴물을 낳는다는 것, 자기가 창조한 것들에 대하여 증오심을 품고 있다는 것이다. 천공신은 모두 창조주인데, 그들은 세계와 신들과 살아 있는 것들을 만들어낸다. 다산성은 그들 천공신의 창조주로서의 중요한 사명을 특수화한 것에 지나지 않는다. 아이스킬로스는 그의 잃어버린 비극의 하나인 『다나우스의 딸들』가운데서 "성스러운 하늘은 대지의 체내에 취하여 들어간다"[원주174]라고 말한다. 인도-지중해 해안의 종교에서 천공신이 어떤 방법으로든 황소와 동일시되는 이유가 여기에 있다. 『리그 베다』에서는 디아우스를 '황소'라고 부

〔원주169〕 Dumézil, *Ouranos-Varuna*.
〔원주170〕 Apollodorus, *Bibliotheca*, i, 1.
〔원주171〕 Diodorus Siculus, 3, 57.
〔원주172〕 *Jaiminiya Br.*, 1, 44; Lévi, *Doctrine*, pp. 100 ff.; Dumézil, p. 55.
〔원주173〕 Apollodous, i, 1, 2.
〔원주174〕 Nauck, frag. 44.

른다.[원주175] 또 에게 해-오리엔트 지대의 대부분의 천공신도 똑같은 성격을 지니고 있다. 그러나 우라노스의 경우 그러한 다산성은 위험한 것이다. P. 마존(Mazon)이 헤시오도스의 『신통기』(神統記)[역주8]에 대한 주석에서 지적하고 있는 바와 같이,[원주176] 우라노스의 생식기를 끊음으로써 그의 가증스럽고 덧없는 다산력은 종지부를 찍고 아프로디테의 출현에 의하여(우라노스의 생식기를 절단할 때 생긴 피의 거품에서 태어남) 세계에 질서를, 즉 종의 고정성을 가져와 미래에 있을 무질서하고 유해한 생식을 모두 불가능하게 했다.

이상과 같이 적어도 헤시오도스의 신화에 나타나고 있는 바와 같은, 우라노스의 특이성은 지금까지 완전히 설명되지 않았다. 그런데 어째서 허다한 천공신 가운데서 바루나만이 무제한으로 괴물을 낳고 또 자기가 낳은 것을 '미워하고' 타르타루스나 대지의 태내에 그것들을 '속박하는'가? 그것은 저 태초에 창조의 업이 아직 고정된 규범을 갖추지 못하였을 때, 무엇무엇이 다른 무엇무엇으로부터 태어났다고 하는 이야기가 있을 때, 늑대가 새끼양을 곁에 두고 표범이 새끼염소를 곁에 두고 잠을 자던 시절인 '저 신화시대', 저 태초의, 지금은 부정적으로 평가되고 있는 그때의 회상일까? 원초의 낙원 '시대'의 특징의 하나는 현실의 모든 단계에서, 따라서 모든 종의 수준에서도 확인되는 절대적인 자유였다. 세계의 태초에 창조된 피조물의 유동적이고 괴물적인 성격에 대해서는 많은 전승이 말하고 있다. 이렇게 우라노스가 괴물만을 낳는다는 특이성은 아프로디테가 일으키고 후에 제우스가 지배하는 체제의 가치를 보여주려는 그리스인의 마음이 만든 합리화의 과정이 아닐까? 이 체제의 특징은 그리스인의 정신에 반영된 대로

[원주175] i. 160. 3; v. 6. 5; v. 58. 6 등 참조.

[역주8] 신통기(theogony)는 그리스 신화가 가장 대표적이긴 하지만 많은 민족들 사이에 보편적으로 있는 신들의 조직과 원리를 적은 글을 말한다. 대체로 인간의 사회적, 정치적 원리를 반영하여 신들의 조직과 성격이 나타난다고 한다. 어떤 주신(主神)을 중심으로 상하의 위계질서가 있는 신들의 모임을 판테온(pantheon)이라고 한다.

[원주176] Coll. Budé, 1928, pp. 28 ff.

종의 고정성, 질서, 균형, 계층이다. 그렇지 않으면 우라노스 일족의 투쟁 가운데서 고대 그리스 신들이 전(前)그리스적 시대의 신들을 대체하는 과정으로 보아야 할 것인가?

24. 제우스

이러한 우라노스의 괴상한 창조에 대해 어떻게 설명하든지 간에 우라노스가 역사시대 이전부터 이미 예배의 대상에서 사라졌다는 사실은 여전히 남는다. 우라노스의 위치는 제우스에게 탈취되어버렸다. 제우스란 이름은 본질적으로 천공적 성격을 나타내고 있다. 디아우스와 마찬가지로 제우스도 '밝음'이나 '낮'의 고유명사적 가치를 보존하고 있다(산스크리트어 div는 '비추다', '낮'의 뜻이며, 크레타 섬 사람은 낮을 dia라고 불렀다).[원주177] 그래서 어원적으로 제우스는 dios와 라틴어의 dies(낮)와도 관련이 있다. 그러나 제우스의 기상에 관한 기능이 후에 발달한 것이며 외부의 영향이었다고 하더라도 그의 영역을 청명하고 밝게 빛나는 하늘에만 한정해서는 안 된다. 제우스의 무기는 번개이며 그가 벼락을 내린 장소 enelysia는 다른 장소와 다르게 성별된다. 제우스에게 붙여진 모든 명칭의 의미는 분명하며, 그것은 폭풍, 비, 풍요 등과 직접적으로 관련되어 있음을 알 수 있다. 따라서 제우스는 옴브리오스(Ombrios), 히에티오스(Hyetios, 비가 많은), 우리오스(Urios, 순풍을 보내는 자), 아스트라피오스(Astrapios, 벼락을 치는 자), 브론톤(Bronton, 천둥을 치는 자) 등으로 불린다. 또 게오르고스(Georgos, 농부), 크토니오스(Chthonios, 대지에 거주하는 자)라고도 불린다.[원주178] 왜냐하면 제우스는 비를 지배하고 밭의 풍요를 보증해주기 때문이다. 제우스의 동물적 측면까지도(제우스 리카이오스 Zeus Lykaios는 인신공희를 받는 늑대로 그려짐)[원주179] 농경과 관련한 주술적인 힘으로 설

[원주177] Macrobius, *Saturnalia*, i, 15, 14; Cook, *Zeus*, Cambridge, 1914~40, vol. i, pp. 1 ff. 참조.

[원주178] Hesiod, *Works and Days*, v, 465 참조.

명되고 있다(인신공희는 가뭄이나 폭풍 등의 기상재해가 발생했을 때 치러진다).

  오래 전부터 제우스가 그리스의 신들 가운데서 지고신이면서도 다른 신들보다는 비교적 제사나 예배를 드리는 일이 적었음이 관찰되었으며, 이 이상한 사태에 대하여 여러 가지 설명이 제시되었다.[원주180] 나는 다른 천공신들과 마찬가지로 실상 제우스가 언제나 종교생활의 선두에 있지는 않았지만 농경과 속죄라는 두 가지 중요한 영역을 지배하고 있었다고 생각한다. 풍작을 보증하는 모든 것(비나 기상에 관계된 모든 것), 죄를 정화하는 모든 것은 천공의 권한에 속한다. '정죄식'이나 '가입의례' ── 번개나 번개로 대표되는 모든 것(의식용 악기나 뇌석) ── 는 고대적인 의례인데(§ 12), 그것은 천공신의 태고성뿐만 아니라 그들의 극적이고 격렬한 면의 태고성도 증명하고 있다. 많은 학자들은 디에우스(Dieus)의 어원에만 집착하여 천공신의 원시적인 관념이 단일한 구조를 지니고 있음을 잊고 있다. 제우스는 물론 주권자이다. 그러나 제우스는 다른 천공신보다 명료하게 '아버지'의 성격을 보존하고 있다. 그것은 족장의 원형으로서의 '아버지 제우스'(Dyaus Pitar, 주피터 참조)이다. 제우스의 가장(pater familias)으로서의 모습은 아리아인의 사회학적 개념을 반영한다. 그것은 제우스 크테시오스(Zeus Ktesios)를 가장(Hausvater)으로 설명한다. 그들은 제우스를 뱀의 형태를 한 참다운 가정의 수호신으로 표상하였다. '아버지'이며 '주권자'인 제우스는 자연히 도시의 신 제우스 폴리에노스(Zeus Polienos)가 되었다. 왕들이 그로부터 자신의 권위를 보증받는다. 그러나 이 제우스의 다측면성은 항상 동일한 구조로 환원된다. 즉 최고권위는 아버지에게, 즉 만물을 만드는 이인 '창조자'에게 속해 있다. 이 '창조적' 요소는 제우스에게는 우주창조 면에서가 아니라(왜냐하면 우주를 창조한 것은 제우스가 아니기

[원주179] Nilsson, *Geschichte der griechischen Religion*, München, 1941, vol. i, pp. 371 ff. 참조.
[원주180] 같은 책, p. 369 참조.

때문이다) 생물우주 면에서 두드러진다. 왜냐하면 제우스는 풍요의 원천을 지배하며 비를 보내는 주인이기 때문이다. 제우스는 '번식자'이기 때문에 창조자이다(그는 때로는 황소가 되기도 한다. 유럽 신화 참조). 제우스의 '창조'는 우선 첫째로 기상에 관한 것, 특히 비와 관련되어 있다. 제우스의 최고권위는 아버지이자 왕의 권위에서 비롯된다. 그는 자신의 창조적인 힘을 통해 그리고 규범의 수호자로서의 권위에 의하여 가족과 자연의 복지를 보증한다.

25. 주피터, 오딘, 타라니스 등

제우스와 마찬가지로, 고대 이탈리아에서는 높은 곳에 올라가 주피터(Jupiter)에게 예배를 드렸다. 산은 여러 가지 상징을 가지고 있다(§31). 즉 산은 '높아서' 보다 하늘에 가깝고, 구름이 모이고 천둥이 울리는 곳이다. 물론 올림포스 산은 특히 예배드리기 좋은 산이다. 그러나 제우스는 주피터와 같이 모든 언덕에 나타난다. 주피터의 이름은 다른 무엇보다도 풍부하다. 즉 루셀리우스(Lucelius, 빛남), 풀구르(Fulgur, 번개), 풀구라토르(Fulgurator, 벼락을 친다) 등이다. 오크나무는 주피터에 의해(제우스도 마찬가지) 신성시된 나무이다. 가장 빈번히 벼락을 맞는 나무이기 때문이다. 카피톨 언덕에 있는 오크나무는 주피터 페레트리우스(Jupiter Feretrius) 즉 '벼락을 치는 자'(qui ferit)의 것이다. 그것은 또 주피터 라피스(Jupiter Lapis)라고도 불리는데, 불이 때린 돌로 표상된다. 천공신이 모두 그렇듯이 주피터도 번개로써 벌을 내린다. 특히 주피터가 먼저 벌하는 것은 약속을 위반한 자, 협약을 어긴 자들이다. 주피터 라피스는 국제협약을 신성시한다. 고대 로마의 국제법 전수를 감독하는 승려는 성스러운 불이 때린 돌로 돼지를 살해하고 다음과 같이 선언한다.

로마 국민이 협약을 위반하면 내가 지금 이 돼지를 돌로 쳐죽이듯이 주피터는 위반자를 쳐죽일 것이다.

주피터는 최고신이자 절대적 주권자이다. 즉 전능한 주피터(Jupiter Omnipotens), 가장 고귀한 주피터(Jupiter Optimus Maximus)였다. 이러한 칭호는 문학서에도 남아 있다. 신들의 지상의 지배자(summe deum regnator),^[원주181] 우리의 아버지, 신들의 지배자, 만물의 창조자(meus pater, deorum regnator, architectus omnibus),^[원주182] 신들의 지배자는 밤 사이에 어두운 하늘로부터 몸을 감춘다(deum regnator, nocte caeca caelum e conspectu abstulit)^[원주183] 등이다. 주피터는 우주의 참된 주권자로서, 마르스처럼 물리력이나 군사력에 의해서가 아니라 주술적 힘으로 역사에 관여한다. 뒤메질은 이 주피터의 주술을 로마 역사의 한 사건을 회상함으로써 설명한다.^[원주184] 즉 이미 카피톨을 지배하고 있던 사비니인이 로마군을 공포를 통해 전멸시키겠다고 위협했을 때, 로물루스는 주피터를 향하여 이렇게 간절히 기원한다. "빌건대 로마인의 공포를 멈추게 하여주소서. 그들의 부끄러운 도주를 멎게 하여주소서." 그 순간 기적처럼 로마인들은 용기가 되살아나 반격을 가하여 승리를 쟁취했다.^[원주185] 주피터는 '주술적'으로 개입하여 그의 영적인 힘을 통한 직접적 행위로 간섭하였던 것이다.

타키투스는 셈논족의 종교에 대하여 서술하는^[원주186] 가운데 게르만민족의 지고신, 모든 것의 지배자인 신(regnator omnium deus)의 신앙에 대해서 언급하고 있는데, 그 신의 이름을 기록하지는 않았다.^[원주187] 타키투스에 의하면, 게르만민족이 신앙하고 있는 것은 무엇보다도 메르쿠리우스, 즉 보탄(Wotan, Wotanaz, 북유럽 신화의 오딘)과 티르(Tyr, Tiwaz, 고

[원주181] Naevius, fr. 15.
[원주182] Plautus, *Amphitr.*, 44 ff.
[원주183] Accius, *Clytemnestra*, fr. iii.
[원주184] Dumézil, *Mitra-Varuna*, Paris, 1940, p. 33; *Jupiter, Mars, Quirinus*, Paris 1941, p. 81.
[원주185] Plutarch, *Romulus*, 18; Livy, i, 12.
[원주186] *Germania*, 39.
[원주187] Closs, "Die Religion des Semnonenstammes," *passim* 참조.

대 고지 독일어의 치오 Zio, 앵글로색슨어의 티오 Tio, '신'의 의미를 가지고 있던 Dieus, deivos, divus에 해당하는 tiwaz에서 유래)였다. 모든 것을 지배하는 신으로서 티바츠(Tiwaz)는 고대 게르만의 천공신이었던 것으로 여겨지고 있다.^[원주188] 토르(Thor, 도나르 Donar, 툰라즈 Thunraz)는 인드라나 주피터와 같이 폭풍과 투쟁의 신이었다. 적을 '속박하고', 미래를 알고 있는 우라노스(그는 크로노스에게 자기를 위협하고 있는 위험을 고한다)와 번개와 '영웅적으로' 싸우는 제우스의 차이 혹은 '주술적' 바루나와 전투신 인드라의 차이, 이와 같은 차이를 우리는 게르만 신화에서도 볼 수 있다. 토르는 모든 신들의 대표자이며, 게르만적 영웅신의 원형이다. 오딘이 또한 무수한 전투에 말려들지만 아무 어려움 없이 승리하는 것은 그의 '주술'의 힘(편재성, 변신, 적을 공포로 '속박하여' 마비시키는 능력) 때문이다. 뒤메질이 밝히고 있는 바와 같이,^[원주189] '지상주술신'과 정신적, 육체적인 힘의 소유자인 '지상영웅신'이라는 고대적인 인도아리아인의 이중적 성격이 여기에도 간직되어 있다.^[원주190]

따라서 우리는 오딘(보덴)과 토르(도나르)의 경우에서, 위 두 가지 종류

[원주188] 예컨대 Hommel, "Die Hauptgottheiten der Germanen bei Tacitus," *AFRW*, vol. xxxvii를 보라.

[원주189] Dumézil, *Mythes et lieux des Germains*, Paris, 1939, pp. 19 ff.

[원주190] 바빌로니아 신화에서도 이와 똑같은 이중적 관념을 발견할 수 있다. 물과 지혜의 신인 에아는, 원초의 괴물 압수와 뭄무와 '영웅적으로' 싸우지 않지만, 뒤에 그들을 죽이기 위해 주술로서 '묶는다'(*Enuma Elish*, i, 60~70). 마르두크는 신들의 모임에서 절대권을 받아(이 절대권은 그때까지는 천공신 아누의 것이었다. iv, 4, 7) 그로부터 왕홀(王笏)과 왕좌(王座)와 palu(iv, 29)를 받아 바다의 괴물 티아마트와 싸움을 시작한다. 여기서 참된 '영웅적인' 투쟁을 보게 된다. 그러나 마르두크의 주된 무기는 언제나 '그물', '아버지 아누의 선물'이다(iv, 49; in i, 83. 마르두크는 에아의 자식이다. 그러나 그의 부성이 무엇이든지 간에 그것은 주술적 지상권의 본질을 가지고 있다). 마르두크는 티아마트를 '묶고'(iv, 95), '꼼짝 못하게 하여' 죽여버린다. 또 티아마트를 도왔던 신들이나 마신(魔神)들을 똑같이 결박하여 감옥이나 굴 속에 던져 넣었다(iv, 111~14, 117, 120). 마르두크는 그 영웅적인 투쟁을 통하여 지상권을 획득하지만 주술적 지상권의 권위도 보존하고 있다.

의 지상권의 위광으로 보강되어 여러 가지 영향이나 측면적인 발전에 의해 현저하게 변용된 천공신들과 접하게 된다. 특히 오딘(보덴)의 경우는 어려운 경우인데, 어떤 단순한 정의로도 환원할 수가 없다. 이 신은 농경신이나 풍요신의 속성을 동화하기도 하면서 또 죽은 영웅의 혼의 주인인 지하신이 되는 등 여러 가지 측면에서 진화 변모하였다. 보덴 종교와 북아시아 및 북서아시아 유목민의 샤머니즘 사이의 유사성은 최근 들어 차츰 명백해지고 있다.[원주191] 보덴은 '위대한 샤먼'으로 9일 밤 동안 세계나무에 매달려 있다가[원주192] 룬 문자(고대 북유럽 문자 — 옮긴이)를 발견하고, 그리하여 주술적 힘을 획득하였다(이것은 확실히 가입의례를 암시하고 있다). 보덴이라는 이름 자체가 바로 노하는(wut) 주, 종교적인 노함(furor religiosus)을 나타내고 있다(브레멘의 아담은 보덴, 즉 노함 Wodan id est furor이라고 말한다). 만취의 즐거움, 예언자적 흥분, 스칼드 학파의 주술교육, 이 모든 것은 샤먼의 기법 가운데서 그 유사성이 발견된다. 이것은 오딘과 보덴이 게르만민족에게 이질적인 신이었음을 의미하는 것이 아니라(그것을 입증하려는 여러 노력이 있긴 했지만) 오히려 후대에 와서 그 신이 '전문화'하였기 때문에 여러 가지 특권을 획득하게 되었고, 그래서 이국적인 신의 형상과 유사해졌다는 것을 의미할 뿐이다.

켈트족은 타라니스(Taranis)라는, 아마도 폭풍신을 숭배하였던 것 같다(켈트어의 어근 taran=천둥에서 파생, 아일랜드어 torann='천둥'). 발트해 연안의 페르쿠나스(Perkunas, 벼락)와 원슬라브족의 페룬(Perun, 폴란드어의 piorun은 천둥의 뜻)은 주로 폭풍으로 자신의 의지를 표명하는 지고의 천공신이었다. 이러한 신들의 이름은 베다의 신 파르자니야(Parjanya), 게르만민족의 신으로서 토르의 어머니인 피요르긴(Fjorgyn)과, 그리고 최근에는 플레이아데스의 아버지인 포르키스(Phorkys)와도 비교되어왔다.[원주193] 이들 천공신은, 그 이름(perkus, quercus)과 그들에게

[원주191] Closs, p. 665 and n. 62 참조.
[원주192] *Havamal*, str. 139~41.

드리는 예배에 의하여 오크나무나 기상을 알려주는 여러 종류의 새(폭풍이나 봄을 알리는 새)[원주194]와 밀접한 관계가 있음을 나타내고 있다. 그러나 그 신들은 적어도 역사적인 형태는 뚜렷하게 '전문화'되어 있음을 우리에게 보여주고 있다. 우선 첫째로 이 신들은 폭풍신으로서 풍요신과 같이 계절을 지배하고 비를 가져온다. 도도나의 오크나무는 제우스에게 바쳐졌지만, 그 근처에는 위대한 대지의 어머니의 상징인 성스러운 비둘기가 있었다. 그것은 폭풍의 천공신과 풍요의 대여신의 옛 성혼을 나타내준다. 이 현상은 세계 도처에서 광범위하게 발견되고 있다.

26. 폭풍신

천공신이 태풍신이나 비의 신으로 '전문화'하고 또 그 다산력이 강조되는 것은 천공신의 수동적 성격에 의하여 또 천공신이 좀더 구체적으로 더 명료하게 인격성을 띠고 인간의 일상생활에 직접 관여하는 다른 히에로파니로 교체되는 경향에 의하여 대부분 설명될 수 있다. 그러한 운명은 대개는 천공의 초월성과 끊임없이 늘어나는 '구체성의 갈망'[역주9]에서 기인한다. 천공신이 '진화'하는 과정은 대단히 복합적이다. 설명을 좀더 쉽게 하기 위해서 다음 두 가지 면으로 발전한 것을 구별해보도록 한다. 첫째는 천공신, 세계의 주, 절대주권자(전제군주), 법의 수호자이고, 둘째는 천공신, 창조자, 지고의 남성, 대지모신의 남편, 비를 내리는 자이다. 이 두 가지 형태 중 어느 한 형태만을 만나게 되는 곳은 없으며 발전 방향이 일률적이지도 않고 끊임없이 이 둘은 서로 교차하면서 주권자는 이따금 비를 내리는 자이기도 하며, '번식자'는 때로 전제자로 나타나기도 한다는 점은 말할 필요

[원주193] Krappe, "Les Péléiades," *RAR*, 1932, vol. xxxvi.
[원주194] Harrison, *Themis*, Cambridge, 1927, pp. 94 ff. 참조.
[역주9] 구체성의 갈망은 너무 멀리 있는 추상적 지고신만으로는 종교적 갈망을 채울 수 없다. 그러므로 신들은 끊임없이 일상사에 관여하는 존재로 나타난다. 그러는 과정에서 여러 기능에 적합한 기능신으로 현현하게 된다.

도 없다. 그러나 우리가 확실히 말할 수 있는 것은 전문화의 과정은 이 두 가지 형태의 신이 그들의 힘을 나타내는 영역을 대단히 분명하게 하는 경향이 있다는 것이다.

첫번째 부류의 전형적인 예로서 ── 절대주권자나 법의 수호자 ── '천'(天), 바루나, 아후라 마즈다를 들 수 있다. 두 번째 부류 ── 번식자 ── 는 형태적으로는 전자보다 훨씬 풍부하다. 그러나 이런 부류로 모아놓은 모든 신의 상을 통하여 다음과 같은 불변하는 주제가 발견되고 있음을 주목할 필요가 있다. 즉 지모신과의 성혼, 천둥과 폭풍과 비, 황소와의 의례적, 신화적 관계가 그것이다. '번식자'이며 또한 '폭풍신'이기도 한 두번째 부류의 신들 중에서는 제우스, 민(Min), 히타이트의 신 외에, 파르자니야, 인드라, 루드라(Rudra), 하다드(Hadad), 바알(Ba'al), 주피터 돌리케누스, 토르 등, 요컨대 모든 폭풍신을 예로 들 수 있을 것이다. 이상에서 인용한 신들은 말할 것도 없이 다른 신들과는 어느 정도 구별되는 자기 자신의 고유한 '역사'를 가지고 있다. 화학용어를 이 신화학에 적용해서 말해본다면, 모든 신들은 여러 가지 '성분'으로 구성되어 있다. 이러한 점은 신들의 '힘'뿐만 아니라 그 형태를 연구하게 될 때 더욱 확실해질 것이다. 여기서 우리가 관심을 가지는 것은 우선 그 신들이 지닌 공통의 요소이며 또 공유하고 있는 가치이다. 이중에서 가장 중요한 것은 생식력(따라서 또한 신들과 황소의 관계 ── 대지는 대개 암소로 묘사되고 있다), 천둥과 비, 한마디로 하면 생물이나 우주의 풍요를 확보하는 에너지의 불가결한 원천인 힘과 맹렬함의 에피파니이다. 대기의 신들은 천공신들이 전문화한 것이 틀림없지만 그 전문화가 아무리 극단적으로 일어난다 하더라도 그 신들의 천공신적 성격을 파괴해버리지는 못하였다. 그래서 우리는 본래의 천공신과 구별하여 소위 폭풍신을 분류해볼 수 있는데, 우리는 이 두 신 가운데서 똑같은 힘과 속성을 발견하게 된다.

가령 인도의 폭풍신 파르자니야를 예로 들어보자. 그의 천공적인 성격은 분명하다. 즉 파르자니야는 디아우스의 아들로서,[원주195] 때때로 디아우스 자신과 혼동되고 있다. 예를 들면 파르자니야가 대지의 여신 프리티비의 남편으로 생각되기도 한다.[원주196] 파르자니야는 물과 모든 생물을 지배하고,[원주197] 비를 내리며,[원주198] 인간, 동물, 식물의 번식을 보증해준다.[원주199] 따라서 이 신이 폭풍을 일으키면 우주 전체는 떨게 된다.[원주200] 디아우스보다 더욱 역동적이고 구체적이기 때문에 파르자니야는 인도의 만신전 가운데서 우위를 유지하고 있다. 그러나 그 지위가 최고는 아니다. 파르자니야는 디아우스처럼 모든 것을 '알고' 있지도 않으며, 바루나처럼 최고 주권자도 아니다. 파르자니야는 전문화하였기 때문에 자기 영역에 한정되어 있으며, 더욱 중요한 것은 그 영역조차도 전혀 침해받지 않는 그러한 영역은 아니라는 것이다. 새로운 의례나 새로운 신화적 창조물이 요구되면, 폭풍이나 풍요의 에너지를 가진 다른 히에로파니가 파르자니야를 대체할 수 있기 때문이다.

그것은 바로 베다 시대에 일어났다. 파르자니야는 베다의 신들 중에서도 가장 민중들에게 가까운 인드라의 출현으로 그에게 자리를 양보하였다(『리그 베다』 가운데서도 인드라에게 바치는 찬가의 수는 250개 이상이나 되는 데 반해 바루나에 대한 찬가는 10개, 미트라와 바루나와 아디티야 신들의 전체에 대해서는 35개가 있다). 인드라는 최고의 '영웅'이며 굽힐 줄 모르는 정력을 지닌 용감한 자이고, 뱀 모양의 괴물 브리트라(Vṛtra, 물을 훔치는 자)를 퇴치하고, 신주 소마(soma)를 배가 터져라 마신다. 인드라에 대해 어떠한 해석이 제기되더라도 인드라의 우주적인 가치나 조물주로서의 사명을 놓쳐버릴 수는 없다. 인드라는 하늘을 덮고 있으며,[원주201] 대지 전체보다도 크고,[원주202] 하늘을 왕관같이 이고 있고,[원주203] 그가 마시는 소마

[원주195] *RV.* vii. 102. 1.
[원주196] *AV.* xii. 1. 12. 42.
[원주197] *RV.* vii. 101. 2.
[원주198] v. 83; vii. 101. 102.
[원주199] v. 83. 1; vi. s2. 16; vii. 101. 1. 2.
[원주200] v. 83. 2.
[원주201] *RV.* i. 61. 8. 9.
[원주202] i. 102. 8; iii. 32. 11.

의 양은 무섭게 많아서 가물었을 때는 한꺼번에 3개의 호수를 마셔버릴 정도이다.[원주204] 소마에 취한 인드라는 브리트라를 죽이고 회오리바람을 일으켜 전세계를 진동케 한다. 인드라가 하는 모든 것은 그의 힘과 힘의 과시에서 넘쳐흘러 나오는 것 같다. 인드라는 생명의 풍만과 우주적, 생물학적 에너지를 생생하게 구현하고 있다. 즉 그는 수액이나 혈액을 순환시키고, 씨앗에 생명을 불어넣고, 바다와 강물을 유동시키고 구름을 일으킨다. 번개(vajra)는 인드라가 브리트라를 살해할 때 사용하는 무기로서, 인드라를 수령으로 하는 작은 폭풍신인 마루트 신들도 이 신성한 무기를 가지고 있다. 사람들은 "벼락의 웃음소리에서 태어난"[원주205] 마루트 신에게 인간이나 가축에게 '탄환'[원주206]을 던지지 않도록, 그래서 죽이지 않도록 기도를 드린다.[원주207]

폭풍은 창조적인 힘의 최고 발동이다. 즉 인드라는 비를 내리고 습기에 관한 모든 것을 지배하며, 따라서 풍요신[원주208]이자 생명을 주는 힘의 원형이다.[원주209] 인드라는 우르바바파티(ūrvavapati, '밭의 주인')이며, 시라스파티(śiraspati, '쟁기의 주인')이고, 또 "세계의 황소"이자[원주210] 밭, 동물, 여성을 수태시키는 자이다.[원주211] 혼례 때에는 신부에게 10명의 자식을 낳게 해달라고 인드라에게 비는데,[원주212] 많은 기도가 인드라의 지칠 줄 모르는 생식력에 바쳐진다.[원주213] 인드라가 가진 모든 권한, 모든 힘 그리고 인드라가 지배하는 영역도 서로 관련되어 있다. 브리트라를 치기 위해 번개

[원주203] i. 173. 6.
[원주204] vi. 17. 11.
[원주205] i. 23. 12.
[원주206] *RV*. vii. 56. 9.
[원주207] v. 55. 9; vii. 56. 17 등.
[원주208] Hopkins, "Indra as God of Fertility," *JAOR*. vol. xxxvi 참조.
[원주209] *RV*. vi. 46. 3.
[원주210] *AV*. xii. 1. 6.
[원주211] Meyer, *Trilogie*. vol. iii. pp. 154 ff. 참조.
[원주212] *Hiraṇyakeśin-Gṛhyasūtras*. i. 6. 20. 2.
[원주213] Meyer. vol. iii. pp. 164 ff. 참조.

를 보내고, 물을 방출하고, 비를 가져오는 폭풍을 보내는 것, 믿을 수 없을 만큼 많은 양의 신주 소마를 마시는 것, 혹은 밭을 비옥하게 하는 것, 환상적인 성적 능력, 이것에서 항상 우리는 생명력의 표상과 접하게 된다. 과시나 자만의 미세한 몸짓조차도 그의 힘의 충만에서 나온다. 인드라 신화는 그러한 생명의 충일(充溢)을 표현하는 모든 것 사이에 존재하는 근본적인 단일성을 완벽하게 표현하고 있다. 역동적인 생식력은 우주의 모든 지평에서 동일하게 작용하며, 그 말 자체가 생식의 수단이 서로 관련되어 있으며 또 동일한 근원에서 나오고 있음을 보여준다. 어원적으로 비(varṣa)는 수컷(vṛṣa)과 대단히 가깝다. 인드라는 우주 전체에 생물적, 정액적 에너지가 순환하도록 끊임없이 우주의 힘을 움직이게 한다. 그는 활력을 모두 다 채울 수 없을 정도로 무한하게 지니고 있으며 인류의 모든 희망은 여기에 근거하고 있다.[원주214] 그러나 인드라는 '창조자'는 아니다. 그는 모든 곳에서 생명을 촉진시키고 그것을 우주 전체에 성공적으로 확산하고 있지만 생명을 만들지는 못한다. 모든 천공신에게 부여된 창조 기능이 인드라에게는 생식하고 생명력을 주는 역할로 '전문화'되어 있다.

27. 번식신

인드라는 언제나 황소와 비교되었다.[원주215] 인드라에 해당하는 이란의

[원주214] 신화에서 분명한 것과 같이 인드라의 히에로파니를 이와 같이 간단하게 소개하는 것으로, 인드라가 인도 종교에서 가지고 있는 역할을 전부 망라하지는 못한다. 신의 상은 모두 무수한 의례 가운데 포함되어 있는데, 여기서 우리는 그와 같은 의례 전체에 걸쳐 자세히 서술할 수는 없다(예컨대 인드라와 그 호위의 마루트는 인도아리아 민족의 '젊은이들의 결사'의 원형임을 상기할 필요가 있을 것이다. 즉 젊은이들은 가입의례 중에서 '시련'을 받는 것이다. Stig Wikander, *Der arische Männerbund*, Lund, 1938, pp. 75 ff.). 이런 주의사항은 우리가 언급하고 있는 모든 신들에게도 해당된다.

[원주215] Oldenberg, *Religion des Veda*, Berlin, 1894, 2nd ed., p. 74에 모은 원전 참조. Hillebrandt, *Vedische Mythologie*, Breslau, 1929, vol. ii, p. 148.

신 브리트라그나(Vṛthraghna)는 종교개혁가 차라투스트라에게는 황소, 종마, 숫양, 숫염소, 멧돼지 등,[원주216] 즉 "남성적, 전투적 정신의 상징, 피에 숨어 있는 기본적인 힘의 상징"[원주217]의 형태를 취하고 나타났다. 인드라 역시 때때로 숫양(meṣa)이라고 부르기도 한다.[원주218] 이와 똑같은 동물의 에피파니는 루드라(Rudra)에서도 보인다. 루드라는 전(前)아리아인의 신으로서 인드라에 동화되어버렸다. 루드라는 마루트 신들의 아버지이며, 한 찬가에서는[원주219] 어떻게 하여 "황소인 루드라가 프리슈니(Priṣṇi)의 밝은 젖가슴에서 마루트 신들을 창조했는지"를 회상하고 있다. 이 생식신은 황소의 모습으로 우주적인 크기를 지닌 암소의 여신과 교접하였다. 프리슈니는 그 여신의 이름 중 하나이며, 샤바르두가(Śabardugha)라는 것도 또 다른 여신의 이름이었다. 언제나 모든 것을 생산하는 것은 암소였다. 『리그베다』[원주220]에는 "모든 것에 생명을 부여하는 암소 비스바루파"에 대하여 말하고 있으며, 『아타르바 베다』[원주221]에서는 암소가 모든 신들과 서서히 결합하여 우주의 모든 단계에서 생식한다. 즉 "신들은 암소를 통하여 나타나며 인간도 똑같다. 암소는 태양의 제국과 같은 광대한 이 우주가 되었다."[원주222] 지고존재자 아디티야스(Ādityas)의 어머니인 아디티(Āditi)도 암소의 모습으로 표상되고 있다.[원주223]

이와 같이 대기와 풍요의 신이 암소의 모습을 한 생식신으로 '전문화'하는 것은 인도권에서만 나타나는 현상이 아니고 아프리카, 유럽, 아시아 등 상당히 광범한 영역에서 발견된다. 그러나 이와 같은 '전문화'는 외부로부터의 영향도 드러내고 있음을 주목해야 한다. 그것은 어떤 때는 민족집단

[원주216] Yast. xiv. 7~25.
[원주217] Benveniste-Renou, Vrtra et Vrthragna, p. 33.
[원주218] RV. i. 51. 1 참조.
[원주219] RV. ii. 34. 2.
[원주220] RV. iii. 38. 8.
[원주221] AV. x. 10.
[원주222] AV. x. 10. 34.
[원주223] Oldenberg, p. 205.

적 차원의 영향이고, 어떤 때는 종교적 차원의 영향이기도 하다. 예컨대 인드라는 비아리아인(루드라)의 영향의 흔적을 나타내고 있는데, 지금 여기서 우리의 흥미를 끄는 것은 비, 폭풍, 우주적 풍요의 신인 자기에게 속하지 않은 여러 요소들에 의하여 인드라의 개성이 변질되고 발달되었다는 것이다. 예컨대 인드라와 암소 및 신주(soma)의 결합은 인드라에게 달의 신적인 특성을 부여하였다.[원주224] 달은 바다와 비를 지배하고 우주의 다산성을 분배한다(§49 이하). 황소의 뿔은 대단히 일찍부터 초승달과 동일시되었다. 이런 복잡한 발전과정에 대해서는 뒤에서 살필 것이다. 그러나 다음의 것은 기억해두어야 할 것이다. 즉 생식신으로의 전문화는 천공신이 우주의 다산성과 직접 연관되어 있는 히에로파니를 자기의 인격 가운데로 흡수하도록 한다는 것이다. 천공신이 기상적 기능(폭풍, 벼락, 비)과 생식적 기능을 강화하면, 필연적으로 대지와 달의 대지모신의 배우자가 되어야 할 뿐 아니라 그 여신의 속성도 흡수해야 한다. 인드라의 경우는 소마, 황소, 아마도 마루트의 몇 가지 측면(마루트가 방황하는 죽은 자의 혼을 인격화하고 있다는 측면에서) 등이 그 속성이다.

황소와 번개는 일찍부터(기원전 2400년부터) 천공 및 기상신과 결합되어 있는 상징이었다.[원주225] 고대문화에서 황소가 으르렁대는 소리는 천둥소리와 태풍에 비유되었다(오스트레일리아의 '의식용 악기' 참조). 양자는 모두 다산력의 에피파니였다. 그 때문에 아프리카, 유라시아 지역의 모든 기상신에 관한 의례와 신화를 우리는 항상 도상(圖像) 가운데서 볼 수 있다. 전(前)아리아 시대의 인도에서 황소는 모헨조다로나 발루치스탄의 원시시대의 예배에 나타나고 있다. '황소놀이'는 아직도 데칸 지방이나 인도 남부에 남아 있는데,[원주226] 기원전 3000년의 전(前)베다 시대에 이미 존재

[원주224] Koppers, "Pferdeopfer and Pferdekult der Indogermanen," *WBKL*, 1935, pp. 338 ff. 참조.

[원주225] Malten, "Der Stier in Kult and mythischen Bild," *JDAL*, 1928, vol. 1xiii, pp. 110 ff. 참조.

[원주226] Autran, *Préhistoire du Christianisme*, Paris, 1941, vol. i, pp. 100

하였다(기원전 2500년경의 차우후다로의 문장이 그 증거이다). 전(前)드라비다족, 드라비다족, 인도아리아인 등은 모두 황소를 생식 및 기상신의 에피파니로서 혹은 그 속성을 가진 것으로 숭배하였다. 시바의 신전에는 황소의 상이 많이 보이는데, 시바는 황소 난딘(Nandin)을 탈것(vahana)으로 쓰고 있다. 황소를 의미하는 카나라어의 코(ko)는 또한 하늘, 벼락, 광선, 물, 뿔, 산을 의미한다.[원주227] 하늘—벼락—다산성이라는 종교적 복합은 여기에 완전하게 보존되어 있다. 타밀어의 ko(n)는 신의 의미이지만 복수인 콘나르(kon-ar)는 암소를 의미한다.[원주228] 이 드라비다족의 말은 '황소'와 '힘있는, 용감한'[원주229] 등의 두 가지를 의미하는 말인 산스크리트어의 gou(인도유럽어로는 gu-ou)나 수메르어의 gu(혹은 gud)와 어떤 관련이 있는 것 같다. 이와 똑같이 황소에 관하여, 셈어와 그리스, 라틴어가 같은 어원을 가지고 있다는 것도 말할 필요가 있을 것이다(아시리아어 shuru, 헤브루어 shor, 페니키아어 thor 등, 그리고 그리스어 tauros, 라틴어 taurus). 이것은 그와 같은 종교적 복합의 단일성을 확증해준다.

이란에서는 황소를 제물로 바치는 일이 빈번한데 차라투스트라는 불굴의 의지를 가지고 이에 대항하였다.[원주230] 기원전 3000년경의 우르에서 대기의 신은 황소의 모습으로 나타났으며,[원주231] '신에 걸고 맹세'할 때의 신(원래는 천공신이었다)은 고대 아시리아나 소아시아에서도 황소의 모습으로 나타났다.[원주232] 이러한 관련을 생각해볼 때 근동 지역의 종교에서 테슈브(Teshup), 하다드(Hadad)나 바알과 같은 폭풍신이 획득한 지고권은 대단히 의미가 깊다. 우리는 이 신들에게 충분히 유의할 필요가 있다. 우리

---

ff.
[원주227] 같은 책, p. 99.
[원주228] 같은 책, p. 96.
[원주229] gu-ou의 용어에 관해서는 Nehring, "Studien zur indogermanischen Kultur and Urheimat," *WBKL*, vol. iv, pp. 73 ff. 참조.
[원주230] *Yasna*, 32, 12, 14; 44, 20 등.
[원주231] Malten, p. 103.
[원주232] 같은 책, 120.

는 히타이트인의 지고신으로서 아리나 여신의 남편인 신이 어떤 이름을 가지고 있는지 알지 못한다. 그것은 한때 자슈하푸나(Zashhapunah)라는 이름을 가졌으리라 생각된 때도 있었으나 잘못된 생각이었다.[원주233] 그 신의 이름은 바빌로니아 기원의 2개의 표의문자 U와 IM으로 쓰여졌다. 루비어로는 이 표의문자를 다타스(Dattas)로 읽었는데, 후리트인은 그것을 테슈브(Teshub)라고 불렀다. 그것은 천공, 폭풍, 바람, 벼락의 신이었다(아카드어로 표의문자 IM은 zunnu '비', sharu '바람', remanu '천둥'의 의미이다).[원주234] 이 여러 명칭들은 이 신의 천공적 속성과 절대주권자의 지위('창공의 왕', '하티국의 주')를 분명히 하고 있다. 이 신에 대하여 가장 빈번히 사용하고 있는 형용사는 '가장 힘있는 이'인데, 그는 번개, 도끼, 곤봉으로 상징되었다.[원주235]

모든 근동 문화에서 '힘'은 원래 황소로 상징되었음을 상기하도록 하자. 아카드어로 "뿔을 부러뜨리는 것"은 "힘을 파괴하는 것"[원주236]과 같은 말이다. 아린나의 신도 황소의 형태로 표상되었으며(이 신의 상들이 여러 신전에서 발견되었다), 황소는 아린나의 성스러운 동물이었다. 문헌에는 세리스(Seris)와 후리스(Hurris)라는 두 마리의 신화적인 황소를 이 신에게 바쳤는데,[원주237] 어떤 학자의 설에 의하면 이 황소는 신의 아들이었다 한다.[원주238] 우리가 알고 있는 유일한 신화는 이 신과 뱀 일루얀카스의 싸움인데,[원주239] 여기서도 폭풍과 풍요의 신이 벌이는 파충류 괴물과의 투쟁이라는 똑같은 테마와 다시 만나게 될 것이다(인드라와 브리트라, 제우스와 티

[원주233] Furlani, *La Religione degli Hittiti*, Bologna, 1936, p. 35; Contra, Dussaud, "Les Religions des Hittites et des Hourrites, des Phéniciens et des Syriens," *MA*, vol. ii, p. 343.
[원주234] Jean, *La Religion sumérienne*, Paris, 1931, p. 101 참조.
[원주235] Furlani, p. 36.
[원주236] Autran, p. 74 참조.
[원주237] Götze, *Kleinasien*, München, 1933, p. 133.
[원주238] Malten, p. 107.
[원주239] Furlani, pp. 87 ff.; Dussaud, pp. 345~46.

폰. 원형은 마르두크와 티아마트이다). 이 신이 여러 국지적 에피파니로 나타나고 있다는 것을 다시 주목해보자. 즉 수필룰리우마스(Suppiluliumas)의 개론에는 21개의 U가 인용되어 있는데,[원주240] 그것은 히타이트인이 거주하고 있는 지방에도 이 신의 신앙이 토착적이었음을 확증하고 있다. U는 여러 다른 이름으로 불리긴 하지만 소아시아나 서아시아 전토에서 민간이 널리 신앙하고 있는 신이었다.

수메르-바빌로니아인은 이 신을 엔릴(Enlil)과 벨(Bel)이라는 이름으로 불렀다. 이 신은 우주신 가운데서 세번째 신이었지만 모든 만신전 가운데 가장 중요하였다. 즉 이 신은 지고의 천공신 아누의 아들이었다. 여기서도 다시 격절신적 천공신으로부터 활발한 생식신으로 변형해가는 일반적인 현상을 볼 수 있다. 수메르어로 이 신의 이름은 '폭풍의 주'(lil, 강풍, 폭풍)를 의미한다. 또 이 신은 루갈 아마루(lugal amaru, 바람과 태풍의 신), 우무(umu, 폭풍), 엔우그우그가(En-ug-ug-ga, 폭풍의 주) 등으로 불리기도 한다.[원주241] 엔릴은 또 물을 지배하며, 세계의 홍수를 일으키는 자이다. 엔릴은 '강자', 알림(alim, 뿔의 신), 우주의 주, 천과 지의 왕, 아버지 벨(Bel), 위대한 투쟁자 등으로 불린다.[원주242] 엔릴의 처는 닝갈라(Ningalla, 위대한 암소), 우뭄 라베툼(umum rabetum, 위대한 어머니)이며, 이 신에게 기도할 때에는 일반적으로 '여주인'[원주243]이라는 뜻을 가진 의미인 벨투(Beltu) 혹은 벨리트(Belit)라고 부른다. 이 여신의 천공신적 기원이나 기상적 기능 등은 또한 니푸르(Nippur)에 있는 그 신전의 이름인 '산의 집'[원주244]에 의하여 확인되고 있다. '산'은 가령 이 천공신이 풍요신이나 최고주권신으로 '전문화'되었을 때일지라도 여전히 그 천공신의 상

[원주240] Furlani, p. 37.
[원주241] Furlani, *Religione babilonese-assira*, Bologna, 1928~29, vol. i, p. 118.
[원주242] 같은 책, pp. 118 ff.
[원주243] 같은 책, p. 120.
[원주244] 같은 책, p. 121.

징으로서 계속 남아 있다.

지금까지 알려진 가장 오래된 신전인 텔카파제(Tel-Khafaje)에는 황소의 상이 지모신의 상 곁에 있다.[원주245] 고대 페니키아의 만신전에서 가장 우위를 점하고 있는 엘(El) 신은 '황소'(shor) 혹은 엘(El, 자비로운 황소)이라고 불렸다.[원주246] 그러나 이 신은 후에 '주인, 주'란 뜻을 가진 바알에 의해 대체되었다. 뒤소는 이 바알 신을 하다드(Hadad) 신과 똑같은 것으로 보았다.[원주247] 바알과 하다드가 같다는 것은 엘아마르나(El-Amarna) 각판(刻板)[원주248]에 의하여 확인되었다. 하다드는 천둥소리로 목소리를 내고, 벼락을 치고, 비를 뿌린다. 원시 페니키아인은 하다드를 황소에 비교하였다. 최근에 해독된 문헌에 의하면, 어떻게 하여 "바알의 힘(즉 하다드의 힘)이 거친 황소와 같이 그 뿔을 가지고 모트(Mot)를 쳐서 이기는지……"[원주249]가 기술되어 있다. 따라서 '바알의 사냥'이라고 알려져 있는 신화에서 바알의 죽음은 황소의 죽음과 비교되고 있는데, "바알은…… 황소와 같이 쓰러졌다"[원주250]고 기록되어 있다. 바알—하다드의 배우신으로 아셰라트(Asherat, Anat, Ashtart)가 있고, 그의 아들 알레이온(Aleion)이 물, 풍요, 식물의 신이라는 것은 놀라운 일이 아니다.[원주251] 바알—하다드에게는 황소를 제물로 바친다(카르멜 산에서 엘리야와 바알의 예언자들 사이에 있었던 유명한 장면을 참조할 것). 아누나 엔릴의 계승자인 아시리아의 벨(Bel)은 '신우'(神牛)라고 하며, 가끔 '황소'(Gu) 혹은 '대숫양'(Dara-Gal)

[원주245] Autran, vol. i, p. 67.
[원주246] Dussaud, *Les Découvertes de Ras Shamra et l'ancien testament*, Paris, 1941, 2nd ed., p. 95.
[원주247] Dussaud, "La Mythologie phénicienne d'après les tablettes de Ras Shamra," *RHR*, 1931, vol. civ, p. 362 ff.; "Le Vrai Nom de Ba'al," *RHR*, 1936, *passim* ; *Découvertes*, pp. 98 ff.
[원주248] "Mythologie phénicienne," p. 362.
[원주249] Dussaud, "Le Sanctuaire et les dieux phéniciens de Ras Shamra," *RHR*, 1932, vol. cv, p. 258.
[원주250] Dussaud, "Vrai nom de Ba'al," p. 19.
[원주251] Dussaud, "Mythologie," pp. 370 ff.; *Découvertes*, pp. 115 ff.

이라고 불리기도 하였다.[원주252]

　이러한 모든 폭풍신의 유형에서 이와 같은 '생식적' 상징과 '천공적' 상징 사이의 상호의존성은 두드러지게 나타난다. 황소의 모습으로 나타나는 하다드는 가끔 벼락의 상징을 가지기도 하였다.[원주253] 그러나 때때로 벼락은 의례적인 뿔의 형태를 취하기도 한다.[원주254] 이집트 암몬(Ammon) 신의 원형인 민(Min) 신은 '그 어머니의 황소' '대황소'(Ka. wr)와 같은 이름이 붙여졌다. 벼락은 그의 속성의 하나였으며, 비와 생명을 주는 기능은 '비구름을 갈라놓는 자'와 같은, 이 신에게 부여된 형용에 의하여도 명시되어 있다. 민은 토착신이 아니었다. 즉, 이집트인은 민이 자기 배우자인 암소 하토르(Hathor)를 데리고 푸은트 나라로부터, 즉 인도양으로부터 왔다는 것을 알고 있다.[원주255] 끝으로 이와 같이 대단히 풍부한 일련의 사실에 대하여 행한 성급한 고찰을 마무리짓기 위해 다음과 같은 것에 주의를 환기시키고자 한다. 즉 제우스가 에우로파(위대한 어머니의 에피파니)를 유괴하고, 안티오페와 간통하고, 그의 누이 데메테르를 범하려고 한 것은 황소의 모습을 하고서였다는 점이다. 크레타 섬에서는 다음과 같은 기묘한 묘비명을 읽을 수 있다. "여기에 제우스라고 칭하는 대황소가 잠들어 있다."

28. 대모신의 배우자

　앞으로 고찰하겠지만, 우천 ― 황소 ― 대여신으로 이루어진 구조는 유럽, 아시아, 아프리카 지역의 모든 원사시대의 종교가 가지고 있는 공통된 요소 중의 하나였다. 말할 필요도 없이 여기서 가장 강조되고 있는 것은, 황

[원주252] Autran, *Préhistoire*. vol. i. pp. 69 ff.
[원주253] Ward, *The Seal Cylinders of Western Asia*. Washington, 1910, p. 399.
[원주254] Autran, vol. i, p. 89.
[원주255] Autran, *La Flotte à l'enseigne du poisson*, Paris, 1939, pp. 40 ff. 참조.

소의 모습을 한 천공신의 생식과 농경에 관한 기능이다. 민, 바알, 하다드, 테슈브, 그 밖의 대여신의 남편으로서 황소의 모습을 한 뇌신 등에게 예배를 드리는 것은 무엇보다도 그 신들의 천공적 성격 때문이 아니라 그들의 생식자로서의 잠재력 때문이다. 이 신들의 성스러운 성격은 대지모신과의 성혼에서 생긴다. 그들의 천공적 성격은 그 생식기능에 의하여 가치가 부여된다. 천공은 무엇보다도 천둥이 '으르렁거리고', 구름이 모이고, 따라서 밭의 비옥함이 결정되는 장소이다. 다시 말하면 지상에서의 생명의 연속성이 보증되는 지대이다. 천공의 초월성은 주로 기후의 양상으로 표현되는데, 천공의 '힘'은 배태력의 무한한 저장소와 같은 것이다. 이것은 때때로 그 사용되는 언어에서도 잘 나타나고 있다. 수메르어의 me는 '남(男), 웅(雄)'을 의미하는데, 동시에 '하늘'을 뜻하는 말이다. 기상(천둥, 폭풍, 비)과 생식(황소)의 신들은 그 천공신적 자율성, 즉 절대주권을 상실하고 있다. 이 신들은 모두 대여신을 동반하거나 가끔 그 여신에게 지배되고 있다. 왜냐하면 세계의 다산력은 궁극적으로는 그 대여신에게 달려 있기 때문이다. 그들은 원초의 천공신과 같이 더 이상 우주를 만든 창조자가 아니라 생물적 차원에서의 번식자, 생식자인 것이다. 여기서 여신과의 성혼은 이 신들의 중요한 기능이 된다. 그렇기 때문에 우리는 모든 풍요의례, 특히 대지의 풍요를 기원하는 의례에서 끊임없이 그 신들을 접하게 된다. 그렇다고 이 신들이 이 의례에서 중요한 역할을 하는 것은 아니다. 중요한 역할을 하는 것은 결국 대지모신이나 혹은 주기적으로 죽었다가 다시 살아나는 식물의 신인 그 '아들'이다.

  결국 천공신의 '전문화'는 그들의 전체 형태를 근본적으로 변화시켰다. 천공신은 그 초월성을 포기하고 '가까이 할 수 있는' 존재가 되고, 그래서 인간생활에 필요불가결한 존재가 되어, 격절신으로부터 비를 내리는 황소의 모습을 한 생식신으로 변용하면서 천공신으로서 지고의 초월성에는 걸맞지 않을 것 같은 기능, 속성, 영예를 자기의 것으로 만들었다.[원주256] 모든

  [원주256] 우리는 이와 반대의 현상을 관찰할 수 있다. 즉 '역사적' 환경 때문에 지고신이

신의 '형태'가 그러한 것처럼, 모든 종교적 표명의 중심이 되고 우주의 모든 영역을 지배하는 경향을 보이면서 폭풍신이나 번식신은(특히 어머니신과의 성혼에 의해) 원래 천공신적 구조에 속하지 않았던 요소를 자기의 인격이나 예배 가운데 흡수하였다.

따라서 기상에 관한 현상이 언제나 그리고 반드시 천공신에 의해서만 설명되지는 않았다. 가령 에스키모인, 부시먼족, 페루에서는 벼락 — 폭풍 — 비의 조합은 달의 히에로파니로 여길 때가 많았다.[원주257] 아주 오랜 옛날에 황소의 뿔은 초승달과 비교되었다. 멩긴[원주258]은 초승달과 오리냐크기 문화의 여성의 상(손에 황소 뿔을 쥐고 있는) 사이의 관계를 확립하였다. 황소 형상을 하고 있는 우상은 가끔 대지모신(달)과 관련하여 신석기시대에 보인다.[원주259] 헨체[원주260]는 전세계 문화권에 걸쳐서 달과 생식신의 유형에 대한 연구를 실시하였다. 지중해 연안, 오리엔트의 달의 신은 황소의 모습으로 나타나고 황소의 속성을 가지고 있다. 예컨대 바빌로니아의 달의 신 신(Sin)은 '엔릴의 강한 송아지'라고 불리고 있으며, 우르(Ur)의 달의 신 나나르(Nanar)는 '강하고 젊은 하늘의 황소, 엔릴의 가장 경이로운 아들' 혹은 '강한 자, 견고한 뿔을 가진 젊은 황소' 등으로 불린다. 이집트에서 달의 신은 '별의 황소'[원주261]였다. 대지 — 달 숭배와 풍요의례의 관계가 얼마나 긴밀한 것인지는 뒤에서 살펴려고 한다. 폭풍신이 '뿌리는' 비는 물의 히에로파니와 조화되고 있다. 그리고 물은 달이 지배하는 가장 중요한 영역이다. 풍요와 관계 있는 것은 모두 다소는 직접적으로 달 — 물 — 여성 —

된 지방신이 천공신으로서의 영예를 획득하게 된다. 아수르(Assur)라는 동명의 도시의 수호신은 창조신, 최고주권자로서의 속성을 차용해와 천공신의 지위로 변화하였다(Knut Tallquist, *Der assyrische Gott*, Helsinki, 1932, pp. 40 ff. 참조).

[원주257] Koppers, "Pferdeopfer," p. 376.
[원주258] Menghin, *Weltgeschichte der Steinzeit*, Vienna, 1931, p. 148.
[원주259] 같은 책, p. 448.
[원주260] Hentze, *Mythes et symboles lunaires*, Antwerp, 1932, pp. 95 ff.
[원주261] Koppers, p. 387.

대지라는 광대한 행로에 귀속되어 있다. 천공신은 남성신이나 생식신으로 '전문화'됨으로써 숙명적으로 선사시대의 유형과 접촉하게 되고, 그 유형을 동화하든가 혹은 신들의 형태가 그들에게 흡수됨으로써 그 유형 가운데 남아 있게 되었다.

29. 야훼

무수한 대여신과의 결합에도 불구하고 가까스로 자율성을 계속 보존하고 있는 비와 풍요의 천공신만이 지상권을 가지고 있는 신으로 발전하였다. 이 신들은 천둥과 다산의 힘에 의해 주권자로서의 왕관을 쓰고 있으며, 이로 인해 세계질서의 확보자, 규범의 수호자, 법의 체현자임을 계속 유지한다. 제우스나 주피터는 이런 신들이다. 자연히 이 두 지배적인 신들은 그리스와 로마 정신이 규범과 법의 개념 쪽으로 기울면서, 극히 명확한 인격을 가지게 되었다. 그러나 이런 합리화의 과정은 우주의 규범적인 순환, 조화, 영속성을 종교적, 신화적으로 직관할 때에만 비로소 가능하다. 중국의 '천'은 천공의 지상권이 법이나 우주의 규칙적 순환의 히에로파니로 현현하는 경향을 보여주는 좋은 예이다. 우리는 이러한 면을 최고주권자와 지상권의 종교적 양태들에 대해 연구하면서 더 한층 자세히 이해하게 될 것이다.

이와 나란히 헤브루인의 최고신의 '진화'의 문제를 생각해볼 수 있다. 야훼의 신격과 그 종교적 역사는 극히 복잡하여 몇 마디로 요약하기는 힘들다. 그러나 다음과 같이 말하도록 하자. 즉 이 신의 천공적, 기상적 히에로파니는 이미 일찍부터 후세의 계시를 가능하게 하는 종교경험의 중심을 형성하고 있었던 것이다. 야훼는 폭풍 가운데서 그 힘을 나타낸다. 천둥소리는 야훼의 목소리이며 벼락은 야훼의 '불' 또는 '화살'이라고 한다.[원주262] 이스라엘의 하느님은 모세에게 율법을 전할 때 자신의 출현을 이렇게 알린

[원주262] 시편. 17 등 참조.

다. 즉, "······천둥이 치고 벼락이 내리쳤으며, 산 위에는 짙은 안개가 덮여 있었다."[원주263] "시나이 산은 연기가 자욱하였다. 야훼께서 불속에서 내려오셨던 것이다."[원주264] 데보라는 주의 발걸음에 "땅이 흔들리고, 하늘이 진동하며 구름이 비를 쏟았습니다"[원주265]라고 그때의 성스러운 두려움을 회상했다. 야훼는 엘리야를 다음과 같이 꾸짖는다.

다시 음성이 들려왔다. 앞으로 나가서 야훼 앞에 있는 산 위에 섰거라. 그리고 야훼께서 지나가시는데 크고 강한 바람 한 줄기가 일어 산을 뒤흔들고 야훼 앞에 있는 바위를 산산조각내었다. 그러나 야훼께서는 바람 가운데 계시지 않았다. 바람이 지나간 다음에 지진이 일어났다. 그러나 야훼께서는 지진 가운데도 계시지 않았다. 지진 다음에 불이 일어났다. 그러나 야훼께서는 불길 가운데도 계시지 않았다. 불길이 지나간 다음 조용하고 여린 소리가 들려왔다.[원주266]

예언자 엘리야가 주를 향하여 몸을 나타내어 바알의 사제들을 꺾어달라고 기도하니 주의 불은 엘리야의 번제(燔祭) 위에 내렸다.[원주267] 모세의 이야기 가운데서 불타는 덤불, 사막 가운데서 이스라엘인을 인도한 불기둥, 구름기둥 등은 야훼의 에피파니였다. 야훼가 홍수로부터 난을 피한 노아의 자손과 맺은 계약은 무지개로 표현되었다.

내가 구름 사이에 무지개를 둘 터이니, 이것이 나와 땅 사이에 세워진 계약의 표시가 될 것이다.[원주268]

[원주263] 출애굽기, 19 : 16.
[원주264] 출애굽기, 19 : 18.
[원주265] 판관기, 5 : 4.
[원주266] 열왕기상, 19 : 11~12.
[원주267] 열왕기상, 18 : 38.
[원주268] 창세기, 9 : 13.

이러한 천공이나 기상의 히에로파니는 다른 폭풍신과는 달리 무엇보다도 야훼의 모든 '힘'을 표명하고 있다.

> 하느님은 힘으로 큰일을 행하나니 누가 입법자 중에서 그와 같은 자가 있겠느냐.[원주269]

> 그는 번개 빛으로 그 두 손을 싸시고 그것을 명하사 푯대를 맞추게 하시나니, 그 울리는 소리가 풍우를 표시하고 육축에까지 그 올라오는 것을 표시하느니라. ……이로 인하여 내 마음이 떨며 자기 처소에서 떠나느니라. 하느님의 음성 곧 그 입에서 나오는 소리를 들으라. 그 소리를 천하에 퍼치시며 번개 빛으로 땅 끝까지 이르게 하시고, 그후에 음성을 발하시며 위엄의 울리는 음성을 내시고는 그 음성이 들릴 때에 번개 빛을 금치 아니하시느니라.[원주270]

주는 우주의 유일한 참 주인이다. 그는 만물을 창조할 수 있고 멸할 수 있다. 그의 '힘'은 절대적이다. 그의 자유는 어떠한 구속도 모른다. 그는 무적의 주관자로서 마음대로 자기의 자비와 분노를 나타낸다. 야훼가 누리는 절대적인 자유는 그 초월성과 절대적 자율성을 가장 효과적으로 계시하고 있다. 야훼는 그 어떤 것에 의해서도 '구속'될 수 없고, 어떤 것도 그를 강제하지 못한다. 선행이나 법에 대한 복종조차도 그에게는 강제로 하게 할 수 없다.

유일한 절대적 실재로서의 신의 '힘'을 이렇게 직관함으로써, 이는 후대에 와서 인간의 자유, 율법의 준수, 엄격한 도덕에 의한 인간 구원의 가능성을 밝히는 모든 사변이나 신비사상의 출발점이 되었다. 신 앞에서 '결백한' 자는 아무도 없다. 야훼는 그 백성과 '계약'을 맺지만 신의 지상권은 언

[원주269] 욥기, 36 : 26.
[원주270] 욥기, 36 : 32~37, 4.

제든지 그 계약을 파기할 수 있다. 신이 계약을 파기하지 않는 것은 '계약' 때문이 아니라 — 누구도 그를 '구속'할 수 없으므로 — 그의 무한한 선함 때문이다. 야훼는 이스라엘의 전 종교사를 통해서 볼 때 천공신, 폭풍신, 창조주이자 전능자, 절대군주, '만군의 주', 다윗의 후예인 왕들을 지지하고 지상에서의 생활을 지속시켜주는 모든 규범과 율법의 제정자로서 나타난다. '율법'은 어떠한 형태를 취하든, 그 한계와 정당성은 야훼의 계시를 통해 얻어진다. 그러나 율법을 거슬러 행동할 수 없는 다른 최고신과는 달리 (제우스는 사르페돈을 죽음으로부터 구할 수 없었다)[원주271] 야훼는 그 절대적인 자유를 유지하고 있다.

30. 천공신을 대체하는 번식신

폭풍신이나 번식신이 천공신을 대체하는 것은 예배에서도 일어난다. 마르두크는 신년제에서 아누를 대신하였다(§153). 베다의 중요한 공희인 아슈바메다(Aśvamedha, 馬祀祭)는 전에는 바루나에게 바치는 것이었으나 결국에는 프라자파티(Prajāpati)(때로는 인드라)에게 바치게 되었다. 바루나는 디아우스의 자리를 대치하였으므로 원래 이 말의 공희는 고대의 인도아리아인의 천공신을 위해 집행되던 것이 아니었던가 생각한다. 우랄알타이 어족은 오늘날도 말을 지고의 천공신에게 제물로 바친다. 아슈바메다의 본질적, 고대적 요소는 그 우주창조적 성격이다. 말은 우주와 동일시되고, 말의 공희는 창조행위를 상징(즉 재생)하는 것이다. 이 의례의 의미는 다른 장에서 더욱 분명해질 것이다(§153 이하). 여기서 강조할 필요가 있는 것은 아슈바메다가 한편으로는 우주창조 유형에 적합하고 또 한편으로는 가입의례로서 그 중요성을 지니고 있다는 사실이다. 아슈바메다가 동시에 가입의례였다는 사실은 『리그 베다』의 다음 시구가 충분히 증명하고 있다.

[원주271] *Iliad*, xvi. 477 ff.

우리는 불사자(不死者)가 되었다. 우리는 빛을 보았다. 우리는 신들을 발견했다.[원주272]

이 가입의례의 비의를 아는 자는 누구나 제2의 죽음(punarmṛtyu)에 승리한 자이며, 이제는 죽음을 두려워하지 않는다. 가입의례는 불사성을 획득하며, 인간의 조건을 신의 조건으로 변화시키는 것을 의미한다. 이와 같은 불사성의 획득과 창조행위와의 일치는 대단히 중요하다. 제물을 바치는 자는 우주창조의 의례에 의하여 인간조건을 초극하여 불사자가 되는 것이다. 미트라의 비의에서도 이와 똑같이 가입의례와 우주창조의 일치를 볼 수 있다.

후에 제물을 바치게 되는 프라자파티와 마찬가지로 제물로 바치는 말은 우주를 상징하고 있다. 이란에서는 아흐리만(Ahriman)에게 살해된 원초의 황소의 몸에서 모든 곡물과 초목이 자라났다. 게르만의 전통에서는 거인 이미르(Ymir)의 몸으로부터 우주가 발생한다.[원주273] 우리는 여기에서 이 우주창조 신화가 함축하고 있는 의미나 극동에서 이에 해당하는 대응물(예컨대 반고 盤古)이나 메소포타미아에서 이에 해당하는 대응물(괴물 티아마트의 시체로부터 마르두크에 의해 창조된 우주) 등에 대하여 생각할 필요는 없다. 우리가 관심을 가지는 것은 다음과 같은 신화에서 볼 수 있는 창조행위의 **드라마틱한** 성격에 대해서일 뿐이다. 즉 우주는 지고신에 의하여 '무로부터' 창조된 것이 아니고, 신(프라자파티)이나 원초의 괴물(티아마트, 이미르)이나 초인(푸루샤 Puruṣa)이나, 원초의 동물(이란인에게는 황소 에카다트) 등의 희생(또는 자기희생)에 의하여 존재하게 되었다. 이러한 신화의 근원에는 현실적이든 비유적이든 인간의 희생이 있다(푸루샤는 '인간'을 의미한다). 이러한 양상은 가스(Gahs)에 의하여 민족학적으로

[원주272] *RV*, viii, 48, 3.
[원주273] Güntert, *Arische Weltkönig*, pp. 315 ff.; Christensen, *Le Premier Homme et le premier roi dans l'histoire légendaire des Iraniens*, Uppsala, 1918, vol. i, pp. 11 ff.; Koppers, "Pferdeopfer," pp. 320 ff.

광범한 지역에서 발견되었고, 그것은 언제나 비밀결사의 가입의례와 관련되어 있다.[원주274] 원초적인 존재의 우주창조적 희생이 지닌 드라마틱한 성격은, 이러한 창조 이야기가 '제1차적'인 것이 아니고 오히려 이미 대부분이 선사시대에 발달한, 오래되고 복합적인 신화종교적 과정의 여러 단계를 표상하고 있음을 보여준다.

아슈바메다는 천공신을 숭배하는 의례의 복합성을 보여주는 좋은 예가 되고 있다. 신이나 예배의 역사에서나 교체, 복합, 공생 등은 빈번하게 일어난다. 앞의 예를 다시 들어보면, 우리는 거기서 교체를 볼 수가 있다. 즉 인도의 말의 공희는 아주 옛날 황소의 공희를 대신한 것이다(이란에서는 황소를 제물로 바치고, 우주창조 신화는 원초의 황소에 대하여 언급하고 있다. 이와 똑같이 인드라도 종마를 주위에 거느리고 있기 이전에는 황소를 거느리고 있었다. 프라자파티는 실제로 거대한 황소였다).[원주275] 베다의 문헌에는 그 이름에서 말과 관계 있음을 보여주는 아슈빈(Aśvin) 쌍둥이 신이 있는데, 그것은 말이 아니라 등에 혹이 달린 소에 타고 있다.[원주276]

아슈빈 쌍둥이 신은 디오스쿠로이(Dios kuroi, 제우스의 아들)와 같이 천공신의 자식들이다. 그들에 대한 신화는 천공의 히에로파니(여명, 금성, 월상)와 별의 쌍둥이자리에서 많은 것을 얻고 있다. 그리고 이들 쌍둥이의 출생이 인간과 신, 특히 천공신과의 결합을 전제한다고 하는 신앙은 놀랄 만큼 널리 퍼져 있다. 아슈빈 쌍둥이 신은 언제나 먼동의 여신 우샤(Uṣā)나 수리야(Sūrya)로 나타나고 있다. 이와 똑같이 디오스쿠로이도 어머니나 자매의 여성상을 동반하고 있다. 즉 카스토르와 폴리데우케스는 헬렌을, 암피온과 제토스는 그들의 어머니 안티오페를, 헤라클레스와 이피클레스는 그들의 어머니 알크메네를, 다르다노스와 이아시온은 하르모니아를 각각 동반한다. 여기서 다음과 같은 것을 알 수 있다.

[원주274] Koppers, pp. 314 ff. 참조.
[원주275] *Śatapatha-Brāhmaṇa*, iv, 4, 1, 14; vi, 5, 2, 5, 17 등 참조.
[원주276] R. Otto, *Gottheit d. Arier*, pp. 76 ff. 참조.

(1) 아슈빈 쌍둥이 신, 디오스쿠로이, 그 밖에 그 이름이 무엇이든지 간에, 그러한 신화에서 쌍둥이는 천공신의 자식들이다(대부분은 천공신과 인간여성과의 결혼의 결과이다).
(2) 이 쌍둥이 신은 그들의 어머니나 자매와 항상 같이 있다.
(3) 그들의 지상에서의 활동은 항상 자선적이다.

아슈빈 쌍둥이 신도 디오스쿠로이처럼 모두 인간을 위험에서 구하고, 항해자를 보호하는 치료자이다. 그들은 어떤 의미에서 그 형태가 아무리 복잡하다 해도 지상에서 천공의 성스러운 힘을 표명하는 자이며 단순히 그 힘을 분배하는 자로 묘사하는 것은 적절하지 못하다. 그러나 디오스쿠로이에 대한 신화가 무엇이든 그리고 의례가 어떤 것이든, 그들이 선의의 활동을 한다는 것은 명백하다.

디오스쿠로이가 어디서나 종교생활의 주도적 역할을 한 것은 아니다. '신의 자식들'이 실패하는 곳에서 바로 그 신의 자식은 성공하는 것이다. 디오니소스는 제우스의 자식이었으며, 그리스의 종교사에서 그의 출현은 정신적 혁명이었다. 오시리스도 똑같이 하늘(신)과 땅(여신) 사이의 자식이었으며, 페니키아의 알레이온도 바알의 자식이었다. 이러한 신들은 모든 경우에 식물, 고통, 죽음, 부활, 가입의례 등과 밀접한 관계를 맺고 있다. 그들은 모두 역동적이며, 고통을 느낄 수 있고, 구제적인 성격을 가졌다. 에게 해 연안과 오리엔트의 밀교뿐만 아니라 민중의 신앙생활의 큰 흐름도 모두 이들 신을 둘러싸고 식물신의 이름으로 형성되었다. 그러나 이 식물신은 무엇보다도 드라마틱한 신이었는데, 인간과 똑같이 정념, 고통, 죽음을 알고 있고 인간의 운명을 받아들이는 신이었다. 신이 이 정도까지 인간과 가까이 있은 적은 없었다. 디오스쿠로이는 인간을 돕고 보호한다. 구제신은 인간의 고통을 함께 느끼고 인간을 구원하기 위하여 죽었다가 다시 부활한다. 인간에게서 멀리 떨어져 있고 인간의 매일매일의 삶의 투쟁에 무심하고 무관심한 천공신을 끊임없이 무대 뒤로 밀어내는 저 '구체성에의 갈망'은 천공신의 '자식들', 즉 디오니소스, 오시리스, 알레이온 등에게 그 중요성을 부여한 데서 분명히 나타나고 있다. 이 '자식들'은 가끔 자기의 천상의 아버지에게 탄원하기도 한다. 그러나 종교의 역사에서 그가 하는 모든 중요한 역할은 그가 천공신의 아들이기 때문이 아니라 그의 인간성 때문이었다. 즉 설사 그가 주기적 부활에 의하여 인간조건을 초극할 수 있다고 할지라도 결정적으로 인간의 조건 가운데로 들어와 있는 것이다.

31. 천공의 상징

우리는 위에서 일련의 천공신 혹은 천공의 히에로파니와 밀접한 관계를 가진 신들에 대하여 살펴보았다. 우리가 도달하여 관찰할 수 있었던 것은 천공신은 자기들보다 동적이고 구체적이고 친숙한 신들이 출현함으로써 은퇴하여버린다는 것이었다. 그러나 천공의 히에로파니를 천공에서 온 신의 상 혹은 반(半)신적인 상에만 국한하는 것은 잘못일 것이다. 천공의 성스러운 성질은 무수한 의례나 신화의 유형 가운데 분산되어 있어, 그 유형은 일견 천공신과는 직접적인 관계가 없는 듯이 보인다. 가령 천공신이 무대 뒤로 사라진 이후에도 천공의 성스러움은 '높음', '승천', '중심' 등의 상징으로 종교체험 가운데 여전히 활발하게 작용하고 있다. 이 상징화에서도 풍요신이 천공신을 대체하는 것을 보게 되는데, 이 경우에도 그 상징화의 천공적 구조는 여전히 존속하고 있는 것이다.

산은 하늘과 가장 가까운 곳이므로 두 가지 신성성을 부여받고 있다. 즉 하나는 산이 초월성의 공간적 상징을 지고 있으며('높음', '절정', '지고'), 또 하나는 산이 모든 대기의 히에로파니의 영역, 즉 신들의 거주처라는 것이다. 모든 신화에는 성스러운 산이 있게 마련이며, 어떤 것은 그리스의 올림포스 산의 변형태이기도 하다. 모든 천공신은 높은 곳에 예배를 위한 장소를 가지고 있다. 산의 상징적 종교적 의미는 무한하다. 산은 자주 하늘과 땅이 만나는 지점으로 상징된다. 즉 그곳은 '중심점', '세계축'이 지나는 점, 성스러운 것을 낳는 지역, 우주의 한 영역에서 다른 영역으로 지나갈 수 있는 장소로 여겨진다. 따라서 메소포타미아인의 신앙에 의하면 '나라의 산'은 하늘과 땅을 결합하며,[원주277] 인도 신화의 메루 산은 세계의 중심을 향해 올라가 있고, 그 꼭대기에 북극성이 빛을 발하고 있다.[원주278] 우랄알타이 어족도 숨부르(Sumbur), 수무르(Sumur), 세메루(Semeru)라는 중심의 산을 가지고 있으며, 그리고 그 산 정상에는 북극성이 빛나고 있다.[원주279] 이란인의 신앙에 의하면 성산 하라베라자이티(Haraberazaiti, Harburz)는 대지의 중심에 있으며 하늘과 매어져 있다.[원주280] 에다(Edda)에 나오는 히밍비요르그(Himingbjorg)는 그 이름이 표시해주는 바와 같이 '천산'이며, 여기에는 무지개(Bifrost)가 하늘의 둥근 천정에 닿는 점이다. 이런 신앙은 핀란드인이나 일본인에게서도 보인다.

산은 하늘과 땅이 만나는 지점이기 때문에 세계의 중심이며, 물론 대지에서 가장 높은 곳이다. 그러므로 '성소', 신전, 궁전, 성도와 같은 성스러운 지대는 '산'과 동일시되었으며, 그 자체가 '중심', 주술적으로 모든 우주산의 정상의 한 부분이 된다(§145 참조). 팔레스타인의 타보르 산과 게리짐 산은 똑같이 '중심'이며, 팔레스타인에서는 '성지'가 된다. 따라서 세계에서 가장 높은 지역으로 홍수도 거기까지는 미치지 못한다. "이스라엘의 땅은 홍수의 침범을 받지 않는다"고 어떤 율법학자의 문헌은 기록하고 있다.[원주281] 그리스도교도들에게는 골고다 언덕이 세계의 중심이다. 왜냐하면 그곳은 우주산의 정상이며, 아담이 창조되고 묻힌 장소이기 때문이다. 이슬람교의 전통에 의하면 지상에서 가장 높은 장소는 카아바 신전이다. "왜냐하면 북극성은 이 신전이 하늘의 중심에 있음을 증명하고 있기"[원주282] 때

[원주277] Jeremias, *Handbuch der altorientalischen Geisteskultur*, Berlin, 1929, p. 130.
[원주278] Kirfel, *Die Kosmographie der Inder*, Bonn-Leipzig, 1920, p. 15.
[원주279] 부랴트족 신앙: Holmberg-Harva, *Der Baum der Lebens*, Helsinki, 1923, p. 41.
[원주280] Christensen, *Le Premier Homme*, vol. ii, p. 42에서 재인용.
[원주281] Wensinck, *The Ideas of the Western Semites concerning the Navel of the Earth*, Amsterdam, 1916, p. 15에서 재인용. 다른 문헌으로는 Burrows, "Some Cosmological Patterns in Babylonian Religion," in S. H. Hooke, *The Labyrinth*, London, 1934, p. 54.
[원주282] Wensinck, p. 15에서 재인용.

문이다.

  신전이나 성스러운 탑의 이름 자체도 그와 같은 우주산과의 동일시를 보여준다. 예컨대 '언덕의 집', '모든 나라의 언덕의 집', '폭풍의 산', '하늘과 땅의 결합' 등이다.[원주283] 지쿠라트(ziqqurat)에 해당하는 수메르어는 우니르(u-nir, 언덕)인데 자스트로는 그것은 "멀리서도 보이는 이"[원주284]라고 해석했다. 지쿠라트는 '우주언덕', 즉 우주의 상징적 이미지이다. 그것이 가지고 있는 일곱 개의 평원은 혹성의 일곱 개의 하늘(보르시파 Borsippa에서와 같이)을 표상하거나 혹은 세계의 색깔(우르 Ur에서와 같이)들을 나타내고 있다. 보로부두르 사원은 그 자체가 우주의 상으로서 산 모양으로 건조되었다. 신전의 성성(세계의 중심인 언덕)을 도시 전체로 확대하여 오리엔트의 도시는 그 자체가 '중심', 우주산의 정상, 여러 우주지역의 교차점이 되었다. 그 가운데서도 라르사(Larsa)는 '하늘과 땅의 토대를 이루는 집', '하늘과 땅이 맞닿는 집', '빛나는 언덕의 집' 등으로 불리고 있다.[원주285] 중국에서도 완전한 주권자의 수도는 우주의 중심, 즉 우주산의 정상에 자리 잡고 있다.[원주286]

  산이 이와 같이 중요한 역할을 하고 있는 이 중심의 우주적 상징에 대해서는 다른 장에서 더 살펴볼 것이다. 여기서 주목할 수 있는 것은 '높음'이 갖는 성별화된 힘이다. 높은 곳은 성스러운 힘으로 충만해 있다. 하늘에 가까운 모든 것은 그 정도의 차이는 있으나 초월성을 가지고 있기 때문이다. '높음', '높은 것'은 초월자, 초인이 된다. 모든 승천은 존재의 서로 다른 차원이라는 의미에서 차원의 단절, 저 세상으로의 이행, 세속적 공간이나 인간조건의 초극이다. '높음'의 신성한 가치가 상층의 대기권의 성스러운 가

[원주283] Dombart, *Der Sakralturm: I Teil:* Ziqqurat, München, 1920, p. 34.

[원주284] Jastrow, "Sumerian and Akkadian Views of Beginnings," *JAOS*, 1917, vol. xxxvi, p. 289.

[원주285] Dombart, p. 35.

[원주286] Granet, *La Pensée chinoise*, Paris, 1934, p. 324.

치, 따라서 궁극적으로는 천공 그 자체의 성성에 의하여 부여된다고는 할 수 없을 것이다. 산, 신전, 도시 등은 '중심'의 속성을 부여받았기 때문에 성별되는 것이다. 다시 말하면, 원래 그들은 우주에서 가장 높은 산꼭대기나 하늘과 땅의 합일점과 동등시되기 때문에 성별되는 것이다. 따라서 승천의례, 산이나 사다리를 오르는 의식에 의한 봉헌이 힘을 갖는 것은, 이것이 신자들을 천공의 상층으로 올려놓기 때문이다. '승천'의 상징의 풍부함이나 다양함은 일견 혼돈으로 보이기도 하나 전체적으로 볼 때 그 의례나 상징은 모두 '높음', 즉 천공적인 것이 갖는 성의 가치로 설명될 수 있다. 성소(신전, 제단)에 들어감으로써, 의례에 의한 성별을 통해, 또는 죽음에 의해서 인간조건을 초극한다는 것은 구체적으로는 '이행', '등반', '승천'으로 표현된다.

32. 승천신화

죽음은 인간적 상태를 초월하여 '저 세상으로 이행하는 것'을 의미한다. 사후의 세계를 하늘에 두고 있거나 상층권에 두고 있는 종교에서는 죽은 자의 혼은 산길을 뚜벅뚜벅 올라가거나 나무나 혹은 밧줄을 타고 올라가는 것으로 표현한다.[원주287] 아시리아어로 '죽는다'는 동사에 해당하는 말에는 '산에 매인다'는 뜻이 있다. 이집트어로 '잡는다', '쥐다'의 뜻을 지닌 미니(myny)라는 말은 '죽는다'는 말의 완곡어법으로 쓰이고 있다.[원주288] 태양은 산 사이로 지게 되므로 죽은 자가 내세로 가는 길은 항상 이곳을 통과하게 되어 있다. 인도의 신화적 전통에서 나오는 최초의 죽은 자 야마(Yama)는 "많은 사람들에게 길을 보여주기 위해" "높은 길"을 통과해간다.

[원주287] Van Gennep, *Mythes et légendes d'Australie*, Paris, 1906, nos. 17 and 66을 보라.

[원주288] H. Zimmern, "Zum babylonischen Neujahrsfest," *Berichte über d. Verhandl. d. Kgl. Sächs. Gesell. d. Wiss.*, Leipzig, 1918, vol. 1xx, No. 5: vol. ii, p. 5, n. 2.

[원주289] 우랄알타이 어족의 민간신앙에서는 죽은 자의 길은 산을 올라가는 길이었다. 카라키르기즈족의 영웅 볼로트(Bolot)도, 몽고족의 전설상의 왕 케사르(Kesar)도 마치 가입의례의 시련을 거치듯 산꼭대기의 동굴을 통하여 저 세상으로 들어간다. 샤먼은 몇 개인가 대단히 높은 산을 오르내리면서 지옥으로 여행을 간다.[원주290] 이집트인은 장례의례를 적어놓은 책에서 태양신 라(Ra)가 지상으로부터 하늘로 올라가기 위해 자기가 사용하는 사다리는 진짜 사다리임을 표시하는 표현 아스켓 펫(asket pet, 아스켓은 계단을 의미한다)이라는 말을 사용하고 있다.[원주291] "내가 신들을 만나러 가도록 거기에 사다리가 놓여 있다"고 『사자의 서』는 기록하고 있다.[원주292] "신들은 자기가 하늘로 올라가기 위해 사용할 사다리를 만들고 있다."[원주293] 고대나 중세의 왕조시대의 많은 무덤에서는 사다리(maqet)나 계단을 묘사한 호부(護符)가 발견되고 있다.[원주294]

죽은 자의 혼이 내세를 향해 통과해가는 이 길은 예외적인 특수한 조건이나 혹은 의례의 효험 등에 의하여 살아 있을 때에도 하늘로 올라갈 수 있는 사람들이 통과하는 길이기도 하다. 밧줄, 나무, 사다리를 통하여 하늘로 '승천할 수 있다'고 하는 사고는 5대륙에 걸쳐 광범위하게 퍼져 있다. 여기서는 그 몇 가지 예만을 들어보겠다.[원주295] 오스트레일리아의 디에리족의 나무의 신화에서는 나무는 주술에 의해 하늘까지 성장한다고 말한다.[원주296] 눔가부란족은 터부를 범해서 나무꼭대기가 하늘까지 가닿는 두 개의 기적

[원주289] *RV*, x, 14, 1.
[원주290] Eliade, *Le Chamanisme et les techniques archaïques de l'extase*, Paris, 1951, pp. 184 ff.
[원주291] W. Budge, *From Fetish to God in Ancient Egypt*, Oxford, 1934, p. 346.
[원주292] Weill, *Le Champ des roseaux et le champ des offrandes dans la religion funéraire et la religion générale*, Paris, 1936, p. 52.
[원주293] 같은 책, p. 28.
[원주294] Budge, *The Mummy*, Cambridge, 1925, pp. 324, 326.
[원주295] Eliade, pp. 404 ff. 참조.
[원주296] *Van Gennep*, no. 32.

적인 소나무에 대해서 말하고 있다.[원주297] 마라족은 선조들이 하늘까지 올라갔다가 다시 내려올 때 사용하는 나무에 대해서 말하고 있다.[원주298] 마오리족의 영웅 타와키(Tawhaki)의 처는 하늘에서 내려온 요정이었는데, 첫자식이 태어날 때까지만 남편과 함께 있다가 그후에는 지붕으로 올라가 사라져버린다. 타와키는 포도나무를 통해 하늘로 올라갔다가 그후 땅으로 다시 돌아오는 데 성공하였다.[원주299] 다른 전승에 의하면, 영웅은 코코아나무, 밧줄, 거미줄, 혹은 연을 타고 하늘로 올라간다. 하와이 섬에서는 이 영웅이 무지개를 타고 하늘로 올라가며, 타히티 섬에서는 그는 높은 산에 올라가는 도중에 그의 처를 만나게 된다.[원주300] 오세아니아에 널리 퍼져 있는 신화에서는 영웅이 어떻게 '화살의 사슬'을 통해 하늘에 도달하는가를 말하고 있다. 즉 화살 하나를 쏘고, 그 화살에 이어 두 개, 세 개를 계속해서 쏘아 땅에서 하늘까지 사슬이 만들어질 때까지 쏜다.[원주301] 밧줄을 통하여 하늘로 올라가는 이야기는 오세아니아,[원주302] 아프리카,[원주303] 남아메리카,[원주304] 북아메리카[원주305]에서도 발견된다. 이상과 거의 같은 장소에 거미줄에 의한 승천신화가 보인다. 사다리를 통해 하늘로 올라가는 신화는 고대의 이집트,[원주306] 아프리카,[원주307] 오세아니아,[원주308] 북아메리카에 전

[원주297] *Van Gennep*, no. 44.
[원주298] *Van Gennep*, no. 49.
[원주299] Grey, *Polynesian Mythology and Ancient Traditional History of the New Zealanders*, Auckland, 1929, pp. 42 ff.
[원주300] Chadwick, *The Growth of Literature*, Cambridge, 1930, vol. iii, p. 273.
[원주301] Pettazzoni, "The Chain of Arrows," *FRE*, vol. xxxv, pp. 151 ff.
[원주302] Dixon, *Oceanic Mythology*, Boston, 1916, pp. 156 ff.
[원주303] Werner, *African Mythology*, Boston, 1916, p. 135.
[원주304] Alexander, *Latin-American Mythology*, Boston, 1925, p. 271.
[원주305] Stith Thompson, *Motif Index of Folk Literature*, Helsinki, 1934, vol. iii, p. 7.
[원주306] Muller, *Egyptian Mythology*, Boston, 1918, p. 176.
[원주307] Werner, p. 136.
[원주308] Chadwick, p. 481.

해지고 있다. 승천은 나무,[원주309] 초목, 산[원주310]을 통해서 이루어지기도 한다.

33. 승천의례

이와 같은 신화나 신앙은 모두 '상승'과 '승천'의 구체적 의례에 상응한다. 공희의 장소를 결정하고 성별하는 것은 세속적 공간의 일종의 승화에 해당한다. 『타이티리야 산히타』는 "사실 제의 집행자는 자기 자신을 천계에 도달하기 위한 사다리나 다리로 만든다"[원주311]고 기술하고 있다. 이 책의 다른 곳에서는 계단을 올라가는 사제에 대해 언급하고 있는데, 사제는 막대기 끝에 올라가 손을 들어 이렇게 외친다.

나는 하늘에, 곧 신에게 도달하였다. 나는 불사자가 되었다!

하늘로 올라가는 의례는 두로하나(dūrohaṇa, 어려운 등반)라고 한다. 베다 문헌에도 이와 유사한 표현이 많다.[원주312] 트라키아의 몇몇 부족(케브레니오이족, 시카이보아이족)의 사제왕 코싱가스(Kosingas)는 나무사다리를 올라가 여신 헤라(Hera)에게 가겠다고 신하들을 위협한다.[원주313] 사다리를 올라가는 의식을 통하여 승천한다고 하는 것은 아마도 오르페우스교의 가입의례의 한 부분이었을 것이다.[원주314] 우리는 이 승천의례를 미트라 신앙의 가입의례에서도 볼 수 있다. 미트라의 비밀의식에서 의례의 사다리

[원주309] 댜크족은 Chadwick, p. 486; 이집트는 Muller, p. 176; 아프리카는 Werner, pp. 136 ff.를 보라.
[원주310] Stith Thompson, vol. iii, pp. 8~9 참조.
[원주311] *Taittirīya Saṁhitā*, vi, 6, 4, 2.
[원주312] Coomaraswamy, *Svayamatrnna, passim* 참조.
[원주313] Polyæmus, *Stratagematon*, vii, 22.
[원주314] Cook, *Zeus*, vol. ii, pp. 2, 124 ff. 참조.

(climax)는 일곱 계단으로 되어 있는데, 각 계단은 각각 다른 금속으로 되어 있다. 켈수스에 의하면 첫 계단은 납으로 되어 있어 토성의 '하늘'에 해당하고, 둘째 계단은 주석(금성), 셋째 계단은 청동(목성), 넷째 계단은 철(수성), 다섯째 계단은 '화폐의 합금'(화성), 여섯째 계단은 은(달), 일곱째 계단은 금(태양)이다. 여덟번째 계단은 고정된 성좌의 반구를 나타낸다. 가입자는 이 사다리를 올라가는 의식을 통하여 사실상 '일곱 개의 하늘'을 거쳐 최고천에까지 이르는 것이다.

오늘날도 우랄알타이 어족의 샤먼은 하늘로의 여행과 샤먼의 가입의례에서 바로 이와 똑같은 의례를 행한다. '승천'은 일상적인 제물을 바치는 의례에서 ─ 샤먼이 지고신 바이 울겐(Bai Ulgen)에게 제물(제물로 바치는 말의 혼)을 가지고 갈 때 ─ 혹은 샤먼에게 의뢰하여온 병자에게 주술적 치료를 할 경우에 달성된다. 터키-타타르족의 중요한 종교의식인 말을 제물로 바치는 의례는 매년 행해지는데 2, 3일 밤 동안 계속된다. 첫날 밤에는 가죽으로 만든 돔형의 텐트를 치고 그 가운데에 자작나무를 놓고, 그 나뭇가지에 아홉 계단을 만들어놓는다. 제물은 흰 말을 선택한다. 텐트 안에 불을 피우고 샤먼은 차례차례로 정령들을 불러내면서 큰 북소리와 연기 속을 지나간다. 그후 샤먼은 밖으로 나가 넝마나 짚으로 만든 거위의 몸에 걸터앉아 마치 날아가는 시늉을 하면서 팔을 흔들고 다음과 같이 노래한다.

　　하얀 하늘 위로
　　하얀 구름 너머로
　　푸른 하늘 위로
　　푸른 구름 너머로
　　새야, 하늘로 날아가라.

이 의례의 목적은 제물로 바친 말의 혼 푸라(pura)를 잡으려는 데 있는데, 샤먼이 가까이 다가가면 멀리 날아가버린다고 생각한다. 샤먼은 그 혼을 잡아 가져오면 거위를 자유스럽게 놓아주고 말만 제물로 바친다. 이 의례의 둘째 부분은 그 다음날 밤, 샤먼이 말의 혼을 바이 울겐 신에게 가져갈 때까지 거행된다. 샤먼이 큰 북소리, 연기 속을 지나 예복을 입고 하늘의 새 메르큐트(Merkyut)를 향하여 "노래하면서 오라", "나의 오른쪽 어깨 위에 앉아라"라고 기원하면서 승천을 시작한다. 의례의 나무에 새긴 눈금을 가볍게 오르면서 샤먼은 아홉 개의 하늘에 차례로 올라가 모인 사람들에게 각 하늘에서 일어나고 있는 것을 모두 하나하나 자세하게 말해준다. 제6천에서 샤먼은 달을 예배하고 제7천에서는 태양을 경배한다. 드디어 제9천에 이르러 샤먼은 바이 울겐 앞에 엎드려 제물로 말의 혼을 봉헌한다. 여기가 샤먼이 승천의 최고 절정을 이루는 때이다. 그는 바이 울겐이 공물을 기꺼이 받아들였는가를 확인하고 천후(天候)에 대한 예언을 받는다. 그리고 땅 위에 넘어져 얼마 동안 침묵이 있은 후에 마치 깊은 잠에서 깨어나듯이 일어난다.[원주315]

자작나무에 새겨진 눈금 또는 계단은 혹성권을 상징한다. 샤먼은 의식을 행하는 동안 여러 신들의 협조를 구하는데, 신들에게 특유한 색은 혹성신으로서의 그들의 성격을 나타내고 있다.[원주316] 미트라 신앙의 가입의례나 에크바타나 시의 벽에도 있듯이 이 여러 가지 색들은[원주317] 각 혹성의 천계를 상징하는 것으로, 달은 제6천에, 태양은 제7천에 있다. 9란 수는 그 이전의 7이라는 수를 대치하는 수이다. 우랄알타이 어족에 있어서 '우주의 기둥'은 일곱 개의 눈금을 가지고 있으며,[원주318] 일곱 가지를 가지고 있는 신화의 나무는 각각 하늘의 층을 상징하고 있다.[원주319] 의례의 나무 자작나무의 승천은 세계의 중심에 있는 신화적인 나무의 승천에 해당한다. 텐트의 꼭대기에 있는 구멍은 북극성을 향해 있는데, 그것은 우주의 한 차원에서

[원주315] Radlov, *Aus Sibiren*, Leipzig, 1884, vol. ii, 19~51; Holmberg-Harva, *Rel. Vorst.*, p. 553 ff.; Eliade, *Le Chamanisme*, pp. 176 ff.
[원주316] Holmberg-Harva, *Baum des Lebens*, p. 136.
[원주317] Herodotus, i, 98.
[원주318] Holmberg-Harva, pp. 25 ff.
[원주319] 같은 책, p. 137, 그림 46.

다른 차원으로의 이행을 가능케 하는 구멍이라고 생각된다.[원주320] 따라서 의식은 '중심'에서 수행되는 것이다(§143).

　이와 똑같은 승천은 샤먼의 가입의례 때에도 생긴다. 부랴트족은 아홉 그루의 나무를 나란히 놓고 신가입자는 아홉 번째의 나무꼭대기까지 올라가 거기서 나머지 모든 나무 끝을 건너간다.[원주321] 또 텐트 가운데에 자작나무를 놓고 텐트 꼭대기에 있는 구멍으로 자작나무 끝이 나오게 한다. 신가입자는 칼을 손에 들고 나무에 올라가 텐트 밖으로 나간다. 이렇게 하여 마지막 하늘까지 가는 여행을 하는 것이다. 또 밧줄로 텐트 안의 자작나무와 다른 자작나무를 묶고 그 밧줄 위에 여러 가지 다른 색깔로 된 각 층의 하늘을 표상하는 밧줄을 걸어놓는다. 이 밧줄을 '다리'라고 부르며, 이는 신이 있는 곳으로 가는 샤먼의 여행을 상징한다.

　샤먼은 자기에게 도움을 구하러 온 병자를 치료하기 위해서도 그와 유사한 승천을 행한다.[원주322] 터키-몽고족의 영웅들이 행하는 하늘로의 신화적 여행도 이 샤먼 의례와 아주 유사하다.[원주323] 야쿠트족의 신앙에 의하면 옛날에 실제로 하늘까지 올라간 샤먼이 있었다고 한다. 목격자들은 샤먼이 제물로 바친 말을 가지고 구름 위를 미끄러져가는 모습을 볼 수 있었다고 한다.[원주324] 칭기즈 칸 시대에 명망이 높은 몽고족의 샤먼은 종마를 타고 하늘로 올라갔다.[원주325] 오스탸크족의 샤먼은 밧줄을 타고 하늘로 올라가다가 도중에 진로를 방해하는 별들을 밀어버렸다고 노래했다.[원주326] 위구르족의 시「쿠다트쿠 빌리크」(Kudatku Bilik)에는 영웅이 50계단의 사다리를 올라가는 꿈을 꾼다. 마지막 계단을 올라가니 한 여성이 마실 물을 영

[원주320] 같은 책, pp. 30 ff.
[원주321] Eliade, *Le Chamanisme*, pp. 116 ff.
[원주322] Holmberg-Harva, *Rel. Vorst.*, pp. 546 ff.
[원주323] Eliade, *Chamanisme*, pp. 291 ff.
[원주324] Czaplicka, *Aboriginal Siberia*, Oxford, 1914, p. 238.
[원주325] Kopruluzade, *Influence du chamanisme turco-mongol sur les ordres mystiques musulmans*, Istanbul, 1929, p. 17.
[원주326] Chadwick, *Growth*, vol. iii, p. 204.

웅에게 준다. 그래서 그는 다시 원기를 얻어 하늘까지 갈 수 있었다.[원주327]

34. 승천의 상징

야곱도 사다리 끝이 하늘까지 이어져 있어 "신의 사자들이 그것을 통해 오르내리는 것"[원주328]을 꿈꾸었다. 야곱이 베고 자던 돌은 베델(bethel)이었는데, 이 돌이 있는 곳은 '세계의 중심'이었다. 왜냐하면 모든 우주의 영역을 결합하고 있는 장소로 여겼기 때문이다(§81). 이슬람교의 전승에서 마호메트는 예루살렘의 신전에서(여기가 세계의 '중심'이다) 하늘까지 사다리가 놓여 있고 신의 사자가 그 좌우에 있는 것을 본다. 그리고 의인의 혼은 이 사다리를 타고 신이 있는 곳으로 올라간다.[원주329] 단테도 토성의 하늘에서 은혜를 입은 영혼이 승천할 수 있도록 금사다리가 까마득히 멀리 떨어진 하늘로 이어지는 꿈을 꾸었다.[원주330] '계단', '사다리', '상승'의 상징은 그리스도교의 신비가에게도 보존되어왔다. 십자가의 성 요한은 신비적인 완성의 단계를 '카르멜 산의 등반'으로 보고, 그 자신 이 길을 피곤하고 꾸불꾸불한 길을 따라 올라가는 산으로 설명하였다.

모든 신비적인 환시나 황홀경은 하늘로의 상승을 말하고 있다. 포르피리의 증언에 의하면, 플로티누스는 그들이 함께 사는 동안에 4번이나 혼이 하늘로 올라가는 체험을 했다고 말한다.[원주331] 성 바울도 "세번째 하늘에까지 붙들려 올라갔었다"[원주332]고 말하고 있다. 고대 말기에는 가입의례를 행하는 중이나 사후에 혼이 제 7 천까지 승천한다는 교설이 대단히 유행하였다. 이 설은 오리엔트에 기원을 둔 것은 확실하지만,[원주333] 그리스-로마 세

[원주327] 같은 책, p. 206.
[원주328] 창세기, 28 : 12.
[원주329] Asin Palacio, *Escatologia musulmana*, Madrid, 1942, p. 70.
[원주330] *Paradiso*, xxi~xxii.
[원주331] *Vita Plot*, 23.
[원주332] 2 Cor, xii, 2.

계에 그것이 퍼지게 된 것은 오르페우스교나 피타고라스 학파와 많은 관계가 있다. 이러한 전통에 대해서는 이 책의 다른 장에서 더 검토하게 될 것이다. 그러나 여기서 그것을 간단히 살펴보는 것도 좋을 것이다. 왜냐하면 이러한 것이 궁극적으로 정당화되는 것은 천공이나 상층권이 갖고 있는 성성 때문이다. 어떤 종교적인 상황에서 그것을 살피든 혹은 어떤 종류의 가치를 그들에게 부여하든(샤먼 의례, 가입의례, 신비적 엑스터시, 꿈속의 환시, 종말신화, 영웅전설 등), 승천, 산이나 계단을 오르는 것, 대기로의 비행 등은 항상 인간조건의 초월, 상층의 우주로의 침투를 의미한다. 공중에 오르는 것은 그 자체가 성별과 신성화를 의미한다. 루드라 신의 고행자는 이렇게 말한다.

바람의 길을 걷는다. 왜냐하면 신들이 그들 안에 들어가 있기 때문이다.[원주334]

요가행자나 인도의 연금술사는 공중을 날아 순식간에 먼 거리를 이동한다.[원주335] 날 수 있다는 것, 날개를 가지고 있다는 것은 인간의 조건을 초월하는 상징적 표현형식이 된다. 공중으로 날아올라가는 능력은 궁극의 실재에 가까이 다가가는 것을 가리킨다. 물론 분명히 승천의 현상학에서도 종교경험과 주술사의 테크닉 사이에는 근본적인 차이가 있다. 성자는 하늘에 '혼이 점령된' 자이며, 요가행자, 고행자, 주술사는 자기 자신의 노력의 효험으로 '날아가려' 한다. 그러나 어느 경우에나 그들을 세속적인 대중이나 비가입자와 구별하는 것은 '승천'이다. 그들은 성스러움으로 차 있는 하늘로 올라갈 수 있으며, 신처럼 될 수 있다. 천상과의 접촉이 그들을 신격화하는 것이다.

[원주333] Bousset, "Die Himmelreise der Seele," *AFRP*, iv, pp. 155 ff. 참조.
[원주334] *RV*, x, 156, 2~3.
[원주335] Eliade, Le Yoga: *Immortalité et liberté*, Paris, 1954, p. 397.

35. 결론

이상을 간략하게 요약해보자.

(1) 별이 있는 창공과 대기권인 천공은 그 자체의 성격상 풍부한 신화와 종교적 가치를 가지고 있다. '높음', '높이 있는 것', '무한의 공간', 이 모든 것은 초월적인 것, 지고의 성스러운 것의 히에로파니이다. 대기와 기상에 관련된 '삶'은 한없는 신화로 나타나는 듯하다. 고대민족의 '지고존재자', 역사시대의 최초의 '위대한 신들'도 모두 천공, 대기, 기상현상 등과 다소 유기적인 관계를 맺고 있음을 암시하고 있다.

(2) 그러나 이 지고존재자를 천공의 히에로파니로 단순히 설명할 수는 없다. 그들은 그러한 히에로파니 이상의 어떤 것이기 때문이다. 즉 그들은 천공에서 일어나는 사건이나 혹은 인간의 경험으로 단순히 설명될 수 없는 그들 고유의, 그들만의 존재양식을 전제하는 '형태'를 가지고 있다. 왜냐하면 지고존재자는 창조자, 선, 영원(노년)이며, 질서를 세우는 창건자이자 규범의 수호자인데, 이러한 속성은 천공의 히에로파니만 가지고는 충분히 설명할 수 없기 때문이다. 그리하여 지고존재자의 '형태'의 문제가 제기된다. 나는 이것을 다른 장에서 다시 다루려고 한다.

(3) 이상의 유보사항을 고려해놓고 볼 때 — 그것은 중요하다 — 지고존재자와 천공신의 '역사'에서, 인간의 종교경험에서 가장 중요한 한 현상을 볼 수 있다. 즉 신의 형상이 예배에서 사라져버리는 경향이다. 이 신들은 너무 멀리 떨어져 있어 조상숭배, 정령숭배, 자연신 숭배, 풍요의 정령숭배, 대여신 숭배라는 다른 종교적 힘에 의해 대체되고, 지배적인 역할을 담당하지 못하게 된다. 이러한 대체는 언제나 가장 구체적이고 동적이며 다산적인 종교적 힘이나 신들(예컨대 태양신, 대지모신, 남성신 등)로 이루어지는데, 이는 주목할 만한 일이다. 승리한 신은 언제나 풍요의 대표자 또는 분배자이다. 다시 말하면 결국은 생명의 대표자이며 분배자인 것이다 (죽은 자나 악귀에 대한 공포는 마땅히 쫓아내고 무력화해야 하는 적대적인 힘에 의해 생명이 위협받게 되지 않을까 하는 공포로 환원된다). 이러한

대체의 깊은 의미는 우리가 생명이나 생체기능의 종교적 가치를 검토할 때에 확실히 밝혀질 것이다.

(4) 어떤 경우에는 농경이나 농경종교의 출현을 통하여, 천공신은 대기나 폭풍의 신으로서 다시 현실성을 획득하기도 한다. 그러나 이러한 '전문화'는 비록 그 신에게 많은 속성을 부여하였다 하더라도 그 전능성을 많이 제한하게 되었다. 폭풍신은 역동적이고 '강력'하다. 그것은 황소이고 번식자이며, 그 신화는 풍부해지고 예배는 더욱 번성하였다. 그러나 이 신은 더 이상 우주나 인간의 창조자도 아니고 또 전지한 자도 아니다. 때때로 이 신은 대여신의 배우자에 지나지 않는 경우도 있다. 셈족의 일신교적, 예언자적, 메시아 신앙적 구조를 가진 종교혁명이 생긴 것은, 호사스럽고 유혈적인 예배(공희와 오르기)[역주10]를 드리는, 이 흥청거리고 드라마틱한 에피파니가 풍부한 폭풍신, 남성신에 대항해서 일어난 것이다. 바알 신에 대한 야훼 또는 알라 신 사이의 투쟁을 통하여, '지상적' 가치(부, 풍요, 힘)에 대립하는 '천상적' 가치가 인간생활의 영역에 새롭게 들어오게 되었다. 이것은 양적 기준(구체적인 제물, 의례행위의 지상성 등)에 대립하는 질적 기준(신앙의 내면화, 기도, 사랑)이 새로운 현실성을 갖고 나타나게 되었음을 의미한다. 그러나 '역사'는 필연적으로 이와 같은 생명의 기본적인 힘의 에피파니를 벗어나도록 하기 때문에, 그것이 반드시 종교적 가치가 없다는 것을 의미하지는 않는다. 앞으로 살펴겠지만, 이 고대적인 에피파니는 원래 육체적 삶을 성별하는 수단으로 나타난 것들이었다. 즉 그들은 성성을 상실해버림으로써 단순한 생명적, 경제적, 사회적 '현상'이 되고, 최초의 기능을 잃어버림으로써 비로소 '사물'이 되는 것이다.

(5) 많은 경우 천공신을 대신하는 것은 태양신이었다. 지상에다 풍요를 분배하고 생명의 보호자가 되는 것은 태양이다(§36 이하).

[역주10] 오르기(orgy)는 그리스의 orgia에서 유래된 말로 특히 디오니소스 신의 밀의(密儀) 때 난폭한 음주, 광희(狂喜), 난무를 집단적으로 행했던 것에서 유래한다. 흥분과 도취도 있지만 망아(忘我)의 엑스터시를 경험한다는 종교적 의미가 있었다.

(6) 때로 천공신의 편재성, 지혜, 수동성은 형이상학적인 의미에서 재평가되었다. 신은 우주적 규범, 도덕률(예컨대 마오리족의 이호)의 에피파니가 되었다. 즉 신적인 '인격'은 '관념'에 자리를 넘겨주었으며 종교적 체험(거의 모든 천공신의 경우 대단히 빈약하지만)은 이념적 이해, 혹은 철학에 자리를 넘겨주었다.

(7) 어떤 천공신은 그 종교적 현실성을 유지하고 혹은 그것을 강화하여 여전히 지상신으로서 나타난다. 그들은 만신전에서 수위를 유지해온 신들(제우스, 주피터, 중국의 천)이며, 혹은 일신교적 혁명을 일으킨 신들(야훼, 아후라 마즈다)이기도 하다.

(8) 그러나 종교생활이 이미 천공신에 의해 지배되지는 않는다고 하더라도 성좌권, 천공의 상징, 승천의 의례와 신화 등은 성스러운 사물의 구조 속에서 계속 그 중요한 위치를 차지하고 있다.

'높이 있는 것', '높이 올라감'은 어떤 종교에서나 아직도 초월성을 계시하고 있다. 신의 '형태'는 변할 수 있다. 그리고 신들이 '형태'로서 인간의 의식에 계시된다는 바로 이 사실로부터, 신들은 역사를 가지고 있고, 운명의 길을 따라서 진행되고 있음을 알 수 있다. 그러나 천공적 성의 의미는 어디서나 어떤 환경에서나 살아 있는 관념으로 남아 있다. 천공은 예배와 멀리 떨어져 있고 신화에서도 이 천공신 대신에 다른 신이 대체하였지만, 상징체계 가운데서는 지속되고 있다. 즉 천공의 상징은 많은 의례(승천의례, 사다리, 가입의례, 왕위의 의례)나 많은 신화(우주나무, 우주산, 화살의 사슬 등의 신화)나 주술적 비행과 같은 많은 전설의 기초가 되었다. 모든 역사적인 종교에서 중요한 역할을 하고 있는 '중심'의 상징은 많든 적든 천공적 요소로부터 구성된 것이 명백하다. 중심, 세계축, 우주의 세 차원이 교류하는 점, 차원의 단절, 우주의 다른 지대 간의 이동 등이 생기는 것은 항상 '중심'에서이다.

이상을 간단히 요약하면 다음과 같이 말할 수 있다. '역사'는 천공적 구조의 신의 '형태'(지고존재자의 경우)를 무대 뒤로 밀어내거나 혹은 격하시키는 데 성공했지만(폭풍신, 번식신) 그 역사 —— 다시 말하면 인간에 의해서 이루어지는 성에 대한 새로운 실험이나 해석 —— 는 천공적 성의 직접적, 영속적 계시를 없애버리는 데는 성공하지 못하였다. 즉 천공은 결코 인격적, 시간적인 계시가 아니다. 그것은 역사를 훨씬 초월하고 있다. 천공의 상징은 그 존재양태가 비시간적이기 때문에 모든 종교적 구조에서 그 위치를 유지하고 있다. 사실상 이 상징은 모든 종교적 형태에 의미와 근거를 부여한다. 그렇게 함으로써 그것은 어떤 것도 잃지 않게 된다(§166 이하).

제3장
태양과 태양숭배

36. 태양의 히에로파니와 '합리화'

종교사 연구의 초창기에는 태양숭배가 모든 인류에게 공통적이었다고 생각한 때도 있었다. 비교신화학이 최초로 연구한 것은 세계 어디에서나 찾을 수 있는 태양숭배의 자취를 밝히는 일이었다. 그러나 1870년 유명한 미국 학자였던 A. 바스티안이 태양숭배는 실제로 세계의 몇 안 되는 지역에서만 발견된다는 것을 밝혀냈다. 그로부터 50년 후에 제임스 프레이저 경이 자신의 자연숭배 연구와 관련하여 이 문제를 재조명하면서 아프리카, 오스트레일리아, 멜라네시아, 폴리네시아, 미크로네시아에서 발견되는 태양숭배적 요소에는 어떤 일관성이 결여되어 있음을 지적한 바 있다.[원주1] 이와 똑같은 일관성의 결여는 남북아메리카에서도 거의 보편적으로 나타난다. 태양숭배가 대중에게까지 일반화되었던 곳은 이집트, 아시아, 고대 유럽에 지나지 않는다. 예컨대 이집트에서는 태양숭배가 실제로 지배적이었다.

대서양 연안에서 태양숭배가 발달한 곳은 멕시코와 페루, 즉 진정하게 정치적으로 조직화된 수준에 도달한 아메리카의 '문명화'된 두 민족뿐이라는 것을 생각한다면, 태양숭배의 우세와 소위 내가 말하는 '역사'의 필연 사이에 있는 어떤 관련성을 인정하지 않을 수 없을 것이다. 왕이나 영웅이나 제국의 힘에 의해 '역사가 진행되었던' 곳에서는 태양이 지고의 존재였다고 말할 수 있을 것이다. 태양숭배와 역사에서 문명의 확대 사이에 존재하는 이와 같은 대응관계를 설명하는 그 밖의 많은 가설들이 있는데, 그중에는 황당무계한 것도 있다. 어떤 학자들은 '태양의 자식들'이 있어서 그들이 끝없이 민족이동을 하는 과정에서 여기저기에 태양숭배와 문명의 본질적인 원리를 퍼뜨리게 되었다고까지 말하고 있다. 우리는 여기서 '역사'의 전체 문제는 보류해두고, 다만 우리가 세계 어디에서나 발견할 수 있는 천공적 구조를 가진 신상들과 비교해서 태양신상은 그리 흔하지 않다는 것만을 말하려고 한다.

태양신상에 대해서는 뒤에서 곧 살피겠지만, 그전에 우리는 관점의 오류에 빠지는 것을 피하지 않으면 안 될 것이다. 이 오류는 방법상의 오류를 일으킬지도 모르기 때문이다. 첫째, 태양신상(신, 영웅 등)은 바로 다른 신상들이 각각의 히에로파니를 모두 드러내고 있지 못한 것과 똑같이 태양의 모든 히에로파니를 망라하고 있지 않다는 점에 유념해야 한다. 둘째, 달이나 물과 같은 자연의 히에로파니와는 달리, 태양의 히에로파니로 표현되는 성성이 서양 근대인의 지성에는 반드시 자명한 것은 아니라는 점을 알아야 한다. 더 자세히 말하자면, 태양의 히에로파니에서 서양 근대인의 지성에게 자명한, 따라서 쉽게 파악되는 것이 있다면, 그것은 대부분 오랜 합리화의 과정을 거친 후의 잔재, 즉 우리가 의식하지 못하는 사이에 언어, 관습,

---

[원주1] James Frazer, *The Worship of Natur*, London, 1926, p. 441.

문화를 통하여 운반되고 축적된 잔재에 지나지 않는다. 태양숭배는 오늘날 아무 의미가 없는 몸짓이나 표현보다도 더 하잘것없는 것으로 축소되었기 때문에 막연한 의미에서 종교체험이라고 하는 상투어가 되어버렸다.

근대인의 경험에서 태양의 히에로파니 구조에 영향을 미쳐온 변화를 설명하려는 것이 이 책의 의도는 아니다. 그 때문에 지난 수세기 동안 태양에서 발견한 천문학적, 생물학적 역할이 어느 정도까지 그 천체에 대한 근대인의 태도와 태양과 근대인의 직접적인 경험의 관계를 변화시켰으며, 또한 태양의 상징 자체의 성격을 변화시켰는지를 분석하려고 하지는 않을 것이다. 다만 다음의 사실을 지적하는 것으로 충분할 것이다. 즉 아리스토텔레스 이래의 지적인 활동의 방향은 주로 태양의 히에로파니의 **전체성**에 대한 우리의 감수성을 둔화시켜버렸다는 것이다. 그러나 새로운 지적 활동의 방향 그 자체가 반드시 히에로파니에 대한 경험의 가능성을 없애버리지 않았다는 것은 달의 경우에서 증명되고 있다. 근대인이 달의 히에로파니에 대하여 사실상 무감각하다고 주장할 사람은 아무도 없을 것이다. 반대로 달에 관한 상징, 신화, 의례의 긴밀한 통일성이 고대문명의 체현자에게 명료하게 감수되었던 것과 똑같이 근대인에게도 명료하다는 것을 볼 수 있을 것이다. '원시인'의 심성과 '현대인'의 심성이 달을 통해 표현된 성성에 대하여 아주 유사하게 반응한다는 사실은 소위 '정신의 밤의 영역'에 대해 가장 완벽한 합리주의적인 관점에서조차 그것이 아직 살아남아 있다는 사실로 설명될 수 있을 것이다. 달은 가장 신랄한 합리주의자도 건드릴 수 없는 인간의식의 어떤 내면을 향하여 호소하는 것이리라.

'정신의 낮의 영역'은 태양의 상징화에 의하여, 다시 말하면 언제나 인위적으로 형성된 것은 아니라 할지라도 대체로 합리적 연역의 결과로 나타난 상징화에 의해 대부분 지배되는 것이 사실이다. 그러나 이 말은 태양의 히에로파니에 있는 모든 합리적인 요소가 저절로 후대에 와서 인위적으로 발달했다는 것을 의미하지는 않는다. 앞에서 이미 살핀 바와 같이 이성은 가장 원시적인 히에로파니에도 들어 있으며, 종교적 경험이 지성과 선천적으로 모순되는 것도 아니다. 후기의 인위적인 것은 이성에 의해서만 감지할 수 있을 것이다. 왜냐하면 종교적 생활은, 즉 간단히 정의하면 크라토파니, 히에로파니, 테오파니의 경험이라는 것은, 인간의 삶 전체에 영향을 미치기 때문에 정신의 여러 영역을 단절하여 구분하려는 것은 미망에 지나지 않기 때문이다. 이런 관점에서 보면 태양의 원시적인 히에로파니는 좋은 예가 될 것이다. 뒤에서 살펴보겠지만, 이 히에로파니는 '현실의 포괄적인 이해'를 보여주고 있으며 동시에 성에 대해 일관되게 인식할 수 있는 구조를 보여주고 있다. 그러나 이 인식 가능성을 일련의 자명한 '합리적 진리'로, 다시 말하면 히에로파니를 포함하지 않는 경험으로 모두 환원시켜버릴 수는 없을 것이다. 그 한 예로서 태양과 어둠 및 죽음의 관계, 특히 인도의 '태양―뱀'이라는 한 쌍의 관계를 살펴보자. 그들이 얼마나 생활이나 현실의 전체적 파악에 기반을 두고 있는지는 순전히 합리적이기만 한 관점으로는 전혀 파악되지 않을 것이다.

37. 지고존재자의 '태양화'

앞 장에서(§17) 천공의 지고존재자가 종교생활의 전면에서 자취를 감추고 주술종교적인 힘이나 활발하고 유익한 존재, 일반적으로 '삶'과 직접적으로 연결된 신에게 자리를 물려주는 경향에 대해서 지적한 바 있다. 우리가 지고존재자의 성격에서 지적한 수동성이란, 결국 분석해보면 훨씬 복잡한 인간생활의 흥망성쇠에 대한 무관심임을 알 수 있다. 인간은 보호(적대하는 힘이나 운명 등으로부터)나 적극적으로 도움을 주는 행동(풍요주술 등에 의해 생존을 보증할 필요)을 구할 필요에서, 다른 종교적 '형태'에 더욱 이끌려 차츰차츰 그들에게 의존하게 된다. 즉, 조상, 문명화된 영웅, 대여신, 주술종교적인 힘(마나 등), 풍요의 우주적 중심(달, 물, 식물 등)을 말한다. 그리고 앞에서 우리는 지고의 천공신이 대기와 번식의 신으로, 때로는 대지, 달, 식물의 대지모신의 배우자나 시자(侍者), 종자(從者)인 신으로, 때로는 식물신의 아버지로 대체되는 현상 —— 인도-지중해 연안 지역에서 —— 이 일반화하고 있다는 것을 보게 된다.

'창조자'로부터 '번식자'로의 이행, 즉 전능, 초월성, 천공의 무관심으로부터 대기, 다산, 식물적 신상의 역동성, 강렬함, 극적인 성질로의 이행은 깊은 의미를 나타내고 있다. 대부분 농경사회의 경향이긴 하나, 신(神) 개념의 현저한 가치하락의 중요한 요인의 하나는 경제적인 인간의 시야에서 생명가치, '삶'의 중요성이 차츰 강조된 데서 볼 수 있다. 인도-지중해 연안 지역만을 보더라도 메소포타미아의 지고신이 가끔 풍요신의 특성과 태양신의 특성을 결합하고 있는 것을 보면 흥미롭다. 마르두크는 그 한 예로서 가장 잘 알려져 있다.[원주2] 그러나 그 특징은 똑같은 형태에 속하는 다른 신들에서도, 즉 지배권을 넘겨받는 과정에서도 발견된다. 바로 신의 지상권의 신비와 신화에 식물적 요소가 들어 있기 때문에 이러한 식물신들이 태양적인 요소도 아울러 드러내고 있다고까지 말할 수 있을 것이다.[원주3]

이러한 태양적 요소와 식물적 요소의 결합은 최고주권자가 이전에는 하지 않았던 우주적인 차원과 사회적인 차원 모두에서 '생명'을 축적하고 분배하는 역할을 한다는 것으로 분명하게 설명된다. 따라서 천공신이 점차로 태양신화하는 것은 다른 상황에서 또한 천공신이 대기와 번식의 신으로 변모하는 것과 똑같은 침식과정이라 할 수 있다. 예컨대 히타이트인의 천공신은 이미 역사시대의 초기부터 태양신화하는 강한 경향을 나타내어,[원주4] 우주적, 생물적 지상권과 연관되어 있으며, 따라서 신—왕—생명나무라는 유형에 적합한 '식물적' 요소를 가지고 있었다.[원주5]

더욱이 이와 같은 현상은 우리가 분명히 기억해야 되겠지만, 지상권의 신비에 의해 지배되었던 고대 오리엔트의 유적에서 유추할 수 있는 것보다도 훨씬 자주 그리고 그보다 일찍부터 있었다는 것을 알아야 한다. 원시문

[원주2] H. Frankfort, "Gods and Myths on Sargonid Seals," *Irak*, 1934, vol. i, p. 6을 보라.

[원주3] Engnell, *Studies in Divine Kingship in the Middle East*, Uppsala, 1943, pp. 21 ff., 54 ff. 참조.

[원주4] Götze, *Kleinasien*, Leipzig, 1933, p. 136 참조.

[원주5] Engnell, p. 61 참조.

화의 가장 오래된 형태에서조차 이미 천공의 속성이 태양신으로 변형해가고, 지고존재자가 태양신과 융합하는 단서가 발견된다. 천공신의 에피파니의 장으로 생각되었던 무지개는 태양과 결합되었다. 예컨대 푸에고 섬 사람에게는 무지개가 '태양의 형제'[원주6]이다. 우리는 더 자주 천공의 지고신과 태양 사이에 설정된 친자관계를 발견하게 될 것이다. 피그미의 세망족, 푸에고 섬 사람, 부시먼족에게는, 태양이 지고신의 '눈'이다.[원주7] 인도의 베다나 여러 다른 곳에서도 이와 유사한 현상을 볼 수 있다. 오스트레일리아 남서부의 위라주리족이나 카밀라로이족에서는 태양이 창조신의 아들이며 인간에게 호의를 베풀어주는 신 그로고라갈리(Grogoragally)로 나타난다.[원주8] 그러나 모계제의 영향으로 달은 지고존재자의 둘째아들이 된다. 사모예드족은 태양과 달을 눔(Num, 하늘)의 두 눈이라고 본다.[원주9] 즉 태양은 좋은 눈이고 달은 나쁜 눈이다.[원주10] 오브두르스크 지방의 툰드라 지대에 거주하는 유라크족은 겨울철에 태양이 처음 모습을 나타낼 때 큰 제사를 지내는데, 그것은 눔에게 제물을 바치는 것이다. 이것은 이 의식이 원래 천공과 관련되어 있음을 보여준다. 유라크족에게 삼림지대, 태양, 달, '천둥새'는 눔의 상징이다. 또 원래 눔을 숭배하기 위해 바치는 제물이지만, 제물로 동물의 머리를 걸어놓을 때 쓰는 나무는 '태양의 나무'라고 부른다.[원주11] 추크치족에게는 태양이 지고신의 위치를 가지고 있는데, 중요한 제물은 선한 정령, 특히 태양빛에 바친다. 가스에 의하면, 북아시아 전체에 태양숭배를 도입한 것은 이들 추크치족과 유카기르족이었다.

[원주6] Schmidt, *Ursprung*, vol. ii, p. 938.
[원주7] 같은 책, vol iii, p. 1087.
[원주8] 같은 책, vol iii, p. 841.
[원주9] 같은 책, vol iii, p. 844.
[원주10] Lethisalo, *Entwurf einer Mythologie der Jurak-Samoyeden*, Helsinki, 1927, pp. 16 ff.
[원주11] Gahs, "Kopf- Schädel- und Langknochenopfer," *Festschrift W. Schmidt Mödling*, 1928, p. 240.

38. 아프리카, 인도네시아

　천공의 지고존재자가 태양신으로 변하는 것은 아프리카에서는 거의 공통적인 현상이다.[원주12] 아프리카의 어떤 계통에 속하는 인종집단은 모두 지고존재자에게 '태양'이란 이름을 부여하였다.[원주13] 때때로 문시족의 경우와 같이 태양은 지고존재자 아온도(Awondo)의 아들로, 달은 그 딸로 생각하였다.[원주14] 바로체족은 태양을 천공신 니암베(Niambe)의 '거주처'로서, 달을 그 아내로 만들었다.[원주15] 다른 곳에서도 일종의 융합에 의해서 천공신이 태양으로 동화해버리는 것을 발견한다. 예컨대 로우이족에게 니암베는 태양이며,[원주16] 카비론도족은 지고존재자가 아니라 태양에게 예배를 드린다.[원주17] 카파족은 지금도 지고존재자를 부를 때 아보(Abo)라고 한다. 이 말은 '아버지' 혹은 '태양'을 뜻한다. 그들은 지고존재자가 태양으로 체현되었다고 믿는다. 그러나 이 종족에 대한 최근의 전문가인 비버[원주18]에 의하면, 이 '태양화'는 후기에 나타난 현상이며 아보는 원래 빛의 신 혹은 천공신이었다고 한다.

　아보가 태양신이 되었음에도 불구하고 아프리카 지고신이 여전히 실제의 종교생활에서 적극적인 중요성을 유지하지 못한 것은 흥미 있는 일이다. 동부 아프리카의 여러 반투족, 특히 킬리만자로의 와차가족은 지고존

[원주12] 이 '태양화'는 천공신으로서보다는 지고존재자의 구조에서 직접 생겨나는 경우가 많다. 그러나 우리는 아직 신의 '형태'의 문제에 착수하지는 않았으므로 여기서는 천공신을 태양화하는 과정에 강조점을 두려고 한다. 물론 이런 신적인 형태만이 역사상에 알려진 최초의 인격적 신의 형태를 표상한다는 것을 의미하지 않으며, 또 천공의 지고존재자가 도중에 중간상태를 경유하지 않고 지고존재자로부터 직접 태양신으로 이행할 수 없다고 하는 것도 아니다.

[원주13] Frazer, *Worship*, p. 315, n. 1과 2.
[원주14] 같은 책, p. 124.
[원주15] 같은 책, p. 170.
[원주16] 같은 책, p. 173.
[원주17] 같은 책, p. 279.
[원주18] F. J. Bieber, *Kaffa*, München, 1923, vol. ii, pp. 387 ff.

재자를 루와(Ruwa, '태양'을 의미한다)라고 부르는데, 그는 태양에 거주하고 있다. 그러나 루와는 여전히 천공적 요소를, 그중에서도 천공 특유의 수동성을 보유하고 있다. 루와는 천공신과 똑같이 예배의 대상이 아니다. 루와에게 제물을 바치거나 기도를 드리는 것은 다른 것에 의지할 수 없을 때, 마지막 단계에 이르렀을 때뿐이다.[원주19]

이와 똑같은 대체 현상은 인도네시아에서도 발견할 수 있다. 즉 토라자족의 태양신 푸엠팔라부루(Puempalaburu)는 천공신 일라이(I'lai)를 대체하였고 우주창조의 업을 계승한다.[원주20] 따라서 미국의 경우와 똑같이 태양신이 조물주의 위치로까지 승격하는 것을 본다. 예컨대 틀링깃족에게는 까마귀의 모습을 한 조물주가 태양과 동일시되고 있으며 천공의 지고신의 종속신 혹은 아들인데, 이 천공신이 시작한 창조의 업을 계승하고 성취하는 사명을 그 신으로부터 이어받고 있다.[원주21] 여기서 우리는 태양신이 떠맡게 되는 역동적이고 형성적인 요소를 보게 되는데, 이것은 다른 차원에서의 대기신의 번식적 요소에 상응한다(§26). 그러나 태양신은 대기의 신과 마찬가지로 **창조신**이 아니라 창조신에 종속하여 그 신으로부터 창조 사업을 완성하도록 위임받고 있다. 그러나 이 **태양조물주**는 지고존재자를 대체하거나 그것을 융합한 **태양신**의 대부분이 획득하지 못한 것, 즉 신앙생활이나 신화에서 현실성을 확보하고 있다. 그 예로서 북아메리카 신화에서는 까마귀가, 또 북극이나 북아시아의 신화에서는 독수리(태양의 대리자 또는 상징)가 중요한 위치를 차지하고 있는 것을 기억하면 충분할 것이다.

39. 문다족의 태양화

지고존재자가 태양신으로 변화하는 가장 좋은 예는 인도의 콜족이 제공

[원주19] Pettazzoni, *Dio*, pp. 223 ff.
[원주20] 같은 책, pp. 130 ff.
[원주21] 같은 책, p. 266.

하고 있다. 벵골 지방의 문다족은 태양, 즉 싱봉가(Sing-Bonga)를 만신전의 제일 높은 곳에 놓았다. 싱봉가는 인간의 일에 관여하지 않는 선한 신이지만 예배의 대상에서 완전히 사라지지는 않았다. 이 신은 흰 숫염소, 흰 수탉을 공물로 받고, 8월 추수 때에는 처음으로 수확한 곡식을 공물로 받는다.[원주22] 태양 싱봉가는 달과 결혼하였으며, 우주의 창조자로서 나타난다. 비록 그의 우주창조 신화는 종속신으로서 거북, 게, 거머리를 끌어들이고 있고 이 동물들에게 다시 대지를 바다 밑으로부터 끌어올리라는 명령을 하고 있지만.[원주23]

오리사 지방의 콘드족은 그들의 지고의 창조신 부라 페누(Bura Pennu, '빛의 신') 또는 벨라 페누(Bela Pennu, '태양신')를 숭배하고 있다. 태양화의 과정은 대부분 이 신의 자비심과 수동적인 성격에 기인하는 바 크다. 즉 벨라 페누는 예배에는 등장하지 않는다.[원주24] 초타 나그푸르의 비르호르족은 위험이 있거나 풍작을 기원하고자 할 때 지고신인 태양신에게 흰 숫염소나 암탉을 공물로 바친다. 태양화한 지고존재자가 예배에서 현실성을 획득하고 혹은 유지하는 것은 이 신이 '생명 산출'의 메커니즘에 개입하기 때문이라고 추측된다. 그에게 바치는 술(그릇에 있는 물을 대지에 뿌림)과 공물을 바칠 때 이 신에게 드리는 기도가 그것을 분명히 해준다. 자식이 태어났을 때, 아버지는 물을 바치면서 얼굴은 동쪽을 향한 채 다음과 같이 말한다.

오, 싱봉가여, 이 술을 당신에게 바칩니다. 이 술이 흐르는 것처럼 어미의 젖가슴에서 젖이 콸콸 나오게 하여주소서.[원주25]

그리고 풍작을 기원하기 위해 가장은 흰 암탉을 공물로 바치며 다음과

[원주22] Dalton, *Descriptive Ethnology of Bengal*, Calcutta, 1872, p. 198.
[원주23] 같은 책, p. 185.
[원주24] 같은 책, p. 296.
[원주25] Chandra Roy, *The Birhors*, Ranchi, 1925, pp. 225 ff.

같은 약속을 한다.

　오, 싱봉가여, 당신에게 약속합니다. 곡식이 풍족하게 자라게 해주소서. 그러면 그것을 타작할 때 흰 암탉을 공물로 바치겠나이다.

　그리고 가장은 흰 암탉은 놓아주고 검은 놈을 공물로 바친다. 바이샤크월(4~5월)에 보름달이 뜬 날 제물을 바치는 제사를 드리는 것은 그 의미가 분명하다. 즉 검은 암탉은 토지의 비옥에 대하여 최고의 권한을 가진 대지와 밭의 신에게 바친다.[원주26] 이것은 지고존재자가 태양과 연결되었을 때 일어나는 전형적인 예이다. 즉 지고존재자와 같이 태양은 전능하여 창조자의 천공신을 대신하고 있다. 그리고 무엇보다도 태양에 예배를 드리는 것은 그것의 번식력 때문이다. 그러나 이때에 그만이 절대로 확실히 효험 있는 존재로 보이지는 않는다. 왜냐하면 제물을 바치는 신자들은 풍요를 지배하고 있는 달, 대지, 밭의 힘에도 충분히 주목하고 있기 때문이다.
　태양은 다른 문다족, 오라온족의 지고존재자이기도 한데, 그들은 이 태양신을 다르메시(Dharmesh)라고 불렀다. 오라온족의 중요한 종교적 관심사는 정령 부트(bhut)를 달래는 것이었다.[원주27] 그러나 천공신들과 마찬가지로 모든 주술종교적인 힘의 도움이 환상으로 끝나게 되었을 때, 오라온족은 다르메시에게 되돌아가 다음과 같이 외친다.

　지금 우리는 모든 것을 해보았으나 아직도 당신이 우리를 도와주셔야겠나이다.

　그리고 공물로서 흰 수탉을 바치고 이렇게 외친다.

[원주26] 같은 책, pp. 373 ff.
[원주27] Dalton, p. 256.

오오, 신이여, 당신은 우리들의 창조자이십니다. 우리에게 자비를 베풀어주소서.[원주28]

최근의 연구를 통해 밝혀진 것은, 문다족에게는 토착의 전통적인 지고존재자가 존재했는데 비교적 후기에 들어와서 태양신이나 달의 신에 의하여 쫓겨났다는 것이다. 보딩(Bodding)에 의하면, 산탈리의 지고신 타쿠르(Thakkur)가 태양에 융합한 것(이 지고존재자도 찬다 Chanda='태양'이라 부름) 또한 후대에 와서이다. 한편 라만(Rahmann)도 곤드족, 문다족의 지고존재자의 태양화, 달화의 흔적을 추적하였다. W. 코페르스는 그의 유명한 비교연구에서 전(前)드라비다족과 전(前)아리아인에게 발견되는 지고존재자가 있었음을 입증함과 동시에 그들의 종교 개념이 인도유럽인의 침입자들에게 어떤 영향을 미쳤는가를 밝히려고 하였다.[원주29]

40. 태양숭배

인도네시아나 말라카 반도에서는 태양숭배가 곳곳에서 발견된다. 우리는 이미 인도네시아의 지고존재자가 태양화한 예를 몇 가지 들었다(§38). 그러나 티모르 섬과 그 부근에 있는 섬들만은 예외이다. 그곳에서는 인도네시아 전토가 그렇듯이 종교생활은 죽은 자나 자연의 정령에 대한 숭배가 지배적이면서도 여전히 태양신은 중요한 위치를 차지하고 있다. 티모르 섬에서 '태양공'(Lord sun) 우시네노(Usi-Neno)는 '대지의 여신' 우시아푸

[원주28] Frazer, *Worship*, p. 631.
[원주29] 이러한 영향은 아무리 역설적으로 보인다고 하더라도 처음부터 배제할 수는 없다. 지하의 사자 숭배, 뱀 숭배, 생식기 숭배와 같은 인도의 종교생활의 양상을 아리아인이 아니라 토착민의 영향에 의한 것으로 설명될 때가 있다. 이와 똑같은 방법으로 원시인들이 그와 유사한 영향을 문명인에게 미쳤을 가능성도 생각해볼 수 있다. 그러나 최근의 많은 민족학자들은, 인도의 가장 원시종족, 특히 문다족이 일찍이 오르기적 예배를 알고 있었다는 것을 부인하고, 따라서 인도유럽인들이 이들로부터 그것을 이어받았다는 설을 부정한다.

(Usi-Afu)의 남편이며 이들의 결혼으로부터 전세계가 생겨났다고 한다. 그러나 대지의 여신은 아직도 제물의 대부분을 독점하고 있는 데 반해 태양신은 수확 때 일년에 한 번 큰 공희를 받는다.[원주30] 티모르 섬의 북쪽 웨터 섬에서는 지고존재자가 비록 태양화하기는 하였지만 아직도 원래의 천공적 성격의 흔적을 보존하고 있다. 이 신은 '위대한 주', '높은 데 계신 노인'이라고 불린다(§12 이하 참조). 이 신은 하늘의 창공에 거주하지만 태양에도 거주하고 있다. 그리고 대지가 여성적 원리를 구현하고 있는 데 반하여 그는 남성적 원리를 구현하고 있다. 원주민들은 이 신에 대하여 대단히 막연한 관념만을 품고 있어서 병이 났을 경우에만 그에게 제물을 바친다.[원주31] 그것은 천공의 지고존재자가 종교적 현실의 전면에서 후퇴하는 것을 가리키는 것 같다.

티모르 섬의 동쪽, 레티 군도, 사르마타 제도, 바베르 제도, 티모르라우트 제도에서는 태양을 대단히 중요한 신으로 여기고 있으며, 태양은 우풀레로(Upulero), 즉 '태양공'이라는 이름을 가지고 있다. 여기서도 태양이 살아 있는 신으로 남게 된 것은 태양신이 번식신으로 변모하였기 때문이다. 이 신에 대한 예배는 아직도 그 원래의 품위와 원초의 순수성을 보존하고 있다. 우풀레로는 성상을 전혀 가지고 있지 않으며 사람들은 야자잎으로 만든 등화 형태 밑에서 이 신에게 예배를 드린다. 그러나 의례는 모두 자연의 풍요를 기원하는 데 집중되어 있다. 일년에 한 번 우기가 시작될 때 우풀레로의 대제례가 행해진다. 이 의례는 한 달 내내 계속되는데 그 목적은 비와 밭의 비옥을 빌고 지역사회의 번영을 기원하는 데 있다. 주민들의 신앙에 의하면, 이 제사 때에 태양은 그의 처 대지의 어머니를 수태시키기 위하여 무화과나무를 타고 내려온다고 한다. 사람들은 태양의 하강을 보다 쉽게 하기 위해서 7개나 10개의 계단이 달린 사다리를 무화과나무에 세운다(7계단의 사다리의 천공적 상징에 대하여는 앞에서 언급하였다. §31 참

[원주30] Frazer, pp. 656 ff.
[원주31] 같은 책, p. 660.

조). 이 무화과나무 앞에서는 돼지나 개를 제물로 바치고 마지막으로 농경 밀의 특징인 집단적 오르기가 노래와 춤이 계속되는 가운데 막을 열게 된다(§138). 여기에 따르는 기도를 보면, 이 태양신이 번식자로서의 기능과 식량자원을 보관하는 자의 기능을 갖고 있음을 알 수 있다.

주여, 태양 할아버지시여, 내려오소서! 무화과나무가 가지를 뻗어 앞가지가 잎을 달고 휘었습니다. 돼지고기가 준비되어 알맞게 썰어져 있습니다. 마을의 배는 당신에게 바칠 공물로 가득 차 있습니다. 주여, 태양 할아버지시여, 이 제사에 초대합니다. 자르고 잡숫고 마시소서. 태양 할아버지시여! 우리 손에 상아와 황금이 가득 차게 하소서. 염소가 둘씩 셋씩 새끼를 치고, 귀족의 수가 증가하고 백성이 번창하게 하소서. 죽은 염소와 돼지를 산 것으로 대체하게 하고 다 먹어버린 쌀과 후추가 보충되고, 빈 쌀독이 가득 차고 빈 야자열매통이 가득 차게 하소서.[원주32]

41. 태양의 자손

우풀레로는 자식들을 낳을 수 있다.[원주33] 티모르 섬에서 어떤 족장은 스스로 '태양의 자식'이라고 부르며, 태양신의 직계라고 주장한다.[원주34] 우리는 태양이 인간을 창조했다는 신화와 태양과 어떤 종류의 인간계층은 가족 혹은 자식 사이라는 직접적 관계를 가지고 있는 신화를 염두에 두어야 한다. 그러나 이것은 태양신만의 특권은 아니다. 다음 여러 장에서 밝히겠지만, 히에로파니의 변증법에 의하여 자연의 모든 영역(물, 대지, 초목)도 인간의 창조에 대한 어떤 기능을 주장할 수 있다. 이 자연의 영역 각각에서 인간은 **절대적 실재**를 인식하고 동시에 자신의 존재와 생명을 획득했던 원

[원주32] 같은 책, pp. 661~62.
[원주33] 같은 책, p. 662.
[원주34] 같은 책, p. 658.

초적인 근원을 인식한다.

그러나 태양의 경우 이와 같은 계보는 그 이상의 것을 의미하고 있다. 즉 그 계보는 지고존재자가 태양화한 결과 생기는 변화, 혹은 태양이 '번식신'이나 '특수화한 창조신'으로 변모한 결과 생기는 변화를 표현하고 있다. '특수화한 창조신'은 어떤 인간사회, 예컨대 족장이나 주권자의 가계와 같은 어떤 가계에 의하여 독점되고 있다. 그리하여 오스트레일리아의 아룬타족에게는 태양이 여성이며 남성인 달보다도 중요한 역할을 한다. 그것은 태양이 여러 사회계층의 각각의 성원과 분명한 친족관계를 맺고 있기 때문이다.[원주35] 이와 같은 태양과의 친족관계는 로리차족[원주36]이나 오스트레일리아 남동의 부족[원주37]에서도 존재하고 있다. 오스트레일리아의 원주민이 '사회의 각 성원과의 분명한 친족관계'(왜냐하면 인간은 천공의 지고존재자 자신의 피조물과 같은 것이기 때문이다)로서 생각하고 있는 것이 그 밖의 다른 곳에서는 아버지 또는 부족의 선조와의 직접적인 친족관계로 고정된다. 예를 들면 북아메리카의 블랙푸트 인디언이나 아라파호족 등이 그러하다.[원주38] 인도의 코르쿠족은 자기들이 태양과 달의 결혼에서 태어난 자손이라고 주장한다.[원주39] 이와 똑같은 유형의 친족관계는 발달한 사회에서도 발견할 수 있으나, 이 경우에는 군주나 귀족에 국한하여 태양의 자손이라고 하고 있다. 그러나 오스트레일리아에서 태양과 인간의 친족관계는 다른 면에서 상이한 가치가 부여되고 있다. 즉 인간은 가입의례를 통하여 태양과 동일시될 수 있다. 가입의례의 지원자는 머리를 붉게 칠하고 머리카락과 수염을 잡아뽑으며 상징적으로 죽는다. 그리고 그 다음날 태양이 뜨는 것

[원주35] Spencer, *The Arunta*, London, 1927, vol. ii, p. 496.
[원주36] Strehlow and Von Leonhardi, *Mythen, Sagen und Märchen des Arandastammes in Zentral-Australien*, Frankfurt a. M., 1907, vol. i, p. 16.
[원주37] Howitt, *Native Tribes of South-East Australia*, London, 1904, p. 427.
[원주38] Schmidt, *Ursprung*, vol. ii, pp. 662, 729 등 참조.
[원주39] Frazer, p. 616.

과 함께 다시 살아난다. 이 가입의례의 드라마는 창조주의 아들인 태양영웅 그로고라갈리와 지원자를 동일시하는 것이다.[원주40]

42. 비의사제와 영혼인도자로서의 태양

앞에서 언급한 오스트레일리아의 의식은 새로운 중요한 요소를 제시해 주고 있는데, 그것은 태양이 다른 여러 문화의 영역이나 역사적 상황에서 연출하는 역할에 대하여 우리에게 해답을 주고 있다. 오스트레일리아의 많은 부족은 태양이 개개의 공동체의 각 성원과 친족관계에 있다는 것을 우리에게 보여주었다. 아룬타족이나 로리차족보다 훨씬 뒤떨어진 단계에 있는 위라주리족이나 카밀라로이족의 경우, 이 친족관계는 다른 질서에 속해 있다. 즉 이 부족은 가입의례 지원자를 천공의 지고존재자의 아들인 태양영웅과 동화시키고 있다. 따라서 가입의례는 어떤 의미에서 인간을 지고존재자의 아들이 되게 하는 것이다. 더 자세히 말하면 가입의례 지원자는 의례적으로 죽음으로써 다음에 태양처럼 다시 떠올라 새로워진 존재가 되는 것이다. 위라주리족이나 카밀라로이족과 같은 원시종족에게 지고존재자는 태양보다 우월한 존재이며 그는 가입의례를 통하여 인간을 구원하는 임무를 태양에게 맡기고 있다. 그러나 그것만이 아니다. 태양은 죽음 후에 인간의 상태와 관련되는 모든 것, 장례신앙의 영역에서도 중요한 기능을 담당하고 있다. 그 밖에도 그로고라갈리 신은 죽은 자 한 사람 한 사람의 혼을 지고존재자에게 데려간다.[원주41] 그로고라갈리는 죽은 자의 혼이 이미 가입의례 과정을 거쳐 일단 죽었다가 부활하였기 때문에, 즉 각자가 '태양'이 되었기 때문에 지고존재자에게 데려갈 수 있는 것이다. 이와 같이 태양은 '매일 아침 떠오르는 죽은 자'의 원형이 된다. 가입의례나 지상권(이에 대해서는 곧 다시 언급할 것이다)과 관련한 모든 신앙은 태양을 신(영웅)으로서

[원주40] Schmidt, vol. iii, pp. 1056~1057.
[원주41] Schmidt, loc. cit.

가치 부여함으로써 발생하는 것이다. 태양은 예컨대 달과는 달리 죽음을 알지 못하며 매일 밤 죽음의 제국을 통과하여 그 이튿날 영원히 불변한 채로 그 자태를 나타내는 것이다.

'일몰'은 태양의 '죽음'으로 인식되는 게 아니라(3일 동안 어둠 속에서 죽는 달의 경우와는 달리) 낮은 지역, 즉 죽은 자의 왕국으로 하강하는 것으로 인식된다. 태양은 달과는 달리 죽음의 조건을 경험하지 않고도 지하를 통과하는 특권을 가지고 있다. 그러나 낮은 지역을 통과하는 운명적인 여행은 태양에게 죽음과 장례적인 특권을 부여하고 있다. 이러한 태양은 태양화한 지고존재자로서나 번식신적 지고존재자로서, 만신전에서 또는 어떤 문화의 종교생활에서 가장 중요한 역할을 하지는 못하였다고 할지라도, 아직도 더 한층 발전의 소지가 있는 어떤 양면가치(ambivalence)를 표명하고 있다.

이 양면가치라는 것은 다음과 같이 표현될 수 있을 것이다. 즉 태양은 불사의 존재이면서 매일 밤 죽은 자의 나라에 내려간다. 따라서 태양은 인간을 데리고 일몰 때 죽음에 이를 수 있다. 한편 태양은 낮은 지역에 있는 영혼들을 다음날 일출과 함께 광명으로 인도할 수 있다. 이것은 두 가지 기능, 즉 '죽음을 가져오는' 영혼인도자(psychopomp)[역주11]와 가입의례를 주재하는 비의사제(hierophant)[역주12]라고 하는 양면가치적 역할이다. 그래서 뉴질랜드나 뉴헤브리데스 제도에는, 일몰을 바라보기만 해도 죽음을 당한다는 속신이 널리 퍼져 있는데, 그 기원은 바로 여기에서 유래하는 것이다.[원주42] 태양은 영혼인도자로서 죽은 자의 혼을 '태양의 문'을 통하여 서쪽

[역주11] 영혼인도자는 인간의 영혼을 역경에서 인도하는 역할을 한다. 한국에도 막다른 곤경에 처한 사람이 백발노인이 현몽하여 일러준 대로 하니 벗어날 수 있었다는 설화가 많다. 그 백발노인이 영혼인도자이다. 이 영혼인도자는 사람뿐 아니라 동물, 자연의 의인화된 모습으로 나타나기도 한다.

[역주12] 비밀결사에 가입하기 위한 의례가 필요한데, 그것을 집전하는 사제를 비의사제라 한다. 비밀의 정도와 종류에 따라 임의로 가입하는 경우도 있고 강제로 가입하는 경우도 있다. 죽음과 재생을 상징하는 가입의례, 사회적 계층상승을 위한 의례 등 기능과 종류가 다양하다.

으로 인도하듯이 산 자의 영혼도 '흡수'한다. 오스트레일리아의 토러스 해협 연안의 원주민은 서쪽 어딘가에 키부('태양의 문')라는 신화적인 섬이 있다고 믿는다. 바람은 그 섬으로 죽은 자의 영혼을 불어보낸다.[원주43] 하베이 섬 원주민들은 죽은 자들이 떼를 지어 일년에 두 번 하지와 동지 때 해가 떨어지는 순간 태양의 뒤를 따라 낮은 지역으로 간다고 믿고 있다.[원주44] 폴리네시아의 다른 섬들에서는, 땅의 가장 서쪽 끝 지점을 '영혼이 솟아오르는 곳'이라고 부르고 있다.[원주45]

또 오세아니아에 널리 유포되어 있는 속신에 의하면, 영혼은 태양과 함께 대해에 들어가 '태양의 배'를 타며 죽은 자의 나라는 해가 지는 곳에 있다고 한다.[원주46] 분명히 일몰과 함께 내려간 인간영혼의 운명은 똑같지가 않다. 즉 모든 사람의 영혼이 소위 '구원'을 얻는 것은 아니다. 실은 바로 여기에 가입의례의 구제적인 힘이 개입하고 비밀결사의 역할이 나타나서 선택된 사람을 무차별적인 일반대중들로부터 분리하는 면이 있게 된다(이 분리는 지상권과 '태양의 자식'이라는 신비에 의해서 표현되는 분리를 말한다). 따라서 하베이 섬에서는 전쟁에서 죽은 자만이 태양에 의해서 천상으로 인도된다. 다른 죽은 자들은 지하의 신들인 아카랑가나 키루가 삼켜버린다.[원주47]

종교사에서는 영웅 또는 가입자와 자연적 원인에 의해 죽은 자 사이의 이분법이 대단히 중요한 위치를 점하고 있어 다른 장에서 이 문제를 취급해보려고 한다. 오세아니아에서는 태양숭배의 흔적과 조상숭배의 흔적 사

[원주42] Williamson, *Religious and Cosmic Beliefs in Central Polynesia*, Cambridge, 1933, vol. i, p. 118; vol. ii, pp. 218 ff.
[원주43] Frazer, *The Belief in Immortality and the Worship of the Dead*, London, 1933, vol. i, p. 175.
[원주44] 같은 책, vol. ii, p. 239.
[원주45] 같은 책, vol. ii, p. 241.
[원주46] Frobenius, *Die Weltanschauung der Naturvölker*, Weimar, 1898, pp. 135 ff., 165 ff.
[원주47] Frazer, *Belief*, vol. ii, p. 242.

이에 병행현상이 오래 전부터 관찰되어왔다.[원주48] 이 두 개의 종교적 복합은 거석의 기념비를 세운다고 하는 공통의 표현을 가지고 있다. 한편 리버스는 폴리네시아와 미크로네시아에서 거석기념비와 비밀결사 사이에 대단히 밀접한 관련이 있음을 발견하였다.[원주49] 거석기념비는 언제나 태양숭배와 관련이 있다. 예를 들면, 소시에테 제도의 거석 마라에(marae)나 피지섬의 거석 낭가(nanga)는 해가 떠오르는 방향을 향하고 있다. 이에 대해서 뱅크스 섬에서는 태양을 새롭게 번쩍이게 하기 위해서 거석에다 붉은 점토를 바르는 습관이 있다. 조상(죽은 자) 숭배와 비밀결사, 사후에 보다 좋은 운명을 보증하기 위한 가입의례 그리고 태양숭배, 이 세 가지 요소는 전혀 다른 사상적 줄기에서 유래했지만 사실상 긴밀하게 연결되어 있다. 이 세 요소는 예컨대 오스트레일리아에서는 고대 태양의 히에로파니 가운데 이미 잠재적으로 공존하고 있었다.

태양의 이름으로 행해지는 장례의례와 가입의례와 연결되어 있는 '선택', '선발'의 개념을 기억하기로 하자. 또 세계의 여러 지역에서 수장(首長)은 태양으로부터 강하하였다고 믿고 있는 것도 상기해보도록 하자. 예컨대 폴리네시아의 수장,[원주50] 나체즈족, 잉카족,[원주51] 히타이트 왕('나의 아들'이라 불린다), 바빌로니아의 왕, 인도의 왕 등은[원주52] '태양', '태양의 자식', '태양의 손자'라는 이름과 자격을 가지며, 혹은 인도 왕과 같이 그 신비적인 신체에 태양을 구현하고 있다. 아프리카 마사이족[원주53]에서는 양지기만, 폴리네시아에서는[원주54] 수장만이 사후에 태양과 동일시되었다. 요컨대 선

[원주48] Rivers, *The History of Melanesian Society*, Cambridge, 1914, vol. ii, p. 549.
[원주49] 같은 책, vol. i, p. 289; vol. ii, p. 248, pp. 429~30, 456~57.
[원주50] Perry, *The Children of the Sun*, London, 1927, pp. 138 ff.
[원주51] Hocart, *Kingship*, London, 1927, pp. 12 ff.
[원주52] Laws of Manu, vii, 3; v, 96.
[원주53] A. Haberlandt, in Buschan's *Völkerkunde*, Stuttgart, 1907, vol. i, p. 567.
[원주54] Williamson, vol. ii, pp. 302 ff., 322 ff.

택이나 선발은 비밀결사의 가입의례에 의해서나 지상권이 만들어낸 자동적인 가입의례에 의해 이루어지고 있다. 이집트의 태양종교는 이런 관점에서 자세하게 서술할 가치가 있다고 본다.

43. 이집트의 태양숭배

다른 어떤 종교보다도 이집트의 종교는 태양숭배에 의해 지배되었다. 아주 옛날부터 태양신은 아툼(Atum), 호루스(Horus), 스카라베의 코프리(Khopri)와 같은 신들을 흡수하였다.[원주55] 제5왕조 이래 이러한 현상은 일반화하였다. 많은 신들은 태양과 융합하여 크네무(Khnemu), 민라(Min-Ra), 아몬라(Amon-Ra) 등과 같은 '태양화한' 상을 낳았다.[원주56] 우리가 여기서 태양종교의 교의의 역사적 기원에 대하여 케에스(Kees)와 세트(Sethe)의 두 대립하는 가설 가운데서 어떤 것으로 결정할 필요가 있다고는 생각하지 않는다. 한 가지 일치되는 점은 이 교의의 전성기는 제5왕조 때부터이며, 그것이 성공한 것은 지상권이라는 개념의 강화와 동시에 히에라폴리스의 사제들의 노력에 의한 것이라는 것이 인정된다는 것이다. 그러나 최근의 많은 연구가 입증하고 있는 바와 같이, 태양이 최고권을 획득하기 이전에는 다른 신들이 최고권을 갖고 있었다. 이 신들은 태양보다 한층 더 오래 되고 또 특권집단에만 속하는 신들이 아니었다는 의미에서 훨씬 서민적이었다.

이미 오래 전부터 알려진 사실이지만, 대기신이며 따라서 원래 천공신이었던 슈(Shu)는 나중에 태양과 동일시되었다. 그러나 웨인라이트(Wainwright)는 아몬도 대단히 일찍부터 천공신이었다고 생각했고, 융커(Junker)는 '위대한 신'이라는 뜻을 지닌 우르(Ur, wr)가 천공의 지고존재

[원주55] Vandier, "La Religion égyptienne," MA, Paris, 1944, vol. i, pp. 21, 55.
[원주56] 같은 책, p. 149.

자였다고 생각했다. 어떤 때는 하늘과 땅이라는 우주적 부부의 신화(§84)와 똑같이 우르가 여신 누트, 즉 '위대한 여신'(wrt)을 아내로 취하는 것을 알 수 있다. 공공의(또한 왕의) 기념건조물에서 우르가 전혀 모습을 나타내지 않는 것은 우르의 서민적인 성격에서 기인한다. 융커는 우르의 성격을 복원하려고 노력하였다. 요컨대 우르는 끊임없이 지방신과 합체하였기 때문에 그 최고 지위를 상실하였던 것이다. 즉 우르는 태양신 라(Ra)의 보좌가 되었다가(그는 한동안 장님이었던 태양의 눈을 고쳤다) 다음에는 아툼과 동일시되고 그리고 후에는 라와 동일시되었다. 나는 융커의 연구가 제기한 논의에 참가할 만한 지식은 없으나 카파르트(Capart)나 케에스와 같은 이집트 학자의 학설이 대체로 융커의 설을 인정하고 있기 때문에 나도 여기서 언급할 수 있게 되었을 뿐이다. 종교학자의 입장에서 볼 때는 아몬이나 우르의 생애는 쉽게 이해할 수 있는 일이다. 우리는 이미 천공적 성격을 가진 지고존재자가 완전히 망각되지 않은 경우에는 번식신이나 대기신으로 변모했거나 태양신으로 변했음을 밝혀 보인 바 있다.

라가 지배권을 확립한 데는 다음 두 가지 요인이 작용했다. 즉 히에라폴리스의 신학과 주권자 자신이 태양과 동일시되는 지상권의 신비학이 그것이다. 이를 가장 잘 뒷받침하는 것은 태양신이며 (왕조의) 장례신인 라와 오시리스가 한동안 지속적으로 벌였던 경쟁이다. 태양은 '공물의 밭' 또는 '휴식의 밭'에서 지고 이튿날 하늘의 반대편인 '갈대의 밭'에서 떠오른다. 이 태양의 영역은 왕조 이전 시대부터 라에 속했는데 제3, 4왕조 시대에는 장례적인 의미를 부가하게 되었다. 파라오의 영혼이 이 '갈대의 밭'을 출발하여 천공에서 태양과 만나, 그 태양의 인도 아래 '공물의 밭'에 도달한다. 처음에는 승천이 쉽지 않았다. 파라오는 신성을 지녔음에도 불구하고 천상에 거주할 권리를 찾기 위해 '밭'의 수호자인 '공물의 황소'와 힘을 다해 싸우지 않으면 안 되었다. 피라미드 텍스트는 파라오가 겪어야 하는 영웅적 시련(가입의례의 성격을 지님)에 관해서 언급하고 있다.[원주57]

[원주57] *Pyramid Texts*, pp. 293, 913, 914, 1432 ff.; Weill, *Le Champ des*

그러나 시간이 지남에 따라 '공물의 황소'와의 투쟁을 다룬 문헌은 사라졌고, 죽은 자는 사다리를 타고 하늘로 올라가거나[원주58] 혹은 별바다를 항해하며, 빛나는 황소의 모습을 한 여신에게 안내되어 '공물의 밭'에 도달하게 된다. 여기서 영웅의 가입의례적 신화(여기에 의례가 포함되어 있을 것이다)가 정치적, 사회적 특권으로 퇴화한 예를 볼 수 있다. 파라오가 지상권을 갖고 태양이 불사성을 획득하는 것은 '영웅'으로서가 아니다. 왜냐하면 파라오는 지고의 통치자이며 어떤 영웅적 시련을 받지 않고도 자동적으로 불사성을 획득한다. 파라오의 사후에 갖게 되는 이 특권적 상태는 한편 오시리스가 비귀족적인 죽음의 신으로서 승리의 승천을 한 것과 조화를 이루게 되었다. 여기서는 또한 라와 오시리스 사이의 투쟁의 문제를 논할 수는 없지만 피라미드 텍스트는 그것을 명확하게 기록하고 있다.

그대는 그대의 장소를 하늘에, 하늘의 별 사이에 두었노라. 그대는 별이 되었기에…… 그대는 오시리스를 감독하고, 죽은 자를 지배하며, 죽은 자로부터 멀리 떠나 있다. 그대는 죽은 자와 동류가 아니었기에.

이렇게 기록한 자는 제왕의 특권과 태양 전승의 변호자였던 것으로 추측된다.[원주59]

새로운 신은 형태로서는 민중적이어서, 즉 다른 사회계급에서도 친숙하게 접할 수 있긴 하나, 파라오는 강대하지 않아서 오시리스의 도끼 밑에 떨어지지 않기 위해서는 태양의 도움을 청하는 것이 현명하다고 판단한다.

라 아툼은 그대 마음을 판단하지 못하고, 그대의 마음에 힘이 미칠 수 없는 오시리스에게 그대를 넘겨주지 않는다. 오시리스여, 그대는 그를

---
　　　　　roseaux et le champ des offrandes, Paris, 1936, pp. 16 ff.
[원주58] 예를 들면 The Book of the Dead 참조.
[원주59] *Pyr.*, p. 251; Weill, p. 116.

소유하지 못하고 그대의 아들(호루스)도 그를 소유하지 못하리라.[원주60]

죽은 자가 가는 서쪽은 오시리스의 영역이 되고 동쪽은 여전히 태양의 영역이다. 그 때문에 피라미드 텍스트에 의하면, 오시리스 숭배자들은 서쪽을 찬미하고 동쪽을 경멸한다.

오시리스(N)는 결코 동쪽으로 가지 않고 라의 종자들이 가는 길을 따라서 서쪽으로 간다.[원주61]

이것은 태양의 죽음의 교의에서 권고하고 있는 것과 정반대이다. 사실 이 인용문은 다음과 같이 작성되어 있는 고대 형식의 어구를 집어넣어 거칠게 '오시리스화'한 것에 지나지 않는다.

서방으로 통하는 이 길을 걷지 마시오. 이 길에 들어서는 자는 더 나아갈 수가 없기 때문이오. 그 대신 라의 숭배자들의 길을 따라 동쪽 길을 걷게 하시오.[원주62]

시대가 지남에 따라 텍스트는 증가하였다. 태양은 저항하여 땅을 획득하였다. 오시리스는 두 개의 천상의 영역을 점유하지 않으면 안 되었다. 왜냐하면 그곳은 파라오의 영혼이 불사에 가깝게 가기 위해 통과하지 않으면 안 되는 죽음의 영역이었기 때문이다. 그러나 오시리스는 마침내 그 두 개의 영역에서 철수하였다. 하지만 이 퇴각은 결코 오시리스의 패배가 아니다. 오시리스가 천공을 점유하려고 시도한 것은 다만 태양신학이 파라오의 불사성을 획득하기 위해 필요한 장소로서 천공을 정하였기 때문이다. 오시

[원주60] *Pyr.*, pp. 145~46; Weill, p. 116.
[원주61] *Pyr.*, p. 1531; Weill, p. 121.
[원주62] *Pyr.*, p.2175; Weill, p. 121.

리스의 종말론적인 메시지는 불사성을 영웅적으로 획득하는 것과는 근본적으로 다르다 할지라도(후에 이 획득은 단순히 왕위에 오름과 동시에 자동적으로 불멸성을 획득한다고 하는 것으로 타락해버렸다), 오시리스는 스스로 자기가 멸망으로부터 구원하고자 하는 영혼을 하늘의 태양의 길을 따라 인도해서 가게 되었다. 어떻든 오시리스는 이미 그 이전에 있던 이집트의 종말론적 사상을 변형시킨 '인문주의적' 혁명을 완성시켰다. 여기서 볼 수 있는 것은 소수의 특권자만이 가질 수 있었던 영웅적이고 가입의례적인 불사성의 개념이 특권층 모두에게 주어지는 불사성의 개념으로 어떻게 변화하게 되었는가 하는 것이다. 누구나 시련에서 끝까지 승리하기만 한다면 불사성을 획득한다고 하는, 이 불사성 개념의 근본적인 변혁을 오시리스는 한층 더 '민주적인' 방향으로 발전시킨 것이다. 오시리스의 신학은 시련의 개념을 사후의 생에서 필수조건으로 평가하고 발전시켰으나, 영웅적이고 가입의례적인 형태의 시련(황소와의 격투)을 윤리적, 종교적인 형태의 시련(선행 등)으로 바꾸어놓았다. 즉 영웅의 불사성이라는 고대의 이론이 보다 새롭고 겸허한 인도주의적인 개념으로 대체된 것이다.

44. 고대의 오리엔트와 지중해 연안의 태양숭배

우리는 라와 오시리스의 싸움에 대해서 그것이 이미 언급한 태양과 죽음과 관련하여 비밀결사의 성격을 이해하는 데 큰 도움을 준다는 사실 이외에는 더 자세하게 취급하지 않았다. 이집트에서 태양은 최후까지 특권계급(왕가의 일족)의 영혼인도자로 남아 있었지만, 태양숭배는 이집트 종교 전체에서, 최소한 기념건조물이나 문서자료에 의해 표현되고 있는 종교에서는 아직도 지도적인 역할을 계속하고 있다. 그러나 인도네시아와 멜라네시아에서는 사정이 좀 다르다. 즉 태양은 한때 비밀결사의 가입의례를 받는 자 모두의 영혼인도자였지만, 그 역할이 여전히 중요하긴 하더라도 오직 그것만이 유일한 것은 아니었다. 비밀결사에서의 '선조', 즉 태양에 의해 서쪽 길로 안내되는 선조도 똑같이 중요한 역할을 담당하기 때문이다. 이 현상을 이집트에 놓고 보면 그것은 라와 오시리스의 합성이라고 말할 수 있을 것이다. 그러나 이 합성은 결코 태양의 권위를 손상하지 않는다. 왜냐하면 태양이 다른 세계, 즉 어둠과 죽음의 나라와 관련되어 있다는 것은 가장 원시적인 태양의 히에로파니에서도 명백하게 나타나고 있으며 흔히 볼 수도 있기 때문이다.

이와 같은 신의 예를 샤마시(Shamash) 신을 통하여 볼 수 있다. 샤마시는 메소포타미아의 만신전에서 달의 신인 신(Sin)보다 낮은 지위를 점하고 있고 신의 아들로 되어 있다. 그러나 그는 신화에서는 조금도 중요한 역할을 담당하지 못하였다.[원주63] 그럼에도 바빌론의 태양의 히에로파니는 이미 이전에 저승과 관계가 있었던 흔적을 남기고 있다. 샤마시는 '에티메의 태양'이라고 불린다. 즉 신격화한 죽은 자의 영혼이 그것이다. 샤마시는 "죽은 자를 살리는 자"[원주64]라고 말한다. 샤마시는 또한 정의의 신이며 '판단의 주'(bel-dini)이다. 아주 옛날부터 이 신의 신전은 "나라의 재판관의 집"[원주65]이라고 불렀다. 한편 샤마시는 신탁(神託)의 신, 예언자나 점자의 수호신이며,[원주66] 항상 죽은 자의 세계나 지하나 죽음의 영역과 관련된 기능을 나타내고 있다.

그리스와 이탈리아에서 태양은 예배에서 한 번도 2차적인 위치 이상은 차지하지 못하였다. 로마에서 태양숭배는 오리엔트의 그노시스설에 의해 제국 내에 들어왔으며, 이른바 외부로부터 인공적인 방식으로 황제숭배를 유리하게 하는 쪽으로 발전해갔다. 그러나 그리스의 신화나 종교는 태양의 '지하세계'의 히에로파니의 흔적을 보존하고 있다. 헬리오스 신화는 이승과 저승 둘 다와 관련되어 있음을 보여준다. 모든 수식어는 헬리오스와 식물

[원주63] Meissner, *Babylonien und Assyrien*, Heidelberg, 1920~25, vol. ii, p. 21.
[원주64] Dhorme, "Les Religions de Babylonie et d'Assyrie," p. 87.
[원주65] 같은 책, p. 64.
[원주66] Haldar, *Associations of Cult Prophets among the Semites*, Uppsala, 1945, pp. 1 ff.

세계의 유기적인 관계를 표시하고 있는데, 페스탈로차는 그것이 지중해 종교 유산의 잔재라고 보고 있다.[원주67] 즉 헬리오스는 피티오스(pythios)이며 파이안(paian)이다——이 두 속성을 헬리오스는 지중해 연안의 여신 레토(Leto)와 공유하고 있다. 헬리오스는 또한 크토니오스(chthonios)이고 플루톤(plouton)이다. 헬리오스는 또 생식 에너지의 에피파니인 티탄(titan)이다. 지금 우리의 관심사는 태양과 지하의 주술적, 성적 세계와 맺은 관계가 어느 정도까지 지중해적 기층에 속하는가 하는 문제(예컨대 크레타 섬에서는 대부분의 대기신이 그러한 것처럼 헬리오스는 황소의 형태를 취하고, 대지모신의 남편이 된다) 혹은 그들은 어느 정도까지 지중해의 모계제와 남하한 인도유럽 어족의 부계제가 역사 속에서 타협한 결과의 산물인가 하는 문제가 아니다. 우리가 문제삼으려는 것은 그와는 좀 다르다. 즉 태양은 피상적인 합리주의적 관점에서만 보면 천공의, 빛의 '지적인' 히에로파니로 생각될 수 있지만, 실은 '어둠'의 에너지의 원천으로서도 숭배되었다.

헬리오스는 단순히 피티오스이고 크토니오스이고 티탄일 뿐만이 아니고 그 위에 선택된 어둠의 세계, 즉 마법과 지하의 세계와 끊임없이 교통하고 있다. 헬리오스는 여자 마술사 키르케의 아버지이며 메데아의 할아버지인데, 이 두 여신은 유명한 밤의 식물인 마약의 전문가들이다. 메데아는 헬리오스로부터 날개 달린 뱀이 끄는 전차를 받는다.[원주68] 타이게투스 산에서는 헬리오스에게 말을 제물로 바친다.[원주69] 로데스 섬에서는 헬리오스를 위한 축제 때 할리에이아(Halieia. halios에서 유래하며 helios의 도리아적 형태), 즉 네 마리의 말이 끄는 마차를 헬리오스에게 봉헌한 다음, 마차를 바다에 던져버린다.[원주70] 여기서 말과 뱀은 주로 지하세계나 죽음과 관

[원주67] Pestalozza, *Pagine di religione mediterranea*, Milan-Messina, 1945, vol. ii, pp. 22 ff.
[원주68] Euripides, *Medea*, 1321; Apollodorus, *Biblioth.*, i, 9, 25.
[원주69] Pausanias, iii, 20, 4.
[원주70] Festus, s. v. *October equus*.

련한 상징에 속한다. 끝으로 '하데스'의 입구는 '태양의 문'이라고 불리는데, 호메로스 시대에 하데스는 '아이데스'(A-ides)라고 발음되었다. 이것은 '보이지 않는 것', '보이지 않게 하는 것'이라는 이미지를 환기시켜준다.[원주71] 빛과 어둠, 태양과 지하라는 양극단은 이렇게 하여 하나의, 동일한 실재의 두 측면으로서 파악될 수 있다. 이와 같이 태양의 히에로파니는 순전히 합리주의적, 세속적인 관점에서 보면 놓칠 수도 있는 차원을 계시하고 있다. 그러나 이 차원은 모든 신화와 형이상학의 원시적인 체계 안에서는 명확한 위치를 차지하고 있다.

45. 인도 : 태양의 양면성

우리는 이러한 체계를 인도에서도 발견한다. 수리아(Sūrya)는 베다의 신들 가운데서 제2의 범주에 속한다. 『리그 베다』는 이 신에게 10개의 찬가를 바치고 있지만 수리아는 결코 높은 위치를 차지하고 있지는 않다. 수리아는 디아우스의 아들이지만,[원주72] 하늘의 눈 혹은 미트라와 바루나의 눈이라고도 불린다.[원주73] 수리아는 멀리까지 보며 전세계를 감시하는 '스파이'다. 푸루샤 수크타(Puruṣa Sūkta)에 의하면,[원주74] 태양은 우주의 거인 푸루샤로부터 태어났는데, 인간이 죽어서 그 몸과 혼이 다시 우주의 거인에게 돌아갈 때 눈은 태양으로 돌아간다고 한다. 수리아의 히에로파니는 그의 밝은 면만을 계시한다. 그러나 『리그 베다』에서 태양의 마차는 한 마리의 말 에타샤(Etaśa),[원주75] 혹은 일곱 마리의 말[원주76]이 끌고 태양 자신이 종마[원주77]이거나 새[원주78]이거나 독수리거나 황소[원주79]이다. 태양이 말

[원주71] Kerenyi, "Vater Helios," *EJ*, Zürich, 1943, p. 91.
[원주72] *RV*, x, 37, 2.
[원주73] *RV*, i, 115, 1; x, 37, 1.
[원주74] *RV*, x, 90.
[원주75] *RV*, vii, 63, 2.
[원주76] *RV*, iii, 45, 6; i, 50.

의 본질이나 속성을 나타낼 때는 언제나 그것은 동시에 지하나 죽음과 관련된 가치를 나타낸다. 이 가치는 베다 시대의 또 다른 태양신으로 가끔 수리아와 동일시되는 사비트리(Sāvitrī)에서도 명료하게 나타난다. 사비트리는 영혼인도자로서 영혼들을 의인의 땅으로 인도한다. 어떤 텍스트에서는 사비트리가 신이나 사람에게 불멸성을 부여하는 것으로 표현했다.[원주80] 트바슈트리(Tvaṣṭṛ)가 불멸하도록 한 것도 사비트리였다.[원주81] 영혼인도자로서 또 비의사제(불사성을 주는 자)로서 사비트리의 이 사명은 분명히 원시 사회에서 부여했던 특성의 반영이라고 생각된다.[원주82]

그러나 『리그 베다』 자체에서도, 특히 브라흐마나스의 사변에서 태양은 또한 그 어두운 면도 나타낸다. 『리그 베다』는 태양의 양상의 한쪽을 '빛나는'이라 부르고 다른 한쪽을 '어두운'(즉, 눈에 보이지 않는)이라고 부르고 있다.[원주83] 사비트리는 또 낮뿐만 아니라 밤도 가져오는데,[원주84] 그 자신은 밤의 신이었다.[원주85] 그중 어떤 찬가에서는 사비트리의 밤의 여행에 대하여 기록하고 있다. 그러나 사비트리의 양태의 교체는 또한 존재론적 가치도 지니고 있다. 사비트리는 "사물을 나가고 들어가게 하는 자"(prasavitā

[원주77] vii. 77. 3.
[원주78] i. 191. 9.
[원주79] v. 47. 3.
[원주80] iv. 54. 2 등.
[원주81] i. 110. 3.
[원주82] 나는 물론 양자의 '역사적'인 관계에 대해서 말하는 것이 아니라 유형학적인 대칭성에 관하여 말하고 있는 것이다. 어떤 히에로파니의 역사, 진화, 전파, 교체와 같은 것 이전에 기본적인 히에로파니의 구조가 있다. 자료가 모자라기 때문에 히에로파니의 구조가 어느 정도까지 전체적으로 이해되고 있으며, 또 사회의 모든 성원에게 이해되고 있는지를 확실하게 하는 것은 곤란하며 우리의 목적을 위해서도 필요하지 않다. 우리가 해야 할 필요가 있는 것은 어떤 히에로파니가 의미하는 것이 무엇인지 혹은 의미할 수 없는 것이 무엇인지, 그것을 전문화해서 밝히는 일이다.
[원주83] i. 115. 5.
[원주84] ii. 38. 4; v. 82. 8. 등.
[원주85] ii. 38. 1~6 등.

niveśanaḥ),[원주86] 즉 "모든 피조물을 들어오게 하고 나가게 하는" 자이다. [원주87] 베르게뉴는 이 '합일'의 우주적인 가치를 강조하였다.[원주88] 왜냐하면 사비트리는 "세계를 원초로 되돌아가게 하는 자"[원주89]이며, 그것은 우주적인 체계를 잘 형상화한 표현이기 때문이다. 밤과 낮(naktośasā, 복수 여성명사)이 자매지간인 것과 같이 신과 악마는 형제간이다.

프라자파티의 자식들은 신 그리고 아수라 두 종류가 있다(dvayāḥ prājāpatyāḥ, devās cāsurāśca).[원주90]

태양도 또 이 신의 이원성 가운데 들어가며, 몇몇 신화에서는 뱀의 양상(즉 '어두운', 구별되지 않는)을 나타내주고 있다. 이것은 태양의 밝은 양상과는 정반대이다. 태양이 뱀으로 나타나는 신화의 흔적은 『리그 베다』에서도 보인다. 원래는 '발이 없었기 때문에' 바루나는 그에게 걸어다닐 수 있도록 발을 달아주었다(apade pada prati dhātave).[원주91] 태양은 모든 신들(devas)의 사제 아수라이다.[원주92]

태양의 양면성은 인간들에 대한 그의 행위에서도 나타난다. 한편에서 보면, 태양은 인간의 참된 생식자이다. "아버지가 자궁 속에 종자를 넣을 때 실제로 종자로서 자궁에 들어가는 것은 태양이다."[원주93] 쿠마라스와미의 인용에 의하면[원주94] 아리스토텔레스는 이렇게 말했다. "인간과 태양이 인

[원주86] iv. 53. 6.
[원주87] vii. 45. 1 등.
[원주88] Bergaigne, *La Religion védique d'après les hymnes du Rig Veda*, Paris, 1878~83, vol. iii, pp. 56 ff.
[원주89] i. 35. 1.
[원주90] *Bṛhadāraṅyaka-Upaniṣad*, i. 3. 1.
[원주91] i. 24. 8.
[원주92] viii. 101. 12.
[원주93] *Jaiminiya Upaniṣad Brāhmaṇa*, iii. 10. 4.
[원주94] "The Sun-Kiss," *JAOS*, vol. lx, p. 50.

간을 낳는다."[원주95] 그리고 단테는 이렇게 말하고 있다. "……태양은 모든 유한한 생명의 아버지이다."[원주96] 한편 태양은 때때로 죽음과 동일시되기도 한다. 태양은 사람을 낳기도 하지만 자기 자식들을 삼켜버리기도 하기 때문이다.[원주97] 쿠마라스와미는 베다나 베다 후기의 문헌에 서술되어 있는 신의 이원성에 대한 신화적, 형이상학적 표현에 대하여 몇 개의 훌륭한 논문을 발표하였다. 나의 책 『재합일의 신화』(Mitul Reintegrarii)에서는 고대의 의례, 신화, 형이상학에서 발견되는 양극성의 문제를 추구하였다. 이 문제에 대하여는 다른 장에서 다시 취급하겠지만, 여기서도 극히 정교한 상징, 신학, 형이상학의 체계에서 발달된 태양의 히에로파니의 원시적인 양면성에 주목하도록 하자.

그러나 이러한 발전양상을 단순히 언어적인 장치의 상투적이고 인위적인 작용으로만 보는 것은 잘못일 것이다. 태양의 히에로파니가 가질 수 있는 모든 의미에 대하여 가장 날카로운 언어로 정교한 해석을 한 진술일 것이다. 태양의 히에로파니가 지닌 의미가 단지 간략한 형식(즉 합리적이고 모순 없는 말로)으로 환원될 수 없음은 태양이 하나의 간단한 종교의 범위 내에서도 상이하고 모순되기조차 한 방법으로 나타날 수 있다는 사실로 알 수 있다. 불타(佛陀)를 그 예로 들어볼 수 있다. 불타는 보편적 제왕(cakravaritin)으로서 혹은 우주적 통치자로서 대단히 일찍부터 태양과 동일시되었다. E. 스나르(Senart)는 큰 반향을 일으킨 그의 책 가운데서 석가모니의 생애를 일련의 태양의 알레고리로 환원시켜보려고 시도할 정도였다. 그러나 이 관점이 비록 표현방식에 있어서 과장된 점은 있으나, 불타의 전설이나 신화적인 신격화에서 태양적 요소가 우세한 것은 사실이다.[원주98]

그러나 불교의 구조 속에서도, 인도의 모든 비교가 그렇지만, 태양이 항

[원주95] *Physics*, II, 2.
[원주96] *Paradiso*, 22, 116.
[원주97] *Pañcaviṁśa Brāhmaṇa*, xxi, 2, 1.
[원주98] 이 주제에 대한 최근 저작으로는 B. Rowland, "Buddha und the Sun God," *CZ*, 1938, vol. i 참조.

상 최고의 위치를 차지하고 있는 것은 아니다. 인도의 신비적 생리학, 특히 요가와 탄트라는 태양에 대하여, 달의 영역과는 정반대되는 일정한 '생리학적'인 우주의 영역을 부여했다. 인도의 모든 신비적 기법이 공통으로 목적하는 바는 이들 두 개의 생리우주적 중심 가운데서 한쪽의 **지배권**을 획득하려는 것이 아니고 도리어 양쪽을 **합일**하려는 것, 다시 말하면 양극단의 원리를 재합일하는 것이다. 여기서 우리는 재합일의 신화와 형이상학의 여러 가지 변형이 하나로 만나게 됨을 본다. 이 재합일에서는 양극성이 태양과 달이라는 우주론적인 표현형식을 취하게 된다. 물론 이러한 신비적인 기법은 인도 국민 대다수에 비교해서 극히 소수에게만 가능하지만, 이 기법이 일반대중의 종교보다도 '진보'를 나타내고 있다는 것을 의미하지는 않는다. 왜냐하면 '원시인'들조차도 이와 같은 태양—달의 재합일의 정식을 알고 있었기 때문이다.[원주99] 따라서 태양의 히에로파니는 다른 히에로파니와 마찬가지로 그 기본적 구조가 어떤 뚜렷한 '모순'을 겪지 않고도 전혀 다른 차원에서 가치 있는 것으로 보일 수가 있다.

태양의 히에로파니에 절대권을 부여하여 일면적인 의미로만 발전시킴으로써 어떠한 결과를 가져왔는가 하는 것은 눈이 멀 때까지 태양을 계속 응시하는 것과 같은 행위를 하는 인도의 금욕주의 종교분파에서 잘 볼 수 있다. 이것은 한정된 논리를 극단으로까지 몰고 간, 순전히 태양적 체계의 '불모성', '건조성'의 예가 된다고 말할 수 있을 것이다. 여기에 대응하는 것이 인간을 결국 '종자'로 환원해버리는 일종의 '습기에 의한 부패'인데, 이것을 밤, 달, 대지의 질서에도 완전히 똑같이 적용해버리는 종파에서 생기는 것이다(§134 이하 참조). 이것은 태양의 히에로파니의 어느 한 면만을 받아들여 '맹목성'과 '건조성'의 상태로 몰고 간 자들이 결국 빠질 수밖에 없는 운명이며, 또 한편 자신을 '정신의 밤의 영역'에만 고정시키는 사람들은 스스로를 영구적인 오르기와 파괴상태, 즉 일종의 유배상태(幼胚狀態)로의 퇴

[원주99] 나의 연구논문, "Cosmical Homology and Yoga," *JISOA*, June-Dec., 1937, pp. 199~203을 보라.

행으로 이끌어간다(예컨대 현대에는 대지종파의 '순결주의자' Innocents가 그러하다).

46. 태양영웅, 죽은 자, 선택된 자

많은 태양의 원시적인 히에로파니는 민간전승 가운데 보존되어 있으며, 많든 적든 다른 종교체계 가운데 통합되었다. 매년 하지나 동지 때, 특히 하지 때 붉게 불타는 수레바퀴를 언덕 위에서 밑으로 굴려 떨어뜨린다든가 수레바퀴를 마차나 보트에 태워 행진하는 중세의 풍습(이 원형은 선시시대에까지 소급해 올라간다), 인간을 수레바퀴에 묶는 풍습, 일년 중 어떤 날 밤에는 물레를 사용하지 못하게 하는 풍습(동지 때에 있다), 그 밖의 현상을 유럽 농촌사회에서 아직도 발견할 수 있는데, 이 모든 것은 원래의 형태가 태양에서 온 것이다. 여기서 이러한 풍습의 역사적 기원에 대한 문제에 들어갈 필요는 없다. 이미 청동기시대 이래 북유럽에는 태양의 종마라는 신화가 존재하고 있었으며 또 R. 포레르(Forrer)가 『선사시대의 제의용 마차』(*Les Chars cultuels préhistoriques*)란 책에서 보여주는 바와 같이 선사시대의 제의용 마차는 천체의 운행을 재현하기 위해 만들어졌으며, 이 것이 세속의 마차의 원형이 되었다고 생각할 수도 있다.〔원주100〕

그러나 북유럽의 선사시대의 동굴벽화에 대한 오스카르 알름그렌(Oskar Almgren)의 연구, 고대 및 중세 게르만민족의 비밀결사에 대한 O. 회플러(Höfler)의 연구 등은 북쪽지방에서의 '태양숭배'의 복합적인 성격을 밝혀주고 있다. 이 복합성을 이종합체(異種合體), 혼종합성(混種合成) 등으로 설

〔원주100〕 의례용 배가 세속의 배의 원형이 된 것과 똑같은 사정이다. 이 점은 대단히 중요하다. 그것은 인간의 기술이 어떻게 시작되었는지, 그에 대한 이해를 더 잘하도록 도와준다. 소위 인간에 의한 자연의 정복이라는 것은 경험적인 발견의 직접적인 결과라기보다는 우주 안에서의 인간의 여러 '상황', 히에로파니의 변증법에 의하여 결정된 상황의 결과인 것이다. 연금술, 농경, 역(曆) 등은 모두 우주 안에서 결정된 상황의 하나를 인간이 인식한 결과로부터 비롯하였다. 이 문제에 대해서는 뒤에서 다시 논하겠다.

명할 수는 없다. 그것은 원시사회에서도 똑같이 발견되고 있기 때문이다. 이 복합성은 오히려 태양숭배의 고대적 성격을 말해주고 있다. 알름그렌과 회플러는 장례와 관련된 태양적 요소와 죽은 자 숭배적 요소(예컨대 '유령사냥'), 대지와 농경적 요소(태양의 바퀴로 밭을 비옥하게 가는 것)의 공생을 주장하고 있다. 그리고 그 얼마 전에 만하르트(Mannhardt), 게도즈(Gaidoz), 프레이저 등의 학자들에 의해 '해'(年)와 운명의 수레바퀴가 어떻게 조화를 이루며 이것이 고대 유럽의 종교와 농경의례 양쪽에서 그리고 현대의 민속신앙에서 중심을 이루고 있는지가 밝혀졌다.

태양―풍요―영웅(혹은 죽은 자의 대표)이라는 종교적 복합은 다른 문화에서도 그대로 나타나고 있다. 예컨대 일본에서는 '방문자'라는 의례의 한 부분으로(이 드라마에는 대지와 농경과 관련된 숭배의 요소도 포함되어 있다) 얼굴에 더덕더덕 칠을 한 소위 '태양의 악마'라고 불리는 젊은이들이 매년 농가를 하나씩 차례로 방문하면서 대지의 풍요를 기원하는데, 이 젊은이들은 태양의 선조(즉 죽은 자)를 대표하는 것이다.[원주101] 유럽의 제의에서 빨갛게 불타는 수레바퀴를 하거나 동지 때에 언덕에서 굴려 내려보내는 것도 아마 태양의 힘을 회복하려는 주술적인 기능을 수행하는 것일 것이다. 북쪽지방에서는 동지가 가까워옴에 따라 낮의 길이가 점점 짧아짐은 사람들에게 태양이 완전히 죽어버리지나 않을까 하는 공포를 일으켰다. 그밖의 다른 곳에서도 이와 같은 경계심이 묵시록적 환상이 되어 나타나고 있다. 예컨대 태양의 떨어짐, 어두워짐은 세계의 종말, 즉 우주순환의 종결의 표시로 생각되었다(일반적으로 그 종결 뒤에는 새로운 창조와 새로운 인류가 시작된다). 멕시코인들은 태양의 불멸성을 유지하기 위해 태양에게 끊임없이 죄수들을 제물로 바쳤다. 죄수들의 피가 태양의 약화된 에너지를 다시 새롭게 할 수 있으리라고 생각한 것이다. 그러나 이 종교에는 항상 전 우주의 멸망이 주기적으로 나타나리라는 어두운 공포가 침투되어 있다. 아

[원주101] Slawik, "Kultische Geheimbünde der Japaner und Germanen," *WBKL*, Salzburg-Leipzig, 1936, vol. iv, p. 730.

무리 많은 제물의 피를 태양에게 바치더라도 태양은 언젠가는 떨어지는 날이 있을 것이다. 묵시록은 우주 리듬의 일부가 되어 있는 것이다.
 또 하나의 중요한 신화적 유형은 태양영웅이라고 하는 유형이다. 그것은 특히 유목민족에게서 일반적으로 볼 수 있다. 다시 말하면 '역사를 만들도록' 운명지어져 있는 민족으로부터 생겨나는 영웅이라고 할 것이다. 아프리카의 유목민족(예컨대 호텐토트족, 헤레로족, 마사이족),[원주102] 터키-몽고족(예컨대 영웅 게세르 칸), 유대인(삼손), 특히 모든 인도유럽 어족에게서 발견된다. 태양영웅들에 관한 신화와 전설은 모든 도서관을 채울 만큼 많을 것이며, 그 흔적은 전통적 자장가에서조차 발견할 수 있다. 모든 면에서 '태양영웅'을 찾으려고 드는 학자들의 광적인 시도가 전혀 근거 없는 것은 아니다. 어떤 시기에는 앞에서 말한 인종집단 전체에 태양영웅이 유행했던 적이 있는데, 이것은 의심의 여지가 없는 사실이었을 것이다. 다만 태양영웅을 태양의 물리적 현현으로 환원시키지 않도록 주의해야 한다. 신화 속에서의 태양의 구조나 위치는 단순히 태양의 현상(여명, 광선, 빛, 황혼 등)으로만 국한시킬 수 없다. 더욱이 태양영웅은 항상 '어두운 면', 즉 죽은 자의 세계, 가입의례, 풍요 등과 관련되는 면을 보여주고 있다. 태양영웅의 신화도 똑같이 주권자나 조물주 숭배에 속하는 요소를 포함하고 있기도 한다. 그 영웅은 세계를 '구원하고', 그것을 갱신하며, 우주의 새로운 형성까지도 가져오는 새로운 시대를 열어놓는다. 다시 말하면, 이 영웅은 여전히 지고존재자의 조물주적 유산을 보존하고 있는 것이다. 처음에는 천공신이었다가 다음에 태양신이 되고 후에 무적의 태양(Sol Invictus)으로서 '구세주'가 되는 미트라 신이 밟은 과정은 어떤 의미에서 세계의 조직자라고 하는 그의 조물주적 기능(미트라가 살해한 황소로부터 모든 곡식과 식물은 자란다)에 의해 어느 정도 설명될 수 있다.
 '자연주의적' 신화학이 그런 것처럼 태양영웅을 태양의 물리적 현현으로 환원시켜버리는 데 대하여 반대하는 이유는 더 있다. 모든 종교'형태'는 근

[원주102] Graebner, *Das Weltbild der Primitiven*, München, 1924, p. 65.

본적으로 '제국주의적'이어서, 끊임없이 다른 종교형태의 실체, 속성, 영예 (때때로 대단히 상이한 것임에도 불구하고) 등을 동화시켜버린다. 이렇게 승리를 획득한 종교형태는 자기가 **전체**가 되려는 경향이 있고 자기의 힘을 종교체험 전체로까지 확대시키려는 경향을 갖게 된다. 따라서 여기서 우리가 확신할 수 있는 것은, 이미 그러한 승리를 얻은 태양 기원의 종교형태는 (그것이 신이든, 영웅, 의식, 신화 등이건 간에), 제국주의적으로 팽창하려는 그 자체의 성질에 의해 동화하고 통합한 외재적 요소를 포괄시켜버린다는 것이다.

태양 히에로파니의 성격에 관한 이 간략한 연구를 일반적인 요약으로 결론지으려고 하지는 않겠다. 다만 우리가 이 장에서 강조한 중요한 주제들, 즉 지고존재자의 태양화, 태양과 지상권, 가입의례, 선택된 자와의 연관, 태양의 양면성, 태양과 죽은 자나 풍요의 관계 등에 대해서만 언급할 수 있을 것이다. 그러나 태양신학과 엘리트 —— 왕이든, 가입의례를 받은 자든, 혹은 영웅이나 철학자든 —— 의 밀접한 관계는 강조해야 할 것이다. 태양의 히에로파니는 다른 우주적 히에로파니와는 달리 폐쇄적인 집단이나 선택된 소수자의 특권이 되었다. 그 결과 합리화의 과정을 서두르게 되었다. 그리스-로마 세계에서는 '지성의 불'과 동일시된 태양은 마침내 '우주적 원리'가 됨으로써 끝을 맺았다. 그래서 몇몇 천공신(이호, 브라흐만 등)이 겪은 과정과 똑같은 과정을 거쳐 태양은 히에로파니에서 **관념**으로 변형되어버린 것이다. 헤라클레이토스는 "태양은 날마다 새롭다"고 말하였다. 플라톤에게는 태양이 눈에 보이는 것의 세계에 표현됨으로써 선의 이미지였고,[원주103] 오르페우스교에게는 태양이 세계의 지성이었다. 합리화는 절충주의와 함께 진행한다. 마크로비우스는 신학을 모두 태양숭배로 환원시키고 태양을 아폴론, 리베르 디오니소스, 마르스, 머큐리, 아이스쿨라피우스, 헤라클레스, 세라피스, 오시리스, 호루스, 아도니스, 네메시스, 판, 새턴, 아다드, 심지어 주피터 등과도 동일시하였다.[원주104] 황제 율리아누스는 그 논문 「태양왕

[원주103] Rep., 508 b, c.

에 대하여』 가운데서, 그리고 프로클루스는 『태양찬가』 가운데서 자신의 절충주의적이고 합리주의적인 해석을 가하고 있다.

 고대의 여명기에 태양에게 바쳤던 이러한 마지막 숭배가 결코 의미가 없는 것은 아니다. 몇 번이고 거듭 씌어졌을 이 양피지는 새롭게 씌어진 문자 밑에서 진정한 원시적 히에로파니의 흔적을 판독시켜주고 있는 것이다. 즉 그것들은 태양화한 조물주라는 원시의 신화를 상기시켜주는 태양이 신에게 종속되어 있다는 것, 또 태양이 풍요와 식물의 드라마 등과 관련되어 있다는 것 등도 상기시켜주고 있다. 그러나 일반적으로 말해서, 그 태양의 히에로파니로부터 알 수 있는 것은 옛날에 의미했던 것의 가장 창백한 그림자만을 발견할 수 있으며, 끊임없는 합리화는 그것을 더욱 창백하게 만들고 있다는 것이다. 그러므로 선택된 자 중에서 가장 최후의 인물인 철학자는 이렇게 하여 우주에서 가장 강력한 히에로파니의 하나를 탈성화(脫聖化)하는 데 성공했던 것이다.

〔원주104〕 *Saturnalia*, i, chs. xvii~xxiii.

제❷부
풍요와 재생

제4장 ● 달과 달의 신비학
제5장 ● 물과 물의 상징
제6장 ● 성스러운 돌 : 에피파니, 표시, 형태
제7장 ● 대지, 여성, 풍요
제8장 ● 식물 : 재생의 상징과 의례

제4장
달과 달의 신비학

47. 달과 시간

　태양은 항상 똑같고 그 자체는 불변하며 어떤 의미에서 '생성'이라는 것을 모른다. 이에 반하여 달은 차고 기울고 눈에서 사라지는 천체로서, 그 천체의 생은 생성, 탄생, 죽음의 보편적인 법칙에 따른다. 달은 인간과 똑같이 비극적인 '역사'를 지니고 있다. 왜냐하면 달은 몰락하여 인간의 경우와 같이 죽음으로써 생애를 마치기 때문이다. 3일 밤 동안 별이 총총한 하늘에는 달이 뜨지 않는다. 그러나 이 '죽음' 후에는 재생이 뒤따른다. 즉 '신월'(新月)이 되는 것이다. 달이 '죽음'으로 사라지는 것은 결코 마지막이 아니다. 달의 신인 신(Sin)에게 비치는 바빌로니아의 찬가에 의하면, 달은 "그 자체로서 자라는 열매"[원주1]라고 한다. 달은 스스로의 운명을 따르면서 그 자신의 본체로부터 재생되는 것이다.

이와 같은 시초에로의 영원회귀, 영원히 반복하는 주기성 때문에 달은 무엇보다도 순환적 생명을 지닌 천체가 되었다. 이런 의미에서 달이 물, 비, 식물, 풍요 등 순환주기의 법칙에 지배되는 자연의 모든 영역을 규제하고 있는 것은 놀라운 일이 아니다. 차고 기우는 월상(月相)은 훨씬 후에야 발견된 천문학적인 시간과는 다른 구체적인 시간을 인간에게 보여주기 때문이다. 월상의 주술적인 힘은 이미 빙하시대에 완전히 알려져 있었다. 나선, 뱀, 벼락의 상징화는 모두 주기적 변화나 풍요의 규범으로서의 달을 직관함으로써 파생하는 것인데, 우리는 이 상징들을 시베리아의 빙하시대 문화에서 볼 수가 있었다.[원주2] 확실히 어디서나 구체적인 시간은 월상에 의하여 측정되었다. 오늘날도 수렵채집 생활을 하는 유목민족은 태음력만을 사용하고 있다. 인도아리아어의 천체에 관한 가장 오래된 어근은 달을 의미하는 것이다.[원주3] 즉 어근 me로서, 이것에서부터 산스크리트어의 māmi, '나는 측정한다'가 파생한다. 달은 보편적인 측정기준이 되었다. 인도유럽어에서 달과 관련된 모든 용어는 다음과 같은 어근으로부터 나온다. 즉 mās(산스크리트어), mah(아베스타어), mah(고대 프러시아어), menu(리투아니아어), mena(고트어), mene(그리스어), mensis(라틴어) 등이 있다. 게르만민족은 밤을 기준으로 시간을 측정하였다.[원주4] 이러한 고대의 시간 측정 흔적은 유럽의 민간전승에도 똑같이 보존되어 있다. 어떤 종류의 제의는 밤에 거행된다. 예컨대 크리스마스, 부활절, 오순절, 성 요한제 등이 그러하다.[원주5]

〔원주1〕 Furlani, *La Religione babilonese-assira*, Bologna, 1929, vol. i, p. 155.

〔원주2〕 예를 들면 이르쿠츠크이다. Hentze, *Mythes et symboles lunaires*, Antwerp, 1932, pp. 84 ff., figs. 59, 60 참조.

〔원주3〕 Schrader, *Sprachvergleichung und Urgeschichte*, Jena, 1983, 2nd ed., pp. 443 ff.; W. Schultz, "Zeitrechnung und Weltordnung," *MB*, Leipzig, 1924, no. 35, pp. 12 ff. 참조.

〔원주4〕 Tacitus, *Germania*, ii.

월상에 의하여 지배되고 측정되는 시간은 말하자면 '살아 있는' 시간이다. 이 시간은 항상 비, 조수의 간만, 파종시기, 월경주기 등과 같은 현실 생활이나 자연과 밀접하게 관련되어 있다. '우주적 차원'에 속하는 전혀 다른 현상들도 달의 리듬에 따라서 질서가 부여되거나 혹은 그 리듬의 영향을 받는다. 일단 달의 '힘'을 파악한 '원시심성'은 달과 관계하는 여러 현상 간에 감응과 등가의 관계를 수립한다. 예컨대 아주 옛날부터, 즉 신석기시대 이후 농경의 발견과 함께 동일한 상징에 의하여 달과 바닷물, 비, 여성과 동물의 다산, 식물, 사후 인간의 운명, 가입의례 등을 서로 관련지어 생각하게 되었다. 달의 리듬을 깨달음으로써 가능해진 정신적 통합은 불균질한 현상을 상호 대응하게 하고 또 통일하게 되었다. 실제로 '원시인'이 이미 일찍부터 그래 왔듯이 천체의 주기적인 변화의 법칙을 더욱 직관적으로 지각하지 못하였다면, 그러한 불균질한 현상의 구조적 대칭성이나 기능적 유사는 발견되지 못하였을 것이다.

달은 측정과 동시에 통일되어버린다. 달의 '힘', 달의 리듬은 현상이나 상징의 무한한 다양성을 '통분하여'버린다. 그리하여 전 우주는 명료해지고 법칙에 따르는 것이 된다. 세계는 이제 아무런 관련성도 없는 자율적인 사물이나 생물로 채워진 무한한 공간이 아니다. 이 공간의 내부에는 사물의 동위관계나 등가관계가 있다는 것을 알게 되었다. 물론 이러한 사실은 현실에 대한 합리적 분석의 결과로서 얻어진 것이 아니라 현상 전체에 대한 명료한 직관에 의해 얻어진 것이다. 확실히 정하여진, 말하자면 특수화한 달의 기능(예컨대 한쪽 손, 한쪽 발만 가진 달의 신비적 형상이 지닌 주술적인 힘에 의해 비가 내린다)과는 관계없이 달에 대한 의례적, 신화적인 주석도 있을 수 있지만, 예부터 그 당시에 알려진 달의 전체적인 가치를 포함하지 않는 상징, 의례, 신화는 하나도 존재하지 않는다. 전체가 없는 부분은 있을 수 없는 것이다. 예컨대 빙하시대부터 이미 달의 상징으로 알려져 있는 나선은 월상과 일차적으로 관계가 있지만, 그외에도 음문(陰門=조

〔원주5〕 Kuhn, Hentze, p. 248에서 재인용.

개)의 유추로부터 나온 에로틱한 요소, 물의 요소(달=패각), 풍요의 요소(이중의 나선형, 뿔 등) 등을 포함하고 있다. 여성은 부적으로 진주를 몸에 닮으로써 물의 힘(조개), 달의 힘(달을 상징하는 조개, 달의 광선에 의하여 창조되는 조개 등), 에로티시즘, 출산, 발생적인 힘과 결합하게 되었다. 약용식물은 그 자체 안에 달과 물과 식물의 3중의 효능을 응집하고 있는데, 그것을 복용하는 자의 의식은 그 세 가지 효능 가운데서 어느 하나만을 자각하고 있음에도 그 세 가지를 모두 포함하고 있다. 그 세 가지 효능은 각각 여러 가지 면에서 작용한다. 예컨대 식물은 죽음과 재생, 빛과 어둠(우주권으로서의), 풍요와 풍부 등의 관념을 포함하고 있다. 오직 한 가지 의미만 가지고 있는 상징이나 표장(emblem), 효능은 존재하지 않는다. 모든 것은 서로 관련을 가지며 우주적 구조를 이루는 전체를 구성하고 있는 것이다.

48. 모든 달의 에피파니의 통일성

이러한 전체는 분석적 사고에 습관이 된 정신을 지닌 사람에게는 결코 파악되지 않는다. 현대인은 직관으로는 원시심성에서 그런 우주적 **실재**(사실상 성스러운 실재)이 내포하고 있는 의미와 조화의 가치를 절대 포착할 수 없다. 원시인에게 달의 상징(부적, 도상학적인 기록)은 우주의 모든 면에서 작용하는 달의 모든 힘을 고정하고 응집시킬 뿐만 아니라, 의례적인 효험에 의하여, 인간을 그 힘의 중심에 놓아 활력을 증진시키고, 인간을 더욱 **현실적**이게 하며 사후에 더욱 행복한 상태를 보증해주는 것이다. 원시인이 행하는 모든 종교적 행위(즉, 의미를 가진 모든 행위)는 **전체성**의 성격을 가지고 있다는 사실을 강조하는 것이 중요하다. 왜냐하면 우리가 앞으로 검토하려고 하는 달의 기능, 힘, 속성을 잘못하면 항상 **분석적**이고 **누적적**(累積的)인 방법으로 이해할 위험이 있기 때문이다. 어쨌든 우리는 언제나 전체가 되는 것을 부분으로 분해하는 경향이 있다. 우리 근대인은 하나의 전체로서 직관적으로 지각하는 것을 인과관계로서 설명한다. 우리가

'……기 때문에', '따라서'라는 말을 사용할 때, 원시인의 의식에서 이 말에 상당하는 것은 '……과 같은 방식으로'(in the same way)가 된다(예컨대 '달은 물을 지배하기 때문에 식물도 달에 종속된다'는 말은 더 정확하게 하면 '식물과 물은 같은 방식으로 달에 종속된다'가 된다).

달의 '힘'이 발견되는 것은 일련의 분석적 노력에 의해서가 아니라 직관에 의해서이다. 즉 달의 힘은 직관으로 더욱 충실하게 자신을 드러낸다. 이 경우 원시심성에서 형성된 비유는 상징의 활동에 의하여 다채로워진다. 예컨대 달은 나타났다 사라지고 달팽이는 뿔을 내밀었다가 감추며, 곰은 계절에 따라 몸을 나타냈다가 사라진다. 달팽이는 이러한 기능 때문에 달의 신적 테오파니의 장소가 된다. 멕시코의 고대종교에서 달의 신 테크시즈테카틀(Tecciztecatl)이 달팽이의 껍데기 속에서 나타나는 것과 같다.[원주6] 달팽이는 또 부적 등이 되기도 하고 곰은 인류의 조상이 되었는데, 왜냐하면 달의 삶과 유사한 삶을 사는 인간은, 그 살아 있는 실재인 천체의 기저나 그 주술적인 힘에 의하여 창조되었기 때문이다.

달로부터 의미를 획득한 상징들은 동시에 달 그 자체이기도 하다. 나선은 달의 히에로파니, 즉 빛과 어둠의 순환이며 동시에 인간은 그것에 의해 달의 힘을 자신 안에 융화할 수 있다. 벼락도 역시 달의 크라토파니이다. 왜냐하면 그 빛이 달빛을 연상시키며, 또 달이 지배하고 있는 비의 징조를 예보해주기 때문이다. 이상과 같이 그저 편리하게 '달'이라는 말을 붙일 수 있는 여러 가지 상징, 히에로파니, 신화, 의례, 부적 등 모든 것은 원시인의 의식 안에서는 하나의 전체를 형성하고 있다. 그들은 조화, 비유, 공통적 참여에 의하여 상호 관련되어 있으며, 우주의 '그물'을, 모든 단편들이 합쳐져 어떤 것도 고립되지 않는 거대한 그물을 형성하고 있다. 달의 히에로파니에 대한 다양성을 한마디로 요약한다면, 그것은 규칙적으로 순환하며 반복되는 생을 계시한다고 말할 수 있을 것이다. 달의 우주론적, 주술

[원주6] Wilke, "Die Religion der Indogermanen in archäologischer Betrachtung," *MB*, Leipzig, 1923, no. 31, p. 149, fig. 163 참조.

적, 종교적 가치는 모두 그 **존재양태**에 의하여 설명된다. 즉 달은 '살아 있다'는 사실, 그 자신 끊임없이 재생한다는 사실에 의해 설명된다. 원시인의 의식에서 달의 우주적 운명에 대한 직관은 인간학의 기초를 형성하였다. 즉 인간은 달의 '삶' 속에 자기 자신을 반영하게 된다. 그 이유는 모든 생물의 생명이 그렇듯이 인생에도 종말이 있기 때문에 그런 것만은 아니다. 무엇보다도 신월이라는 현상에 의하여, 달은 인간의 재생에 대한 갈망에 '신생'(新生)의 희망을 부여해주었기 때문이다.

달에 관한 그 많은 신앙들 중에서 우리가 무엇을 다루든 간에, 즉 달이라는 천체 그 자체의 숭배를 다루든, 달에 거주하는 신이나 달의 신화적 인격화를 다루든 우리에게는 큰 문제가 되지 않는다. 우주 혹은 지상의 물체를 그 자체로서 숭배한다는 것은 종교사상 어디에서도 발견할 수 없다. 성스러운 대상은 그 형태나 본질이 무엇이든 간에 그것이 절대적 **실재**를 계시하고 있거나 혹은 그 '실재'를 분유하고 있기 때문에 성스러운 것이 되는 것이다. 모든 종교적 대상은 항상 어떤 것의, 즉 '성의 구현화'이다(§3 이하). 이것은 그 존재의 특성에 의하여(예컨대 천공, 태양, 달, 대지 등) 혹은 그 형태에 의하여(예컨대 나선형─달팽이처럼 상징적으로) 혹은 히에로파니에 의하여 가능하다(어떤 장소, 어떤 돌 등은 성이 된다. 어떤 대상은 의례에 의하여 혹은 다른 성스러운 대상이나 인물과 접촉함으로써 '성스러운 것으로 숭배되고' '성별'된다).

따라서 달은 결코 그 **자체**로서 숭배되는 것이 아니라 그것이 성을 계시하기 때문에 숭배된다. 다시 말하면 달이 표명하는 무한한 생명과 실재 속에 응집된 힘을 숭배하는 것이다. 달이라는 성스러운 실재는 달의 히에로파니로 직접 인식되거나 수천 년을 경과하는 동안에 히에로파니에 의해 창조된 형태로서, 즉 달의 히에로파니가 만들어낸 화신, 상징, 신화라는 표상으로 인식된다. 이 다양한 형태들 사이의 차이에 대해서는 이 장에서 논하지 않으려 한다. 우리는 여기서 무엇보다도 달의 히에로파니를 해독하는 것, 그것이 함축하고 있는 모든 것을 탐구하려고 한다. 달의 신 혹은 달의 신에게 바치는 의례나 신화와 같이 명백하게 '성스러운' 자료만을 고집할 필요는 없다. 거듭 말하지만, 원시심성 속에서 의미를 가진 모든 것, **절대적 실재와 관계를 가진 모든 것이 다 성스러운 가치를 지니고 있다.** 진주나 벼락의 상징화는 바빌로니아의 달의 신 신(Sin)이나 달의 여신 헤카테(Hecate)의 연구에서 우리가 관찰할 수 있는 바와 같이 대단히 자세하게 달의 종교적 성격을 우리에게 보여준다.

49. 달과 물

물은 규칙적인 순환운동을 따르고(비, 조수의 간만) 또 생물의 성장을 보증해주기 때문에 달에 지배된다. "달은 물 속에 있다"[원주7] 그리고 "달에서 비가 내린다"[원주8]고 하는 것은 인도 사상의 두 개의 **중심사상**이다. '물의 아들'이라는 의미의 아팜 나파트(Apām napāt)는 옛날에는 식물의 정령의 이름이었는데, 후에 달이나 달의 신주 소마(soma)에도 적용되었다. 이란의 물의 여신 아르드비수라 아나히타(Ardvisura Anahita)는 달의 여신이기도 하였다. 바빌로니아의 달의 신 신(Sin) 또한 물을 지배하고 있다. 어떤 찬가는 그의 테오파니가 얼마나 풍요를 가져다주었는가를 이렇게 표현하고 있다.

그대가 배와 같이 물위를 지나갈 때…… 유프라테스 강은 물로 가득 채워졌다…….[원주9]

「랑돈 서사시」(Langdon Epic) 가운데는 "물의 모태이며 달의 저수지로부터 물이 흘러나오는"[원주10] 장소에 대하여 말하고 있다.

[원주7] *RV*, i, 105. 1.
[원주8] *Aitareya Brāhmaṇa*, viii, 28, 15.
[원주9] *Cuneiform Texts*, 15~17; 16 d.
[원주10] Albright, "Some Cruces of the Langdon Epic," *JAOS*, 1919, vol. xxxix, p. 68에서 재인용.

달의 신은 모두 물의 속성이나 기능을 명확하게든 막연하게든 보유하고 있다. 어떤 아메리칸 인디언 종족에게는 달 혹은 달의 신은 동시에 물의 신이기도 하였다. 그것은 멕시코의 이로쿼이족도 마찬가지다. 브라질의 한 부족은 달의 신의 딸을 '물의 어머니'[원주11]라고 부른다. 고대 멕시코인의 달에 관한 신앙에 대하여 히에로니모 드 샤브(Hieronymo de Chaves)가 전하는 바에 의하면(1576), 고대 멕시코인은 "달은 만물을 성장시키며 번식시킨다", 그리고 "물기 있는 것은 모두 달의 지배하에 있다"고 말하였다. [원주12] 달과 조수 간만의 관계는 그리스인과 켈트족이 관측한 바 있는데, 뉴질랜드의 마오리족[원주13]이나 에스키모인도 역시 알고 있었다(에스키모의 달의 신은 조수 간만을 지배한다).[원주14]

아득한 옛날부터 월상의 변화에 의하여 비가 내린다는 것이 관찰되었다. 부시먼족, 멕시코인, 오스트레일리아인, 사모예드족, 중국인 등과 같은 다종다양한 문화에 속해 있는 일련의 신화적 인물들은 달의 힘을 이용해 비를 내리게 하거나, 다리가 하나이거나 팔이 하나뿐인 특징적인 존재로 나타난다.[원주15] 헨체는 그 신화적 인물들이 본질적으로 달의 특성을 지니고 있다는 것을 완벽하게 입증하였다. 한편, 달의 상징은 그 신화적 인물들의 상 가운데서 풍부하게 보이며, 또 그들의 신화나 의례는 달적인 성격을 가지고 있다. 물이나 비는 달의 지배를 받고 보통 규범에 따라 분배되는 반면에(즉 달의 주기에 따른다), 수해는 달의 다른 면, 즉 피폐한 형태의 우주적 규모로 재생을 가져오는 주기적인 파괴자의 측면을 나타내고 있다.

홍수는 달의 3일 간의 어둠, 즉 '죽음'과 일치한다. 그것은 대홍수이지만 결코 결정적인 최종의 홍수가 되는 것은 아니다. 왜냐하면 그 대홍수는 달과 물의 지배하에 생기기 때문에, 다시 말해 발생과 재생의 지배하에 생기

[원주11] Briffault, *The Mothers*, London, 1927, vol. ii, pp. 632 ff.
[원주12] Seler, *Gesammelte Abhandlungen*, Berlin, 1902, vol. iv, p. 129.
[원주13] Krappe, *La Genèse des mythes*, Paris, 1938, p. 110.
[원주14] W. Schmidt, *Ursprung*, vol. iii, 496.
[원주15] Hentze, pp. 152 ff.

기 때문이다. 홍수는 '형태'가 마멸하고 소모되었기 때문에 파괴하지만, 그 후에 항상 새로운 인류와 새로운 역사를 가져온다(§72). 대부분의 홍수신화는 어떻게 하여 한 사람의 인간이 살아남게 되어 그 인간으로부터 새로운 인류가 발생하게 되었는지를 이야기하고 있다. 때로 이 생존자는(남자든 여자든) 달의 동물과 결혼하는데, 그로써 그 동물은 종족의 신화적 선조가 된다. 예컨대 다야크족의 전설에는 '달의 동물'인 거대한 보아뱀을 살해하였기 때문에 홍수가 발생하고, 그 홍수에서 살아남은 한 여성이 개와 교미하여(보다 정확히는 개 옆에서 발견된 장작과 교미하여)[원주16] 새로운 인류를 발생시킨 이야기를 전하고 있다.

많은 수에 달하는 홍수신화 가운데서 여기서는 오스트레일리아인(쿠르나이족)의 신화만을 보도록 한다. 어느 날 거대한 개구리 다크가 물이란 물은 모두 마셔버렸다. 물을 못 먹어 빼빼 마른 동물들이 개구리를 웃겨보려고 하였으나 헛일이었다. 그러자 뱀장어(혹은 뱀)가 개구리를 친친 감아 웃음을 터뜨리게 하여 물을 내뿜게 만드니 홍수가 났다.[원주17] 개구리는 달의 동물이다. 왜냐하면 달 가운데 개구리가 보인다는 전설이 상당히 많으며,[원주18] 또 비를 기원하는 무수한 의례 가운데도 개구리는 반드시 현존한다.[원주19] W. 슈미트는 그 오스트레일리아의 신화로 신월은 물의 흐름을 멈추게 한다는 사실을 설명하고 있다(물을 모두 마셔버린 다크).[원주20] 빈투이스는 슈미트의 해석에 반대하여, 개구리 다크의 신화로부터 에로틱한 의미를 지적하였다.[원주21] 그럼에도 불구하고 홍수의 달적인 성격이나 그 인류발생적 기능(새로이 재생된 인류를 '창조하는' 기능)은 여전히 남아 있다.

[원주16] 같은 책, p. 24.
[원주17] Van Gennep, *Mythes et légendes d'Australie*, Paris, 1906, pp. 84~85.
[원주18] Briffault, *The Mothers*, London, 1927, vol. ii, pp. 634~35.
[원주19] 같은 곳; Krappe, p. 321, n. 2.
[원주20] W. Schmidt, *Ursprung*, vol. ii, pp. 394~95.
[원주21] Winthuis, *Das Zweigeschlechterwesen*, Leipzig, 1928, pp. 179~81.

오스트레일리아에서는 달에 의해 생긴 수해의 다양한 예를 볼 수 있다. 어느 날 달은 인간들에게 날이 추워질 테니 쥐가죽을 입으라고 하였는데 인간은 그렇게 하지 않았다. 달은 그 보복으로 홍수가 나게 하여 그 지방 전체를 물에 잠기게 하였다.[원주22] 멕시코인도 젊고 아름다운 여성의 모습을 한 달이 대홍수를 일으킨다고 믿고 있다.[원주23] 그러나 달에 의해 생긴 이와 같은 모든 재화(이 재앙이 생기는 것은 일반적으로 천체에 모욕을 주거나 제의상의 금지사항을 지키지 않았기 때문이다. 다시 말하면, 인간의 정신적 타락, 규범의 상실, 혹은 우주의 리듬을 무너뜨리는 등의 '죄'에 의해 생긴다) 가운데서 유의할 수 있는 것은 재생신화, 즉 '새로운 인간'이 출현하는 신화이다. 이 신화는 앞으로 말하려 하지만 물과 달의 구원적 기능에 완벽하게 조응한다.

50. 달과 식물

달과 비와 식물의 관계는 농경이 발견되기 이전부터 이미 관찰되었다. 식물의 세계도 똑같은 보편적인 풍요의 원천에서 유래하는 것으로, 이 세계 또한 달의 리듬에 규제되는 순환주기에 따르고 있다. 이란의 어떤 문헌에 의하면 식물이 성장하는 것은 달의 열에 의해서라고 한다.[원주24] 브라질의 어떤 부족은 달을 '풀의 어머니'[원주25]라고 부른다. 이외에도 풀이 달에서 자란다고 믿는 지역은 많다(폴리네시아, 몰루카 제도, 멜라네시아, 중국, 스웨덴 등).[원주26] 프랑스의 농민은 오늘날도 신월이 올라올 때 씨를 뿌리는 데 반해 나뭇가지를 친다든가 야채를 수확하는 일은 달이 기울었을 때 한다.[원주27] 이는 자연의 힘이 상승하고 있을 때 살아 있는 유기체를 해침으

[원주22] Van Gennep, p. 46.
[원주23] Briffault, vol. ii, p. 573.
[원주24] *Yast*, vii, 4.
[원주25] Briffault, vol. ii, p. 629.
[원주26] 같은 책, pp. 628~30.

로써 자연의 리듬을 거역하지 않기 위해서였을 것이다.

달과 식물 사이의 유기적인 결합은 대단히 강하기 때문에 대다수의 풍요신은 동시에 달의 신이기도 하다. 그 예로서 이집트의 하토르(Hathor), 이슈타르(Ishtar), 이란의 아나이티스(Anaitis) 등이 있다. 식물신이나 풍요신들은 그 '형태'가 완전히 독립해 있다 하더라도 여전히 달의 속성이나 효험이 남아 있다. 예컨대 달의 신은 동시에 풀의 창조자이며, 디오니소스는 달의 신이자 식물신이고, 오시리스도 이 모든 속성(달, 물, 식물과 농경)을 동시에 가지고 있다. 달—물—식물이란 유형은 특히 인도의 소마, 이란의 하오마(haoma)와 같은 신적 기원의 음료가 가지고 있는 종교적 성질 가운데서 볼 수 있다. 소마나 하오마 등은 인도나 이란의 만신전의 주신(主神)보다는 덜 중요하지만 자율성을 지닌 신으로 신격화되고 있다. 그러나 그것을 마시면 불로불사가 된다고 하는 성스러운 술 가운데서 달, 물, 식물에 응집해 있는 성과 동일한 것을 인식할 수 있다. 그것은 곧 '신적 물질'인 것이다. 왜냐하면 그것은 생명을 절대적 실재, 즉 불사성으로 변화시키고 있기 때문이다. 아므리타(amṛta, 인도의 불로불사의 음료), 암브로시아(ambrosia, 올림포스 신들의 음료로서 불로불사의 효험을 가짐), 소마, 하오마 등은 신들이나 영웅의 음식으로만 바쳐진다고 하는 천상적 원형을 가지고 있으나, 인간이 마시는 지상의 음료 가운데도 예컨대 베다 시대의 인도인이 마신 소마, 디오니소스적 오르기 때 마시는 술에도 신주가 포함되어 있다. 그렇지만 이 세상의 음료가 지닌 효력은 각각 그에 대응하는 원형에서 유래하는 것이다. 성스러운 술취함은 덧없고 불완전하지만 순간적으로 신적인 존재방식에 참여하게 한다. 말을 바꾸면, 이 술취함은 충실한 실존을 가짐과 동시에 생성한다고 하는 역설, 역동적임과 동시에 정적이라는 역설을 실현하는 것이다. 달의 형이상학적 운명은 불사이면서 살아 있다는 것, 결코 종말로서의 죽음이 아니라 휴식과 재생으로서의 죽음을 경험하는 것이다. 인간은 모든 의례, 상징, 신화 등을 통하여 그 달의 운명과 연대하

[원주27] Krappe, p.100.

려고 노력한다. 이미 고찰한 바와 같이 의례, 상징, 신화 가운데는 달, 물, 식물 각각의 성이 공존하고 있는데, 이 경우 물이나 식물은 달의 성성으로부터 각각 그 성성을 얻거나 혹은 물이나 식물이 자립하여 히에로파니를 형성하는 것이다. 어느 경우든 우리가 항상 만나게 되는 것은 힘과 생명의 근원인 **절대적 실재**이며, 혹은 살아 있는 형태들이 직접적이든 신의 은혜에 의해서든 거기로부터 발생하는 근원이다.

달에 지배되는 여러 우주적 차원(비, 식물, 동물이나 인간의 다산, 죽은 자의 영혼) 사이에서 보이는 관계는 아프리카의 피그미족의 종교와 같은 원시적인 종교에까지도 현전하고 있다. 피그미족의 신월제는 우기가 오기 전에 한다. 피그미족이 페(Pe)라고 부르는 달은 "생식의 원리, 풍요의 어머니"[원주28]라고 생각된다. 신월제는 여성만을 위한 제의로, 마치 태양제를 남성들만이 치르는 것과 같다.[원주29] 달은 '어머니이며 유령의 도피처'이기 때문에 여인들은 달에 축원하기 위해 점토나 식물의 즙을 발라 유령이나 월광같이 하얗게 치장한다. 그런 후 발효한 바나나로 만든 알코올성 음료를 준비해놓고 춤추다 지쳤을 때 그 음료를 마시며, 달을 향해 춤추고 기도를 드린다. 남자들은 춤을 추지 않으며 둥둥 울리는 북소리에 따르는 의식에도 참여하지 않는다. 여인들은 '생물의 어머니'인 달을 향해 죽은 자의 영혼을 멀리하고 다산과 풍요를 가져오며 부족에게 많은 자식과 물고기, 사냥감, 열매를 줄 것을 기원하는 것이다.[원주30]

51. 달과 풍요

식물의 다산뿐 아니라 동물의 다산도 달의 지배를 받는다. 풍요와 달의 관계는 대지의 어머니나 농경신 등과 같이 '새로운 종교형태'의 출현으로

[원주28] Trilles, *Les Pygmées de la forêt équatoriale*, Paris, 1933, p. 112.
[원주29] 같은 책, p. 113.
[원주30] 같은 책, p. 115 f.

다소 복잡해졌다. 그러나 이러한 새로운 형태의 형성을 감싸안는 형태로 아무리 많은 종교적 통합이 이루어지더라도 달의 한 가지 속성만은 변하지 않고 존재한다. 그 속성은 풍요, 순환적 창조, 무한한 생명이라는 특권이다. 예컨대 풍요에 대한 신으로 특징지어지는 황소의 뿔은 대모신(Magna Mater)의 표장이다. 신석기시대의 문화에서 도상이든 소의 형태로 된 우상에서든 그것들은 풍요의 대여신이 현존하는 것을 보여주고 있다.[원주31] 여기서 뿔은 신월의 이미지이다.

황소의 뿔은 초승달을 연상시키기 때문에 달의 상징이 되었다. 따라서 황소의 두 뿔은 두 개의 초승달 혹은 달의 전 과정을 표상한다.[원주32]

한편 달의 상징과 풍요의 상징이 함께 존재하는 것은 선사시대 중국의 감숙(甘肅)이나 앙소(仰韶) 문화에서 발견된다. 여기서 양식화한 뿔은 번갯불형(비나 달을 의미한다)이나 마름모꼴형(여성의 상징)[원주33]으로 구성되어 있다.

어떤 동물은 그 모양이나 행동이 달의 형상이나 달이 변화하는 모습을 연상시키기 때문에 달의 상징이 되거나 달이 그 동물에 **현존**하는 것이 되었다. 그러한 동물은 예컨대 껍데기 속에서 나왔다 들어갔다 하는 달팽이, 한겨울에 몸을 감추었다가 봄에 다시 나타나는 곰, 몸이 부풀기도 하고 물에 가라앉았다 떴다 하는 개구리, 달 가운데 있는 듯이 보이든가 부족의 신화적 조상이라고 생각되기도 하는 개 등이 있다. 또 뱀은 몸을 보이다가 사라지거나 혹은 달의 나이만큼 몸을 감고 있기 때문에(이러한 전설은 그리스 전승에서도 전해지고 있다),[원주34] '모든 여성의 남편'이기 때문에, 껍

[원주31] O. Menghin, *Weltgeschichte der Steinzeit*, Vienna, 1931, pp. 148, 448.
[원주32] Hentze, p. 96.
[원주33] 같은 책, figs. 74~82 참조.
[원주34] Aristotle, *Hist. Animal.*, ii. 12; Pliny, *Hist. Nat.*, xi. 82.

질을 벗기 때문에(즉 주기적으로 다시 태어나고 '불사'이기 때문에) 달을 상징하는 것이다. 뱀이 상징하는 것은 언뜻 여러 가지가 혼합되어 있는 듯이 보이지만, 이 상징은 모두 하나의 중심적 관념을 향하고 있다. 즉 뱀이 불사하는 것은 다시 태어나기 때문이고, 따라서 뱀은 달의 '힘'이며, 이러한 의미에서 뱀은 풍요, 지식(즉, 예언) 그리고 불사까지도 분배해주는 것이다. 인간이 신으로부터 받은 불사를 뱀이 빼앗아간다는 비극적인 이야기를 말하는 신화는 무수히 많다.[원주35] 그러나 이러한 신화는 뱀이(혹은 바다의 괴물이) 성스러운 근원과 불사의 근원(생명의 나무, 청춘의 샘, 황금사과)을 보호하고 있다는 원시신화가 후세에 변형된 것에 불과하다.

여기서는 다만 뱀이나 달의 동물의 성격을 나타내는 것들과 관계된 몇 개의 신화와 상징들을 언급할 수 있다. 우선 첫째로 달과 여성 및 다산의 관계이다. 달은 모든 풍요의 원천이며 동시에 월경의 주기를 지배한다. 달은 '여성의 주인'으로 인격화된다. 많은 민족은 달이 인간이나 뱀의 형태를 하고 인간의 여성과 성관계를 맺는다고 믿고 있는데, 오늘날까지도 그렇게 믿고 있는 민족이 있다. 그 때문에 예컨대 에스키모의 처녀들은 달을 보면 임신할 것이라고 하여 달을 정면으로 바라보지 않는다.[원주36] 오스트레일리아인은 달이 일종의 돈 환과 같은 인간의 모습으로 지상에 내려와 여인들에게 임신시키고 난 다음에 달아난다고 믿고 있다.[원주37] 이와 같은 신화는 인도에 아직도 널리 남아 있다.[원주38]

뱀은 달의 에피파니이기 때문에 동일한 기능을 수행한다. 아브루치족은 오늘날에도 뱀이 모든 여성과 교미한다고 전하고 있다.[원주39] 그리스인이나 로마인도 그것을 믿었다. 알렉산더 대왕의 어머니 올림피아는 뱀과 놀아났

[원주35] Frazer, *Folklore in the Old Testament*, London, 1918, vol. i, pp. 66 ff.
[원주36] Briffault, vol. ii, p. 585.
[원주37] Van Gennep, pp. 101~102.
[원주38] Krappe, p. 106.
[원주39] Finamore, *Tradizioni popolari abruzzesi*, Palermo, 1894, p. 237.

다.[원주40] 유명한 시키온의 아라투스는 아에스쿨라피우스의 아들이라고 한다. 파우사니아스[원주41]에 의하면 그의 어머니는 뱀과 교미하여 그를 잉태하였기 때문이다. 수에토니우스[원주42]와 디오 카시우스[원주43]는 아우구스투스의 어머니가 아폴론의 신전에서 뱀과 포옹하여 임신하였다고 말하고 있다. 이와 유사한 전설은 동생 스키피오에 대해서도 전하고 있다. 독일, 프랑스, 포르투갈, 그 밖의 여러 나라에서 여성들은 잠자는 중에, 특히 월경 중에 뱀이 입으로 들어가 임신하게 되지 않을까 두려워하였다.[원주44] 인도에서는 자식을 갖고 싶은 여성은 코브라를 숭배한다. 동방의 모든 지역에서도 여성은 사춘기 또는 월경 때 뱀과 최초의 성교를 갖는다고 믿고 있다.[원주45] 인도의 마이소르 지방에 사는 코마티족은 돌로 만든 뱀에게 여성의 다산을 기원한다.[원주46] 클라우디우스 아엘리아누스[원주47]가 확언하는 바에 의하면, 헤브루인은 처녀가 뱀과 성관계를 갖는다고 믿고 있다고 한다. 이와 동일한 속신은 일본에서도 볼 수 있다.[원주48] 페르시아의 어느 전승에 의하면 최초의 여성이 뱀에게 유혹당한 후 곧바로 월경이 시작되었다고 말하고 있다.[원주49] 유대의 율법사들은 이브가 에덴 동산에서 뱀과 관계를 맺었기 때문에 월경이 생겨났다고 한다.[원주50] 아비시니아에서는 처녀가 결혼 전에 뱀에게 능욕당할 위험이 있다고 믿고 있다. 알제리에서 전하는 이야기는 아무도 보지 않을 때 도망한 한 마리의 뱀이 어떤 집의 처녀 전부를

[원주40] Plutarch, *Vita. Alex.*, ii.
[원주41] ii, 10, 3.
[원주42] *Divus Augustus*, 94.
[원주43] 55, 1.
[원주44] Briffault, vol. ii, pp. 664.
[원주45] 같은 책, pp. 665.
[원주46] Frazer, *Adonis, Attis, Osiris*, London, 1936, pp. 81 ff.
[원주47] *Nat. Animal.*, vi, 17.
[원주48] Briffault, vol. ii, p. 665.
[원주49] Dähnhart, *Natursagen*, Leipzig, 1907, vol. i, pp. 211, 261.
[원주50] Eisenmenger, *Entdecktes Judentum*, vol. i, pp. 832 ff.; Briffault, vol. ii, p. 666.

강탈한 방법을 말하고 있다. 이와 비슷한 전설은 동아프리카의 만디 호텐토트족이나 시에라리온, 그 밖의 곳에서도 발견할 수 있다.[원주51]

확실히 월경주기는 달이 여성의 최초의 남편이라는 속신이 왜 널리 퍼졌는지를 설명해주고 있다. 파푸족은 월경을 부인이나 딸들이 달과 관계를 가진 증거라고 생각했는데, 동시에 그들은 그 성상(나무로 만든 조각)에 여성의 생식기로부터 파충류가 나오는 것을 그려넣었다.[원주52] 이것은 달과 뱀이 동일시되고 있음을 확증하는 것이다. 치리구아노족은 여성의 첫번째 월경 직후에 여러 가지 분향과 정화 의례를 행하는데, 같은 집의 여인들은 뱀을 악의 장본인이라고 하여 찾아온 모든 뱀을 몰아낸다.[원주53] 많은 민족들은 뱀이 월경주기의 원인이라고 보고 있다. 뱀의 남근적 성격(이것을 처음으로 밝힌 민속학자는 크롤리이다)[원주54]은 달과 뱀의 동일시를 결코 배제하지 않고 도리어 그것을 확증시켜준다. 아시아의 신석기 문명(예컨대 감숙의 반산문화 半山文化의 우상,[원주55] 혹은 남양의 금 조각)[원주56]에 속하는 것이든 아메리칸 인디언의 문명에 속하는 것이든(예컨대 칼차키의 청동 원반)[원주57] 대단히 많은 도상학적 자료는 마름모꼴(여인의 음문을 상징)로 장식된 뱀의 이중적 형상을 보여주고 있다.[원주58] 이 마름모꼴과 뱀은 물론 에로틱한 의미를 가지고 있지만 마름모꼴과 뱀(남근)이 공존하고 있는 것은 이원론적 관념과 특히 달의 관념인 재통합(reintegration)의 관념을 동시에 나타내고 있다. 왜냐하면 우리는 이와 똑같은 모티프를 '비'와 '빛과

[원주51] 같은 곳.
[원주52] Ploss and Bartels, *Woman*, London, 1935, i, figs. 263, 267.
[원주53] Briffault, vol. ii, p. 668.
[원주54] Crawley, *The Mystic Rose*, ed. Besterman, London, 1927, vol. i, pp. 23 ff.; vol. ii, pp. 17, 133.
[원주55] Hentze, *Objets rituels, croyances et dieux de la Chine antique et de l'Amérique*, Antwerp, 1938, figs. 4~7.
[원주56] 같은 책, fig. 8.
[원주57] Hentze, *Mythes*, fig. 136.
[원주58] 같은 책, pp. 140 ff.; Hentze, *Objects rituels*, pp. 27 ff. 참조.

어둠', 그 밖의 달의 형상에서 발견할 수 있기 때문이다.[원주59]

52. 달, 여성, 뱀

달은 또 남성이나 뱀의 모습을 하고 나타날 수도 있다. 그러나 이러한 의인화는(이따금 원형으로부터 이탈하여 신화나 전설에서 독자적인 발전경로를 취한다) 결국 달이 살아 있는 실재의 근원이며 풍요와 주기적 재생의 근거라는 관념에서 유래한다. 예컨대 과테말라[원주60]나 오스트레일리아 중부의 우라부나족(그들은 세계 각지를 여행하면서 머무를 때마다 그곳에 마이아우를리 maiaurli, 혹은 '어린이의 혼'을 남긴 두 마리의 뱀이 그들의 선조라고 믿는다), 아프리카의 토고족(거대한 뱀이 크레웨 마을 근처 웅덩이에 살고 있는데, 지고신 나무 Namu에게서 아이를 건네받아 그들이 탄생하기 전에 마을로 데려온다) 등은 뱀이 자식을 낳는다고 생각한다. 인도에서 뱀은 불교 시대부터(본생경 Jātaka 참조) 모든 풍요(물이나 재보, §71 참조)의 분배자로 생각되었다. 나그푸르의 회화 중 몇 가지는[원주61] 여성과 코브라가 성교하는 것을 묘사하고 있다. 현대 인도에도 행운과 다산을 가져오는 뱀의 특성을 분명하게 나타내는 무수한 속신이 있다. 뱀은 여성의 불임을 방지하고 많은 자식을 가지도록 보증해주는 존재이다.[원주62]

여성과 뱀의 관계는 여러 가지 형태로 나타나지만, 그것들을 순수히 에로틱한 상징만으로는 충분히 설명할 수 없다. 뱀은 다양한 의미를 가지고 있지만, 그중에서도 '재생'이야말로 가장 중요한 의미의 하나라고 생각한

[원주59] Hentze, *Objets*, pp. 29 ff.
[원주60] Miller, *The Child in Primitive Society*, London, 1928, p. 16.
[원주61] Rivett-Carnac, *Rough Notes on the Snake-symbol in India*, Calcutta, 1879.
[원주62] Dubois, *Hindu Manners*, Oxford, 1899, p. 648; W. Crooke, *Popular Religion and Folklore of Northern India*, London, 1894, vol. ii, p. 133; Vogel, *Indian Serpent-Lore*, London, 1926, p. 19.

다. 뱀은 '변형하는' 동물이다. 그레스만[원주63]은 이브에게서 뱀으로 화신(化身)한 고대 페니키아의 지하세계의 여신을 보려고 하였다.[원주64] 지중해의 신들 가운데는 손에 뱀을 든 신(아르카디아의 아르테미스, 헤카테, 페르세포네 등), 머리가 뱀의 형상인 신(고르곤, 에리니에스 등) 등이 있다. 유럽의 어떤 속신에 의하면, 여성에게서 뽑은 머리카락이 달의 영향을 받으면 (특히 월경 때) 뱀으로 변한다고 한다.[원주65]

프랑스의 브르타뉴 전설도 마녀의 머리카락이 뱀으로 변한다는 것을 전하고 있다.[원주66] 따라서 이 힘을 가지는 것은 보통의 여인이 아니라 달의 영향을 받았거나 '변형'의 주술을 분유하고 있는 여성뿐이다. 이러한 마술은 달이 부여해준 것임을(직접 혹은 뱀을 매개로 하여) 보여주는 민족학적 자료들은 무수히 많다. 예컨대 중국인에게도 모든 신비적 힘의 근원에는 뱀이 있으며 주술을 의미하는 헤브루어나 아랍어는 '뱀'을 의미하는 말로부터 파생하였다.[원주67] 뱀은 달의 속성, 즉 영원의 속성을 가지고 있으며, 지하에 사는 죽은 자의 영혼을 구현하고 있기 때문에 모든 비밀을 알고 있으며, 지혜의 원천이고 미래를 예견할 수 있다.[원주68] 따라서 뱀을 먹은 사람은 동물의 언어, 특히 새와 말할 수 있다(이것은 형이상학적 의미, 즉 초월적 실재에 접근할 수 있다는 의미를 나타내는 상징이다). 이것은 상당히 많은 종족들이 가진 신앙이었으며[원주69] 고대에는 석학들도 믿고 있던 신앙

[원주63] Gressman, "Mythische Reste in der Paradieserzahlung," *AFRW*, x, 345~67.
[원주64] 같은 책, 특히 pp. 359 ff.
[원주65] Ploss and Bartels, i, §103, ff.
[원주66] Briffault, vol. ii, p. 662.
[원주67] Noldeke, "Die Schlange nach arabischem Volksglauben," *ZVS*, i, p. 413; Briffault, vol. ii, p. 663.
[원주68] Briffault, pp. 663~64.
[원주69] Penzer, *Ocean of Story*, London, 1923, vol. ii, p. 108.; Frazer, *Spirits of the Corn and of the Wild*, London, 1936, vol. i, p.146; Stith Thompson, *Motif-Index of Folk-Literature*, Helsinki, 1934, vol. i, p. 315 참조.

이었다.[원주70]

달에 의해 지배되고, 달 자체나 달과 본질적으로 같은 신상(대모신, 지모신)에 의해 부여되는 풍요와 재생이라는 중심적인 상징은 보편적인 대여신의 도상이나 의례 속에 나타나는 뱀의 현존을 똑같이 설명해주고 있다. 뱀은 대여신의 속성으로서 그 대지적 성격에 결부되어 있는 달적인 성격(주기적 재생이라는 성격)을 보존하고 있다. 달은 모든 살아 있는 형태의 모태로 생각되었고, 어떤 단계에서는 대지와 동일시되었다(§86). 어떤 인종은 달과 대지는 동일한 실체로 형성되었다고 믿고 있다.[원주71] 대여신은 달의 성스러운 성격과 함께 대지의 성격도 지니고 있다. 이 대여신은 또 장례신이기 때문에(죽은 자들은 대지나 달 속으로 사라졌다가 새로운 형태로 부활하여 다시 나타난다) 뱀은 죽은 자의 영혼이나 종족의 선조 등을 구현한 죽음과 매장의 동물이 된다. 뱀이 가입의례에 등장하는 것은 항상 이와 같은 재생의 상징에 의하여 설명된다.

53. 달의 상징

이러한 뱀의 다양한 상징에서 분명하게 떠오르는 것은 뱀의 달적인 성격, 즉 풍요와 재생, 변형을 통한 불사의 힘이다. 물론 이와 같은 뱀의 속성이나 기능 등을 검토해보면, 이들 사이의 여러 가지 대응관계나 가치부여가 논리적 분석의 방법에 의하여 하나에서 또 다른 것으로 발전하는 것으로 결론지을 수도 있을 것이다. 그러나 어떤 종교체계를 그 형태적 요소로 분해하여 연구하는 방법론으로는 그 체계 자체를 붕괴해버릴 위험이 있다. 하나의 상징에 포함되어 있는 모든 의미는 비록 표면적으로는 그 모든 가치 가운데 어떤 것만이 기능하고 있는 듯이 보인다고 해도 사실은 공존

[원주70] Philostratos, *Vita Apol. Tyan.*, i. 20; L. Thorndike, *A History of Magic and Experimental Science*, New York, 1923, vol. i, p. 261 참조.

[원주71] Briffault, vol. iii, pp. 60 ff.; Krappe, *Genèse*, pp. 101 ff.

하고 있다. 종교경험을 통하여 포착되는 세계는 전체성으로서 나타나는 것이다. 달을 규칙적 순환의 척도로서, 에너지, 생명, 재생의 근원으로서 직관하는 것은 무한히 다양한 현상들을 비교하고, 유사점을 찾고 통합하면서 우주의 모든 차원과 차원 사이에 일종의 그물을 짜는 것이다. 이 '그물'의 중심이 어디에 있는지를 아는 것은 항상 용이한 일은 아니다. 때로는 그 그물 가운데서 부차적인 것이 나타나 가장 중요한 것처럼 혹은 가장 오래된 출발점인 것처럼 보이기도 한다. 예컨대 뱀의 에로틱한 상징은 많은 의미와 연관의 체계로 짜여 있기 때문에 어떤 경우에는 달과 연관되어 있는 측면이 사장되는 경우도 있다. 실제로 그 상징은 각각 교차하거나 대응하거나 서로 응답하면서 정합되어 있는데, 이중 어떤 것은 때로는 그 발생의 중심과 직접적인 관계를 맺기도 하고 또 어떤 것은 그 체계 안에서 발전하기도 한다.

따라서 전체의 유형은 달―비―풍요―여성―뱀―죽음―주기적 재생이지만, 우리는 뱀―여성―풍요 혹은 뱀―비―풍요 혹은 여성―뱀―주술 등과 같은 유형 가운데서 하나만을 다룰 수도 있다. 많은 신화들이 이 이차적인 '중심'을 핵으로 하여 성장하였다. 이것을 알지 못하는 자에게는 원초의 유형은 보이지 않게 되지만, 그 대신 원초의 유형은 신화의 어떤 미소한 단편 가운데도 포함되어 있는 것이다. 예를 들면 뱀과 물(혹은 비)의 이항식에서 이 두 가지의 실재가 반드시 달의 지배를 받느냐 하는 것은 자명하지 않다. 뱀이나 용이 연못에 살며, 세계에 물을 공급하고 구름을 지배하고 있다고 표현하는 전설, 신화는 무수히 많다. 뱀이 수원이나 물의 흐름과 맺은 관계는 유럽의 민간신앙 가운데 보존되고 있다.[원주72] 아메리칸 인디언의 문화에 속하는 도상에는 뱀―물의 이항식이 자주 발견된다. 예컨대 멕시코의 비의 신 틀라로크(Tlaloc)의 표장은 두 마리의 뱀이 서로 몸을 꼬고 있는데,[원주73] 보르지아 사본[원주74]에 의하면 화살에 맞아 부상당한

[원주72] 예를 들면 Sébillot, *Le Folklore de France*, Paris, 1905, vol. ii, pp. 206, 309 ff. 참조.

뱀은 강우를 의미한다.[원주75] 드레스덴 사본에는 물이 뱀의 형상을 한 그릇에 담겨 있는 경우를 보여주고 있다.[원주76] 트로코르테시아누스 사본[원주77]에도 뱀의 형태를 한 병에서 흘러나오는 물을 보여주고 있다.[원주78] 이와 같은 예는 이 외에도 더 많이 들 수 있다.

헨체의 연구는 이 상징이 달이 비를 내려준다는 사실에 기반을 두고 있다는 것을 결정적으로 증명해주었다.[원주79] 가끔 달―뱀―비라는 유형은 의례에까지 보존되어 있다. 예컨대 인도에서는 가정경(Gṛhyasūtra)에 나타나 있는 바와 같이, 매년 뱀(사르파발리 sarpabali) 숭배 의식이 4개월 동안 계속되는데, 슈라바나 월(우계의 첫 달)의 만월의 밤에 시작하여 마르가시르샤 월(겨울의 첫 달)의 만월의 밤에 끝난다.[원주80] 따라서 이 뱀은 원형의 3요소를 포함하고 있다. 그러나 이들 세 요소를 각각의 분리된 요소들로 생각하는 것은 옳지 않다. 이것은 삼자의 동시적인 재생이며, 달에 하나로 '응집'되어 있다. 왜냐하면 비나 뱀은 단순히 달의 리듬을 따르는 것이 아니라 달과 똑같은 실체이기 때문이다. 모든 성스러운 사물, 모든 상징이 그러한 것과 같이 물과 뱀은 그 자체로 있는 동시에 다른 어떤 것으로 존재하는(이 경우는 달이다) 역설을 구현하고 있다.

54. 달과 죽음

아메리카의 학자 E. 셀러(Seler)가 오래 전에 썼듯이, 달은 최초의 죽은

[원주73] Seler, *Codex Borgia*, Berlin, 1904, vol. i, p. 109, fig. 299.
[원주74] 같은 책, p. 9.
[원주75] Wiener, *Mayan and Mexican Origins*, Cambridge, 1926, pl. xiv, fig. 35.
[원주76] 같은 책, fig. 112c.
[원주77] 같은 책, p. 63.
[원주78] 같은 책, fig. 123.
[원주79] Hentze, *Objets*, pp. 32 ff.
[원주80] Vogel, *Serpent Lore*, p. 11 참조.

자이다. 사흘 밤 동안 달은 보이지 않는다. 그러나 나흘째 되는 날 달이 다시 떠오르듯이 죽은 자도 다시 새로운 존재양식을 획득할 것이다. 앞으로 고찰하겠지만 죽음은 소멸이 아니라 실존적 차원의(대부분은 일시적인) 변화이다. 죽음은 다른 종류의 '삶'에 속한다. 달에서 일어나는 변화 그리고 대지에서 일어나는 일들(사람들은 농경의 주기적인 순환을 발견하고서 대지가 달과 연관되어 있는 것으로 생각하게 되었다)은 '죽음 속의 삶'이라는 것이 있음을 증명해주고, 이러한 관념에 의미를 부여해주었다. 즉 죽은 자는 다시 태어나기 위해 그리고 새로운 존재로서 다시 시작하는 데 필요한 힘을 얻기 위해 달로 가거나 저승으로 되돌아가는 것이다. 많은 달의 신들이 저승의 신인 동시에 죽음의 신(민 Min, 페르세포네, 헤르메스 등)인 까닭이 여기에 있다.[원주81] 많은 신앙이 달을 죽은 자의 나라로 생각하는 까닭이기도 하다. 가끔 정치나 종교의 지도자는 사후에 달에서 휴식을 취할 권리를 가지고 있는 것으로 생각된다. 예를 들면 구아이쿠루족이나 토켈라우의 폴리네시아인 등은 이와 같이 믿고 있다.[원주82] 이것은 특권자(군주)나 가입자(주술사)에게만 불사성을 부여하는 귀족적 또는 영웅적 체계의 하나로, 다른 곳에서도 볼 수 있다.

사후에 달로의 여행은 고도로 발달된 문화(인도, 그리스, 이란)에서도 보존되어 있는데, 여기에는 새로운 가치가 부가되었다. 인도인에게는 태양의 길 또는 '신의 길'(devayāna)이 가입의례로부터 해방된 자, 즉 무지몽매로부터 해방된 자가 통하는 길인 데 반하여[원주83] 달로의 여행은 '영혼(마네스)의 길'(pitryāna)이며 영혼이 새롭게 수육하기까지 달에서 휴식하고 있는 것이다. 이란의 전승에 의하면, 죽은 자의 영혼은 친바트 다리를 건너 별들로 가는데, 그중에서 착한 일을 한 영혼은 달을 지나 태양으로 간다.

[원주81] Krappe, p. 116.
[원주82] Tylor, *Primitive Culture*, London, 1929, vol. ii, p. 70: Krappe, p. 117.
[원주83] *Bṛhadāraṅyaka-Upaniṣad*, vi, 2, 16; *Chāndogya Upaniṣad*, v, 10, 1 등 참조.

그리고 가장 훌륭한 덕을 지닌 영혼은 아후라 마즈다의 무한한 빛인 가로트만(garotman)으로 들어간다.[원주84] 이와 동일한 신앙이 마니교에도 존재하고,[원주85] 동방에도 널리 퍼져 있다. 피타고라스 학설은 천상계라는 관념을 통속화하여 천체신학을 더욱 새롭게 발전시켰다. 즉 극락(Elysian)은 달 가운데 있으며, 여기는 영웅이나 황제들이 사후에 편안하게 쉬는 곳이다.[원주86] '축복의 섬'을 비롯하여 죽음의 신화적 지리학은 모두 달, 태양, 은하수 등을 천공의 지도에 투영하였다. 여기에서 우리는 분명히 천문학적 사변이나 종말론적 영적 인식에 깊이 물든 정식이나 숭배를 보게 된다. 그러나 그와 같은 후대의 발전상에서도 전통적인 주요 관념, 즉 죽은 자의 나라로서의 달, 영혼을 받아들여 다시 소생시키는 달이라는 관념을 발견하기는 어렵지 않다.

달의 영역은 승천 때 지나간다고 상정되는 몇 개의 단계(태양, 은하수, '상층권') 가운데 한 단계에 불과하다. 영혼은 달에서 쉬지만 우파니샤드 전승에 있는 것처럼 이곳에서 다시 태어나기를 기다렸다가 삶의 굴레로 되돌아간다. 바로 그 때문에 달은 생물유기체를 형성할 뿐만 아니라 그것을 해체하기도 하는 장소인 것이다.

(달은) 모든 동물의 몸과 유배(幼胚)를 형성하기도 하지만 또한 살아있는 것을 해체하기도 한다(Omnia animantium corpora et concepta procreat et generata dissolvit).[원주87]

달의 사명은 형태를 '흡수'하였다가 다시 재창조하는 것이다. 생성을 초월하는 것은 단지 달 너머에 있는 것뿐이다. "모든 영원한 것은 달 너머에

[원주84] *Dadistan-i-Dinik*, 34: West, *Pahlavi Texts*, vol. ii, p. 76.
[원주85] F. Cumont, *Recherches sur le symbolisme funéraire des Romains*, Paris, 1942, p.179, n. 3 참조.
[원주86] Cumont, p. 184, n. 4.
[원주87] Firmicus Maternus, *De Errore*, iv, i, 1.

있다"(Supra lunam sunt aeterna omnia).[원주88] 여기서, 인간이 신체(soma), 혼(psyche), 이성(nous)의 세 부분으로 되어 있다고 한 플루타르크는 의인의 혼은 달에서 정화되며 이에 반해 그들의 신체는 지상으로 되돌아가고 이성은 태양으로 간다고 생각했다.[원주89]

혼과 이성의 이원성에 대응하는 것은 사후에 가는 두 개의 다른 길, 즉 달로 가는 길과 태양으로 가는 길이며, 이것은 '영혼의 길'과 '신의 길'에 대한 우파니샤드 전승과 비슷하다. 영혼의 길이 달로 가는 길인 것은 '영혼'이 이성의 빛을 갖지 않았기 때문에, 다시 말하면 사람이 궁극의 형이상학적 실재인 브라만을 아는 데 이르지 못하였기 때문이다. 플루타르크에 의하면, 사람은 두 개의 죽음을 경과한다. 하나의 죽음은 데메테르 여신의 영역에서 즉 지상에서 일어나는데, 신체가 혼과 이성으로부터 분리되어 티끌로 되돌아갈 때 생긴다(이 때문에 아테네인은 죽은 자를 데메트레이오이 demetreioi라고 불렀다). 또 하나의 죽음은 달에서, 즉 페르세포네의 영역에서 혼이 이성으로부터 분리되어 달의 본체로 되돌아갈 때 생긴다. 혼은 달에 머물며 얼마 동안 생전의 꿈이나 추억을 보지(保持)하고 있다.[원주90] 의인은 곧 재흡수되지만 야심가, 이기적인 사람, 자기의 신체를 너무 사랑하는 자들은 끊임없이 대지로 이끌리는 경향이 있으며, 재흡수되기 위해서는 오랜 시간이 걸린다. 태양은 이성을 받아들이고, 이성은 태양의 본체에 합치한다. 탄생의 과정은 이상의 역의 순서로 전개된다.[원주91] 즉, 달은 태양으로부터 이성을 받아들인다. 이성은 달 속에서 배태하고 새로운 혼을 낳는다. 대지는 신체를 공급한다. 여기서 주목되는 것은 인격의 최초의

[원주88] Cicero, *De Republ.*, vi, 17, 17.
[원주89] Plutarch, *De Facie in Orbe Lunæ*, pp. 942 ff. 나는 여기에서 P. Raingeard가 주석을 단 판본(Paris, 1935), pp. 43 ff., 143 ff.를 참고하였다.
[원주90] 같은 책, pp. 994, ff.
[원주91] 같은 책, pp. 945, c, ff.

이 그것이다.

쿠몽은 정신을 이성과 영혼으로 분리하는 것은 동방에서 왔으며 성격상 셈족의 것이라고 생각한다. 그리고 유대인이 얼마 동안 지상에서 계속해서 사는 '식물혼'(nephesh)과 사후에 곧바로 신체로부터 떠나는 '영혼'(ruah) 을 믿었다는 사실을 상기시켜준다.[원주92] 쿠몽은 동방의 신학에서 자신의 이론을 뒷받침하는 확증을 발견하였다. 즉 로마 제국 아래서 유행한 동방의 신학은 대기층, 태양과 달이 최고천(最高天)으로부터 대지로 내려온 영혼에 작용한 영향에 대하여 기술하고 있다.[원주93] 그러나 이 가설에 대해서는 이미 그리스 최고의 전승에 두 종류의 혼과 사후의 이중의 운명이라는 생각이 맹아적으로 나타나는 것을 가지고 반론할 수 있을 것이다. 플라톤도 혼의 이중성과 그것이 후에 3개로 분리되는 것에 대해서 기술하고 있다.[원주94] 천체 종말론에 관해 말하면 이성과 영혼과 그 요소들이 달에서 태양으로 혹은 거꾸로 태양에서 달로 가는 순차적인 여행은 티마이오스에서는 발견할 수 없고 셈족의 영향하에서 생긴 것이라 여겨진다.[원주95] 그러나 우리가 지금 특별히 관심을 가지는 것은 죽은 자의 영혼의 거주처로서의 달의 개념이다. 그것은 도상화되어 아시리아와 바빌로니아, 페니키아, 히타이트, 아나톨리아 등의 보석 조각에 표현되어 있으며, 나중에는 로마 제국 곳곳에서 비석 등으로 사용되었다.[원주96] 유럽 어디에서나 반달은 장례적 상징으로 보인다.[원주97] 그러나 이것이 로마인이 들여와 제국의 영향하에서 로마나 동방의 종교에 유행하게 되었다는 의미는 아니다. 예컨대 갈리아 지방에서 달은 로마와의 접촉이 있기 훨씬 이전부터 사용된 그 지방

[원주92] Cumont, *Symbolisme funéraire*, pp. 200 ff.
[원주93] Cumont, "Oracles Chaldéens," 앞의 책, p. 201.
[원주94] Plato, *Republ.*, iv, 434 e~441 c; x, 611 b~612 a; *Timœus*, 69 c~72 d.
[원주95] Guy Soury, *La démonologie de Plutarque*, Paris, 1942, p. 185를 보라.
[원주96] Cumont, pp. 203 ff. 참조..
[원주97] 같은 책, pp. 213 ff.

특유의 상징이었다.[원주98] 이 '유행'은 단지 선사시대의 전승을 새로운 용어로 표현하여 원시적 개념을 오늘날까지 보존해온 것이다.

55. 달과 가입의례

그러나 죽음은 최종적인 것이 아니다. 달은 죽음이 없기 때문이다. "달이 죽었다가 다시 살아나는 것과 같이 우리도 죽었다가 다시 살아날 것이다"라고 캘리포니아 인디언 주안 카피스트라노족은 밤에 신월이 떠오를 때 행하는 의례에서 선언한다.[원주99] 달로부터의 '메시지'가 동물(토끼, 개, 도마뱀 등)을 매개로 인간에게 전해지는 이야기를 담은 신화는 많다. 이 메시지에서 달은 "내가 죽었다가 다시 살아나는 것과 같이 너희도 죽었다가 다시 살아날 것이다"라고 약속한다. 그런데 그 '전언자'는 모르고 그랬는지 악의로 그랬는지 모르나 그 정반대를 전달해주어, 인간은 달과는 달리 한번 죽으면 다시는 살아나지 못할 것이라고 단언한다. 이런 신화는 아프리카에서는 일반적으로 알려져 있으며,[원주100] 피지 섬, 오스트레일리아, 아이누족 등에서도 발견할 수 있다.[원주101] 이 신화는 가입의례와 똑같이 인간의 죽음이라는 구체적인 사실을 정당하게 받아들인다. 그리스도교 호교론(護敎論)의 구조 속에서도 달의 모양은 부활신앙에 대한 좋은 본보기를 제공해주고 있다. 아우구스티누스도 다음과 같이 말하고 있다.

달은 매월 나고, 성장하고, 완성하고, 작아지고, 또 새로워진다. 이것

[원주98] 같은 책, p. 217.
[원주99] Frazer, *The Belief in Immortality and the Worship of the Dead*, London, 1913, vol. i, p. 68.
[원주100] Frazer, *Belief*, vol. i, pp. 65 ff.; *Folklore in the Old Testament*, London, 1918, vol. i, pp. 52~65; H. Abrahamsson, *The Orgin of Death*, Uppsala, 1951 참조.
[원주101] Frazer, *Belief*, pp. 66 ff.

은 달에 매월 일어나는 것인데, 부활에서는 한 번만 일어난다(Luna per omnes menses nascitur, crescit, perficitur, minuitur, consumitur, innovatur. Quod in luna per menses, hoc in resurrectione semel in toto tempore).[원주102]

따라서 가입의례에서 달의 역할을 이해하는 것은 쉽다. 즉 그것은 '재생'을 동반하는 의례적 죽음을 체험하게 하고, 죽음과 재생에 의하여 가입자는 '새로운 인간'이라는 참된 인격을 가지게 되는 것이다.

오스트레일리아 가입의례에서는 '죽은 자'(신가입자)는 마치 달이 어둠에서 일어나 나오듯이 무덤으로부터 나온다.[원주103] 시베리아 동북부의 코랴크족, 길랴크족, 틀링깃족, 통가족, 하이다족 등에서 곰(계절에 따라 몸을 숨겼다 나타났다 하기 때문에 '달의 동물'이다)이 가입의례에 등장하는데, 그것은 구석기시대의 의식에서 곰이 중요한 역할을 했기 때문이다.[원주104] 한편, 북캘리포니아 인디언인 포모족들은 곰 그리즐리(Grizzly)에 의하여 가입의례를 받는다. 그리즐리는 가입 지원자를 '죽이고', 발톱으로 지원자의 등에 '구멍을 낸다'. 지원자는 옷을 벗었다가 새로운 옷을 입고 나흘 동안 숲 속에서 보내는데 그 동안 의례의 비밀이 그에게 전해진다.[원주105] 의례에 나타나는 달의 동물이 없고 달이 모습을 나타냈다가 사라지는 것에 대해 직접적인 언급이 없을 때일지라도 가스가 미출판된 연구논문에서 입증하고 있는 바와 같이, 우리는 다양한 가입의례를 남아시아와 태평양 연안 지역의 달에 관한 신화와 연관짓게 된다.[원주106]

어떤 샤먼의 가입의례에서는 달이 분할되는 것과 같이, 가입 지원자는

[원주102] Augustine, *Sermo CCCLXI, De Resurr.*: *PL*, xxxix, col. 1605; Cumont, p. 211, n. 6 참조.
[원주103] Schmidt, *Ursprung*, vol. iii, pp. 757 ff.
[원주104] Hentze, *Mythes*, pp. 16 ff. 논의 참조.
[원주105] Schmidt, vol. ii, p. 235.
[원주106] Koppers, "Pferdeopfer und Pferdekult," pp. 314~17에서의 요약.

"여러 조각으로 쪼개진다"[원주107](신이나 태양에 의해 달이 세분되든가 여러 조각으로 쪼개진다든가 하는 이야기를 말하는 신화는 무수히 많다).[원주108] 이와 똑같은 원형적인 모델은 오시리스 신의 가입의례에서도 발견된다. 플루타르크가 전하는 전승에 의하면,[원주109] 오시리스는 28년 동안 군림하다가 하현달이 되는, 그달 17일에 살해되었다. 이시스가 오시리스를 감추어 둔 관을 달밤에 사냥 나갔던 세트(Set)가 발견했다. 세트는 오시리스의 시체를 14조각으로 쪼개어 그것을 이집트 전역에 뿌렸다.[원주110] 제의에서는 죽은 왕의 상징은 신월의 형태를 하고 있다. 죽음과 가입의례 사이에는 분명한 유사성이 있다. "그러므로 죽음과 가입의례를 나타내는 그리스어 사이에는 밀접한 유사가 있다"[원주111]고 플루타르크는 말하고 있다. 신비적인 가입의례가 죽음에 의하여 성취되는 것이라면 죽음을 가입의례와 동일시할 수 있을 것이다. 플루타르크는 달의 상부에 도달할 수 있는 혼을 '승리자'라고 불렀다. 그래서 그 혼은 가입의례 전수자나 개선장군같이 머리에 관을 쓰는 것이다.[원주112]

56. 달의 '생성'의 상징

'생성'은 사물의 달적인 질서이다. 이 생성을 달의 탄생, 만월, 소멸이라는 드라마의 전개로 보든지 또는 '분할'과 '계수법'으로 지각하든지 혹은 운명의 실이 짜여지는 '밧줄'로 직관하든지 간에 이것은 여러 민족의 신화화나 이론화 능력에, 또 그들의 문화수준에 달려 있을 것이다. 그러나 그 '생

[원주107] Eliade, *Le Chamanisme et les techniques archaiques de l'extase*, Paris, 1951, pp. 47 ff. 참조.
[원주108] Krappe, pp. 111 ff. 참조.
[원주109] *De Iside*.
[원주110] *De Iside*, 18.
[원주111] *De Facie*, p. 943 b.
[원주112] *De Facie*, p. 943 d.

성'을 표현하는 정식이 불균질할지라도 그것은 표면적인 것에 지나지 않는다. 달은 '분할하고', '실을 짜고', '측정한다'. 혹은 달은 기르고, 수태시키고, 축복하며, 달은 죽은 자의 혼을 받아들이고 가입시키고 정화한다. 왜냐하면 달은 살아 있으며 따라서 영원히 순환적인 생성과정에 있기 때문이다. 이는 달의 의례에 항상 나타난다. 예컨대 탄트라교에서 도입한 인도의 푸자(pūjā)와 같이 달이 차고 기우는 과정 전부를 반복하는 의식도 있다. 탄트라 경전에 의하면,[원주113] 여신 트리푸라순다리(Tripurasundari)가 바로 달 속에 있는 듯이 명상하지 않으면 안 된다. 탄트라교 경전 집필자의 한 사람인 바스카라 라자(Bhaskara Rājā)가 분명하게 말하고 있는 바와 같이, 푸자는 신월 첫째 날에 시작하여 달이 있는 15일 동안 지속된다고 한다. 16명의 브라만이 필요한데, 그들은 각각 여신의 한 면(즉 달의 한 단계, 한 티치 tithi)을 대표한다. 투치는 푸자에 브라만이 출석하는 것은 최근의 의례적 쇄신에 의하여 그렇게 된 것인데, 고대의 푸자에는 다른 인물들이 달의 여신의 '생성'을 표상하였다고 말하고 있다.[원주114] 권위 있는 논문인 「루드라야말라」(Rudrayamāla)에는 전통적인 의식 쿠마리 푸자, 즉 '소녀의 숭배'에 대하여 기술하고 있다. 푸자는 언제나 신월에 시작하여 15일 밤 동안 계속되었다. 그러나 16명의 브라만 대신에 16개의 월상(tithi)을 대표하는 16명의 쿠마리(소녀)를 필요로 한다. 예배는 브리디브헤다나(vṛddhibhedana)로, 즉 나이 순서에 따라 행한다. 여기서 1살부터 16세까지의 소녀가 필요하다. 매일 밤 푸자는 각각 그에 상응하는 월상을 표현한다.[원주115] 탄트라교의 의식은 일반적으로 여성과 여성신에게 중요성을 부여하고 있다.[원주116] 이 푸자의 경우 달의 형태와 여성의 대응관계는

[원주113] *Lalitasahasranāma*, v. 255.

[원주114] Tucci, "Tracce di culto lunare in India," *RSO*, 1929~30, vol. xii, p. 424.

[원주115] 같은 책, p. 425.

[원주116] Eliade, *Le Yoga: Immortalité et liberté*, Paris, 1957, pp. 256 ff. 참조.

완전하다.

달이 '측정하고' '분할한다'는 것은 어원학에서뿐만 아니라 고대의 분류법에서도 증명되고 있다. 인도의 『브라다라니야카 우파니샤드』는 다음과 같이 말하고 있다.

프라자파티(Prajāpati)는 해(年)이다. 이 신은 16개의 부분으로 되어 있다. 밤은 그중 15개이고 16번째는 고정되어 있다. 밤에 이 신은 성장하고 축소한다.[원주117]

『찬도갸 우파니샤드』의 기록에 의하면,[원주118] 인간은 16부분으로 구성되어 있고 식물처럼 동시에 성장한다. 인도에는 팔진법의 흔적이 많이 있다. 8말라(māla), 8무르티(mūrti, 형성물), 16칼라(kāla, 월식), 16샤크티(śakti, 신력), 16마트리카(mātrika, 천모), 32종의 디크샤(dikṣa, 계율), 64요기니(yoginī, 여의 마신), 64우파차라(upacāra, 숫양) 등. 베다 문헌이나 브라만 문학에는 4라는 숫자가 많이 쓰인다. 바츠(vāc, 로고스)는 네 부분으로 구성되어 있고[원주119] 푸루샤(puruṣa, '사람', '거인')도 네 부분으로 되어 있다.

월상은 후대의 사변적인 사상에 가장 복잡한 관계를 일으켰다. 슈투헨은 그의 저서 전체를 통하여 알파벳 문자와 아랍인이 이해한 월상 사이에 있는 관계를 연구하였다.[원주120] 홈멜은 10 내지 11개의 헤브루 글자가 달이 변화하는 각각의 단계를 가리킴을 증명하였다[원주121](예컨대 '황소'를 의미

[원주117] Bṛhadāraṅyaka Upaniṣad, i, 5, 14.
[원주118] Chāndogya Upaniṣad, vi, 7, 1 ff.
[원주119] RV, i, 164, 45.
[원주120] Stuchen, Der Ursprung des Alphabets und die Mondstationen, Leipzig, 1913.
[원주121] Hommel, Grundriss der Geographie und Geschichte des alten Orient, München, 1904, vol. i, p. 99.

하는 aleph는 첫 주의 달의 상징임과 동시에 달의 주기가 시작되는 황도 12궁의 이름도 된다). 이와 똑같이 문자 기호와 월상 사이의 대응관계는 바빌로니아,[원주122] 그리스,[원주123] 스칸디나비아(24개의 룬 문자는 세 종류 혹은 아에티르 aettir로 나누어지고, 그 각각은 8개의 룬 문자를 포함하고 있다)[원주124] 등에서도 발견된다. 알파벳(글자로서가 아니라 음의 집합으로서)과 월상의 가장 분명하고 완전한 일치는 디오니시우스 트락스의 주석에서 발견된다. 여기서 모음은 만월에, 유성자음은 반월(상현, 하현)에, 무성자음은 신월에 대응한다.[원주125]

57. 우주생물학과 신비적 생리학

이러한 대응관계의 일치가 분류의 기능만을 하지는 않는다. 그것은 인간과 우주를 똑같은 신적 리듬 가운데서 완전히 통합하려는 노력에서 얻어진 것이다. 그들이 지닌 의미는 우선 주술적이고 구원론적이다. 인간은 '문자'와 '소리' 배후에 있는 힘을 흡수함으로써 우주 에너지의 중심에 들어가게 되며, 자신과 전체의 완전한 조화를 실현한다. '문자'나 '소리'는 명상이나 주술에 의하여 인간을 우주의 한 단계에서 다음 단계로 이행시키는 이미지의 역할을 한다. 그 일례를 들어보면, 인도에서는 신상을 만들려면, 반드시 먼저 명상을 해야 하는데, 명상에는 다른 여러 가지와 함께 다음과 같은 수련이 포함되어 있다(이 수련에는 달, 신비적 생리학, 문학적 상징, 음성적 가치 등이 정밀한 전체를 구성하고 있다).

[원주122] Winkler, *Die babylonische Geisteskultur*, 2nd ed., 1919, p. 117.
[원주123] Schultz, "Zeitrechnung und Weltordnung," *MB*, Leipzig, 1924.
[원주124] Schultz, *passim*; Arntz, *Handbuch der Runenkunde*, Halle, 1935, pp. 232 ff. 참조.
[원주125] Dornseif, *Das Alphabet in Mystik und Magie*, Leipzig, 1925, p. 34.

마음 가운데서 최초의 음으로부터 발전되어 나온 그대로의 달의 형태를 생각할 수 있다(프라타마 — 스바라 — 파리나탐 prathama — svara — pariṇatam, 즉 'A'라는 글자로부터 진화된 대로). 보기에 아름답고 푸른 연꽃을 (마음에) 시각화시키지 않으면 안 된다. 그 꽃은 꽃실 사이에 티없이 깨끗한 둥근 달을 안고, 그 달 중심에는 황색 음절의 맹아 탐(Tam)이 있다······.[원주126]

인간이 우주와 통합될 수 있는 것은 두 천체의 리듬과 조화를 이루었을 때, 즉 인간의 살아 있는 몸에 달과 태양을 '합일'시켰을 때에만 가능하다. 성스러운 우주 에너지의 두 중심을 '합일'하는 목적은, 이 신비적 생리학의 기술을 이용하여, 우주창조 행위에 의해서 아직 분할되지 않은, 미분화된 원초의 단일성으로 다시 합일하는 데 있다. 그리고 이 합일은 우주의 초월성을 실현한다. 탄트라 경전[원주127]에서는 신비적 생리학이 "모음과 자음을 팔찌로, 햇빛과 달빛을 반지로"[원주128] 변화하게 하는 기술을 탐구하고 있다. 탄트라나 하타요가 교파는 태양, 달, 여러 가지 '신비적' 중심이나 중추, 신들, 피, 정액 등 이들 사이의 복잡한 동일화를 극도로 발전시켰다.[원주129] 이들 동일화는 우선 인간을 우주의 에너지나 리듬과 결합한 다음에 그 리듬을 통일시키고, 여러 중심을 하나로 융합하며, 마지막으로 모든 '형태'가 소멸하고 원초의 일체성을 회복했을 때만이 가능한 초월성으로 비약하는 것이다. 물론 이와 같은 기술은 오랜 신비적인 전통을 다듬어온 산물이지만, 이러한 기술의 단서는 고대민족이나[원주130] 지중해 연안 종교의 절충주

[원주126] *Kimcit-Vistara-Tārā-Sādhana*, no. 98 of *Sādhanamālā*; Eliade, "Cosmical Homology and Yoga," p. 199 참조.

[원주127] Caryā 11, Kṛṣṇapada.

[원주128] Eliade, p. 200.

[원주129] Eliade, *Le Yoga: Immortalité et liberté*, pp. 257 ff.; "Cosmical Homology," p. 201 참조.

[원주130] Eliade, "Cosmical Homology," p. 194, n. 2 참조.

의적인 단계에서도 발견된다(달은 왼쪽 눈에, 태양은 오른쪽 눈에 영향을 미친다.[원주131] 장례기념비에서 달과 태양은 영원성의 상징이다[원주132] 등).

달은 그 존재양식에 의하여 무수한 현상이나 운명을 하나로 '묶는다'. 달의 리듬은 조화, 균형, 비유, 관련 등을 같이 짜서 무한히 펼쳐지는 '천', 눈에 보이지 않는 실로 짠 '그물'을 만들며, 이것은 또한 인간, 비, 식물, 풍요, 건강, 동물, 죽음, 재생, 사후의 생 등을 동시에 하나로 묶는다. 이 때문에 많은 전통에서 달이 신격화되고, 달의 동물을 매개로 하여 작용함으로써 우주의 베일이나 인간의 운명을 '짜가는' 것이다. 달의 여신들은 직조라는 직업을 발명하고(이집트의 여신 네이트Neith와 같이), 옷감 짜는 능력이 유명해(아테네는 자기와 직물의 기술을 가지고 경쟁한 아라크네를 징벌하기 위해 거미로 변하였다)[원주133] 우주만큼 큰 옷을 짜기도 한다(프로세르피나나 하르모니아와 같이).[원주134] 중세 유럽에서는 여신 홀다(Holda)를 직공의 수호신으로 믿었으며, 우리는 이 신의 배후에서 풍요와 죽음의 신들의 달의 지하적 구조를 보게 된다.[원주135]

여기서 우리가 대상으로 하고 있는 것은 말할 것도 없이 여러 종교적 유형에 속하는 신화, 의례, 상징이 구체화한 아주 복잡한 형태들이다. 이들은 반드시 우주의 리듬을 척도로 하여, 또 생과 사를 떠받들고 있는 달을 직관함으로써 직접 보는 것은 아니다. 한편 우리가 여기서 보는 것은 달과 대지의 어머니라는 종합과 그들이 의미하는 모든 것(선악의 양립, 죽음과 풍요, 운명)이다. 이와 똑같이 우주의 '그물'이라는 신화적 직관을 무엇보다도 달

[원주131] Cumont, *L'Egypte des astrologues*, Brussels, 1937, p. 173.
[원주132] Cumont, *Symbolisme funéraire*, pp. 94, 208.
[원주133] Ovid, *Metamorphoses*, vi, 1 ff.
[원주134] Nonnus, *Dionysiaca*, xli, 294 ff.; Claudian, *De Raptu Proserpinæ*, i, 246 ff.; Krappe, *Etudes de mythologie et de folklore germanique*, Paris, 1928, p. 74 참조.
[원주135] Krappe, "La déesse Holda," in *Etudes*, pp. 101 ff.; Liungman, "Traditionswanderungen: Euphrat-Rhein," Helsinki, 1938, *FFC*, no. 119, pp. 656 ff. 참조.

로만 환원시켜버릴 수는 없을 것이다. 예컨대 인도의 사상에 의하면, 공기는 우주를 '짜고' 호흡(prāna)은 인간의 생명을 '짜고' 있다.[원주136] 우주를 분할하고 있으나 그 통일성을 유지하고 있는 다섯 개의 바람에 대응하고 있는 것은 인간의 생명을 하나의 전체로서 '짜고 있는' 5개의 호흡이다(호흡과 바람의 동일성은 모두 베다 문헌에서 보이고 있다).[원주137] 이와 같은 전통에서 우리가 얻는 것은 살아 있는 전체(우주적이든 소우주적이든)라고 하는 고대적 개념이다. 이 개념에 의하면, 여러 부분들은 그들을 서로 '짜고 있는' 공기적인 힘(바람, 호흡)에 의해 합일하고 있는 것이다.

58. 달과 운명

달은 모든 살아 있는 것의 여왕이며 죽은 자의 확실한 안내자이기 때문에 모든 운명을 '짜고 있는' 것이다. 달이 신화에서 거대한 거미로 직관되지 않는 일은 없다. 이러한 이미지는 상당히 여러 민족의 신화에서 사용되고 있음을 보게 될 것이다.[원주138] 왜냐하면 짠다는 것은 단순히 운명을 만든다거나 여러 현실에 참여하는(우주적인 면에서) 것을 의미할 뿐만 아니라, 거미가 거미줄을 치듯이 자기 자신의 본체의 어떤 것을 **창조**하고 만드는 것을 의미한다. 달은 모든 살아 있는 형태들의 무한한 창조자이다. 그러나 모든 짜여지는 것이 그러한 것처럼, 그렇게 창조된 생명은 어떤 유형으로 굳어지게 된다. 즉 그것들은 운명을 가지고 있는 것이다. 운명의 실을 짜는 모이라들은 달의 여신이다. 호메로스는 이 여자들을 '짜는 자'라고 불렀으며[원주139] 실제로 그녀들 중의 한 사람은 클로토(Clotho), 즉 '짜는 자'라는 이름으로 불렸다. 아마도 그녀들은 원래 탄생의 신이었겠지만 후세의 사상은 그들을 운명의 인격신으로까지 끌어올렸을 것이다. 그러나 달적인 성격

[원주136] *Brhadāranyaka-Up.*, iii, 7, 2.
[원주137] *AV*, xi, 4, 15 참조.
[원주138] Briffault, vol. ii, pp. 624 ff. 참조.
[원주139] Homer, *Odyssey*, vi, 197.

을 완전히 잃어버리지는 않았다. 포르피리에 의하면 모이라들은 달의 힘에 지배되고 있다고 말하고 있다. 그리고 오르페우스교의 문헌은 그들을 달의 일부(ta mere)로 보았다.[원주140] 고대 게르만어에서 운명을 의미하는 말(고대의 고지독일어로 wurt, 고대 노르웨이어로 urdhr, 앵글로색슨어 wyrd)은 '회전한다'는 의미의 인도유럽어의 동사 uert로부터 온 말인데 거기서부터 고대의 고지독일어 wirt(물렛가락), wirtel(물레질) 그리고 네덜란드어 worwelen(회전한다)이 파생한다.[원주141]

물론 대여신이 달, 대지, 식물 등의 힘을 흡수한 문화에서, 대여신이 인간의 운명을 짜기 위해서 사용하는 물렛가락이나 물레질은 그 많은 속성 가운데서도 우월한 속성이 되었다. 기원전 1500년부터 2000년 사이에 물렛가락을 가진 여신이 트로이에서 발견되었다.[원주142] 이러한 형의 도상은 동방에서도 공통적으로 발견된다. 예컨대 이슈타르, 히타이트의 대여신, 시리아의 여신 아타르가티스(Atargatis), 키프로스 섬의 원시적인 신, 에페수스의 여신 등의 손에서 물레질하는 모습을 보게 된다.[원주143] 생명의 실인 운명은 짧고 긴 차이는 있지만 '시간'의 기간을 말한다. 여기서 대여신은 시간의 주인이 된다. 시간은 대여신이 마음대로 창조한다. 산스크리트어로 시간은 칼라(kāla)라고 하는데, 이 말은 대여신의 이름 칼리(Kālī)와 대단히 흡사한 말이다(사실상 이 두 단어 사이에는 관련성이 있음이 확실하다).[원주144] 칼라는 또 검은 것, 어두운 것, 더럽혀진 것을 의미한다. 시간이 검은 것은 시간이 불합리하고 가혹하고 무자비하기 때문이다. 시간의 지배하에 사는 사람들은 온갖 종류의 고통을 당하게끔 되어 있다. 따라서 자유롭게 되고자 하는 사람은 우선 시간을 폐지하고 변화의 법칙에서 도피해야

[원주140] Krappe, *Genèse*, p. 122.
[원주141] 같은 책, p. 103 참조.
[원주142] Eliade, *Mitul reintegrarii*, Bucharest, 1942, p. 33.
[원주143] Picard, *Ephèse et Claros*, Paris, 1922, p. 497 참조.
[원주144] J. Przyluski, "From the Great Goddess to Kala," *IHQ*, 1938, pp. 67 ff. 참조.

한다.[원주145] 인도 전승에 의하면 인류는 현재 칼리유가(Kāliyuga), 즉 '암흑시대'에 있다고 한다. 그것은 모든 혼란의 때, 극심한 영적인 퇴폐, 우주적인 순환이 완료되는 최종단계인 것이다.

59. 달의 형이상학

우리는 이제 이 모든 달의 히에로파니의 특성을 요약하려고 한다. 달의 히에로파니는 무엇을 계시하고 있는가? 그것은 어느 정도까지 논리적으로 정합적이며, 서로 보완하고 있는가? 어느 점까지 '이론'을 구성하고 있는가? 다시 말하면 그 자체로서 하나의 체계를 구성할 만큼 일련의 '진리'를 표현하고 있는가? 우리가 기술한 달의 히에로파니들은 다음과 같은 주제들로 대충 묶어볼 수 있을 것이다.

(1) 풍요(물, 식물, 여성 그리고 신화적 '선조').

(2) 주기적 재생(뱀이나 그 밖의 모든 달의 동물의 상징, 달이 원인이 되어 생긴 홍수의 재앙에서도 살아남은 '새로운 인류', 가입의례적인 죽음과 부활 등).

(3) 시간과 운명(달은 운명을 '측정하고' '짜고', 다양한 우주적 단계와 이질적인 현실들을 상호 '결부시킨다').

(4) 빛과 어둠의 대립에 의해서 표시되는 변화(만월과 신월, '상계'와 '하계', 적대하는 형제와 선과 악) 혹은 존재와 비존재, 가상과 현실의 분극화에 의한 변화(잠재의 상징, 어두운 밤, 암흑, 죽음, 종자, 유충).

이상의 모든 테마에서 지배적인 관념은 만물의 계기에 의해 실현된 '리듬'이라는 관념, 양극화되어 있는 양태의 계기에 의한 '생성'이라는 관념이다(존재와 비존재, 형태와 잠재적 본질, 생명과 죽음 등). 말할 것도 없이 생성은 드라마나 파토스 없이는 생기지 않는다. 달 아래의 이 세계는 단순

[원주145] Eliade, "La Concezione della libertà nel pensiero indiano," ASA, 1938. pp. 345~54 참조.

히 변형의 세계일 뿐만 아니라 고통의 세계, '역사'의 세계이기도 하다. 이 달 아래의 세계에서 생기는 것은 어떤 것도 '영원'할 수가 없다. 왜냐하면 이 법칙은 생성의 법칙이며, 어떤 변화도 종국적인 것은 없고 모든 변화는 단순히 순환적 패턴의 일부분이기 때문이다.

모든 이원론은 그 역사적 기원은 어찌 됐든 그 신화적, 상징적인 예증을 월상 가운데서 보여주고 있다.

하계, 어둠의 세계는 기우는 달로 비유적으로 표현되고 있다(뿔=초승달, 이중의 소용돌이 모양의 상징=반대방향을 한 두 개의 초승달, 다른 것 위에 또 다른 것을 중첩해놓고 함께 묶어놓음=달의 변화, 늙어 뼈만 앙상하게 남은 노인). 상계, 생명의 세계, 성장하는 빛의 세계는 호랑이(어둠과 신월의 괴수)에 의해 비유적으로 표현되고 있다. 바로 그 호랑이의 입에서 인간이 나오는데, 인간은 어린이의 모습으로 나타난다(어린이는 종족의 선조인데, 재생하는 달, 되돌아온 빛으로 비유되고 있다).[원주146]

이러한 이미지들은 고대 중국의 문화권에서 비롯된 것이지만, 이 문화권에서의 빛과 어둠의 상징은 상호 보완적이다. 어둠의 상징인 올빼미는 빛의 상징인 꿩 옆에서 발견된다.[원주147] 이와 똑같이 매미는 어둠의 마신과 빛의 마신, 양쪽 모두와 관계를 갖는다.[원주148] 모든 우주의 차원에서 '암흑'의 시기 뒤에는 순수한, 재생의, '빛의' 시기가 온다. '어둠'으로부터의 탈출이라는 상징은 가입의례나 죽음이나 식물의 드라마(땅속에 묻힌 종자, 어둠, 여기에서 '새로운 식물', 새로운 가입자가 나오는)에도 존재하고 또 역사적인 순환이라는 개념 가운데도 존재하고 있다. '암흑시대' 이후에 우주

[원주146] Hentze, *Objets Rituels*, p. 55.
[원주147] Hentze, *Frühchinesische Bronzen*, Antwerp, 1938, p. 59.
[원주148] 같은 책, pp. 66~67.

의 붕괴(mahāpralaya)를 거쳐 재생한 신시대가 올 것이다. 이와 동일한 관념이 우주의 역사적 순환에 대해서 말하는 모든 전승에서도 발견된다. 그리고 그 관념의 사변적 출발점이 월상의 계시로 된 것은 아니라 하더라도 그 관념은 달의 리듬에 의하여 범형적으로 예증되고 있음에 틀림없다.

이러한 의미에서 암흑시대, 대규모적인 퇴폐와 부패의 시대에 가치를 부여할 수 있다. '역사'가 그 자신을 충실하게 실현하는 것은 이러한 순간에서라고 할지라도 이러한 시대는 초역사적인 의미를 획득한다. 왜냐하면 사물의 균형은 불안정하고 인간의 조건은 무한히 변화되고 있으며 새로운 발전은 법률과 모든 낡은 구조의 붕괴에 의해 고취되고 있기 때문이다. 암흑시대는 어둠과 우주의 밤과 동일시되고 있다. 이와 마찬가지로 죽음도 그 자체로서 긍정적 가치를 표상하게 된다. 즉 그것은 어둠 속에 유충, 동면, 땅속에서 썩어 새로운 형태를 취하고 나타날 가능성이 있는 종자의 상징 등과 똑같은 상징이다.

달은 인간에게 고유의 참된 인간조건을 계시해준다고 말할 수 있다. 그러므로 어떤 의미에서 인간은 달의 삶에서 자기 자신을 보고 자신을 새롭게 발견한다. 그래서 달의 상징이나 신화는 파토스의 요소와 동시에 위안을 준다. 왜냐하면 달은 죽음과 풍요, 드라마와 가입의례 양쪽을 지배하고 있기 때문이다. 달의 양태는 변화와 리듬의 양태이지만, 그뿐 아니라 주기적 회귀의 양태이기도 하다. 이러한 실존의 유형은 불안하게 하기도 하고 위안을 주기도 한다. 왜냐하면 비록 생명의 현시가 덧없는 것이어서 갑자기 모두 사라질 수도 있지만, 달이 지배하고 있는 '영원회귀'에 의하여 회복되고 있다. 이러한 것이 달 아래 세계의 법칙이다. 그러나 냉혹하면서 동시에 위안을 주는 이 법칙은 폐지될 수 있고, 어떤 경우에는 순환적 생성을 '초월'하여 절대적 존재양식을 획득할 수 있다. 이미 기술한 바와 같이(§ 57) 탄트라교의 어떤 기법에 의하면, 인간은 달과 태양의 '합일', 다시 말하면 양극에의 분화를 초극하고 원초의 단일성의 회복을 추구한다. 이 회복의 신화는 종교사 거의 어디에서나 무한히 다양한 형태로 발견할 수 있지만, 그 신화의 근저에는 이원론, 영원회귀, 분할된 실존을 폐기하고자 하는 갈망이 표현되어 있다. 이 신화는 가장 원시적인 단계에서도 발견된다. 인간이 우주 속에서 자기의 상황을 자각했을 때부터 인간은 자기의 인간조건의 극복을 갈망하고 구체적으로 그것을 실현하려고(즉 종교와 주술에 의하여) 노력하였다(인간의 조건에는 달의 조건이 정확하게 반영되어 있다). 이런 종류의 신화에 대하여는 다른 자리에서 다루려고 한다. 그러나 여기서 먼저 언급한 것은 인간이 그의 '달적인 존재양식'을 극복하려고 하는 최초의 시도를 신화들이 나타내주고 있기 때문이다.

제5장
물과 물의 상징

60. 물과 사물의 씨

요약해서 말하면, 물은 잠재적 형질의 전체를 상징하고 있다고 말할 수 있다. 물은 원천과 기원(fons et origo)이며, 모든 존재의 가능성의 모태이다. "물이여, 그대는 모든 사물, 모든 존재의 원천이시다"라고 한 인도의 문헌[원주1]은 오랜 베다 전통을 종합하여 기술하고 있다. 물은 세계 전체의 기초를 이룬다.[원주2] 물은 식물의 본질이자[원주3] 아므리타[원주4]와 같은 불로

[원주1] *Bhaviśyottarapurāṇa*, 31, 14.
[원주2] *Śatapatha-Brāhmaṇa*, vi, 8, 2, 2; xii, 5, 2, 14.
[원주3] *Śat.-Br.*, iii, 6, 1, 7.
[원주4] *Śat.-Br.*, i, 9, 3, 7; xi, 5, 4, 5.

불사의 영약[원주5]이고, 장수와 창조적인 힘을 보증하며 모든 치유의 원리이다.[원주6] 베다의 사제는 "물이 안녕행복을 가져올 수 있게 하소서!"[원주7] "진정으로 치료자인 물이여, 모든 병을 몰아내고 낫게 하소서."[원주8]라고 기도한다.

물은 형태가 없는 것, 잠재적인 것의 원리로서 모든 우주적 표명의 토대이자 모든 씨앗의 용기(容器)로서, 모든 형태가 발생하는 원초의 물질을 상징하고 있다. 물은 그 자신의 퇴행 혹은 대홍수에 의하여 다시 그 형태로 돌아가지 않으면 안 되는 본체이다. 물은 태초에 존재했으며, 역사나 우주의 순환의 종말에 다시 돌아가야 하는 본체이다. 물은 언제까지나 존재할 것이다. 그러나 물은 결코 단독으로는 존재하지 않는다. 왜냐하면 물은 항상 배태력을 가지고 그 긴밀한 단일성 가운데 모든 형태의 잠재적 형질을 포함하고 있기 때문이다. 우주발생론이나 신화, 의례나 도상(圖像)에서도 물은 똑같은 기능을 하고, 어떤 구조의 문화유형 가운데도 물은 존재하고 있다. 즉 물은 모든 형태에 선행하며 모든 창조를 떠받치고 있다. 침례는 형태 이전으로 되돌아감, 완전한 재생, 새로운 탄생으로 회귀하는 것을 상징한다. 왜냐하면 물에 들어감은 형태의 해소, 존재 이전의 무형태성으로 돌아가는 것을 뜻하기 때문이다. 그러므로 물로부터 발생하는 것은 형태의 최초의 표현이라는 창조행위를 반복하는 것을 말한다. 물과의 모든 접촉은 재생을 포함하고 있다. 첫째 형태의 해소는 '새로운 탄생'에 의해 이어지고 침례는 삶과 창조의 잠재력을 증가시키기 때문이다. 물은 가입의례에 의하여 '새로운 탄생'을 부여하고 주술적 의례에 의하여 치유하며, 장례의례에 의하여 사후의 재생을 보증해준다. 물 안에 모든 잠재력이 통합되어 있기 때문에 물은 생명의 상징('생명수')이 된다. 물은 씨앗을 풍부하게 포함하고 있기 때문에 대지, 동물, 여성을 풍요롭게 한다. 물은 자신 안에 모든

[원주5] Śat.-Br., iv. 4. 3. 15 등.
[원주6] RV. i. 23. 19 ff.; x. 19. 1 ff. 등.
[원주7] AV. ii. 3. 6.
[원주8] AV. vi. 91. 3.

가능성을 내포하고 있고 매우 유동적이며, 만물의 성장을 떠받들고 있어서 달과 비교되거나 동일시되기조차 한다. 물의 리듬은 달의 리듬과 동일한 유형을 가지고 있다. 둘 다 모든 형태의 주기적인 출현과 소멸을 지배하며, 만물의 성장에 순환적 형태를 부여하기 때문이다.

선사시대부터 이미 물, 달, 여성이라는 유형은 인간과 우주의 풍요의 순환궤도를 형성하는 것으로 보였다. 신석기시대의 도자기에서(소위 발터니른부르크-베른부르크 문화) 물은 ∨∨∨라는 기호로 표시되었는데, 이 기호는 이집트 최고의 신성문자에서도 흐르는 물을 나타내는 것이었다.[원주9] 구석기시대에도 나선은 물과 달의 풍요를 상징하고 있다. 즉 여성의 우상에 새겨진 나선은 이 모든 생명과 풍요의 중심을 하나로 통합한다.[원주10] 아메리칸 인디언의 신화에서 물에 해당하는 신성문자(구름에서 물방울이 떨어져 가득 찬 병)는 언제나 달의 표장과 결합되어 있다.[원주11] 나선, 달팽이(달의 표상), 여성, 물, 물고기 등은 본질적으로 모두 풍요의 상징화에 속하며, 그것은 우주의 모든 면에서 검증되고 있다.

이것을 분석하면서 우리는 그것을 산출해낸 의식에 의하여 우주라는 하나의 단일체를 여러 가지 요소로 분할하고 세분화시켜버리는 위험에 빠질 수 있다. 동일한 상징은 현실의 여러 상을 전체로서 지시하고 환기하지만, 오직 세속적인 경험만이 그것을 별개의, 자율적인 것으로 보게 한다. 어떤 표장이나 고대언어에 속하는 말이 지닌 상징적인 다원적 가치는, 그것을 마음속에 품은 자에게는, 세계는 유기적인 전체로서 계시되고 있음을 우리에게 계속적으로 보여주고 있다.[역주1] 수메르어의 a는 '물'을 의미하지만 동시에 '정액, 수태, 생산'도 의미한다. 예컨대 메소포타미아의 조각에서 물이

[원주9] Kuhn, Epilogue to Hentze, *Mythes et symboles lunaires*, p. 244
[원주10] 같은 책, p. 284.
[원주11] Leo Wiener, *Mayan and Mexican Origins*, Cambridge, 1926, pp. 49 ff., 84 ff.에 있는 Sahagun의 Codex Nuttal 등의 복사본 참조.
[역주1] 고대의 언어는 상징적, 다원적 가치를 지키고 있으며, 그런 언어의 세계에서 보면 세계는 분리, 단절되어 있지 않고 유기적이고 전체적이라는 말이다.

나 상징적인 물고기는 풍요의 표장이다. 오늘날까지도 미개인들은 물을 정액과 동일시하고 있다(일상적인 경험에서는 항상 그렇지 않지만 신화에서는 대개의 경우 동일시되고 있다). 와쿠타 섬의 신화에서는 여자의 몸에 빗방울이 닿았기 때문에 처녀성을 잃었다고 묘사하고 있다. 트로브리안드 제도에서는 영웅 투다바(Tudava)의 어머니 볼루투크와(Bolutukwa)가 처녀성을 잃은 것은 종유석에서 떨어진 물이 그녀의 몸에 닿았기 때문이라고 말하고 있다.[원주12] 뉴멕시코의 피마 인디언도 그와 유사한 신화를 가지고 있다. 즉 절세의 미녀(대지의 어머니)가 구름에서 떨어진 물 한 방울로 임신을 하였다고 한다.[원주13]

61. 물에 의한 우주창조

비록 시간적, 공간적으로는 각각 떨어져 있다 해도 이런 것들은 우주론적인 전체를 이루고 있다. 물은 존재의 모든 차원에서 생명과 성장의 근원이다. 인도 신화에는 태초의 물이라는 주제를 다룬 여러 가지 이야기가 있는데, 그 원시의 물 위에 나라야나(Nārāyaṇa)가 떠 있고 그 배꼽에서 우주나무가 자라는 것으로 되어 있다. 푸라나 전통에서는 우주나무 대신에 연꽃의 중심에서 브라흐마(abjaja, '연꽃에서 태어남')가 태어나는 것으로 되어 있다.[원주14] 그리고 여기에서 다른 신들도 차례차례 태어난다. 즉 바루나, 프라자파티, 푸루샤, 브라만(Svayaṁbhū), 나라야나, 비슈누 등이 그들이다. 이들은 동일한 우주창조 신화를 표현하고 있다. 그러나 물은 이 모든 신들 가운데 한 속성으로 아직도 남아 있다. 후에 이 물의 우주창조는

[원주12] B. Malinowski, *The Sexual Life of Savages in North-Western Melanesia*, London, 1935, p. 155.
[원주13] Russell, "The Pima Indians," *Annual Report of the Bureau of Ethnology*, xxvi, 1903~1904, Washington, 1908, p. 239.
[원주14] Coomaraswamy, *Yakṣas*, Washington, 1928, vol. ii, p. 24에서 참고했음.

도상이나 장식예술에서 일반적인 주제가 되었다. 즉 식물이나 나무는 야차(夜叉, 다산과 생명의 화신)의 입이나 배꼽에서 나오거나 바다의 괴물(makara), 달팽이 또는 '흘러넘치는 병'에서 나온다. 그러나 대지를 대표하는 상징으로부터 직접 나오지는 않는다.[원주15] 앞에서 이미 살핀 바와 같이 물은 모든 창조, 견고하게 확립된 모든 것, 모든 우주적인 표명에 선행하고 그것을 떠받들고 있다.

나라야나는 물위에 아무 근심 없이 행복하게 떠 있는데, 이 경우 물은 휴식과 미분화의 상태, 즉 우주의 밤을 상징한다. 나라야나는 잠들어 있다. 그리고 그의 배꼽에서, 즉 그 '중심'(§145 참조)에서 우주의 최초의 형태가 태어난다. 연꽃은 우주의 파동, 생명을 싹트게 하는 힘을 가지고 있지만, 아직 잠들어 있는 수액의 상징이며, 아직 의식에 이르지 못한 생명의 상징이다. 모든 창조물은 하나의 유일한 원천에서 태어났으며 그에 의해 유지된다. 다른 설화에 의하면, 비슈누는 세 번 화신한 모습(거대한 멧돼지로)으로 나타났다가 원시의 물의 심연으로 내려가 그 깊은 물 속으로부터 대지를 이끌어올린다.[원주16] 이 해양적인 기원과 구조를 가진 신화는 유럽의 민간전승에도 보존되어 있다.

바빌로니아의 우주창조설도 물의 카오스, 원초의 대양을 뜻한다. 즉 압수(apsu)와 티아마트(tiamat)에 관하여 말하고 있다. 압수는 대양을 인격화한 것으로서, 나중에는 이 신선한 물 위에 육지가 떠 있게 되었다. 티아마트는 쓴 소금물 바다를 인격화한 것으로, 여기에는 괴물이 살고 있다. 창조를 노래하는 시편 「에누마 엘리시」(Enuma Elish)는 다음과 같이 노래하고 있다.

높은 하늘에 아직 이름이 붙여지지 않았을 때,

[원주15] 같은 책, p. 13.
[원주16] *Taittirīya Brāhmaṅa*, i, 1, 3, 5; *Śatapatha-Br*., xiv, i, 2, 11; *Rāmāyaṇa*, Ayodhya-Khaṇḍa, CX, 4 참조; *Mahābhārata*, Vana-Prāṇa, cxlii, 28~62, cclxxii, 49~55; *Bhagavata Purāṇa*, iii, 13 등.

아래 땅에 아직 이름이 붙여지지 않았을 때,
천지를 낳은 원초의 압수와
뭄무와, 천지의 어머니인 티아마트가
각각 그들의 물을 합류시켰을 때……. [원주17]

태초에 물이 있었고, 거기서부터 여러 세계가 생겼다는 전통은 고대의 그리고 '원시적'인 우주창조설의 많은 변형 가운데서 발견되고 있다. 이 점에 대하여는 덴하르트가 쓴 『자연설화』[원주18]를 참조할 것이며, 좀더 상세한 참고문헌으로는 스티스 톰슨의 『민속문학의 주제별 색인』[원주19]을 보기 바란다.

62. 우주의 어머니로서의 물

물은 만물의 모태이다. 즉 물은 모든 잠재적 형질을 내포하고 있고 그 안에서 모든 생명의 씨가 자라나고 있기 때문에, 신화와 전설에서 물로부터 인류와 특정의 인종이 발생했다고 보는 것은 쉽게 이해가 된다. 자바 섬 남쪽 해안에는 세가라 아나칸(segara anakkan), 즉 '어린이의 바다'가 있다. 브라질의 인디언 카라자족은 '그들이 아직 물에서 살았던' 신화시대를 회상하고 있다. 후안 데 토르케마사(Juan de Torquemada)는 멕시코의 신생아 세례식을 기술하면서 그들이 부르는 주문을 몇 개 기록하고 있다. 그 주문 가운데 어린아이의 진정한 어머니라고 생각되는 물의 여신 찰치휘틀리크 찰치유틀라토낙(Chalchihuitlycue Chalchiuhtlatonac)에게 어린애를 바치는 대목이 있다.

아이를 물 속에 집어넣기 전에 그들은 이렇게 말한다. "이 물을 마셔라. 물의 여신 찰치휘틀리크 찰치유틀라토낙이 너의 어머니이니라. 이 목욕으

[원주17] *Enuma Elish*, i, 1~5.
[원주18] Dähnhardt, *Natursagen*, i, 1~89.
[원주19] S. Thompson, *Motif-Index of Folf Literature*, vol. i, pp. 121 ff.

로 너의 부모로부터 받은 죄와 허물을 씻도록 하라……." 그리고는 어린아이의 입과 가슴, 머리에 물을 바르면서 이렇게 말한다. "아가야, 너의 어머니, 물의 여신 찰치휘틀리크를 받아라."[원주20] 고대의 카렐리아인, 모르도바족, 에스토니아인, 체레미스족, 그 밖에 핀우고르족에게는 모수신앙(母水信仰)이 있는데, 부인들은 이 물을 향해 자식을 점지해달라고 기도한다.[원주21] 불임의 타타르족 여인들은 연못가에서 무릎을 꿇고 기도하는 습관이 있다.[원주22] 물의 창조적인 힘은 물밑의 진흙 리무스(limus)에 있다. 사생아들은 못에서 자라는 식물과 동일시되어 무진장한 발생의 모태인 못물 밑의 진흙에 던져진다. 그럼으로써 사생아는 제의적으로 잡풀이나 늪에서 자란 골풀처럼 그들이 살아온 더럽혀진 삶 쪽으로 재통합된다. 타키투스는 독일인의 관습에 대하여 다음과 같이 말하였다.

겁쟁이나 비겁자 및 간음자는 머리 끝에서부터 발(簀)로 가려 진흙못 가운데 잠기게 한다(Ignavos et imbelles et corpore infames caeno ac palude, iniecta insuper crate mergunt).[원주23]

물은 생명에 자양분을 주고, 비는 정액처럼 수정시켜준다. 우주창조의 에로틱한 상징에 의하면, 하늘은 비를 내려 땅을 포옹하고 수정시킨다. 이와 동일한 상징은 보편적으로 발견된다. 독일에는 '아기우물'(Kinderbrunnen), '아기못'(Kinderteichen), '소년의 샘'(Bubenquellen)이 풍부하다.[원주24] 옥스퍼드 주에서는 아기우물이 불임한 여성을 임신시켜주는 샘으로 유명하다.[원주25] 이런 종류의 많은 신앙들은 '대지의 어머니'라는

[원주20] Nyberg, *Kind und Erde*, Helsinki, 1931, pp. 113 ff.
[원주21] Holmberg-Harva, *Die Wassergottheiten der finnisch-ugrischen Völker*, Helsinki, 1913, pp. 120, 126, 138 등.
[원주22] Nyberg, p. 59.
[원주23] Tacitus, *Germania*, 12.
[원주24] Dieterich, *Mutter Erde*, 3rd ed., Berlin, 1925, pp. 19, 126.

개념이나 샘의 에로틱한 상징과 깊이 연결되어 있다. 그러나 인간의 혈통이 대지, 식물, 돌로부터 비롯되었다는 이 같은 신앙 밑바닥에서 다음과 같은 동일한 근본적 개념을 발견할 수 있다. 생명, 다시 말해 **실재**는 직접적인 혈통에 의해서든 상징적인 참여에 의해서든 모든 살아 있는 형태들이 만들어져 나온 하나의 우주적 본체에 집중되었다는 것이다. 수생동물, 특히 물고기(이것도 에로틱한 상징을 겸비하고 있다), 바다의 괴수 등은 성의 표징이 되었다. 왜냐하면 그것은 물에 응집되어 있는 **절대적 실재**를 표상하고 있기 때문이다.

63. 생명수

창조의 상징으로서 모든 생명의 씨의 묘상(苗床)인 물은 지고의 주술적인 약효가 있는 물질이 되었다. 즉 물은 치유하고 젊음을 회복시켜주고, 영원한 생명을 보증한다. 이 물의 원형은 '살아 있는 물'이다. 후세의 사변에 의하여 그것은 가끔 하늘의 어딘가에 존재하는 것으로 투영되기도 하였다. 그런 의미에서 천공의 소마(soma)나 천공의 흰 하오마(haoma) 등이 존재하는 것이다. 살아 있는 물, 청춘의 샘, 생명수 등은 물 안에 생명, 힘, 영원이 존재한다는 동일한 형이상학적, 종교적 실재를 신화적으로 표현한 것이다. 물론 이 물은 모든 사람이 아무렇게나 접근할 수 있는 것은 아니다. 이 물은 괴물들이 지키고 있다. 이 물은 쉽게 들어갈 수 없는 영역에 존재하며 마신이나 신들이 점유하고 있다. 이 '살아 있는 물'의 수원지에 가서 그것을 획득하는 것은 일련의 성별식과 '시련'을 포함하는데, '생명의 나무'를 찾는 경우도 이와 똑같다(§108, 145). '늙지 않는 강'(vijara-nadī)은 『카우시타키 우파니샤드』[원주26]에서 언급되는 기적의 나무 곁에서 흐르고 있다. 요한계시록[원주27]에는 그 두 개의 상징이 나란히 있다.

[원주25] McKenzie, *Infancy of Medicine*, London, 1927, p. 240.
[원주26] *Kauṣitaki Upaniṣad*, 1, 3.
[원주27] 요한계시록 22 : 1~2.

주님과 어린양의 옥좌로부터 수정같이 맑은 생명수의 강을 내게 보이심이라. …… 강가 양쪽에는 생명의 나무가 있었다.[원주28]

'살아 있는 물'은 젊음을 회복시켜주고 영원의 생명을 부여해준다. 이 책의 전개에 따라 분명해질 테지만, 모든 물은 점진적인 과정에 의하여 생산, 치료, 약효를 가진 것으로 생각하게 되었다. 현대에도 병든 아이들은 콘월의 성 맨드런의 우물에 세 번 잠기게 한다.[원주29] 프랑스에서 병을 치료하는 힘이 있는 것으로 여겨지는 강[원주30]이나 샘[원주31]은 상당한 수에 이르고 있다. 또 사랑에 자비스런 영향을 미치는 강들도 있다.[원주32] 이런 물 이외에도 민간치료적인 가치를 가진 물도 있다.[원주33] 인도에서는 병(病)은 물에 던져버린다.[원주34] 핀우고르족은, 어떤 병은 흐르는 물을 속화(俗化)했거나 더럽힌 결과라고 생각한다.[원주35] 물의 신비스러운 효력에 대하여 간략히 고찰했거니와 결론으로 나는, 대부분의 주술이나 민간약에서 사용되고 있는 '새 물'의 역할에 주목하고자 한다. 새 물, 즉 일상의 사용으로 속화되지 않은, 새 병 속에 들어 있는 물은 원초적 물이 가진 생명을 창조하고 기르는 모든 가치를 포함하고 있다. 그것은 어떤 의미에서 창조를 다시 만들기 때문에 치료를 한다. 이 책의 뒤에서 주술적 행위가 우주창조의 반복임을 살피려고 한다. 주술적 행위는 세계가 처음 창조되었을 때인 신화적 시간으로 투영되어 태초에 행해졌던 일들을 반복하고 있기 때문이다. '새' 물을

[원주28] 에스겔서 47 참조.
[원주29] McKenzie, pp. 238 ff.
[원주30] Sébillot, *Le Folklore de France*, Paris, 1905, vol. ii, pp. 327~87.
[원주31] 같은 책, pp. 256~91.
[원주32] 같은 책, pp. 230 ff.
[원주33] 같은 책, pp. 460~66.
[원주34] Rönnow, *Trita Aptya, eine vedische Gottheit*, Uppsala, 1927, pp. 36~37.
[원주35] Manninen, *Die dämonistischen Krankheiten in finnischen Volksaberglauben*, Helsinki, 1922, pp. 81 ff.

사용하는 민간요법의 경우, 원초의 물질에 접촉시켜 병자를 주술적으로 재생시키는 것이다. 이때 물은 모든 형태를 동화시키고 붕괴시킬 수 있는 힘에 의하여 병을 흡수해버리는 것이다.

64. 침례의 상징

물에 의한 정화도 똑같은 특성을 가진다. 즉 물에서 모든 것이 '용해되고' 모든 '형태'가 없어지며, 현상으로 일어난 모든 것들은 존재를 상실한다. 이전에 존재했던 것은 침수 후에는 아무것도 남지 않는다. 그 외형도 '상징'도 '사건'도 찾아볼 수 없다. 침례는 인간적 차원에서는 죽음에 상응하고 우주적 차원에서는 대재해(홍수)에 상응한다. 홍수는 세계를 주기적으로 원초의 대양으로 용해시켜버리는 것이다. 물은 모든 형태를 부수고, 모든 역사를 폐기시킴으로써 정화, 재생, 새로운 탄생의 힘을 소유하게 된다. 물 속에 들어가는 것은 '죽음'을, 물에서 다시 나오는 것은 어린이와 같이 죄나 과거가 없고 새로운 계시를 받아들이고 새롭고 참된 삶을 시작하는 것을 말한다. 이것은 구약성서 에스겔서에도 쓰여 있다. "나는 너에게 깨끗한 물을 부으리라. 너는 깨끗해지리라."[원주36] 또 예언자 스가랴는 영적으로 다음과 같은 것을 본다. "그날이 오면, 샘이 터져 다윗 가문과 예루살렘 성민들의 죄와 때를 씻어주리라."[원주37]

물은 지나간 시간을 무화시키고, 비록 일순간일지라도 그 사물의 원초의 상태 그대로의 완전함을 회복시켜주기 때문에 정화하고 재생하는 일을 한다. 이란의 물의 신 아르드비수라 아나히타(Ardvisura Anahita)를 부를 때는 이렇게 한다.

가축의 무리와…… 재산과…… 부와…… 토지를 번식시키는 성스러운

[원주36] 에스겔서 36 : 25.
[원주37] 스가랴서 13 : 1.

신, 모든 남성의 정액과 모든 여성의 자궁을 깨끗하게 하는 이, 여성에게 필요한 젖을 주는 성스러운 신이여![원주38]

세정식(ablution)은 죄,[원주39] 죽은 자의 불길한 출현,[원주40] 광기(아르카디아의 클리토르 샘)[원주41] 등으로부터 인간을 정화하고 죄를 소멸해주며 육체와 정신이 붕괴되는 걸 저지한다. 세정식은 중요한 종교적 행위를 하기 전에 하는데, 이것을 통해 인간은 성스러운 질서에 들어갈 준비를 갖추게 된다. 신전에 들어가기 전이나[원주42] 제물을 바치기 전에는 세정식이 있다.[원주43]

고대세계에서는 왜 신상을 물에 잠기게 했는가 하는 문제도 물에 의한 재생이라는 똑같은 의례로 설명할 수 있다. 목욕재계는 일반적으로 풍요와 농경의 대여신에게 드리는 예배 때 했다. 이를 통해 여신의 쇠약해진 힘이 회복되고 풍작(주술적인 의례로서 침례는 비를 오게 한다)과 재물의 증가가 보증된다. 3월 27일(Hilaria)에는 프리기아의 어머니 키벨레의 '목욕'이 있는 날이다. 신상의 침례는 강이나(페시누스에서는 키벨레는 갈로스 강에서 침수되었다) 못에서(안치라, 마그네시아 등에서) 거행되었다.[원주44] 아프로디테의 목욕은 파포스에서 있었다.[원주45] 또 파우사니아스는 시키온에서의 여신의 침례(loutrophoroi)를 묘사하고 있다.[원주46] 3세기에는 칼리마쿠스가 아테네 여신의 목욕을 노래불렀다.[원주47] 이 의례는 크레타 섬이나

[원주38] *Yasna*, 65.
[원주39] *Æneid*, ii, 717~20.
[원주40] Euripides, *Alcestis*, 96~104.
[원주41] Vitruvius, *De Architect.*, 8; Saintyves, *Corpus du folklore des eaux en France et dans les colonies françaises*, Paris, 1934, 115.
[원주42] Justin, *Apolog. I*, 57, 1.
[원주43] *Æneid*, iv, 634~40; Macrobius, *Sat.*, iii, 1 등.
[원주44] Graillot, *Le Culte de Cybèle*, Athens, 1912, pp. 288, 251, n. 4 등 참조.
[원주45] *Odyssey*, viii, 363~66.
[원주46] Pausanias, ii, 10, 4.

페니키아의 여신 숭배에서 흔히 볼 수 있으며,[원주48] 또 게르만민족의 몇몇 부족 사이에도 잘 알려져 있다.[원주49] 가뭄이 계속되면 비를 내려달라고 십자가나 성모 마리아상, 성인의 상을 침례하는 의식이 13세기부터 가톨릭 교회에서 행해졌는데, 교회 당국이 이를 금하였음에도 불구하고 19, 20세기까지 계속되고 있다.[원주50]

65. 세례

정화와 재생의 수단으로서의 침례라고 하는, 태고 때부터의 초종파적인 상징화는 그리스도교에 받아들여짐으로써 새로운 종교적 가치를 부가하게 되고 그 내용이 더 풍부해졌다. 성 요한의 세례는 신체적 불구자를 치료하려는 것이 아니라 영혼의 구원, 죄의 용서를 행하는 쪽으로 이루어졌다. 세례 요한은 "죄의 사함을 얻기 위한 회개의 세계를"[원주51] 설교하였다. 그리고 이렇게 덧붙여 말했다. "나는 여러분에게 물로 세례를 주지만, 나보다 더 권능이 있는 분이 오시며…… 그는 여러분에게 성령과 불로 세례를 준다."[원주52] 그리스도교에서 세례는 영적 재생의 중요한 수단이 되었다. 세례를 받을 때 물에 들어감은 그리스도와 함께 무덤에 묻히는 것과 같기 때문이다. 성 바울은 이렇게 말하고 있다.

> 예수 그리스도 안에서 세례를 받은 우리는 그의 죽으심으로 세례를 받았음을 알지 못하느냐.[원주53]

[원주47] *Hymn.*, v. 1~17, 43~54.
[원주48] Picard, *Ephèse et Claros*, Paris, 1922, p. 318.
[원주49] Hertha; Tacitus, *Germania*, 40 참조.
[원주50] Saintyves, pp. 212 ff., 215 ff. 참조.
[원주51] 누가복음 3 : 3.
[원주52] 누가복음 3 : 16.
[원주53] 로마서 6 : 3.

인간은 침례를 통해 상징적으로 죽고 그리스도가 무덤에서 부활하듯이 재탄생, 정화, 갱신한다.

우리는 세례를 통해 그리스도와 함께 무덤에 묻혔다가 그리스도가 성부의 영광으로 죽음으로부터 부활하듯이 우리 역시 삶의 새로움 속을 걷게 될 것입니다. 우리가 그의 죽음과 똑같이 묻혔다면 그의 부활과 똑같이 다시 살기 때문입니다.[원주54]

세례의 상징성을 해석한 방대한 교부(敎父)신학서 가운데 다음 두 가지만을 특기하려고 한다. 첫째는 물의 구원론적 가치와 관계된 것이고, 둘째는 죽음과 재생의 세례적 상징과 관련된 것이다. 테르툴리아누스는 태초부터 신의 재림에 의하여 성별된 우주창조의 기본 요소인 물의 신비한 특성에 대하여 긴 글을 쓰고 있다.

물은 성령의 첫번째 자리고, 성령은 다른 모든 요소들보다 물에게 자리를 부여하였다. ……살아 있는 피조물을 창조하도록 최초로 요구받은 것은 물이었다. ……생명을 가진 것을 최초로 낳게 한 것은 물이었다. 그 결과 어느 날 세례에서 물이 생명을 낳게 된다고 하여도 놀라지 않았다. 하느님은 인간을 형성할 때 물을 사용하여 그 업을 완성하셨다. 땅이 신의 업에 물질을 제공해주는 것은 사실이다. 그러나 땅이 만약 습기가 없고 물이 없다면 이 업을 하기에는 부적격이었을 것이다. 대지의 생명을 낳는 것이 어째서 천공의 생명을 낳는 것이 아니라고 할 수 있겠는가? ……그러므로 모든 자연수는 그 시원에서부터 보유하여온 고대적 특권 때문에 신에게 기도하기만 하면 성례식에서 성별의 힘을 획득하는 것이다. 기도를 올리자마자 하늘에서 내려온 성령은 물에 머물러 물의 다산성에 의해 성별한다. 그러므로 성별된 물은 이제 그 자신이 성별력으로

[원주54] 로마서 6:4 이하.

가득차게 된다. ……옛날에 육체를 치료하기 위해 사용되었던 것이 지금은 영혼을 치료한다. 즉 시간 속에서 건강을 주던 것이 영원 속에서 구원을 주는 것이다…….[원주55]

회개하지 않은 사람은 물에 잠김으로써 죽고, 다시 태어나는 새로운 존재로 탄생된다. 이 상징은 요한 크리소스톰[원주56]에 의해 완전하게 정식화되었다. 그는 세례의 다원적인 상징적 가치에 대하여 다음과 같이 말하고 있다.

세례는 죽음과 묻힘, 삶과 부활을 나타내고 있다. ……우리가 머리를 무덤 속에 묻듯이 물 속에 담글 때 회개하지 않은 사람은 잠기고, 즉 완전하게 묻히고, 우리가 물에서 나올 때는 새사람이 나타난다.

이른바 세례의 '선사'(先史)라고 하는 것은 모두 똑같은 목적, 즉 죽음과 부활을 목적으로 하고 있다. 비록 그것이 그리스도교에 의해 창시된 것과는 다른 종교적 차원에 있었다 할지라도, 여기서는 양자 사이의 '영향'이니 '차용'이니 하는 말이 문제 될 수 없다. 왜냐하면 이러한 상징은 원형적이고 보편적이기 때문이다. 그것은 우주에서의 인간의 위치를 보여주고 동시에 신에 대한(절대적 **실재**에 대한), 또 역사에 대한 인간의 자세를 평가해준다. 물의 상징은 우주를 통일체로, 그리고 인간을 우주 속에 있는 특수한 존재양식으로 본 직관의 산물이다.

66. 죽은 자의 갈증

물의 장례적 용법도 물의 우주창조적, 주술적, 치유적 기능을 물에게 부

[원주55] Tertullian, *De Bapt.*, iii~v.
[원주56] *Homil. in Joh.*, xxv. 2; Saintyves, p. 149.

여했던 것과 똑같은 유형으로 설명된다. 물은 '죽은 자의 갈증을 풀어준다'. 물은 죽은 자를 용해시켜 죽은 자를 사물의 근원과 결합시킨다. 즉 물은 죽은 자의 인간적 조건을 결정적으로 폐기시키고, '죽은 자를 살해하여'버린다.[원주57] 명계는 인간의 조건을 일종의 유충적 차원으로 축소하여 죽은 자에게 남기고 있기 때문에 죽은 자에게는 고통의 가능성이 여전히 보존되어 있는 것이다. 죽음에 대한 여러 가지 개념이 있지만 어떤 개념이라 하더라도 완전히 죽는 것이 아니고 죽음이 기본적인 존재형식으로 주어졌을 뿐이다. 죽음은 완전한 소멸이 아니라 퇴행이다. 즉 우주적 순환(윤회)으로 회귀하거나 혹은 결정적인 해방을 대망하면서 죽은 자의 혼은 **고통**을 겪는데, 이 고통은 일반적으로 **갈증**으로 표현되었다.

부자는 지옥의 불 속에서 아브라함에게 갈구한다.

> 아브라함 할아버지, 제게 자비를 베풀어주십시오. 나사로를 보내어 그 손가락 끝에 물을 찍어 제 혀를 적셔서 시원하게 해주십시오. 저는 이 불꽃 속에서 심한 고통을 받고 있습니다.[원주58]

오르페우스교의 석판(엘레우테르네에 있다)에는 "나는 탄다. 갈증으로

[원주57] 이 개념은 철학적 사색에도 남아 있다. 헤라클레이토스는 "영혼에 있어서 죽음은 물이 되는 것이다"라고 말했다. "건조한 영혼이 가장 현명하고 가장 좋다"는 이유가 여기에 있다. 습기가 영혼을 육체로부터 '해체'하여 그들을 다시 자라게 하고 다시 낮은 생명의 형태로 윤회시킨다고 하는 두려움이 그리스의 구원론(soteriology) 가운데 자주 보인다. 오르페우스교의 어떤 단상에는(Clement, *Strom.*, vi. 2. 17. 1: Kern, p. 226) "혼에 있어서 물은 죽음이다"라고 기록하고 있고, 포르피리오스(Porphyry, *De Antro Nympharum*, 10~11)는 죽은 자의 영혼이 그들의 재육화(再肉化)의 열망으로 물로 기울어지는 경향이 있음을 설명한다. 후대에 와서 물의 생명발생적 기능은 경시되는 듯하다. 그 이유는 사후에 최상의 행복은 우주의 순환 가운데로 재통합되는 것이 아니라 반대로 유기형태의 세계로부터 최고천으로, 천상계로 도피하는 것이라고 생각되기 때문이다. 이 때문에 태양의 궤도나 '한발'이 극히 중대시되는 것이다.

[원주58] 누가복음 16 : 24.

쇠진하였다……"라고 새겨져 있다. 아폴론제(Hydrophoria) 기간에는 죽은 자를 위해서 갈라진 틈(chasmata)으로 물을 붓는다. 그리스인들은 아테네의 꽃과 신주의 축제(Anthesteria) 때에, 즉 봄비가 내리기 바로 직전에 죽은 자들은 목이 탄다고 믿고 있다.[원주59] 죽은 자의 영혼이 갈증으로 고통받는다는 사상은 특히 더위와 가뭄이 끊임없는 위협이 되고 있는 민족(메소포타미아, 아나톨리아, 시리아, 팔레스타인, 이집트)에게 두려움의 대상이 되고 있다. 따라서 죽은 자를 위해서 신주(libation)를 바치는 것도 주로 이들 사이에서이다. 이들은 내세의 행복을 시원한 세계로 상상하고 있다.[원주60] 사후의 고통은, 모든 인간의 경험이나 고대의 이론을 기술할 때처럼 아주 구체적인 용어로 표현되고 있다. '죽은 자의 갈증'이나 아시아인의 지옥의 '불꽃' 등을 북구인들은 '낮은 온도'를 표현하는 용어(차가운, 떨리는, 얼어붙은 늪 등)로 대치하고 있다.[원주61]

그러나 갈증과 추위는 고통, 드라마, 동요를 표현한다. 죽은 자는 항상 똑같은 상태, 인간의 조건이 비교적 열악한 상태에만 머물러 있을 수 없다. 신주로 그들을 '충족'시키고자 한다. 즉 물을 통한 '해갈'로 고통을 없애고 그들을 재생토록 한다. 이집트에서 죽은 자는 때때로 오시리스와 동일시되어, 죽은 자는 '농경적 운명' 즉 그 신체가 씨앗과 똑같이 발아하기를 기대할 수 있다. 대영박물관에 있는 묘석에는 죽은 자가 라 신을 향하여 "그의 신체가 씨처럼 성장하도록" 기도하는 글이 있다.[원주62] 그러나 제사 때 바치는 술이 항상 '농경적' 의미로만 쓰인 것은 아니다. 즉 그 목적이 언제나 '죽은 자의 발아', '종자'나 새로운 초목(neophutos, neophyte)으로 변모한

[원주59] Gernet, *Génie grec*, Paris, 1932, p. 262의 참조사항을 보라. Schuhl, *La formation de la pensée grecque*, Paris, 1934, pp. 119, n. 2, 210, n. 2.
[원주60] Parrot, *Le "Refrigerium" dans l'u-delà*, Paris, 1937, passim; Eliade, *CZ*, 1938, i, pp. 203 ff. 참조.
[원주61] Eliade, *Insula lui Euthanasius*, p. 95; *CZ*, i, p. 205 참조.
[원주62] Parrot, p. 103, n. 3; *CZ*, i, p. 206 외 여러 가지 참고했음.

것은 아니었고, 원래는 '진정', 즉 인간조건의 소멸, '물'로의 완전한 침례였다. 그리하여 그는 새로운 탄생을 달성할 수 있는 것이다. 장례의 신주가 때때로 '농경적 운명'을 동반하고 있는 것은 그와 같은 인간적 조건이 최종적으로 붕괴한 결과일 뿐이다. 다시 말하면, 그것은 해갈뿐만 아니라 생명을 싹트게 할 수 있는, 물이 지닌 힘에 의해 가능해지는 새로운 표명의 양식인 것이다.

67. 기적과 신탁의 샘

역사 가운데는 물에 주어진 이와 같은 다원적인 종교적 가치에 대응하는 샘이나 강, 하천과 연결된 많은 예배와 의례가 있다. 이 모든 예배들은 원래는 우주창조적인 요소로서의 물의 성성에 기반을 둔 것이지만, 어느 특정한 하천이나 샘에 성의 국지적인 에피파니나 표명에 기반을 둔 예배이기도 하다. 이 국지적인 에피파니는 그 위에 구축된 종교구조와는 무관하다. 물은 흐른다. 물은 '살아 있고' 움직인다. 물은 영감을 주고 치료하고 예언한다. 샘과 하천은 그 자체로서 힘, 생명, 영속성을 현시하고 있다. 샘이나 개울은 존재하고 있으며 살아 있다. 따라서 샘이나 개울은 자율성을 획득하고 있으며 그들에 대한 예배는 다른 에피파니나 어떤 종교개혁에도 불구하고 연면히 끝까지 존속되었다. 그들은 언제나 자신에게 고유한 성스러운 힘을 계시하였으며 물 자체의 특성도 분유하고 있다.

물의 예배, 특히 온천수나 식염수 등 치료효과가 있는 샘에 대한 예배는 그와 같은 연속성을 나타내고 있다. 어떠한 종교개혁으로도 이 예배를 폐지시키지는 못하였다. 민중의 깊은 신앙심에 의해 지켜져온 물의 예배는 중세기 들어 그리스도교의 탄압이 있었지만 별 효과가 없었고 마침내 그리스도교도 묵인하기에 이르렀다. (이에 대한 반발은 4세기 이후 예루살렘의 성 키릴로스에 의해 개시되었다.[원주63] 교회의 금지령은 제2차 아를 공

[원주63] *Catech*., xix. 8.

의회(443년 혹은 452년)로부터 1227년의 트레베 공의회까지 거듭되었다. 더욱이 상당한 양의 논쟁, 사목교서, 기타의 문헌 등은 교회가 물의 숭배에 대해 벌인 투쟁을 분명하게 보여준다.[원주64]) 어떤 물의 숭배는 신석기시대부터 현재까지 지속되어온 것처럼 보이는 것도 있다. 예컨대 그리지의 온천에서는(생 생포리앵 드 마르마뉴 읍) 신석기시대나 로마 시대의 봉납물이 발견된다.[원주65] 이와 유사한 신석기시대 예배의 흔적(봉납물이 었음을 보여주는 깨어진 유리조각들)이 오늘날 생 소뵈르 샘(콩피에뉴 숲)에서 발견되었다.[원주66] 이 물의 숭배는 그 기원이 선사시대까지 거슬러 올라가며, 갈리아인에게 전해졌다가 로마 갈리아인에게 전해지고 그 다음 그리스도교에 수입되어 동화되었다. 생 모리츠에는 아주 최근까지 청동기시대 예배의 낡은 유물이 보존되어 있었다.[원주67] 베르티노로(포를리 지방)에는 현재의 염화나트륨 샘 곁에서 청동기시대 예배의 흔적이 발견되고 있다.[원주68] 영국에서는 선사시대의 토분이나 거석비 근처에서 민중에게 기적의 샘 혹은 자비로운 샘으로 간주되었던 샘이 발견되고 있다.[원주69] 끝으로 투르의 성 그레고리우스가 묘사한 생 앙데올 호수(오브라크 산에 있음)에서 올렸던 의례를 상기하지 않을 수 없다. 사람들이 이 호수에 이륜마차를 타고 몰려와 3일 동안 축제를 벌인다. 공물로는 아마포, 옷조각, 털실, 치즈, 과자 등을 가지고 온다. 4일째 되는 날에는 비를 내리게 해달라는 기우제를 행한다(이것은 분명히 비를 내리게 하는 원시의례였다). 파르테니우스 사제는 이 이교적인 의식을 없애려고 농부들을 설득했으나 헛일이었다. 사제는 그 자리에다 교회를 세웠지만 농민들은 여전히 호숫가에서 바

[원주64] Saintyves, *Corpus*, pp. 163 ff. 참조.
[원주65] Vaillat, *Le Culte des sources dans la Gaule antique*, pp. 97~98.
[원주66] 같은 책, p. 99.
[원주67] Pettazzoni, *La religione primitiva in Sardegna*, Piacenza, 1912, p. 102.
[원주68] 같은 책, pp. 102~103.
[원주69] 같은 곳.

치던 공물을 교회로 가져오는 것이었다. 과자나 낡은 물건을 호수에 던지는 습관은 19세기까지도 계속되었다. 순례자들은 오늘날까지도 자기들이 행하는 목적을 모르면서도 셔츠나 바지를 호수에다 계속해서 던지고 있다.[원주70]

물의 숭배를 둘러싼 종교적 구조에 많은 변화가 있기는 했지만, 이 예배가 연면히 계속되고 있는 전형적인 예를 우리는 이미 인용한 페타조니가 사르디니아 원시종교에 대하여 쓴 연구논문에서 발견할 수 있다. 원시 사르디니아인들은 샘물에 공물을 바치고 그 곁에 제단을 세워 사르디니아의 아버지를 모시고 예배하였다.[원주71] 그 신전과 샘 곁에서 대서양과 지중해 연안 전 지역에 걸친 특유한 종교현상인 신명재판(ordeal)[역주2]이 생겨났다.[원주72] 물에 의한 신명재판의 흔적은 오늘날도 사르디니아의 신앙과 민속에서 발견할 수 있다. 우리는 또 선사시대 시칠리아인에게서도 물의 숭배 현상을 발견할 수 있다.[원주73] 릴리베움(마르살라)에서 하는 그리스의 시빌(아폴론의 신탁을 고하는 무녀 — 옮긴이) 예배는, 물에 잠긴 동굴 주위에서 중점적으로 하는 그 지역의 원시숭배 위에 부가되었다. 즉 원시 시칠리아인들은 신명재판을 위하여 혹은 예언에 대해 묵상하기 위하여 거기에 갔다. 그리스 식민시대에 시빌은 이 땅을 통치하고 예언하였다. 그리스도교 이후에는 세례 요한에 대한 예배의 무대가 되었는데, 16세기에는 성 요한을 위한 교회가 옛 동굴 가운데 세워졌다. 오늘날까지도 이 교회는 기적의 물에 대한 순례자들의 목적지가 되고 있다.[원주74]

[원주70] Saintyves, pp. 189~95 참조.

[원주71] Pettazzoni, pp. 29 ff., 58.

[역주2] 신명(神明)재판은 고대에 특별한 시련을 통해 죄인을 판별하는 재판법이다. 옛날 튜턴 민족은 뜨거운 물에 손을 넣게 하여 화상을 입지 않으면 무죄로 판정했다.

[원주72] 루시타니아에서는 로마 시대의 지방신 통고에나비아구스(Tongoenabiagus)를 아직도 예배하고 있다. 이 신은 "물의 흐름에 맹세한다"고 할 때에 그 수류(水流)의 신인 듯하다(Vasconcellos, *Religiões de Lusitania*, Lisbon, 1905, vol. ii, pp. 239 ff.).

[원주73] Pettazzoni, pp. 101 ff.

신탁은 가끔 물 근처에서 행해진다. 오로포스의 암피아라오스 신전 근처에서는 신탁으로 치료받은 사람들이 물 속에 동전을 던진다.[원주75] 피티아(델포이의 아폴론 여사제―옮긴이)는 카소티스 샘물을 마시면서 신탁을 준비한다. 콜로폰에서 예언자는 동굴 속에 있는 성스러운 샘에서 물을 마셨다.[원주76] 클라로스의 사제는 동굴로 내려가 신비의 샘물을 마시면서 그에게 내려진 질문(hausta fontis arcani aqua)에 대하여 시로써 대답하였다(super rebus quas quis mente concepit).[원주77] 예언의 힘이 물에서 나온다는 것은 원시적인 직관이었으며, 세계 여러 지역에서 발견되고 있다. 예컨대 바빌로니아인들은 대양을 '지혜의 집'이라고 불렀다. 바빌로니아의 신화적 인물 오아네스는 반인반어(半人半魚)로서 페르시아 호에서 나와 사람들에게 농경, 문자, 천문학을 전하였다고 한다.[원주78]

68. 물의 에피파니와 물의 신

물(개울, 샘, 호수)의 숭배는 그리스에서는 인도유럽인의 침입 이전부터 있었다. 이 원시적 예배의 흔적은 헬레니즘 말기까지 보존되었다. 파우사니아스는 아르카디아의 리카이오스 산 중턱에 있는 하그노 샘에서 거행된 의식을 조사하여 기술하였다.[원주79] 극심한 가뭄이 있을 때에 리카이오스 신의 사제는 이 샘으로 와서 오크나무 가지를 바치고 샘물로 던졌다. 이 의례는 오래된 것으로 '강우주술'의 구조 가운데 한 부분이다. 파우사니아스에 의하면, 의례가 끝난 후 구름 같은 가벼운 미풍이 수면으로부터 일어나

[원주74] 같은 책, p. 101.
[원주75] Pausanias, i, 34, 4.
[원주76] Iamblichus, *De Myst.*, iii, 11.
[원주77] Tacitus, *Annals*, ii, 54; 클라로스의 신탁에 관해서는 Picard, *Ephèse et Claros*, pp. 112 ff. 참조.
[원주78] Jeremias, *Handbuch der altorientalischen Geisteskulter*, Berlin, 1929, pp. 39~40에서 재인용.
[원주79] Pausanias, viii, 38, 3~4.

곧 비가 되어 내리기 시작한다고 말한다. 우리는 여기서 어떠한 종교적 신격화 같은 것을 발견하지 못한다. 힘은 샘물 안에 있으며, 이 힘은 적절한 의례에 의해 움직여 비를 내리게 한다.

호메로스는 하천의 숭배에 대해 언급하고 있다. 트로이인은 스카만데르 강에 동물을 제물로 바치는데, 살아 있는 말을 물 속으로 던진다. 펠레우스는 스페르케이오스 샘에 50마리의 양을 공물로 바쳤다. 포세이돈이나 바다의 신에게는 말이나 소를 공물로 바쳤다.[원주80] 이와 똑같이 인도유럽인도 하천에 제물을 바쳤다. 예컨대 킴브리족(론 강에 제물을 바침), 프랑크민족, 게르만민족, 슬라브민족 등이 그러하다.[원주81] 헤시오도스는 강을 건널 때 공물을 바치는 의식에 대해 언급하고 있다.[원주82] (이 의례는 민족학적으로 많은 유사한 예를 가지고 있다. 서아프리카의 마사이족은 강을 건널 때마다 한 움큼씩의 풀을 강에다 던지며 중앙아프리카의 바간다족은 물을 건널 때 커피 씨를 바친다.)[원주83] 이 그리스의 강(江)의 신들은 가끔 의인화되고 있다. 예를 들면 스카만데르는 아킬레스에 대항해서 싸웠다.[원주84] 그러나 대부분의 강의 신들은 황소로서 표상되었다.[원주85] 그 가운데서도 가장 유명한 강의 신은 아켈로오스였다. 호메로스는 이 신을 모든 강과 바다와 샘의 위대한 신이라고 말했다. 아켈로오스와 헤라클레스의 싸움은 유명한 것으로 아켈로오스에 대한 예배는 아테네, 오로포스, 메가라, 그 밖의 많은 도시에서 행해졌다. 이 신의 명칭에 대해서는 여러 가지 해석이 있지만 가장 확실한 어원은 단순히 '물'이었던 것 같다.[원주86]

그리스의 물에 대한 신화를 남김없이 인용하는 것이 우리의 목적에 도움

[원주80] Nilsson, *Geschichte der griechischen Religion*, München, 1941, vol. i, p. 220 n. 3의 참고문헌 및 참고사항 참조.
[원주81] Saintyves, p. 160 참조.
[원주82] Hesiod, *Works and Days*, 737 ff.
[원주83] Frazer, *Folklore in the Old Testament*, vol. ii, pp. 417 ff. 참조.
[원주84] *Iliad*, xxi, 124 ff.
[원주85] Nilsson, p. 221, n. 10에서 참고했음.
[원주86] Nilsson, vol. i, p. 222.

이 되지는 않을 것이다. 그것은 너무 방대하여 분명하게 한정지을 수 없기 때문이다. 무수한 신화적 신상들이 모두 똑같은 주제를 반복하고 있다. 즉 물의 신은 물에서 태어난다는 것이다. 이러한 신화적 신상들 중에서 어떤 것은 신화와 전설에서 중요한 위치를 차지하였다. 예컨대 바다의 님프 테티스, 바다의 신 프로테우스, 글라우코스, 네레우스, 트리톤 등은 바다괴물의 모습을 하고 있거나 물고기의 꼬리를 달고 있거나 하여 물에서 완전히 떠난 모습을 하고 있지 않다. 이 신들은 바다 밑에서 살고 거기서 통치하고 있다. 이 신들은 자연의 요소로부터 불완전하게밖에는 이탈할 수 없고, 결정적으로 분리할 수 없는 요소로서 기괴함과 변덕스러움이 있다. 그들은 아무 생각도 없이 선도 행하고 악도 행한다. 대부분의 경우에는 바다와 같이 악을 행한다. 이 신들은 다른 어떤 신들보다도 시간이나 역사의 밖에서 살고 있다. 그들은 세계의 기원과 대단히 밀접하게 결합되어 있기 때문에 세계의 사건에는 가끔 관여할 뿐이다. 그들의 생활은 아마도 다른 신들의 생활만큼 신성하지는 않겠지만, 그들이 표상하는 원초의 요소에 더욱 적합하고 밀접하게 결합되어 있다.

69. 님프

그리스인이라고 **모든** 님프의 이름을 알고 있다고 자만할 수 있을까? 님프는 모든 흐르는 물, 샘, 수원의 신이었다. 그리스인의 상상력이 님프를 창조했다고 말할 필요는 없다. 님프는 세계의 시초부터 물 가까이 있었다. 그리스인은 단지 그들에게 인간의 모습과 이름을 부여했을 뿐이다. 님프는 물의 살아 있는 흐름에 의해서, 물의 주술에 의해서, 물로부터 방사되는 힘에 의해서, 졸졸 흐르는 소리에 의해서 창조되었다. 그리스인들은 그 님프들이 소속되어 있는 자연적인 요소로부터 가능한 한 그들을 분리시켰다. 일단 분리하고 인격화하여 물의 모든 힘을 부여함으로써, 님프들은 전설의 주제가 되었고, 서사시 가운데 등장하게 되었고, 기적을 행하도록 청원받게 되었다. 님프는 보통 지방 영웅의 어머니가 되었다.[원주87] 님프는 어떤 지역의 군소신으로서 인간들에게 잘 알려져 예배의 대상이 되고 공물을 받기도 한다. 가장 유명한 것은 테티스와 네레우스이며, 혹은 헤시오도스가 지적하고 있는 바와 같이,[원주88] 완전한 바다의 님프인 오케아노스이다. 그 밖의 대부분의 님프는 샘의 신이다. 그러나 이 신들도 물이 있는 동굴 속에서 거주한다. '님프의 동굴'은 그리스 문학에서는 상투어가 되었으며 가장 '문학적'인 문구가 되었다. 즉 원초의 종교적 의미, 물—우주—동굴—지복(至福)—풍요—지혜의 패턴으로부터 가장 멀리 떨어진, 가장 세속적인 것이 되었다. 님프는 한번 인격화됨으로써 인간의 삶 속으로 들어갔다. 님프는 탄생의 신(물=다산)이며 코우로트로포이(kourotrophoi, 남아를 양육한다)로서, 아이들을 기르고 영웅이 되게 가르쳤다.[원주89] 거의 모든 그리스의 영웅들은 님프나 켄타우로스에 의해 양육되었다. 즉 그들은 자연력을 분유하고 있고 그들을 지배하는 초인적 존재에 의해 양육되었던 것이다. 영웅에의 가입의례는 결코 가족적인 것도 아니고 일반적으로 '시민적'인 것도 아니다. 왜냐하면 이것은 도시 가운데서가 아니라 숲과 삼림에서 생겨난 것이기 때문이다.

이 때문에 님프 숭배와 나란히(다른 자연의 정령에 대한 숭배와 같이) 님프 공포가 나타나는 것이다. 님프는 이따금 아이들을 훔쳐가기도 하고 어떤 때는 질투심으로 그들을 죽이기까지 한다. 다섯 살 먹은 한 소녀의 무덤에는 이렇게 써어 있다.

나는 착했기 때문에 사랑을 받았다. 그리고 나를 빼앗은 것은 죽음이 아니라 나이아스였다.[원주90]

님프는 또 다른 점에서도 위험한 존재이다. 햇빛이 뜨거운 대낮에 님프

[원주87] Nilsson, vol. i, pp. 227 ff.
[원주88] Hesiod, *Theog.*, 364.
[원주89] 예를 들어 Euripides, *Helen.*, 624 ff. 참조.
[원주90] *CIG*, 6291.

를 보는 자는 누구를 막론하고 정신착란을 일으킨다. 대낮은 님프가 자기 자신을 표명하는 때인 것이다. 님프를 본 자는 누구나 광희에 사로잡히게 된다. 예를 들면 팔라스와 카리클로를 본 티레시아스나, 님프와 아르테미스가 함께 있는 곳을 악타이온이 발견한 경우가 그 좋은 예이다. 그러므로 대낮에는 샘가나 수원지, 혹은 나무그늘에 가까이 가지 말라고 충고하는 것이다. 더욱 후대의 속언에 따르면, 물로부터 어떤 형태(즉 님프의 상)가 떠오르는 것을 목격한 자(페스투스)는 예언광이 된다고 한다. 이상의 모든 속언에서 물의 예언적인 힘은, 비록 어쩔 수 없는 혼합이나 신화적인 윤색이 있긴 하지만, 이러한 신앙들 속에 남아 있다. 지금까지 남아 있는 가치는 물에 대한 두려움과 매력이라는 양면적 감정이다. 즉 물은 파괴하기도 하고(님프의 매혹은 광기, 인격의 파괴를 가져오기 때문이다) 생명을 싹트게 하기도 하며, 죽이기도 하고 탄생을 돕기도 한다.

70. 포세이돈, 아에기르 등

아켈로오스, 테티스, 그 밖의 군소 물의 신 위에는 포세이돈이 있다. 바다가 노했을 때는 잔잔히 물결치는 매혹과 잠을 부르는 듯한 행복감에 젖은 여성적 성격을 잃고, 노한 바다의 신화적 인격화는 강렬한 남성적인 모습을 드러낸다. 우주가 크로노스의 자식들 사이에서 분할되었을 때 포세이돈에게는 바다의 지배권이 할당되었다. 호메로스는 포세이돈을 바다의 신으로 알고 있다. 포세이돈의 궁전은 바다 밑에 있고 그의 상징은 삼지창(원래는 바다괴물의 이빨)이었다. 아시마에 있는 미케네의 비문을 포세이다포노스(Poseidafonos)라고 해독한 페르손(Persson)이 옳았다면, 포세이돈의 이름은 미케네 시대까지 거슬러 올라가게 된다.[원주91] 포세이돈은 또한 지진의 신이었다. 그리스인들은 지진은 물의 침식작용 결과 생긴다고 생각했다. 해안을 난폭하게 때리는 노한 파도는 지진의 진동을 연상시킨다. 포

[원주91] Nilsson. vol. i. p. 416.

세이돈은 바다 그 자체처럼 길들여지지 않았고, 불만이 가득하며, 믿을 수 없는 존재이다. 신화에 나타나는 그의 모습은 도덕적인 성격이 조금도 없다. 그는 바다의 신으로서의 기원에 너무도 밀착되어 있어서 그 자신의 존재방식 이외의 존재법칙을 알지 못한다. 포세이돈은 어떤 우주적 조건을 계시한다. 즉 물은 창조 이전부터 존재하였으며 주기적으로 다시 우주를 삼켜버릴 것이다. 바다의 완전한 자율성 때문에 포세이돈은 신, 인간, 역사에 대해 무관심하며, 그 자신의 유동성에 따라 흔들리면서 그 자신이 가지고 있는 생명의 씨앗과 그것이 잠재적으로 가지고 있는 '형태'를 의식하지 못하지만 주기적으로 용해되어버린다.

북유럽 신화의 아에기르는 무한한 대양을 인격화한 것이다. 그의 아내는 부정한 란(Ran, '약탈한다')인데, 이 여자는 그물을 온 바다에 펼쳐놓아 만나는 자마다 자기가 거처하는 곳으로 끌어내린다. 란에게 끌려온 사람, 바다에 던져진 사람은 그녀에게 공물로 바쳐진다. 아에기르와 란 사이에 9명의 딸이 태어났는데, 각각 대양의 한 면을 표상하거나 바다의 에피파니의 한 순간을 표상한다. 즉 콜가(Kolga)는 거친 바다를, 빌기아(Bylgja)는 커다란 파도를, 흐라픈(Hrafn)은 약탈자를, 드라픈(Drafn)은 사물을 잡아 끌어가는 파도 등을 표상하고 있다. 바다 밑바닥에는 아에기르의 화려한 궁전이 있는데, 거기에 이따금씩 모든 신들이 모인다. 예컨대 토르가 거인 이미르(역시 바다의 정령이다)에게서 탈취한 거대한 솥(釜) 주위에서 유명한 연회가 베풀어지는 곳도 이 궁전이다. 그 솥은 기적의 솥으로서, 그 가운데서 마실 것들이 만들어지고 혼자서 저절로 움직인다. 그곳에 로키가 와서 여신의 아내와 함께 신들을 헐뜯었기 때문에 마침내 로키는 해저의 바위에 묶이는 벌을 받게 되었다.

이미르의 기적의 솥은 다른 인도아리아인의 신화에서도 찾아볼 수 있다.[원주92] 이 솥은 신의 음식과 신주를 만드는 데 사용되었다. 여기서 특히 우리의 흥미를 끄는 것은 대부분의 신화나 주술적 솥은 바다나 호수 밑에

[원주92] Dumézil, *Le Festin d'immortalité* 참조.

서 발견되었다는 사실이다.[원주93] 아일랜드 전통의 기적의 솥 무리아스는 바다를 의미하는 말 무이르(muir)로부터 나왔다. 물에는 신비로운 힘이 있다. 큰 솥, 주전자, 잔 등은 신주, 신의 음식, '살아 있는' 물 등으로 상징되고 있는 이 신비한 힘의 용기이다. 그들은 불사와 영원한 청춘을 주고, 그것을 소유한 자를 영웅이나 신 등으로 변하게 한다.

71. 물의 동물과 물의 표장

용, 뱀, 조개, 돌고래, 물고기 등은 물의 표장이다. 그들이 바다 깊이 숨어 있을 때 심해의 성스러운 힘과 습합되었다. 그들은 조용히 호수에 있거나 강을 헤엄치면서 비와 습기, 홍수를 가져와 세계의 풍요를 지배한다. 용은 구름이나 호수 속에도 산다. 용들은 번개를 지배하며 하늘에서 비를 퍼부어 대지를 비옥하게 하고 여인에게 다산을 보장해준다. 우리는 이 책의 뒷장에서 용, 뱀, 조개 등의 다원적 상징에 대하여 한 번 더 살펴볼 기회가 있을 것이다. 이 절에서는 중국이나 동남아시아 문화권에 한정하여 용의 역할에 대해 잠깐 살펴보려고 한다. 장자에 의하면 용과 뱀[원주94]은 순환적인 생명의 상징이다.[원주95] 왜냐하면 용은 물의 정기를 상징하고 물의 조화로운 파동이 생명을 기르고 문명을 가능케 하기 때문이다. 용이 물을 모두 모으고 비에게 명령하는 것은 용 자신이 습기의 원리이기 때문이다.[원주96]

가뭄이 심하게 엄습했을 때 사람들은 용의 형상을 만든다. 그러면 비

[원주93] A. C. Brown, Krappe, *La Genèse des mythes*, Paris, 1938, p. 209에서 재인용.
[원주94] 중국 사람들은 신화적 창조물과 뱀 사이에 뚜렷한 차별성을 두지 않았다. Granet, *Danses et Légendes de la Chine ancienne*, Paris, 1926, vol. ii, p. 554.
[원주95] Granet, *La Pensée chinoise*, p. 135 참조.
[원주96] Granet, *Danses*, vol. i, pp. 353~56, n.

가 내리는 것이다.[원주97]

중국 고대의 문헌에는 용, 번개, 풍요의 연합형이 자주 나오는 것을 볼 수 있다.[원주98] "천둥소리를 내는 짐승은 머리는 사람이고 몸은 용의 모습을 하고 있다."[원주99] 여자는 용의 침으로도 임신할 수 있다.[원주100] 중국문명 창시자의 한 사람인 복희는 용이 나온 곳으로 유명한 못에서 태어났다.[원주101]

한(漢) 고조(高祖)의 아버지는 태공이라 불렸는데, 그 어머니는 유온(劉媼)이었다. 유온은 어느 날 큰 못가에서 자다가 꿈을 꾸었는데, 꿈속에서 신을 만났다. 그때 천둥, 번개, 칠흑 같은 어둠이 생겨났다. 태공은 무슨 일이 일어났는지 보려고 아내에게 갔는데, 비늘이 있는 용 한 마리가 아내의 머리 위에 있는 것을 보았다. 그후에 그 여자는 임신하여 고조를 낳았다.[원주102]

중국에서 용은 천공과 물의 표장이 되었는데, 여기서 용은 우주의 규칙적인 순환을 구현하고 지상에 풍요를 분배하는 황제와 항상 관련되었다. 그 순환에 장애가 생기고, 자연과 사회 생활이 어렵게 되었을 때, 황제는 자기가 창조력을 재생하고 질서를 수립해야 한다는 것을 알고 있다. 하왕조(夏王朝)의 어떤 왕은 왕실의 확실한 발전을 보증하기 위해 용을 먹었다.

[원주97] 같은 책, p. 361: Frazer, *The Magic Art and the Evolution of Kings*, London, 1936, vol. i, p. 297의 용의 형상을 사용하는 중국의 기우제에 관한 부분 참조.

[원주98] Granet, *Danses*, vol. i, pp. 344~50: vol. ii, p. 555: Karlgren, "Some Fecundity Symbols in Ancient China," *BMAS*, p. 37 등 참조.

[원주99] Granet, *Danses*, vol. ii, p. 510.

[원주100] Karlgren, p. 37.

[원주101] Chavannes, *Les Mémoires historiques de Sse-Ma-Tsien*, Paris, 1897, vol. i, pp. 3 ff.

[원주102] 같은 책, vol. ii, p. 325.

[원주103] 여기서 순환의 유지자인 용은 하왕조가 지배하던 힘이 약해지거나 혹은 다시 세력을 회복할 필요가 있을 때에는 반드시 나타나는 것을 볼 수 있다.[원주104] 황제는 죽어서 혹은 때때로 살아서도 하늘로 되돌아갔다. 예컨대 황제는 아내와 신하를 합쳐 모두 70명이 수염 달린 용에 이끌려 하늘로 올라갔다고 한다.[원주105]

바다에서 멀리 떨어진 곳에서 사는 사람들의 신화인 중국 신화에서 물의 표장인 용은 다른 곳과는 달리 항상 천공적인 힘을 보급해주고 있다. 물의 풍요성은 구름이나 천공권에 집중되어 있다. 그러나 다산―물―왕권(또는 신성)이라는 패턴은 동남아시아 신화에서 더욱 잘 보존되고 있다. 이 신화에서 대해는 모든 실재의 근거이며 모든 힘의 분배자가 되었다. J. 프질루스키는 오스트레일리아와 인도네시아의 많은 전설, 설화를 분석하고 거기에 한 가지 공통된 성격이 있음을 지적하였다. 즉 영웅은 아주 특별한 지위('왕' 혹은 '성인')를 가지고 있으며 그는 물의 동물로부터 태어났다는 것이다. 베트남에서는 최초의 신화적 왕은 롱쿠안, 즉 '용왕'이란 칭호를 가지고 있다. 인도네시아에서는 차오 조 코아의 증언에 의하면 산포치의 왕은 롱친, 즉 '나가(naga)의 정령, 정액'의 칭호를 가지고 있다.[원주106] 나기(Nagi)는 오스트레일리아에서 중국의 용과 같은 역할을 하는 여성적 물의 정령이었다. 나기는 바다의 형태를 취하거나 혹은 '물고기 냄새가 나는 공주'의 모습으로 브라만과 결혼하여 왕조를 창건하였다(인도네시아의 신화. 참파, 페구, 타일랜드 등에서도 발견된다). 팔라웅의 전설에 의하면 나기의 투산디(Thusandi)는 태양의 아들 투리야(Thuriya) 왕자를 사랑했다. [원주107] 이들의 결합으로 3명의 자식이 태어났다. 그중 하나는 중국의 황제

[원주103] Granet, *Chinese Civilization*, London, 1930, pp. 181~82.
[원주104] 같은 곳.
[원주105] Chavannes, vol. iii, pt. ii, pp. 488~89.
[원주106] Przyluski, "La Princesse à l'odeur de poisson et la nāgī dans les traditions de l'Asie orientale," *EA*, Paris, 1925, vol. ii, p. 276 참조.
[원주107] 뱀(물고기, 바다괴물, 물·어둠·잠재되어 있는 것의 상징)과 태양('태양의

가 되었고, 또 하나는 팔라웅의 왕이 되었으며, 또 하나는 이교도의 왕이 되었다. 세자라트 말라요우(Sedjarat Malayou)에 의하면, 소우란 왕은 유리상자를 타고 바다 밑으로 내려가 거기에 사는 사람들로부터 환대를 받고 왕의 딸과 결혼하였다. 이 결혼으로 3명의 자식이 태어났는데 그 맏자식은 팔렘방의 임금이 되었다.

인도 남부에서 팔라바 왕조의 선조 하나가 나기와 결혼하여 그녀로부터 왕위의 휘장을 받았다. 나기의 모티프는 불교 전설에 나타나고 있으며, 인도의 북부지방 우디야나나 카슈미르에서도 보인다. 초타 나그푸르의 왕도 푼다리카(Pundarika)라는 이름의 나가(뱀의 정령)의 자손이다. 이 푼다리카가 토해내는 숨에는 악취가 있다고 하며, 이 점에서 '물고기 냄새가 나는 공주'를 상기시켜준다. 인도 남부에 보존되어 있는 전설에 의하면 현자 아가스티야(Āgastya)는, 미트라와 바루나 신들과 천녀(apsaras) 우르바시(Urvaśī)와의 결혼으로 물병 속에서 바시슈타(Vasiṣṭha)로 태어났다. 그 때문에 이 현자는 쿰바산브하바(Kumbhasaṁbhava, 여왕의 병 쿰바마타 Kumbhamata로부터 태어났다는 뜻)라 불리고, 또 피타브디(Pitābdhi, 대해를 삼키는 자)라고도 불린다. 아가스티야는 대해의 딸과 결혼하였다.

[원주108] 『데비 우파니샤드』(Devy-Upaniṣad)에 따르면, 신들은 대여신에게 "당신은 누구시며, 어디서 왔는가?"라고 물으니 대여신은 이렇게 대답하였다. "……나의 탄생지는 바다 밑 물 속이다. 그것을 아는 자는 데비(Devi)의 거처를 얻는다." 여신은 처음에 만물의 원리였으며 그 모태였다. "처음

아들', 브라만 등, 현재적 顯在的인 것의 상징)이라는 양극성에 주의할 것. 이 양극성은 신화적 결혼에 의하여 폐기된다. 이 결혼은 왕조를 창시한다. 즉 역사의 새로운 시대를 연다. 신을 '정식화'하려고 할 때마다 정반대의 원리의 융합을 발견한다(Eliade, Mitul Reintegrarii, p. 52 참조). 이미 위에서 언급한 인도네시아와 동남아시아의 신화에서 이 반대의 일치는 원초의 단일성으로 되돌아감으로써 새로운 '왕조' 즉 새로운 역사의 사이클을 창시함으로써 낡은 사이클이 끝나는 것을 의미한다.

[원주108] Oppert, *On the Original Inhabitants of Bhāratavarṣa or India*, Westminster, 1893, pp. 24, 67~68.

에 이 세계의 아버지를 창조한 것은 나였다."[원주109]

이상의 모든 전승들은 물이 지닌 성스러운 의미와 성별하는 힘을 분명하게 해주고 있다. 통치권과 신성은 바다의 정령의 선물이다. 주술종교적인 힘이 대해의 밑바닥에 있어서 여성 존재자(나기나 '물고기 냄새가 나는 공주' 등)에 의해 영웅에게 전달된다.[원주110] 뱀의 정령은 반드시 바다나 대해 속에만 거주하지 않고 호수, 못, 우물, 샘 등에도 거주한다. 인도나 기타 지역에서의 뱀 혹은 뱀의 정령에 대한 숭배는 그 구조가 어떻든 항상 물과 주술종교적 관계를 유지하고 있다.[원주111] 뱀 또는 뱀의 정령은 항상 물과 밀접한 상태에서 혹은 물을 주재하고 있는 상태에서 발견된다. 뱀 또는 뱀의 정령은 생명, 불사, 신성의 근원의 수호신으로, 동시에 생명, 풍요, 영웅적 행위, 불사, 그리고 '보물' 등과 관련 있는 모든 표장의 수호신이기도 하다.

72. 홍수의 상징

홍수에 대한 거의 모든 전승들은 인류가 물로 다시 흡수되어버리고 만다는 관념, 따라서 새로운 인류와 함께 새로운 시대가 개시된다고 하는 것과 결부되어 있다. 그들은 우주와 역사의 개념을 '순환적'인 것으로서 나타낸다. 즉 한 시대가 대재변으로 폐지되면 그로부터 '새로운 인간'에 의해 지배되는 새로운 시대가 열리는 것이다. 이 순환적 개념은 또한 달의 신화와 범

[원주109] 같은 책, pp. 425~26에서 찾아볼 수 있다. Eliade, *Le Yoga: Immortalité et Liberté*, pp. 346 ff. 참조.

[원주110] 똑같은 정식에 의하여 그리스의 영웅이 님프나 물의 신 나이아스에게서 태어난 것을 설명할 수 있는가? 아킬레스는 바다의 님프 테티스의 자식이다. 지방적 영웅은 가끔 나이아스의 자손이다. 예컨대 이피티온, 소트니오스 등이 그러하다. 지방적 영웅은 고대의 인도유럽인 이전의 예배의 유물인 경우가 많다. 지방적 영웅은 '토지의 주인'이었다.

[원주111] 예를 들어 Vogel, "Serpent Worship in Ancient and Modern India," *AOA*, 1924, vol. ii, *passim* 참조.

람이나 홍수의 테마의 합치에 의해서도 확인되고 있다. 왜냐하면 달은 극히 규칙적인 생성, 죽음, 부활의 상징이기 때문이다. 월상은 가입의례를 규제한다(새로 세례받은 자는 재생하기 위해서 '죽는다'). 이와 똑같이 옛 인류를 멸하고 새로운 인류의 출현을 준비하는 범람이나 홍수도 달과 밀접한 관계를 가지고 있다. 태평양 연안의 신화에서 종족 기원은 일반적으로 물의 재앙을 피해서 간 신화적인 달의 동물로부터 비롯된 것이라고 생각하고 있다.[원주112] 종족의 선조는 난파선의 생존자이거나 홍수의 원인이 되는 달의 동물의 자손들이다.

이 장에서는 물이 모든 사물을 다 삼키고 주기적으로 발현한다는 순환 개념을 일부러 강조할 필요는 없다. 그것은 모든 계시문학이나 지리적 신화(아틀란티스 대륙 등)의 근저에 있는 개념이기 때문이다. 오히려 여기서 내가 강조하고 싶은 것은 이러한 바다의 신화의 주제가 얼마나 광범위하게 퍼져 있고, 또 일관되어 있느냐 하는 것이다. 물은 모든 창조 이전에 있었다. 그리고 물은 그것을 해체하고 정화하고 새로운 가능성으로 풍요롭게 하고 재생시키기 위해 창조를 모두 주기적으로 회복한다. 인류는 그 '죄' 때문에 홍수나 범람으로 주기적으로 소멸한다(태평양 연안의 대부분의 신화에 의하면 대재해의 원인은 의례상의 과오에 의한다.) 그러나 인류는 결정적으로 전멸되지 않고 새로운 형태로 나타나고, 똑같은 운명의 길로 되돌아가 다시 물로써 그들을 해체시켜버릴 똑같은 대재해의 반복을 기다리는 것이다.

나는 이것을 삶의 비관적 개념이라고는 보지 않는다. 오히려 물, 달, 변화라는 유형을 직관하면서 나온 체념적 비전일 뿐이다. 홍수신화는 그것이 내포하고 있는 내용으로 말할 때, 인생은 인간의 의식이 아닌 다른 '의식'에 의하여 가치가 부여되리라는 것을 보여주고 있다. 물의 '관점'에서 볼 때 인간의 삶은 주기적으로 삼켜질 수밖에 없는 허약한 것이다. 형태가 있는 것들의 모든 운명은 일단 해체되어 다시 나타나지 않으면 안 되는 것이기 때

[원주112] Hentze, *Mythes et Symboles*, pp. 14, 24 등.

문이다. 만약 '형태'가 물로써 주기적으로 해체되고 다시 재생되지 않는다면, 그들은 창조력이 쇠진하여 종국에는 죽고 말 것이다. 인간은 '사악'과 '죄'로 말미암아 결국에는 인간성을 왜곡시키고 말 것이다. 즉 생명의 씨앗과 창조적인 힘이 결여되면 인류는 노쇠하고 생식력을 잃고, 쇠퇴하여버릴 것이다. 이렇게 서서히 인간 이하의 형태로 퇴화하는 것 대신에 홍수는 일순간에 물로 해체하여, 이로부터 죄는 정화되고 새롭고 갱신된 인간성이 탄생하게 될 것이다.

73. 요약

물의 모든 형이상학적, 종교적 가능성은 전체를 구성하기에 아주 적합하다. 물의 우주창조설에 대하여 인간학적인 면으로 대응하는 것은 인류는 물로부터 생겼다고 하는 신앙이다. 대륙이 물 속으로 침몰한다고 하는(아틀란티스형) 필연적 순환에 의하여 반복되는 우주현상이나 홍수에 대응하는 인간적인 면은 영혼의 '제2의 죽음'(장례에서의 헌주, '습기', 명계의 습지 leimon 등) 또는 세례식에서의 의례적, 가입의례적인 죽음 등이다. 그러나 우주적 차원이든 인간학적 차원이든 침례는 마지막 소멸을 뜻하지 않고 단순히 형태 이전의 상태(formless)로의 일시적인 재통합을 의미할 뿐이다. 그리고 우주적, 생물적, 구제론적 계기에 응하여 새로운 창조, 새로운 생명, 새로운 인간이 그로부터 나타나게 되는 것이다. 형태적인 면에서 보면 '홍수'는 '세례'와 비교될 수 있고, 장례에서의 신주나 님프에 매혹될 때의 열광상태는 영아의 의례적 세척이나 건강, 풍요를 부여해주는 봄의 목욕의례 등과 비교될 수 있다. 물은 어떤 종교적 구조에 들어가든 그 기능은 항상 동일하다. 즉 물은 형태를 해체하고 폐기하며, '죄를 씻어버리고'——곧 정화하고 새로운 생명을 부여한다. 물의 작업은 창조 이전부터 있었으며 소위 창조를 재흡수하지만, 물은 결코 자신의 존재방식을 넘어설 수 없다. 즉 물이 **형태**를 취하고 나타날 수는 없다. 물은 맹아와 숨어 있는 힘이라는 잠재태의 조건을 극복할 수 없다. 형태를 지닌 모든 것은 물을 초월하고, 물로부터 이탈하여 자기를 나타낸다. 한편 '형태'는 물과 분리되자마자 잠재력을 잃게 되며 시간과 삶의 법칙하에 떨어지게 된다. 여기서 만약 형태가 주기적으로 물에 잠김으로써 재생되지 않는다면, 만약 '홍수'를 반복하여 그후에 '우주창조'가 뒤따르지 않는다면 형태는 유한한 것이 되며, 역사 속으로 들어가고, 변화와 쇠퇴의 우주적 법칙에 참여하고 마침내 자신의 본질을 상실하고 말 것이다. 물에 의한 세정식은 세계가 처음 창조되었을 '그때'(illud tempus)를 덧없는 현시점으로 가져오고자 하는 목적으로 행해진다. 이 의식은 세계 또는 '새로운 인간'의 탄생의 상징적 반복이다. 종교적 의도를 가지고 물과 접촉할 때 그것은 모두 물로의 귀환과 창조라는 우주순환의 기본적인 계기를 요약하고 있는 것이다.

제6장
성스러운 돌 : 에피파니, 표시, 형태

74. 돌의 크라토파니

　물질의 견고함, 조야함, 항구성은 원시인의 종교의식에서 히에로파니를 표상한다. 장엄한 바위나 오만하게 우뚝 선 화강암보다 강함의 완전성을 드러내는 데 더 직접적이고 자율적이고 더 고고하고 장엄한 것은 없다. 무엇보다도 돌은 **존재**하고 있다. 돌은 항상 무엇에 의존해 있지 않으며 스스로 존재한다. 이보다 더 중요한 것은 돌이 눈에 **띈**다는 것이다. 눈에 띄는 것으로서의 돌을 느끼기 전에 인간은 그 앞에서 장애(육체로 받는 장애가 아니라면 최소한 시선의 장애)에 부딪힌다. 그리하여 인간은 돌의 견고함, 조야함, 힘을 확인한다. 바위는 인간에게 인간조건의 불안정함을 초월한 어떤 것을 보여준다. 즉 절대적인 존재양식을 보여주고 있다. 바위의 강함,

부동성, 크기, 기괴한 외형 등은 어떤 것도 인간적인 것이 아니다. 즉 그것들은 현혹하고 위협을 주며 끌어당기고 놀라게 하는 어떤 것의 현존을 가리키고 있다. 인간은 돌의 크기, 견고함, 형태, 색깔에서 인간이 속해 있는 속세와는 다른 세계에 속해 있는 실재와 힘을 만나게 된다.

인간은 항상 돌을 단순히 돌로서 숭배해왔다고는 말할 수 없다. 원시인의 신앙은 모든 경우에 있어서 돌이 구현하고 표현하고 있는 것 자체를 넘어선 어떤 것과 관련을 가지고 있다. 바위나 조약돌은 어떤 것을 표상하거나 모방하였기 때문에, 혹은 어떤 곳에서 유래하였기 때문에 신앙의 대상이 될 수가 있었을 것이다. 돌의 성스러운 가치는 항상 어떤 것, 어떤 곳에서 온 것에 기인하며 결코 그 존재 자체의 현실적 실존에서 연유된 것이 아니다. 사람들은 돌이 그 자신과는 다른 어떤 것을 표상하는 한에 있어서만 돌을 숭배하였다. 사람들은 돌을 영적 작용의 도구로서, 그들 자신이나 죽은 자를 방어해주는 에너지의 중심으로서 숭배하고 또는 이용하였다. 예배의 대상이 된 돌의 대부분은 도구로 사용되었기 때문이라고 말할 수 있을 것이다. 즉 돌은 무엇인가를 획득하기 위해서 또는 그것들을 소유하는 게 유용하기 때문에 도구가 되는 것이다. 돌의 역할은 일반적으로 종교적이라기보다는 주술적이었다. 돌은 그 기원이나 형상 때문에 성스러운 힘을 부여받았으므로 숭배되는 것이 아니라 사용된 것이다.

미국의 학자 임벨로니는 토키(toki)라는 말이 사용되고 있는 오세아니아와 아메리카 양 대륙에 걸친 지역(멜라네시아의 동쪽 경계로부터 남북 아메리카의 내륙부에 걸친 지역)에서 이 단어의 분포상황을 조사하여, 그것이 다음과 같은 의미를 가진다고 열거하였다. ① 전쟁무기나 돌무기, 도끼, 그리고 넓은 의미로 돌로 만든 도구, ② 위엄의 표징, 힘의 상징, ③ 세습에 의해서든 임명에 의해서든 힘을 소유하였거나 행사하는 사람, ④ 의례의 대상.[원주1] 청동기, 석기 병용 시대에는 시체가 침해당하지 않도록 영안소 옆

[원주1] J. Imbelloni, "Les noms des haches lithiques," *Festschrift W. Schmidt*, Vienna, 1928, p. 333.

에 '묘를 지키는 돌'을 놓았다.[원주2] 입석(menhir)도 그와 똑같은 역할을 해왔다고 생각된다. 마스 다자이스(Mas d'Azais)의 입석은 무덤 위에 수직으로 세워져 있다.[원주3] 돌은 동물이나 도적으로부터, 특히 '죽음'으로부터 보호하는 자이다. 돌이 썩지 않듯이 죽은 자의 혼도 흩어지지 않고 언제까지나 그대로 존재하지 않으면 안 되기 때문이다(선사시대의 장례석의 남근 상징은 그 의미가 분명해졌다. 왜냐하면 남근은 존재, 힘, 지속을 상징하기 때문이다).

75. 장례거석비

인도 중부의 내륙 가장 깊숙한 오지까지 침투해 들어갔던 드라비다족의 일족인 곤드족에는 다음과 같은 풍습이 있다. 즉 죽은 자의 아들 혹은 상속자가 장례 4일 후에 높이 대략 3m에 달하는 거대한 돌을 무덤 옆에 세운다. 이 돌을 운반하는 일은(때로는 대단히 먼 곳에서 가져오기도 했다) 상당한 노력과 비용이 드는 일이었다. 그래서 대부분의 경우 거석기념비의 건립은 오랫동안 지연되거나 때로는 아예 세우지 못하고 마는 경우도 있었다.[원주4] 영국의 인류학자 휴턴(Hutton)은 인도의 미개종족 사이에서 잘 볼 수 있는 이와 같은 장례를 위한 거석기념비의 목적을 다음과 같이 생각하고 있다. 즉 이것을 세우는 것은 죽은 자의 혼을 '붙잡아두어' 배회하는 영이 되거나 위험한 영이 되는 것을 막고, 또 한편으로는 정령이 주는 힘에 의해 밭의 생산력에 영향을 미칠 수 있게 하기 위해 살아 있는 자 곁에 일시적인 거처를 마련하는 것이라 생각했다. 이러한 해석은 인도 중부의 가

[원주2] Octobon, "Statues-menhirs, stèles, gravées, dalles sculptées," *RAN*, 1931, p. 562.

[원주3] 같은 곳.

[원주4] W. H. Schoobert, "The Aboriginal Tribes of the Central Provinces," in Hutton, *Census of India*, 1931, vol. i(iii, b), p. 85; W. V. Grigson, *The Maria Gonds of Bastar*, London, 1938, pp. 274 ff.

장 원시적인 부족인 빌족, 코르쿠족, 문다족, 곤드족에 대한 W. 코페르스의 최근 연구에서 확증되었다.[원주5] 인도 중부의 장례석비의 역사에 대하여 코페르스가 발견한 중요한 점은 다음과 같다.

① 이 모든 기념비는 모두 죽은 자 숭배와 밀접히 연결되어 죽은 자의 혼을 진정시킬 것을 목적으로 한다. ② 형태 면에서 보면 이 기념비는 유럽의 선사시대의 거석이나 입석과 비교될 수 있다. ③ 이 기념비는 무덤 위나 옆이 아니라 멀리 떨어진 지점에 세웠다. ④ 그러나 예컨대 벼락, 뱀, 호랑이 같은 것에 의해 돌연히 죽었을 때는 그 죽은 자의 기념비를 재앙이 발생한 그 장소에 세웠다.[원주6]

마지막 ④의 문제는 장례석비의 원래의 의미를 보여주고 있다. 왜냐하면 갑작스런 죽음은 혼을 동요시키고 적의나 원한을 품게 하기 때문이다. 생명이 갑작스럽게 끊어졌을 때 죽은 자의 혼은 자기가 소속되어 있던 공동체 근처에서 일상생활로 남겨진 일들을 수행하는 경향이 있다고 상상한다. 예컨대 곤드족은 벼락, 뱀, 호랑이 등에 의해서 사람이 죽은 장소에 돌을 쌓아놓는다.[원주7] 그리고 그 옆을 지나는 사람들은 죽은 자의 평안을 위해 돌을 하나하나 그 위에 얹어서 쌓는다(이 관습은 오늘날까지도 유럽의 여러 지역, 예컨대 프랑스에도 남아 있다. §76 참조). 그뿐 아니라 몇몇 곳에서는(드라비다족인 곤드족) 장례기념비의 축성식을, 농경민족들에게서

[원주5] 이 발견은 대단히 중요하다. 왜냐하면 장례석비를 세우는 관습은 인도 중부 최대의 부족인 빌족 본래의 전통이었다고는 생각되지 않기 때문이다(Koppers, "Monuments to the Dead of Bhils and Other Primitive Tribes in Central India," *Annali Lateranensi*, 1942, vol. vi, p. 156 참조). 이것은 아마도 드라비다족, 문다족과 같은 거석문화 민족으로부터의 영향이었을 것이다(같은 책, p. 196 참조). 또한 아리아인이나 인더스 강의 선사시대 문명의 창시자도(B.C. 3000년) 거석시대의 민족은 아니었기 때문이다. 인도 거석시대의 전통의 기원이라는 문제는 아직도 확실하지 않다. 이 전통은 남아시아나 오스트레일리아의 영향에 기인했거나 혹은 유럽 선사시대의 거석문화와의 역사적, 발생론적 관계에 의하여 설명할 수 있을 것이다.

[원주6] Koppers, pp. 134, 151, 188, 189, 197.

[원주7] 같은 책, p. 188.

쉽게 발견할 수 있는 죽은 자의 추모제와 관련된 성적(性的) 의례와 같이 거행한다. 빌족에서 세운 이러한 기념비는 비명에 죽은 자를 위한, 혹은 수령, 주술사, 전사들을 위한 것이었다. 그것은 '강자'의 혼, 다시 말하면 살아 있을 때 힘을 나타냈던 혼, 혹은 갑작스런 죽음에 의해 그 힘을 '붙잡은' 모든 사람의 영혼에 평화가 있기를 기원하기 위한 것이었다.

따라서 장례석은 죽음으로부터 생을 보호하기 위한 도구가 되었다. 다른 문화권에서 영혼이 무덤에 거주한다고 생각했던 것처럼, 영혼은 돌에 '거주'한다. 즉 돌은 '죽은 자의 집'으로 간주되었다. 장례거석비는 죽은 자의 해로운 행위로부터 살아 있는 자를 보호하였다. 왜냐하면 죽음은 불확정적인 상태로서 좋은 쪽으로나 나쁜 쪽으로나 어떤 영향을 미칠 수 있기 때문이다. 돌 가운데 '갇힌' 혼은 긍정적인 방향으로만 작용이 미쳐야 한다. 즉 풍요화의 방향이다. 이 때문에 돌에 '선조'가 거주한다고 믿는 많은 문화권에서 돌은 밭이나 여성을 풍요하게 하기 위한 도구가 되었다. 수단의 신석기 시대 부족은 '우석'(雨石)을 가지고 있는데 이 돌은 비를 오게 하는 선조와 동일시되고 있다.[원주8] 태평양의 여러 섬(뉴칼레도니아 제도, 말레쿨라, 아친 등)에서는 어떤 돌은 신, 선조 혹은 문화영웅을 표상하거나 더 나아가 구현하고 있다.[원주9] J. 레이어드에 의하면, 태평양의 여러 섬에서는 선조를 표상하는 좀더 작은 환상열석(cromlech)이 있는 비석이 모든 제단의 중심이라고 한다.[원주10]

모리스 렌하르트는 『뉴칼레도니아 민족지』에서 "돌은 선조의 석화된 정령이다"[원주11]라고 기록하였다. 이것은 대단히 훌륭한 설명방법이긴 하지만

[원주8] Seligmann(C. G. and B. Z.), *Pagan Tribes of the Nilotic Sudan*, London, 1932, p. 24.

[원주9] Williamson, *The Social and Political Systems of Central Polynesia*, Cambridge, 1924, vol. ii, pp. 242~43 등.

[원주10] Layard, "The Journey of the Dead," in *Essays Presented to S. Seligmann*, London, 1934, pp. 116 ff. 등.

[원주11] Maurice Lenhardt, *Notes d'ethnologie néocalédonienne*, Paris, 1930, p. 183.

글자 그대로 생각할 수는 없다. 돌은 '석화된 정령'이 아니라 그 정령의 구체적인 표상, 임시적 혹은 상징적인 '서식처'이다. 렌하르트는 또 "영, 신, 토템, 씨족 등 이 모든 개념들은 모두 돌이라는 구체적인 표상을 가지고 있다"[원주12]고 쓰고 있다. 아삼의 카시족은 씨족의 대모신은 환상열석(maw-kynthei, '여석')으로 표상되었고, 대부신은 입석(maw-shynrang, '남석')에 현존한다고 믿고 있다.[원주13] 다른 문화권에서는 입석은 지고신(천공신)까지도 구현하고 있다. 이미 살핀 바와 같이(§16 참조), 아프리카의 많은 종족 가운데는 천공의 지고신의 숭배에 입석(여기에 공물을 바친다)이나 다른 성스러운 돌이 포함되어 있다.

76. 풍요석

따라서 돌에 대한 숭배는 물질로서의 돌이 아니라 돌에 생명을 주는 정령, 돌을 성별하고 있는 상징을 향한 것이다. 돌, 바위, 비석, 환상열석, 입석 등이 성스럽게 된 것은 그 돌이 어떤 영적인 힘의 표시를 지니고 있기 때문이다. 삶을 보호하고 풍부하게 하기 위한 수단으로 '선조'나 죽은 자를 돌에 '고정시켜'놓은 문화권을 논하였는데, 여기서 몇 개의 예를 더 살펴보자. 인도에서는 신혼부부가 자식을 갖게 해달라고 거석을 향하여 기원한다.[원주14] 살렘(인도 남부)에서는 환상열석에 임신할 수 있게 하는 선조가 거주한다고 믿으며 그래서 불임여성들은 그 돌에 공물(꽃, 백단향, 밥)을 바치고 거기에 몸을 비빈다.[원주15] 중앙 오스트레일리아 종족들도 그 비슷한 관념을 가지고 있다. 스펜서와 길렌은 에라티파(Erathipa)라고 알려진 거대한 바위의 경우를 예로 들었는데, 그 바위에는 어느 한쪽에 입구가 있

[원주12] 같은 책, p. 241.
[원주13] Pettazzoni, *Dio*, p. 10 참조.
[원주14] Hutton, vol. i, p. 88.
[원주15] J. Boulnois, *Le Caducée et la symbolique dravidienne indo-méditerranéenne*, Paris, 1939, p. 12 참조.

어 이 속에 갇혀 있는 아이의 영혼이 다시 태어나기 위해 이 바위 곁을 지나는 여인의 몸 속으로 들어가려고 그 문으로 나온다는 것이다. 그래서 만약 아이를 갖고자 원하지 않는 여인이 이 바위 곁을 지나갈 때에는 늙은 노파처럼 가장하여 지팡이를 짚고 허리를 굽히고 가면서 "내 곁에 오지 마라. 나는 늙은 노인이란다"[원주16] 하고 소리를 지른다. 북캘리포니아의 마이두족의 불임여성은 임신한 여인과 똑같이 생긴 바위를 손으로 만지는 관습이 있다.[원주17] 뉴기니 남서부의 카이 섬에서는 아이를 갖고자 원하는 여인은 돌에다 기름을 바른다. 이와 동일한 관습은 마다가스카르에서도 발견된다.[원주18] 더욱 흥미 있는 것은 사업의 번창을 바라는 상인들도 이 '풍요석'에 기름을 바른다는 것이다. 인도에서는 어떤 돌은 스스로 탄생하고 혼자서 번식한다는(svayaṁbhū='자가발생') 속언이 있다. 이 때문에 불임여성들은 이 돌을 찾아, 공물을 바치고 숭배한다.[원주19] 유럽의 몇몇 곳과 그외 어떤 지역에서는 젊은 부부가 그들의 결합에서 결실이 맺어지게 해달라고 돌 위를 걷기도 한다.[원주20] 사모에드족은 필파자(pyl-paja='여석')라고 불리는 기묘한 형태의 돌 앞에서 기도하며 황금을 공물로 바친다.[원주21]

이 모든 의례에 포함된 관념은 다음과 같은 것이다. 즉 어떤 돌은 그 안에 선조의 정령이 거주하기 때문에, 혹은 그 형태 때문에(임부, '여석'), 혹은 그 돌의 기원 때문에('자가발생') 불임여성에게 임신할 수 있게 하는 힘이 있다는 것이다. 그러나 이러한 종교적 실천을 낳은 '이론'이나 혹은 그 실천의 근거인 '이론'이 오늘날까지도 그 실천을 계속하고 있는 사람들의

[원주16] Spencer and Gillen, *The Native Tribes of Central Australia*, London, 1899, p. 337.
[원주17] Hartland, *Primitive Paternity*, London, 1909, vol. i, pp. 124 ff.
[원주18] Frazer, *Folklore in the Old Testament*, vol. ii, p. 75.
[원주19] Wilke, "Die Religion der Indogermanen in archäologischen Betrachtung," *MB*, Leipzig, 1921, pp. 99 ff.
[원주20] Frazer, vol. ii, pp. 403~405; Nyberg, *Kind und Erde*, Helsinki, 1931, pp. 66 ff., 239 참조.
[원주21] Nyberg, p. 66.

의식 속에 항상 보존되어 있는 것은 아니다. 어떤 경우에는 처음의 이론이 다른 이론으로 대치되었거나 변경되었으며, 어떤 경우에는 종교개혁이 성공하여 최초의 이론이 완전히 망각되어버린 경우도 있다. 이 후자의 예를 몇 개 들어보고자 한다. 거석, 바위, 환상열석 신앙의 흐릿한 흔적, 돌과의 접촉을 통한 '농경'의례의 잔치 등은 현대까지도 유럽의 민간신앙 가운데 존속하고 있다. 이와 같은 신심은 내가 이미 말한 바와 같이 대단히 막연하다. 프랑스 남동부 사부아의 무티에 주민들은 '피에라 셰베타'(Pierra Chevetta, 올빼미돌)라는 돌에 대하여 '종교적 외경과 경건한 숭배'를 느낀다. 이 돌에 대하여 주민들이 알고 있는 것은 이 돌이 마을을 보호해준다는 것, 이 돌이 존재하는 한 불이나 물 등 재해도 그들을 해치지 못하리라는 것이다.[원주22] 역시 프랑스 르 가르의 쉬메느에서는 농부들은 고인돌을 두려워하여 그것을 피한다.[원주23] 아느시 남부의 부인들은 '죽은 자'라고 알려진 돌 곁을 지날 때마다 '우리 아버지', '아베마리아'라고 말한다. 이 외경심은 아마도 누군가가 거기에 묻혀 있을 것이라는 신앙에서 유래할 것이다.[원주24] 이 지방의 부인들은 또 살해된 원주민 혹은 산사태로 묻힌 원주민의 시체를 덮고 있는 돌무더기 앞에 이르면 항상 무릎을 꿇고 십자성호를 그은 다음에 작은 돌을 그 위에다 던진다.[원주25] 이와 비슷한 관습은 아프리카에서도 발견된다. 호텐토트족은 그들의 조물주 헤이시 에이비브(Heitsi Eibib)의 무덤에 돌을 던지고, 남부의 반투족도 그들의 조물주 운쿨룬쿨루(Unkulunkulu)의 무덤에 똑같은 의식을 행한다.[원주26] 이상의 몇몇 예에서 얻은 결론은, 거석에 대한 종교적 외경심은 프랑스에서는 산발적으로 보이는데 대부분의 경우 그것은 주술 이외의 이유(예컨대 비명의 죽음)에 의하여 결정되었다는 것이다. 환상열석, 입석 등의 성스러운 돌이 지닌 풍

[원주22] Van Gennep, in P. Saintyves, *Corpus*, vol. ii, p. 376.
[원주23] Hugues, in Saintyves, p. 390.
[원주24] Van Gennep, in Saintyves, p. 317 참조.
[원주25] Saintyves, p. 332.
[원주26] Pettazzoni, pp. 198, 200 참조.

요성이라는 원시적인 개념은 이와 전혀 다르다. 그러나 거의 모든 곳에서 그것으로부터 유래한 행위의 단편들이 오늘날까지도 지속되고 있다.

77. '미끄럼'

'미끄럼'으로 알려진 풍습은 대단히 널리 퍼져 있다. 즉 젊은 여인이 아이를 갖고자 원하면 성별된 돌 위에서 미끄러진다.[원주27] 이보다 더 널리 퍼져 있는 의례적 풍습은 '마찰'이다. 마찰은 건강에 좋다는 이유로도 행하지만 주로 불임여성이 이용하였다. 론의 데시느에서는 최근까지도 불임여성이 피에르프리트(Pierrefrite)라고 알려진 곳 근처의 밭에 있는 비석에 앉는 습관이 있다. 피니스테르의 생르낭에서는 아이를 갖기를 바라는 여인은 '암말의 돌'(Stone Mare)이라고 불리는 거대한 바위 위에서 3일 밤 동안 계속해서 잠을 잔다.[원주28] 또 젊은 신부는 결혼 직후 몇 날 밤을 여기에 와서 이 돌에다 배를 비비댄다.[원주29] 이런 풍습은 여러 곳에서 발견할 수 있다.[원주30] 예컨대 퐁타뱅의 모에당 마을에서는 돌에 배를 비비는 여성은 반드시 아들을 낳는다고 믿고 있다.[원주31] 1923년 이전까지만 해도 런던에 상경한 농가의 주부들은 아이를 갖게 해달라고 성 바울 사원의 기둥을 껴안는 풍습이 있었다.[원주32]

세비요는 이와 동일한 의례 유형에 속하는 관습에 대하여 다음과 같이

[원주27] 예를 들어 Saintyves, vol. ii, pp. 347 등 ; Sébillot, *Le Folklore de France*, vol. i, pp. 335 ff. ; Lang, *Myth, Ritual and Religion*, London, 1887, vol. i, pp. 96 ff. ; Sartori in the *Handwörterbuch des deutschen Aberglaubens*, s. v. "gleiten", Leite de Vasconcellos, *Opusculos*, Lisbon, 1938, vol. vii, pp. 653 ff.를 보라.
[원주28] Sébillot, pp. 339~40.
[원주29] Saintyves, vol. iii, p. 346.
[원주30] 같은 책, index, s. v. "friction" 등 참조.
[원주31] 같은 책, p. 375.
[원주32] Mackenzie, *Infancy of Medicine*, London, 1927, p. 219. 신문에서 인용함.

기술하고 있다. "1880년경, 카르나크에서 멀지 않은 곳에서는 결혼하고도 몇 년 동안 아이가 없는 사람들은 보름달이 뜨면 입석이 있는 곳으로 가서 옷을 훌훌 벗고 마치 남편은 쫓아가고 아내는 남편을 피하려는 양하면서 그 돌 주위를 빙빙 돌며 뛰었다. 그리고 친척들은 이 의례가 더럽혀지지 않도록 그 주위를 지켰다."[원주33] 이러한 광경은 과거에는 아마 흔히 볼 수 있는 일이었을 것이다. 그러나 중세 때 성직자나 왕은 이러한 돌의 의례를 끊임없이 금지하였다. 특히 돌 앞에서 정액을 방사하는 행위를 엄금하였다.[원주34] 그러나 이 마지막 구절은 대단히 복합적이어서, 환상열석이나 입석이 직접 '생산을 돕는' 힘을 가지고 있다는 신앙만으로는 간단하게 설명될 수 없다(왜냐하면 '미끄럼'이나 '마찰'의 행위로 설명될 수 있으므로). 한 가지, 달숭배의 흔적을 보여주는 성교 시기('만월 때')에 대해서는 설명할 수 있는데, 돌 앞에서의 부부의 성교나 사정은 광물을 유성(有性)케 하는, 돌로부터의 탄생이라는, 즉 돌에 의한 풍요의례에 상당하는 매우 진보된 개념으로부터 유래했다는 것이다.[원주35]

이상에서 언급한 바와 같이 대부분의 관습에는 성스러운 돌이나 바위를 만지는 것만으로도 불임의 여인에게 생식력이 생기는 데 필요한 모든 조건이 이루어진다는 신앙이 아직까지도 보존되어 있다. 카르나크에는 부인들이 크뤼에 모켐(Cruez-Moquem)이라는 환상열석이 있는 곳으로 가서 옷을 걷어올리고 앉는 관습이 있다. 그런데 오늘날은 이러한 관습을 막기 위하여 돌 위에다 십자가를 세워놓았다.[원주36] 이 밖에도 많은 돌들은 성적인 힘을 가진 것으로 생각되어 '사랑의 돌' 혹은 '결혼의 돌'이라는 이름이 붙어 있다.[원주37] 아테네에서는 임산부들이 님프스 산에 올라가 바위에서 미끄러

[원주33] Sébillot, vol. iv, pp. 61~62; *Traditions et Superstitions de la Haute-Bretagne*, Paris, 1882, vol. i, p. 150.

[원주34] Le Pontois, *Le Finisterre préhistorique*, Paris, 1929, p. 268을 보라.

[원주35] Eisler, "Kuba-Kybele", *PS*, 1909, pp. 118~51, 161~209; C. Hentze, *Mythes et symboles*, pp. 34 ff.

[원주36] Saintyves, vol. iii, p. 431.

져 내려오면서 무사히 분만할 수 있도록 아폴론에게 기원하였다.[원주38] 여기서 의례의 의미가 변질된 좋은 예를 볼 수 있다. 즉 풍요석이 출산석이 된 것이다. 돌을 만지기만 하여도 안전하게 분만할 수 있다는, 이와 똑같은 속신은 포르투갈에서도 보인다.[원주39]

또 많은 거석들이 아이들이 걷는 일이나 아이들의 건강을 보증하는 데 도움이 된다고 한다.[원주40] 아망스 지방에는 구멍난 돌이 있는데, 부인들은 이 돌 앞으로 가서 구멍에다 돈을 던져넣으며 무릎을 꿇고 자식의 건강을 기원한다.[원주41] 부모들은 아이가 태어나자마자 푸뱅르오(Fouvent-le-Haut)의 '구멍난 돌'로 데리고 가 아이를 그 구멍 속에다 집어넣는다. "이는 아이들을 마력으로부터 보호하고 행복을 가져오게 하기 위한 일종의 돌 세례이다."[원주42] 오늘날에도 파포스의 불임여성들은 바위에 난 구멍 속을 지나가는 풍습이 있다.[원주43] 이와 똑같은 풍습을 영국의 여러 지방에서도 발견할 수 있다.[원주44] 또 어떤 지방에서는 여인들이 오른손을 구멍 속에 넣기만 하는 곳도 있다. 아이의 무게를 받치고 있는 것이 오른손이기 때문이라고 그들은 말한다.[원주45] 크리스마스나 성 요한제 때(즉 동지와 하지에) 구멍이 있는 돌 옆에 촛불을 켜고 돌 위에 기름을 뿌렸다. 이렇게 해서 모인 기름은 후에 약으로 사용되었다.[원주46]

교회는 오랫동안 이러한 풍습과 싸워왔다.[원주47] 그러나 교회의 압력에도

〔원주37〕 Saintyves, vol. i, index, *s. v.* "pierre d'amour," "pierre de marriage" 참조.

〔원주38〕 Hartland, *Primitive Paternity*, vol. i, p. 130을 보라.

〔원주39〕 Leite de Vasconcellos, *De Terra en terra*, Lisbon, 1927, vol. ii, p. 205; *Opusculos*, vol. vii, p. 652를 보라.

〔원주40〕 Saintyves, vol. iii, pp. 36, 213 등; 98 220 330.

〔원주41〕 Saintyves, vol. ii, p. 401를 보라.

〔원주42〕 Perrault Dabot, Saintyves, vol. ii, p. 403에서 재인용.

〔원주43〕 Frazer, *Adonis, Attis, Osiris*, London, 1936, vol. i, p. 36.

〔원주44〕 Frazer, *Balder the Beautiful*, London, 1936, vol. ii, p. 187.

〔원주45〕 Saintyves, vol. ii, p. 403.

〔원주46〕 같은 곳.

불구하고 그리고 반종교, 반미신을 표방하는 합리주의의 세기에도 불구하고 이러한 풍습이 살아남을 수 있었던 것은 이것이 얼마나 확고하게 뿌리를 내리고 있는가를 반증하는 것이기도 하다. 그러나 성스러운 돌에 관련한 의식(신앙, 외포, 성스러운 의식) 등은 거의 소멸해버렸다. 지금까지 남아 있는 것은 그 본질적인 것, 즉 돌의 풍요로운 힘에 대한 신앙뿐이다. 이 힘에 대한 신앙은 오늘날 합리적인 이론으로 뒷받침되고 있지는 못하지만 새로운 전설이나 그리스도교의 해석에 의하여 근거가 마련되었다(바위 위에 성인이 있고, 입석 꼭대기에 십자가를 세우는 것 등). 그러나 돌, 바위, 입석은 요정이 있는 곳이며, 지금도 그것들에게 공물(기름, 꽃 등)을 바친다는 이 두 가지 사실에서 어떤 이론적인 공식을 찾아낼 수 있다. 이러한 존재에 대하여 참된 숭배는 하고 있지 않지만 여전히 이들에게 원하는 것은 있다는 것이다.

유럽에서 그리스도교로 개종함으로써 실현된 종교개혁은 풍요석의 의례를 신성시했던 원시적인 체계를 파괴하여버렸다. 중세기까지 시골 사람들이 선사시대(소위 '석기시대')의 문명에 관련된 모든 것에 대하여, 그 시대의 장례, 주술, 예배를 위한 기념비에 대하여, 또 그 시대의 석제 무기('뇌석')에 대하여 보이고 있는 신앙은 선사시대의 선조가 가지고 있던 종교적 관념의 직접적인 유물이라고 설명될 뿐 아니라 중세의 주민들이 선사시대의 선조에 대하여 미신적인 외경심, 신앙, 두려움의 생각을 품고 있는 것이라고도 설명될 수 있다. 그들은 석기문명의 유물을 가지고 선사시대의 선조를 평가했던 것이다. 앞으로 살피겠지만 시골 사람들은 원시적인 무기를 하늘로부터 떨어진 '뇌석'이라고 생각했다. 그리고 입석, 운석, 환상열석은 거인, 요정, 영웅 등의 흔적으로 취급되었다.

[원주47] Saintyves, vol. i. *s. v.* "condamnations" 등 참조.

78. 구멍이 있는 돌 : '뇌석'

앞에서 언급한 바와 같이, '풍요'석 및 돌 숭배를 뒷받침하는 전통적인 '이론'은 새로운 이론에 의해 대치되었다(혹은 최소한 영향을 받았다). 이에 대한 적절한 예로 신생아를 돌구멍으로 통과시키는 풍습을 들 수 있다(유럽에서는 이 풍습이 오늘날까지도 남아 있다).[원주48] 이 의례는 자궁을 상징하는 돌을 통하여 신의 자궁으로부터 탄생한다는 의미 혹은 태양의 상징을 통한 재생이라는 의미의 '재생'과 관계 있는 것이 확실하다. 선사시대의 인도인은 구멍이 있는 돌을 '음문'(yoni)의 표장이라고 생각했다. 그리고 그 구멍을 통과하는 의례적 행위는 여성의 우주적 원리를 매개로 한 재생을 내포하고 있다.[원주49] 선사시대의 스칸디나비아의 제사용 '맷돌'(alv-kvarnar)도 이와 유사한 기능을 충족시켜줄 것이다. 알름그렌은 이 맷돌에다 음문의 의미에 가까운 상징적 의미를 부여하였다.[원주50] 그러나 인도에서는 이와 같은 환석에 태양의 상징도 부가하고 있다. 즉 그들은 이 돌을 '세계의 문'(loka-dvāra)이라고 보며, 영혼도 이 문을 통하여 '저쪽으로 넘어갈 수 있다'(도피한다=atimucyate)고 믿고 있다. 그들은 또한 돌의 구멍을 '해방의 문'(mukti-dvāra)이라고 부르는데, 이것은 요니(혹은 사물의 자궁)를 통한 재생의 의미와는 연관성이 없고, 태양의 상징에 포함되어 있는 해방 그리고 우주와 윤회로부터의 해방의 의미로 볼 수 있다.[원주51] 즉 이 심벌리즘은 환석을 통과하는 원시의례의 또 하나의 의미를 보여주고 있다. 인도에서도 우리는 옛 것을 대치한 새로운 이론의 예를 발견할 수 있

[원주48] Rydh, "Symbolism in Mortuary Ceramics," *BMAS*, 1929, p. 110 참조.
[원주49] Marshall, *Mohenjo-Daro and the Indus Civilization*, London, 1931, vol. i, p. 62 참조.
[원주50] Almgren, *Nordische Felszeichnungen als religiöse Urkunden*, Frankfurt a. M., 1934, p. 246 참조.
[원주51] Coomaraswamy, *The Darker Side of the Dawn*, Washington, 1935, p. 17, n. 22 참조.

다. 오늘날까지도 샬라그라마(śālagrāma) 돌이 신성한 것은 이 돌이 비슈누의 상징이며 또 이 돌이 여신 락크슈미의 상징인 관목 툴라시(tulasī)와 결혼하였기 때문이다. 사실상 돌과 식물의 종교적 결혼은 '신성한 공간'이나 원시적 제단의 고대적 상징이었으며 이 유형은 인도-지중해 연안 전 지역에 분포되어 있다(§97 참조).

많은 지역에서 운석은 풍요의 표징 혹은 표시로 간주되었다. 부랴트족은 '하늘에서 떨어진' 어떤 돌은 비를 오게 한다고 믿고 있다. 그 때문에 가뭄이 들었을 때 그들은 운석에 공물을 바친다. 그 밖에 많은 촌락에서도 작은 돌멩이 무더기가 발견되는데 사람들은 봄이 되면 풍작을 기원하기 위해 역시 여기에 공물을 바친다.[원주52] 돌이 종교적 가치를 갖게 된 것은 돌의 기원 때문이다. 즉 그 돌은 성스럽고 풍요로운 곳에서 왔기 때문에 종교적 의미를 가지게 되었다. 이 돌은 비를 몰고 오는 천둥과 함께 하늘에서 떨어진 것이다. '우석'(雨石)의 풍요성과 관련된 모든 신앙은 그 돌의 운석으로서의 기원에 바탕을 두었거나, 그 돌과 비를 주재하는 어떤 힘, 형태, 존재자 사이에 유사성이 있음을 가리키고 있다. 예컨대 수마트라의 코타 가당에는 고양이와 매우 비슷하게 생긴 돌이 있다. 검은 고양이가 기우제에 사용된 것과 같이, 이 돌은 신으로부터 그와 유사한 힘을 부여받은 것으로 간주된다.[원주53] 무수히 많은 '우석'들을 면밀히 분석해보면, 구름을 지배하는 그들의 힘을 설명해주는 '이론'이 존재함을 알 수 있다. 즉 그들의 형태에서 그럴 만한 이유를 발견할 수 있다. 어떤 돌은 구름이나 벼락과 '공감'을 가지고 있고, 혹은 천공적 기원(하늘에서 떨어졌다)을 가졌고, 혹은 '선조'에게 속하며, 혹은 그 형태가 물에서 발견되고, 혹은 뱀, 개구리, 물고기, 그 밖의 다른 물의 표장을 연상시켜주기 때문에 그러하다는 것이다. 이러한 돌들의 힘은 결코 그 자체에서 나온 것은 아니다. 그들은 하나의 원리에 참여

[원주52] Holmberg-Harva, *Die religiösen Vorstellungen der altaischen Völkern*, p. 153.

[원주53] Frazer, *The Magic Art and the Evolution of Kings*, London, 1936. vol. i. p. 308 참조.

하거나, 하나의 상징을 구현하거나, 혹은 우주적 '공감'을 표현하거나, 하늘의 기원을 나타내거나 한다. 이 돌들은 그들 자신을 넘어선 영적 실재의 **표시**이거나 혹은 성스러운 힘의 도구이며, 돌 자체는 그 성스러운 힘이 담겨 있는 그릇에 지나지 않는다.

79. 운석과 베델

돌이 지니고 있는 다원적인 상징적 가치에 대하여 또 하나의 시사적인 예를 운석이 제공해주고 있다. 메카의 카아바 신전의 성스러운 돌, 마지막 포에니 전쟁 때 로마로 운반된 프리기아인의 대모신 키벨레의 비도상적인 신상인 페시누스의 흑석은 가장 유명한 운석이다.[원주54] 이 돌들의 성성은 우선 그 천공적 기원에서 유래하고 있다. 그러나 동시에 이 돌들은 대모신의 상, 다시 말하면 대지의 여신상이었다. 그들의 천공적 기원은 좀체로 망각되지 않는다. 민간신앙에서는 소위 '뇌석'이라는 선사시대의 석기에 모두 천공적 계보를 부여하고 있기 때문이다. 운석이 대여신의 상이 된 까닭은 아마도 천공신의 상징인 벼락이 운석을 보낸다고 믿었기 때문일 것이다. 그러나 한편 성스러운 돌 카아바는 '세계의 중심'으로 생각되었다. 다시 말하면 카아바는 대지의 중심일 뿐만 아니라 카아바 위의, 천공의 중심에 있는 '하늘의 문'이었다. 카아바가 하늘에서 떨어졌을 때 물론 하늘에 구멍을 낸 것이다. 따라서 이 구멍을 통하여 하늘과 땅 사이의 교통이 가능해졌다. '세계축'(Axis Mundi)은 이 구멍을 통하여 지나간다.

이렇게 운석을 성스럽게 여긴 것은 그것이 하늘에서 떨어졌기 때문에, 그것이 대여신의 현존을 계시하기 때문에, 혹은 그것이 '세계의 중심'을 나타내기 때문이다. 그 어떤 것이든 운석은 **상징**이나 **표장**이 된 것이다. 운석이 성스럽다는 것은 우주론적 이론과 히에로파니 논리의 분명한 개념을 포

[원주54] Eliade, "Metallurgy, Magic and Alchemy," bibliography, Paris, 1938. CZ. vol. i, p. 3 참조.

함하고 있기 때문이다. 알렉산드리아의 클레멘트는 "아랍인들은 돌을 숭배한다"[원주55]고 말했다. 그리스도교의 호교론자(護敎論者)는 구약성서의 유일신적 선조와 같이 자신의 종교적 체험(그리스도의 계시에 기초를 둔)의 순수성과 강도를 통하여, 옛 종교형태에 어떤 영적 가치가 있음을 부인하기에 이르렀다. 신 자신과 신을 표현하고 신의 힘을 나타내는 물체를 혼동하는 셈족의 정신구조의 경향을 고려하면,[원주56] 클레멘트 시대부터 이미 대부분의 아랍인은 돌을 '숭배했음'이 분명한 것 같다. 그러나 최근의 연구에 의하면, 이슬람교 이전의 아랍인은 그리스와 로마인들이 바이틸리(baytili)라고 부른 돌을 숭배하였다. 바이틸리는 셈어에서 기원한 말인데 '신의 집'[원주57]이란 뜻이다. 이러한 성스러운 돌은 단지 셈족의 세계에서만 숭배받은 것은 아니다. 북아프리카의 주민도 카르타고인과 접촉하기 이전에 성스러운 돌을 숭배하고 있었다.[원주58] 그러나 베델(bethel)은 단순히 돌로서만 숭배된 것이 아니라 신의 현존을 표명하고 있기 때문에 숭배되었다. 신의 집을 표상하는 베델은 신의 표시, 표장이고, 신의 힘의 용기이며 혹은 신의 이름으로 성취되는 종교적 행위의 부동의 증인인 것이다. 셈족 세계에서 가려낸 다음 몇 개의 예는 베델의 의미를 잘 이해하게 해준다.

야곱은 메소포타미아로 가는 길에 하란에 이르렀다.

하란으로 향하여 가더니 한곳에 이르러는 해가 진지라. 거기서 유숙하려고 그곳의 한 돌을 취하여 베개 하고 거기 누워 자더니, 꿈에 본즉 사다리가 땅 위에 섰는데, 그 꼭대기가 하늘에 닿았고 또 본즉 하느님의 사

[원주55] *Protreptica*, iv, 46.
[원주56] Vincent, *La Religion des Judéo-Araméens d'Eléphantine*, Paris, 1937, p. 591.
[원주57] Lammens, "Le Culte des bétyles et les processions religieuses dans l'Arabie préislamique," *Bulletin de l'institut d'archéologie orientale*, Cairo, vol. xvii을 보라.
[원주58] Bel, *La Religion musulmane en Berberie*, Paris, 1938, vol. i, p. 80 참조.

자가 그 위에서 오르락내리락하고, 또 본즉 여호와께서 그 위에 서서 가라사대, 나는 여호와니 너의 조부 아브라함의 하느님이요 이삭의 하느님이라. 너 누운 땅을 내가 너와 네 자손에게 주리니 네 자손이 땅의 티끌같이 되어서 동서남북에 편만할지며 땅의 모든 족속이 너와 네 자손으로 인하여 복을 얻으리라. ……야곱이 잠이 깨어 가로되 여호와께서 과연 여기 계시거늘 내가 알지 못하였도다. 이에 두려워하여 가로되, 두렵도다 이곳이여 다른 것이 아니라 이는 하느님의 전(殿)이요 이는 하늘의 문이로다 하고, 야곱이 아침에 일찍이 일어나 베개 하였던 돌을 가져 기둥으로 세우고 그 위에 기름을 붓고 그곳 이름을 베델이라 하였더라.[원주59]

80. 돌의 에피파니와 상징

침메른은 베델(신의 집)은 신의 명칭인 동시에 성스러운 돌이라는 것을 밝히고 있다.[원주60] 야곱은 돌 위에서 잠잤다. 그곳은 하늘과 땅이 통하는 곳으로 '하늘의 문'에 해당하는 '중심'이었다. 그러나 꿈속에서 야곱에게 나타난 신은 성경에서 강조하고 있는 바와 같이 아브라함의 신이었는가, 혹은 1921년에 뒤소가 생각했던 것처럼 지방신인 베델의 신이었는가?[원주61] 라스 샴라에서 발견된 문헌은 모세 이전의 셈족의 종교생활에 대하여 귀중한 자료를 제공해준다. 그에 따르면, 엘(El)과 베델은 동일한 신에 대해 상호 교환할 수 있는 명칭임을 밝혀주고 있다.[원주62] 다시 말하면, 야곱이 꿈에서 본 것은 선조의 신이었으며 지방신이 아니었다. 그 장소를 성별하

[원주59] 창세기 28 : 11~13, 16~19.
[원주60] Dussaud, *Les Origines cananéennes du sacrifice israélite*, 2nd ed., Paris, 1941, p. 232 참조.
[원주61] 같은 책, pp. 234 ff. 예레미야 48 : 13 참조. "이스라엘 가문이 베델을 믿던 일을 부끄러워하게 되었듯이 그날에 모압도 그모스 신을 믿던 일을 부끄러워하게 되리라."
[원주62] Dussaud, *Les Découvertes de Ras Shamra*, 2nd ed., Paris, 1941, pp. 97, 111 참조.

기 위하여 야곱은 돌(베델)을 세웠다. 그때부터 이 돌은 그 지방 사람들에게 신 베델로서 예배되었다. 모세의 메시지에 충실한 일신론의 엘리트들은 이 '신'을 적으로 하여 오랫동안 싸웠다. 예레미야가 회상하고 있는 것도 이 싸움에 대해서이다.

우리가 앞에서 본 바와 같이, 야곱이 꿈에서 본 유명한 이야기에서 베델의 신은 아직 베델 신이 되어 있지 않다는 것을 간취할 수 있다. 그러나 이러한 동일화 혹은 혼합은 민중 사이에서 곧 생기게 되었다.[원주63]

전승되는 바에 의하면, 야곱이 천사의 사다리와 신의 집을 본 곳에서 팔레스타인의 농민들은 신 베델을 보았던 것이다.[원주64]
그러나 우리는 지방의 농민들이 베델에서 어떠한 신을 본다 할지라도 돌은 하나의 **표시**, 거처, 신의 테오파니 외에 아무것도 아니라는 것이다. 신은 돌을 수단으로 해서 **표명**된다. 혹은 또 다른 의례에서 보면 신은 돌 옆에서 맺어진 계약을 **증언**하고 성별하였다. 이 증언이란 민중의 의식에서는 돌 가운데 신을 구현하는 것이었다. 그러나 엘리트에게는 그것이 신의 현존에 의하여 돌을 변용시키는 것이었다. 여호수아는 야훼와 그 백성 사이의 계약을 맺으면서 이렇게 말했다.

큰 돌을 취하여 거기 야훼의 성소 곁에 있는 상수리나무 아래 세우고, 모든 백성에게 이르되, 보라 이 돌이 우리에게 증거가 되니 이는 야훼께서 우리에게 하신 모든 말씀을 이 돌이 들었음이라. 이런즉 너희가 너희 하느님을 배반치 않게 하도록 이 돌이 증거가 되리라.[원주65]

[원주63] Vincent, p. 591.
[원주64] Eliade, *Insula lui Euthanasius*, p. 117 참조.
[원주65] 여호수아 24 : 26~27.

신은 또 야곱과 우정의 계약을 맺을 때 라반이 세운 돌에 증인이 되었다.[원주66] 이러한 증언의 돌은 신의 표명으로서 가나안 주민들의 예배의 대상이 되었다.

모세의 일신론을 주장하는 엘리트들은 신의 현존의 **표시**와 어떤 대상에 신이 **구현**하고 있는 것을 가끔 혼동하고 있는 것에 대하여 싸웠다.

너희는 자기를 위하여 우상을 만들지 말지니, 목상(masseba)이나 주상(maskit)을 세우지 말며, 너희 땅에 조각한 석상을 세우고 그에게 경배하지 마라.[원주67]

또 민수기에서 신은 모세에게 가나안 땅에서 예배되고 있는 돌을 파괴하라고 명한다.

……그 새긴 석상과 부어 만든 우상을 다 파멸하며 신당을 다 훼파하고…….[원주68]

여기에 있는 것은 신앙과 우상숭배 사이의 갈등이 아니라 두 개의 신의 테오파니 사이의, 종교체험의 두 계기 사이의 갈등이다. 즉 한편으로는 신과 물체를 동일시하며 신이 어떤 형태를 취하든, 어떤 곳에 나타나든 그것을 예배하는 원시적인 개념이 있다. 또 다른 한편으로는 성별된 장소(방주, 신전 등)나 모세의 의례 이외에서는 신의 현존을 인정하지 않는, 또 이 현존을 신자 자신의 의의에서 확인한다고 하는 엘리트의 종교체험에서 나온 개념이 있다. 보통 종교개혁이란 예배의 옛날 형태와 대상을 인수받아 그 의미와 종교적 의미를 바꾼 것이다. 전통적으로 모세의 율법이 보존되어

[원주66] 창세기 31：44 이하.
[원주67] 레위기 26：1.
[원주68] 민수기 33：52.

있는 계약의 궤는 처음에 신의 현존에 의하여 성스럽게 된 종교적인 돌을 포함하고 있었을 것이다. 종교개혁가는 이런 종류의 사물을 받아들여 그것들을 상이한 종교적 체계에 적합하게 하고 그들에게 전혀 다른 의미를 부여하였다.[원주69] 요컨대 모든 개혁은 원초의 경험의 질적 저하를 반대하는 쪽으로 하게 된다. 표시와 신 사이의 혼동은 민중 사이에서 대단히 컸다. 모세를 따르는 엘리트들은 바로 이러한 혼동을 피하기 위하여 그 표시(석상, 새긴 상 등)를 폐하고 그 의미를 변경시켰다(계약의 궤). 이 혼동은 머지않아 다른 형태로 다시 나타나는데 그것은 새로운 개혁을, 다시 말하면 원초의 의미의 새로운 선언을 결정하도록 하는 것이었다.

81. 성스러운 돌, 옴팔로스, '세계의 중심'

야곱이 베고 잤던 돌은 단순히 '신의 집'만은 아니었고 천사의 사다리를 통하여 하늘과 땅 사이의 교통이 생기는 장소이기도 하였다. 따라서 베델은 세계의 중심인데, 메카의 카아바나 시나이 산, 그 밖의 의례에 의해 성별된 모든 신전, 궁전, '중심'도 또한 세계의 중심이다(§ 143 이하). 하늘과 땅을 결합하는 '사다리'라는 것은 바로 그 장소에서 이루어진 테오파니에서 유래한다. 베델 위에서 잠자는 야곱에게 자신의 모습을 나타낸 신은 자신이 지상에 내려왔던 그 장소, 초월성이 내재해 있는 그 지점을 지시하였던 것이다. 앞으로 더 살피겠거니와 이런 종류의 사다리는 반드시 속계의 구체적인 지점에 장소를 정할 필요는 없고, '세계의 중심'을 무수한 지점에서 의례적으로 성별할 수 있다. 더욱이 이 경우에 각각의 '세계의 중심'의 진정성이 다른 '세계의 중심'의 진정성을 침해하는 것은 아니다.

여기서 나는 파우사니아스가 말하는 옴팔로스(omphalos, 배꼽)에 관한 몇 가지 신앙을 언급하려고 한다. "델포이의 주민들이 옴팔로스라고 부르는

[원주69] 예를 들어 A. Bertholet, "Über kultisch Motivverschiebungen," *Sitz. Preuss. Akad. Wiss., Phil. Hist. Klasse*, 1938, vol. xviii 참조.

것은 흰 돌이었고 이를 대지의 중심이라고 생각하였다. 핀다로스는 그의 시 가운데서 이 개념을 긍정하고 있다."[원주70] 이 점에 관하여 많은 연구가 발표되었다. 로드(Rohde)나 J. H. 해리슨(Harrison)은 옴팔로스는 원래 무덤 위에 놓인 장례석을 표상하는 것이라고 생각하고 있다. 그리고 바로는 어떤 전통에 대해서 언급하고 있는데, 그에 의하면, 옴팔로스는 델포이에 있는 성스러운 뱀 피톤의 무덤이었다.[원주71] 이 문제에 대하여 세 개의 보고기록을 쓴 로셔(Roscher)는 옴팔로스가 처음부터 '세계의 중심'으로 믿어졌다고 단정하고 있다. 닐슨은 이상의 해석에 만족하지 않고 옴팔로스가 지닌 장례석과 '세계의 중심'이라는 두 개의 개념은 후대의 것으로서 더욱 '원초'의 신앙을 대치한 것이었을 거라고 믿고 있다.[원주72]

그러나 실제로 이 두 개의 해석은 모두 '원시적'이며 서로 배제할 수가 없다. 죽은 자의 세계, 살아 있는 자의 세계, 신들의 세계가 서로 접촉하는 것으로 생각되는 무덤은 동시에 '중심', '대지의 배꼽'일 수가 있는 것이다. 예컨대 로마인에게 세계(mundus)는 세 개의 영역이 서로 교차하는 점을 나타낸다. 바로는 이렇게 쓰고 있다. "세계가 열릴 때 지하세계의 불행한 신들의 문도 열린다."[원주73] 세계가 묘가 아니었다는 것은 말할 것도 없지만 그 상징은 옴팔로스가 세계와 유사한 기능을 하고 있다는 것을 이해시켜준다. 즉 옴팔로스가 장례적 기원을 가진다는 것은 동시에 '중심'으로서의 자격을 가진다는 것과 모순되지 않는다. 죽은 자의 세계와 지하의 신들의 세계가 서로 교통할 수 있는 장소는 우주의 여러 면을 결합시켜주는 점으로서 성별되었다. 그리고 이러한 장소는 '중심'에만 위치할 수 있게 된다(옴팔로스에 대한 여러 가지 상징적 의미는 이 책에 '중심'을 성별하는 것의 의례적 기능과 이론을 분석할 때 전체적으로 연구될 것이다. §145).

아폴론이 델포이의 고대 지하신 신앙을 대체하였을 때 아폴론은 옴팔로

[원주70] x. 16. 2.
[원주71] Varro, *De Lingua Latina*, vii. 17.
[원주72] Nilsson, *Geschichte*, vol. i, p. 189.
[원주73] Varro, Macrobius, *Saturn.*, i. 16. 18에서 재인용.

스와 그 지위를 인계받았다. 푸리에스 신에게 쫓겨간 오레스테스는 아폴론에 의하여 옴팔로스 곁에서 죄를 사하게 되었다. 그곳은 가장 성스러운 장소로서 우주의 세 개의 영역이 교차하는 '중심'이며 '배꼽'인데, 그 상징은 새로운 탄생과 양심의 회복을 보증하는 것이다. '중심석'(centre stone)의 다원적 가치는 켈트족의 전승에 더욱 잘 보존되어 있다. 리아 파일(Lia Fail), '파일의 돌'(이 이름의 유래는 알려져 있지 않다. 파일은 아일랜드를 의미하는 듯하다)은 왕이 될 자격이 있는 자가 그 돌 위에 앉으면 노래를 하기 시작한다. 신명재판에서 이 돌 위에 올라간 피고인에게 아무 죄가 없다면 그는 하얗게 된다고 한다. 아이를 낳지 못하는 운명의 여인이 돌 가까이 가면 그 돌은 피를 흘리고, 만약 그 여인이 어머니가 될 사람이면 돌은 젖을 흘린다고 한다.[원주74] 리아 파일은 토양의 테오파니이며, 그 주인(아일랜드 왕)을 알아보는 유일신이며, 풍요의 이법을 지배하고 신명재판을 보증하는 유일한 신이다. 물론 이 켈트족의 옴팔로스는 후대에 남근적인 변형을 하고 있다. 풍요는 무엇보다도 '중심'의 속성을 표현하며 그 표장은 가끔 성적으로 나타난다. 켈트족이 '중심'의 의미를 종교적으로(암암리에 정치적으로도 봄) 보았던 것은 메디네메툼(medinemetum), 메디올라눔(mediolanum)이란 명사로 증명되는데,[원주75] 이 말들은 오늘날까지도 프랑스의 지명에 보존되고 있다.[원주76] 리아 파일이나 프랑스에 보존되어 있는 몇 개의 전승을 고려해본다면 이 '중심'들을 옴팔로스적인 돌과 동일시하는 것도 알 수 있다. 예컨대 라 로슈의 아망시 마을에는 '세계의 중심석'(중심의 확실한 증명)이 존재한다.[원주77] 무티에 지방의 피에라 셰베타는 홍수가 있어도 가라앉지 않는다.[원주78] 그곳은 대홍수가 삼킬 수 없는 '중심'의 흐릿한 반영을 나타내고 있다(§143).

[원주74] Dumézil, *Jupiter, Mars, Quirinus*, Paris, 1941, pp. 228~29 참조.
[원주75] Cæsar, *De Bello Gallico*, vi, 13: "media regio" 참조.
[원주76] Saintyves, vol. ii, p. 328 및 bibliography 참조.
[원주77] 같은 책, ii, p. 327.
[원주78] 같은 책, p. 376.

82. 표시와 형태

어떤 전통에서나 옴팔로스는 초인적인 것의 현존에 의하여, 혹은 상징에 의하여 성스러운 놀이 된다. 베델, 마세바(masseba), 혹은 선사시대의 거석과 같이 옴팔로스는 어떤 것을 증언하고 있고, 숭배에서 그 자신의 가치나 위치를 갖는 것은 이 증언이 있기 때문이었다. 돌은 죽은 자를 **보호하거나**(예컨대 신석기시대의 거석과 같이), 죽은 자의 혼의 일시적 거처가 되거나(많은 원시인들 사이에서 통용되었던 바와 같이), 혹은 사람과 사람 사이에서(셈족과 같이) 맺어진 계약을 보증하거나, 돌 자체의 형태나 천공적 기원(운석 등)에서 그 성성을 획득하거나, 혹은 돌이 신의 현현이 되거나, 우주의 여러 지점이 만나는 곳이 되거나, '중심'을 나타낸다. 이와 같은 모든 경우에 돌은 항상 그 종교적 의미를 돌로 변용시킨 신의 현존으로부터, 돌에 구현되어 있는 초인적인 힘(죽은 자의 혼)으로부터, 혹은 돌에 자기 위치를 부여하고 있는 상징(성적, 우주론적, 종교적, 정치적인 상징)으로부터 이끌어온다. 종교적인 돌은 항상 **표시**이며, 항상 초월적 실재를 표상하고 있다. 그 견고함, 지속, 장대함으로 인간의 마음을 압도하는 돌이나 바위로 표현되고 있는, 기본적이고 단순한 히에로파니로부터 옴팔로스나 운석의 상징에 이르기까지 종교적인 돌은 변함없이 인간을 초월한 어떤 것을 의미한다.

이러한 '의미작용'은 분명히 변화하고, 다른 것으로 대치되고, 때로는 질적으로 저락하거나 혹은 강화되기도 할 것이다. 이러한 의미들을 단 몇 페이지 정도로 분석할 수는 없을 것이다. 여기에서도 다음과 같이 말하는 것으로 충분하리라 본다. 즉 한편으로는 유치화로 퇴행한 듯한 흔적을 보여주는 돌 숭배의 형태가 있고, 또 한편으로는 새로운 종교체험의 결과이든 혹은 다른 우주론적 체계에 합치하였기 때문에 근본적으로 변화하였든, 그 때문에 거의 알아볼 수 없을 만큼 되어버린 돌 숭배의 형태가 있다. 역사는 어떠한 테오파니일지라도 수정하고 변형하고 저락시키며, 혹은 강렬한 종교적 인격의 개입으로 변모시켜버린다. 우리는 이 책에서 종교형태학의 영역에서 역사에 의해 생긴 수정의 의미를 검토하게 될 것이다. 여기에서는 다만 돌의 '변모'의 한 예(즉 그리스 신들의 경우)를 언급하려고 한다.

파우사니아스는 이렇게 기록하고 있다. "시대를 거슬러 올라가면 그리스인들은 모두 신에게가 아니라 가공되지 않은 돌(argoi lithoi)에게 숭배하였음을 알 수 있다."[원주79] 헤르메스상은 오래된 복합적인 선사적 유물이다. 길을 '지키고' 유지하기 위해 길 양편에 돌을 세웠는데 이 돌을 헤르마이(hermai)라고 불렀다. 훨씬 후에 인간의 머리를 가진 팔로스형(남근형)의 기둥이 헤르메스로서 신상으로 대두하게 되었다. 따라서 헤르메스는 호메로스 후의 종교나 신화에서 우리가 알고 있는 '인물'이 되기 전에 처음에는 단순히 돌의 테오파니였다.[원주80] 이 헤르마이는 보호함과 동시에 풍요와 다산을 보장하고 어떤 힘을 구현하고 있는 존재를 의미한다. 헤르메스가 인격화된 것은 그리스인의 상상력에 기인한 것으로, 인간은 일찍부터 차츰차츰 그들의 신들과 성스러운 힘을 인격화하는 경향을 가지게 되었다. 여기서 헤르메스의 진화가 나타나는데, 그 진화는 신의 '순화'나 '윤색'이 전혀 없는 진화이며 단지 인간이 처음으로 자기의 종교체험과 신 관념을 표현한 정식을 변형시킨 진화이다. 그리스인은 시간이 지남에 따라 그들의 체험과 개념을 다른 방법으로 표상하였다. 그리스인들의 용감하고 풍부하고 창조적인 정신의 지평은 확대되었다. 그래서 이전의 테오파니는 새로운 것 속에서 그 효력을 잃고 의미도 잃게 되었다. 직접적으로 모든 창조의 행위와 모든 '형태'와 '표시'로부터 성(聖)의 계시를 받아들일 수 있는 의식에는 헤르마이는 신의 현존으로서 나타났다. 그러므로 헤르메스는 돌과 하나가 되기를 멈추고, 그의 외양은 인간이 되었으며, 그의 테오파니는 신화가 되었다.

아테네의 테오파니는 **표시**로부터 **사람**으로라는 똑같은 진화를 보여주고 있다. 즉 그 기원이 무엇이었든지 간에 팔라디움(palladium, 여신 팔라스

[원주79] vii. 22. 4.
[원주80] Raingeard, *Hermès psychagogue*, Paris, 1935, pp. 348 ff. 참조.

상)은 선사시대에는 여신의 직접적인 힘을 나타냈다.[원주81] 아폴론 아기에우스는 처음에는 돌기둥에 불과하였다.[원주82] 메가라의 체육장에는 아폴론 카리노스라는 피라미드형의 작은 돌이 있었다. 말레아에는 아폴론 리테시오스가 하나의 돌 옆에 서 있었다. 최근에 이 신의 리테시오스(Lithesios)라는 형용어는 lithos(돌)로부터 파생된 것이라고 해석되고 있다.[원주83] 그러나 닐슨은 이전의 설과 같이 이 새로운 어원설에도 찬성하고 있지 않다.[원주84] 확실한 것은 그리스의 많은 신들 중에 헤르메스까지도, 아폴론만큼 많은 돌에 둘러싸여 있던 신은 없었다는 것이다. 그러나 헤르메스가 돌이 '아니었다'는 것과 똑같이 아폴론도 돌로부터 발생한 것이 아니다. 헤르마이는 다만 도로의 고적함, 밤의 공포, 여행자, 집, 밭의 보호를 위해서 있는 자였다. 아폴론이, 그 대부분이 처음에는 대여신에게 봉헌된 돌, 옴팔로이(omphaloi), 제단 등의 분명한 표시를 획득하게 된 것은 아폴론이 옛날의 예배장소를 병합하여버렸기 때문이었다. 돌을 기반으로 하는 아폴론의 테오파니는, 신이 그 고전적인 형태를 취하기 전 시대에는 아직 자리를 잡지 못하고 있었다는 것을 의미하지는 않는다. 고대의 종교적 의식에서 울퉁불퉁하고 조야한 돌은, 프락시텔레스의 동상이 동시대인에게 환기시켜준 이상으로 신의 현존을 확실히 환기시켜주고 있는 것이다.

[원주81] Denyse de Lasseur, *Les Déesses armées*, Paris, 1919, pp. 139 ff. 참조.

[원주82] De Visser, *Die nichtmenschengestaltigen Götter der Griechen*, Leiden, 1903, pp. 65 ff.

[원주83] Solders, in *AFRW*, 1935, pp. 142 ff.

[원주84] Nilsson, *Geschichte*, vol. 1, p. 189.

제7장
대지, 여성, 풍요

83. 대지의 어머니

……대지(가이아)는 먼저 자기처럼 온 땅을 덮을 수 있는 존재, 즉 천공(우라노스)을 낳았다. 그런데 그 우라노스는 나중에 지복(至福)의 신들에게 영원히 확고한 왕좌를 선사했다.[원주1]

이 원초의 배우신(配偶神)은 키클로프스와 그 밖의 신화적 존재들(코토스, 브리아레우스, 기게스, '자부심에 찬 자식들', 100개의 팔과 50개의 머리를 가진 괴물) 같은 무수한 신의 가족들을 낳았다. 이 하늘과 땅의 결혼

[원주1] Hesiod, *Theogony*, v. 126 ff.

은 최초의 성혼(hierogamy)이었다. 그리고 그들이 낳은 신들도 곧바로 역시 결혼하였으며, 인간들도 저 시원(始原)의 때에 행해진 모든 행위를 모방함으로써 그때와 똑같은 성스러운 엄숙성을 가지고 결혼을 모방하게 되었다.

가이아 혹은 게(Ge)는 그리스에서 꽤 널리 숭배되었지만, 시간이 지남에 따라 다른 대지의 신들이 가이아를 대신하게 되었다. 어원으로 보면, 가이아에게서 가장 직접적인 형태로 나타나는 것은 대지적 요소임을 간접적으로 알 수 있다(예컨대 산스크리트어로 go는 '대지나 장소'를, 고대 페르시아어 gava, 고트어 gawi, gauja는 '지방'을 의미한다). 호메로스는 가이아에 대해서는 거의 언급하고 있지 않다. 가이아는 무엇보다도 전(前)그리스 문화의 기층에 속하는 지하신(地下神)이므로 올림포스에서 자기의 위치를 찾을 수 없었을 것이다. 그러나 호메로스의 찬가 중 하나는 가이아에게 다음과 같이 말하고 있다.

나는 대지를 노래하노라. 견고하게 옥좌에 앉아 있는 만물의 어머니여, 흙 위에 존재하는 모든 것을 먹여 살리는 신성한 여조상(女祖上)이여! ……대지는 인간에게 생명을 부여하고 생명을 빼앗기도 한다. ……그대의 선의로 돌봄을 받는 인간은 얼마나 행복한가! 생명의 흙은 추수하기에 풍족하며, 땅 위에서 무리는 번성하고, 그의 집은 부(富)로 가득 찬다.[원주2]

아이스킬로스도 가이아를 찬양한다. 대지야말로 "모든 존재를 낳아주고 그들을 먹여주며, 그들로부터 다시 풍부한 종자를 돌려받기"[원주3] 때문이다. 이 아이스킬로스의 표현이 얼마만큼 진실하며 고대적인가를 우리는 뒤에서 곧 살펴보게 될 것이다. 여기서 다시 옛 노래 하나를 인용해보려고 한

[원주2] *To Earth*, 1 ff.
[원주3] *Choephori*, v. 127~28.

다. 파우사니아스에 의하면 도도나의 플레이아데스는 이렇게 노래한다.

오, 위대한 제우스여, 그대는 과거에도 있었고, 현재에도 있고, 미래에도 있을 것이다. 대지가 우리에게 결실을 맺어주는 것은 그대의 도움을 통해서이다. 우리는 대지를 어머니라고 부르리라.[원주4]

대지, 대지의 신들, '대모신'(大母神) 등에 관한 많은 신앙, 신화, 의례가 현대에도 전해지고 있다. 대지는 어떤 의미에서 우주의 기초를 이루므로 종교적으로 다원적인 가치가 부여되고 있다. 대지를 숭배하는 것은 그 영원성 때문에, 모든 사물이 그로부터 나오고 그에게 다시 되돌아가기 때문이다. 만약 누군가 어느 한 종교의 역사만을 연구하였다면 지하신들의 에피파니에 관한 신앙의 기능과 발달을 꽤 정확하게 서술해야 했을 것이다. 그러나 단순히 종교형태만을 연구한다면 그 일은 불가능해진다. 여기서도 이 책의 다른 장에서와 똑같이 우리가 문제로 삼는 것은 시대와 구조가 다른 여러 문화의 여러 사이클에 속하는 행위, 신앙, 이론 등이다. 그러나 우리는 이들 형태의 전체를 꿰뚫고 있는 주류들을 보려고 노력한다. 이들 형태의 요소들은 중요한 연구논문의 색인에서는 다음과 같은 항목으로 분류되고 있다. 대지, 대지의 어머니, 대지의 신들, 대지의 정령 등이다.

84. 원초의 배우신 : 하늘과 땅

헤시오도스가 제시하고 있는 배우신 하늘과 땅은 세계의 신화 가운데 주요 **모티프**이다. 천공이 지고신의 역할을 하는 많은 신화에서 대지는 천공의 반려자로 등장하고, 이미 살펴본 바와 같이(§12 이하) 원시 종교생활에서 어디에서나 천공은 거의 그 위치를 점하고 있다. 몇 개의 예를 들어보자. 마오리족은 천공을 랑기(Rangi), 대지는 파파(Papa)라고 부른다. 이

[원주4] x. 12. 10.

들은 처음에는 우라노스와 가이아처럼 똑같이 서로 꼭 포옹하고 있었다. 이들의 무한한 결합으로 태어난 자식들인 투마타넹가(Tumata-nenga), 타네마후타(Tane-mahuta) 등은 빛을 그리워하여 어둠 속에서 더듬고 있다가 마침내 부모의 곁을 떠나갈 결심을 한다. 그러던 어느 날 자식들은 하늘과 땅을 묶고 있던 줄을 끊고 부친을 위로 위로 밀어올려, 마침내 랑기는 공중으로 높이 떠오르고 이 세상에 빛이 출현하게 되었다.^[원주5]

원초의 배우신, 즉 하늘과 땅이라는 우주창조의 모티프는 인도네시아로부터 미크로네시아에 이르는 모든 오세아니아의 문명에 존재한다.^[원주6] 또 이러한 모티프는 보르네오, 미네하사족, 북부 셀레베스(여기서는 대지의 여신 루미누트 Luminuut가 주신 主神이다),^[원주7] 중부 셀레베스의 토라자족(일라이 I-lia와 인도라 I-ndora), 인도네시아의 많은 섬에서도 나타난다. 하늘과 땅이 힘에 의해 분리되는 것은 다른 곳에서도 볼 수 있다. 예컨대 타히티 섬에서는 식물이 성장하여 하늘을 위로 밀어올렸다고 믿고 있다.^[원주8] 이러한 모티프는 다른 문화권에서도 널리 볼 수 있다.^[원주9] 원초의 배우신 하늘과 땅은 아프리카에서도 발견할 수 있다. 예컨대 가봉에서 바빌리족의 은잠비와 은잠비음풍구,^[원주10] 요루바족의 올로룬과 오두나('검은

[원주5] 여기서 상기되는 것은, 헤시오도스의 신화에서도 크로노스가 부친을 거세한다는 것이다. 그러나 그 동기는 전혀 다르다. 즉, 우라노스는 자기가 알지 못하는 가운데 괴물을 낳아버리고, 그것을 가이아의 체내에 숨겨버렸기 때문이다. A. Lang은 이 그리스 신화를 마오리족의 신화에 의하여 설명할 수 있다고 생각했다. 그러나 마오리족의 신화는 하늘과 땅 사이의 거리를 설명하는 우주창조 신화인 데 대하여 우라노스 신화를 설명하는 것은 G. Dumézil이 *Ouranos-Varuṇa*(Paris,1934)에서 입증하고 있는 바와 같이 인도유럽 어족의 지상권(sovereignty)에 대한 종교적인 개념을 기록하고 있지 않은가.

[원주6] Staudacher, *Die Trennung von Himmel u. Erde*, Tübingen, 1942; Numazawa, *Die Weltanfänge in der japanischen Mythologie*, Lucerne, 1946, pp. 138 ff., 305 ff.

[원주7] Pettazzoni, p. 130 참조.

[원주8] Krappe, *Genèse*, p. 79.

[원주9] Krappe, pp. 78~79 참조; Numazawa, pp. 317 ff.

[원주10] Pettazzoni, pp. 210, 212.

여신'),[원주11] 에웨족과 아콰핌족의 배우신[원주12] 등이 그것이다. 남아프리카의 농경부족 쿠마나족에서 하늘과 땅의 결혼은 도도나의 플레이아데스의 딸들이 부르는 찬가와 같이 우주의 풍요라는 의미를 가지고 있다. "대지는 우리의 어머니, 천공은 우리의 아버지이다. 하늘은 비로소 땅을 비옥하게 하고 땅은 곡물과 풀을 자라게 한다."[원주13] 앞으로 살펴보겠거니와 이러한 표현은 농경과 관계된 신앙의 핵심을 가리키고 있다고 본다. 배우신은 남북아메리카의 신화에서도 나타난다. 캘리포니아 남부에서는 하늘은 투크미트(Tukmit), 땅은 타마이오비트(Tamaiovit)라고 부른다.[원주14] 나바호족에서는 야딜킬 하스트킨(Yadilqil Hastqin, 하늘인 남성)과 그의 처 니호스잔 에스자(Nihosdzan Esdza, 땅인 여성)[원주15]를 볼 수 있다. 북아메리카의 포니족,[원주16] 수족, 휴런족(이로쿼이족의 중요한 부족),[원주17] 호피족, 주니족, 서인도 제도 등의 지역에서도 똑같은 우주적 이원성을 볼 수 있다. 동양의 신화에서도 이 이원성은 우주창조에서 중요한 역할을 한다. 즉 히타이트인에게는 '땅의 여왕'(여신 아린나)과 그 남편인 폭풍의 신 우(U) 또는 임(Im)이 있고,[원주18] 중국에는 대지의 여신과 천공의 신이 있으며, 일본에서는 이자나기와 이자나미가 배우신들이다.[원주19] 게르만민족의 경우, 티르(Tyr)의 처, 후에 오딘(Othin)의 처가 된 프리가(Frigga)는 대지적 성격을 가진 여신이다. 이집트인의 경우, 문법상의 우연에 의하여 여신 누트(Nut)는 하늘을 표상하고(이집트어로는 하늘이 여성형이기 때문에), 남신 게브(Geb)는 땅을 나타내고 있다.

〔원주11〕 같은 책, p. 246.
〔원주12〕 같은 책, p. 241.
〔원주13〕 Krappe, p. 78.
〔원주14〕 Pettazzoni, p. 279.
〔원주15〕 같은 책, p. 282.
〔원주16〕 같은 책, p. 284.
〔원주17〕 같은 책, pp. 291, 315.
〔원주18〕 Furlani, *La Religione degli Hittiti*, Bologna, 1936, pp. 18, 35.
〔원주19〕 Numazawa, pp. 93 ff.

85. 대지의 히에로파니의 구조

 이러한 예를 더 많이 드는 것은 쉬운 일이지만 그것으로 얻을 수 있는 것은 별로 많지 않다. 우주창조의 배우신의 목록을 나열하더라도 대지의 신의 본질적 구조나 종교적 의미를 아는 데는 도움이 되지 않는다. 우주창조 신화에서 대지가 하는 역할은 비록 원초적인 역할이기는 하지만 수동적인 역할을 담당한다. 모든 대지의 신화가 만들어지기 이전에는, 흙의 단순한 **현존조차도** 그 자체로서 종교적인 영역에서 의미 있는 것으로 여겨졌다. '원시적'인 종교의식에서 대지는 직접 체험하고 수용하는 어떤 것이었다. 대지의 광대함과 견고함, 그 풍경과 식물의 다양함은 살아 있는 활동적인 우주적 통일체를 형성하고 있다. 대지의 종교적 의미의 최초의 깨달음은 '미분화'(indistinct)라는 것이었다. 달리 말하면, 대지는 성(聖)을 지층에만 국한시키지 않고 대지, 돌, 나무, 물, 그림자 등 자연환경에서 구현되는 히에로파니를 모두 하나의 전체 가운데로 넣어버리는 것이었다. 종교적 '형태'로서의 대지의 최초의 직관은 '넘쳐흐르는 성스러운 힘의 용기(容器)로서의 우주'라는 정식(定式)으로 요약될 수 있을 것이다. 물의 종교적, 주술적, 신화적 가치 가운데 최초의 싹, 잠재성, 재생이라는 관념이 포함되어 있다면, 대지의 최초의 직관은 존재하는 모든 것의 **토대**가 된다는 것이다. 지상에 있는 모든 것은 다른 모든 것들과 통일되어 있으며, 이 모든 것은 하나의 거대한 전체를 이루고 있다.

 이러한 원초의 직관을 가진 우주적 구조는 본래의 대지적 요소를 거의 구별할 수 없게 만든다. 인간은 전체를 이루는 이러한 것들에 둘러싸여 살고 있기 때문에, 이러한 원초적 직관 가운데서 본래적으로 대지에 속해 있는 것과 산, 숲, 물, 식물과 같이 다만 대지를 통하여 **표명되는** 것을 식별하기는 힘들다. 이 원초의 직관에 대하여(그 종교적 성격에 대해서는 충분히 지적하였다) 우리가 확실히 단정할 수 있는 것은 다음과 같은 것들이다. 즉 이 직관은 **형태**로서 나타난다는 것, 실재를 계시한다는 것, 직관이 인간의 의식에 '충격을 줌으로써' 필연적인 것이라고 느껴지게 한다는 것이다.

대지는 자신이 유지하고 담보하는 모든 것들과 함께 처음부터 존재의 무한한 샘으로서, 인간에게 직접 자신을 계시하는 샘으로 여겨졌다.

대지의 히에로파니의 우주적 구조가 본래의 대지적 구조(이것은 농경의 출현과 함께 비로소 생겼다)에 선행한다는 것은 아이의 기원에 관한 신앙의 역사에서 증명되고 있다. 수태의 생리학적인 원인이 알려지기 이전 사람들은 어린아이를 여성의 자궁에 직접 삽입시킴으로써 임신이 된다고 생각하였다. 여기서 여성의 자궁에 들어간 것이 무엇이었는가. 즉 이미 형성된 하나의 태아였는가(그 당시까지는 동굴, 갈라진 틈, 우물, 나무 가운데서 탄생 전에 생을 보낸다고 믿었다), 혹은 하나의 단순한 종자였는가, '선조의 영혼'이었는가 하는 문제는 이 장의 관심사가 아니다. 우리가 관심을 가지는 것은 아이는 아버지를 통하여 임신되는 것이 아니라, 다소 높은 발전단계에 이르러서 생각하게 된 바이지만 어머니와 그 지방의 주위에 있는 대상 혹은 동물과의 접촉의 결과로서 어머니의 자궁 속에 들어가게 된다고 생각한 관념이다.

이 문제는 소위 종교사보다는 오히려 민족학에 속하는 것이지만, 그것이 우리의 주제를 명확히 해주기 때문에 여기서 그 문제를 밝히려고 한다. 남자는 창조에 개입하지 못한다. 아버지가 아이들의 부(父)인 것은 생물학적인 의미에서가 아니라 법률적인 의미에서였다. 사람들은 어머니를 통해서만 서로 관계를 맺었고, 그 관계라는 것도 일시적인 것이었다. 그러나 그들과 주위의 자연환경이 맺은 관계는 현대의 세속적인 정신이 이해할 수 있는 것보다도 훨씬 밀접한 것이었다. 그들은 비유적인 의미에서가 아니라 문자 그대로 '대지의 사람들'이었다. 그들은 수서동물(물고기, 개구리, 악어, 백조 등)에 의하여 운반되어 신비한 접촉을 통해 어머니의 자궁에 들어가기 전에는 바위, 갈라진 틈, 동굴 속에서 성장한다. 혹은 탄생 전에 그들은 물, 수정, 돌, 나무 등을 비롯하여 '아이의 선조'의 '혼'으로서 인간 이전의 희미한 형태를 취하고, 가장 가까운 우주권 가운데서 살고 있다. 몇 가지 예를 들어본다. 아르메니아인은 대지를 "인간이 발생하는 모태"[원주20]라고 생각하였다. 페루인은 자신들이 산과 돌의 자손이라고 믿었다.[원주21] 아이들이 동굴, 갈라진 틈, 샘 등에서 기원한다고 보는 민족도 있었다. 유럽에서는 현대까지도 아이들은 연못이나 샘, 강, 나무 등에서 '나온다'고 하는 속신이 남아 있다.[원주22] 이러한 속신에서 의미가 있는 것은 '대지'의 우주적인 구조이다. 즉 대지는 본래의 대지 자체만이 아니라 그 주위를 둘러싸고 있는 모든 환경, 즉 소우주와 동일시되고 있다. '대지'는 여기서 인간을 둘러싼 모든 것, 즉 산, 물, 식물 등을 포함한 '장소' 전체를 의미한다.

　인간의 아버지는 이러한 아이들을 양자입양의 성격을 가진 의례에 의하여 법적으로 인정할 뿐이다. 아이들은 무엇보다도 먼저 '장소'에, 즉 주위의 소우주에 속해 있다. 어머니는 단지 아이들을 받아들였고, '환영하였고', 기껏해야 인간적 형태를 완성하였을 뿐이다. 정신발달의 이와 같은 단계에 있는 인간, 더 정확히 말해서 인간의 생명을 이와 같이 생각하고 있는 인간에게는 주위의 소우주와의, 즉 '장소'와의 연대감이 지배적이었으리라는 점은 쉽게 이해할 수 있다. 어떤 의미에서 인간은 아직 태어나지 않았다. 인간이 인류라는 생물학적인 종에 전체적으로 속해 있다는 의식이 아직은 없었다고 말해도 좋을 것이다. 이러한 단계에 있는 인간의 삶은 오히려 탄생 이전의 상태에 있다고 생각하는 것이 더욱 좋을 것이다. 즉 인간은 여전히 자기 자신 이외의 생에, '우주모성적'인 생에 직접 참여하고 있는 것이다. 이와 같은 인간은 단편적으로밖에는 이해하지 못했겠지만 존재의 '계통발생'을 체험하고 있다. 즉 그들은 둘 혹은 세 개의 '자궁'에서 동시에 나왔다고 느끼고 있는 것이다.

　이러한 기본적인 경험이 인간에게 우주나 자신의 동료들에 대한 여러 가지 특별한 태도를 규정하였다는 것은 이해하기 어렵지 않다. 인간의 부성(父性)의 불확실성은 인간과 우주의 보호적인 힘이나 물질 사이의 연대감에 의하여 보상되었다. 그러나 한편 이 '장소'와 인간의 연대감은 생물학적인

[원주20] Dieterich, *Mutter Erde*, Berlin, 1925, p. 14.
[원주21] Nyberg, *Kind und Erde*, Helsinki, 1931, p. 62.
[원주22] Dieterich, pp. 19 ff.

질서 속에서 인간으로 하여금 자신을 창조자로 느끼게끔 고취할 수는 없었다. 아버지는 어떤 자연적 환경으로부터 혹은 '선조의 영혼'으로부터 태어난 아이를 적자(嫡子)로 인정하면서도 실제로는 전혀 아이들을 갖지 못하였으며, 단지 자기 가정의 새로운 성원 혹은 자기의 일이나 방어를 위한 도구로서 새롭게 편입된 일원으로 생각할 뿐이었다. 아버지와 자손을 맺어주는 끈은 실제로 생식적인 것이 아니었다. 부친의 생물학적인 생명은 그 일대로서 끝나며, 후에 인도유럽인이 가족을 통한 연대감에 대하여 해석한 바와 같이, 다른 존재를 통하여 자기가 연속할 가능성은 없었다. 인도유럽인의 해석은 다음 두 가지 사실에 근거하고 있다. 즉, 육체는 직접적으로 전해지지만(양친은 아이의 신체, '본체'를 창조했다는) 정신은 선조로부터 간접적으로 전래된다(선조의 영혼이 신생아에게 성육한다는)는 것이다.[원주23]

그러므로 대지는 최초의 종교경험에서는 혹은 신화적 직관에서는 인간의 주위에 있는 '장소의 전체'였다. '대지'를 의미하는 많은 단어의 어원을 보면 '장소', '넓은', '지방'(pṛthivī, 넓은 곳) 같은 공간적 인상이나 혹은 '견고함', '의연히 머물러 있는', '검은'과 같은 일차적인 감각에 의하여 설명되고 있다. 단순히 대지 그 자체에 대한 종교적 평가는 훨씬 후대에 이르러 생겨난 것에 불과하다. 즉 목축의 단계, 민족학의 용어를 사용해서 말하면, 특히 농경의 단계가 되고 나서부터이다. 그때까지는 '대지의 신'이라고 부를 수 있는 신들은 모두 주위의 자연적 환경이라는 의미로서의 '장소의 신'이었다.

86. 지하신의 모성

대지 그 자체의, 특히 토양으로서의 대지의 최초의 테오파니 중 하나는 그것이 가지고 있는 '모성'과 무한한 결실의 힘이었다. 대지가 지모신, 풍요의 신으로 나타나기 이전에 대지는 직접적으로 어머니로서, 대지의 어머니

[원주23] Eckhardt, *Irdische Unsterblichkeit*, Weimar, 1937, *passim* 참조.

(Tellus Mater)로서 나타났다. 후에 농경의례가 발달함에 따라 식물과 수확의 대여신이라는 개념이 차츰차츰 분명해지면서 대지의 어머니라는 흔적은 마침내 소멸하기에 이르렀다. 그리스에서는 가이아의 위치가 데메테르에 의해 대체되었다. 그러나 고대의 민족학적 문헌 가운데는 대단히 오래된 '대지의 어머니' 신앙의 흔적을 보여주는 것이 있다. 우마틸라족 인디언의 예언자 스모할라(Smohalla)는 제자들이 땅을 파는 것을 금하였다. 왜냐하면 우리들 공통의 어머니인 대지를 밭노동으로 인해 상처내고 자르고 찢고 할퀴는 것은 죄가 되기 때문이었다. 그는 다음과 같이 말하면서 반농경적 태도를 나타냈다.

당신은 나에게 쟁기로 대지를 갈라고 요구하는가? 내가 칼을 들어 내 어머니의 가슴을 찢어야 한단 말인가? 그렇게 하면, 내가 죽을 때에 어머니는 그 가슴에 나를 편히 쉬게 해주겠는가? 당신은 나에게 돌을 파내라고 요구하는가? 나보고 어머니 살 밑의 뼈를 파내란 말인가? 그렇게 하면, 나는 죽어서도 어머니 몸 속으로 들어가 다시 태어날 수 없을 것이다. 당신은 나에게 풀을 자르고 땔감을 만들어 팔아서 백인들처럼 부자가 되라고 요구하는가? 그러나 어떻게 감히 어머니의 털을 벨 수가 있단 말인가?[원주24]

이러한 대지의 어머니에 대한 신비적 신앙은 위의 예뿐이 아니다. 인도 중부의 원시 드라비다족의 일원인 바이가(Baiga)족은 유목농경을 하였는데, 숲의 일부가 타버려서 생긴 재에다만 씨를 뿌렸다. 그들은 밭을 갊으로써 어머니의 가슴을 찢는 것은 죄가 된다고 생각했기 때문에 이렇게 어려운 길을 택한 것이다.[원주25] 알타이족과 핀우고르족도 풀을 뜯는 것은 대죄

[원주24] James Mooney, "The Ghost-Dance Religion and the Sioux Outbreak of 1890," *Annual Report of the Bureau of American Ethnology*, Washington, 1896, xiv, p. 721.

[원주25] Frazer, *Adonis, Attis, Osiris*, vol. i, p. 89.

가 된다고 생각했다. 왜냐하면 그렇게 하면 마치 사람의 머리털과 수염을 잡아뽑아 해를 주는 것과 똑같은 해를 대지에 주기 때문이다. 보탸크족은 공물을 굴에 갖다 놓는 풍습이 있는데, 가을이 되면 그것을 하지 않는다. 일년 중 이때가 되면 대지가 잠들어 있을 때라고 생각하기 때문이다. 체레미스족은 이따금 대지가 병들어 있다고 믿고, 그때에는 대지 위에 앉는 것을 피한다. 농경민족, 비농경민족을 불문하고 산발적이긴 하지만 우리는 대지의 어머니에 관한 이와 같은 속신을 보존하고 있는 곳을 많이 볼 수 있다.[원주26] 대지신앙이 일부 학자들이 생각하는 것처럼 인류의 가장 오래된 종교는 아니라 할지라도, 이는 좀체로 사라지지 않는 종교이다. 이 종교는 농경적 구조 속에서 일단 성립된 이래 수천 년이 지나도록 변함없이 이어져 내려왔다. 어떤 경우에는 선사시대부터 오늘날까지 그 계속성이 단절되지 않았다. 예컨대 '죽은 자의 과자(菓子)'(루마니아어로 콜리바 coliva)라는 똑같은 이름이 고대 그리스에도 있었다. 이것은 선사시대, 전(前)그리스 시대부터 내려온 유산이다. 농경적 대지신앙이 지닌 지속적인 구조 내에 있는 연속성의 예들을 아래에서 들어보려고 한다.

 A. 디테리히는 1905년에 『어머니인 대지, 민족종교에 대한 시론』[원주27] 이라는 책을 썼는데, 이 책은 곧 고전이 되었다. 에밀 골드만[원주28]을 비롯하여 그 이후의 사람들, 가까이는 닐슨[원주29] 같은 이가 디테리히의 이론에 여러 가지로 반대했지만, 그의 이론이 모두 부정되지는 않았다. 디테리히는 자기의 연구를 고대에 행해진 세 가지 관습을 회상하면서 시작하였다. 즉 신생아를 대지 위에 눕히는 풍습, 아이를 매장하는 풍습(성인을 화장하는 것과 대조됨), 병자와 죽어가는 자를 될 수 있는 대로 대지 가까이에 놓는 풍습이 그것이다. 그는 이것으로부터 고대의 대지의 여신, 아이스킬로

[원주26] Nyberg, pp. 63 ff. 참조.
[원주27] A. Dieterich, *Mutter Erde, ein Versuch über Volksreligion*, Leipzig-Berlin, 3rd ed., 1925. E. Fehrle가 더 보충하고 완성함.
[원주28] Emil Goldmann, "Cartam levare," *MIOG*, 1914, vol. xxv, pp. 1 ff.
[원주29] Nilsson, *Geschichte*, pp. 427 ff.

스[원주30]가 언급하고 있는 '만물의 어머니인 대지'(pammetor Ge), 헤시오도스가 노래한 가이아의 상을 복원하려고 하였다. 그리하여 이 세 가지 원시적 관습을 중심으로 한 자료들을 아주 많이 수집하였으며, 많은 논쟁들이 이를 중심으로 해서 생겨났다. 그러나 여기서는 이 문제에 깊이 들어갈 필요는 없을 것 같다. 그러나 우리는 사실 그 자체가 우리에게 가르쳐주고 있는 바를, 어떤 종교적 구조 속에서 그것들을 볼 수 있는가를 알 수 있을 것이다.

87. 대지의 자손

성 아우구스티누스는 바로의 뒤를 이어 아이들이 대지로부터 생겨났다(levat de terra)는 라틴민족의 여신 레바나(Levana)의 이름을 언급하였다.[원주31] 디테리히는 이 사실과 관련하여 아브루치족에서 오늘날까지 행해지고 있는, 아이를 씻기고 강보에 싸자마자 대지 위에 놓는 풍습에 관해 말하고 있다.[원주32] 이와 동일한 의례가 스칸디나비아인, 게르만민족, 조로아스터교도, 일본인, 기타 다른 민족들 사이에서 발견된다. 아이는 아버지에 의해 들어올려지며(de terra tollere) 이로써 아버지는 그 아이를 인정한다는 것을 표시한다.[원주33] 디테리히는 이 의례를 해석하여 아이를 참다운 어머니인 대지에게, 대지의 어머니에게 헌납하는 방법이라고 하였다. 골드만은 이에 반대하여, 아이를(혹은 병자나 죽어가는 사람을) 땅 위에 놓는 풍습은 반드시 아이가 대지의 자손이라거나 대지의 어머니에게 헌납하는 것을 뜻하지 않고, 단순히 흙의 주술적 힘과 접촉하고자 하는 것을 뜻한다고 하였다. 또 다른 학자들은 이 의례가 대지의 어머니로부터 오는 혼을 아이에게 획득하게 하는 데 목적이 있다고 말한다.[원주34]

[원주30] *Prometheus*, 88.
[원주31] *De Civ. Dei*, iv, 11.
[원주32] Dieterich, *Mutter Erde*, p. 7.
[원주33] Nyberg, p. 31.

우리는 분명히 두 가지 다른 해석에 직면하고 있지만, 이 해석들은 표면상으로만 서로 모순될 뿐 모두 동일한 원초적 개념, 즉 대지를 힘, '혼', 풍요의, 즉 대지의 어머니의 풍요의 근원으로 보는 원초적인 개념에서 출발한다. 땅 위에서의 분만(humi positio)은 많은 민족들 사이에서 자주 발견되는 풍습이다. 코카서스의 구리온족이나 중국의 어떤 지방에서는, 여성은 진통이 시작되자마자 땅 위에 누워 아이를 낳는다.[원주35] 뉴질랜드의 마오리족의 여성은 덤불 속 냇가에서 아이를 낳는다. 아프리카의 많은 부족들은 숲 속 땅 위에 앉아서 아이를 낳는다.[원주36] 우리는 이와 똑같은 의례를 오스트레일리아, 인도 북부, 북아메리카 인디언, 파라과이와 브라질에서도 발견한다.[원주37] 삼터가 기술하고 있는 바에 의하면, 그리스인과 로마인의 경우 이 풍습이 역사시대에 들어오면서 폐지되었다고 하지만, 그것이 한때 존재하였다는 것은 의심의 여지가 없다. 왜냐하면 몇몇 탄생의 여신(에일리티이아 Eilithyia, 다미아 Damia, 아우그세이아 Auxeia)의 상은 무릎을 굽힌 모습으로 바로 여성이 땅 위에서 직접 분만하고 있는 자세를 취하고 있다.[원주38] 이와 똑같은 의례는 중세의 독일, 일본, 어느 유대 공동체, 코카서스,[원주39] 헝가리, 루마니아, 스칸디나비아, 아이슬란드 등에서도 보인다. 이집트어로 '땅 위에 앉는다'는 표현이 이집트의 민용문자문헌(民用文字文獻)에서는 '분만한다'는 의미로 사용되고 있다.[원주40]

세계에 아주 널리 퍼져 있는 이 의례가 기본적으로 의미하는 바는 의심할 여지 없이 대지의 모성이다. 이미 살펴본 바와 같이 많은 지역에서 아이

[원주34] 예컨대 Rose, *Primitive Culture in Italy*, London, 1926, p. 133.

[원주35] Samter, *Geburt, Hochzeit und Tod*, Berlin, 1911, pp. 5 ff.

[원주36] Nyberg, p. 131을 보면 이에 대한 자료들을 제공해준다.

[원주37] Ploss and Bartels, *Woman: An Historical, Gynæcological and Anthropological Compendium*, London, 1935, vol. ii, §§ 278~80.

[원주38] Marconi, *Riflessi mediterranei nella più antica religione laziale*, Milan, 1939, pp. 254 ff.도 보라.

[원주39] Nyberg, p. 133.

[원주40] 같은 책, p. 134.

들이 우물이나 물, 바위, 나무 등에서 나왔다고 믿어졌지만, 그외 다른 곳에서는 말할 필요도 없이 "아이는 대지로부터 왔다"[원주41]고 생각되었다. 사생아는 '대지의 자식'(terrae filius)이라고 불렀다. 모르도바족은 아이를 양자로 삼고자 할 때, 수호의 여신인 대지의 어머니가 거주한다고 생각되는 정원의 조그만 도랑 속에 아이를 놓는다.[원주42] 이것은 양자가 되는 아이는 다시 새롭게 태어나야 한다는 것을 의미한다. 이 재생은(예컨대 로마인의 경우와 같이) 대지의 어머니가 무릎을 굽히고 아이를 낳는 행위를 모방함으로써 실현되는 것이 아니라, 아이를 진정한 어머니인 대지의 가슴에다 놓음으로써 실현된다.

이 대지의 자손이라는 개념이 후에는 더욱 넓은 개념, 즉 대지는 아이의 수호자이며, 모든 힘의 원천이고, 신생아는 대지에게 —— 다시 말하면, 대지에 거주하는 모성적인 정령에게 —— 바쳐야 한다는 자각에 의해 대체된 것은 자연스러운 일이다. '대지의 요람'이 각지에서 발견되는 것도 이것으로 설명할 수 있다. 즉 어린아이를 도랑 속에서, 대지와 직접 접촉하게 하면서 혹은 어머니가 아이들을 위해 만들어준 재나 짚, 풀잎으로 만든 자리 위에 직접 눕혀서 잠들게 하거나 쉬게 하는 것이다. 대지의 요람은 원시사회(오스트레일리아인, 터키-알타이족)에서뿐만 아니라 보다 문명화된 사회에서도(예컨대 잉카 제국)[원주43] 발견된다. 원하지 않는 자식이 나와도 그리스인 등의 민족들은 살해하는 것이 아니라 대지에 그대로 내버려둔다. 대지의 어머니가 반드시 그들을 돌보아줄 것이며, 그 아이가 죽어야 할 사람인지 살아야 할 사람인지를 결정할 것이라 믿었기 때문이다.[원주44]

'버려진' 아이는 물, 바람, 대지와 같은 우주의 기본 요소의 의지에 맡겨

〔원주41〕 Dieterich, pp. 14 ff. 오스트레일리아인들 사이에 퍼져 있는 흙으로 만들어진 인간에 관한 신화 등; Nyberg, p. 62 참조.
〔원주42〕 Nyberg, p. 137.
〔원주43〕 같은 책, p. 160 참조.
〔원주44〕 Delcourt, *Stérilités mystérieuses et naissances maléfiques dans l'antiquité classique*, Paris, 1938, p. 64 참조.

져 항상 운명 앞에 던져진 일종의 도전이었다. 대지와 물에 맡겨진 아이는 이후부터는 고아로서의 사회적 신분을 그리고 죽음의 위험마저 짊어져야 하지만 동시에 인간의 조건 이외의 다른 조건을 획득할 기회를 가지기도 한다. 자연의 보호를 받는 이 버려진 아이는 대부분의 경우 영웅, 왕, 성자가 된다. 그의 전기에 부여되는 전설적인 이야기들은 태어날 때부터 버려진 신들의 신화를 모방하고 있을 뿐이다. 제우스, 포세이돈, 디오니소스, 아티스, 그 밖의 무수한 신들이 페르세우스, 이온, 아틀란타, 암피온, 제토스, 오이디푸스, 로물루스, 레무스 등의 운명을 공유하고 있다는 것을 기억해보라. 모세도 나일강에 버려졌고, 마오리족의 영웅 마시(Massi)도 똑같이 바다에 내버려졌으며 칼레발라의 영웅 바이나모니엔은 '어두운 파도 위를 떠다녔다'. 버려진 자식의 비극은 '고아', 원초의 자식, 우주 안에서의 절대적이고 깨지지 않는 고독과 함께 그의 독창성에 대한 신화적인 장엄한 운명에 의해 상쇄된다. 이와 같은 '아이'의 출현은 사물의 최초의 때와 일치한다. 즉 우주창조, 신세계의 창조, 역사의 신시대, 현실의 모든 면에서의 '새로운 삶' 등과 일치하는 것이다.[원주45] 대지의 어머니에게 맡겨져 구원받아 양육되는 아이는 이제 보통의 인간과 운명을 같이할 수가 없다. 왜냐하면 이 아이는 사물의 '최초'라는 우주적 순간을 반복하고 있기 때문이며, 또 그는 가족 가운데서가 아니라 자연의 기본 요소 가운데서 생육되었기 때문이다. 그 때문에 영웅과 성자는 버려진 자식들 가운데서 나오게 된다. 그것은 대지의 어머니(또는 물의 어머니)가 버려진 자식을 보호하고 죽음으로부터 보존함으로써 범인(凡人)이 미치지 못할 장대한 운명에 그 아이를 바치고 있기 때문이라는 단순한 믿음에 근거를 두고 있다.

[원주45] Eliade, *Commentarii la legenda Mesterului Manole*, Bucharest, 1943, p. 54 참조.

88. 재생

이와 똑같은 대지의 어머니 신앙으로 설명될 수 있는 의례에는 아이의 유해 매장이 있다. 성인은 화장을 하지만 아이는 땅에 묻는다. 이것은 아이가 대지의 어머니의 품속으로 되돌아가 후에 다시 태어나도록 하기 위해서이다.[원주46] 마누 법전은 두 살 이하의 아이는 반드시 땅에 묻게 하고 화장을 금하였다. 북아메리카의 휴런족이 죽은 아이를 도로 밑에 매장하는 것은 그 길을 지나가는 여성의 자궁 속으로 들어가 다시 태어나도록 하기 위해서이다.[원주47] 안다만 제도 사람들은 그의 오두막집에 있는 난로 바닥에 아이를 묻는다.[원주48] 이와 관련하여 많은 민족들이 행하고 있는 '태아의 형태' 그대로의 매장을 상기할 필요가 있다. 이 문제에 대하여는 죽음의 신화를 검토할 때에 다시 다루게 될 것이다.[원주49] 시체는 태아의 위치 그대로 놓아야 대지의 어머니가 다시 세상에 태어나도록 할 수 있다. 대지의 여신에게 아이들을 공물로 바치려고 생매장하는 곳도 있다. 예를 들면 그린란드에서는 아버지가 중태에 빠졌을 때 아이를 생매장하였다. 스웨덴에서는 페스트가 유행하였을 때 두 명의 아이를 생매장하였다. 마야족은 극심한 가뭄이 들었을 때 그와 비슷한 제물을 바쳤다.[원주50]

분만 후에 아이를 땅 위에 뉘어 진정한 어머니에게 인지시키고 그 보호를 부탁하듯이, 병이 들었을 때에도 이와 똑같이 아이나 성인을 실제로 매장하지는 않지만 땅 위에 눕히는 풍습이 있다. 이것은 재생의례에 해당한다. 부분적이든 전체적이든 상징적 매장은 침례나 세례(§64)와 똑같이 주술종교적 가치를 가지고 있다. 병자는 이것을 통하여 재생한다. 이것은 단

[원주46] Juvenal, xv, 140.
[원주47] Dieterich, p. 22.
[원주48] Schebesta, *Les Pygmées*, p. 142.
[원주49] Van der Leeuw, "Das sogenannte Höckerbegräbnis und der ägyptische Tjkuw," *SMSR*, 1938, vol. xiv.
[원주50] Nyberg, pp. 181 ff.

순히 대지의 힘과의 접촉만이 아니라 완전한 재생으로서의 의미도 갖는다. 이와 같은 행위는 심각한 죄로부터 벗어나거나 혹은 정신병을 치료할 때에도 똑같은 효력을 가진다(정신병은 범죄나 신체적인 병으로서 사회에 위험이 된다). 죄를 범한 자는 통 속이나 땅을 가른 도랑 속에 넣는다. 그래서 거기서 나오게 될 때 "죄인은 어머니의 자궁에서 두번째로 태어나는"[원주51] 것이 된다. 스칸디나비아인들은 마녀가 생매장되면 영원한 저주로부터 구원을 받고, 그녀의 머리 위에 씨를 뿌리면 좋은 수확을 거둘 수 있다고 믿는다.[원주52] 중병이 든 아이들에 관해서도 비슷한 신앙이 있다. 만약 아이를 매장하고 그 위에 씨를 뿌린 다음 충분히 오래도록 자라게 하면 아이들이 나아질 것이라는 신앙이다. 이와 같은 속신의 의미는 이해하기 어렵지 않다. 즉 사람들은(마녀 혹은 병자) 이와 같은 방법으로 식물과 똑같이 재생할 기회를 갖는 것이다.

이와 관련한 다른 의례는 병든 아이를 땅의 갈라진 틈, 바위 구멍, 나무의 빈 구멍에 넣는 풍습이다.[원주53] 여기에는 보다 복잡한 속신이 관련되어 있다. 이 신앙의 목적은 한편으로는 아이의 병을 다른 대상(나무, 바위, 지면)에 옮겨놓으려는 것이고, 또 한편으로는 분만행위(구멍을 통과한다)를 모방하려는 것이다. 사실 최소한 몇몇 지역에서는(예컨대 인도, §78 참조) 태양숭배의 요소가 이 의례에 관계하고 있다고도 할 수 있다. 그러나 근본 개념은 새로운 탄생에 의한 치료라는 개념이다. 이미 살핀 바와 같이, 대부분의 이와 같은 신앙에서 농경민족은 이 새로운 탄생과 대지의 어머니와의 접촉 사이에 밀접한 관계를 설정했다. 정화와 치료의 수단으로서 대지를 이용하는 것과 관련한 이런 신앙과 풍습은 모두 이렇게밖에는 설명할 수 없다. 골드만이 말하고 있는 바와 같이 대지에는 힘이 스며 있다. 그러나 그 힘은 열매를 맺고 모성을 가질 수 있는 능력에서 나온다.

[원주51] Frazer, *Folklore in the Old Testament*, vol. ii, p. 33.
[원주52] Dieterich, pp. 28 ff.; Nyberg, p. 150.
[원주53] Nyberg, pp. 144 ff.

이미 기술한 바와 같이, 죽은 자는 화장을 해버리는 민족도 아이들은 매장을 한다. 그것은 대지의 모태가 아이들에게 새로운 생명을 부여할 것이란 희망 때문이다. 마오리족의 훼나(whenna)라는 말은 '대지'와 '자궁'을 동시에 의미한다.[원주54] 그뿐 아니라 성인의 매장도 혹은 화장을 하는 민족들 가운데서도 화장한 후에 재를 땅에 묻는 것도 이와 똑같은 목적을 위해서 수행되었다. 『리그 베다』는 "너의 어머니, 대지 위를 기어라"[원주55]라고 말한다. 『아타르바 베다』에서는 "그대는 흙이니, 그대를 대지 위에 놓노라"[원주56]라고 말한다. 또 "대지는 어머니이니, 나는 대지의 아들, 나의 아버지는 파르자니야(Parjanya)다. ……그대로부터 태어나 죽을 수밖에 없는 인간들은 그대에게 되돌아간다……."[원주57] 화장한 후 재나 뼈를 땅에 묻을 때는 씨도 함께 묻었다가 이것을 새로 경작하는 밭에 뿌리면서 "사비트리(Sāvitrī)여, 그대의 살을 우리의 어머니인 대지의 가슴에 뿌리소서"[원주58]라고 말한다.

그러나 이러한 힌두교 신앙은 이상에서 인용한 글에서 나타나는 바와 같이 반드시 단순한 것은 아니다. 대지의 어머니로의 회귀라는 사상은 그보다 훨씬 후대의 사상, 즉 인간을 우주 전체와 재합일시킨다는 사상, 정신능력과 신체기관을 다시 원초의 인간적 우주 속으로 되돌아가게 한다는 사상에 의해 완성되었다("너의 숨은 바람으로 가고, 너의 귀, 즉 청각은 방위의 기점으로 가고, 너의 뼈는 대지로 돌아간다").[원주59]

죽은 자가 다시 햇빛을 보기까지, 즉 새로운 존재로 되돌아갈 때까지 땅속에 거주한다는 신앙은 죽은 자의 왕국과 아이가 태어나는 장소가 일치하고 있음을 설명해주고 있다. 예컨대 멕시코인은 자기들이 치코모즈토크

[원주54] Dieterich, p. 13, n. 13.
[원주55] *RV*, x, 18, 10.
[원주56] *AV*, xviii, 4, 48.
[원주57] *AV*, xii, 1, 11; 14.
[원주58] *Śatapatha Brah.*, xiii, 8, 2.
[원주59] *Aitareya Brāhmaṇa*, ii, 6, 13 등.

(Chicomoztoc)라고 부르는 7개의 동굴이 있는 장소로부터 왔다고 믿는다.[원주60] 고대 그리스의 신탁소들이 땅의 갈라진 틈이나 작은 동굴 옆에 세워진 것은 죽은 자가 미래를 알고 있다고 생각하였거나 대지가 모든 살아 있는 것들을 주기적으로 재흡수한다고 생각하였거나 대지가 신화적인 힘을 가지고 있다고 생각하였기 때문이다. 이러한 대지의 신탁소가 올림피아와 델포이에 있음을 우리는 알고 있다. 파우사니아스[원주61]는 아카에아에 있는 아이가이에서 가이아의 여성 사제가 대지의 갈라진 틈 끝에 서서 미래를 예언하고 있는 신탁에 대하여 언급하고 있다. 그리고 지금 일일이 지적할 필요는 없다고 보지만, 땅 위에서 잠듦으로써 알을 품는 일이 생긴다고 하는 예는 무수히 많다.[원주62]

89. 인간과 토양

지금까지 우리가 검토해온 모든 신앙에서 결론 내릴 수 있는 것은 대지는 어머니라는 것, 다시 말하면 대지는 살아 있는 형태들에 대지 자신의 본체로부터 생명을 준다는 것이다. 대지는 무엇보다도 다산력이 있기 때문에 '살아 있는' 존재이다. 대지로부터 나온 모든 것에는 생명이 부여되고, 대지로 돌아가는 모든 것에는 새로운 삶이 주어진다. 인간과 토양의 결합은 인간은 죽을 수밖에 없는 존재이기 때문에 흙이 된다고 하는 의미뿐만 아니라, 인간이 살 수 있는 것은 인간이 대지의 어머니로부터 태어나서 그에게로 되돌아간다는 사실에 기인하기 때문이라고 이해되어야 한다. 최근에 졸름젠(Solmsen)은 물질(materies)의 어원은 어머니(mater)라고 설명하고 있다.[원주63] 이 어원설이 설사 옳지 않다 하더라도(실제로 '물질' matter의 원래의 의미는 '나무의 심장'과 같은 것이었을 것이다) 이 어원

[원주60] Preuss, *AFRW*, vii, 234.
[원주61] vii, 25, 13.
[원주62] Deubner, *De Incubatione*, Leipzig, 1900, *passim*.
[원주63] Dieterich, p. 77 참조.

설은 신화종교적 세계관을 내포하고 있다. 즉, '물질'은 끊임없이 생명을 낳기 때문에 어머니로서의 일을 하고 있는 것이다. 우리가 생과 사라고 부르는 것은 전체로서의 대지의 어머니의 생애에서는 단지 두 개의 상이한 계기에 불과하다. 즉 삶은 대지의 모태로부터 분리된 것을 말하고, 죽음은 '고향'으로 귀환하는 것을 말한다. 많은 사람들이 자기 고향에 묻히고자 하는 소망은 이러한 대지에 대한 그리고 자신의 고향으로 되돌아가고자 하는 신비적인 사랑의 세속적인 형태에 불과하다. 로마 제국 시대의 묘비명에는 향토의 흙에 묻히는 기쁨을 이렇게 나타내고 있다. "여기에서 나서 여기에서 잠들다"(Hic natus hic situs est),[원주64] "여기 향토에 잠든다"(Hic situs est patriœ),[원주65] "여기서 살던 자, 저쪽으로 돌아가기를 바란다"(Hic quo natus fuerat optans erat illo reverti)[원주66] 등이다. 또 다른 곳에는 이런 위안을 얻지 못한 슬픔을 표명한 다음과 같은 묘비명도 많이 있다. "그는 생을 누리고 땅에 없는 토지에 묻히고자 한다"(Altera contexit tellus dedit altera nasci).[원주67] 그리고 또 반역자들은 "대지에 의해 성별될" 가치가 없기 때문에 매장이 거부된다고 필로스트라투스는 설명하고 있다.[원주68]

물은 씨를 간직하고 있다. 대지도 역시 씨를 보유하고 있는데, 대지 속에서만이 씨는 급속히 열매를 맺을 수 있다. 잠재적 형질과 씨는 그것이 표면에 나타나기까지는 물 속에서 몇 주기를 보낸다. 그러나 대지는 휴식을 모른다고 할 수 있다. 대지의 일은 끊임없이 탄생시키고, 그에게 돌아온 생명이 없는 것, 불임적인 것에 형태와 생명을 부여하는 것이다. 물이 모든 우주적 순환의 시초에도 있고 종말에도 있다면 대지는 모든 개별적인 생명의

[원주64] *CIL*, v. 5595.
[원주65] viii. 2885.
[원주66] v. 1703.
[원주67] xiii. 6429.
[원주68] Harrison, *Prolegomena to the Study of Greek Region*, London, 1907, p. 599에서 재인용.

시초에도 있고 종말에도 있다. 모든 것은 물의 표면 위로 떠올랐다가 역사상의 대이변(홍수 등)이나 우주의 괴멸(mahāpralaya)로 인하여 원초의 혼돈 속으로 다시 되돌아간다. 그러나 모든 생명의 발현은 모두 대지의 번식력에 의하여 생긴다. 즉 모든 형태는 대지로부터 태어나고, 살아 있는 생명이 쇠진하였을 때 다시 대지로 되돌아간다. 그것은 다시 살기 위해서 되돌아가는 것인데, 재생의 때까지 거기서 휴식하고 정화되고 갱신되어야 하는 것이다. 물은 모든 창조, 모든 형태에 **선행한다**. 대지는 살아 있는 형태들을 **산출한다**. 물의 신화적인 사명이 우주적인 순환을 열고 닫는 것이라고 한다면, 대지의 사명은 모든 생물의 형태, 또는 **장소**의 역사('장소의 사람')에 속하는 모든 형태의 시초와 종말에 서는 것이다. 시간은 물과 관계되는 한은 잠들어 있지만, 대지의 생명력 안에서는 살아 있고 지칠 줄 모르고 활동적이다. 살아 있는 형태들은 번개같이 빠른 속도로 왔다가 간다. 그러나 간다고 해도 결정적인 소멸은 아니다. 살아 있는 형태의 죽음은 잠재적이고 일시적인 존재양태에 지나지 않는다. 이와 같이 종으로서 살아 있는 형태는 물이 대지에 유예기간을 주고 있는 동안은 결코 소멸하는 것이 아니다.

90. 우주론적 연대성

형태가 물에서 나오는 순간부터 물과 그 형태 사이를 직접 결합하고 있던 유기적인 관계는 끊어진다. 형태와 형태 이전 사이에는 넘을 수 없는 심연이 있다. 그러나 이 형태가 대지로부터 대지에 의해 산출될 때에는 이런 단절이 생기지 않는다. 그 형태는 모태와 굳게 결합되어 있으며, 더욱이 모태로부터는 일시적으로만 분리되어 있을 뿐 결국에는 모태로 되돌아가 쉬고, 강화되고, 어느 날엔가는 다시 나타나게 된다. 이 때문에 대지와 대지에 의하여 산출된 유기적 형태들 사이에는 주술적, 공감적 유대가 있게 된다. 양자는 함께 하나의 전체를 형성하고 있다. 어떤 지역의 식물, 동물, 인간과 그들을 산출하고 양육하고 있는 토지를 결합하는 눈에 보이지 않는

실은 —— 이 실이 그들을 탄생케 하고 기르고 있거니와 —— 대지의 어머니와 피조물을 함께 묶는 생명에 의하여 가능한 것이다. 대지적인 것과 식물적, 동물적, 인간적인 것 사이에 존재하는 연대성은 모두가 같은 생명에서 기인하는 것이다. 그들의 융합은 생물학적 범주에 속한다. 그래서 만약 이 생명의 양태 중 어떤 하나가 생명을 거역하는 죄를 저질러 더럽혀지거나 죽게 되면 그 밖의 다른 양태들도 그들의 유기적 연대성 때문에 더럽혀지는 것이다.

범죄는 그로 인해 흘린 피가 대지에 '독(毒)이 스며들게' 하는 것만으로도 생의 모든 차원에서 극히 중대한 결과를 가져오는 신성모독 행위인 것이다. 이 신성모독 행위로 밭, 동물, 인간들 모두가 생식력을 잃는 재앙으로 나타난다. 『오이디푸스 왕』의 서막에서 사제는 테베 시에 떨어진 재앙을 다음과 같이 한탄한다.

> 도시는 죽어가고 있다. 대지의 열매는 시들고, 목장의 황소나 여인들은 자식을 낳지 못하게 되었다.[원주69]

이에 반하여 현명한 왕, 정의에 바탕을 둔 통치는 대지, 동물, 여성의 다산을 보증한다. 율리시스는 처 페넬로페에게 다음과 같이 선언한다.

> 대지가 추수를 하고, 나무는 가지마다 열매를 맺고, 양들은 새끼를 낳고, 바다에는 물고기가 넘친다. 이것은 내가 훌륭한 임금으로 이름이 알려졌기 때문이다.[원주70]

헤시오도스는 인간적 우주의 조화와 풍요에 대한 농민의 개념을 다음과 같이 서술하고 있다.

[원주69] *Oedipus Rex*. 25 ff.
[원주70] *Odyssey*. xix. 109 ff.

시민이나 이방인에게 올바른 판결을 내리며 결코 정의에서 떠나지 않는 자는 그들의 도시가 번성하고 성안의 백성들이 번영한다. 그들의 국토에는 젊은이들을 기르는 평화가 넘치며, 제우스는 모든 것을 감시하며, 젊은이들에게 고통스러운 전쟁을 주지 않는다. 이 의로운 법은 기근이나 재앙으로 결코 침해되지 않는다. ……대지는 그들에게 풍요한 삶을 제공하니, 산에는 도토리나무가 꼭대기에 열매를 맺고 가운데에는 벌들이 서식한다. 양들은 무성한 털을 지니고, 그들의 아내는 부친을 닮은 자식들을 낳는다. 그들은 한없이 번영한다. 그들은 바다를 건너가지 않아도 된다. 비옥한 땅이 수확물을 공급해주기 때문이다.[원주71]

이 사상에 대해 이란판(版)에서는 다음과 같이 말하고 있다.

용감한 야마의 통치하에서는 추위도 더위도 늙음도 죽음도 레몬이 만들어낸 질투도 없다. 야마가 통치하는 동안 아버지와 아들은 똑같이 15살 먹은 소년인 듯, 비바흐반트의 아들, 훌륭한 무리들의 주인이 다스리는 동안에는 그렇게 젊어 보인다.[원주72]

91. 흙과 여성

흙의 다산성과 여성의 다산성 사이에서 볼 수 있는 유대는 농경사회의 현저한 특징이다. 오랫동안 그리스인과 로마인들은 흙과 자궁 그리고 생식행위와 농경작업을 동일시했다. 그러나 이와 같은 동일시는 다른 많은 문화 속에서도 발견되며, 그것은 많은 신앙과 의례를 낳게 되었다. 예컨대 아이스킬로스는 오이디푸스에게, "자기가 거기서 생을 받아 나온 성스러운 밭

[원주71] *Works and Days*, 225~37.
[원주72] *Yasna*, 9, 3~5. 인디언의 관습에 대해서는 Meyer, *Sexual Life in Ancient India*, London, 1930, vol. i, pp. 286~87을 보라.

제7장 대지, 여성, 풍요   345

에 씨를 뿌리고자 하며, 피의 가지를 심으려 한다"[원주73]고 말하고 있다. 소포클레스 극에는 "아버지의 밭고랑",[원주74] "사람들이 갈고 있는 다른 고랑",[원주75] "파종시기에만 찾아오는 멀리 떨어져 있는 밭의 주인, 농부"[원주76] 같은 은유적인 표현이 풍부하게 나온다. 디테리히는 이러한 고전의 문장 이외에도 무수한 예들을 덧붙이고 있는데,[원주77] 그 밖에 라틴 시인들의 작품에서 경작한다=사랑한다(arat-amat)는 모티프가 나오는 빈도를 연구하였다.[원주78] 예측했던 바와 같이 여성과 밭의 비교, 생식행위와 농경작업의 동일시는 고대부터 광범위하게 퍼져 있던 직관이었다. 이 신화적, 의례적인 종합 가운데서 몇 개의 요소를 구별할 필요가 있다. 즉 여성과 밭의 동일시, 남근과 쟁기의 동일시, 농경작업과 생식행위의 동일시가 그것이다.

그러나 '대지의 어머니'와 인간의 관계에서 그 대리 격인 여성이 이 의례에서 중요한 역할을 하는 것은 사실이지만, 그들만이 그런 역할을 하는 것이 아니라는 것도 말할 필요가 있다. 대지와 여성만이 아니라 남성과 신이 들어갈 여지도 있기 때문이다. 풍요에 선행하여 성혼이 이루어진다. 땅의 불모성에 대해 기원하는 앵글로색슨족의 주문(呪文)은 농경사회가 성혼에 바탕을 두고 있는 모습을 반영하고 있다.

인간들의 어머니인 대지여, 신과의 포옹으로 다산이 되고 인간이 먹을 열매가 충만하니, 그대를 찬양하노라.[원주79]

[원주73] *Seven Against Thebes*, 750 ff.
[원주74] *Œdipus Rex*, 1210.
[원주75] *Antigone*, 569.
[원주76] *Trachiniæ*, 30 ff.
[원주77] Dieterich, p. 47, n. 1과 2: V. Pisani, "La Donna e la terra," *APS*, 1942, vol. xxxvii~xi, pp. 248 ff.
[원주78] Dieterich, pp. 78, 79.
[원주79] Krappe, *Etudes de mythologie et de folklore germaniques*, Paris, 1928, p. 62에서 재인용.

그리스의 엘레우시스에서는 사제는 고대의 농경 기도문을 다음과 같이 노래한다. 먼저 하늘을 향하여 이렇게 말한다. "비가 오게 하라!" 다음에 대지를 향하여 외친다. "열매를 맺게 하라!" 하늘과 땅의 이와 같은 성혼은 밭의 풍요와 인간의 결혼의 최초의 모델이었을 것이다. 예컨대 『아타르바 베다』의 한 절에서는 신랑과 신부를 하늘과 땅에 비유하고 있다.[원주80]

92. 여성과 농경

여성이 농경을 발견했다는 것을 의심할 사람은 없다. 남자는 항상 사냥을 하거나 양떼를 방목시켰다. 한편 여성들은 비록 한정된 구역에서나마 날카로운 관찰력으로 씨가 땅에 떨어져서 싹이 튼다는 자연현상을 관찰할 수 있었고, 그것을 인공적으로 재현해볼 기회를 가지고 있었다. 또 여성은 대지나 달과 같은 우주적 풍요의 중심과 결합되어 있었기 때문에 풍요와 다산성에 영향을 미치고, 그것을 배분할 수 있는 특권을 획득하게 되었다. 농경의 초기 단계에서, 특히 농경기술이 아직 여성들의 영역이었을 때, 여성들이 지배적인 역할을 한 이유가 바로 여기에 있는데, 어떤 문화에서는 오늘날까지도 여성들이 중요한 역할을 하고 있다.[원주81] 예를 들면 우간다에서는 불임여성은 정원 일에는 위험하다고 생각되며, 그녀의 남편은 경제적인 이유로 이혼을 청할 수 있다.[원주82] 여성의 불임이 농경에 위험을 가져온다는, 이와 같은 신앙은 인도의 반투족에서도 보인다.[원주83] 니코바 제도에서는 임신한 여인이 씨를 뿌리면 더욱 풍부한 수확을 거둘 것이라고 생

[원주80] *AV*, xiv, 2, 71.

[원주81] U. Pestalozza, "L'Aratro e la donna nel mondo religioso mediterraneo", *Rendiconti, Reale Instituto Lombardo di Scienze e Lettere, cl. di Lettere*, 1942~43, vol. lxxvi, no. 2, pp. 324 ff.를 보라.

[원주82] Briffault, *The Mothers*, London, 1927, vol. iii, p. 55.

[원주83] Lévy-Bruhl, *L'Expérience mystique et les symboles chez les primitifs*, Paris, 1938, p. 254.

각한다.[원주84] 이탈리아 남부에서는 임산부가 하는 일은 무엇이나 성공하고, 또 임산부가 씨 뿌린 것은 태아가 성장하듯이 무엇이나 잘 자랄 것이라고 믿는다.[원주85] 보르네오에서는 이렇게 적고 있다.

쌀 경작에 관한 의례나 문화에서 여성은 주역을 담당한다. 남성에게 도움을 구할 때에는 땅을 치우거나, 마지막으로 일을 마무리할 때뿐이다. 씨앗을 선택하고 저장하는 것은 여성이다. 또 여성은 이와 관련된 대부분의 전설을 보관하는 자이다. 여성과 종자 사이에는 자연적인 친근성이 느껴지는 듯하며, 여성들은 종자가 임신을 한다고 말한다. 여성들은 가끔 발아기에 밭에 가서 하룻밤을 자기도 한다. 그 여성들은 아마도 그렇게 함으로써 자기 자신의 다산성 또는 경작의 다산성이 증가한다고 생각할 것이다. 다만 그 여성들은 그 점에 대해서는 전혀 말을 하지 않는다.[원주86]

오리노코 인디언은 옥수수를 심고 식물의 뿌리를 심는 일은 여성에게 맡겼다. 그들은 이렇게 말한다. "여성이 임신하여 자식을 낳는 법을 알 수 있듯이, 여성이 심는 뿌리나 종자는 남성의 손으로 심는 것보다도 훨씬 풍부한 결실을 맺을 것이다."[원주87] 니아스에서는 여성이 심는 야자나무는 남성이 심는 것보다도 과즙이 더욱 많다고 한다.[원주88] 동일한 신앙이 아프리카의 에웨족 사이에서도 보인다. 남아메리카의 지바로족은 "여성은 작물의 성장에 특별한 신비적인 영향을 미친다"[원주89]고 믿고 있다. 여성과 비옥한 밭

[원주84] Hastings, *Encyclopædia of Religion and Ethics*, vol. ix, p. 362에서 Temple 참조.
[원주85] Finamore, *Tradizioni populari abruzzesi*, p. 59.
[원주86] Hose and MacDougall, *Pagan Tribes of Borneo*, i, iii, Lévy-Bruhl, *L'Expérience mystique*, p. 254에서 재인용.
[원주87] Frazer, *Spirits of the Corn and of the Wild*, vol. i, p. 124; "The Role of Woman in Agriculture"의 모든 절을 보라.
[원주88] Lévy-Bruhl, p. 254.

사이의 유대는 농경이 남성의 기술이 된 이후에도 보존되어서, 쟁기는 원시적 가래의 위치를 차지하게 되었다. 이 양자의 유대에 대해서는 후에 여러 농경의례를 살필 때 검토하게 될 것이다. 많은 의례와 신앙은 이것을 설명해주고 있다(§126).

93. 여성과 밭고랑

여성과 경작된 대지의 동일시는 많은 문명 속에서 발견되며 유럽 전승에도 보존되어 있다. 이집트의 한 연가(戀歌)에서는 연인에게 "나는 대지이다"라고 고백한다. 비데브다트(Videvdāt)는 경작되지 않은 황무지를 아이를 못 낳는 여성과 비교하였다. 동화에서 아이를 못 낳는 여왕은 "나는 아무것도 자라지 못하는 밭과 같다"[원주90]고 스스로 한탄한다. 한편 12세기의 찬미가에는 동정녀 마리아가 경작되지 않은 토지에 열매를 맺었다(terra non arabilis quae fructum parturiit)고 찬미한다. 바알 신은 또한 '밭의 남편'이라고 불린다.[원주91] 여성과 흙을 동일시하는 것은 전체 셈족 사이에서도 일반적으로 발견된다.[원주92] 이슬람교의 문헌에서 여성은 '밭', '포도밭' 등으로 불리고 있다. 코란에서는 "너의 처는 너에게 밭과 같은 것이다"라고 기록하고 있다.[원주93] 힌두교에서는 밭고랑과 음문(陰門, yoni), 종자와 정액을 동일시하였다.[원주94] "이 여인은 살아 있는 밭과 같으니, 너희 남자들아, 이 여인에게 씨를 뿌려라."[원주95] 마누 법전도 "여성은 밭, 남자는 종자

[원주89] Karsten, Lévy-Bruhl, p. 255에서 재인용.
[원주90] Van der Leeuw, *Religion in Essence and Manifestation*, London, 1938, p. 96.
[원주91] Robertson Smith, *Religion of the Semites*, London, 1923 ed., pp. 108, 536 ff.
[원주92] Robertson Smith, p. 537; Dhorme, *La Religion des Hébreux nomades*, Brussels, 1937, p. 276 참조.
[원주93] ii, 223.
[원주94] *Śatapatha-Brāhmaṇa*, vii, 2, 2, 5.

로 볼 수 있다"[원주96]고 가르치고 있다. 나라다(Nārada)는 "여자는 밭이고, 남자는 씨를 뿌리는 자이다"[원주97]라고 주석을 붙이고 있다. 핀란드 격언에는 "여인의 몸 안에는 밭이 있다"[원주98]는 말이 있다.

여성을 밭고랑과 동일시하는 것은 남근을 쟁기와, 경작을 생식행위와 동일시하는 것을 내포하고 있다. 이러한 인간과 토지의 비유는 농경과 임신의 진정한 원인을 이해하는 문명에서만 있을 수 있다. 남아시아 언어에서 라크(lak)라는 말은 남근과 쟁기를 의미한다. 프르질루스키는 산스크리트어의 laṅgūla(꼬리, 쟁기)와 liṅgam(남근)의 어근이 남아시아 언어의 동일한 말이라고 한다.[원주99] 남근과 쟁기의 동일시는 또한 미술에서도 나타난다.[원주100] 이러한 표상의 기원은 더욱 오래된 것이다. 카시트 시대의 쟁기를 나타내는 그림에는 쟁기와 생식행위의 상징이 결합되어 있는 것을 보여주고 있다.[원주101] 이런 종류의 원시적 직관은 용하게도 사라지지 않고 속어에서뿐만 아니라 저명한 작가의 어휘에도 남아 있다. 라블레는 "자연의 경작자라고 부르는 회원"[원주102]이란 표현을 즐겨 썼다.

마지막으로 농경작업과 생식행위를 동일시하는 예로서 『라마야나』(Rāmāyaṇa, 인도의 서사시 ― 옮긴이)의 여주인공 시타(Sita)의 탄생신화를 들 수 있다. 그 여자의 아버지 자나카(Janaka, 이 이름은 '선조'를 의미한다)는 밭을 갈고 있을 때에 거기서 그녀를 발견하고 시타('고랑'이란 뜻)라는 이름을 붙여주었다.[원주103] 아시리아의 어떤 문헌에서는 "신의 쟁기는 토지를 풍요

[원주95] *AV*. xiv. 2. 14.
[원주96] ix. 33.
[원주97] Pisani, "La Donna et la terra," *APS*. 1942~45. vol. xxxvii~xl. *passim* 참조.
[원주98] Nyberg, p. 232, n. 83.
[원주99] Bagchi, *Pre-Aryan and pre-Dravidian in India*, Calcutta, 1929, p. 11; Eliade, *Yoga*, p. 291; *Le Yoga: Immortalité et Liberté*, p. 410.
[원주100] Dieterich, pp. 107~108에 있는 reproductions 참조.
[원주101] Jeremias, *Handbuch der altorientalischen Geisteskultur*, Berlin, 1929, p. 387, fig. 214 참조.
[원주102] *Gargantua*, bk. ii. ch. 1.

케 하였다"[원주104]는 신에게 바치는 기도를 보여주고 있다.

오늘날도 많은 원시인들은 대지를 풍요롭게 하기 위해 생식기를 표상하는 주술적 부적을 사용하고 있다.[원주105] 오스트레일리아 원주민들은 대단히 진귀한 생식의례를 행한다. 즉 그들은 남근 모양으로 된 화살로 무장하고, 여성 생식기와 똑같은 모양으로 된 도랑 주위를 돌며 춤을 추다가 땅에 그 화살을 꽂음으로써 끝을 맺는다.[원주106] 여기서 우리는 여성과 성, 경작과 흙의 생산력 사이에 얼마나 밀접한 관련이 있는지를 상기하지 않을 수 없다. 발가벗은 처녀가 최초로 쟁기를 가지고 고랑을 파도록 하는 풍습도 있고,[원주107] 초봄에 새롭게 씨를 뿌리는 밭고랑에서 여신 데메테르와 이아손의 원형적인 결합을 상기시켜주는 풍습도 있다.[원주108] 이상의 모든 제의와 전설은 우리가 농경제의의 구조를 연구할 때에 비로소 의미가 드러나게 될 것이다.

94. 종합

우리가 지금까지 검토한 신화와 의례의 유형에서, 대지는 무엇보다도 우선 결실을 맺을 수 있는 무한한 능력 때문에 숭배되었다. 이 때문에 시간이 지남에 따라 알지 못하는 사이에 대지의 어머니는 곡물의 어머니로 변해갔다. 그러나 토양의 에피파니의 흔적은 신이나 '어머니'의 상에서 결코 소

[원주103] *Rāmāyaṇa*, ch. 66: Coomaraswamy, *The Rig Veda as landnama bok*, pp. 15, 33에 있는 다른 언급 참조.

[원주104] Langdon, *Semitic Mythology*, Boston, 1931, p. 99에서 재인용.

[원주105] Dieterich, p. 94.

[원주106] Dieterich, pp. 94 ff.를 보라. 지팡이의 성적인 의미에 관해서는 Meyer, *Trilogie altindische Mächte und Feste der Vegetation*, Zürich-Leipzig, 1937, vol. iii, pp. 194 ff. 참조.

[원주107] Mannhardt, *Wald- und Feldkulte*, Berlin, 1904~1905, vol. i, pp. 553 ff.; Frazer, *The Magic Art*, vol. i, 469 ff., 480 ff.

[원주108] *Odyssey*, v. 125.

멸되지 않았다. 한 가지 예를 들어보자. 우리는 그리스 종교의 여신상(네메시스, 푸리에스, 테미스)에서 원래는 대지의 어머니였던 속성을 보게 된다. 또 아이스킬로스는 처음에 먼저 대지에게 기도하고 다음에 테미스에게 기도하였다.[원주109] 간혹 게 또는 가이아는 데메테르에 의해 대체되었지만, 그리스인은 곡물의 여신과 대지의 어머니의 유대를 결코 잊어버리지 않았다. 에우리피데스는 데메테르에 대해 다음과 같이 쓰고 있다. "그녀는 대지이다. ……그대가 바라는 것을 그녀에게 요구하라."[원주110]

농경신은 원시의 토양의 신의 자리를 차지하였지만, 이러한 대체가 원시 의례를 모두 폐지하는 결과를 의미하지는 않는다. 농경적 대여신의 '형태'를 통하여 '장소의 여주인', 즉 대지의 어머니가 현존하는 것을 발견할 수 있다. 그러나 새로운 신들은 형태가 더욱 명확하며, 종교적 구조도 더욱 역동적이다. 이 신들은 비극적인 역사를 갖기 시작한다. 즉 탄생, 풍요, 죽음의 드라마를 살기 시작한다. 대지의 어머니로부터 농경의 대여신으로의 이행은 단순성으로부터 드라마로의 이행을 의미한다.

하늘과 땅의 우주적 성혼으로부터 토양의 신성을 증언하는 최소한의 종교적 행위에 이르기까지 모든 것은 성성을 증명하고 있고, 그 모든 것 가운데 동일한 중심적 직관이 보이는데, 그것은 다음과 같은 **주요 모티프**로 반복되고 있다. 즉 대지는 살아 있는 형태들을 낳고, 대지는 생식력에 있어서 지치지 않는 자궁이라는 것이다. 토양의 에피파니가 낳은 모든 종류의 현상의 ─ '성스러운 현존'이든, 형태를 아직 갖추지 않은 신이든, 윤곽이 분명한 신상이든, 혹은 지하의 힘의 막연한 추억에서 나온 '관습'이든 ─ 모든 곳에서 우리는 모성의 활동과 무진장한 창조의 힘의 활동을 인식하게 된다. 이 창조는 때로는 헤시오도스가 환기시키는 가이아 신화와 같이 괴상한 것일지도 모른다. 그러나 그『신통기』에 나오는 괴물은 대지의 끝없는 창조적 원천을 설명해주고 있다. 때로는 이 보편적 산출자인 대지의 신

〔원주109〕 *Eumenides*, 1.
〔원주110〕 *Bacchœ*, 274.

들의 성을 몇몇 경우에는 분명하게 규정할 수 없는 경우도 있다. 대지의 신들의 대부분은 몇몇 풍요신들이 그러한 것처럼 양성적(兩性的)인 성격을 가지고 있다.[원주111] 이 경우 신들은 모든 창조력을 축적한다. 그래서 그 양극성, 반대의 일치라는 정식은 후대에 와서 가장 높은 사변으로 다시 취급되었다. 모든 신들은 그 신자들의 의식에서 **모든 것이** 되는 경향이 있고, 그것은 다른 모든 신상의 자리를 차지하게 되며, 우주의 모든 영역을 지배하는 경향을 갖는다. 몇 안 되는 신들만이 대지와 같이 **모든 것이** 되는 권리와 능력을 가지게 되었다. 그러나 대지의 어머니가 유일신으로까지는 아니라고 하더라도 지고신의 위치로 승격할 수 있었던 것은 천공과의 결혼, 농경신의 출현에 의해서 이끌려졌기 때문이다. 이 장대한 이야기의 흔적이 대지신이 양성이라는 것 속에 보존되어 있다. 그러나 대지의 어머니는 '장소의 여주인'으로서, 모든 살아 있는 형태의 근원으로서, 아이들과 모태의 수호자로서의 원시적 특권을 결코 상실하지 않았다. 그 모태 가운데 죽은 자들이 매장되는데, 그것은 죽은 자가 거기서 휴식하며 대지의 어머니의 신성 덕분에 마침내 다시 생명을 얻기에 이르기 때문이다.

[원주111] Nyberg, pp. 231, n. 69와 72.

제8장
식물 : 재생의 상징과 의례

95. 임시적인 분류

세계의 시초와 종말을 계시하는 오딘에 의하여 그 깊은 잠에서 깨어난 여자 예언자 뵐바는 다음과 같이 선언한다.

> 나는 시간의 시초에 태어난 거인을 기억한다.
> 그 거인이 나를 낳아준 자이다.
> 나는 세계나무로 덮여 있는 9개의 세계와 9개의 천체를 알고 있다.
> 대지의 가슴속까지 뻗어 내려간 그 나무가 예지에 뿌리를 두고 있음을.
> 나는 이그드라실이라고 부르는 재나무가 있음을 안다.
> 그 나무 꼭대기는 흰 수증기로 목욕하고

거기서부터 이슬방울이 계곡으로 떨어진다.
그것은 우르드의 샘 위에 영원히 푸르게 서 있다.^[원주1]

    여기서 우주는 거대한 나무로 그려져 있다. 이 스칸디나비아 신화의 우주나무라는 표의문자는 다른 많은 전승 속에서도 발견된다. 그것을 하나하나 개별적으로 언급하기 전에 성스러운 나무 그리고 식물의 상징, 신화, 의례와 같은 영역 전체를 일별하고자 한다. 이와 관련한 자료는 상당히 많으나, 그 형태가 너무나 다양해서 그것을 체계적으로 분류하려는 시도는 대부분 좌절하기 십상이다. 사실상 성스러운 나무 그리고 식물의 의례나 상징은 도상(圖像)이나 민간예술은 물론이고 모든 종교의 역사, 전세계에 걸친 민간전승, 고대의 형이상학과 신비주의에서 볼 수 있다. 이 모든 자료들은 다양한 시대와 문화에 속해 있다. 예컨대 이그드라실(Yggdrasil)이나 성경에 나오는 생명나무의 의미는 인도에서 오늘날까지 행해지고 있는 '나무의 결혼'이나 유럽의 마을에서 봄에 열리는 '5월의 나무' 의례와는 전혀 다르다. 민간신앙의 단계에서 의례의 나무는 근동 지역의 자료에서 복원할 수 있는 나무의 상징이 포함하고 있는 역할을 다 하고 있다. 그러나 이 역할로써 나무가 갖고 있는 상징의 깊이와 그 풍부한 내용을 다 설명할 수는 없다. 우리는 어떤 기본적인 개념들(예컨대 우주나무, 식물 재생의 의례라는 개념)의 출발점을 정확하고 명확하게 식별해내야 자료를 분류하는 데 다소 도움을 받을 수 있다. 그러나 여러 가지 모티프의 '역사'의 문제는 우리의 연구에서 이차적인 관심밖에 안 된다.
    어느 식물의 상징이 어느 황금시대에 어느 문화 속에서 어떤 수단에 의해 전파하게 되었는가를 알려고 하기 전에(정말 발견하는 것이 가능하다면), 또 그 상징을 재현하고 있는 의례의 구조를 결정하기 전에, 우리가 문제삼고자 하는 것은 성(聖)의 질서와 종교생활에서 나무, 식물, 식물적 상징 등의 **종교적 기능**이 무엇인가, 수목의 상징은 무엇을 계시하고 무엇을

[원주1] *Völuspa*, st. 2와 19.

의미하는가를 아는 것. 요컨대 이러한 범위에서 나무가 상징하는 것의 표면상의 다양한 형태 아래에 있는 그 일관된 유형을 열심히 찾아내어 그 근거를 밝혀내는 것이다. 우리가 찾아야 하는 것은 다음과 같은 것이다. 즉 '식물'이 지니고 있는 의미(외견상으로는 매우 다양하다)와 그것이 발견되는 다양한 상황 속에서 그 식물에 가치를 부여하는 의미(우주론, 신화, 신학, 의례, 도상학, 민속학) 사이에 밀접한 관련이 있는가? 물론 우리가 발견하려고 하는 일관성은 대상의 본질 자체가 우리 마음에 각인하는 것이어야 한다. 우리가 대상을 바라보는 위치가 어디에 있든(부분적이든 전체적이든), 즉 민간의례의 차원이든(초봄에 하는 '5월의 행진' 같은 것) 메소포타미아 미술이나 베다 문헌에 나오는 '우주나무'의 표의문자의 차원이든 그 일관성이 스스로를 드러내 보여야 한다.

이 문제에 대한 해답은 더욱 중요한 사실들 가운데서 선택한 충분한 양의 자료를 검토해보아야만 알게 될 것이다. 그러나 미궁 속으로 빠지지 않기 위해서 우리가 만나게 되는, 이용할 수 있는 방대한 자료를 임시로 분류할 필요는 있다. 다른 장에서 종교의 가치와 농경제의는 취급할 것이므로 우리는 개연적이긴 하지만 편리한 정식을 사용하여 소위 '식물숭배'라는 것으로, 다음과 같이 분류하려고 한다.

(1) 돌—나무—제단의 형(型). 이것은 종교생활의 가장 고대적인 단계에서 유효한 소우주를 구성하고 있다(오스트레일리아, 중국, 인도차이나, 인도, 페니키아, 에게 해).

(2) 우주의 상(像)으로서의 나무(인도, 메소포타미아 등).

(3) 우주적 테오파니로서의 나무(메소포타미아, 인도, 에게 해).

(4) 무진장한 풍요, 절대적 실재, 생명의 상징으로서의 나무. 대여신과 물의 상징과 관계를 가진 나무(예컨대 야차). 불사의 근원과 동일시되는 나무('생명의 나무') 등.

(5) 세계의 중심이자 우주를 떠받치는 나무(알타이족, 스칸디나비아인 등).

(6) 나무와 인간의 신비적인 유대(인류를 탄생시킨 나무, 인류 선조의

영혼의 저장소로서의 나무, 나무의 결혼, 가입의례에서 나무의 현존 등).

(7) 식물의 재생, 봄, 해의 '재생'의 상징으로서의 나무(예컨대 '5월의 행진' 등).

이상의 분류는 간략하고 불완전하지만 최소한 처음부터 모든 자료의 공통적인 특징에 주목한 점에 이점이 있다. 자료의 분석에서 나온 결론에 미리 참여하지 않고도 곧 나무는(의례적, 구체적이든 신화적, 우주론적이든 혹은 순수하게 상징적이든) 끊임없이 스스로 재생하는 살아 있는 우주를 표상하고 있다는 것에 주의를 돌릴 수 있다. 영원한 생명은 불사와 마찬가지이기 때문에 이 우주나무는 다른 차원에서 '불멸의 생명'의 나무가 된다. 그리고 이 영원한 생명은 원시의 존재론에서는 **절대적 실재**라는 관념의 표현이므로, 나무는 여기서 그 실재의 상징('세계의 중심')이 된다. 후에 전통적인 존재론에 형이상학적 문제의 새로운 고찰방법이 부가되었을 때(예컨대 인도에서), 정신이 우주의 변천과정에서 이탈하여 그 자체의 자율성에 집중하고자 하는 노력은 '우주나무의 뿌리를 단절'하는 노력으로서, 다시 말하면 보편적 생명의 마르지 않는 샘을 기원으로 하는 '현상'이나 표상을 모두 초월하려는 노력으로서 나타나게 되었다.

96. 성스러운 나무

원시 인류는 이와 같이 광대하고 일관성 있는 심벌리즘을 어떠한 정신적 종합에 의해서, 또 나무의 어떠한 독특한 특성으로부터 도출해낼 수 있었을까? 여기서 문제삼으려고 하는 것은 처음에 어떻게 종교적 가치가 만들어지게 되었는가를 알아내려는 것이 아니라 그 가치에 대한 가장 오래된 직관, 그래서 가장 순수한 직관을 발견하려는 것이다. 원시인의 종교심성에서 나무(차라리 어떤 특별한 나무라고 하는 것이 좋을 것이다)는 하나의 **힘**으로 표상하였다. 더욱이 그 힘은 단순히 나무로써만이 아니라 우주론적인 연관에 의하여 생기는 것이다. 원시심성에서는 자연과 상징이 분리될 수 없다. 나무는 그 자신의 실체와 형상에 의하여 종교의식에 영향을 미친다. 다만 그 실체와 형상이 의미 있다는 것은 바로 이것들이 종교의식에 영향을 미친다는 것, 이것들이 '선발되었다'는 것, 다시 말하면 '그 자신을 계시한다'는 것으로부터 생긴다. 종교현상학이나 종교학도 성의 직관에 의하여 가치가 부여된 이 자연과 상징의 분리될 수 없는 결합을 지나쳐버릴 수는 없을 것이다. 따라서 말의 본래의 의미로서 '나무숭배'라고 말하는 것은 정확하지 않다. 나무는 다만 그 자체로서 숭배되는 것이 아니고 항상 나무를 통하여 '계시'된 것, 나무가 내포하고 의미하는 것 때문에 숭배되었다. 뒤에 살펴려고 하는 바와 같이(§111 이하) 주술적 초목이나 약용식물도 그 효능이 신화적 원형으로부터 나온다. 메소포타미아와 엘람의 '성스러운 나무' 표상을 연구한 넬 파로는 다음과 같이 말하고 있다.

나무 그 자체를 숭배하는 것은 아니다. 그 표상 뒤에는 항상 어떤 영적 존재자가 숨어 있다.[원주2]

똑같은 지역을 연구한 다른 학자는 메소포타미아의 성스러운 나무가 진정한 의미의 예배의 대상이라기보다는 상징이라고 결론을 내렸다.

그것은 현실의 나무에 다소의 장식을 한 모사(模寫)가 아니라 완전히 인공적인 양식화이며, 실제적인 예배의 대상이라기보다는 거대한 힘을 지닌 상징으로 보인다.[원주3]

이상의 결론은 약간만 수식을 가하면 메소포타미아 이외의 지역에서도 확인되고 있다.
그러므로 —— 여기서 우리는 초목의 성의 가치에 대한 최초의 직관으로

[원주2] Nell Parrot, *Les Représentations de l'arbre sacré sur les monuments de Mésopotamie et d'Elam*, Paris, 1937, p. 19
[원주3] Danthine, *Le Palmier-dattier et les arbres sacrés dans l'iconographie de l'Asie, occidentale ancienne*, Paris, 1937, pp. 163~64.

돌아가는 바이지만 —— 나무가 종교적 대상이 되는 것은 나무의 힘 그리고 그 나무가 **표현하는**(자신을 초월한 어떤 것) 것 때문이다. 그런데 이 힘은 존재론에 대하여 효력을 지닌다. 즉 나무에 성스러운 힘이 있다면 그것은 나무가 수직으로 서 있고 성장하며 잎을 떨구었다가 다시 잎을 맺으며, 따라서 나무는 무한히 재생하기 때문이며(나무는 '죽었다가' 다시 '살아난다'), 또 젖빛의 수액을 주기 때문이다. 나무는 단순히 거기 존재함으로써 ('힘') 그 자신의 발전법칙에 의하여('재생') 원시적인 오성에서는 우주 전체임을 반복하고 있다. 물론 나무는 우주의 **상징**이 될 수 있고, 그런 형태는 발전된 문명사회에서도 발견할 수 있다. 원시인의 종교심성에서 나무는 우주이다. 나무가 우주이다라는 것은 나무가 우주를 재생산하고, 우주를 '상징'하는 동시에 우주를 집약하고 있기 때문이다. 이 '상징'의 최초의 개념, 즉 상징의 유효성은 사실상 그것이 상징하는 실재를 그 속에 구현하고 있는 덕택이다. 이 개념은 우리가 후에 상징의 작용과 기능이라는 문제에 착수할 때 더욱 명확히 보게 될 것이다(§ 166 이하).

여기서 내가 지적하고자 하는 것은 **전체가 각각 의미 있는 부분 가운데 존재한다는 사실이다.** 그것은 '참여의 법칙'(레비-브륄은 이렇게 이해하고 있다)이 진실하기 때문이 아니라, 모든 의미 있는 부분이 전체를 재생산하고 있기 때문이다. 나무는 나무임을 지속하는 동안 그것이 표현하는 힘 때문에 성스러운 것이 된다. 또 나무가 **우주나무가 되는 것은** 그것이 표현하는 것이 우주가 표현하는 것을 완전하게 재생산하기 때문이다. 성스러운 나무는 상징적인 것이 됨으로써 그 구체적인 자연적 속성을 잃지 않는다(메소포타미아인에게는 야자나무, 스칸디나비아인에게는 오크나무, 힌두교도에게는 아슈바타 aśvattha와 니야그로다 nyagrodha 등). 상징이 구체적인 형태에서 이탈하여 추상적인 실체가 되는 것은 많은 정신적 단계를 거치고 난 이후이다(위의 Danthine의 인용문 참조).

97. 소우주로서의 나무

 프르질루스키가 올바로 지적하고 있는 것처럼 우리가 알고 있는 가장 원시적인 '성소'(聖所)는 소우주를 구성하고 있는 돌, 물, 나무와 같은 풍경이다.[원주4] 오스트레일리아 원주민의 토템의 중심은 주로 나무나 돌이 모여 있는 곳이다. 동아시아나 인도의 '성소'는 나무, 제단, 돌의 형으로 구성되어 있다는 것이 P. 무스에 의해 밝혀졌다.[원주5] 무스는 이러한 요소들이 시간이 지남에 따라 차츰차츰 발달하게 되었다고(성소의 기원은 숲에서 출발하여 차츰 나무, 제단, 돌의 유형이 되었다) 본 반면에, 프루질루스키는 이 모든 요소들이 동시에 공존했다고 올바르게 보았다. 실제로 나무와 돌의 결합은 원시세계의 여러 곳에서 발견된다. 모헨조다로의 인더스 문명에서 성소는 나무 주위에 세워져 있다. 이러한 성소는 불타가 설법하고 있던 시대에 인도 각지에서 발견되었다. 팔리어 문헌은 성스러운 나무의 옆에 세워진 돌이나 제단에 대하여 가끔 언급하고 있다. 이 돌이나 제단은 풍요신(야차)의 민간신앙의 구조를 형성하고 있다. 나무와 돌을 결합하는 고대의 습관은 불교에서 받아들여지고 흡수되었다. 불교의 차이티야(caitya, 성스러운 나무)는 가끔 단순한 나무로 나타나며 제단이 아니었다. 그러나 그 밖의 경우에 차이티야는 나무 곁에 세워진 기본적인 건조물이었다.[원주6] 불교나 힌두교도 고대의 성소의 종교적 의미를 약화시킬 수 없었다. 불교 후의 인도 여러 종교의 대종합은 이 성소를 결국 자신에게 흡수하여 완전하게 가치를 부여하였다.
 이와 동일한 연속성은 그리스와 셈족의 세계에서도 볼 수 있다. 미노아 문명 시대부터 헬레니즘 말기에 이르기까지 숭배되는 나무는 항상 바위 옆에 있다.[원주7] 셈족의 고대 성전은 종종 나무와 베델(제단)로 구성되어 있

〔원주4〕 Przyluski, *La Participation*, Paris, 1940, p.41.
〔원주5〕 P. Mus, *Bulletin de la soc. française de philosophie*, May-June, 1937, p. 107.
〔원주6〕 Coomaraswamy, *Yakṣas*, Washington, 1928, vol. i, pp. 12 ff. 참조.

다.[원주8] 후에 와서 제단 옆에는 나무 혹은 아세라(푸른 나무 대신에 껍질을 벗긴 나무줄기)만이 남게 되었다. 가나안 사람과 헤브루 사람들은 "모든 높은 언덕과 푸른 나무 아래에"[원주9] 공물을 바치는 장소를 두었다. 같은 예언자 예레미야는 유대인의 죄나 "높은 산 위에 있는 그 푸른 나무"[원주10] 아래에 세운 아스타르테의 우상과 제단을 일깨우고 있다. 기둥은 수직으로 서 있는 것과 그 재질 때문에 나무의 성스러운 힘을 증가시키고 있다. '털이 있는 사람'이라고 불리는 고대 수메르 문명의 기념비 위에 새겨진 비문은 일부밖에 해독되지 않았지만 다음과 같이 기록되어 있다.

엔나마즈는 벽돌을 확실하게 놓고 왕자의 거처를 만들고, 근처에 큰 나무를 놓았으며, 그 나무 곁에 기둥을 세웠다.[원주11]

'성소'는 소우주이다. 왜냐하면 그것은 자연의 풍경을 재현하고 있고 또 전체의 반영이기 때문이다. 제단이나 신전(혹은 장례기념비 또는 궁전)은 원시적인 '성소'가 후대에 변형된 것인데, 그것도 또한 소우주이다. 왜냐하면 그것은 세계의 중심이며, 우주의 핵심에 있고, 세계상(§143)을 구성하고 있기 때문이다. '중심'이라는 관념, 절대적 실재(성의 저장소이기 때문에 절대적이란 말을 썼다)라는 관념은 '성소'라는 가장 원시적인 개념에도 포함되어 있다. 이미 살펴본 바와 같이 성소의 개념에서 성스러운 나무는 불가결한 것이다. 돌은 그 견고성과 지속성 때문에 실재를 표현하고 있다. 성스러운 나무는 그 주기적 재생으로 생명의 질서 속에서 성의 힘을 표명하고 있다. 이러한 풍경이 물에 의하여 완전한 것이 될 때 물은 잠재적 형질,

---

[원주7] Nilsson, *Geschichte*, vol. i, p. 260.
[원주8] Robertson Smith, *Lectures on the Religion of the Semites*, 3rd ed., London, 1927, p. 187.
[원주9] 예레미야서 2:20, 3:6 참조.
[원주10] 예레미야서 17:1~3.
[원주11] Parrot, p. 43.

씨, 정화를 의미한다(§60). '소우주적 풍경'은 시간이 지남에 따라 그 구성요소들 중의 단 하나의 가장 중요한 요소, 즉 성스러운 나무 혹은 성스러운 기둥으로 환원되었다. 나무는 겉으로 드러나는 고정된 형태 속에 우주의 '힘', 그 생명, 그 주기적 재생능력을 구현함으로써 그 자체로서 완전하게 우주를 표현하게 되었다.

98. 신의 거처로서의 나무

소우주의 이미지로서의 '성소'로부터 동시에 신의 거처로서도 이해되는 우주나무로의 이행이라는 동기는 바빌로니아의 주문 가운데 놀랄 만큼 잘 보존되어 있는데, 그것은 많은 동양학자에 의하여 다음과 같이 번역되고 있다.

> 에리두에는 성지에서 자란 검은 키스카누 나무가 자란다.
> 그 광휘는 번쩍이는 유리 같고, 가지는 압수를 향해 뻗어 있다.
> 그곳은 풍요한 에리두에서 에아가 소요하는 곳.
> 그곳은 바우를 위한 휴식처일세……. [원주12]

키스카누 나무는 우주나무로서의 모든 특성을 나타내고 있다. 즉 그 나무는 에리두에 있다. 즉 '세계의 중심'에, 성소에, 다시 말하면 실재의 중심에 있다(§140 이하). 이 나무는 그 반짝임 때문에 다른 무엇보다도(별이 반짝이는 밤) 그 우주적 상징인 유리(瑠璃, lapis lazuli)를 닮았다.[원주13] 이 나무는 세계를 둘러싸고 이를 떠받들고 있는 대양을 향해 뻗어 있다(이 나무의 가지 끝이 대양까지 뻗어 있다는 것, 즉 이 나무가 우주나무가 모두

[원주12] Dhorme's rendering.
[원주13] Eliade, *Cosmologia si alchimie babiloniana*, Bucharest, 1937, pp. 51 ff. 참조.

그러하듯이 '거꾸로 선 나무'라는 것을 이해할 필요가 있을까). 이 나무는 풍요신과 문명화된 과학(예술, 농경, 쓰는 기술 등)이 거주하는 곳이며 에아의 어머니인, 즉 풍요, 가축, 농경의 여신인 바우(Bau)의 휴식처이다.

키스카누는 바빌로니아 '성스러운 나무'의 원형의 하나로 볼 수 있는데, 그것이 고대 동방의 도상에서 자주 나타나고 있다는 것은 의미가 깊다. 도상학에서 그의 위치를 보면 결론적으로 다음과 같은 사실을 증명해준다. 즉 이 지역에서 보이는 '성스러운 나무'는 단순한 성스러운 나무 숭배 이상의 의미를 가진, 대단히 분명한 우주론적인 의미를 가졌다는 것이다. 나무와 관계된 거의 대부분의 상징은 그 우주론적 의미를 명료하고 완전하게 하는 문장(紋章) 형상이나 표장(標章)을 동반하고 있다. 예컨대 우리에게 남아 있는 가장 오래된 자료로서 고티에 탐험대가 무시안에서 발견한 깨진 꽃병 조각은 마름모꼴로 둘러싸인 양식화된 나무를 표상하고 있다.[원주14] 메소포타미아 도상에는 일반적으로 나무가 염소, 별, 새, 뱀 등으로 둘러싸여 있는 것이 상례이다. 이들의 표장은 각각 명료한 우주론적 의미를 가지고 있다. 나무 옆에 별이 나오는 것은 분명히 우주론적 가치를 표시하고 있다.[원주15] 수사(고대 엘람의 수도)에 있는 고대의 스케치는[원주16] 한 마리 뱀이 나무를 먹기 위해 수직으로 올라가는 것을 표현하고 있다(토스카누는 이 장면을 나무─뱀의 모티프로 분류하고, 유명한 성서 이야기의 바빌로니아적 원형으로 해석하고 있다).

이와 유사한 장면은 도상 가운데도 나타나는데, 염소에 둘러싸여 있는 나무 위에서 날아다니는 새가 그것이다.[원주17] 나무와 태양의 둥근 표면과 의례 가운데서 물고기로 변장한 인간,[원주18] 혹은 나무와 날개가 있는 정령

[원주14] Parrot, p.22. 마름모꼴의 신화적 의미는 이미 마들렌기의 예술에 존재한다. Hentze, *Mythes et symboles lunaires*, p.124 참조.
[원주15] Parrot, figs. 8~9. 예컨대 기원전 2000년의 엘람 자료를 복원하고 있다. 바빌로니아의 일련의 자료는 figs. 21 ff. 등 참조.
[원주16] Parrot, fig. 12.
[원주17] Parrot, figs. 35~36 등.

과 태양의 둥근 표면이 나타난 도상 등이 보인다.[원주19] 물론 우리는 메소포타미아의 풍부한 자료를 다 망라하여 취급한 것이 아니라, 그중에서 가장 의미 있고 자주 나타나는 몇몇의 그룹에 대해서만 언급하였다. 그러나 이상의 유형에서 나무가 항상 가지고 있는 우주론적 의미는 명백하다.[원주20] 나무에 속한 표장은 그 어떤 것도 자연숭배적인 의미로 해석되지 않는다. 그것은 다음과 같은 단순한 이유에서이다. 즉 메소포타미아인의 사고에서 자연 그 자체는 현대적인 사고나 경험에서의 자연과는 전혀 다른 것이다. 원시인들이 일반적으로 다 그렇게 생각했던 것처럼 메소포타미아인들 역시 어떤 존재나 행위가 그 유효성을 획득하는 것은 존재가 천상에 그 원형을 가지고 있고, 행위가 원초의 우주론적 행위를 반복하는 한에서만 의미 있다는 것을 상기할 필요가 있다.

99. 우주나무

가장 오래된 문헌에 의하면,[원주21] 인도의 전통은 우주를 거목의 형태로 표상하고 있다. 이 개념은 우파니샤드에서 꽤 명료하게 묘사되고 있다. 즉 세계는 거꾸로 선 나무인데, 그 뿌리는 하늘로 뻗어 있고, 가지는 대지 전체에 뻗어 있다(이러한 이미지는 태양광선이 내리쬐는 모양으로 이해하면 어렵지 않다. "가지는 낮은 곳으로 자라고 뿌리는 높은 곳에 있다. 그 빛이 우리에게 내려올 수 있도록!").[원주22] 『카타우파니샤드』에는 다음과 같이 기술되어 있다.

[원주18] Parrot, figs. 110, 111.
[원주19] Parrot, figs. 100, 104 등.
[원주20] A. J. Wensinck가 그 흥미 있는 논문 "Trees and birds as cosmological symbols in Western Asia"에서 열거하고 있는 자료 참조. Nell Parrot는 이것을 이용하고 있지 않다.
[원주21] AV. ii. 7. 3 ; x. 7. 38 등.
[원주22] RV. i. 24. 7.

뿌리가 하늘로 올라가고, 가지가 밑으로 자라는 영원한 무화과나무는 순수하고(śukram), 브라만이며, 이른바 불사라고 하는 것이다. 모든 세계는 그 위에 있다.[원주23]

무화과나무는 여기서 우주에서의 브라만의 현시를, 즉 하강운동으로서의 창조를 명료하게 표상하고 있다. 다른 우파니샤드의 본문에서도 하나의 나무로 표상된 우주의 개념에 대해 훨씬 분명하게 말하고 있다. 즉, "그 가지는 에테르, 공기, 불, 물, 대지이다"[원주24] 등과 같은 것이다. "이 자연적 요소는 아슈바타라는 이름의 브라만"[원주25]을 표현하고 있는 것이다.

『바가바드기타』에서의 우주나무는 우주를 상징하고 있을 뿐만 아니라 세계 안에서의 인간조건까지도 표현하고 있다.

파괴할 수 없는 나무가 있으니, 그 뿌리는 위로, 그 가지는 아래로, 그 잎은 베다의 찬가이다. 이 나무를 아는 자는 베다도 아는 자이다. 그 가지는 높고 깊게 뻗어 여러 성질(guṇas) 위에서 자란다. 이 나무의 싹은 감각의 대상이 된다. 그 뿌리는 밑에서부터 뻗어나 인간세계에서 행위와 결부된다. 그러나 이 세상에서는 그 나무의 모양, 끝, 시초, 팽창을 지각할 수 없다. 사람은 단념이라는 강력한 무기를 가지고 그 강한 뿌리를 가진 아슈바타를 잘라서 우리가 다시 되돌아갈 수 없는 장소를 찾아야만 한다……. [원주26]

우주 전체는 여기에 거주하고 있고 여기서 떠날 수 없는 인간의 경험과 마찬가지로 여기서는 우주나무로 상징되어 있다. 인간은 우주와 일치하거나 혹은 우주의 생명을 공유함으로써 브라만의 유일하고 광대한 표명 가운

[원주23] *Kaṭha-Upaniṣad*, vi. 1.
[원주24] *Maitri Up.*, vi. 7.
[원주25] 같은 곳.
[원주26] *Bhagavad-Gītā*, xv. 1~3.

데로 병합되었다. '나무를 뿌리째 자른다'는 것은 인간을 우주로부터 철수시켜 감각의 사물과 행위의 열매로부터 자신을 끊어버리는 것을 의미한다. 인간이 우주적 생명으로부터 이탈하여 자기에로의 침잠, 자신을 초월하여 자유롭게 되는 유일한 방법으로서의 내성(內省)이란 모티프와 동일한 것이 서사시 『마하바라타』 가운데에도 나타나고 있다.

이 나무는 불표명(Unmanifested)으로부터 기원하여[원주27] 유일한 토대인 나무로부터 일어나니, 그 나무줄기는 사유기능(bodhi, 覺)이고, 그 내부의 공동(空洞)은 감각으로의 통로이며, 우주의 기본 요소는 그 가지이며, 감각의 대상은 그 잎이고, 그 아름다운 꽃은 선과 악이고, 쾌락과 고통은 그 열매이다. 이 영원한 브라만 나무는 모든 존재를 위한 생명의 원천이다. ……만약 형이상학적 인식(jananena, 智)이라는 무기를 가지고 나무를 잘라 정신 가운데서 기쁨을 얻는다면 그들은 다시는 거기로 되돌아가지 않을 것이다.[원주28]

100. 거꾸로 선 나무

여기서는 위에서 인용한 텍스트에 철학적 주석을 달려는 것이 아니고, 우주와 거꾸로 선 나무의 동일성을 확증하려고 하였다. 이 신화적, 형이상학적 표의문자는 결코 그것만으로 고립되어 있지 않다. 마수디[원주29]가 말한 시바의 전통에 의하면, 인간이란 거꾸로 선 초목으로서 그 뿌리는 하늘을 향하고 있고, 그 가지는 지상을 향하고 있다고 플라톤은 주장하고 있다

[원주27] *AV*, x, 7, 21의 avyakta나 asat.
[원주28] *Aśvamedha Parva*, 47, 12~15. Coomaraswamy, "The Inverted Tree", *The Quarterly Journal of the Mythic Society*, Bangalore, 1938, vol. xxix, no. 2, p.20에서 재인용. Śaṅkara의 *Bhagavad-Gītā*, xv, 1의 주석서에서 사용하고 있는 번역에 의함.
[원주29] Masudi, *Morug-el-Dscheb*, 64, 6.

고 한다.[원주30] 이와 똑같은 전통이 헤브루의 비교적(秘敎的)인 가르침 가운데서도 나타나고 있다. "지금 생명나무는 위에서 아래로 뻗어 있다. 모든 것을 비추는 것은 태양이다."[원주31] 이와 똑같은 것이 이슬람 전통의 '행복의 나무'에서도 나타나는데, 이 나무의 뿌리는 하늘로 뻗어 있고, 가지는 대지 위에 펼쳐져 있다.[원주32] 단테는 천상계 전체를 뿌리가 하늘로 뻗어 있는 나무의 왕관으로 표상하였다.

> 그 다섯번째 천체에서
> 그 나무는 위에서부터 생기를 흡수하고
> 항상 열매가 익고, 잎은 시들지 않는다.[원주33]

여기서 '다섯번째 천체'는 목성을 말한다. 그리고 '위에서부터 생기를 흡수하는 나무'란 거꾸로 선 나무를 말한다. 단테의 영향을 받은 또 다른 플로렌스의 시인 페데리고 프레치는 다음과 같이 묘사하고 있다.

> 천국에서 가장 아름다운 식물, 생명을 유지하고 그것을 다시 새롭게 하는 행복한 식물.
> 이 식물의 뿌리는 하늘로 뻗었고, 그 가지는 대지를 향하여 성장하였다.[원주34]

[원주30] Holmberg-Harva, "Der Baum des Lebens," *AASF*, Helsinki, 1922~23, series B, vol. xvi, p. 54.

[원주31] *Zohar, Beha' Alotheka*, with reference to *Ps*, xix, 6; Coomaraswamy, p. 21에서 재인용.

[원주32] Wensinck, "Tree and Bird as Cosmological Symbols in Western Asia," *Verhandelingen der Koninklijke Akademie von Wettenschappen*, Amsterdam, 1921, vol. xxii, p. 33; Asin Palacio, *La Escatologia musulmana en la Divina Comedia*, 2nd ed., Madrid, 1942, p. 235 참조.

[원주33] *Paradiso*, xviii, 28 ff.

[원주34] Federigo Frezzi, *Il Quadriregio*, bk. iv, ch. ii. A. Graf, *Miti*,

홀름베르크-하르바는 똑같은 전통을 아이슬란드와 핀란드의 민속에서도 발견했다. 라프족은 매년 식물의 신에게 황소를 공물로 바쳤다. 이때 뿌리가 하늘로 뻗고 가지가 땅으로 펼쳐진 나무를 제단 근처에 놓았다.[원주35] 오스트레일리아의 위라주리족과 카밀라로이족의 마법사는 거꾸로 심은 주술적 나무를 가지고 있었는데, 그 뿌리에다 사람의 피를 바르고 그 나무를 태웠다.[원주36] 이 풍습과 관련하여 슈미트는 오스트레일리아의 다른 부족인 유인족에서 행해지고 있는 가입의례에 대해 언급하고 있다.[원주37] 즉 여기에서는 죽은 자의 역을 맡은 청년을 매장하고, 그 위에 작은 관목을 세운다. 가입의례의 지원자인 신입자가 그 청년 가까이 갔을 때, 청년은 그 작은 관목을 흔들고 일어나 무덤에서 나온다. 슈미트에 의하면, 작은 관목은 천상의 별들의 나무를 표상하고 있다.[원주38]

101. 이그드라실

새[원주39]나 말, 혹은 호랑이[원주40]를 동반하고 있는 우주나무가 고대 중국에서도 나타나는데 다른 지역과 마찬가지로 여기서도 우주나무는 생명의 나무와 혼동되고 있다. 이 혼동의 의미는 이 책 뒤에서 차츰 분명해지리라고 생각한다. 우주나무와 신화적 달의 동물의 결합은 생명나무에 재규어가 매어 있는 마야의 도상 자료에서 찾아볼 수 있다.[원주41] 북극과 태평양 연안

---

    leggende, e superstizioni del medio Evo, Turin, 1925, p. 157에서 재인용.

[원주35] 같은 곳; Kagarow, "Der Umgekehrte Schamanenbaum," *AFRW*, 1929, p. 183 참조.
[원주36] Schmidt, *Ursprung*, vol. iii, pp. 1030 ff.
[원주37] 같은 책, pp. 757 ff., 806.
[원주38] Hentze, *Mythes et Symboles*, p. 182 ff. 참조.
[원주39] 같은 책, pl. vi.
[원주40] 같은 책, pl. vii, viii, fig. 148.
[원주41] Codex Borbonicus, fig. 149(Hentze)에 이런 장면이 있다.

의 종족들 사이에서 우주나무(그 가지는 제3천 혹은 심지어 제7천까지 뻗어 있다)는 신화와 의례에서 중요한 역할을 한다. 우주나무는 신화적 선조와 관련하여 인간은 종종 나무로부터 태어난 자손이라고 여겼다.[원주42] 다음에서 우리는 우주론적 식물적 상징으로부터 자손이 유래하였다는 신화적인 신앙에 대하여 상론하려고 한다.

이그드라실은 특이한 우주나무라고 할 수 있다. 그 뿌리는 지옥과 거인의 왕국이 있는 지구의 중심에까지 뻗어 있다.[원주43] 그 근처에는 기적의 샘 미미르('명상', '추억')가 있는데, 여기에다 오딘이 눈 하나를 담보로 남겨두고 끊임없이 샘으로 되돌아가는 것은 자기의 지혜를 풍부하게 하고 연마하기 위해서라고 한다.[원주44] 우르드(Urd)의 샘이 있는 곳도 또한 이그드라실 근처였다. 신들은 매일같이 이곳에 모여 협의하고 정의를 베푼다. 운명의 여신 노르누는 이 샘물을 거목에 주어 나무에 젊음과 활력을 되살려준다. 염소, 독수리, 사슴, 다람쥐가 이그드라실의 가지 속에 거주한다. 그런데 살무사 니도그르는 뿌리에 달라붙어 끊임없이 그것을 파괴하려고 한다. 매일 독수리는 살무사와 전쟁을 한다(다른 문명에서도 잘 나오는 우주론적인 모티프).[원주45] 뵐루스파(Völuspa)가 예언한 재앙으로 세계는 근본부터 흔들린다. 이 재앙은 세계에 종지부를 찍고 새로운 낙원의 시대를 개시하는 것이다. 이그드라실은 심하게 흔들리기는 하지만 부러지지는 않는다.[원주46] 여자 예언자가 예고한 이 묵시록적인 재앙은 우주의 완전한 해체를 가져오는 결과를 낳지는 않을 것이다.

이 이그드라실 신화를 칼 크론(Kaarle Khohn)은 구약성서의 생명의 나무로 설명하려 하였고, 소푸스 부게(Sopus Bugge)는 예수 그리스도의 십자가 전설로 설명하려 하였다. 그러나 그 어떤 것도 만족스러운 가정이 되

[원주42] Eliade, *Chamanisme*, Paris, 1951, pp. 244 ff.
[원주43] *Völuspa*, 19; *Grimnismal*, 31.
[원주44] *Völuspa*, 28, 39.
[원주45] Eliade, *Mitul Reintegrarii*, Bucharest, 1942, pp. 41 ff., 52.
[원주46] *Völuspa*, 45.

지 못하였다. 오딘은 이그드라실 나무에 밧줄로 그의 말을 매었다고 한다. 이러한 모티프는 스칸디나비아 신화에서 중심적인 모티프였는데, 이것을 후세의 것이라고 생각하는 것은 곤란하다. 홀름베르크-하르바는 이그드라실에 독수리가 현존한다는 것을 들어(성경의 전통에서는 이 세부적인 내용은 빠져 있다) 이 우주론적 상징이 북아시아의 유형에 더욱 가깝다고 지적하고 있다.[원주47] 이 말은 매우 타당하다고 생각한다. 독수리와 뱀의 투쟁은 가루다(Garuḍa)와 파충류의 투쟁과 같이 인도의 신화와 도상에서 잘 알려져 있는 모티프인데, 그것은 빛과 어둠의 투쟁, 태양과 지하라는 두 원칙의 대립의 우주론적 상징을 나타내고 있다. 이그드라실의 개념 가운데 유대-그리스도교적 요소가 들어왔는지는 판단하기 쉽지 않다. 왜냐하면 홀름베르크-하르바가 이 스칸디나비아 신화의 우주나무와 북아시아의 형태 사이에서 유사성을 발견하긴 했지만 그것으로 전자가 후자에서 나왔다고 단정할 수는 없기 때문이다. 어쨌거나 알프레트 데테링이 풍부한 자료를 구사하여 쓴 『원시시대 이래의 오크나무의 의의』[원주48]에서 입증하고 있는 것에 의하면, 인도유럽 어족이 우주나무와 생명나무를 오크나무로 구상화한 것은 선사시대에까지 거슬러 올라가며, 이 신화는 원(原)게르만민족이 북유럽에서 발전시켰다고 말하고 있다. 우주나무를 생명나무와 융합한 것은 튜턴족 사이에서도 보인다. 신화적인 성스러운 나무와 어떤 특정의 식물종을 동일시한 것은 우리가 이미 관찰한 현상이다(인도인의 무화과나무, 메소포타미아인의 대추야자 등). 이그드라실의 경우 선사시대의 묘비에 오크나무가 새겨져 있다는 것, 오크나무에서 성스러운 나무를 나타내는 모티프가 일관되게 존재한다는 것, 종교예술이나 장식에서 오크나무의 잎이 사용되었다는 것, 이 모든 것은 이 개념이 토착적인 것이었음을 아주 풍부하게 보여주고 있다.

[원주47] Holmberg-Harva, "Der Baum des Lebens," p. 67.
[원주48] Alfred Detering, *Die Bedeutung der Eiche seit der Vorzeit*, Leipzig, 1939.

102. 식물의 에피파니

나무에 신이 현현한다는 것은 모든 근동 미술에서 잘 나오는 모티프이다. 이것은 인도, 메소포타미아, 이집트, 에게 해를 잇는 전 지역에서 발견되는데,[원주49] 대부분의 경우 풍요신의 에피파니가 표상된 장면이다. 우주는 신의 창조력의 표상으로서 우리에게 계시되고 있다. 예컨대 모헨조다로 (기원전 3000년)에서는 성스러운 무화과나무(ficus religiosa)에 신이 현현하는 것을 볼 수 있다.[원주50] 이 나무는 메소포타미아의 성스러운 나무를 암시하는 형태로 도안되어 있다. 베다 성전에서도 식물의 테오파니의 흔적을 발견할 수 있다. 우주의 상징 아슈바타에 계시된 브라만(§99) 외에도 베다 문헌 가운데서 '대중의 종교경험'을 나타내고 있는, 다시 말하면 원시의 구체적인 공식 규정집을 보존하고 있는 본문 가운데서 식물에 신이 표명되어 있는 표현들을 볼 수 있다. "약초여, 어머니이신 그대여, 나는 그대를 여신으로 환영한다"고 『야주르 베다』는 진술하고 있다.[원주51] 『리그 베다』의 초목에 바치는 찬가를 보면, 특히 그 치료와 재생의 힘에 대하여 기술하고 있다('생명의 풀'과 불사의 가장 짧은 표현).[원주52] 『아타르바 베다』는 어떤 초목을 "대지의 여신으로 태어난 신"이라고 부르며 찬미하고 있다.[원주53] 식물의 차원에서 이와 똑같은 테오파니는 '식물의 주인', 즉 바나스파티(Vanaspati)를 설명하고 있다. 이것에 대한 예배는 『리그 베다』에 기록되어 있다.[원주54] 이 식물은 그 힘의 원천인 우주적 원형 때문에 출산을 용이하게 하고, 생식력을 증가시키고, 풍요와 부를 보증해준다. 가끔 초목

[원주49] Pestalozza, *Pagine di religione mediterranea*, Milan, 1945, vol. ii, p. 260 참조.
[원주50] Marshall, *Mohenjo-Daro and the Indus Civilization*, London, 1931, vol. i, pl. xii, fig. 18.
[원주51] *Yajur Veda*, iv, 2, 6.
[원주52] *RV*, x, 97.
[원주53] *AV*, iv, 136, 1.
[원주54] *RV*, vii, 34, 23; x, 64, 8.

에게 동물을 제물로 바치라고 명하는 까닭이 여기에 있다.[원주55] 우주의 생식 에너지의 유형은 『샤타파타 브라마나』에서는 천둥—비—초목이라는 형태로 표현되어 있다.[원주56] 여기서 성은 식물의 재생이라는 본질적 행위 가운데서 표명된다.

나무에서의 테오파니의 전형적인 예는 유명한 아수르(Assur, 아시리아의 최고신—옮긴이)의 부조(浮彫)[원주57]를 들 수 있다. 이것은 상반신이 나무에서 나온 신을 묘사하고 있다. 이 신의 옆에는 풍요의 상징인 끝없이 물이 솟아나는 병이 있는데, 여기서 '물이 쏟아져내리고' 있다. 신을 나타내는 한 마리 염소가 나뭇잎을 먹고 있다. 이집트의 도상에서는 생명나무의 모티프가 표현되어 있는데, 생명나무에서 뻗어나온 신적인 팔이 선물을 싣고 오고, 병에서는 생명수가 쏟아져나온다.[원주58] 이상의 몇 개의 예에서 표현되고 있는 테오파니와 '생명나무'의 모티프 사이에는 분명히 혼효현상(混淆現象)이 보인다. 그래서 그것이 어떻게 되었는지를 이해하는 것은 어렵지 않다. 즉 우주 속에서 나무의 형태로 신성을 계시하는 것은 바로 이 나무가 '불사의 생명'과 재생의 원천이며, 동시에 인간이 돌아가야 할 원천으로 표현되고 있다. 왜냐하면 신은 인간이 자기 자신의 불사에 대하여 품고 있는 희망에 근거를 부여해주고 있기 때문이다. 나무, 우주, 신이라는 유형 사이의 관계에는 대칭, 연합, 융합이 있다. 식물의 신으로 불리는 신들은 자주 나무의 형태로 표상된다. 즉 아티스와 전나무, 오시리스와 삼나무 등이 그렇다. 그리스의 아르테미스는 가끔 나무에 현존하는 것으로 되어 있다. 그러므로 라코니아의 보이아이에서는 도금양(桃金孃)이 아르테미스 소테이라(구원하는 주 아르테미스)라는 이름으로 숭배되고 있다. 아르카디아의 오

[원주55] 예컨대 *Taittirīya Saṃhitā*, ii, 1, 5, 3 참조.
[원주56] *Śatapatha Brāhmaṇa*, ix, 3, 3, 15
[원주57] 베를린 박물관 소장. Parrot, fig. 69.
[원주58] Bergema, *De Boom des Levens in Schrift en Historie*, Hilversum, 1938, figs. 91~93; Marconi, *Riflessi mediterranei nella più antica religione laziale*, Milan, 1939, figs. 41~42.

르코메나 옆에는 삼목나무로 된 아르테미스 케드레아티스(삼의 여신 아르테미스) 신상(神像)이 보인다.[원주59] 아르테미스상은 이따금 나뭇가지로 장식되었다. 디오니소스가 초목에 현현한다는 것은 잘 알려져 있는데, 그것은 때때로 디오니소스 덴드리티스(나무의 디오니소스)라고 불린다.[원주60] 이와 똑같이 도도나에 있는 제우스의 성스러운 신화의 오크나무, 델포이에 있는 아폴론의 월계수, 올림피아에 있는 헤라클레스의 야생의 올리브나무 등을 들 수 있다. 이것은 단지 몇 개의 예를 든 것에 불과한데, 그리스에서 나무숭배의 존재를 증명하는 것은 다음 두 가지 경우밖에 없다. 하나는 키타이론의 나무로서 펜테우스가 마이나데스를 염탐하러 올라갔다고 생각되는 곳이며, 신화에서는 이 나무를 하나의 신으로 경배해야 한다고 신탁을 내렸다.[원주61] 다른 하나는 스파르타에 있는 헬레네의 플라타너스이다.

초목 테오파니에서 극히 명료한 예는 인도(전아리아인)의 여신 두르가(Durgā) 숭배에서 관찰할 수 있다. 우리가 인용하는 문헌은 후대의 것이지만 그 민중적인 성격은 분명히 먼 과거로까지 거슬러 올라감을 알 수 있다. 『데비마하트미야』에서 여신은 다음과 같이 선언한다.

오오 신들이여, 나는 세계 전체를 이 식물로 기를 것이다(글자 그대로 떠받들다). 이 식물은 생명을 유지하고, 우기에는 나의 몸에서 성장할 것이다. 우리는 지상에서 사캄하리(Sakamhari, '풀을 결실하는 자' 또는 '풀을 기르는 자')와 같이 대지 위에 영광이 있게 할 것이다. 그리고 그 우기에도 우리는 두르가마(Durgama, 가뭄의 화신)라고 불리는 대아수라(大阿修羅)를 파멸시킬 것이다.[원주62]

나바파트리카(아홉 개의 잎)의 의례에서 두르가는 "아홉 개의 잎에 거주

[원주59] Pausanias, iii, 22, 12.
[원주60] Harrison, *Prolegomena*, pp. 425 ff.
[원주61] Pausanias, ii, 2, 7.
[원주62] *Devī-Mahātmya*, xcii, vv. 43~44.

하는 여자"라고 불린다.[원주63] 이런 것을 설명하는 많은 예들은 인도에서 얻을 수 있다.[원주64] 이 점에 대하여는 나무의 종교적 의미에 관한 다른 양상을 논의할 때 다시 살펴보게 될 것이다.

103. 식물과 대여신

가장 일반적이고 지속적인 유형 중의 하나는 대여신—식물—문장적(紋章的) 동물—사제라는 것이다. 지면의 제약상 우리는 상당히 많은 예들 중에서 손에 잡히는 약간의 예만을 검토하는 것으로 끝날 수밖에 없다. 식물의 상징 옆에 여신이 있는 것은 고대의 도상과 신화에서 나무가 지니고 있는 의미, 즉 우주의 풍요의 무진장한 원천이란 의미를 확증해준다. 인더스 강 유역의 하라파나 모헨조다로의 발굴에 의하여 아주 명백하게 밝혀진 전(前)아리아 문명에서 대여신과 식물의 동질·동체성은 성스러운 무화과나무[원주65]와 그 옆의 벌거벗은 여신 약시니(Yakṣinī)의 결합이나 여신의 생식기로부터 나오고 있는 초목[원주66]에 의하여 표현되고 있다. 성스러운 무화과나무의 화상이 많은 만큼[원주67] 벌거벗은 대여신을 표상하는 상도 많다.[원주68] 그것은 이집트를 포함하여 아시아, 아프리카 도처에 있는 청동기 문명에서 일반적인 도상의 모티프이다. 성스러운 나무는 울타리 안에 있으며, 가끔 벌거벗은 여신은 그 울 한가운데서 자라고 있는 성스러운 무화과나무 두 가지 사이에 서 있다. 이 도상의 공간은 성소와 '중앙'을 나타낸다는 것을 명확히 보여주고 있다(§142 이하).

[원주63] Eliade, *Le Yoga*, p. 376 참조.
[원주64] Meyer, *Trilogie altindische Mächte und Feste der Vegetation*, vol. iii, *passim* 참조.
[원주65] 예를 들면 Marshall, vol. i, fig. 63~67.
[원주66] Marshall, vol. i, p. 52.
[원주67] 예컨대 Marshall, pl. xii, figs. 16, 20, 21, 25, 26.
[원주68] Marshall, pl. i, figs. 48, 50.

아프리카 전 지역[원주69]과 인도[원주70]에서는 수액이 가득 찬 나무는 신성한 모성을 상징한다. 그래서 여인들로부터 숭배를 받는다. 그뿐 아니라 재생을 원하는 죽은 자의 영(靈)에 의하여 찾아지는 것이기도 하다. 여신─나무라는 모티프는 문장적 동물이 그 옆에 있음으로 해서 완전한 것이 되든 안 되든 간에 인도 도상에서 보존되어왔다. 이 모티프는 물에 의한 우주창조라는 관념과 섞이지는 못하였지만 민중예술에까지 전파되어, 오늘날까지도 우리는 그것을 발견할 수 있다. 어쨌든 물과 초목의 두 상징을 연결하는 유대는 발견하기가 쉽다. 물은 씨, 모든 씨의 운반수단이고 뿌리줄기, 작은 관목, 백련화 같은 식물은 우주의 **표상, 형태의 출현**을 표현한다. 인도에서 우주상은 연꽃으로부터 발생하는 것으로 표상되었는데, 이는 주목할 만한 가치가 있다. 꽃을 달고 있는 뿌리줄기는 '창조'의 현실화로 '물위에 확고하게 서 있는 것'을 의미한다. 꽃과 물의 모티프가 식물과 여성의 모티프와 공존한다는 것은 무한의 창조라는 중심 개념으로 설명된다. 이 무한한 창조는 대여신과 동일시되는 우주나무로 상징되어 있다.

이 개념은 베다와 푸라나의 창조신앙(여기서 신은 우주와 동시에 물위에 부유하고 있는 연꽃으로부터 나타날 때에 자기를 **표명한다**)과 초자연적 식물인 소마(soma)라는 인도이란어 개념에 확고하게 뿌리를 박고 있다. 특히 후자에 대하여 말한다면, 이 소마는 『리그 베다』에서 샘 혹은 개울의 형태로 묘사되고 있지만,[원주71] 낙원의 **초목**으로도 묘사되고 있으며, 특히 후대의 베다 문헌이나 베다 이후의 문헌에서 이 식물은 병(물의 상징, §61 참조)에다 놓는 것으로 되어 있다. 이와 같이 소마가 많은 형태를 가지는 것은 소마가 내포하고 있는 모든 것을 고려해보면 그 이유를 알 수 있다. 즉 소마는 생명, 풍요, 재생을 보증하는데, 다시 말하면 그것은 물의 상징을 함의하고 있고, 초목의 상징이 현실적으로 언급하고 있는 것과 바로 똑같은 것을 나타

[원주69] Frazer, *The Magic Art*, vol. ii, pp. 316 ff.
[원주70] Meyer, vol. iii, p. 195.
[원주71] Hillebrandt, *Vedische Mythologie*, Breslau, 1927, vol. i, pp. 319 ff. 참조.

내고 있다. 서사시 『마하바라타』에서 소마가 도둑질당하는 것으로 묘사되고 있는데, 이는 소마가 지닌 물과 식물이라는 이중성을 강조하고 있는 것을 말한다. 소마는 신주(神酒)로서 증정되고 있다. 그러나 가루다는 그것이 풀과 같이 '뽑혀진다'(samutpatya)고 말하고 있다.[원주72] 우파니샤드의 상징에서도 물―나무의 결합이라는 이와 똑같은 상징을 보여주고 있다. 즉 '나이를 먹지 않는 강'(vijara-nadī, 재생하는 샘)이 모든 것을 떠받들고 있는 나무 곁에서 발견된다.[원주73] 이 두 신비스런 샘은 천공에 근원을 두고 있다. 즉 흰 홈(hom), 소마, 핀족의 신성한 꿀 등과 같은 재생과 불사를 가져다주는 음료의 구체적인 내용이 아니라면 최소한 그 원형은 하늘에 있는 것이다.

물과 나무의 결합은 유대교나 그리스도교의 전통에서도 볼 수 있다. 에스겔서는 신전 밑에서부터 솟아나는 기적의 물에 대해서 기술하고 있다.[원주74] 에스겔서는 과일나무가 그 물가를 따라 열매를 맺고 있는 나무들을 기록하고 있다(물의 근원이 성전 밑에 있다는 물의 상징적, 형이상학적 의미는 나무의 가치와 같이 조금도 의심의 여지가 없을 정도로 명백하다. 왜냐하면 성전은 '세계의 중심'에 있기 때문이다. §142 참조). 요한계시록은 물―나무라는 우주론적, 구원론적 표현을 다시 다루어 그것을 더욱 명확히 하고 있다.

> 그 천사는 또 수정과도 같이 빛나는 생명수의 강을 내게 보여주었습니다. 그 강은 하느님과 어린양의 옥좌로부터 나와서 그 도성의 넓은 거리 한가운데를 흘렀습니다. 강 양쪽에는 열두 종류의 열매를 맺는 생명나무가 있어서 매달 열매를 맺었고, 그 나뭇잎은 여러 백성을 치료하는 약이 됩니다.[원주75]

[원주72] *Mahābhārata* I, xxxiii, 10.
[원주73] *Kauśitaki Up.*, i, 3.
[원주74] 에스겔서 47.
[원주75] 요한계시록 22 : 1~2.

성서적 원형은 말할 것도 없이 에덴 동산에 있다.

여호와 하느님이 그 땅에서 보기에 아름답고 먹기에 좋은 나무가 나게 하시니 동산 가운데에는 생명나무와 선악을 알게 하는 나무도 있더라. 강이 에덴에서 발원하여 동산을 적시고 거기서부터 갈라져 네 근원이 되었으니.[원주76]

무엇보다도 성소인 성전은 천상의 원형, 즉 낙원의 동산인 것이다.

104. 도상적 상징

물과 초목의 상징의 결합은 인도의 장식예술의 기초가 되고 있는 우주창조 신화에서 극히 일관성 있게 설명되고 있다. 쿠마라스와미는 이에 대하여 다음과 같은 정식을 부여하고 있다.[원주77] 즉 잎이나 꽃을 많이 달고 있는 연꽃의 뿌리줄기는 꽃과 동물(latā-kāma, māla-kāma)을 받쳐주거나 둘러싸고 있다. 그것은 야차의 입이나 배꼽에서, 혹은 물이 가득 찬 병(pūrṇa-ghata), 마카라(makara, 해수海獸)나 물고기의 꼬리를 지닌 코끼리의 열린 입과 같은 특별한 물의 상징으로부터 나온다. '물이 가득 찬 병'은 다른 곳에서도 보이는 상징인데, 이것은 '생명의 식물'이나 어떤 풍요의 표장과 항상 관계를 가지게 된다. 그리하여 구데아 왕 시대 이후에는 아카드-수메르의 도상목록에서 '성스러운 나무'는 자취를 감추고, 그 대신 병에서 뻗어나오는 '생명의 식물'이 등장한다.[원주78] 이 '물이 가득 찬 병'을 가지고 있는 것은 신이나 반신이었지 인간이 아니었다. 때로는 '병'을 치워두면 물은 신의 몸으로부터 직접 흘러나왔다.[원주79] 생과 재생이 직접 신의 본

[원주76] 창세기 2 : 9~10.
[원주77] Coomaraswamy, *Yakṣas*, vol. ii, pp. 2~3.
[원주78] Parrot, p. 59.
[원주79] Van Buren, *The Flowing Vase and the God with Streams*, Berlin,

체로부터 혹은 더 정확히는 분명히 표명된 신의 계시, 테오파니로부터 나온다는 신앙을 이 이상 더 명료하게 표현할 수는 없을 것이다.

물의 표장으로부터 뿌리줄기가 나타난다고 하는 장식 모티프에 대하여, 신화에서 이에 대응하는 것은 푸라나 성전에서 범천(梵天, Brahma)의 탄생이란 개념이다. 신은 아브자자('연꽃에서 태어난 것')라고 불리며, 비슈누의 배꼽으로부터 나왔다.[원주80] 쿠마라스와미는 이 개념이 베다에서 나오고 베다에 의하여 근거지어짐을 입증하였다.[원주81] '물로부터(또는 물의 표장으로부터) 나오는 백련(또는 뿌리줄기)'이라는 상징이 표현하는 것은 우주의 과정 그 자체이다. 여기서 물은 표명되지 않은 것, 씨, 잠재적 형질을 표현하고 있다. 꽃의 상징은 여기서 우주의 표명, 창조를 표현하고 있다. 비와 풍요의 신으로서의 바루나는[원주82] 원래는 생명나무의 뿌리, 모든 창조의 근원이었다.[원주83]

105. 대여신과 생명의 나무

대여신과 생명나무의 결합은 이집트에서도 나타나고 있다. 어떤 부조를 보면 하토르 여신이 천상의 나무에서(아마 불사의 나무일 것이다) 죽은 자의 혼에게 음식과 물을 주는 것을 묘사하고 있다. 즉, 죽은 자의 혼에게 생명의 연속과 생존을 보증해주는 것이다.[원주84] 이 상은 선물이 가득 찬 여신의 팔 혹은 나무에서 머리와 어깨를 드러내어 죽은 자의 혼에게 뭔가 마실 것을 주는 일련의 도상과 관계를 갖는 것으로 봐야 한다. 이와 똑같은 도상

1933, figs. 6, 13 등 참조.
[원주80] *Agni Purāṇa*, ch. xlix.
[원주81] Coomaraswamy, vol. ii, p. 25.
[원주82] Meyer, vol. iii, p. 207 참조.
[원주83] *RV*, i, 24, 7: Coomaraswamy, vol. ii, 29 참조.
[원주84] Wallis Budge, *From Fetish to God in Ancient Egypt*, Oxford, 1934, p. 58의 도상 참조.

은 천공을 상징하는 거목의 낮은 가지 위에 앉아 있는 운명의 여신의 도상일 것이다. 그 작은 나뭇가지에는 파라오의 이름과 그 운명이 기록되어 있다.[원주85] 이와 똑같은 모티프는 알타이족(야쿠트족)의 민간신앙에서도 보인다. 즉 일곱 가지를 가진 생명나무 뿌리에 '나이의 여신'이 있다.[원주86]

이와 동일한 결합이 메소포타미아의 신화와 의례에서도 보인다. 길가메시는 정원에 있는 기적의 나무와 마주쳤는데, 그 옆에 '포도주를 가진 여인'(사비투 Sabitu라 묘사되는)이라고 불리는 시두리 신(즉 '소녀')이 있었다.[원주87] 오트란에 의하면, 이것은 길가메시가 포도나무 곁에서 여신을 만난 것을 의미한다고 설명했다. 근동에서는 포도를 '생명의 풀'과 동일시하였으며, 수메르어에서는 포도나무 잎이 원래 생명을 의미했다.[원주88] 이 경탄할 만한 초목은 대여신에게 봉헌되었다. 지모신은 처음에 '어머니인 포도나무'나 혹은 '여신인 포도나무'라고 불렀다.[원주89] 알브라이트가 입증하는 바에 의하면, 길가메시 전설의 고대의 교정본에서 시두리는 중요한 위치를 점한다고 한다.[원주90] 즉 길가메시는 시두리를 향하여 직접 불사를 요구한다. 옌센(Jensen)은 시두리를 『오디세이』 가운데서 님프, 칼립소와 동일시하고 있다.[원주91] 시두리는 칼립소와 같이 처녀의 모습을 하고, 베일을 쓰고, 포도송이를 가지고 네 개의 샘이 솟아나는 곳에 살고 있다.[원주92] 시두리의 섬은 '바다의 중심'에 있고,[원주93] 님프는 율리시스를 유혹할 때 쓴 천상의 불로초 암브로시아를 가지고 영웅들에게 불사를 선사했다.[원주94]

[원주85] F. Max Müller, *Egyptian Mythology*, Boston, 1918, p. 53.
[원주86] Holmberg-Harva, "Baum des Lebens," p. 97.
[원주87] Autran, *Préhistoire du Christianisme*, vol. i, p. 143.
[원주88] 같은 책, p. 142.
[원주89] Langdom, *Tammuz and Ishtar*, Oxford, 1914, p. 43.
[원주90] Albright, "The Babylonian Sage Ut-Napistim nuqu," *JAOS*, 1918, vol. xxxviii.
[원주91] *Odyssey*, v. 68 ff.
[원주92] 같은 책, v. 70.
[원주93] *Omphalos thalasses*; *Odyssey*, i, 50.
[원주94] *Odyssey*, v. 135 ff.

칼립소는 무수히 많은 대여신의 테오파니의 하나로서, 대여신은 배꼽, 생명의 나무, 네 개의 샘 근처인 세계의 중심에서 모습을 나타내고 있다. 그리고 포도는 불사의 식물적 표현이었다. 그것은 포도주가 고대의 전통에서 청춘과 영원한 생명의 상징이었던 것과 같다(생명수, 게일어의 uschabheagh는 글자 그대로 '생명의 물'을 의미하고, 페르시아어의 maie-i-shebab는 '젊음의 음료', 수메르어의 gestin은 '생명의 나무' 등을 상징한다).[원주95] 미슈나(2세기 말엽에 집성된 유대교 구전율법집 — 옮긴이)에서는 선악과나무가 포도나무였다고 단정하고 있다.[원주96] 에녹서[원주97]는 길가메시 서사시가 그러한 것처럼 이 선악과나무인 포도나무의 위치를 일곱 개의 산 사이에다 놓았다.[원주98] 뱀의 여신 한나트(Hannat)는 시두리나 칼립소에게 허용된 것과 같이 이 나무 열매를 맛볼 수가 있었다. 훨씬 후대에까지 포도와 포도주는 지혜를 상징하였다.[원주99] 그러나 포도나무 — 우주나무 — 선악과나무 — 속죄의 나무라는 원시적인 개념은 만데이즘(Mandeism)에 극히 일관성 있게 보존되어왔다. 즉 그노시스파에서 포도주(gufna)는 빛, 지혜, 순결의 구현체였다. 포도주(qadmaia)의 원형은 보다 더 높은 곳인 천상계에 있다. 원형으로서의 포도는 그 내부는 물로 되어 있고, 그 잎은 '빛의 영'으로 형성되었고, 그 마디는 빛의 입자이다. 그곳으로부터 인간의 갈증을 풀어주는 성수(聖水)의 흐름이 생겨났다. 빛과 지혜의 신, 속죄자(Manda d'haiie)도 또한 생명의 포도와 동일시되었고, 포도나무는 우주나무로 간주되었다. 왜냐하면 이 포도나무는 천공을 덮고, 포도알은 별이기 때문이다.[원주100]

나체의 여인과 포도나무라는 모티프는 그리스도교의 경외성서(經外聖書)

[원주95] Albright, "The Goddess of Life and Wisdom," *JASS*, 1920, vol. xxxvi, p. 276 참조.
[원주96] Sanhedrin, 70, a.
[원주97] 에녹서 24 : 2.
[원주98] Albright, p. 283.
[원주99] 잠언 8 : 19 참조.
[원주100] Albright, p. 266.

에도 전해지고 있다. 예컨대 『문답서』(*Questions and Answers*)[원주101]는 후대의 편찬물로 17세기 이전에 슬라브어에서 루마니아어로 번역된 것인데, 여기에서 빌라도는 자기의 아내를 포도밭에서 발견한다는 말이 기록되어 있다. 그 옆에는 그리스도의 피 묻은 옷에서 나와서 기적적으로 열매를 맺는 포도나무가 있다(이 전설에는 신의 희생 또는 영웅의 갑작스런 죽음 뒤에 초목이 창조된다는 모티프가 섞여 있다).[원주102]

그리스와 에게 해 지역에서는 여신 — 나무 — 산 — 문장적 동물이라는 유형이 똑같이 자주 나타나고 있다. 종교적 장면을 나타내고 있는 미케네의 큰 반지를 들어보도록 하자.[원주103] 여기는 벌거벗은 여신이 손을 가슴에 대고 생명나무 아래에 앉아 있으며, 그 옆에는 머리가 둘 달린 돌도끼, 태양, 달, 물(네 개의 샘)과 같은 일련의 우주론적 표현이 나타나고 있다. 이 장면은 홀름베르크-하르바가 복원한 셈족의 부조와 아주 가깝다.[원주104] 그 장면에는 성스러운 나무 옆에 있는 옥좌에 신의 아이를 팔에 안고 있는 여신을 나타내고 있다. 미라(리키아)에서 출토된 화폐는 나무의 한가운데에 여신이 현현하는 장면을 보여주고 있다.[원주105] 에게 해의 도상목록 가운데에도 또 하나 모클로스의 금반지에 주목할 필요가 있다. 여기에는 제단과 나무가 있는 배에 여신이 타고 있는 것으로,[원주106] 그 성스러운 나무 앞에서 춤추고 있는 유명한 장면이 묘사되어 있다.[원주107]

이상과 같이 신화와 도상 속에서 볼 수 있는 이러한 결합은 모두 우연의

[원주101] *Intrebari si Raspunsuri*, cxxvii.
[원주102] Eliade, "La Mandragore et les mythes de la naissance miraculeuse'," *CZ*, 1942, vol. iii, p. 25 참조.
[원주103] Nilsson, *Geschichte*, vol. i, pl. 17, 1 참조.
[원주104] Fig. 30.
[원주105] Cook, *Zeus*, Cambridge, 1925, vol. ii, p. 681, fig. 620.
[원주106] Nilsson, pl. 13, 6.
[원주107] Nilsson, pl. 13, 5 ; Persson, *The Religion of Greece in Prehistoric Times*, Berkeley and Los Angeles, 1942, pp. 36 ff.와 fig. 3 참조.

산물이 아니라 종교적, 형이상학적인 의미가 내포되어 있다. 그렇다면 이러한 여신과 나무, 여신과 포도나무의 결합, 그리고 여기에 부수되는 우주론적 표장과 문장적 동물이란 도대체 무엇을 의미하는 것일까? 그것이 의미하는 바는 이곳이 세계의 중심이며, 이곳이야말로 생명과 젊음과 불사의 근원이라는 것이다. 나무는 끊임없이 재생하고 있는 우주를 나타내고 있다. 그러나 우주의 중심에는 반드시 나무가 있는데, 그것은 영원한 생명의 나무이며 선악과나무이다. 대여신은 창조의 무한한 원천, 모든 실재의 궁극적인 근거를 인격화한 것을 말한다. 즉 이 대여신은 중심에 위치한 성성, 생명, 불사의 원초의 직관을 신화적으로 표현한 것에 지나지 않는다.

106. 선악과나무

천국의 '중앙'에는 생명나무와 선악과나무가 서 있는데,[원주108] 하느님은 아담에게 선악과나무의 열매를 따먹는 것을 금하였다. "네가 그것을 먹는 날에는 정녕 죽으리라".[원주109] 그러나 신은 생명나무에 대해서는 아무런 언급도 하지 않았다. 생명나무는 선악과나무와 단순히 같은 것일까? 어떤 학자가 생각했던 바와 같이[원주110] 더욱이 생명나무는 '숨겨져' 있어서 아담이 선악의 지식을, 즉 지혜를 자기의 것으로 하는 순간에야 비로소 이해할 수 있고 거기에 접근할 수 있었던 것일까? 나는 이 가설을 취하고 싶다. 생명의 나무는 불사를 부여할 수 있지만 그것을 획득하는 것은 쉽지 않다. 그것은 '숨겨져' 있다. 예컨대 길가메시가 바다 밑으로 찾으러 간 불로초와 같이, 혹은 헤스페리데스의 정원에 있는 황금사과와 같이 이 생명의 나무는 괴물들이 지키고 있다. 이 생명의 나무와 선악과나무라는 두 개의 나무가 공존하고 있는 것은 처음에 느껴지듯이 그렇게 역설적인 것은 아니다. 우

[원주108] 창세기 2:9.
[원주109] 창세기 2:17.
[원주110] Paul Humbert, *Etudes sur le récit du paradis et a chute dans la Genèse*, Neuchatel, 1940, pp. 22 ff. 참조.

리는 이 두 나무의 공존을 다른 고대의 전통에서도 볼 수 있다. 바빌로니아인은 천공의 동쪽 입구에다 두 개의 나무, 즉 진리의 나무와 생명의 나무를 세워두었다. 라스 샴라에서 발견된 문헌 중 하나에는 알레이온은 르트픈에게 지혜와 영원을 함께 주었다고 기록하고 있다.[원주111]

뱀은 아담과 이브에게 선악과를 먹는 것이 죽음을 가져오지 않고 신성을 가져다준다고 하면서 그 나무 열매를 먹으라고 유혹하였다.

> 아니, 너희는 결코 죽지 아니하리라. 너희가 그것을 먹는 날에는 너희 눈이 밝아 하느님과 같이 되어 선악을 구별할 줄을 하느님이 아심이니라.[원주112]

뱀은 인간이 단순히 선악을 앎으로써 신과 같이 된다고 하였는가, 아니면 전능해지기 때문에 생명의 나무가 어디에 있는지를 '알고' 불사를 얻을 수 있으리라고 말하는 것인가? 성경에서는 이 점에 대하여 분명히 밝히고 있다.

> 야훼 하느님께서는 이제 이 사람이 우리들처럼 선과 악을 알게 되었으니, 손을 내밀어 생명나무 열매까지 따먹고 영원히 살게 되어서는 안 되겠다고 생각하시고 에덴 동산에서 내쫓으시었다.[원주113]

이 창세기 이야기를 단순히 신화의 일반적 원칙으로 구성된 다른 많은 신화들의 일종으로 본 사람은 하나의 의문이 생길 것이다. 인간은 제2의 나무, 즉 불사의 나무 열매를 먹음으로써 비로소 신성을 획득할 수 있는데, 뱀은 왜 아담에게 지혜만을 줄 수 있는 선악과를 따먹으라고 유혹했는가?

[원주111] 같은 책, p. 22.
[원주112] 창세기 3 : 4~5.
[원주113] 창세기 3 : 22~23.

만약 뱀이 악령을 예시하고 있고 따라서 인간이 불사를 획득하는 것에 반대하고 있다고 가정한다면, 뱀은 인간이 생명나무로 접근하는 것을 '금지'해야 되었을 것이다. 뱀은 인간이 불사의 원천인 생명나무를 탐구할 때에 만나게 되는 장애이다. 이 해석은 우리가 바로 뒤에서 취급할 다른 전승에 의하여 확증될 것이다. 그러나 뱀의 유혹에 대하여는 또 다른 설명도 가능하다. 즉 뱀은 자기를 위해서 불사를 획득하려고 하였다(사실 다른 민족신화에서는 뱀이 불사성을 획득하고 있다). 따라서 뱀은 자기가 최초로 생명나무 열매를 먹기 위해서 정원에 있는 많은 나무 가운데 숨겨져 있는 생명나무를 찾아야 했다. 이 때문에 뱀은 아담에게 '선과 악을 알도록' 유혹한 것이다. 아담이 그 지식을 획득하면 생명나무가 있는 장소를 뱀에게 알려 줄 수 있기 때문이다.

107. 생명나무의 수호자

생명의 나무나 불사를 추구하는 최초의 인간(혹은 영웅) 그리고 나무를 지키는 뱀이나 괴물(혹은 이 나무 열매를 인간이 먹는 것을 계략을 써서 저지하는 뱀 또는 괴물)이라는 유형은 다른 전승에서도 볼 수 있다. 이와 같이 인간, 나무, 뱀이 함께 존재하고 있는 것의 의미는 명백하다. 즉 불사는 쉽게 획득하기가 힘들다. 불사는 생명나무(또는 생명의 샘)에 포함되어 있으며, 생명나무(또는 샘)는 접근하기 힘든 장소(땅 끝, 바다 밑, 암흑의 나라, 대단히 높은 산의 꼭대기, '중심')에 있다. 또 괴물(뱀)이 나무를 감시하고 있다. 따라서 천신만고의 노력 끝에 그 나무에 접근하는 데 성공한 인간은 불사의 과실을 얻기 위해서 괴물과 싸워서 이기지 않으면 안 된다.

괴물과의 투쟁은 말할 것도 없이 가입의례적인 의미를 가지고 있다. 불사를 획득할 권리를 갖기 위해 인간은 '그 자신을 증명'해 보이지 않으면 안 된다. 즉 '영웅'이 되지 않으면 안 된다. 용이나 뱀을 퇴치할 수 없는 사람은 생명나무에 가까이 갈 수가 없다. 즉 불사를 획득할 수가 없다. 영웅과 괴물의 싸움은 항상 육체적인 성질만 가지고 있는 것은 아니다. 아담은 뱀과 영웅적인 의미에서(예컨대 헤라클레스의 경우와 같이) 싸우지는 않았지만 아담은 뱀의 술책에 넘어갔던 것이다. 즉 아담은 하느님과 같이 되어보라고 꼬인 뱀의 속임수에 넘어가 신의 질서를 범하고 자신에게 사형선고를 내렸던 것이다. 물론 성경에서 뱀이 생명나무의 '보호자' 역할을 하지는 않는다. 다만 유혹의 결과로서 이 생명나무의 '보호자'라는 사명을 뱀에게 지울 수는 있을 것이다.

바빌로니아의 영웅 길가메시도 또한 성공하지 못하였다. 그도 불사를 얻으려고 싸운다. 그는 친구 엔키두의 죽음을 슬퍼하면서 이렇게 탄식한다. "나도 어느 날 그와 같이 죽어서 언제까지나 깨어나지 못할 것이 아닌가?" [원주114] 길가메시는 이 세상에서 자기를 도울 수 있는 단 한 사람이 있음을 알고 있다. 그는 현자 우트나피슈팀인데, 이 현인은 대홍수를 모면하게 해주어서 신들에게 불사의 생명을 선사받았다. 그래서 길가메시는 '강의 입구' 어딘가에 있는 현인의 거처를 향해 발길을 돌린다. 그 길은 '중심', 낙원, 혹은 불사의 원천으로 가는 모든 길과 같이 장애로 가득 찬 멀고 험난한 길이다. 우트나피슈팀은 죽음의 물로 둘러싸인 섬에 살고 있는데, 영웅은 만난을 무릅쓰고라도 죽음의 물을 건너가려고 한다. 우트나피슈팀이 그에게 부과한 시련 앞에서 길가메시가 무력함을 나타내는 것은 당연하다. 예컨대 그는 6일 밤낮 동안 자지 않고 있을 수가 없었다. 그의 운명은 이미 그전에 결정되어 있었다. 그는 불사를 획득할 수 없었고, 신과 같이 될 수도 없었다. 왜냐하면 그는 이러한 신들의 성질을 하나도 가진 것이 없었기 때문이다.

그러나 우트나피슈팀은 아내의 부탁을 받고 길가메시에게 바다 밑에 '가시가 많은' 풀(쉽게 접근할 수 없다)이 있는 것을 은밀하게 가르쳐준다. 이 풀은 비록 불사를 주지는 않지만 그것을 먹는 자에게 젊음과 생명을 무한히 연장시켜준다. 길가메시는 발에다 돌을 매달고 풀을 찾으러 바다 밑으

[원주114] Tablet VIII. Virolleaud, "Le Voyage de Gilgamesh au Paradis," *RHR*, 1930, vol. ci, p. 204에서 재인용.

로 내려갔다. 그는 풀을 발견하고 잔가지를 잘라 쥐고는 돌을 풀고 해면으로 떠올랐다. 우루크로 가는 도중 그는 샘이 있는 곳에서 멈추어 물을 마시려고 한다. 그런데 풀의 향기를 맡고 온 뱀이 그 풀을 먹어버려 불사의 존재가 된다. 아담과 마찬가지로 길가메시도 뱀의 간계와 그 자신의 우둔함 때문에 불사를 잃어버렸다. 길가메시는 우트나피슈팀이 부과한 '시련'을 끝까지 이겨내지 못했던 것과 같이 많은 친절한 도움을 받은 것도 지켜내지 못했다(길가메시는 시련의 여행 동안 사비투, 우트나피슈팀의 뱃사공 우르나샤비, 우트나피슈팀 자신과 그 아내 등의 도움을 받았다). 따라서 괴물과 뱀은 인간이 불사를 획득하는 데 적이 되고 있다. 길가메시 전설보다 훨씬 전에, 키시의 전설적인 왕 에타나(Etana)가 태양과 아누 신에게 제발 아내가 자손을 낳을 수 있도록 '생명의 풀'을 갖게 해달라고 기도하였다. 그랬더니 한 마리 독수리가 나타나 그를 태우고 하늘로 올라갔다. 그러나 독수리는 뱀의 술책에 빠져 도랑에 빠지고 말았다. 뱀과 독수리의 싸움은 이미 살핀 바와 같이(§101) 유라시아 신화의 주요 모티프인 것이다.

108. 괴물과 그리핀

이란의 전승에도 생명과 재생의 나무를 전하고 있다. 이 나무는 지상에서 자라고 있지만 그 원형은 천상에 있다. 베다 문헌의 소마와 같이 지상의 하오마(haoma), '황색' 홈(hom)은 어떤 때는 식물로 생각되고 어떤 때는 샘으로 생각되는데, 그것은 높은 산속에서 자라고 있다.[원주115] 아후라 마즈다는 처음에 하오마를 하라이티 산에다 심었다.[원주116] 그 원형은 천상에 있으며, 그것은 천상의 하오마 혹은 가오케레나(gaokerena, 흰색 홈)로서 그것을 먹는 자는 불사를 얻는다. 그것은 보우라카사 호수에 있는 한 섬의 아르드비수라 수원지에서 수천 가지 약초 가운데서 발견되고 있다.[원주117]

[원주115] Yasna, x, 3~4.
[원주116] Yasna, x, 10.

"흰 홈은 노쇠를 없애기 위해 창조되었다. 이것이 우주의 재생을 가져오고 이로써 불사를 낳는 것이다. 이것이야말로 식물 중의 왕이다."[원주118] "누구든지 그것을 먹는 자는 불사하게 된다."[원주119] 아후라 마즈다의 이 창조물에 대하여, 아흐리만(Ahriman)은 보우라카사 호수에 도마뱀을 창조함으로써 이 기적의 나무 가오케레나에 상처를 내려고 하였다.[원주120] 이란의 신화적 전승에서 최초의 인간인 이마(Yima)는 처음에는 불사의 존재였지만,[원주121] 아담과 같은 죄를 범했기 때문에 불멸성을 상실했다. "그는 거짓말을 했다. 그는 진리에 어긋나는 거짓말을 생각하기 시작했다."[원주122] 따라서 인간이 죽고 불행하게 된 것은 이마가 범한 죄 때문이다.[원주123]

뱀은 다른 전승에서도, 아마 이란의 영향이겠지만 생명나무의 곁에 있는 것으로 나타난다. 칼미크인은 대양 한가운데에 있는 나무 잠부(Zambu) 곁에는 나뭇잎이 떨어지면 받아먹으려고 용이 기다리고 있다고 말한다. 부랴트족은 '젖의 호수'에 살고 있는 나무 곁에 뱀 아비르가(Abyrga)가 있다고 믿는다. 중앙아시아의 어떤 설화에는 뱀 아비르가가 실제로 나무줄기를 친친 감고 있다고 한다.[원주124]

그리핀(그리스 신화에서 독수리 머리와 사자의 몸을 가진 괴물—옮긴이) 혹은 괴물은 항상 구원에 이르는 모든 길을 감시하고 있다. 즉 생명나무나 그와 똑같은 상징을 눈을 부라리고 지키고 있다. 헤라클레스가 황금사과를 훔치러 헤스페리데스의 정원에 들어갔을 때 그는 정원을 지키고 있

[원주117] *Videvdat*, xx, 4 ; *Bundahisn*, xxvii, 4.
[원주118] *Bundahisn*, i, 1, 5.
[원주119] *Bundahisn*, xxvii, 5.
[원주120] *Bund.*, xviii., 2. 뱀 니도그르가 이그드라실의 뿌리를 상처내는 것과 비교해볼 것.
[원주121] *Yasna*, ix, 3~5.
[원주122] *Yast*, xix, 33~34.
[원주123] A. Christensen, *Le Premier Homme et le premier roi dans l'histoire légendaire des Iraniens*, Uppsala, 1931, vol. ii, pp. 13 ff. 참조.
[원주124] Holmberg-Harva, *Finno-Ugric Mythology and Siberian Mythology*, Boston, 1927, pp. 356 ff.

는 용을 잠들게 하거나 죽이지 않으면 안 되었다. 헤라클레스가 스스로 그 일을 했든 아틀라스가 했든(그는 잠시 동안 아틀라스를 대신하여 하늘을 떠받들고 있었다) 그것은 이차적인 중요성만을 갖는다. 헤라클레스가 그 영웅적 '시련'을 이겨내고 황금사과를 훔쳐냈다는 사실이 중요하다. 이아손은 용이 지키고 있는 콜키스의 황금모피를 탈취하기 위해 용을 죽이지 않으면 안 되었다. 뱀은 불사에 이르는 모든 길, 다시 말하면 모든 '중심', 신성이 집중되어 있는 모든 저장소, 모든 **실재하는** 실체 등을 '지키고' 있다. 뱀은 항상 디오니소스의 술잔 주위에 있는 것으로 묘사되며,[원주125] 먼 스키타이에서 아폴론의 황금을 지키고 있으며,[원주126] 땅 밑에 숨겨진 보물을 지키고 있고, 혹은 바다 밑의 다이아몬드나 진주를 감시하고 있다. 요컨대 뱀은 신성을 구현하고 있는 모든 상징, **힘과 생명과 전지**를 부여해주는 모든 상징을 감시하고 있는 것이다. 파르마의 세례당에서 용은 생명나무를 지키고 있다. 이와 똑같은 모티프는 페라라 대성당의 박물관에 있는 부조에서도 볼 수 있다.[원주127]

109. 나무와 십자가

생명나무는 죽은 자를 부활시키고 병자를 고치고 젊음을 회복시키는 등 모든 기적의 힘을 지닌 초목의 원형이다. 그래서 예컨대 오샤디 산 위에는 네 개의 기적의 풀이 있다. "그중 하나인 더없이 귀중한 풀은 죽은 자를 부활시키며, 두번째 풀은 상처에서 화살을 빼내고, 세번째 풀은 상처를 아물게 한다……."[원주128] 므리타삼지바니(mṛtasaṃjīvanī) 풀은 죽은 자에게 생명을 가져다주는 것으로, 말할 것도 없이 가장 귀중한 풀이다. 그러나 또한 '위대한 약초' 산다니(saṃdhani)가 있는데, 이것은 사체의 각 부분을 다시

[원주125] Carcopino, *La Basilique pythagoricienne*, p. 229.
[원주126] Herodotus, iii, 116.
[원주127] Hartlaub, *Arcana Artis*, p. 294.
[원주128] *Rāmāyaṇa*, Yuddha Khaṇḍa, 26, 6.

결합시키는 힘을 가지고 있다.[원주129] 중국의 전설은 기적의 섬에 대해서 말하고 있는데, 이 섬에서 까마귀가 가져오는 풀은 죽은 지 3일이나 된 병사를 재생시킨다고 말한다. 이란에도 이와 동일한 신앙이 있다. 죽은 자에게 생명을 되찾게 하는 약초는 로마 세계에도 알려져 있다.[원주130] 그뿐 아니라 그 효력은 전 유럽의 전설에서 유명하다.[원주131] 전설에 따르면, 솔로몬 왕이 시바 여왕에게 불사를 달라고 청하였을 때, 여왕은 바위 사이에서 자라고 있는 풀에 대해서 말하였다. 솔로몬 왕은 손에 풀을 들고 소요하고 있는 백발의 노인을 만났는데, 노인은 흔쾌한 마음으로 그에게 이 풀을 넘겨주었다. 솔로몬 왕은 이제 이 풀을 가지고 있는 한 죽을 수가 없었다. 왜냐하면 이 풀은 젊음이 아니라 영원한 생명만 주었던 것이다.[원주132]

진정한 십자가의 나무는 죽은 자에게 생명을 주는 것으로 간주되었다. 콘스탄티누스 황제의 어머니 헬레나는 그것을 찾으려고 하였다.[원주133] 이 나무가 효력을 가지는 것은 십자가가 에덴 동산의 중앙에 심어져 있는 생명나무로 만들어졌기 때문이다.[원주134] 그리스도교의 도상에서 십자가는 이따금 생명의 나무로 표현되고 있다. 십자가의 나무와 셋의 낙원에의 여행에 대한 많은 전설이 중세의 전시대를 통하여 전 그리스도교 국가에 퍼져 있었다. 이들 전설의 기원은 『모세계시록』, 『니고데모의 복음서』, 『아담과 이브의 생활』의 외전(外典), 위전(僞典) 등에서 나온다. 여기서 가장 널리 퍼져 있던 전설만을 간략하게 일별하려고 한다.[원주135] 아담이 헤브론 골짜

〔원주129〕 *Mahābhārata*, i, 76, 33.
〔원주130〕 Pliny, *Hist. Nat.*, 25, 5.
〔원주131〕 마케도니아의 루마니아인에 대해서는 Candrea, *Iarba Fiarelor*, Bucharest, 1928, p. 20 참조.
〔원주132〕 Wünsche, "Die Sagen vom Lebensbaum und Lebenswasser. Altorientalischem Mythen," *Ex Oriente Lux*, Leipzig, 1905, vol. i, nos. 2~3, pp. 15 ff.
〔원주133〕 Albiruni, *The Chronology of the Ancient Nations*, trans. Sachau, London, 1879, p. 292.
〔원주134〕 Wünsche, p. 39.
〔원주135〕 Graf, *Miti, leggende e superstizioni*, pp. 59 ff. 참조.

기에서 932년 동안 살다가 죽을병에 걸렸다. 그래서 그는 자비의 기름을 구하러 아들 셋을 낙원의 입구에서 경비를 보고 있는 대천사에게 보낸다. 셋은 아담과 이브가 지나간 발자국을 따라갔는데, 그들이 간 길에는 풀이 나지를 않았다. 셋은 정원 앞에 도착하여 대천사에게 아담의 소원을 전하였다. 대천사는 셋에게 낙원을 세 번 보라고 권하였다. 첫번째로 셋은 물을 보았다. 네 개의 강이 흐르는데 그 수원 위에는 마른 나무가 있었다. 두번째로 보니 뱀이 나무줄기를 친친 감고 있었다. 세번째로 보니 나무가 하늘까지 닿아 있었는데, 그 나무 꼭대기에는 새로 태어난 아이가 있었고 그 뿌리는 지하의 세계로 뻗어 내려가고 있었다(생명나무는 우주의 중심에 있고, 그 축은 우주의 세 개의 권역을 관통하고 있었다). 대천사는 셋에게 지금 본 것에 대해서 설명해주고 구세주가 올 것이라고 알려주었다. 대천사는 또 셋에게 그의 양친이 먹은 운명의 나무 열매의 씨를 3개 주면서 그것을 아담의 혀 위에 놓으라고 하고, 그러면 아담은 3일 후에 죽을 것이라고 하였다. 아담은 셋의 이야기를 듣고 낙원에서 추방된 이래 처음으로 웃을 수 있었다. 아담은 인류가 구원되리라는 것을 알 수 있었기 때문이다. 아담이 죽자 셋이 아버지 혀 위에 올려놓았던 3개의 씨를 헤브론 골짜기에 버렸다. 그 씨는 헤브론 골짜기에서 솟아올라 거의 키가 일 척이나 되는 커다란 세 그루 나무로 자라나 모세 시대까지 성장을 계속하였다. 모세는 이 나무의 신적 기원을 알고 있었기 때문에 그것을 타보르 산이나 호렙 산('세계의 중심')에다 옮겨 심었다. 그 세 그루 나무는 거기에 1천 년 동안이나 서 있었는데, 나중에 다윗이 신의 명을 받아 그것을 예루살렘(즉 '중심')으로 가지고 갔다. 그 밖에도 많은 에피소드를 거쳐(시바 여왕은 그 나무에 발을 놓는 것을 거절하였다 등) 이 세 그루 나무는 한 나무로 합체되고, 이것으로 구세주의 십자가가 만들어졌다. 아담이 창조되고 묻혀 있는 바로 그 대지의 중심에서 십자가에 못박힌 예수의 피는 '아담의 두개골' 위에 떨어지고, 이것을 통해 아담의 죄를 구원하여 인류의 아버지에게 세례를 주었다.[원주136]

중세 게르만민족의 한 수수께끼는[원주137] 뿌리가 지하의 세계에 있고, 정상에는 신의 옥좌가 있으며, 그 가지가 세계를 둘러싸고 있는 한 나무에 대하여 말하고 있다. 이 나무가 바로 십자가이다. 그리스도교도에게 십자가는 세계를 떠받치고 있는 것이다. 피르미쿠스 마테르누스는 이렇게 기록하고 있다.

그 때문에 십자가나무는 하늘의 구조를 떠받치며, 대지의 기초를 견고히 하고, 거기에 매달리는 사람들을 생명으로 인도한다.[원주138]

동양의 전설에서 십자가는 사람의 혼이 신이 있는 곳까지 올라가기 위한 다리 혹은 사다리이다.[원주139] 십자가는 '세계의 중심'에 서 있으며, 그곳은 하늘과 땅, 지하의 통로이다. 어떤 설화에서는 십자가 나무에 7개의 하늘을 표상하는 우주나무와 같이 7개의 눈금이 새겨져 있다.[원주140]

110. 회춘과 불사

'생명의 샘'의 신화에서와 같이 우리는 기적의 힘을 지닌 약초와 열매에 관한 여러 가지 개념을 발견할 수 있다. 어떤 것은 회춘을 주고, 어떤 것은 장수를 주고, 어떤 것은 불사를 준다. 이러한 개념들은 각각 민족정신, 문화 간의 교섭, 사회계층의 다양한 개념에 의해 부과된 사고방식에 따라서 변화하고 발전하였다. 예컨대 '불사와 청춘의 초목'은 인도와 셈족의 세계에서는 전혀 다르게 이해되고 있다. 셈족은 불사와 영원의 생명을 갈망하였으나, 인

[원주136] Eliade, *Cosmologie si alchimie babiloniana*, Bucharest, 1937, p. 53 참조.
[원주137] Wünsche, p.13
[원주138] Firmicus Maternus, *De Errore Profanarum Religionum*, 27, 1.
[원주139] Holmberg-Harva, "Baum des Lebens," p. 133.
[원주140] Cartojan, *Cartile populare in literatura româneasca*, Bucharest, 1929, vol. i, p. 123 참조.

도인은 재생시켜주고 회춘시켜주는 초목을 찾았다. 이 때문에 인도인의 연금술적, 의술적 규정식(規定食)은 수명을 몇백 년 더 연장시키고 성적(性的)으로 강하게(balavān strīṣṇu) 만들어준다고 생각했다. 샤바나(Śyāvana)의 신화는 인도인의 세속적 이상이 어떤 것이었나를 명료하게 보여주고 있다. 즉 불사가 아니라 **회춘**이 이상이었다. 샤바나는 아슈빈 쌍둥이 신과 공모하여 아슈빈 쌍둥이 신이 그를 회춘시켜주는 대신 그는 소마를, 신의 식물(植物)을 제공하는 것이었다. 아슈빈 쌍둥이 신은 그를 사라스바티의 '청춘의 샘'으로 데리고 간다. 샘에서 돌아왔을 때 그는 젊음과 광휘로 빛나 신과 같은 모습이었다.[원주141]

현실을 받아들이고 인생을 사랑한 인도인은 생명을 무한히 지키려고 하지 않았고, 그보다도 가능한 한 젊음을 오래 누리기를 원했다. 한편 불사는 현인이나 신비론자를 유혹할 만한 성질의 것이 못 되었다. 그들은 해탈을 열망했지 존재가 언제까지나 계속되기를 원하지는 않았다. 그들이 열망한 것은 우주로부터 결정적으로 이탈하여 완전한 정신적 자율성을 획득하는 것이었고, 비록 무한이라 할지라도 시간상의 지속은 아니었다. 이와 똑같은 생각을 그리스인에게서도 볼 수 있다. 그들은 불사가 아니라 젊음과 장수를 원했다. 알렉산더 대왕에 관한 많은 전설을 보면, 대왕은 사람들이 불사를 얻으려고 하는 데 대해 놀라움을 나타내고 있다.[원주142] 이러한 재생과 젊음의 신화에 대한 인도인의 생각이 유럽인에게 알려진 것은 셈족이나 이슬람교를 매개로 해서 간접적으로 알려진 것이 아니라 동양을 여행한 사람들의 기록을 통해 직접적으로 알려진 것이었다. '프레스터 존(1160~65, 아비시니아에 강대한 그리스도교 국가를 건설했다고 알려진 전설적인 성직자, 왕)의 편지'에서는 낙원 주위에는 인더스 강이 흐르고, 낙원에서 3일 동안 가야 하는 거리에 샘이 있는데, 그 샘물을 세 모금만 마시면 생애를

[원주141] *Śatapatha-Br.*, iv, 1, 5 등 참조.
[원주142] Hopkins, "The Fountain of Youth," *JAOS*, 1905, vol. xxvi, pp. 19, 20; Wallis Budge, *Alexander the Great*, London, 1896, p. 93 참조.

마칠 때까지 30세의 젊은이와 같이 된다고 기록하고 있다.[원주143] 델 리오와 피터 마페이우스는 벵골 지방과 겐지스 계곡의 인도인은 300세나 혹은 330세까지 산다고 말하고 있다.[원주144] 게르바시우스는 알렉산더 대왕이 '생명수'를 구하러 인도로 가서 사과를 발견하는데, 그 사과가 사제들의 수명을 400세까지 연장시켜준 사정을 말하고 있다.[원주145] 북유럽 신화에서 사과는 재생과 회춘을 가져다주는 열매이다. 사과를 먹은 신들은 라그나로크(ragna rok)까지, 즉 현재 우주의 순환주기가 끝마칠 때까지 젊음을 유지하는 것이다.

이상의 예들은 인도인과 셈족의 이상 사이에 있는 구조적 차이점을 분명하게 보여주지만, 이 신화적인 주제는 각각 그것을 공식화한 민족집단의 내부에서 계속 변화하였다. 한편에서의 신화의 정신적 수준과 다른 편에서의 전설, 속신, 풍습의 수준은 전혀 다르다. 농민집단과 교양 있는 엘리트는 재생 또는 불사의 약초의 신화를 전혀 다르게 이해하고 해석한다. 그러나 이 동일한 중심적 테마가 여러 가지 변형된 설화로 나타나는 것을 통하여, 비록 그 차이가 민족정신과 사회집단에 의하여, 혹은 전파과정에 의하여 아무리 크게 벌어지더라도 그 구조가 단일한 것이라는 것은 쉽게 확인할 수 있다. 이 신화의 경우, 기적의 약초에 대한 모든 설화의 배후에는 원형, 즉 생명의 나무가 나타나는 것이다. 그것은 '중심'에, 가까이 할 수 없는 세계에 살고 있는 기적의 나무에 응집되어 있는 실재, 신성, 생명이며, 선택된 자만이 그것을 먹을 수 있는 것이다.

111. 약초의 원형

어떤 풀의 주술적, 치료적인 힘은 그 초목이 천상의 원형을 가지고 있다

[원주143] Hopkins, p. 19.
[원주144] 같은 책, p. 24.
[원주145] 같은 책, p. 19.

는 것 혹은 그것을 처음에 신이 캤다는 사실로부터 유래한다. 어떤 초목도 그 자체로서는 가치가 없고, 그것이 원형과 관계를 맺고 있기 때문에 혹은 그 초목을 속적(俗的)인 공간으로부터 분리하여 성스러운 초목으로 만들어 주는 행위나 말을 반복하고 있기 때문에 가치가 있다. 예컨대 치료효과가 있는 풀을 캘 때 외우는 16세기의 영어로 된 두 개의 주문은 그 치유력이 유래한 기원을 밝혀주고 있다. 그것은 처음부터(즉 태초부터) 골고다의 성스러운 언덕(대지의 중심)에서 성장하였다.

지상에서 자라는 성스러운 풀이여, 그대는 처음에는 골고다 언덕에 있었다.
그대는 부스럼에 좋고, 많은 상처를 치료하였다. 예수의 이름으로 우리는 그대를 땅에서 캔다.(1584년)

그대 성스러운 마편초여, 그대는 지상에서 자라고 있다.
왜냐하면 그대는 처음에 골고다 언덕에 있었기에.
그대는 우리의 구세주 예수 그리스도를 치유하고, 그 피 흘린 상처를 낫게 하였다.
(성부와 성자와 성신)의 이름으로 우리는 그대를 땅에서 캔다.[원주146]
(1608년)

이 풀의 약효는 그 원형이 골고다 언덕에서 우주적인 결정적 순간에(그 때에) 발견되었다는 사실에 기인한다. 그 성성은 구세주의 상처를 치료하였기 때문에 생긴 것이다. 그 풀의 약효는 그것을 뽑은 자가 원초의 치료행위를 반복한다는 사실에서 기인한다. 이 때문에 옛 주문은 다음과 같이 노래하고 있다. "우리는 구세주의 상처 위에 놓을 약초를 뜯으러 가려고 한다."[원주147] 또 약초의 효력은 성스러운 존재가 그것을 심었다는 사실에서

[원주146] Ohrt, "Herba, Gratia Plena," *FFC*, Helsinki, 1929, no. 28, p. 17.

유래한다. "그대를 심은 것은 누구인가" 하고 약초를 캐는 사람이 진정으로 사랑하는 초목에게 묻는다. "그것은 성모 마리아님이었다. ……나를 치료하기 위해서."[원주148] 때때로 약초는 예수의 이름으로 뜯어야 했다.[원주149]

이와 같은 그리스도교적 민간주술의 주문은 고대의 전승을 이어받은 것이다. 예를 들자면 인도에서는 약초 카피타카(kapitthaka, Feronia elephantum)가 성적(性的) 불능에 효과가 있다고 생각했다. 왜냐하면 태초에 간다르바(Gandharva, 천계의 악사, 소마의 수호자)가 바루나에게 생식력을 회복시켜주기 위해 그 약초를 사용했기 때문이다. 따라서 약초를 캐는 의례는 간다르바의 행위를 실제로 반복하는 것이다.

생식력을 잃은 바루나를 위해 간다르바가 캐고 있는 풀 그대여, 남근을 우뚝 세우는 풀이여, 우리는 그대를 심는다![원주150]

다마나(damana) 풀은 다음과 같은 기도를 노래하면서 캔다.

우리 모두의 눈을 현혹하는 그대 카마데바(Kāmadeva)여, 축복을 받으라. 우리는 그대를 비슈누의 자비로 캐노라.[원주151]

파리 파피루스에 실려 있는 긴 주문은 뽑은 풀의 비상한 상태를 지적하고 있다.

그대는 크로노스에 의해 씨 뿌려졌고, 헤라에 의해 뽑혔으며, 아몬에 의해 보존되었고, 이시스에 의해 탄생했으며, 비를 내리는 제우스에 의

[원주147] 같은 글, p. 18.
[원주148] Delatte, *Herbarius*, Liège-Paris, 1938, p. 97, n. 3 참조.
[원주149] 같은 책, pp. 93 ff.
[원주150] *AV*, iv, 4, 1; Whitney and Lanman's translation.
[원주151] *Padma Purāṇa*, Meyer, *Trilogie*, vol. i, p. 48에서 재인용.

해 양육되었다. 그대는 태양과 이슬 덕분에 성장하였다. 그대는 모든 신들의 이슬이며, 헤르메스의 심장이며, 최초의 신의 종자이고, 태양의 눈이고, 달의 빛이며, 오시리스의 위엄이고, 하늘의 미와 영광이다. ……그대가 오시리스를 일으켜 세운 것과 같이 그대 자신을 일으켜 세우라. 태양과 같이 일어나라! 그대의 영광은 천정(天頂)과 같이 높다. ……그대의 뿌리는 심연과 같이 깊다. ……그대의 가지는 미네르바의 뼈대이며, 그대의 꽃은 호루스의 눈이며, 그대의 종자는 판의 종자이다. ……우리는 헤르메스를 따른다. 우리는 다행히도 운좋은 시간에, 모든 사물에 올바르고 적합한 날에 그대를 뜯는다. 그대 착한 영이여.[원주152]

이와 같이 노래를 부르며 뜯은 약초는 우주나무로서의 의미를 지닌다. 약초를 가지고 있다는 것은 이와 같은 힘과 생명과 성성의 용기 가운데 존재하는 효력을 자기의 것으로 만드는 것과 같다. 이 주문은 분명히 그리스와 이집트의 절충적 주술의 소산이다. 이 작자는 박식한 사람임에 틀림없지만, 이 주문의 진정성을 의심할 이유는 없다. 주지하는 바와 같이 대부분의 민간주문은 유치화의 긴 과정을 거치는 가운데 질이 저하된 학자의 작품인 것이다. 약초를 신이 표명하는 나무와 동일시함은 원시인인 정신성의 성격에서 볼 때, 완전한 근거를 가지고 있다. 즉 우리가 이미 살핀 바와 같이 '원시인'들에게는 주위세계의 모든 대상이 천계의 원형과 연결될 수만 있다면 성스러운 가치를 얻는다고 보았다.

그리스도교도에게 약초의 효력은 그 식물이 골고다 언덕에서 처음 발견되었다는 사실에 기반을 두고 있다. 고대인에게 약초의 치료력은 처음에 신들이 발견했다는 사실에서 나온다. 약초 채집가의 어떤 논문이 권하는 주문은 다음과 같이 시작하고 있다. "처음에 의술의 신 아스클레피오스가, 혹은 켄타우로스 케이론이 발견한 석잠풀(betony)이여……."[원주153] 풀의

[원주152] Delatte, p.100.
[원주153] 같은 책, p.102.

약효는 신이 직접 심었다는 사실에서 유래한다. "당호마(basil)여, 우리는 그대를 낳은 최고신의 이름으로 기도한다……." "피마자유 식물이여, 그대를 낳은 전능한 신의 이름으로……." "지모신이 창조하여 만인에게 부여해준 그대 힘있는 식물이여……."[원주154]

그리스도교의 민간전승에서도 약초의 효능은 신이 이 풀에다 예외적인 힘을 부여했다는 사실에서 나온다. 프랑스에서는 다음과 같은 문구를 노래하였다.

씨를 뿌린 적도 심은 적도 없는 성스러운 풀이여, 그대는 신이 부여해준 힘을 보여주고 있다![원주155]

초목은 때때로 신이 된다. 예컨대 약초 채집가의 문헌 『치라니데스』(*Cyranides*)는 브리오니아를 신, 신들의 여왕, 초목의 어머니라고 부르고, 하늘, 땅, 물의 여주인이라고도 부른다.[원주156] 이러한 이유 때문에 약초를 캐는 것은 하나의 의례이다. 따라서 어떤 위험 등이 미치지 못하도록 기도와 제물을 바치는, 의례적으로 경건한 상태에서 수행되었다. 그것은 단지 식물을, 어떠한 식물종을 단순히 채집하는 것은 아니었다. 그것은 모든 치료의 원천인 생명의 나무의 축소판이며 성으로 가득 찬 실체를 손에 넣기 위해서 원초의 행위를 그대로 반복하는 것이다(그것을 최초로 뽑은 것은 신이기 때문에).

112. 세계축으로서의 나무

생명의 나무와 관련된 신화와 전설은 종종 땅, 하늘, 지하를 연결하는 우

[원주154] Ancient text quoted by Delatte, pp. 102, 104.
[원주155] Delatte, p. 103.
[원주156] 같은 곳.

주의 중심에 생명나무가 있다는 관념을 포함하고 있다. 이와 같은 신화적 지형학의 세부는 북유럽인이나 중앙아시아인의 신앙에서는 특별한 의미를 가지지만, 그 기원은 아마도 동양(메소포타미아)이라고 생각된다. 예컨대 알타이족은 "대지의 중심에서 가장 높은 나무, 그 가지가 바이 울겐(Bai Ulgen)의 집에까지", 즉 하늘에까지 올라가는 거대한 나무가 자란다고 믿고 있다.[원주157] 대부분의 경우 이 나무는 산꼭대기, 즉 대지의 중심에서 발견된다. 아바한 타타르족에게 전해내려오는 철산(鐵山) 꼭대기에는 자작나무 한 그루가 자라고 있다. 그 나무에는 7개의 가지가 뻗어 있는데, 그 가지는 각각 7층의 하늘을 상징하고 있다(이것은 다분히 바빌로니아 기원의 표의문자인 것처럼 보인다). 바슈간 오스탸크족의 샤먼들의 노래에서 우주나무는 하늘과 같이 7개의 단계를 가지고 있는데, 꼭대기는 하늘의 모든 층을 통과하고 있으며, 그 뿌리는 대지 깊숙이 통과하고 있다.[원주158]

샤먼은 하늘로 올라가는 그 신비로운 여행과정에서 7단계 혹은 9단계가 새겨져 있는 나무에 올라간다(§33). 그러나 일반적으로 샤먼은 의례적 기둥을 통해 승천을 실현하는데, 이 기둥에도 7단이 새겨져 있다. 이것은 세계의 중심에 있다고 생각되고 있다.[원주159] 성스러운 기둥이나 나무는 세계를 떠받치고 있고, 우주의 중앙에 있는 우주의 기둥을 가리키는 상징이다. 알타이족은 신들이 말(馬)을 우주기둥에 묶고, 그 기둥 주위를 성좌가 회전하고 있다고 믿고 있다. 스칸디나비아인에게도 똑같은 개념이 보인다. 즉 오딘은 말을 이그드라실(글자 그대로 '오딘의 말')에 묶는다. 색슨족은 이 우주기둥을 이르민술(Irminsul, 만물을 떠받치고 있는 듯한 우주기둥 universalis columna quasi sustinens omnia, Rudolf of Fulda)이라고 부른다. 인도인도 똑같이 우주축이라는 관념을 가지고 있는데, 이것은 우주의 중앙에 있는 생명나무 또는 기둥으로 표상되고 있다.[원주160] 중국의 신

〔원주157〕 Holmberg-Harva, "Baum des Lebens," p. 52.
〔원주158〕 Eliade, *Le Chamanisme*, Paris, 1951, pp. 245 ff.
〔원주159〕 Holmberg-Harva, *Finno-Ugric Mythology*, p. 338; "Der Baum des Lebens," pp. 26 ff.; Eliade, *Le Chamanisme*, pp. 120 ff.

화에서 기적의 나무는 우주의 중심에서 자라고 있는데, 여기에 완전한 수도가 건설된다고 한다. '건목'(建木, Kien-Mou)이라고 부르는 이 나무는 구천(九天)과 구천(九泉)을 합일시키고 있으며, 정오에 이 나무 옆에 있는 것은 모두 아주 똑바로 서 있어서 그림자를 드리우지 않는다고 한다.[원주161] 이 우주나무는 알타이족이나 북유럽인의 우주론에서 세계를 떠받치고 있는 기둥, '세계축'과 흡사하다. 이 신화에 의하면, 이 나무는 우주를 떠받치고 있는 고정된 점의 전형적인 모습으로 절대적 실재를 표현하고 있다. 그것은 모든 사물의 최고의 지주(支柱)이다. 따라서 하늘과의 교섭은 그것을 중심으로 하여 혹은 그것을 사용하여 이루어질 수 있다.

113. 초목으로부터의 인류발생의 신화

초목으로 상징되는 생명과 실재라는 동일한 개념은 더 적절한 말이 발견되지 않으므로 '나무와 인간 사이의 신화적 관계'라는 것으로 설명한다. 이 신화적 관계에서 가장 명료하게 보이는 것은 초목으로부터 인류가 발생하였다는 것이리라. 나무 혹은 작은 관목은 종족의 신화적 선조로 간주되고 있다. 일반적으로 이 선조의 나무는 달숭배와 밀접히 결부되어 있다. 즉 달과 동일시된 신화적 선조는 초목의 형태로 표상되고 있다. 예컨대 먀오족의 어떤 집단은 그들의 선조로서 대나무를 숭배한다. 이와 동일한 신앙을 대만의 원주민, 필리핀의 타갈로그족, 중국 운남의 야량과, 일본 등에서 볼 수 있다. 아이누족, 길랴크족, 한국인에게 나무는 달숭배 또는 조상숭배로 등장한다.[원주162] 멜버른 주변의 오스트레일리아인은 최초의 인간은 미모사에서 태어났다고 믿고 있다.[원주163] 인도차이나에 널리 퍼져 있는 신화에 의

[원주160] Coomaraswamy, *Elements of Buddhist Iconography*, Harvard, 1935, p. 83; Mus, *Barabudur*, Hanoi-Paris, 1935, vol. i, pp. 117 ff.
[원주161] Granet, *La Pensée chinoise*, p. 324.
[원주162] Hentze, *Mythes et symboles*, pp. 158 ff.
[원주163] Van Gennep, *Mythes et légendes d'Australie*, p. 14.

하면, 전 인류가 홍수로 전멸되어버리지만, 남매 두 사람만 호박으로 피난하여 기적적으로 도움을 받는다. 두 사람은 꺼리기는 했으나 결혼하여 여자가 호박을 낳았다. 그리고 산과 들에 뿌려진 그 씨로부터 인류가 발생했다고 한다.[원주164]

우리는 이와 동일한 신화를, 비록 불가피하게 변형되기는 했으나('선조'의 변형) 인도에서도 볼 수가 있다. 아요디아의 사가라 왕의 아내 수마티에게는 6만 명의 자식이 약속되었는데, 그녀는 한 개의 호박을 낳았고, 그 호박에서 6만 명의 아이들이 나타났다.[원주165] 서사시 『마하바라타』[원주166]에 있는 한 에피소드는 "샤라드바트의 아들 가우타마의 집의 무성한 갈대로부터 쌍둥이 크리피와 크리파가 태어난" 상황을 말해주고 있다.[원주167] 이와 같이 어떤 초목으로부터 여러 인도의 원주민이 생겼다는 신화를 뒷받침하는 자료는 더 많다. 피쿠스 글로메라타(Ficus glomerata)의 산스크리트명 우둠바라(우담화, udumbara)는 동시에 펀자브 지방과 그 주민들을 의미한다.[원주168] 마다가스카르의 한 종족은 안타이반드리카(Antaivandrika)라고 불리는데, 그것은 글자대로 하면 반드리카('나무'라는 뜻)의 백성이라는 의미이다. 또 그들의 이웃인 안타이파시(Antaifasy)도 바나나나무의 자손이란 의미이다.

이 바나나나무에서 어느 날 아주 잘생긴 사내아이가 태어났다. 이 아이는 얼마 지나지 않아 대단히 크고 강해졌다. ……그는 많은 아이와 손자를 낳았으며, 이들이 그 종족의 선조가 되었다. 그들은 오늘날까지도 바

[원주164] Matsumoto, *Essai sur la mythologie japonaise*, Paris, 1929, pp. 120 ff.
[원주165] *Rāmāyaṇa*, 1, 38; *Mahābhārata*, iii, 106 등.
[원주166] *Mahābhārata*, i, 63, v. 2456 ff.
[원주167] 또한 Przyluski, "Les Empalés," *Mélanges chinois et bouddhiques*, Brussels, 1936, vol. iv, 18 참조.
[원주168] Przyluski, "Un Ancien Peuple du Penjab: les Udumbara," *JA*, 1926, p. 36.

나나나무의 자식들이라고 불리고 있다.[원주169]

이러한 예들은 얼마든지 더 열거할 수 있다. 우리는 다시 최초의 인간 부부의 기원에 관한 이란 전승에 주목해볼 필요가 있다. 최초의 인간 가요마르드(Gayomard)가 악령에게 맞아 죽게 되었을 때, 그의 정액이 대지에 침투하여 마침내 40년 후에 식물 리바스(rivas)를 낳았고, 리바스는 마샤그(Masyagh)와 마샤나그(Masyanagh)로 변하였다는 것이다.[원주170] 그러나 이란의 전승에서는 가요마르드의 비명의 죽음이라는 부속적 요소가 포함되어 있다. 이미 나는 두 개의 연구논문에서,[원주171] 원초의 거인의 희생(갑작스런 죽음)에 의한 초목으로부터의 발생이라는 신화적 모티프 그리고 비열한 수단으로 살해된 신 혹은 영웅이 흘린 피 또는 그 사체로부터 초목이 출현한다는 전설적 테마에 대하여 연구하였다. 이 연구에서 도달한 결론을 나는 다른 문맥에서 다시금 취급해보려고 한다. 다만 지금 여기서 취급하려고 하는 것은 인간과 초목 사이의 유대, 인간과 초목 사이의 연속적 순환으로 이해되는 유대이다. 갑작스럽게 최후를 마친 인간의 생명은 초목으로 계속된다. 그 초목이 만약 베어지거나 태워지는 경우에는 다른 동물이나 다른 초목으로 태어나고, 그후 마침내 인간의 형태를 취하게 된다. 이상의 전설에 포함되어 있는 이론적인 의미를 요약하면 다음과 같다. 즉 인간의 생명은 완전히 소멸되어버리지 않는 한 창조나 표현의 가능성을 모두 소진시켜버리지는 않는다는 것이다. 인간의 생명이 갑작스런 죽음에 의하여 중단되어버리는 경우 생명은 초목, 꽃, 열매와 같은 다른 형태를 취하고 삶을 연장하는 경향이 있다. 이상을 뒷받침할 몇 개의 예를 들어보자. 많은 영웅들이 죽은 전쟁터에는 장미나 들장미가 자랄 것이다.[원주172] 아티스의

  [원주169] Van Gennep, *Tabou et totémisme à Madagascar*, Paris, 1904, p. 300.
  [원주170] The bibliography in *CZ*, vol. iii, p. 21 참조.
  [원주171] Eliade, "Ierburile de sub Cruce" and "La Mandragore et les mythes de la naissance miraculeuse," *CZ*, vol. iii.

피에서 제비꽃이 자라났고, 장미와 아네모네는 두 젊은 신들이 죽어갈 때 아도니스의 몸에서 나왔고, 오시리스의 사체에서는 밀과 초목 마아트(maat), 온갖 종류의 약초 등이 생겨났다. 이상의 신들의 죽음은 세계창조라는 우주창조적 행위의 반복이며, 주지하는 바와 같이 세계는 거인의 희생(이미르형)이나 신의 자기희생의 결과로 생긴 것이다.

그러나 이 장에서 우리의 흥미를 끄는 것은 식물과 인간 두 차원 사이를 순환하는 생명의 흐름이다. 인류가 초목의 자손이라는 것은 생명의 원천이 초목에 응집되어 있다는 것을 전제로 한다. 따라서 초목에 있어서의 인간의 양태는 종자라는 형태 속에 잠재적 상태로 실존하고 있다. 오스트레일리아 북부의 와라뭉가족은 '어린이의 정령'은 모래알같이 작아서 어떤 나무에 숨어 있다가 가끔 거기에서 나와 배꼽을 통해 어머니의 태내로 들어간다고 믿고 있다.[원주173] 여기서 표현되고 있는 것은 나무로부터 인류가 발생했다는 원시적인 수태 관념이 합리화되고 있는 과정이다. 나무에서 태어난 것은 단순히 신화적인 선조뿐만 아니라 모든 신생아도 그 나무의 본질로부터 직접적, 구체적으로 발생하였다. 나무와 동일시되고 있는 실재와 생명의 근원은 신화적 선조를 낳기 위해서 단 한 번만 그 창조력을 발휘하는 것이 아니다. 그것은 개개의 인간을 끊임없이 계속 창조한다. 이것이야말로 인류가 초목으로 표현되는 고유의 생명의 근원으로부터 발생하였다는 신화의 구체적이고 합리주의적인 해석이다. 그러나 이 합리주의적 해석의 다양성 밑바닥에 있는 이론적 의미는 동일하다. 즉 절대적 실재와 그 창조력은 초목에 응집되어 있다(혹은 표현되어 있다)는 것이다.

조상의 영혼이 어떤 방법으로든 어떤 나무에 기숙하고 있으며, 거기서부터 그 영이 태아의 형태로 여성의 자궁 속으로 들어간다는 신앙은 대단히 많은 다양성을 지닌 밀집된 신앙군을 형성하고 있다.[원주174] 중국에서는 한

[원주172] Eliade, "Ierburile de sub Cruce," p. 16.
[원주173] Spencer and Gillen, *Northern Tribes of Central Australia*, London, 1904, p. 331.
[원주174] Frazer, *The Magic art*, vol. ii, pp. 50 ff.

여성마다 그에 대응하는 한 나무가 있고, 그 나무가 꽃을 가진 수만큼 그 여성이 자식을 낳을 것이라는 신앙이 있다. 불임여성은 아이를 양자로 삼아 그에 대응하는 나무가 꽃을 피우도록 촉구한다. 그리하여 이번에는 역으로 나무가 여성을 다산케 할 것이라고 생각한다.[원주175] 이 풍습에서 중요한 것은 초목의 차원(다함이 없는 생명의 원천으로 간주한다)과 인간의 차원 사이에 있는 연속적 순환이라는 사고방식이다. 인간은 동일한 식물의 자궁으로부터 에너지가 방사(放射)한 것에 지나지 않고, 인간은 초목의 차원의 과잉에 의해 끊임없이 산출되는 일시적 형태에 불과하다. 인간은 초목의 새로운 존재양태 가운데서 일시적으로 현현된 것에 지나지 않는다. 인간은 죽을 때에, 다시 말하면 인간의 조건을 포기할 때에 '종자' 또는 '정령'의 상태로 나무로 되돌아간다. 사실상 이러한 구체적인 정식은 단지 차원의 변화를 표현할 뿐이다. 인간은 또다시 우주의 모태로 귀환하여 다시금 종자의 상태를 획득하며, 또다시 배종이 된다. 죽음이란 보편적 생명의 원천과 다시 접촉하는 것을 말한다. 이와 동일한 기본 개념은 대지의 어머니와 농경의례에 관한 모든 신앙 가운데서 보이고 있다. 죽음은 단지 양태의 변화, 다른 차원으로의 이행, 만물의 모태로의 귀환이다. 만약 실재와 생명이 식물적 표현형식으로 표현된다면 귀환은 단순히 형태의 변화에 의하여 이루어지고 있다. 즉 죽은 자는 인간의 형태에서 나무의 형태로 변하는 것을 말한다.

114. 초목으로의 변형

두 차원 사이의 생명의 순환은 많은 전설과 설화 가운데 보존되어 있는데, 그것은 다음 두 종류로 나눌 수 있다. ① 횡사한 인간이 꽃이나 나무로

[원주175] Hartland, *Primitive Paternity. The Myth of Supernatural Birth in Relation to the History of the Family*, London, 1909, vol. i, p. 148.

변형한 것, ② 열매나 종자에 의해 기적적으로 수태되는 것. 이러한 모티프는 앞에서 언급한 연구논문에서는 면밀한 연구대상이었는데, 여기서는 몇 개만을 예로서 인용하려고 한다. 보딩이 간행한 『산탈리 민화집』[원주176]을 보면 7명의 형제가 자기 누이를 잡아먹으려고 살해한다. 형제 중에서 가장 동정심이 많은 막내만이 누이의 살을 먹지 않고 그것을 땅에다 묻어놓았다. 그랬더니 얼마 후에 그곳에서 아름다운 대나무가 자라났다. 그곳을 지나가던 어떤 남자가 이 대나무를 보고 바이올린을 만들려고 자르려고 하였다. 도끼로 그 대나무를 치려고 하자, "멈춰라, 멈춰라, 그렇게 높이 자르지 마라. 더 밑으로 잘라라!" 하는 소리가 들려왔다. 그래서 그가 그 대나무 뿌리 근처를 치려고 하니 이번에는 "멈춰라, 그렇게 밑으로 자르지 마라. 더 높게 잘라라" 하는 소리가 들려오는 것이었다. 이러한 소리를 두 번이나 더 들은 후에 마침내 도끼로 대나무를 쓰러뜨렸다. 그 남자는 이 나무로 바이올린을 만들었는데 아주 훌륭한 소리가 났다. 왜냐하면 "그 나무 안에는 소녀가 들어 있었기 때문"이었다. 그후 어느 날 소녀는 바이올린 안에서 밖으로 나와 그 음악가의 아내가 되었으며, 그녀의 오빠들은 대지가 삼켜버렸다.

이러한 모티프는 민간전승에 대단히 널리 유포되어 있다. 이 모티프는 다음과 같은 정식으로 요약할 수 있다. 즉 놀라운 힘을 가진 소녀(요정)가 기적적인 열매(석류, 레몬, 오렌지)로부터, 혹은 영웅이 모든 곤란을 무릅쓰고 획득한 열매로부터 나온다. 그런데 노예나 대단히 추한 여인이 이 소녀를 죽이고, 그 지위를 빼앗아 영웅의 아내가 된다. 소녀의 몸에서는 꽃이나 나무가 자라고(혹은 소녀는 물고기나 새로 변형되고, 이것들이 추한 여인에게 살해되고, 그리고 소녀는 나무를 낳는다) 나무의 열매로부터(혹은 나무껍질, 나뭇조각으로부터) 마침내 여주인공이 나타난다. 예컨대 인도의 펀자브 지방에서 채집된 설화에서는 살해된 아내가 백합으로 변형된다. 가짜 왕녀가 그 백합을 작게 자르니까 그 백합에서 박하가 나오고, 거기에서

[원주176] Bodding, *Santali Folk Tales*, Oslo, 1929, vol. ii, pp. 297 ff.

아름다운 덩굴풀이 자란다. 데칸 지방에서는 욕심 많은 여왕의 이야기가 있다. 어느 여왕이 소녀를 못에 빠뜨려 죽였는데 이 못에서 해바라기가 솟아나. 그것을 태워버리니 그 재에서 망고가 자라났다.[원주177]

이런 설화는 비록 '대리 약혼자'나 '마법의 편'이라는 부차적인 테마가 섞여 있긴 하지만 유럽에서도 유포되어 있다. 아시아형의 설화와 같이 여기서도 여주인공은 여러 가지로 변형된다. 토스카나의 설화에서는 여주인공이 '거대한 뱀장어'로 변형하고, 그 뱀장어는 살해되어 들장미 화단에 던져진다. 여기에서 그녀는 '놀랄 만큼 큰' 들장미로 변하고, 그것은 진귀한 것으로서 왕자에게 헌상된다. 그랬더니 들장미로부터 "잠깐! 나를 때리지 마세요!"라는 목소리가 들려와 왕자가 칼로 그 들장미를 잘라보니 아름다운 소녀가 안온하고 건강한 모습으로 나타난다. 그리스 설화에서는 소녀가 조그마한 잉어로 변형되었다가 그 다음에 레몬나무로 변한다. 한 늙은이가 그 나무를 자르려고 도끼를 쳐들자 목소리가 들린다. "높이 치세요! 낮게 치세요! 가운데를 치지 마세요! 당신은 소녀를 다치게 할 테니까요!"[원주178] 이 설화는 산탈리 민화와 대단히 비슷하다. 루마니아의 설화 '세 개의 황금 석류'에서는 여주인공이 짚시 여자에 의해 새로 변하고, 짚시 여자가 이 새를 살해하라고 명령한다. 그후 이 새의 피로부터 훌륭하고 큰 전나무가 자란다.[원주179]

115. 인간과 초목의 관계

이상에서 서술한 설화에서 인간과 초목의 순환은 드라마틱하다. 여주인공은 생명이 끊어졌을 때 나무의 형태를 취함으로써 자신을 감추어버린다. 그것은 식물적 차원으로의 일시적인 퇴행이다. 여주인공은 새로운 형태 아

[원주177] Eliade, "Ierburile," p.15; "La Mandragore," p. 34 참조.

[원주178] E. Cosquin, *Les Contes Indiens et l'Occident*, Paris, 1922, pp. 84~85; "La Mandragore," p. 34.

[원주179] Saineanu, *Basmele Românilor*, Bucharest, 1898, pp. 307 ff.

래 '숨어서' 생명을 지속하는 것이다. 또한 인간과 초목의 순환이라는 다른 원시적인 모티프를 보존하고 있는 민간설화도 있는데, 여기에서는 풍요를 얻기 위해서 씨를 삼키거나 꽃향기를 맡는다. 세 개의 석류라는 루마니아의 설화에서는 양친 중의 한 사람이 성인에게서 사과를 받아먹고 한 아이를 낳았다는 이야기를 담고 있다(어떤 노인은 성녀로부터 사과를 받아먹으니, 그의 넓적다리에서 여자아이가 나왔다는 이야기도 있다).[원주180] 민속문학의 고전적인 한 예는 『펜타메론』[원주181]에 있다. 여기에서 보면, 젊은 처녀가 장미 이파리를 먹은 후에 임신을 하게 된다. 오비디우스가 들고 있는 전승에 의하면, 주노는 주피터와 관계하지 않았는데도 마르스를 낳는데, 그것은 여신 플로라가 꽃으로 변하여 주노의 몸에 닿았기 때문이다.[원주182] 펜저(Penzer)도 천상의 열매에 의하여 임신을 한 이러한 이야기를 많이 수집하였다.

민간전승이 드라마틱한 형태로 보존해온 인간—초목의 순환은 아주 많은 신앙 가운데 존재하고 있다. 메클렌부르크에서는 신생아의 태반을 어린 과일나무 밑에다 묻고, 인도네시아에서는 태반을 묻은 지점에 나무를 심는다.[원주183] 이 두 가지 풍습에서 나무의 성장과 인간의 성장 사이에 있는 신비적인 유대가 확실히 나타나고 있다. 가끔 이 유대는 민족 전체와 하나의 나무 사이에 존재하기도 한다. 예컨대 파푸족은 만약 어떤 나무를 베면 그들도 모두 죽을 것이라고 믿고 있다.[원주184] 돌간족의 샤먼은 자기의 주술에 대한 사명감을 느낄 때 나무를 심는다. 그리고 그 샤먼이 죽으면 그 나무는 뽑아버린다. 오볼스크 북쪽의 툰드라 지대에 사는 유라크족의 샤먼들은 나무를 수호하기 위해 두 개의 우상을 나무 앞에 놓는다. 왜냐하면 만약 나무

〔원주180〕 같은 책, pp. 308, 309.
〔원주181〕 *Pentameron*, ii, 8.
〔원주182〕 *Fasti*, v, 255.
〔원주183〕 Van der Leeuw, *Religion in Essence and Manifestation*, London, 1938, p. 56.
〔원주184〕 Nyberg, *Kind und Erde*, p. 77.

가 파괴되면 그들 샤먼도 멸망하게 될 것이기 때문이다.[원주185] 유럽에서는 오늘날까지도 황태자가 태어나면 보리수를 심는다. 비스마르크 제도에서는 아이가 태어나면 코코넛 씨를 심는다. 그리고 그 야자나무에서 처음으로 열매가 맺으면 그 아이는 성인으로 취급된다. 원주민의 추장의 마나(mana)는 그의 나무가 튼튼한 정도에 따라서 증가하게 될 것이다.[원주186] 이와 같이 인간과 나무 사이의 신비적인 상호침투는 보편적인 민간전승의 유명한 테마가 되었다. 만약 어떤 나무의 꽃이 떨어지거나 시들면 그것은 죽음이나 위험에 의해 위협받고 있는 영웅이 있다는 징조이다. 유럽의 다른 민간신앙도 인간이 나무로부터 발생했다는 신화를 포함하고 있다. 예컨대 독일의 헤센 주의 니르슈타인 지방에는 "이 지방 전체의 아이들을 공급하고 있는" 커다란 보리수가 있다.[원주187] 이탈리아의 아브루치 지방에는 신생아는 포도나무에서 생긴다고 말한다.[원주188]

116. 재생하는 나무

나무는 또 신생아의 보호자이다. 나무는 출산을 쉽게 하고, 대지가 그러했던 것처럼 유아의 생명을 보살펴준다. 지금 인용하는 예들은 그 종교적 의미에서 대지와 식물의 유사함을 분명하게 보여줄 것이다. 나무는 대지가 표상하고 있는 바와 같이 무한정한 생명과 실재를 단순히 다르게 표현한 것에 지나지 않는다. 대지와 초목으로부터 인간이 발생했다는 모든 신앙, 신생아를 대지와 초목이 보호해준다는 모든 신앙의 토대에는 절대적 실재,

---

[원주185] Holmberg-Harva, "Der religiösen Vorstellungen der altaischen Völker," Helsinki, 1939, *FFC*, no. 125, pp. 280~81; Emsheimer, "Schamanentrommel und Schamanenbaum," *ES*, 1946, no. 4, pp. 168 ff.

[원주186] Van der Leeuw, p. 56.

[원주187] Hartland, vol. i, p. 43.

[원주188] 같은 책, p. 44.

생명의 원천, 모든 형태의 모태라는 경험과 '이론'이 있다. 대지나 대지 위에서 성장하고 있는 식물은 **존재하는 것**으로서, 즉 살아 있는 존재로서 끝없는 전생(轉生)에 의하여 끝없이 번식하고 있는 것으로 나타난다. 단순히 나무를 만지거나 심지어 접근하는 것만으로도 대지에 닿았을 때와 똑같이 강해지고 다산을 하는 등의 이로움이 생긴다. 레토는 목초지에 무릎을 꿇고 한 손으로 종려나무를 만지는 동안에 아폴론과 아르테미스를 낳았다. 마하마야 왕비는 사라(沙羅) 나무 아래서 그 가지를 잡고 불타를 낳았다. 엥겔만[원주189]과 니베르크[원주190]는 여성이 나무 아래서 혹은 나무 근처에서 아이를 낳는 풍습이 얼마나 보편적인 것이었는가를 보여주는 민족학적 자료를 풍부하게 수집하였다. 생명과 치유의 원천 근처에서 태어난다는 것만으로도 아이들에게는 가장 좋은 장래의 운명이 보증된다. 즉 아이들은 이것으로 병을 면하고 악령이나 사고로부터 보호받는다. 이와 같이 탄생하는 것은 바로 땅 위에서 탄생하는 것과 같이 어떤 의미에서는 그녀가 출산한다기보다는 그의 어머니 안에서의 탄생을 말한다. 즉 진정한 어머니는 식물이며, 식물이 아이를 돌보아줄 것이다. 이와 같은 신앙과 관련하여 고대부터 있었던 것으로 오늘날까지도 민간에서 행해지고 있는 다음과 같은 풍습에 주목하게 된다. 즉 아이가 태어나자마자 강보에 싼다든가 혹은 풀이나 푸른 가지, 짚으로 아이를 비빈다.[원주191] 힘과 생명의 구현체와 직접 접촉하는 것은 신생아에게 좋을 수밖에 없다. 고대의 요람은 푸른 가지나 밀이삭으로 만들어졌다. 고대 그리스의 모든 아이들이 그러했던 것처럼 디오니소스도 태어나자마자 그해 수확의 첫 이삭이 들어 있는 바구니(liknon)에 놓여졌다.[원주192] 오늘날의 인도[원주193]나 기타 지역[원주194]에도 동일한 풍

〔원주189〕 Engelmann, *Die Geburt bei den Urvölkern*, Vienna, 1884, pp. 77 ff.
〔원주190〕 Nyberg, *Kind und Erde*, pp. 207 ff.
〔원주191〕 같은 책, pp. 210 ff.
〔원주192〕 Mannhardt, *Mythologische Forschungen*, Strasbourg, 1884, p. 369: Dieterich, Mutter Erde, pp. 101~104 참조.

습이 남아 있다. 그 의례는 대단히 고대적인 것으로, 수메르의 찬가에서는 타무즈가 태어나자마자 곧 밭에서 곡물을 담기 위해 사용된 바구니에다 넣는 내용을 기록하고 있다.[원주195]

병든 아이를 나무의 움푹 팬 곳에다 놓는 것은 새로운 탄생, 재생을 의미한다.[원주196] 아프리카와 서파키스탄의 신드 지역에서는 병든 아이가 두 과일나무 사이를 통과하면 치료된다고 믿는다. 즉 병은 나무에 머물게 되기 때문이다.[원주197] 스칸디나비아에서는 아이들뿐만 아니라 어른도 나무의 빈 구멍을 통과함으로써 치료된다고 생각한다. 약초와 다산을 가져오는 초목의 효력은 모두 다음과 같은 동일한 원리에서 유래한다. 즉 생명과 힘은 식물에 구현되어 있다. 헤브루인은 사생아를 '풀의 아들'이라고 부르고, 루마니아인은 '꽃의 아들'이라 부른다. 똑같은 어법은 다른 지역, 예컨대 뉴칼레도니아 제도의 원주민에게서도 보인다. 어떤 풀은 다산력을 지니고 있다. 리아가 야곱에 의해 아들 이삭을 낳은 것은 루벤이 밭에서 발견한 맨드레이크(이 식물의 뿌리는 마취제로 씀) 때문이다.[원주198] 이와 같은 영초(靈草), 약초는 모두 신화적 원형이 희박해지게 되었거나 합리화한 변형에 지나지 않는다. 그 신화적 원형은 죽은 자를 일으키는 풀, 영원한 젊음을 주는 풀, 모든 병을 치유하는 풀이다.

117. 나무의 결혼

인간과 초목 사이의 연대감을 나타내는 또 하나의 의례는 '나무의 결혼'

[원주193] Hastings, *Encycl. Rel. Ethics*, vol. ii, p. 682.
[원주194] Frazer, *Spirits of the Corn*, pp. 5~11.
[원주195] Jeremias, *Handbuch der altorientalischen Geisteskultur*, 2nd ed., Berlin, 1929, p. 345; *Allgemeine Religionsgeschichte*, München, 1918, p. 219.
[원주196] Mannhardt, *Wald- und Feldkulte*, Berlin, 1904, vol. i, pp. 32 ff.
[원주197] Nyberg, p. 216.
[원주198] 창세기 30 : 14 이하.

이라고 불린다. 이 풍습은 인도에서 많이 나타난다.[원주199] 어떤 짚시 집단에서도 산발적으로 보이고 있다(예컨대 루마니아의 트란실바니아에서). 나무의 결혼이란 일반적으로 여성이 결혼 후 몇 년이 지나도록 아이가 없을 때 행한다. 길일을 택하여 좋은 시각에 부부는 같이 연못으로 가서 그 옆에 작은 관목을 심는다. 아내는 어린 무화과나무를, 남편은 망고나무를 심는다. 나무를 심을 때에는 목욕 등을 하고 적절한 의식을 갖추어 행한다. 아내는 여성나무인 베푸(vepu)의 가지를 남성나무인 아라수(ārasu)의 줄기에 접붙이고, 시냇물을 떠다가 이 나무에 물을 준다. 그리고 두 부부는 프라닥시나(pradakṣiṇa. 시계 돌아가는 방향으로 의례적 행진을 하는 것)를 3번, 27번, 108번을 행한다. 만약 나무 중의 하나가 시들면 그것은 나쁜 징조이다. 그 때문에 이 나무가 잘 자라게 하기 위해 가능한 모든 방법을 다 한다. 예컨대 그 주위를 울타리로 막고 보호하기도 한다. 이 두 나무의 결혼은 여성의 임신에 큰 역할을 한다고 생각한다. 얼마간의 시간이 지난 후에 이 나무는 숭배의 대상이 된다. 특히 접붙인 두 나무의 줄기 옆에 돌에 새긴 친친 감고 있는 두 마리 코브라를 나타내는 나가칼(nāgakkal)이 놓여 있을 때 더욱 그러하다.[원주200]

인도에서 광범위하게 행해지는 이 풍습은 두 종류의 초목의 결혼이 여성의 다산에 영향을 미친다는 것을 전제로 하고 있다. 인도의 다른 지방에서는 초목의 결혼이 인간 부부의 결혼과 함께 행해지는 곳도 있다. 펀자브 지방에서는 남자가 세번째로 결혼할 때는 대나무(아라비카 아카시아)의 결혼, 혹은 대(大)아스클레피오스(Asclepia gigantesca)의 결혼을 축하한다. 네팔에서는 네와리족에서 온 모든 소녀들은 어렸을 때부터 벨(bel, 작은 나무)과 결혼하게 되는데, 결혼 후에는 그 남편을 물에다 던진다.[원주201] 또 그 밖의 다른 동기에서(예컨대 지역사회의 안녕과 부를 위해서) 나무와

[원주199] Frazer, *The Magic Art*, vol. ii, pp. 24 ff. 참조.
[원주200] Boulnois, *Le Caducée*, Paris, 1931, pp. 8 ff.
[원주201] Nyberg, p. 201.

나무 사이에 혼인관계를 설정한다. 나무의 결혼에 대응하는 풍습은 다음과 같은 것이 있다. 결혼식이 있은 후 처음 며칠 밤은 신랑 신부 사이에 우담화나무로 만든 지팡이(daṇḍa)를 놓는다. 이 지팡이는 주지하는 바와 같이 초야권(初夜權)을 행사하는 간다르바들을 표상하고 있다.[원주202] 성적(性的)으로 다산한 간다르바들의 성스러운 힘이 이 지팡이에 구현되어 있으며, 그 힘은 신랑과 하기 전에 신부와 첫날밤을 보내는 것으로 생각되고 있다.

118. 5월의 나무

우리가 이미 살펴본 바와 같이 나무와 초목은 끝없는 생명을 항상 구현하고 있다. 고대의 존재론에서 이에 대응하는 것은 절대적 실재, 무엇보다도 '성스러운 것'이다. 우주는 나무로 상징되고, 신은 나무라는 형태로 표명된다. 풍요(다산), 부유, 행운, 건강(더 높은 단계에서는 불사나 영원한 젊음), 이러한 것들은 풀이나 나무에 집중되어 있다. 인류와 종족은 초목으로부터 발생한다. 인간의 생명이 어떤 간계에 의하여 자기의 명을 다하기 전에 잘려졌을 때에는 초목의 형태로 피난한다. 요컨대 모든 존재하는 것, 살아 있는 것, **창조력을 가진 것**, 끊임없는 재생 상태에 있는 것은 초목의 상징으로 표현되고 있다. 우주는 나무의 형태로 표상되고 있다. 왜냐하면 나무와 같이 우주도 주기적으로 재생하기 때문이다. 봄은 모든 생명의, 따라서 인간 생명의 부활이다. 이 우주적인 행위에 의하여 모든 창조력은 처음의 활력으로 되돌아간다. 생명은 완전히 재구성되고, **모든 것은 새롭게 시작한다**. 요컨대 우주창조의 원초의 행위가 반복된다. 모든 재생은 새로운 탄생이기 때문에 끊임없이 재생되어야 하는 형태가 최초로 나타난 신화시대로 되돌아가는 것이다.

많은 식물의례에는 전 인류가 식물계의 부활에 적극적으로 참여하고, 따라서 우주의 재생에 적극적으로 참가함으로써 함께 재생한다는 관념이 포

[원주202] Meyer, *Trilogie*, vol. iii, pp. 192 ff. 참조.

함되어 있다. 유럽의 민간전승에는 고대 의례의 흔적 또는 단편이 남아 있는데, 그것은 나무를 장식하거나 나무를 들고 의례적으로 행진함으로써 봄의 도래를 재촉하는 것이다. 유럽에서는 오늘날에도 봄이나 초여름 성 요한제 때에 숲에서 나무를 가져와 마을 중앙에 세우는 풍습이 남아 있다. 어떤 곳에서는 사람들이 숲으로 가서 푸른 나뭇가지를 잘라 집에다 걸고 그 집주인의 번영을 기원하는 풍습도 있다. 이것은 5월에 가져오는 것으로 알려져 있다.[원주203] 영국에서는 젊은이들과 어린 소녀들이 5월 1일에 나뭇잎과 꽃으로 만든 왕관을 쓰고 노래하며 선물을 요구하면서 집집마다 돌아다니는 풍습이 있다. 프랑스의 보스주 지방에서는 이 의식을 5월 첫째 일요일날 행한다. 스웨덴에서는 '5월의 기둥'(Maypole)을 특히 하지 때에 집안에 세운다. 그것은 가지를 자른 전나무로서, 조화와 장난감 등으로 장식한다. 이 풍습이 발견되는 곳(스코틀랜드, 스웨덴에서 피레네 산맥, 슬라브 민족에 이르기까지)은 어디서나 집단으로 즐기는 기회가 제공되는 것으로 '5월의 기둥'은 기둥 주위에서 춤을 추는 것으로 끝난다. 가장 중요한 부분은 보통 젊은이나 어린이들이 행하는 의식이다. 그것은 봄의 제전이긴 하지만, 이러한 행사가 대부분 그렇듯이 오르기(orgy)의 양상을 띠는 것으로 변화한다(§137).

영국의 청교도 작가 필립 스터브스(Philip Stubbes)는 그의 책 『악습해부』(London, 1583년)에서 이 이교적인 유풍을 분연히 비난하고 있다. 그의 말에 의하면 남녀 젊은이들이 숲에서 하룻밤을 보내고, 그들은 신 대신에 사탄을 예배하며, 마을로 5월의 기둥('냄새가 코를 찌르는 우상')을 운반해와서 그 주위에서 모두 이교의 춤을 추기 때문이다. 따라서 처녀들 중의 3분의 1만이 '더럽혀지지 않고' 집으로 돌아온다는 것이다.[원주204] 교회

[원주203] Mannhardt, *Wald- und Feldkulte*, vol. i, pp. 312 ff.; Frazer, *The Magic Art*, vol. ii, pp. 59 ff.; Frazer, *The Golden Bough*(축약판), London, 1924, pp. 120 ff.

[원주204] Frazer, *The Magic Art*, vol. ii, p. 66에서 재인용. *The Golden Bough*(축약판), p. 123.

가 온갖 반대를 하였음에도 불구하고 이 '5월제'는 계속해서 실시되었다. 철저한 사회변혁에서도 이것을 폐지하는 데 실패하였고, 다만 그 명칭을 바꾸는 데만 성공했을 뿐이다. 페리고르나 기타 다른 많은 지방에서 '5월의 나무'는 프랑스대혁명의 상징이 되었다. 즉 그것은 '자유의 나무'라고 불리는데, 이 나무 주위에서 농부들은 그들 선조로부터 대대로 전해내려온 동일한 옛날식 론도를 추었다.[원주205] 5월 1일은 오늘날 노동과 자유의 날로 기념되고 있다. 현대인의 마음속에서도 이 축일은 집단의 안녕복리와 재생과 개선이라는 신화를 막연한 기억 속에 보존하고 있으며, 이것이야말로 모든 전통주의적 사회에 공통적인 신화인 것이다.

많은 지방에서 이 5월의 기둥이 운반될 때에는 전년의 나무는 불태워진다.[원주206] 나무를 불에 태우는 것은 아마도 식물계의 재생과 신년의 시작의 의례일 것이다. 왜냐하면 인도[원주207]에서, 또 고전고대[원주208]에서 연초에 나무를 태웠기 때문이다. 나무를 태우는 이 의례는 인도에서는 이따금 오르기를 행하는 기회가 되었다. 예컨대 아그라-아우드 연합주의 비하르족은 샬말리 나무에 불을 지르고 마지막에는 집단적 오르기에 자신들을 맡겼다.[원주209] 이 나무의 재는 위험을 막아주고 다산을 가져오는 특성이 있다. 그것은 병과 악마의 눈, 악령으로부터 지켜준다.[원주210] 유럽에서는 5월의 기둥을 태운 후의 재 또는 타다 남은 찌꺼기를 카니발이나 크리스마스에 밭에 뿌리는데, 그러면 수확량이 증가한다고 한다.

이상의 모든 것을 하나의 동일한 의례, 즉 초목의 재생과 '해'의 재생(고

[원주205] A. Mathiez, *Les Origines des cultes révolutionnaires*, Paris, 1904, p. 32.
[원주206] Mannhardt, pp. 177 ff., pp. 186 ff.
[원주207] Meyer, vol. i, p. 101.
[원주208] Liungman, "Traditionswanderungen: Euphrat-Rhein," Helsinki, 1938, *FFC*, no. 119, vol. ii, p. 127.
[원주209] Crooke, "The Holi : A Vernal Festival of the Hindus," *FRE*, vol. xxv, p. 59 ; Meyer, vol. i, p. 101, n. 2의 다른 예도 참조.
[원주210] 인도는 Crooke, p. 63 ; Meyer, pp. 107 ff.

대 동양의 많은 민족에서는 신년이 3월 1일에 시작하는 것을 상기하라)으로 본다면 납득이 될 것이다. 제물로 바쳐진 나무의 주술적, 풍요적인 가치는 그 재나 숯으로 되돌아가는데[원주211] 재나 숯의 '힘'은 그들이 원형(신년, 5월, 성 요한제 등의 의식에서 불태워진 나무의 재)을 닮았기 때문에 생기는 것이다. 이런 의식에서 불탄 나무나 재목이 그 효력을 획득하는 것은 그들이 단지 잠재력으로의 회귀, 불태움에 의한 '씨'의 상태로 회귀하기 때문이다. 즉 그들이 표상하거나 구현하고 있는 '힘'은 형태로서 나타날 수 없고, 재나 숯으로 응집되어 있다.

5월의 도래는 나무나 5월의 기둥으로 혹은 이따금 인간의 형태를 한 상(像)으로 찬양하였다. 즉 잎이나 꽃으로 장식된 상이나 식물의 힘을 구현하고 있는 어떤 인물에 의하여, 혹은 식물의 힘을 신화적으로 표현한 것에 의해서도 찬양하였다. 예컨대 독일의 북바바리아 지방에서는 발버라는 나무를 긴 행렬을 지어 마을 중앙까지 옮긴다. 동시에 짚으로 변장한, 또한 '발버'라고 불리는 젊은이도 함께 옮긴다. 이 나무를 마을의 조그만 술집 앞에 세우고, 온 마을 사람들이 그 주위에서 춤을 추었다. 발버라고 불리는 젊은이는 인간의 형태를 한 식물의 힘의 분신에 지나지 않는다. 오스트리아의 케른텐 지방의 슬라브족 가운데서도 똑같은 것이 행해지고 있다. 그들은 성조지의 날에 나무를 장식하고, 또 한편 푸른 가지로 '한 젊은이'를 덮는데, 그들은 젊은이를 '푸른 조지'라고 부른다. 모든 봄의 축제에서 없어서는 안 될 노래와 춤이 있은 후에 '푸른 조지'의 인형 또는 그 역할을 하는 젊은이를 물에 던진다. 러시아에서는 나무를 등장시키지 않고, '푸른 조지'는 단지 푸른 옷을 입은 젊은이일 뿐이다. 영국에서는 5월제 때 '푸른 옷의 잭'이라고 불리는 나뭇잎이나 담쟁이로 장식한 한 굴뚝 청소부가 많은 청소부들 앞에서 춤을 추고 춤이 끝난 후에[원주212] 관중들 사이를 돌며 돈을 걷는다.

[원주211] Meyer, vol. i, pp. 157 ff. 참조.
[원주212] Frazer, *The Magic Art*, vol. ii, pp. 75 ff.; *The Golden Bough*(축약판), pp. 126~29.

5월의 의식은 모두 마지막에 가서는 어떤 종류의 금품을 걷는 것으로 끝난다. 꽃인형을 가지고 행진하는 사람이든, 초목의 화신이라는 몸을 하고 걷는 젊은이든, 잎이나 가지를 가지고 온 마을을 도는 무리들은 집집마다 방문하여 선물을 받는다(선물도 전통적 성격을 지니고 있는데 달걀, 말린 과실, 어떤 종류의 과자 등이 그 부류에 속한다). 만약 선물을 거부하면 그 사람들은 그 고장의 풍습에 따라 흉년이 들 것이다, 과수원에 열매가 맺지 않을 것이다, 포도나무에 포도가 열리지 않을 것이다 등등 운문을 붙인 노래로 위협을 받는다. 이 집단은 식물의 메신저라는 자격으로 인색한 자를 징벌할 권한을 가지고 있다. 왜냐하면 인색함은 사회 전체에 해롭고, 또 봄의 도래라는 극적인 사건과 함께 생명의 실체인 음식이 사회 내부에 풍족하게 순환하고 그럼으로써 생명물질의 우주적인 순환이 활발하게 될 수 있는 것이다(청과물, 가축, 수확). 또 한편 이 집단은 봄의 도래라는 새로운 뉴스를 전함으로써 사회 전체에 연관된 의례적 행위를 행하고 있다는 감정을 가지게 되며, 따라서 그들의 역할은 보수를 요구하게도 되는 것이다. 즉 이 집단은 누구보다도 먼저 봄을 보고, 봄을 마을로 가져오고, 다른 모든 사람들에게 봄을 보여주며, 노래와 춤 및 의례로 봄의 도래를 자극하는 것이다.

119. '왕'과 '왕비'

확실히 5월의 도래는 어떤 지방에서는 여러 가지 시합, 가장 건강한 부부(왕과 왕비가 된다) 뽑기, 의례적인 씨름 등이 행해지는 시절이다. 이 모든 경기가 하는 기능은, 원래의 의미가 어떤 것이었든 간에 오늘날에는 자연의 에너지를 자극하는 것이다. 보통 이 5월제 때에는 5월의 기둥까지 가는 경주를 한다든가, 젊은 남녀들 중 누가 가장 빨리 이 기둥에 올라가는가 등의 시합을 하는 것으로 시작한다. 몇 가지 예를 들어본다. 독일의 작센 지방에서는 이 의식을 5월 1일, 또는 오순절에 한다. 먼저 숲에서 어린 나무(majum quœrere)를 가지고 와서 그것으로 집을 장식한 후에 마을 한가운데에다 하나의 '5월'의 나무를 엄숙하게 세운다. 그리고 이 나무의 꼭대기의 가지 몇 개만을 남기고는 나머지 가지는 모두 잘라버린 후 그 가지에다 선물(소시지, 달걀, 과자)을 걸어놓는다. 젊은이들은 이 나뭇가지를 놓고 시합을 벌인다. 어떤 지방에서는 누가 가장 빨리 그 기둥 꼭대기에 올라갈 수 있는가 또 어떤 곳에서는 그 기둥이 서 있는 곳까지 누가 가장 빨리 뛰어가는가 하는 경기를 한다. 때로는 경마를 하는 수도 있다.[원주213] 이 경기에서 승리한 자는 어깨가 으쓱해지고 명예가 주어진다. 옛날에는 승리자는 예쁜 소녀로부터 빨간 옷을 선물받았다.

  실레지아 지방에서는 경마의 승리자를 '오순절의 왕'이라 부르고, 그 약혼자는 '오순절의 왕비'라 불렀다. 경주에서 꼴찌를 한 사람은 광대의 역할을 하지 않으면 안 된다. 그는 '왕'이 도착하기까지 30개의 빵을 먹고, 4리터의 독한 술을 마셔야 한다. 왕은 5월의 꽃다발을 받고, 왕관을 쓰고, 온 마을이 총출동한 행렬을 따라 마지막으로 주막으로 안내된다. 만약 광대가 규정된 빵과 술을 모두 잘 먹고 연설과 한잔의 맥주로 왕을 맞이할 수 있으면 그가 마신 술값은 왕이 지불하고, 그렇지 못할 때는 광대가 지불해야 한다. 미사가 끝나면 행렬이 출발하는데 그 선두에는 오순절의 왕관을 쓴 왕과 광대가 선다. 행렬은 각 농가 앞에 멈추어 서서 "비누를 사서 광대의 낯을 씻으려 하오니 적선합쇼!" 하며 현물이나 돈을 청한다. 관례에 따라 이 왕의 행렬에 참가하고 있는 '기사들'은 그들 집에서 열쇠로 잠가놓은 것을 제외하고는 먹을 수 있는 것은 눈에 띄는 대로 모두 가져갈 수 있다. 그리고 행렬은 왕의 약혼자가 사는 집으로 간다. 이 약혼자를 '오순절의 왕비'라고 부르는데, 그들은 이 약혼자에게 가져간 선물을 준다. 또한 왕은 그 5월의 기둥을 다음해까지 자기가 일하고 있는 주인집 앞에 세워놓을 권리도 가지고 있다. 마지막으로 모든 사람은 왕과 왕비가 주도하는 무도회의 막을 연다.[원주214]

  [원주213] Frazer, *The Magic Art*, vol. ii, pp. 66 ff.
  [원주214] Drechsler, *Sitte, Brauch, und Volksglauben in Schlesien*, Breslau,

120. 성과 식물

어떤 지방에서는(예컨대 프랑스, 영국, 보헤미아 지방 등) '5월의 여왕'을 뽑는 관습이 있다. 다만 대부분의 민간전승은 여러 가지 이름으로 불리기도 하는 원초의 배우신을 보존하고 있다. 즉 왕과 왕비, 주인과 여주인, 약혼자 한 쌍, 연인들(시칠리아와 사르디니아). 이것은 아마도 저 옛날에 밭 위에서 의례적으로 결혼함으로써(§135 이하 참조) 자연의 창조력을 자극, 하늘과 땅의 우주적 성혼을 반복한 한 쌍의 남녀의 이미지, 지금은 변질한 낡은 이미지가 아닐까 한다. 이 한 쌍의 남녀는 선물을 거둬들이면서 농가에서 농가로 5월의 기둥을 운반하는 행렬을 이끈다. 이 남녀는 그 이후에도 가끔 결혼한 부부로서 간주되는 경우가 많다. 다른 문화의 형태와 단계에서는 이 의례상의 부부는 그 원래의 의미(성혼)를 잃고 오르기적 의례에 흡수되어버렸다. 더구나 어떤 경우에는, 어떤 하나의 의례가 어느 정도까지 에로틱한 상징체계를 표현하고 있는지 혹은 대지농경적 상징체계가 얼마만큼 단순한 것이었는지를 정확하게 보기가 곤란하다. 생명은 통일체로서 나타나고 있다. 우주적 생명의 여러 차원은 상호 조응하고 있고(달―여성―대지, 천공―비―인간 등), 일정한 중심점에서 교차하고 있다(달, 밤, 물, 대지, 종자, 탄생, 재생, 부활 등의 우주론적 속성은 모두 최소한 잠재적으로 여성 가운데에 현존하고 있고, 이들은 여성적 의례나 성혼으로 실현되고 증가될 수 있다). 그러므로 우리는 그 일원적인 전체성에 끊임없이 주의하지 않으면 안 된다. 각각의 의례는 그 전체에서 발생하고 있거나, 반대로 각 의례는 그 전체의 기반을 이루고 있기 때문이다. 특히 식물숭배는 그 숭배를 낳은 원초의 생물우주론적인 개념의 조명 아래 해석해야 한다. 식물숭배가 다양한 형태를 가지고 있는 것처럼 보이는 것은 근대적인 시각에서 본 착각인 경우가 많다. 결국 식물숭배는 하나의 원시적인 존재론적 직관(실재하는 것은 단순히 자기 동일 상태로 무한히 지속하

1901, vol. i, pp. 125~28 ; Frazer, *The Magic Art*, vol. ii, pp. 84 ff.

고 있는 것일 뿐만 아니라 유기적이지만 순환적인 형태로 **생성하는 것이기**도 하다)으로부터 나오고 있다. 그것은 하나의 동일한 목표(모든 수단으로 자연력의 재생을 확보하는 것)를 향하여 수렴되고 있다.

예컨대 암보이나 섬의 어떤 집단은 정향나무 밭의 작황이 나쁘면 남자들이 밤에 발가벗고 밭으로 나가 '정향나무!' 하고 외치면서 풍작을 빈다. 중앙아프리카의 바간다족에서는 쌍둥이를 낳은 여성은 그 다산성이 증명되었기 때문에 바나나나무를 풍작케 할 수 있는 생식력의 중심이 된다. 그리하여 바나나 잎을 그녀의 양다리 사이에 놓고, 남편과 성교하던 중에 그것이 밀려나면 비상한 힘을 지닌 잎으로 간주되어 인근 마을 사람들이 그것을 서로 가지려고 다투어 비싼 값으로 매매되기도 한다.[원주215] 이상의 두 예에서 볼 수 있는 것은 인간의 성적 행동양식을 식물에 적용한 것으로서, 매우 그로테스크하고 극도로 구체적이고 개개의 대상(어떤 종류의 나무, 어떤 종류의 여성)에 한정되어 있을 뿐 전체에, 즉 생의 전체에 주술적으로 투영된 것은 아니다.

이러한 희귀한 경우들은 성혼이나, 봄에 젊은 부부가 밭에서 성교하는 것이나, 봄과 여름의 제전중에 식물의 힘을 자극하기 위한 경주나 시합이나 5월의 왕이나 왕비 등, 이 모든 것들에 포함되어 있는 원리를 확증해주고 있다. 이 모든 것 가운데서 우리는 생물우주적 에너지, 특히 식물 에너지의 순환을 광대한 규모로 자극하려는 욕망을 인지할 수 있다. 이미 본 바와 같이 의례나 성혼으로 인간이 반드시 식물에 대해서 자극하는 경우도 있지만 오히려 초목이 거꾸로 인간의 다산성을 자극하는 경우가 많다(예컨대 인도에서의 나무의 결혼, 과실이나 씨, 나무의 그림자 등에 의한 풍요). 그것은 모든 우주의 차원에서 생기는 생명물질의 동일한 닫혀진 순환이겠지만, 그 순환은 인간의 욕구에 따라서 어떤 중심(여성, 식물, 동물)에 집중하거나 투사시킬 수 있다. 생명물질과 성스러운 힘이 생물우주적인 여러

[원주215] Frazer, *The Magic Art*, vol. ii, pp. 101 ff: *The Golden Bough*(축약판), pp. 137.

차원에서 순환하는 것과, 인간이 그 직접적 이익을 위해서 행하는 순환은 후에 불사나 영혼의 '구원'을 획득하기 위한 최상의 수단으로 이용되었다 (그리스-오리엔트의 비의를 참조할 것).

121. 식물의 대리인

유럽의 전승에 남아 있는 식물의 제전에서 본질적인 것은 나무를 전시하는 의례와 연초를 축복하는 것이다. 이 모든 것은 앞으로 인용하는 예들로 더욱 명백해지리라고 본다. 해가 지남에 따라 달력이 겪는 변화에는 때때로 재생과 '새로운 시작'이라는 요소를 감추고 있는데, 우선 봄에 행해지는 많은 풍습 가운데서 그것을 확인할 수 있다. 초목의 재출현은 시간의 새로운 순환을 개시하는 것이다. 초목은 봄마다 재탄생되며 '다시 시작된다'. 5월의 기둥의 전시와 새로운 '시간'의 개시라는 두 집단의 의식에 공통된 기원은 많은 전승 가운데서 명백하게 볼 수 있다. 예컨대 어떤 지방에서는 식물의 대리인이며 식물의 성장의 자극자인 5월의 왕을 '살해'하는 습관이 있다. 독일의 작센 주나 튀링겐에서는 나뭇잎으로 옷을 해입고 숲에 숨어 사는 '야만인'을 소년들이 무리를 지어 찾아 나서는데, 그를 체포하면 화약총으로 그에게 공포를 쏜다.[원주216] 체코슬로바키아에서 고해화요일(카니발제 마지막날)에 일단의 소년들이 변장하고 온 마을을 떠들고 다니면서 '왕'을 뒤쫓아가는데, 붙잡으면 재판을 걸어 왕에게 사형을 선고한다. 모자를 있는 대로 써서 머리를 길게 한 왕은 목을 잘린다. 필센 지방(체코슬로바키아)에서는 왕은 풀과 꽃으로 지은 옷을 입고 나타나 재판을 받은 후에 말을 타고 도망갈 수 있다. 이때 만약 잡히지 않으면 다음해까지 왕으로 남을 수 있지만 잡히면 목이 잘린다.[원주217]

[원주216] Frazer, *The Golden Bough*(축약판), pp. 296 ff; *The Dying God*, London, 1936, pp. 205 ff.
[원주217] Frazer, *The Golden Bough*(축약판), p. 229; *The Dying God*, p. 213 참조. 프레이저는 사제 네미(Nemi)의 의례에서 그와 유사한 풍습을 보고 있다.

유럽의 민속전승에서 우리는 이 봄의 제전과 밀접하게 관련된 두 개의 다른 제례를 발견한다. 그것은 해(年)와 식물의 재생이라는 동일한 의례체계 가운데서 같은 역할을 하고 있다. 첫번째는 '카니발의 죽음과 매장'이고, 두번째는 '겨울과 여름의 투쟁'인데, 결국에는 겨울의 추방(또는 '죽음'의 추방)과 봄의 영접으로 끝난다. 이러한 풍습이 생기는 날은 다양한데, 일반적으로 겨울의 추방(따라서 '죽음'의 살해)은 사순절의 제4일요일이나 그 일주일 후(체코슬로바키아에서처럼)에 한다. 모라비아 지방의 독일인 마을에서는 겨울의 추방을 부활절 후의 첫번째 일요일에 행한다. 이와 같은 차이는 5월 의례에서도 보이는데(5월 1일, 오순절, 6월 초, 성 요한제 등), 이 차이 자체는 의례가 어떤 지방에서 다른 지방으로 옮겨갈 때마다 날짜가 변경되었다는 증거가 된다. 여기서 이 이상 카니발의 기원과 의의에 대하여 논할 수는 없지만, 우리에게 흥미 있는 것은 이 중요한 제전의 마지막 행사이다. 대부분의 지역에서 '카니발'의 인형은 '사형에 처해지며, 사형이 집행된다(그 집행방법은 태우기도 하고 물에 빠뜨리기도 하고 목을 베기도 하는 등 다양하다). 카니발을 살해할 때에 가끔 대격투가 벌어지는데, 카니발을 나타내는 그로테스크한 상을 향해 호두나 밤 같은 딱딱한 열매를 던지거나 꽃이나 야채 등을 던지며 싸움을 한다. 다른 지방에서는(예컨대 튀빙겐의 이웃) 재미있는 의식이 끝난 후에 카니발 인형에게 사형을 선고하고, 목을 베어 관에 넣고 묘지에 묻는다. 이 풍습을 '카니발의 매장'[원주218]이라고 부른다.

이와 동일한 '죽음'의 추방 혹은 살해의 또 다른 에피소드는 여러 가지 전개방식을 가진다. 유럽에서 가장 널리 퍼져 있는 풍습에는 다음과 같은 것이 있다. 어린이들은 짚이나 나뭇가지로 인형을 만들어 "죽음을 물에 빠뜨

고대 이탈리아에서는 이와 똑같이 사제는 생명을 걸고 싸우는데, 만약 피할 수 있으면 그의 직무는 계속될 수 있다. 체코슬로바키아에서의 이 풍습은 왕 추방을 기념하는 축제를 상기시킨다.

[원주218] Frazer, *The Golden Bough*(축약판), pp. 302 ff ; *The Dying God*, pp. 220 ff.

린다"라고 외치면서 인형을 밖으로 가지고 나와, 호수나 우물에 던지거나 불에 태운다. 오스트리아에서는 죽음을 불태우는 장작더미 주위에서 그 인형의 한 조각이라도 얻으려고 싸운다.[원주219] 여기서 나타나고 있는 것은 죽음의 풍요의 힘인데, 이 힘은 다른 식물의 상징도 소유하고 있으며, 자연의 재생과 신년의 시작을 축하하는 여러 가지 축제 때에 불태우는 나무의 재에도 이 힘이 들어 있다. 죽음이 추방되거나 살해되자마자 봄이 되돌아온다. 트란실바니아 지방의 색슨족은 소년들이 죽음의 인형을 마을 밖으로 운반하는 동안에 소녀들은 자기들 가운데 한 소녀를 인격화하여 봄의 도래를 준비한다.[원주220]

그 밖의 여러 곳에서도 여름을 가져오는 것은 젊은이들이며, 그 의식은 5월의 기둥 의식의 한 변형이다. 즉 소년들은 숲으로 가서 어린 나무를 자르고 그 가지를 운반하여 장식을 붙인다. 그리고 마을로 돌아와 가가호호를 돌며 여름을 가져왔다고 노래하면서 선물을 요구하기도 한다.[원주221] 리웅만은 이 유럽의 민간풍속이 일련의 카니발의 의례행사에서, 다시 말하면 '신년'(§153)의 창시로부터 파생하였음을 증명하였다.[원주222] 스위스, 슈바벤과 오스트마르크에서는 오늘날에도 카니발 때에 겨울 또는 '할머니'의 인형을 추방한다.[원주223] 8세기의 어떤 종교 문헌에 기록된 것에 의하면, 게르만민족은 이렇게 쓰고 있다. "2월에 겨울을 추방하는 것을 믿는다"(in menso februario hibernum credi expellere). 어떤 지방에서는 카니발 때에 마녀(겨울의 인격화, 인도에도 똑같은 전승이 있다)를 불태워 죽이거나,[원주224] 혹은 겨울의 인형을 바퀴에 매놓거나 한다.

[원주219] Frazer, *The Golden Bough*, p. 314; *The Dying God*, pp. 230 ff.
[원주220] Frazer, *The Golden Bough*, pp. 312, 313; *The Dying God*, pp. 207 ff.
[원주221] Frazer, *The Golden Bough*, p. 311.
[원주222] Liungman, "Traditionswanderungen: Rhein-Jenissei," Helsinki, 1941, *FFC*, no. 130, *passim*.
[원주223] 같은 글, p. 19.
[원주224] Meyer, vol. i, pp. 83 ff.

의례의 둘째 부분('여름'의 영입)도 리웅만에 의하면, 고대의 카니발에서 기원한다고 말하고 있다. 이 둘째 부분은 동물을 전시하는 것으로 되어 있는데, 보통은 새를 전시한다(이것은 이미 오리엔트[원주225]나 고전고대 시대에 생겼다. 그로부터 발칸을 경유하여 중부유럽과 북유럽으로 전파되었다).[원주226] 또는 동물이 아니라 푸른 가지나 꽃다발 등을, 요컨대 5월의 기둥과 유사한 봄의 상징을 전시한다.[원주227] 겨울의 추방과 봄의 영입 때에 부르는 가사는 카니발에서 부르는 것과 동일하다. 또, 선물 주기를 거절하는 사람에게 위협하는 문구도 동일하다.[원주228] 왜냐하면 카니발이나 그로부터 파생된 다른 의식들과 마찬가지로 이 제전도 선물을 청하는 것으로 막을 내리기 때문이다.[원주229]

122. 의례적 경기

우리가 여기서 기술해야 할 필요가 있는 관습이 한 가지 더 있다. 그것은 여름과 겨울 사이의 경기인데, 한편으로는 두 계절의 각 대리인 사이에 하는 경기이고, 또 한편으로는 긴 대화시를 각각의 인물이 한 구절씩 서로 영창하는 것이다. 이 의식은 리웅만이 지적하고 있는 바와 같이[원주230] 겨울의 추방과 봄의 영입에 비하여 훨씬 덜 전파되었다. 이것은 최근에 기원을 두고 있는 것 같다. 몇 개의 예를 들어본다. 스웨덴에서는 5월의 제전 때에 양쪽의 기사들 사이에 경기를 벌인다. 한쪽은 겨울의 대리인으로 모피옷을 입고 눈과 얼음덩이를 던진다. 다른 한쪽은 나뭇가지나 꽃을 몸에 장식하

[원주225] Liungman, "Euphrat-Rhein," I, pp. 352 ff.
[원주226] Liungman, II. pp. 1100 ff.
[원주227] Nilsson, *Geschichte*, I, pp. 113 ff.
[원주228] Liungman, "Rhein-Jenissei," pp. 44 ff.
[원주229] 같은 글, p. 22.
[원주230] Liungman, "Der Kampf Zwischen Sommer und Winter," Helsinki, 1941, *FFC*, no. 130, pp. 118 ff.

고 있다. 마지막으로 여름 집단이 승리하고 의식은 대향연으로 끝난다. 라인 강 연안에서는, 겨울은 짚으로 된 옷을 입고 나타나고, 여름은 담쟁이덩굴로 된 옷을 입는다. 경기는 물론 여름의 승리로 끝을 맺는다. 겨울의 역을 연출하던 젊은이들은 땅에 내던져져 덮고 있던 옷들을 모두 벗겨버린다. 그후 연기자들은 아름다운 화관을 쓰고 차례로 집집마다 돌아다니며 선물을 청한다.[원주231]

이 경기의 가장 일반적인 형태는 각 '계절'의 대표가 집집마다 돌면서 시구를 서로 낭송하는 것이다. 리웅만은 여름과 겨울을 차례로 축복하는 노래의 여러 가지 변형을 많이 수집하였다. 리웅만에 의하면,[원주232] 그 문학 형식은 15세기 이전까지는 소급해 내려가지 못하지만, 이 경기의 신화론적 원형은 의심할 바 없이 훨씬 더 고대적인 것이다. 리웅만은 고대와 중세의 많은 문예전승(15세기의 원고 *Des Poppe Hofton*, 한스 작스의 시 「겨울과 여름의 대화」(1538), 8~9세기의 라틴어 시 「봄과 겨울의 투쟁」, 베르길리우스의 제 3 전원시, 테오크리토스의 제 5 목가 등)[원주233]을 열거한 후에 여러 학자가 제안한 가설을 구체적으로 검토하고 거부하였다.[원주234] (예컨대 우세너는 크산토스와 멜란토스의 싸움, '빛'과 '어둠'의 싸움에서 이 여름과 겨울의 싸움의 모티프의 원형을 보고 있다.) 리웅만은 이 신화적 원형은 티아마트와 마르두크의 싸움, 즉 매년 초에 바빌로니아에서 의례적으로 기념되는 싸움이라고 자신의 확신을 기술하고 있다.[원주235]

나는 신화적 원형에 대한 이 스웨덴 학자의 결론에 동의한다(그는 그 원형으로 식물과 그 적인 가뭄과의 싸움을 추가하고 있다. 그는 이집트에서는 오시리스와 세트의 싸움, 페니키아에서는 알레이온과 모트의 싸움을 언

[원주231] Frazer, *The Golden Bough*, pp. 316, 317; *The Dying God*, pp. 246 ff.
[원주232] Liungman, "Der Kampf," p. 159.
[원주233] 같은 글, pp. 124 ff.
[원주234] 같은 글, pp. 146 ff.
[원주235] 같은 글, p. 151.

급하고 있다). 내가 이미 이 책에서 여러 번 살펴본 바와 같이 모든 의례는 **태초**에 생긴 원초적 행위의 반복에 지나지 않는다. 이 모티프의 역사적 전파에 관한 리웅만의 연구 결과가 얼마만큼 확정적인 것인지에 대해서는 알지 못한다. 그 자신이 언급하고 있는 바와 같이[원주236] 여름과 겨울의 싸움은 에스키모인이나 야쿠트족에게서도 발견된다고 지적하고 있다. 그는 이 관습이 메소포타미아-유럽 전승에서 파생한 것인지, 혹은 다른 어떤 전승에서 발생하였는지에 대해서는 설명하지 않았다. 경기 그 자체는 번식력과 식물의 생명력을 자극하는 의례이다. 봄이나 추수 때에 많은 지역에서 행하는 이러한 시합이나 경기의 기원은 아마도 다음과 같은 고대적인 개념에서 나왔을 것이다. 즉 남녀 각 집단 사이의 난폭한 구타, 경쟁, 유희를 함으로써 만물의 에너지를 증대시키고 유발시킨다는 개념이다. 우리가 여기서 가장 흥미를 갖는 것은 이런 풍습이 기반을 두고 있는 **모델**, **원형**이다. 사람들이 이 의례를 행하는 것은 그것이 저 **태초**에 신들에 의하여, 바로 그 순간에 창시된 의례 질서에 적합하게 만들어졌기 때문이다.

이 의례적인 시합은 대단히 많은 원시종교 가운데서 발견된다. 예를 들어 오시리스 숭배의 최고층(最古層)과 스칸디나비아의 원시종교에도 있다.[원주237] 이와 동일한 경기는 현대 유럽에서도 일련의 봄의 제전의 일환으로서 행해지고 있다. 예컨대 러시아에서는 6월 29일의 성 베드로제 때에 '코스트로마의 매장'을 기념하고 있다. 코스트로마란 식물의 삶과 죽음의 순환을 상징하는 신화적 인물 중의 한 사람이다. 이때에는 경기를 하고, 끝나고 난 후에는 애가(哀歌)를 노래한다.[원주238] 또한 러시아에서는 코스트루봉코(Kostrubonko. 브루크너에 의하면 이것은 본래 슬라브 기원으로 서민적인 봄의 신의 별명이다)[원주239]의 죽음과 부활이 소녀들의 다음과 같은 합창

[원주236] 같은 글, p. 184.
[원주237] Almgren, *Nordische Felszeichnungen als religiöse Urkunden*, Frankfurt a. M., 1934.
[원주238] Frazer, *The Golden Bough*, p. 318; *The Dying God*, pp. 261 ff.
[원주239] A. Bruckner, *La Mitologia slava*, Bologna, 1923, p. 128.

으로 축복되었다.

> 죽는다, 우리의 코스트루봉코가 죽는다.
> 죽는다, 우리들의 친절한 사람이 죽는다!

그때 한 소녀가 갑자기 다음과 같이 외친다.

> 살아 돌아왔다! 우리들의 코스트루봉코가 살아 돌아왔다!
> 우리들의 친절한 사람이 살아 돌아왔다![원주240]

브루크너의 확신에 따르면, 이 의례와 신의 이름은 본래 기원상 원(原)슬라브적이라고 할 수 있지만, 소녀들의 애가와 그에 이어 뒤따르는 코스트루봉코의 부활에 의한 환희의 노래는 동양의 식물신의 드라마라는 전통적인 모델을 우리에게 상기시켜주고 있다.

123. 우주적 상징

우리는 이상의 민간의례를 통하여 어떤 공통적인 특질을 끄집어낼 수 있다. 즉 식물의 상징을 사용함으로써 우주적 사건(봄 혹은 여름)을 축복한다. 예컨대 나무, 꽃 또는 동물을 전시한다. 즉 나무는 의례적으로 장식되고, 행렬을 지어 운반하거나 한다. 만약 나무가 없으면 나뭇조각이나 풀잎으로 옷을 해입은 사람이나, 어떤 인형을 의례적으로 운반한다. 때로는 시합이나 경기, 죽음과 부활에 관련된 드라마가 거행된다. 인간 집단 전체의 생활이 잠시 동안 봄이라는 우주적 사건을 표현하고 축복하기 위한 단순한 상징으로서의 나무나 식물의 인형에 집중하는 것이다. 그것은 마치 인간

[원주240] Frazer, *The Golden Bough*, pp. 318 ff; *The Dying God*, pp. 261~62.

집단이 자연 전체를 포함하는, 객관적으로 말해서 대규모적인 차원에서 봄의 도래를 도와주고 그 기쁨을 표명하는 것은 불가능한 것처럼 보인다. 요컨대 식물의 생명이 최종적인 승리를 거두는 것을 인간이 기뻐하거나 도와주는 것은 소우주에, 즉 하나의 가지, 하나의 나무, 하나의 인형, 변장한 인간 등에 한정되어 있다. 단지 하나의 대상(혹은 상징)이 자연의 현존을 지시하고 있다. 그것은 자연에 대한 공감이나 숭배의 범신론적 감정이 아니고 상징(나뭇가지, 나무 등)의 현존에 의하여 유도되며, 의례(행렬, 시합, 경기 등)를 거행함으로써 자극되는 감정과 관련되어 있다. 이러한 의례는 생활의 모든 차원에서 표현되고, 주기적으로 증대되고 소모되고 재생되는 생물우주적인 성의 포괄적 직관에 바탕을 두고 있다. 이 '생물우주적인 성성'은 분위기나 환경에 적합하게 변화하면서 여러 상이한 행태로 인격화되고 있다. 식물의 영(靈)은 때때로 신화적 창조에 의하여 나타나고, 살고, 확대되고, 마지막으로 소멸한다. 지금까지 잔존해 있는 기본적이고 지속적인 것은 식물의 '힘'인데, 이 힘은 나뭇가지나 인형이나 신화적 형상에서 똑같은 효력을 가지고 경험되고 지배되고 있다. 그러나 하나의 '상징'(나뭇가지나 5월의 기둥과 같은)으로밖에는 등장하지 않는 의식보다 어떤 신화적 인물(예컨대 코스트루봉코와 같은)을 중심으로 전개되는 의식에 더욱 진정한 종교적 가치를 부여하는 것은 잘못일 것이다. 이러한 차이점은 여러 사회의 신화적 능력의 차이에서 혹은 단순히 역사의 우연에서 기인하는 것이다. 어떤 경우든 큰 문제는 되지 않는다. 그 모든 것 속에서 우리는 동일한 기본적인 관념을 발견하며, 소우주 안에서 전 우주적 사건을 축복하고, 그것을 상징적으로 축복하는 동일한 경향을 보게 된다.

몇 번 말한 바와 같이 초목의 힘의 표현뿐만이 아니라, 그 힘이 활동하는 때도 중요하다. 그것은 공간 속에서만 생기는 것이 아니라 시간 속에서도 생기기 때문이다. 하나의 새로운 단계가 시작한다. 즉, 재생이라는 원초의 신화적인 재생행위가 반복되는 것이다. 그 때문에 카니발과 성 요한제 사이에 축복되는 식물의례는 여러 지역에서 여러 시대에 걸쳐 나타난다. 봄의 현실적 도래가 식물의례를 창시한 것은 아니었다. 그것은 소위 '자연숭배의 종교'가 아닌 시대와 장소에 따라 적합하게 적응된 의례적 드라마였다. 그러나 어떤 경우였거나 그 드라마는 최초의 형태를 보존하고 있다. 즉, 그것은 재생이라는 원초적 행위의 재현이다. 그러나 이미 살펴본 바와 같이, 새로운 5월의 기둥이 도착하면 전년도의 5월의 기둥은 불태워지며, 이와 똑같이 카니발의 인형이나 겨울, 죽음, 식물 등의 인형도 불태워지는데, 그 재는 그것이 저장하고 있는 생명발생력이나 해악을 방지해주는 힘이 있기 때문에 이따금 귀중하게 여겨지고, 요구되는 것이다. 그러나 리웅만은 어떤 종류의 나무줄기도, 또한 다른 상황에서 불태워지고 있는 것을 지적하고 있다.[원주241] 예컨대 다뉴브 강 남부의 슬라브족은 바드냐크(Badnjak)라고 불리는 나무 또는 가지를 크리스마스나 신년제나 공현축일(1월 6일)에 불태우는 풍습이 있다. 이 바드냐크는 각 가정에서 며칠 동안 연속하여 불태우는데, 그 재는 밭을 비옥하게 한다고 하여 밭에 뿌린다. 바드냐크는 또한 가정에 부를 가져다주고 가축을 번식시켜준다. 불가리아인은 이 바드냐크를 향과 몰약(沒藥)과 올리브유와 함께 불태워 축하한다. 발칸 제국에서 대단히 예부터 행해졌던 이 풍습은 전 유럽에 퍼졌으며, 이것은 또 그 고대성을 뒷받침하고 있다.

물론 이와는 다른 날에 나무를 불태우는 지역도 있다. 티롤 지방에서는 사순절의 첫번째 목요일에 행렬을 지어 나무를 운반해간다. 스위스에서는 크리스마스 이브와 신년제 때에 행한다. '크리스마스 나무'나 카니발의 나무(서양)를 운반하고 태우는 의식은 '5월의 기둥'을 운반해가는 동일한 인물이 행한다. 여기에서도 왕과 왕비, 무어인, 야만인, 광대 등이 등장한다.[원주242] 또 결혼 때에도 똑같은 배역의 인물이 똑같은 의례의 나무와 함께 나타난다. 나무를 경건하게 운반하고 그것을 불태우는 모든 풍습은 모두 5월 1일에, 다시 말하면 새로운 해의 초에 나무를 태우는 고대의 풍습에서 파생한 것이라고 리웅만은 생각한다. 한편으로(발칸 제국 등) 이 풍습은

[원주241] Liungman, "Euphrat-Rhein," II. pp. 1027 ff.
[원주242] 같은 글. p. 1036.

크리스마스나 신년제 쪽으로 옮겨갔고, 또 한편으로는 고해화요일(카니발)에 고정되거나, 그 다음에 5월 1일, 오순절, 성 요한제로 되었다.[원주243] 여기서 강조하고 싶은 것은 이 나무를 태우는 풍습이 가지고 있는(따라서 오늘날도 차츰 약해지고 있긴 하지만 아직도 보존되고 있는) 우주적, 시간적인 의의이다. 태운다는 것은 재생, 재개의 의례임과 동시에 저 태초에 행해졌던 원초의 행위를 기념하는 의례였고, 또 오늘날도 그러한 의례로 남아 있다. 이 의례에서는 주술식물적 가치는 이차적인 것이고, 명료하게 나타나는 가치는 신년을 기념하는 것이다. 따라서 우리는 이 특수한 의례에서 형이상학적인 개념이 봄의 도래라는 구체적인 경험보다도 우선한다고 결론을 내릴 수 있다.

124. 요약

거의 무한하다고 할 만큼 초목의 히에로파니가 풍부하다고 하여 혼란에 빠져서는 안 된다. 이 히에로파니가 아무리 풍부하고 다양하다 해도 하나의 일관된 구조로 쉽게 환원시킬 수 있다. 우리가 지금까지 고찰해온 몇 개의 예를 생각해보아도, 예를 들면 우주나무와 5월의 행진 사이의 주된 차이는 우선 우주론적인 표의문자와 의례 사이의 차이로 귀착되는 것이 분명하다. 어떤 의례는 표의문자, 신화, 전설 이외의 표현형식에 의하여 실현된다. 그러나 이들 표현형식은 모두 똑같은 관념을 표현하고 있다. 즉 식물은 **살아 있는** 실재의 주기적으로 재생하는 생명의 표상이라는 것이다. 인간발생의 나무에 관한 신화, 식물의 봄의 의례, 약초의 기원에 대한 옛 설화 중 영웅이 식물로 변신하는 전설 등은 상징적으로든 극적으로든 다음과 같은 동일한 이론적인 명제를 잘 표현해주고 있다. 즉 초목은 생명을 만드는 **실재를 구현하고**(의미하고 혹은 분유하고 있다) 있다. 생명은 지칠 줄 모르고 창조하며, 무수한 형태를 취하고 재생하기 때문에 결코 쇠진되어버리

[원주243] 같은 글, p. 1051.

지는 않는다는 것이다. 임신하기 위해서 또는 신생아를 보호하기 위해서 나무를 만지는 것은 식물에 **실재**나 **생명**이 구현되어 있다는 포괄적인 관념을 의미하고 있고, 그 관념은 우주나무라는 표의문자에도, 생명의 나무라는 신화에도 똑같이 포함되어 있다. 그 어떤 경우이든 초목은 식물의 상징을 통하여 표명된다. 결국 식물은 그것이 식물 이외의 것을 의미할 때 히에로파니가 되는, 즉 성을 구현하고 보여주는 것이 된다는 관념으로 되돌아간다. 나무와 초목은 나무와 초목 그 자체로는 결코 성이 되지 못한다. 그것들이 성이 되는 것은, 어떤 초월적 실재를 분유하고 있고, 그 초월적 실재를 의미하고 있기 때문이다. 그것들은 구체적인 '세속적'인 초목종을 성별(聖別)함으로써 성변(聖變)하는 것이다. 성의 변증법에 의하면, 부분(한 그루의 나무, 하나의 초목)은 전체(우주, 생명)에 필적할 만한 가치를 가지고 있으며, 이로써 세속적인 사물이 히에로파니가 되는 것이다. 이그드라실은 우주를 상징하지만, 고대 게르만민족에게는 어떤 하나의 오크나무라고 할지라도 만약 그것이 이 원형적 상태를 분유하고 있다면, 그것이 이그드라실을 '반복'한다면, 성이 될 수 있다. 이와 똑같이 알타이족에게는 어떤 하나의 자작나무라도 성별하는 힘에 의하여 세계의 나무가 되며, 사실상 샤먼은 이 나무를 의례적으로 올라감으로써 실제로 하늘로 올라가는 것이 될 것이다.

그러므로 한마디로 '식물숭배'라고 하더라도 그 이름이 암시하고 있는 것보다 훨씬 복잡한 것이 사실이다. 식물을 통하여 여러 가지 리듬으로 재생되고 '영예가 부여되고' 촉구되고 기도되는 것은 생명 전체이며, 자연 자체인 것이다. 초목의 힘은 전체 우주의 생명의 에피파니이다. 인간이 이 자연에 통합되고, 이 생명을 자기 자신의 목적을 위해 사용할 수 있다고 믿고 있는 한 인간은 식물의 '상징'(5월의 기둥, 봄의 가지, 나무의 결혼 등)을 조작하거나 혹은 그것을 숭배한다('성스러운 나무' 등). 그러나 식물숭배, 즉 식물이나 나무에만 집중된 신앙이라는 것은 결코 존재하지 않았다. 가장 '전문화'한 종교(예컨대 풍요의례)에서도 초목을 찬미하고 의례에서 그것을 사용할 때에는 다른 자연의 힘도 찬양하고 사용한다. 일반적으로 알려진 이른바 '식물숭배'란 실제로는 계절의 의례인데, 그것은 단순히 초목 히에로파니로서는 설명이 안 되고 전체 우주의 생명에 관계하는 훨씬 복잡한 드라마의 한 부분을 형성한다. 때로는 식물적 요소를 대지의 어머니, 에로스, 조상숭배, 태양, 신년 등에 관한 종교적 요소와 구별하기 어려울 때가 많다. 이 책에서 우리는 초목 히에로파니의 본성을 가장 명료하게 하기 위해 식물적 요소를 뽑아 그것만을 분리하여 설명하였다. 그러나 모든 고대의 종교경험이 항상 그러하듯이 이 여러 가지 히에로파니(초목, 대지의 어머니, 에로스 등)는 이미 있는 체계와 나란히 나타나고 있으며, 또 그 체계의 한 부분을 형성하는 것이다. 초목의 '상징'을 사용하고, 초목의 **표시**(sign)를 찬양하는 것은 생명을 그 모든 표현에서 **의미** 있게 하고, 자연을 그 지칠 줄 모르는 생산적인 활동으로서의 **의미**를 드러낸다. 이와 같은 생명과 자연에 대한 관계는 결코 범신론적 경험으로서, 우주적 생명과의 신비적 접촉으로는 이해될 수 없다. 왜냐하면 이미 지적했던 바와 같이(§ 123) 봄의 의례를 발생시키는 것은 봄이라는 자연현상이나 봄의 도래라는 우주적 사건 그 자체가 아니기 때문이다. 오히려 반대로 의례야말로 봄의 도래를 의미하고, 거기에 의의를 부여하는 것이다. 자연의 발생과 '새로운 생명'의 출발, 즉 새로운 창조의 주기적인 반복을 분명하게 보여주는 것은 이러한 상징과 의례인 것이다.

 이 짤막한 연구에서 이른바 '식물의 신'을 언급하지 않은 것은 이와 같은 명칭이 다만 우리를 더 혼란에 빠뜨리게 할 것이라고 생각했기 때문이다. 어떤 종류의 신들고 관계된 초목의 에피파니가 있다 해도 이 신들을 초목의 히에로파니로 환원하는 것은 곤란하다. 이 신들은 어떤 초목의 히에로파니가 계시하는 이상의 것을 항상 계시한다. 이 신들의 '형태', 생애, 성격은 살아 있는 실재, 주기적으로 재생하는 생명의 단순한 계시를 넘어서고 있다. '식물의 신'이 무엇인가를 잘 이해하기 위해서는 우선 '신'이란 실제로 무엇인가를 이해하지 않으면 안 될 것이다.

제❸부
성스러운 공간과 시간

제9장 ● 농경과 풍요의 의례
제10장 ● 성소 : 사원, 궁정, '세계의 중심'
제11장 ● 성스러운 시간과 영원한 재생의 신화
제12장 ● 신화의 형태와 기능
제13장 ● 상징의 구조

● 결론
● 옮긴이의 말
● 엘리아데 연보
● 찾아보기

제9장
농경과 풍요의 의례

125. 농경의례

농경은 식물의 재생에 대한 신비함을 더욱 드라마틱한 방식으로 나타내고 있다. 인간은 농경의례와 농경기술에 활동적으로 참가한다. 식물과 식물계의 그 성스러운 힘은 이미 인간 밖에 있는 외적인 어떤 것이 아니라 인간이 그것을 사용하고 촉진함으로써 식물과 그 성스러움에 참여하는 것이다. '원시인'들에게 농경은 다른 모든 기본적인 활동이 그러한 것과 같이 단순한 세속적인 기술이 아니었다. 농경은 생명과 관계되어 있고 씨, 밭고랑, 비, 식물의 정령 등에 거주하는 생명의 놀라운 성장을 그 대상으로 삼고 있기 때문에 그것은 무엇보다도 의례인 것이다. 그것은 농경의 초기 단계에서도 그랬고 유럽의 가장 문명화된 지역에 있어서조차도 농경사회에서는 항상 그래왔다. 경작자는 풍부한 성스러움의 영역에 들어가 그것과 합일되었다. 그의 활동과 노동은 성스러운 의미를 갖는다. 왜냐하면 그 활동과 노동은 우주의 순환 내부에서 수행되고, 해(年), 계절, 여름과 겨울, 파종과 수확의 시기 등은 그 자신의 자율적 의미를 지니면서 농경 자체의 본질적 형태를 세우고 있기 때문이다.

우리는 우선 농경사회의 종교경험에서 시간과 계절의 주기가 얼마나 중요한 것인지 주목하지 않으면 안 된다. 경작자는 공간적인 성스러운 영역(비옥한 땅, 종자와 싹, 꽃 속에서 작용하고 있는 힘)을 다룰 뿐만 아니라 그 노동은 시간의 패턴, 계절의 순환 가운데로 들어가 거기에 지배되고 있는 것이다. 농경사회는 폐쇄된 시간의 순환과 결합되어 있기 때문에 '구년'(舊年)의 추방과 '신년'(新年)의 도래, '재액'의 추방과 '힘'의 재생 등과 관련되는 많은 의례는 농경의례와 항상 연결되어 있다. 자연의 리듬은 그들 의례와 연결되어 그 효력을 증진시킨다. 존재에 관한 낙관적인 견해는 오랫동안 흙이나 계절과 관계를 맺으면서 서서히 생겨난 것이다. 죽음은 존재양태의 일시적 변화에 지나지 않는 것으로 생각한다. 겨울은 결코 최종적인 것이 아니다. 왜냐하면 겨울 다음에는 완전한 자연의 부활이 뒤따라 새롭고 무한한 생명형태의 표상이 생겨날 것이기 때문이다. 실제로 죽는 것은 아무것도 없다. 모든 것은 다시 최초의 질료로 흡수되어 다음의 새로운 봄을 기대하면서 휴식한다. 자연의 순환에 기초를 둔 세계관은 어떤 드라마틱한 순간을 가지지 않으면 안 된다. 즉 의례 속에서 살기 위해서는 우주의 순환적 주기는 무엇보다도 여러 종류의 모순적 긴장 가운데서 사는 것을 뜻한다.

농경노동은 하나의 의례이다. 그것은 어떤 의미에서는 대지의 어머니 몸 위에서 행해지며 식물의 성스러운 힘을 해방하는 것이기 때문이고, 또 어떤 의미에서는 농민이 유익하거나 해로운 시간에 통합되는 것을 포함하기 때문이다. 그것은 또 어떤 위험(대지가 개벽되기 이전에 주인이었던 정령의 분노에 의한)을 내포한 행위이기 때문에 의례이다. 또 곡물의 증식을 돕는 농민의 일을 신성하게 하려는 의도를 가진 여러 형태와 기원의 제의를 전제로 하기 때문에, 마지막으로 농민을 어떤 의미에서 죽은 자의 지배하에 있는 영역으로 이끌고 가기 때문에 의례이다. 여기서 농경과 연결된 신앙과 의례들을 모두 나열하는 것은 불가능하다. 이러한 문제는 가끔 만하르트와 프레이저로부터, 란타잘로, 메이어, 리웅만에 이르는 사람들이 다루었다. 나는 가장 중요한 의례와 신앙이 가장 조직적으로 연구된 지방, 예컨대 란타잘로가 그의 『게르만민족의 풍속과의 일치를 비교한 핀족과 에스토니아인의 민간신앙에서의 농경』[원주1]이라고 하는 5권의 책에서 특히 선택한 에스토니아인과 핀족의 여러 지방의 실례를 보여주는 것으로 만족하려고 한다.

126. 여성, 성, 농경

나는 이미 여성과 농경 사이에 항상 존재하는 유대를 지적하였다(§93). 지금부터 그렇게 멀지 않은 옛날에 동프러시아에서는 벌거벗은 여인이 완두콩씨를 뿌리러 밭으로 나가는 풍습을 볼 수 있었다.[원주2] 핀족 사이에서는 여성이 월경 기간에 다 떨어진 옷을 입고 창녀의 구두를 신거나 혹은 서자의 양말을 신고, 그해 제일 첫번째 나온 씨를 가지고 밭으로 가는 풍습이 있다.[원주3] 이렇게 강렬한 에로티시즘을 발산하는 특징 있는 인물과의 접촉을 통하여 곡물의 풍작을 촉진시키려고 하는 것이다. 여인이 씨를 뿌린 근대는 달고 남자가 씨를 뿌린 것은 쓰다.[원주4] 에스토니아인들 사이에서는 아마씨를 항상 젊은 소녀들이 밭으로 운반하였다. 스웨덴에서는, 오직 여인들에게만 아마씨를 뿌리는 것이 허용되었다. 또 독일에서도 곡물의 씨를 뿌리는 사람

〔원주1〕 Rantasalo, *Der Ackerbau im Volksaberglauben der Finnen und Esten mit entsprechenden Gebrauchen der Germanen verglichen*, vol. i~v, 1919~25.
〔원주2〕 같은 책, vol. ii, p. 7.
〔원주3〕 같은 책, pp. 120 ff.
〔원주4〕 같은 책, p. 124.

은 여성인데, 그것도 특히 결혼한 여성으로 임신한 자가 좋다.[원주5] 이 흙의 풍요로움과 여성의 창조적인 힘 사이의 신비적인 연관은 사람들이 '농경심성'이라고 부르는 기본적인 직관의 하나인 것이다.

만약 여인이 식물계에 대해서 분명히 그러한 영향력을 가질 수 있다면 의례적 결혼과 집단적 오르기(orgy)도 확실히 농작물의 풍작에 훌륭한 효과를 가지게 될 것이다. 우리는 뒤에서(§138), 농경에 대한 에로틱한 주술의 결정적인 영향력을 증명하는 많은 의례를 관찰하게 될 것이다. 핀란드 농촌 여자는 밭에 씨를 뿌리기 전에 그녀의 젖 몇 방울을 밭고랑에 뿌리는 관습이 있음을 기억할 필요가 있다.[원주6] 이 풍습에 대하여는 몇 개의 상이한 해석을 할 수 있다. 즉 죽은 자에게 바치는 공물이라거나 혹은 척박한 땅을 비옥한 밭으로 주술적으로 변하게 하는 것이라거나 혹은 씨를 뿌리는 행위에서 단순히 다산의 여성이나 어머니와의 공감적 영향력을 미치는 것이다. 이 의례를 성적 주술의 의례로만 환원시킬 수는 없기 때문에, 농경작업에서 의례적인 나체의 역할에 대해서도 언급할 필요가 있다. 핀란드나 에스토니아에서는 이따금 한밤중에 벌거벗은 채로 이렇게 부드럽게 말하면서 씨를 뿌린다.[원주7]

주여, 나는 벌거벗었나이다! 나의 아마를 축복하여주소서!

이렇게 함으로써 풍작을 가져오게 하려는 것은 분명하지만, 그뿐만이 아니라 악마의 눈이나 들토끼의 약탈로부터 지키려는 목적도 가지고 있다(마술사가 농작물로부터 주술이나 재앙을 몰아내려고 할 때에도 벌거벗고 나간다). 에스토니아에서는 농부는 벌거벗은 채로 밭을 갈거나 고랑을 파야 좋은 수확을 거둔다고 생각한다.[원주8] 힌두 여성은 가뭄이 들었을 때 완전

[원주5] 같은 책, p. 125
[원주6] 같은 책, vol. iii, p. 6.
[원주7] 같은 책, vol. ii, pp. 125 ff.
[원주8] 같은 책, pp. 76~77

히 벌거벗은 채로 나가 밭을 간다.[원주9] 또한 성적인 농경적 주술과 관련하여 상당히 넓게 퍼져 있는 풍습으로, 그해 초에 농경을 시작할 때 밭에 물을 뿌리는 풍습을 주목해볼 수 있다. 이 경우 물은 단순히 비의 상징적 가치를 포함하고 있을 뿐만 아니라 정액으로서의 의미도 가지고 있다. 독일에서는 종종 경작자에게 물을 뿌리는데, 핀란드, 에스토니아에서도 나타나고 있다.[원주10] 인도의 어떤 문헌에서는 비가 바로 남녀관계에서 정액이 하는 역할을 한다고 명기하고 있다.[원주11] 농경이 더욱 발달함에 따라 남성에게 차츰 더욱 중요한 역할을 부여하게 되었다. 여성이 흙과 동일시된다면 남성은 흙에서 산출되는 씨와 관계를 맺는 것으로 느끼게 되었다. 인도의 의례에서는 낟알은 여성을 수태시키는 정자의 화신으로 보고 있다.[원주12]

127. 농경의 공물

대단히 풍부한 자료 가운데서 뽑은 이상의 몇 개의 예만으로도 농경작업의 의례적 성격을 명확히 알 수 있다. 여성, 다산, 성, 나체 등은 각각 성스러운 힘의 중심이었고, 따라서 제의의 드라마의 출발점이 된다. 그러나 무엇보다도 생물우주적인 풍요의 여러 표현 사이에 원시적인 연결을 드러내고 있는 이 '중심' 이외에도 농경작업은 그 자체로서 하나의 의례일 수가 있다. 공희(供犧)나 그 밖의 종교의식에서와 똑같이 농경작업도 의례적인 청정한 상태에서 시작하지 않으면 안 된다. 씨를 뿌리거나 거두어들일 때 농경자는 목욕재계하고 깨끗한 옷을 입어야만 한다. 파종기나 수확기의 시작 때도 똑같은 일련의 의례적 행동을 취한다. 이 일치는 결코 우연이 아니다. 파종과 수확은 농경 드라마에서 정점을 이루고 있기 때문이다. 결국 파종과 수확을 시작할 때의 의례적 행위는 그것을 끝까지 성취하기 위한 희생

[원주9] J. J. Meyer's bibliography, *Trilogie*, vol. i, p. 115, n. 1.
[원주10] Rantasalo, vol. iii, pp. 134 ff.
[원주11] *Śatapatha Brāhmaṇa*, vii, 4, 2, 22 ff.
[원주12] 예컨대 *Aitareya Brāhmaṇa*, i, 1 참조.

인 것이다. 그러므로 최초의 씨는 밭에 뿌리지 않고 여러 정령들(죽은 자, 바람, '밀의 여신' 등)에게 바치는 제물로서 고랑 밖에 던진다. 이와 똑같이 수확 때에도 첫번째 수확물은 새나 천사나 '3인의 처녀'나 '밀의 어머니' 등을 위해서 밭에 남겨둔다. 또 씨 뿌리기를 시작할 때에 행하는 공희는 수확이나 타작을 시작할 때에도 반복된다.[원주13] 핀족이나 독일인은 숫양, 새끼양, 고양이, 개 등을 제물로 바친다.[원주14]

이러한 공희는 어떠한 목적으로 누구에게 바치는 것일까? 이러한 문제에 답하기 위해서 많은 정교하고 인내심 깊은 연구가 이루어졌다. 농경에 관한 풍습이 의례적 성격을 가지는 것은 의심할 바 없고 이 풍습이 목적으로 하고 있는 것은 풍작을 보증하기 위한 것이다. 그러나 풍작을 가져오는 힘은 수없이 많으므로 이러한 힘이 인격화되고 분류되는 방식이 어떤 혼란을 야기하는 것은 당연하다. 이와 같이 농경 드라마에 존재하고 있거나 함의되어 있는 이러한 성스러운 힘의 표현은, 가령 그 기원이 같다고 할지라도 문화의 형에 따라서 민족에 따라서 여러 가지로 변형되어 나타나는 것은 당연하다. 한편 이러한 표현은 여러 가지 문화나 종교형태 가운데 흡수되고 동일한 민족 안에서도 여러 가지 상이한(모순이 아니라면) 방식으로 해석되고 있다(예컨대 북유럽에서 게르만민족의 이동중에 생긴 종교적 개념의 변화 혹은 유럽에서 그리스도교의 영향, 아프리카나 아시아에서 이슬람교의 영향).

128. 수확의 '힘'

농경 드라마의 기본적인 구조는 대단히 명확하게 할 수가 있다. 그러므로 무수히 많은 농경 의례와 신앙의 다양한 형태는 수확에서 표명되고 있는 힘을 인식하는 것을 전제조건으로 하고 있다. 이 '힘'은 여러 가지 사물

[원주13] Rantasalo, vol. iii, pp. 39~61; v, p. 179 등 참조.
[원주14] 같은 책, vol. iv, pp. 120 ff.

과 행위에 내재하는 '힘'과 같이 비인격적인 힘으로 생각되기도 하고 신화적 형태로 표상되기도 하고, 어떤 동물이나 인간에 응집되어 있는 것으로 표상되기도 한다. 단순한 의례이든 복잡한 드라마로 정교하게 된 의례이든 모두 인간과 이 내재하는 '힘' 사이의 원만한 관계를 설정하여 이 '힘'의 주기적인 재생을 확실히 하려는 데 목적이 있다. 때때로 이 수확에서 구현하고 있고 작용하고 있는 힘의 취급방법을 보면, 의례가 목적으로 하는 것이 그러한 힘을 표상하는 신화적 인물의 숭배인지 혹은 단순히 그 힘 자체를 보존하려는 것인지 쉽게 확신할 수가 없는 것처럼 보인다. 밭에 남겨둔 마지막 이삭을 치우지 않는 풍습은 대단히 널리 퍼져 있다. 그것을 남겨두는 이유는 여러 가지가 있다. 핀족, 에스토니아인, 스웨덴인에 의하면[원주15] 그들은 '이웃집의 정령'을 위해 '땅 밑에 거주하는 사람들'을 위해, 혹은 '오딘의 말'을 위해서이며, 독일에서는 '선량한 여자', '가난한 여자', '숲의 처녀'를 위해서이고,[원주16] 혹은 '곡식의 아내', '나무의 아내'를 위해서이다.[원주17]

얀 데 브리스가 언급하고 있는 바와 같이,[원주18] 이 풍습의 의미는 수확의 본질, 즉 생기를 주는 '힘'을 고갈시키지 않으려는 염원에서만 찾아낼 수 있다. 이와 똑같이 해석될 수 있는 것은 나무에 남아 있는 마지막 열매를 결코 따지 않는 것이나, 양의 등에 반드시 얼마간의 털을 남겨두는 것, 또 에스토니아와 핀란드에서 밀을 저장해둔 상자를 말끔히 비우지 않는 것, 또 농부가 우물에서 물을 길으면서 나머지 몇 방울은 다시 우물로 떨어뜨려 우물이 마르지 않게 하는 것 등이다. 잘리지 않은 이삭은 식물이나 땅이 힘을 유지하도록 해준다. '잠재력'은 소비된다고 해도 결코 완전히 소진되지는 않으며 그 자신의 주술에 의하여 재생산된다는 근본 개념에서 발생한 이 풍습은 후에 식물의 힘의 신화적 의인화에 대한 공물, 식물계와 직간접

[원주15] 같은 책, vol. v, pp. 73 ff.
[원주16] Mannhardt, *Wald- und Feldkulte*, Berlin, 1904, vol. i, p. 78.
[원주17] Frazer, *Spirits of the Corn*, vol. i, pp. 131 ff.
[원주18] Jan de Vries, "Contributions to the Study of Othin," Helsinki, 1931, *FFC*, no. 94, pp. 10 ff.

적인 관계를 맺고 있는 여러 정령에 대한 공물로 해석되었다.

　그러나 그보다도 더 빈번하고 더욱 드라마틱하게 행하는 의례는 밭에서 열매 맺은 최초의 또는 최후의 다발을 베지 않는 의례이다. 모든 식물의 '힘'이 바로 베지 않고 남겨둔 몇 개의 이삭에 집중되어 있듯이, 이 곡식단 가운데도 거주하고 있는 것이다. 그러나 이 최초의 또는 최후의 곡식단은 그 성스러운 힘의 중요성에 따라서 전혀 반대 방법으로 취급되기도 한다. 어떤 지방에서는 그것을 빨리 베어내려고 급히 서두르지만, 다른 지방에서는 반대로 이 최후의 다발은 모든 사람들이 서로 미룬다. 때에 따라서는 그것을 행렬을 지어서 농가로 운반하기도 하지만 다른 지역에서는 밭에다 던져버린다. 이 최후의 다발이 그 자체 도움을 주든 해를 주든 어떤 성스러운 힘을 가지고 있다는 것은 의심의 여지가 없다. 사람들은 그것을 소유하든 내버리든 경쟁을 한다. 이 반대감정의 병존이 결코 성성을 부정하는 것은 아니다. 이 최후의 다발의 가치에 대한 이러한 모순적인 관념은 식물 가운데 구현하고 있는 '힘'의 조작과 분배에 관한 나란히 병행하는 두 가지 의례의 시나리오에서 유래하는 듯 생각된다. 독일인들은 최초와 최후의 이삭을 한다발로 묶어 테이블 위에 놓아둔다. 그것은 행운을 가져올 것이기 때문이다.[원주19] 핀족과 에스토니아인에게는 최초의 다발은 —— 의식적으로 농가에 운반되는데 —— 모든 가정에 축복을 가져다주고, 병이나 번개, 그 밖의 재앙으로부터 보호해주고 쌓아둔 곡물을 쥐들로부터 막아준다. 최초의 다발을 식사중에, 그리고 밤새도록 농가의 중요한 침실에 간직해두는 풍습도 널리 분포되어 있다(독일, 에스토니아, 스웨덴).[원주20] 어떤 지역에서는 최초의 다발을 가축에게 먹여서 축복과 보호를 추구한다.

　에스토니아에서는 최초의 다발은 예언적인 힘을 가지고 있다. 만약 사람들이 그 다발에서 이삭을 어떤 방법으로 흩뜨리면, 처녀들 중 누가 가장 먼저 결혼할 것인가를 알 수 있다고 한다. 또 한편, 스코틀랜드에서는 이 최

[원주19] Rantasalo, vol. v, p. 189.
[원주20] 같은 책, p. 171.

후의 다발을 자르는 자는 누구든──이 최후의 다발은 '처녀'로서 간주된다
──그해가 끝나기 전에 결혼하게 될 것이라고 하며, 그 결과 수확을 하는
사람들은 그 다발을 얻으려고 온갖 노력을 다한다.[원주21] 많은 나라에서 최
후로 자른 한 움큼의 밀을 '새색시'라고 부른다.[원주22] 독일의 어떤 지방에서
는 다음해의 밀값은 최초의 다발에서 추측할 수 있다고 말한다.[원주23] 핀란
드와 에스토니아에서는 곡식을 거두어들이는 사람들은 최후의 밀을 얻으려
고 밭으로 급히 간다. 핀족은 그것을 '아기의 요람'이라 부르고, 어떤 여자
든 그 다발을 묶는 사람은 임신하게 된다고 믿는다. 독일에서도 다음해의
훌륭한 수확을 보증하기 위해 마지막 단을 특대형의 곡식단으로 만드는 관
습이 공통으로 행하여졌다. 이 때문에 파종기 때는 이 곡식단에서 얻은 낟
알을 씨와 함께 섞어서 밭에다 뿌린다.[원주24]

129. 신화적 의인화

이러한 모든 신앙과 습속에서 그 대상은 '성스러운 힘'인 곡물 자체의 힘
이지 어떤 신화적 의인화로서 이상화된 것은 아니다. 그러나 거기에는 인
물 안에서 표현되는, 어떤 '힘'을 암시해주는 많은 여러 가지 의식이 있다.
그리고 이러한 의인화의 모습, 이름, 중요성은 앵글로게르만족 나라에서는
'밀의 어머니', 슬라브족 및 기타 종족에서는 '위대한 어머니', '밀이삭의 어
머니', '늙은 창부',[원주25] '노파', '노인' 등이라고 불리고,[원주26] 아랍인들은

[원주21] Frazer, *The Golden Bough*, p. 107: *Spirits of the Corn*, vol. i, p. 163.
[원주22] Frazer, *The Golden Bough*, p. 408: *Spirits of the Corn*, vol. i, p. 162.
[원주23] Rantasalo, vol. v, pp. 180 ff.
[원주24] 같은 책, pp. 63 ff.
[원주25] Mannhardt, *Mythologische Forschungen*, Strasbourg, 1884, pp. 319~22.
[원주26] Frager, *The Golden Bough*, p. 401: *Spirits of the Corn*, vol. i, pp.

'수확의 어머니', '늙은이',[원주27] '노인'(djedo), '턱수염'(불가리아, 세르비아, 그리고 러시아인들은 '구세주의 수염', '성 엘리야 또는 성 니콜라스의 수염')[원주28]이라고 부른다. 그 밖에도 많은 이름이 최후의 밀다발에 존재한다고 생각되는 신화적 인물에게 부여되고 있다.

비유럽 민족에서도 이와 유사한 이름과 개념을 발견할 수 있다. 예컨대 페루인은 음식으로 사용되는 모든 식물은 신적인 힘에 의해 생명을 부여받게 되고 식물은 그 힘에 의하여 성장과 풍요가 보증된다고 생각한다. 가령 '옥수수의 어머니'(zara-mama)라고 불리는 인형은 여성처럼 보이게 옥수수 줄기로 만들어졌으며, 원주민들은 이 인형이 "어머니로서 많은 옥수수를 생산할 수 있는 힘을 가졌다"[원주29]고 믿고 있다. 이 인형은 다음해 수확기까지 보존되는데, 그해가 반년쯤 지났을 때 '주술가'가 그 인형에게 계속 견딜 힘이 있는지를 묻고, 만약 그 옥수수의 어머니가 견딜 수 없다고 대답하면 그것을 태워버린다. 그래서 옥수수의 씨가 죽지 않게 하기 위해서 새로운 '옥수수의 어머니'가 만들어지는 것이다.[원주30] 인도네시아인도 벼를 성장시키고 열매 맺게 하는 힘이 있는 '벼의 정령'을 알고 있다. 그 때문에 그들은 꽃이 피어 있는 벼에 대하여는 임산부를 대하듯이 조심스럽게 취급하고 벼의 정령을 잡아 통 속에 넣고 쌀을 보관하는 곡창에 주의 깊게 간직해 둔다.[원주31] 버마의 카렌족은 만약 곡식이 시들면 벼의 정령이 벼에서 떠나갔기 때문이라고 믿고, 그 정령을 되돌려올 수 없다면 풍작을 거둘 수 없다고 생각한다. 그래서 그들은 정령을 향하여, 즉 식물 가운데서 활동하기를 중지한 것으로 여겨지는 힘을 향하여 다음과 같은 문구를 노래한다.

---

142 ff.

[원주27] Liungman, "Euphrat-Rhein." I. p. 249.

[원주28] 같은 글, pp. 251 ff.

[원주29] Mannhardt, *Myth. Forsch.*, pp. 342 ff.; Frazer, *Spirits*, vol. i. p. 172 참조.

[원주30] J. de Acosta, Frazer, *Spirits*, vol. i, pp. 172 ff.에서 재인용.

[원주31] 같은 책, pp. 180 ff.

오라, 벼의 정령이여, 오라! 논밭으로 오라. 벼에게로 오라. 남자와 여자의 씨를 가지고 오라! 코 강에서 오라, 카우 강에서 오라. 그 강과 강이 만나는 곳에서 오라. 서쪽에서 오라, 동쪽에서 오라. 새의 목구멍으로부터, 원숭이의 턱으로부터, 코끼리의 목구멍으로부터 오라. 강의 원류에서부터 하구로부터 오라. 샨족과 버마 나라로부터 오라. 먼 왕국으로부터 오라. 모든 곡창으로부터 오라. 오오, 벼의 정령이여, 벼 가운데로 오라.[원주32]

수마트라의 미낭카바우어족은 벼는 사닝 사리(Saning Sari)라는 이름의 여자 정령이 지키고 있다고 믿고 있다. 이 정령의 또 다른 이름은 인도에아 파디(indoea padi, 문자 그대로 '벼의 어머니')라고 한다. 밭 한가운데에다 이식하여 특별히 주의를 기울여 재배하는 이 벼줄기는 인도에아 파디를 표상하는데, 그의 모범적인 힘은 벼 전체에 강제적으로 유익하게 작용한다.[원주33] 셀레베스의 토모리족에게도 '벼의 어머니'(ineno pae)가 알려져 있다.[원주34] W. W. 스키트는, 말레이 반도에서는 '어린이 벼의 어머니'와 관련된 의식이 현존하는데 그 의식은 '어린이 벼의 혼'을 농가로 데려온 후 3일 동안 농부의 아내를 임산부인 양 간주하고 있음을 보여준다.[원주35] 자바, 발리, 솜보크 등의 섬에서는 쌓아놓은 볏단에서 두 주먹의 벼를 선택하여 엄숙하게 결혼을 시켜 하나로 맺어준다. 이 결혼시킨 한 쌍을 집으로 데려와서 '벼의 증식을 위해' 곡물창고에 넣어둔다.[원주36] 이 후자의 예에는 식물을 성장하게 하는 힘과 주술적인 결혼의 생식력이라는 두 가지 관념이 혼합되어 있음을 볼 수 있다.

식물 안에서 활동하는 '힘'의 이와 같은 인격화는 곡물을 거두는 자가 마

[원주32] Frazer, *Spirits*, vol. i, pp. 189~90.
[원주33] 같은 책, pp. 191~92.
[원주34] 같은 책, p. 192.
[원주35] W.W. Skeat, *Malay Magic*, London, 1900, pp. 225~49.
[원주36] Frazer, *Spirits*, vol. i, pp. 199 ff.

지막 이삭으로 보통 여자인 인간을 닮은 인형을 만들든가, 혹은 실제의 인간을 밀짚으로 뒤덮어 그것이 분장하고 있는 신화적 인물의 이름을 부여할 때 가장 완전하게 달성되는 듯하다. 이 인물은 항상 어떤 의식에서 역할을 한다. 예컨대 덴마크에서 '늙은이'(gammelmanden)라고 불리는 인형은 꽃으로 장식하여 조심스럽게 집으로 운반해온다. 그러나 다른 자료에 의하면, 최후의 곡식단으로 머리와 팔과 다리를 가진 인간을 닮은 모양을 만들어 아직 수확하지 않은 인근의 논밭에다 던진다.[원주37] 독일에서는 '노파'나 '늙은이'라고 불리는 인형을 인근의 논밭에 던지거나 그렇지 않으면 집으로 가지고 와 다음해의 수확 때까지 보존한다. 이 신화적 인물은 누군지 모르지만 가끔 최후의 곡식단을 베는 사람과 동일시되기도 한다. 그 인물은 우연히 밭 옆을 지나가는 낯선 사람일 수도 있고, 농부 그 자신일 수도 있다. 예컨대 스웨덴에서는 마지막 이삭을 베는 소녀는 그 이삭을 목에다 매고 집까지 가져와서 추수가 끝난 후에 열리는 의례에서 이삭을 파트너로 해서 춤을 추지 않으면 안 된다.[원주38] 덴마크에서는 이 소녀가 최후의 이삭으로 만든 인형과 춤을 추면서 운다. 이 여성은 죽을 수밖에 없는 운명의 신화적 인물과 결혼하여 '과부'가 된 것으로 간주되기 때문이다.[원주39]

    수확물 가운데 구현되어 있는 '힘'의 인간적 대리인은 어떤 때는 대단히 존경을 받고 어떤 때는 반대로 멸시를 받는다. 이 모순은 최후의 곡식단을 벤 사람의 두 가지 상반된 기능에서 유래한 것처럼 생각된다. 즉 농경의 '정령' 또는 '힘'과 동일시되는 경우에는 축복을 받고, 반대로 그 '정령' 또는 '힘'의 살해자로 보일 경우에는 적으로 간주되어 죽음의 위협을 받는다. 게르만민족 국가에서는 마지막 도리깨질을 하는 자를 '늙은이를 친다', '늙은이를 잡는다'는 말로 표현하며, 모두 비웃음과 조롱을 받으며 짚인형을 가지고 마을까지 오든가 혹은 아직 타작이 끝나지 않은 이웃집 논밭에 그것

[원주37] Rantasalo, vol. v, p. 52.
[원주38] 같은 책, p. 57.
[원주39] De Vries, "Contributions to the Study of Othin," pp. 17 ff.

을 던져버려야 한다.[원주40] 독일에서는 마지막으로 수확하는 자 혹은 최후의 곡식단을 묶는 소녀를 그 볏단과 함께 묶어 성대한 의식을 벌이면서 마을까지 운반하며, 그녀에게 거기서 베풀어지는 향연에서 가장 좋은 요리를 바친다.[원주41]

스코틀랜드에서는 최후의 곡식단을 '노파'(caileach)라고 부르는데 모두들 그것을 베는 자가 되기를 꺼린다. 왜냐하면 만약 마지막 볏단을 베면 다음해의 수확기까지 이 상상 속의 노파를 먹여 살리지 않으면 안 된다고 믿기 때문이다.[원주42] 노르웨이인은 스쿠레카일('베는 자')이 사람 눈에 띄지 않고 밭에 숨어서 일년 내내 농부의 밀을 먹고 살고 있다고 믿는다. 그는 스쿠레카일이라는 이름으로 알려져 있는 기괴한 인형으로 만든 최후의 곡식단에 갇혀 있다.[원주43] 또 다른 설명에 따르면, 그 인형을 아직 추수가 끝나지 않은 이웃집 논밭에 던지는 것은, 그 이웃집이 일년 동안 그 인형을 먹여 살리도록 하는 것이라고 한다. 한편 슬라브족 가운데는 '바바'(Baba, 노파)를 베는 자는 누구나 행운을 얻게 되어 그해 안에 아이를 가질 것이라고 생각한다.[원주44] 크라코프 지방에서는 최후의 곡식단을 묶는 자를 '바바' 혹은 '할머니'라고 불렀으며, 머리만 빼고 짚으로 온통 묶어서 최후의 짐마차에 태워 농가까지 운반하여 거기서 전 가족원으로부터 물뿌림을 받았다. 그는 일년 내내 '바바'라는 이름을 가지고 살게 된다.[원주45] 오스트리아 남부 케른텐 주에서는 최후의 곡식단을 묶은 자를 짚으로 싸서 물 속에 던졌다. 불가리아인은 최후의 곡식단을 '밀의 여왕'이라고 불렀는데, 그에게 여인의 옷을 입히고 마을을 행진한 후 다음 추수를 위해 비를 많이 내려달라고 기원하고 나서 강에다 던진다. 혹은 그 단을 태워 그 재를 밭에 뿌려 밭을 비

[원주40] Frazer, *Spirits*, vol. i, pp. 133 ff.; *The Golden Bough*, p. 402.
[원주41] Mannhardt, *Myth. Forsch.*, pp. 20~25.
[원주42] Frazer, *Spirits*, vol. i, pp. 140 ff.; *The Golden Bough*, p. 403.
[원주43] Rantasalo, vol. v, p. 51
[원주44] Frazer, *Spirits*, vol. i, p. 145.
[원주45] Mannhardt, *Myth. Forsch.*, p. 330

옥하게 하였다.[원주46]

130. 인신공희

식물의 대리인에게 물을 뿌리고 심지어 물 속에 던지는 풍습은 짚으로 만든 인형을 태워 그 재를 땅 위에 뿌리는 관습과 함께 상당히 널리 퍼져 있다. 이러한 행위는 모두 명확한 의례적 의미를 가지며 몇몇 군데에서 그 완전한 형태를 보존하고 있는 시나리오의 일부를 이루고 있다. 만약 우리가 어떤 농경의례를 이해하려고 한다면 이것을 이해하지 않으면 안 된다. 예컨대 스웨덴에서는 다른 지방의 여인이 곡식단을 베는 장소에 들어오면 그녀를 밀짚으로 묶어서 '밀의 여인'이라고 부른다. 프랑스의 반데 지방에서는 농부의 아내가 이와 똑같은 역할을 담당한다. 즉 농부의 아내를 짚으로 싸서 탈곡기가 있는 곳까지 운반해 가지고 와 그 밑에 놓는다. 농부의 아내가 짚단 가운데서 끌려나오면 이삭을 타작하기 시작한다. 그러나 여인은 마치 타작되는 곡식인 양 타작기가 이삭을 때릴 때마다 담요 위에서 뛰어올랐다 내렸다 해야 한다.[원주47] 이 경우 곡물의 '힘'과 그 대리인은 완전히 동일시되고 있다. 농부의 아내는 상징적으로 밀의 전(全) 드라마를 경험한다. 그 '힘'은 최후의 곡식단에 집중되는데, 일련의 의례에 의하여 그 힘은 재생하고 진정되는 것이다.

유럽의 많은 지방에서는 곡식을 베고 있는 논밭이나 혹은 타작마당에 외지인이 들어오면 죽는다고 객담으로 위협한다.[원주48] 어떤 지역에서는 그 근처를 지나가는 외지인은 손가락 끝을 물거나 낫을 그 목에다 걸쳐놓는다.[원주49] 독일의 어떤 지방에서는 곡식을 베는 사람은 외지인을 잡아 묶어

[원주46] 같은 책, p. 332.
[원주47] Frazer, *Spirits*, vol. i, p. 149; *The Golden Bough*, p. 406.
[원주48] Mannhardt, *Myth. Forsch.*, pp. 38 ff.; Frazer, *Spirits*, vol. i, pp. 251 ff.; *The Golden Bough*, pp. 429 ff.
[원주49] Liungman, "Euphrat-Rhein," I, p. 260, n. 2.

서 풀어주기 전에 벌금을 내도록 하고 있다. 이 유희에는 의미를 명확하게 해주는 노래가 있다. 예컨대 포메라니아 지방(폴란드)에서는 곡식 베는 자의 우두머리는 다음과 같이 노래한다.

> 사람들은 이미 모여 있고,
> 낫은 막 곡식을 베려 하고 있다,
> 크고 작은 낟알들을.
> 이 신사는 베어지지 않으면 안 된다.

그리고 스테틴 지방(폴란드)에서는 다음과 같이 노래한다.

> 우리는 신사를 쳐죽인다.
> 우리의 벌거벗은 칼로
> 목초지와 논밭을 벤다.[원주50]

이와 똑같은 풍습은 타작마당 가까이에 온 외지인에게도 행해진다. 즉 그 사람은 체포되어 묶이고 위협을 받는다.

여기서 실제로 인신공희까지 포함하는 의례의 시나리오의 잔재를 볼 수 있다. 그러나 오늘날까지도 볏단을 벨 때에 밭에 들어온 이방인을 체포하여 죽인다고 위협하는 농경사회가 있다고 하여 이 사회가 모두 옛날에 추수 때에 인간을 제물로 바치는 의례를 했다는 것을 의미하지는 않는다. 확실한 것은 이러한 농경의례는 모두 어떤 중심(이집트, 시리아, 메소포타미아)에서 발생하여 세계 여러 나라로 전파되었으며, 많은 민족은 이 원초적 의례의 줄거리에서 단편만을 수입하였다는 것이다. 이미 고전고대에서도 추수 때 행하는 인신공희는 아주 먼 옛날의 흐릿한 기억으로밖에 남아 있

[원주50] Mannhardt, *Myth. Forsch.*, pp. 39 ff.; Frazer, *Spirits*, vol. i, pp. 238~39.

지 않았다. 예컨대 어떤 그리스 전설은 프리기아 왕 미다스의 사생아 리티에르세스에 대하여 말하고 있다. 이 리티에르세스는 대단한 식욕과 곡식을 베는 데 대한 열정으로 유명하다. 그의 밭을 지나가는 이방인은 누구나 리티에르세스에게 초대되어 밭으로 끌려가 그와 함께 곡식을 베지 않으면 안 된다. 이 밀 베기 경쟁에서 리티에르세스에게 패하는 자는 볏단에 묶여 낫으로 머리를 잘리고 그 시체는 그 땅 위에 버려진다. 마지막에는 헤라클레스가 리티에르세스에게 도전하여 그를 이겨 낫으로 그의 머리를 자르고 그 시체를 메인데로스 강에 던졌다. 이것은 리티에르세스가 마침내 희생이 된 것을 암시한다.[원주51] 프리기아인은 실제로 추수 때 인신공희를 했던 것 같다. 이 인신공희가 지중해 연안 오리엔트의 다른 지방에서도 가끔 행해지고 있었음을 나타내는 증거가 보인다.

131. 아스텍족과 콘드족의 인신공희

풍작을 위해서 인신공희를 한 증거는 중앙아메리카나 북아메리카 몇몇 민족, 아프리카의 어떤 지역, 태평양 연안의 몇몇 섬, 인도의 드라비다족 대부분 등에서 보인다.[원주52] 이 인신공희의 성격을 더욱 확실히 이해하기 위해 우리는 약간의 실례를 드는 것으로 한정하려 하지만 자세하게 검토해 보겠다.

사하군은 멕시코의 아스텍족의 옥수수 의례에 대해 자세한 기술을 남기고 있다. 식물의 싹이 트자마자 이들은 '옥수수의 신을 찾으러' 밭으로 간다. 이 밭에서 새로 나온 가지를 가지고 집으로 돌아와 이 가지에게 마치 신에게 하듯이 음식을 바친다. 밤이 되면 이 식물은 식량의 여신 치코메-코아틀(Chicome-coatl)의 신전으로 운반된다. 거기에는 일단의 처녀들이 모

[원주51] Mannhardt, *Myth. Forsch.*, pp. 1 ff.; Frazer, *Spirits*, vol. i, pp. 216 ff. 참조.

[원주52] Frazer, *Spirits*, vol. i, pp. 265 등; *The Golden Bough*, pp. 431 ff. 참조.

여 있다. 그들은 각자 손에 작년 농작물 중에서 아껴두었던 옥수수 이삭 일곱 다발을 붉은 종이에 싸고 수액를 뿌려서 들고 있다. 이 옥수수 다발은 치코몰로틀(chicomolotl, 일곱 겹의 이삭)이라는 이름이 붙여지는데, 이 이름은 또한 옥수수 여신을 의미하는 것이기도 하다. 처녀들은 최연소, 청년, 성년의 세 단계의 연령차가 있다. 이것은 아마도 옥수수의 생육의 각 단계를 상징적으로 의인화한 것일 터이다. 더욱이 처녀들은 옥수수의 여신 고유의 색깔인 붉은색으로 팔과 다리를 깃털로 덮는다. 이 의례는 단순히 여신을 숭배하고 새로 싹튼 농작물에 대한 주술적인 축복을 얻으려는 것이지만 어떤 제물을 필요로 하지는 않았다. 그러나 3개월이 지난 후 곡물이 다 무르익었을 때는 새로운 옥수수의 여신을 대표하는 처녀인 힐로넨(Xilonen)의 목을 벤다. 이러한 공희는 새로운 옥수수를 세속적인 음식으로 사용할 길을 열어주었다. 이에 따르면 공희의 기능은 오히려 첫 수확의 열매를 공물로 바치는 기능이었다고 생각된다. 6일이 지난 후 추수가 끝났을 때 다시 제물을 바친다. 여신 토치 '어머니 신'(식용으로 하려고 쌓아놓은 옥수수의 여신)을 나타내는 한 사람의 여성의 목을 베고 곧바로 살을 벗긴다. 그 가죽으로 몸을 감싼 사제가 넓적다리에서 떼어낸 한 조각의 살가죽을 가지고 옥수수의 신 친테오틀(Cinteotl)의 신전까지 운반한다. 거기에는 또 한 사람의 사제가 있는데 그 가죽으로 가면을 만든다. 몇 주일 동안 후자의 사제는 임산부로 취급된다. 왜냐하면 이 의례가 의미하는 것은 아마도 옛날에 살해된 여신 토치가 마른 옥수수인 그의 자식 가운데 재생하는, 즉 겨울의 식량이 되는 낟알 가운데 재생하고 있기 때문이다. 일련의 의식이 이후에 계속해서 이어진다. 즉 전사들이 행진하고(토치는 많은 동방의 풍요신이 그러한 것처럼 전쟁과 죽음의 신이었다), 춤을 추고, 마지막으로 온 백성을 뒤따르게 한 왕이 토치로 분장한 인물의 머리에서 손에 잡히는 대로 아무거나 던지고, 거기서 곧 퇴장한다. 토치는 최후로 속죄양이 되어 내몰릴 때에 자기 일신에 그 사회의 모든 죄를 짊어지고 가게 된다. 왜냐하면 이 역을 연출하는 사람은 국경에 있는 성까지 이 가죽을 운반해 가서 거기서 두 팔을 벌려놓은 형태로 걸어놓기 때문이다. 친테오틀의 가면을 가지고 가는 곳도 항상 그 장소이다.[원주53] 아메리카의 다른 종족, 예컨대 포니족에서는 소녀를 제물로 바치는 풍습이 있는데, 소녀의 시체를 베어서 한 조각 밭에다 묻었다.[원주54] 사체를 베어서 그 조각을 밭에다 묻는 풍습은 아프리카의 종족들 사이에서도 보인다.[원주55]

그러나 농경과 연관된 인신공희 중 가장 유명한 예는 벵골의 드라비다 족의 하나인 콘드족이 19세기 중엽까지 행한 것이다. 제물은 대지의 여신 타리 페누(Tari Pennu) 또는 베라 페누(Bera Pennu)에게 바쳤으며, 메리아(Meriah)라고 불리는 이 희생자는 그 부모로부터 사거나 그 자신이 희생자였던 부모의 자식이다. 공희는 정기적인 축제 때나 이상한 사태가 발생하였을 때 행해졌는데, 희생자는 항상 지원자였다. 메리아들은 신성한 존재로 추앙받았으며 오랜 세월 동안 행복하게 살았다. 그들은 다른 '희생자'와 결혼하고 지참금으로 얼마간의 토지도 받았다. 제물을 바치기 10일이나 12일 전에 희생자의 머리카락을 자른다. 이러한 의식에는 많은 사람들이 참가한다. 왜냐하면 콘드족은 모든 인류의 선을 위하여 제물을 바친다고 생각했기 때문이다. 그 다음에는 말로 표현할 수 없는 오르기가 시작된다. 이것은 뒤에서 보게 되는 바와 같이 농경과 대자연의 풍요와 관련한 많은 축제에서 보이는 특징이다. 마을에서 공희의 장소까지 행렬을 지어 메리아를 옮기는데, 그 장소는 아직까지도 인간의 도끼가 닿지 않은 깊은 숲 속이었다. 거기서 메리아는 신성하게 된다. 묽은 버터와 심황(뿌리의 분말은 노랑색의 염료—옮긴이)을 바르고 꽃으로 장식되며, 신과 동일시된 것처럼 보이게 만든다. 그 때문에 군중들은 메리아의 주위에 몰려들어 그를 만져보려 하고 사람들은 숭배에 가까울 정도의 존경을 바친다. 군중은 음악에 맞추어 희생자의 주위에서 춤추며 대지를 향해 다음과 같이 외친다.

[원주53] Sahagun, *Historia General de las Cosas de Nueva Espana*, Fr. trans., Paris, 1880, pp. 94 ff.; A. Loisy, *Essai sur le sacrifice*, Paris, 1920, pp. 237, 238.

[원주54] Frazer, *Spirits*, vol. 1, pp. 175 ff.

[원주55] 같은 책, pp. 179 ff.

오오, 하느님, 우리는 당신에게 이 제물을 바칩니다. 우리에게 풍작과 적당한 기후와 건강을 주소서!

그리고 희생자를 향하여 이렇게 말한다.

우리는 그대를 산 것이지 강제로 납치해온 것이 아니다. 지금 우리는 우리의 관습에 따라 그대를 제물로 바치는 것이니 우리에게는 아무런 죄가 없다!

오르기는 그날 밤에는 중지된다. 그러나 다음날 아침 다시 시작되면 정오까지 계속되며, 사람들은 모두 메리아의 주위에 다시 모여 공희를 지켜본다. 희생자를 죽이는 방법은 여러 가지가 있다. 희생자에게 아편을 먹인 후 묶어서 뼈를 부수거나 목을 졸라매거나 여러 조각으로 자르거나 화로 위에서 서서히 태우거나 하여 죽인다. 중요한 것은 참가자 전원에게 또는 이 의식에 대표자를 보낸 모든 마을에 희생자의 사체 조각을 나누어준다는 것이다. 사제는 신중하게 이 조각들을 분배해준다. 그러면 그들은 곧바로 자기 마을로 돌아가 성대한 의식과 함께 밭에다 그 사체 조각을 묻었다. 사체의 나머지, 특히 머리와 뼈는 화장을 하였으며, 그 재는 또한 풍작을 기원하며 흙에다 뿌렸다. 영국 당국이 인신공희를 금지시키자 콘드족은 메리아를 동물(숫염소나 물소)로 대신하였다.[원주56]

132. 공희와 재생

이러한 인신공희의 의미를 알기 위해서 우리는 성스러운 힘의 계절적 재생에 대한 고대적 이론을 들여다보지 않으면 안 된다. 말할 것도 없이 '힘'

[원주56] Frazer, *Spirits*, vol. i, pp. 245 ff.; *The Golden Bough*, pp. 434 ff. 참조.

의 재생을 꾀하는 어떤 의례나 드라마는 그 자체로서는 태초에 이루어진 창조적인 행위, 원초의 행위의 반복이다. 재생을 위한 공희는 천지창조에 대한 의례적인 '반복'이다. 창조의 신화는 그 몸으로 세계가 만들어지고 식물이 성장한다는 원초의 거인의 의례적인 죽음(즉 비명의 죽음)을 포함하고 있다. 이러한 종류의 공희와 관계가 있는 것은 특히 초목과 곡물의 기원이다. 이미 살펴본 바와 같이(§113 이하), 약초, 밀, 포도 등은 태초에 의례적으로 희생된 신화적 인물의 피와 살로 성장하였다. 실제로 추수 때 나타나는 힘의 재생을 위한 인신공희는 종자에 생명을 부여한 창조행위를 반복하는 것이다. 의례는 창조를 거듭 반복하게 만든다. 초목 가운데 활동하고 있는 힘은 시간의 흐름을 중단시키고 창조로 충만한 최초의 순간으로 되돌아가게 함으로써 다시 태어나는 것이다. 인신공희에서 희생자의 사체를 여러 조각으로 나누는 것은 자신의 존재를 의례적으로 나누어 종자에 생명을 부여하는 신화적 인물의 몸과 동일시하는 것이다.

  이상이 아마도 수확을 증진시킬 목적으로 행하는 모든 인간과 동물의 공희의 기원이라고 볼 수 있는 완전한 줄거리일 것이다. 가장 명백하고 직접적인 의미는 단순히 수확 속에서 작용하고 있는 성스러운 힘의 재생이라는 의미이다. 풍요 그 자체는 그대로 잠재하고 있는 모든 가능성의 성취이며 따라서 그 소진이다. '원시인'은 끊임없이 그들 주위에 있는 유익한 힘들이 소진되어버리지나 않을까 하는 공포 속에 살고 있었다. 수천 년 동안 원시인들은 동지 때에 태양이 영원히 사라지지는 않을까, 달이 다시 떠오르지 않으면 어떻게 할까, 식물이 영원히 죽지나 않을까 하는 공포로 고통을 받아왔다. 어떠한 '힘'의 나타남에 대하여도 그들은 똑같은 불안 속에, 즉 그 힘이 일시적인 것이고 따라서 소멸되어버리지나 않을까 하는 불안에 사로잡혔다. 이와 같은 불안은 식물의 경우와 같이 계절적 순환에 의하여 표면적으로 고사해버리는 시기를 가진 '힘'이 주기적으로 나타나는 것을 볼 때 더욱 강해졌다. 더욱이 그 '힘'의 쇠약이 첫 수확을 거둬들이고 추수하는 등의 인간의 간섭에 의하여 야기되었을 때 그 불안은 한층 더했다. 이 경우 '첫 수확'이라고 불리는 제물을 바친다. 이러한 공희는 인간과 수확 가운데서 활동하고 있는 힘을 화해시켜, 인간이 아무 위험 없이 그것들을 사용할 수 있도록 허용하게 해준다. 이 같은 의례는 동시에 새로운 해의 출발을, 즉 '재생'한 새로운 시대를 개시하는 것이다. 남아프리카 공화국의 나탈 주의 카피르족과 줄루족 사이에서는 신년제를 끝마칠 때부터 왕이 거주하는 부락 내에서 성대하게 춤을 추는데, 그때 이 의례를 위해서만 사용하는 새로운 병에 모든 종류의 열매들을 넣고 주술사가 새롭게 점화한 불에다 요리를 한다. 왕이 의식에 참석한 한 사람 한 사람에게 첫 수확으로 만든 죽을 모두 나누어준 이후에야 어떤 과일이든 음식으로 사용할 수 있다.[원주57] 크리크족 인디언들이 첫 수확을 제물로 바치는 의례는 모든 악과 죄를 정화하고 구제하는 의례와 일치한다. 즉 불이라는 불은 남김없이 끄고 사제가 마찰을 일으켜 새로운 불을 켠다. 사람들은 모두 8일 동안 단식을 하고 구토를 하는 등의 행위를 통해 심신을 정화한다. 이와 같이 해를 '다시 새롭게' 한 이후라야만 추수한 곡물을 먹는 것이 허용된다.[원주58]

이와 같은 첫 수확 의례에서 다음과 같이 몇 가지 구성요소를 구별할 수 있다. 우선 새로운 수확물을 먹을 때 오는 위험, 그것은 그 식물을 근절시켜버릴 위험이거나 그 수확물을 먹는 자가 열매 가운데 현전하고 있는 '힘'에 의하여 보복을 받는 위험 등이다. 다음에 이 위험을 첫 수확의 의례적 성별과 예비적 정화(속죄양의 예에서 보이는 바와 같은 '죄의 추방')와 사회의 재생에 의하여 피할 필요가 생긴다. 그것은 '시간의 갱신'을 통하여, 즉 더럽혀지지 않은 태초의 때로 새롭게 출발함으로써 생긴다(모든 신년은 새로운 시간의 창조이다). 우리는 아스텍족이 옥수수 여신에 대한 공회를 통해 어떻게 구년을 쫓아내고, 동시에 모든 죄와 악을 몰아내는지 살펴보았다. 이 드라마틱한 의식은 군대의 행진과 모의경기 등을 포함하는데, 이와 동일한 것은 다른 농경의례에서도(예컨대 가장 오래된 오시리스 의례)

[원주57] Frazer, *Spirits*, vol. ii, pp. 66~68.
[원주58] 같은 책, pp. 72~75; Eliade, *The Myth of the Eternal Return*, London, 1955, p. 5를 보라.

찾아볼 수 있다.

133. 수확완료의 의례

이 농경의례에 관한 논급은 추수 후, 즉 수확물을 창고로 옮길 때에 행하는 몇 가지 풍습을 지적하고 끝마치려 한다. 핀족은 그해 맨 처음에 태어난 어린양을 제물로 바치고 추수를 시작한다. 이때 양의 피는 대지에 뿌리고 그 내장은 '곰에게 주는 대가'로서 '논밭의 수호자'에게 바친다. 고기는 구워서 밭에서 함께 먹는데, 세 조각은 '땅의 정령'을 위해 대지에 남겨놓는다. 핀족은 또 추수를 시작할 때 어떤 요리를 준비하는 풍습이 있다. 이것은 아마도 의례적 축제 때까지 그 역사가 거슬러 올라갈 것이다.[원주59] 에스토니아의 자료가 전해주는 바에 의하면, '제물의 구멍'이라고 부르는 장소가 밭 가운데 있는데, 옛날에는 여기에다 매년 새롭게 추수한 첫 수확을 바쳤다.[원주60] 이미 고찰한 바와 같이 수확은 심지어 오늘날까지도 그 의례적 성격을 보존하고 있다. 즉 최초의 3개의 곡식단은 침묵 속에서 베거나 또는 에스토니아, 독일, 스웨덴에서처럼 최초의 이삭 몇 알은 베지 않는 풍습이 남아 있다.[원주61] 이 후자의 풍습은 대단히 광범위하게 퍼져 있으며, 제물로 남겨놓은 이삭은 여러 신앙에 따라서 '오딘의 말', '숲의 여인의 암소', '쥐', '폭풍의 7명의 딸들'(바바리아 지방), '숲의 처녀들'에게 바친다.[원주62]

밀을 짐마차에 실어 창고로 옮길 때 행하는 여러 가지 의례가 있다. 예컨대 "이 낟알은 쥐들이 먹어라" 하면서 한 움큼의 곡물을 왼쪽 어깨 위로 던진다. 그것이 왼쪽 어깨라는 사실은 제물이 죽은 자와 관련되어 있음을 보여준다. 한편 독일 사람들은 "이것은 죽은 자의 음식이다"라고 말하면서 창고 속으로 옮긴 건초의 첫번째 단을 부수는 관습이 있다. 스웨덴에서는 집

[원주59] Rantasalo, vol. v, pp. 160 ff.
[원주60] 같은 책, p. 166.
[원주61] 같은 책, pp. 168 ff.
[원주62] 같은 책, pp. 186 ff.

의 정령의 가호를 얻기 위해 창고로 빵과 포도주를 옮겨놓는다.[원주63] 타작을 할 때에는 그 타작마당의 정령을 위해서 몇 알의 이삭을 남겨놓는다. 핀족의 말에 의하면, 제물은 '그 밀이 다음해에도 성장할 수 있도록' 바치는 것이라고 한다.[원주64] 핀족의 또 다른 전통에 의하면, 탈곡하지 않고 남겨둔 곡식단은 대지의 정령(mannhaltia)것이라고 한다. 다른 지방에서는 대지의 정령(talonhaltia)이 부활절날 밤에 와서 가을에 남겨둔 세 개의 곡식단을 타작한다고 믿고 있다. 어떤 민족은 제물로 남겨놓는, 이 손대지 않은 곡식단을 '정령의 곡식단'이라고 부른다. 스웨덴에서는 마지막 곡식단은 타작하지 않고 다음해 추수 때까지 '그해의 풍작을 위해' 그냥 밭에 남겨두었다.[원주65]

의심할 바 없이 이 제물의 대부분은 어느 정도 죽은 자와 관련되어 있다. 죽은 자와 농경의 풍요의 관계는 중요한 것으로 우리는 이 점으로 다시 되돌아갈 것이다. 그러나 여기서는 파종, 수확, 타작을 각각 **시작할** 때에 바치는 제물과 창고로 옮길 때 바치는 제물 사이에 완벽한 균형(symmetry)이 존재한다는 것에 주목해본다. 이 모든 순환은 가을에 열리는 추수제로서(북방지방에서는 미가엘 축일) 완결되는데, 이때에는 향연, 춤, 여러 정령들에게 바치는 제물 등이 포함되어 있다.[원주66] 이 의례로서 일년의 농경력(曆)은 막을 내린다. 겨울축제에 현전하고 있는 농경적 요소는 풍요의례와 죽은 자 숭배의 융합으로 설명할 수 있다. 대지에 뿌린 종자를 지키는 죽은 자는 겨울 동안 살아 있는 자의 식량인 창고에 쌓아둔 수확물도 그의 관할하에 두고 있다.

맨 처음과 마지막 농경의례 사이에 유사성이 있는 것은 주목할 가치가 있다. 그 유사성에 의하여 농경의례를 끝맺는 순환적 성격이 강조되고 있다. '해'(年)는 완결된 단위가 된다. 시간은 전(前)농경사회에서 가지고 있

[원주63] 같은 책, pp. 191~97.
[원주64] 같은 책, p. 201.
[원주65] 같은 책, pp. 203~206.
[원주66] 같은 책, p. 221.

던 상대적 등질성을 잃어버리고 만다. 시간은 단지 계절에 의하여 나누어지는 것만이 아니고 완전히 완결된 단위에 의하여 구별되고 있다. 다시 말하면 '구년'은 '신년'과 확실히 구별되고 있다. 식물에 거주하며 활동하는 힘의 재생은 시간의 갱신에 의하여 인간사회를 재생하는 힘을 지니고 있다. '구년'은 사회 전체의 악과 함께 추방된다(§152). 이 주기적 재생이라는 관념은 다른 영역에까지, 즉 통치권이라는 영역에까지 확장되고 있다. 가입의례에 의한 영적 재생의 가능성에 대한 희망을 낳고 기르는 것도 이와 동일하게 중심적 관념이다. 마지막으로 농경의례에 의하여 실현된 순환적 재생에 대한 이러한 신앙과 직접 관련을 가진 것으로, 우리는 무수한 오르기 의례나 태초의 카오스 상태로의 일시적인 귀환의례, 천지창조 이전의 미분화된 단일성에의 재통합 의례 등을 볼 수 있다.

134. 죽은 자와 종자

세속적 기술로서의 농경과 의례로서의 농경은 서로가 확실히 다른 두 차원에서 죽은 자의 세계와 만난다. 첫째는 대지와의 연대성이다. 종자처럼 죽은 자도 흙에 묻혀서 그만이 가까이 다가갈 수 있는 대지의 차원으로 들어간다. 한편 농경은 탁월한 풍요다산의 기술이며, 성장에 의하여 재생산하는 생명의 기술이다. 죽은 자는 특히 부활의 신비, 창조의 순환에 대한 신비, 끝없는 번식력에 대한 신비에 이끌려진다. 대지의 모태에 묻힌 종자처럼 죽은 자도 또한 새로운 형태를 취하고 삶으로의 귀환을 기다리고 있다. 그 때문에 죽은 자는 특히 전체 사회의 생명적 긴장이 극에 달했을 때, 다시 말하면 모든 풍요의 제전이 열리고 있을 때 산 자에게 가깝게 다가간다. 바로 이때 자연과 인간의 생식력은 풍부한 의례, 오르기에 의하여 환기되고 발동되고 격화된다. 죽은 자의 영혼은 생물적인 충만, 유기적인 과잉을 갈망한다. 왜냐하면 생명의 충일은 죽은 자의 빈곤을 보충하고 생명의 잠재력과 종자의 격한 흐름 가운데로 죽은 자를 투사하기 때문이다.

집단적 향연은 바로 생(生) 에너지의 응집을 표현하고 있다. 모든 게 과도하게 흘러넘치는 이 향연은 따라서 농경제의와 죽은 자를 추도하는 데 없어서는 안 될 것이었다. 옛날에는 실제로 묘지 바로 곁에서 연회를 열었는데, 이것은 죽은 자 스스로가 곁에다 펼쳐놓은 삶의 풍요를 향수(享受)하는 것이라고 할 수 있다. 인도에서는 죽은 자에게 콩을 제물로 바쳤는데, 이는 콩을 최음제로 여겼기 때문이다.[원주67] 중국에서는 부부의 침실을 집 안에서 가장 어두운 곳에, 즉 종자가 저장되어 있는 곳, 나아가 죽은 자가 매장되어 있는 곳 위에다 두었다.[원주68] 또 조상과 수확량과 성생활 사이의 관계가 극히 긴밀하여 종종 이 셋이 관계된 예배는 하나로 뒤섞여 나타난다. 북유럽 민족에게 크리스마스(Yule)는 죽은 자의 축제임과 동시에 풍요와 생명의 향연이기도 하였다. 크리스마스에는 호화로운 향연을 벌이거나 결혼식을 올리거나 묘지를 참배하였다.[원주69]

이때 죽은 자는 산 자가 행하는 풍요의례에 참가하기 위하여 되돌아온다. 스웨덴에서는 여성은 결혼 케이크 한 조각을 무덤에까지 평생 가지고 가야 하기 때문에 시집갈 때 지참하고 간다. 또한 북유럽의 여러 나라와 중국의 여성은 시집갈 때 입던 옷을 함께 싸서 매장한다.[원주70] 젊은 신랑 신부가 지나는 길에 세운 '축하 아치'는 죽은 자를 맞기 위해 묘지에 세운 아치와 동일하다. 크리스마스 트리(북유럽에서 원래는 맨 꼭대기 잎만을 남겨놓는 나무였다)는 결혼식이나 장례식에서도 사용되었다.[원주71] 사후의 (post mortem) '결혼'에 대하여는 뒤에 언급하겠지만, 그것이 의미하는 바는 죽은 자에게 가장 적합한 생의 조건과 충실한 생식력을 갖도록 하려는 열망을 나타내고 있다.

죽은 자가 정자나 종자로서의 존재양태를 구하려 한다면 산 자도 파종을

[원주67] Meyer, *Trilogie*, vol. i, p. 123.
[원주68] Granet, *La Religion des Chinois*, Paris, 1922, pp. 27 ff.
[원주69] H. Rydh, "Seasonal Fertility Rites and the Death Cult in Scandinavia and China," *BMAS*, Stockholm, 1931, no. 3, pp. 69~98.
[원주70] 같은 글, p. 92.
[원주71] 같은 글, p. 82.

지키고 수확을 보호하기 위하여 죽은 자를 필요로 할 것이다. '대지의 어머니' 혹은 풍요의 대여신은 종자의 운명과 똑같이 죽은 자의 운명을 지배한다. 그러나 죽은 자는 때때로 인간과 더욱 가까운데, 그것은 농부들이 이 죽은 자에게 농경작업을 축복하고 도와달라고 비는 것을 보면 알 수 있다 (검은색은 대지와 죽은 자의 색이다). 히포크라테스는 죽은 자의 영혼이 종자를 발아시키고 성장시킨다고 말하고 있고, 『농경술』(Geoponica)의 저자는 바람(즉 죽은 자의 영혼)이 식물 및 다른 모든 것에 생명을 부여해주고 있다고 말하고 있다.[원주72] 아라비아에서는 밭 주인이 '노인'이라고 부르는 마지막 곡식단을 베어서 묘지에 놓고 "밀이 죽음으로부터 생으로 다시 태어나기를"[원주73] 기도하면서 땅에 묻었다. 밤바라족은 구덩이에 시체를 넣고 그 위에 흙을 덮을 때 이렇게 기원한다.

북풍이든 남풍이든 서풍이든 동풍이든 모든 바람이여, 우리에게 도움을 주소서. 비를 내려주소서! 풍작을 거둘 수 있게 해주소서.[원주74]

핀족은 파종기에 죽은 자의 뼈나(무덤에서 그 뼈를 꺼냈다가 추수 후에 다시 갖다 놓는다) 혹은 죽은 자가 생전에 소유하고 있던 물건을 땅속에 묻는다. 만약 그 어느 것도 없다면 농부는 무덤이나 죽은 자가 지나갔던 사거리에서 가져온 흙으로 한다.[원주75] 독일인은 새 무덤에서 가져온 흙이나 누군가 죽은 사람 밑에 깔았던 짚을 종자와 함께 밭에다 뿌리는 관습이 있다.[원주76] 특히 죽음의 동물인 뱀은 농작물을 보호한다. 봄이 되어 파종기가

[원주72] Harrison, *Prolegomena to the Study of the Greek Religion*, Cambridge, 1922, p. 180에서 재인용.
[원주73] Liungman, "Euphrat-Rhein," I, p. 249.
[원주74] T.R. Henry, "Le Culte des esprits chez les Bambara," *AOS*, 1908, iii, pp. 702~17, 711.
[원주75] Rantasalo, vol. iii, pp. 8 ff.
[원주76] 같은 책, p. 14

시작되면 농작물을 지키고 잘 돌보아달라고 죽은 자에게 제물을 바치는 것이다.[원주77]

135. 농경과 장례의 신들

죽은 자와 풍요 및 농경의 관계는 이 두 가지 숭배의 유형과 관계되는 축제나 신들에 대하여 검토할 때 더욱 명료하게 볼 수 있다. 일반적으로 식물과 대지의 풍요신은 또한 죽음의 신이기도 하다. 홀리카(Holika)는 원래 나무의 형태로 표상되었는데 후에 죽은 자의 신이 되고 식물풍요의 정령이 되었다.[원주78] 대지의 본성과 기원에 속하는 식물 및 성장의 무수한 정령들은 형체가 없는 죽은 자의 세계와 전혀 구별할 수 없을 정도로 융합되어 있다.[원주79] 고대 그리스에서는 죽은 자와 곡식은 흙으로 만든 병에 넣어두었다. 지하세계의 신들에게도 풍요신과 같이 밀초를 바쳤다.[원주80] 페로니아(Feronia)는 '농경 또는 지하의 여신'(dea agrorum sive inferorum)이라고 불리었다.[원주81] 두르가는 풍요의 대여신으로 많은 지방신앙, 특히 식물숭배의 대상이 되었는데, 죽은 자의 영혼의 주신(主神)도 되었다.

축제에 대하여는 다음과 같은 것을 지적할 수 있다. 즉 고대 인도에서는 죽은 자의 추도식은 추수가 한창때 행해졌으며, 그것은 동시에 중요한 추수제이기도 하였다.[원주82] 이와 똑같은 것이 북유럽의 여러 나라에서도 행해졌다. 고대의 마네스 숭배는 식물의례와 함께 행해졌다. 중요한 농경제 혹은 풍요제는 죽은 자의 추도식과 일치하게 되었다. 옛날에 성 미가엘 축일(9월 29일)은 북유럽이나 중부유럽의 각지에서 죽은 자의 제임과 동시

[원주77] 같은 책, p. 114
[원주78] Meyer, *Trilogie*, vol. i, pp. 140, 152.
[원주79] 같은 책, vol. ii, p. 104.
[원주80] F. Altheim, *Terra Mater*, Giessen, 1931, p. 137.
[원주81] 같은 책, p. 107.
[원주82] Meyer, vol. ii, p. 104.

에 추수제였다. 그래서 장례식 예배는 차츰 풍요의례에 영향을 주게 되어 그 의례를 흡수하고 그것을 조상의 영혼에게 바치는 공물 혹은 제물로 변하게 하였다. 죽은 자는 '땅속에 거주하는 자'이며 그들의 선의는 받아들여져야 한다. 왼쪽 어깨 너머로 던지는 곡물은 '쥐에게' 바치는 곡물이기도 한데, 실은 죽은 자에게 바치는 것이다. 죽은 자는 산 자와 화해하고 산 자에게 먹을 것을 주며, 기도를 받으며, 수확물을 보호하고 증가시켜준다. '노인' 혹은 '노파'라는 것은 농부가 토양의 비옥함이나 '힘'을 인격화한 것인데 그것이 죽은 자와 관계된 신앙의 영향을 받아서 시간이 지남에 따라 차츰차츰 신화적 양상을 심화시켜 '조상'이나 죽은 자의 정령의 본성이나 속성으로 동화되었다.

이러한 현상은 특히 게르만민족의 경우에서 잘 관찰된다. 죽음의 신이며 어디에서도 안식처를 찾지 못하고 떠도는 영혼들의 '유령사냥꾼' 두목인 오딘은 많은 농경의례를 이어받고 있다. 게르만민족이 동지 때에 행하던 축제, 특히 죽은 자에게 바치는 축제인 율(Yule)에는 그해에 수확한 최후의 곡식단을 가지고 와 그것을 가지고 남녀의 인형 또는 수탉과 산양 및 다른 동물의 상을 만들었다.[원주83] 식물의 '힘'을 표현하는 데 사용된 동물의 상이 죽은 자의 영혼을 표상하는 데 사용된 것과 동일하다는 것은 매우 의미 있는 것이다. 이 두 가지 예배의 어떤 시점에 가면 동물의 형태로 나타나는 '영'이 이미 없어진 사람의 혼을 표상하는 것인지, 혹은 대지—식물의 힘이 동물로 구현된 것인지 더 이상 분명하게 알 수 없는 지경에 이른다. 이 두 요소의 공생은 무수한 혼란을 야기시켜 학자들 사이에서도 논의가 분분하다. 예컨대 오딘이 농경적 성격을 가지고 있는가, 장례적 성격을 가지고 있는가 하는 점에 대하여, 율 의례의 기원에 대하여 학자들은 서로 다른 의견들을 내놓고 있다. 실제로 우리가 직면하고 있는 문제는 죽음과 재생이 서로 뒤섞여 하나의 초인적 실재 속에 여러 상이한 계기로 변화되어버리는 많은 의례과 신화적인 유형인 것이다. 풍요의례와 죽은 자 숭배가 상호 간

[원주83] De Vries, "Othin," p. 21를 보라.

섭하고 있는 영역은 대단히 많고 중요하기 때문에 양자의 공생과 융합이 우주 속의 인간존재의 의미에 대한 더욱 충분한 이해에 기반을 둔 새로운 종교적 종합에 의하여 성취되지 않으면 안 된다.

우리는 기원전 2000년경에 에게-아시아 세계에서 가장 완전한 형태로 존재하는 이 종교적 종합을 발견할 수 있다. 그래서 이 종합은 비의종교의 발전을 가능케 하였다. 이 두 가지 숭배의 융합은 북유럽이나 중국에서 선사시대부터 시작하였지만[원주84] 그 종합이 결정적인 것이 되고 일관된 표현을 갖게 된 것은 그 이후의 일이었을 것이다. 확실히 동지는 지중해 남부보다도 북유럽에서 더욱 중요시되었다. 율(Yule)은 우주에서의 이 결정적 순간의 감동적인 축제이기 때문에 죽은 자들은 이날 산 자 주위에 모여든다. 이날 '해의 부활', 봄의 회귀가 예언되기 때문이다. 죽은 자의 혼은 '시작하는' 어떤 것, '생명으로 오는' 어떤 것에 이끌리게 된다. 즉 신년(이것은 모든 시초와 같이 창조의 상징적 반복이다), 겨울의 활동정지 가운데서 생의 새로운 폭발(끝없이 계속되는 향연, 통음, 오르기, 결혼의 축전), 새로운 봄 등이 그러한 것들이다. 산 자는 함께 모여 그 자신의 생의 넘치는 풍요로 쇠하여가는 태양의 에너지를 자극한다. 그들의 희망과 불안은 다음 수확 때 식물에 무슨 일이 일어날 것인가에 집중되어 있다. 농경과 죽음이라는 두 가지 과정은 서로 교차하고 융합하여, 마침내는 유충적 발아 전(前) 상태인 유일한 존재양태를 형성하기에 이른다.

136. 성생활과 논밭의 풍요

종자 그 자체는 성장과정에서 도움을 받거나 최소한 어떤 것을 '동반할' 필요가 있다. 생명의 형태와 행위 사이의 이와 같은 연대성은 원시인의 가장 중요한 본질적 개념 중의 하나였다. 원시인은 공동으로 행하는 것이 가

[원주84] 예컨대 H. Rydh, "Symbolism in Mortuary Ceramics," *BMAS*, Stockholm, 1929, no. 1, pp. 71~120 참조.

장 좋은 결과를 가져다준다는 원칙을 따름으로써 주술적으로 자신들에게 이익이 되게 할 수 있었다. 가령 여성의 다산은 논밭의 풍요에 영향을 주고, 반대로 식물의 풍부한 성장은 여성의 임신을 돕는다. 죽은 자들은 동시에 이 풍요의 두 근원이 그들에게 생의 흐름에 다시 귀환할 힘과 에너지를 주리라 희망하면서 양자에게 도움을 준다. 서아프리카의 흑인 에웨족은 수확의 결정적 시기가 가까워오고 밀이 발아하기 시작할 때 의례적 오르기의 힘으로 재난을 방지하는 수단을 취한다. 많은 소녀들을 악마의 신에게 신부로서 헌상한다. 이러한 결혼은 신전에서 신의 대리인 사제에 의하여 집행된다. 이렇게 성별된 처녀들이나 아내들은 얼마 동안 성역 내에서 성스러운 성행위를 계속한다. 일반적으로 이 성혼은 대지와 동물의 풍요를 보증하기 위해 행해진다고 말한다.[원주85]

이러한 사제들의 역할은 의례의 발전된 형태를 보여준다. 이 의례는 처음에는 자라나는 푸른 논밭 위에서 가능한 한 많은 부부가 성행위를 함으로써 시작되었다. 이것은 중국에서도 행해지는 관습이었는데, 젊은 남녀들이 봄에 논밭 위에서 성행위를 하곤 하였다. 그러한 행위를 통해서 중국인들은 모든 형태의 발아를 돕고, 비를 부르고, 논밭이 풍요의 작용을 받도록 개방함으로써 자연의 재생을 돕는다는 확신을 가지고 있었다.[원주86] 또한 고대 그리스 전통에서도 새롭게 싹이 트는 논밭에서 행해지는 젊은 남녀의 성행위의 흔적을 발견할 수 있는데, 이는 이아손과 데메테르의 결혼을 원형으로 한다. 중앙아메리카의 피필족은 씨 뿌리기 전 4일 동안은 아내와 떨어져서 자는데, 씨 뿌리는 전날 밤에 특별히 격정을 발산할 수 있도록 하기 위해서이다. 몇 쌍의 부부는 씨 뿌리는 중에 실제로 성행위를 해야 한다. 자바의 어떤 지방에서는 벼가 개화할 때 농부와 아내가 그 논밭 위에서 성교를 하였다.[원주87] 북유럽이나 중부유럽에서는 심지어 오늘날까지도 논

[원주85] Frazer, *Adonis*, vol. i, pp. 65 ff.
[원주86] Granet, *La Religion des Chinois*, p. 14
[원주87] Frazer, *The Magic Art*, vol. ii, pp. 98 ff.; *The Golden Bough*, p. 136.

밭 위에서 의례적으로 행하는 결혼 또는 결혼식에 성스러운 나무(5월의 나무)의 등장을 보여주는 식물과 성행위 사이의 밀접한 관계 등을 볼 수 있다.[원주88] 우크라이나에는 성 조지의 날에 사제가 수확을 축복한 후에 젊은 부부들이 논밭 위에서 구르는 풍습이 있다. 러시아에서는 여인들이 논밭 위에서 사제를 구르게 했는데, 이것은 수확물을 성별하기 위한 것일 뿐 아니라 원초의 성혼의 막연한 기억의 한 부분으로서였다.[원주89] 그 밖의 지역에서는 성혼은 밀이삭으로 장식한 한 쌍의 부부의 의례적 춤이나 '밀의 약혼자'와 그녀의 남자 약혼자 사이의 비유적인 결혼으로 환원되어버리고 말았다. 이와 같은 결혼은 대단히 호화롭게 축복을 받았다. 실레지아에서 신혼부부들은 여러 가지로 장식한 혼례마차를 타고 주민 전체가 밭에서 마을까지 끌고 온다.[원주90]

유럽에서 추수철에 볼 수 있는 풍습은 봄에 식물의 출현을 예고할 때 행하는 풍습과 유사함을 알 수 있다. 이 두 가지 의례에서 '힘' 또는 '정령'은 나무나 밀단 혹은 인간부부에 의해 직접적으로 표현되며, 또한 농작물, 가축, 여성의 풍요에 영향을 미친다.[원주91] 이 의례에서 원시인은 어떤 것을 '공동으로' '함께' 할 필요성을 느끼고 있음을 알 수 있다. 식물의 힘이나 정령을 의인화하고 있는 인간부부는 그 자체가 에너지의 중심이며 그들이 표상하고 있는 힘의 효과를 증진시킬 수 있다. 식물의 주술적 힘은, 그것이 실제로 **실행**이 되든 안 되든 가장 풍부한 성적 **잠재력**을 가진 젊은 부부에 의하여 '표상되고' 의인화된다는 사실에 의하여 증가하는 것이다. 이 부부, 즉 '신랑'과 '신부'는 성혼의 원초적 행위를 반복하고 있다는 사실에서 일찍이 일어났던 일의 비유적인 반영에 지나지 않는다.

[원주88] Mannhardt, *Wald- und Feldkulte*, vol. i, pp. 480 ff.에 있는 references 참조.
[원주89] Frazer, *The Magic Art*, vol. ii, p. 103; *The Golden Bough*, p. 137.
[원주90] Frazer, *Spirits of the Corn*, vol. 1, p. 163; *The Golden Bough*, p. 409.
[원주91] Frazer, *Spirits*, vol. i, p. 164; *The Golden Bough*, p. 410.

137. 오르기의 의례적 기능

일반적으로 오르기는 성혼에 대응한다. 지상에서의 무제한한 성적 광란은 배우신의 결합에 대응한다고 볼 수 있다. 논밭 위에서 젊은 부부가 성혼을 반복함으로써 그 공동체의 모든 힘을 최절정에까지 증가시킨다는 것을 전제로 한다. 오레온의 주민은 5월에 태양신과 대지의 여신 사이의 결혼을 축하할 때 사제가 자기 아내와 공중 앞에서 성교를 하는데, 이후에는 말로 표현할 수 없는 오르기의 광란이 펼쳐진다.[원주92] 뉴기니의 서부나 오스트레일리아 북부(레티 군도, 사르마타 제도 등)에 있는 몇몇 섬에서 그와 유사한 오르기가 우계(雨季)가 시작될 때 열린다.[원주93] 인간은 신들이 보여준 범례를 모방하는 것이 가장 좋다. 특히 그 모방 여하에 따라 전세계의 번영과 동식물의 생명의 활동이 달려 있어 더욱 그러하다. 그들의 무절제는 신성한 질서 속에서 결정적이고 유용한 역할을 한다. 그들은 인간, 사회, 자연, 신들 사이에 있는 장벽을 부순다. 즉 그들은 힘, 생명, 사물의 씨를 한 차원에서 다른 차원으로, 실재의 한 영역에서 다른 영역으로 순환하는 것을 도와준다. 실체가 비어 있는 것은 채워주고, 분열되어 있는 것은 다시 통합하며, 고립하여 있는 것은 만물의 큰 모태 가운데로 병합시킨다. 오르기는 성스러운 생명 에너지를 순환시킨다. 자연계에서 위기적 순간이나 반대로 풍요로운 때는 오르기를 폭발시킬 수 있는 좋은 기회가 된다. 천공의 생식력을 자극하고 강우를 유도하기 위해, 한발이 있을 때 여인들이 벌거벗고 논밭 위를 뛰어가는 풍습을 행하는 지방이 많이 있다. 어떤 지방에서는 결혼이나 쌍둥이의 탄생을 오르기로서 축하하는 곳도 있다. 즉 아프리카의 바간다족이나 피지 섬의 주민들이 그러하다.[원주94] 식물의 드라마, 특히 농경의례와 관련되어 행하는 오르기는 설명하기가 더욱 쉬워진다. 우주

[원주92] Frazer, *Adonis*, vol. i, p. 46; *The Magic Art*, vol. ii, p. 148.
[원주93] Frazer, *The Golden Bough*, p. 136.
[원주94] Meyer, *Trilogie*, vol. i, p. 69, n. 1 참조.

적 성혼(즉 비)이 가장 최적의 조건으로 성취되어 곡물류가 발아하여 열매를 맺기 위해서, 여성이 자식을 낳기 위해서, 동물이 번식하고 죽은 자가 그 공허를 생명력으로 채우기 위해서는 대지가 하늘을 일깨우고 자극시켜야 한다.

브라질의 카나족은 성행위를 모방한 남근춤을 통하여 대지, 동물, 인간의 생식력을 자극한다. 이 춤은 집단적 오르기로까지 나아간다.[원주95] 남근 상징의 흔적은 또한 유럽의 농경의례 가운데서도 볼 수 있다. 예컨대 어떤 때는 남근의 형으로 '노인'을 표현하고, 최후의 곡식단을 '창부'라고 부르기도 하는데, 이 곡식단은 붉은 입술과 검은 머리를 가진 것으로 표현하기도 한다. 이 색은 원래 여성 생식기를 뜻하는 주술상징적인 색이었다.[원주96] 또 우리는 고대의 어떤 식물제 때 행해졌던 무절제를 상기할 수 있다. 즉 로마의 플로라제(4월 27일)에서는 젊은이들이 나체로 거리를 행진하였다. 루페르칼리아제(2월 15일)에는 젊은이들이 여인들의 다산을 촉진하기 위해서 그녀들을 만지는 습관이 있었다. 또 인도의 중요한 식물제인 홀리제 때에는 무엇을 해도 다 허용되었다.

홀리제는 아주 최근까지 집단적 오르기의 모든 특성들을 보존하고 있다. 집단적 오르기는 모든 자연의 창조력, 생식력을 촉발시키고 최대한으로 발휘하도록 한다. 이때는 모든 예절이 망각된다. 문제는 단순한 규범이나 관습에 대한 존경보다도 더욱 심오한 것이기 때문이다. 즉 이때는 생의 연속성을 확보하는 문제가 중요한 것이다. 남자와 아이들의 대집단이 노래하고 소리치고 홀리가루와 붉은 물(붉은 것은 생명과 생식의 색이다)을 뿌리면서 거리를 지나간다. 도중에 여인을 만나거나 커튼을 통하여 여인을 보게 되면 그녀들에게 지독한 외설과 욕설을 던지는 풍습이 있다. 음란한 욕의 주술적 가치는 이미 널리 알려져 있으며 후대의 진화한 예배(아테네의 테

〔원주95〕 Meyer, vol. i, pp. 71 ff.를 보라.

〔원주96〕 Mannhardt, *Myth. Forsch.*, pp. 19, 339; 또는 the *Handwörterbuch d. deutschen Aberglaubens*, vol. v, cols. 281, 284, 302.

스모포리아 Thesmophoria 등)에서도 그 가치가 인정되고 있다. 힌두교도 도 발리제 때에는 최대한의 성적 자유를 허용하였는데, 이때에는 근친상간만 제외하면 어떠한 성행위도 허용되었다.[원주97] 인도 동북부의 호스족은 추수철에 굉장한 오르기를 행하는데, 그들은 사회의 안정이 이루어지려면 남자나 여자의 악한 경향이 만족스럽게 충족되어야 한다는 관념으로 이러한 난행을 정당화시킨다. 중부유럽이나 남부유럽에서 추수제 때 행하는 일반적인 오르기는 많은 종교회의에서 비난을 받기도 하였다. 특히 590년에 열린 오세르 공의회나 중세의 많은 저자들에 의하여 규탄되었다. 그렇지만 어떤 지방에서는 현대에 이르기까지 계속되고 있다.[원주98]

138. 오르기와 재합일

오르기는 재생('신년')이나 풍요의례와 밀접히 관련되어 있긴 하지만 농경의례의 구조에서만 발견되는 것은 아니다. 오르기의 형이상학적 의미나 심리학적 기능은 이 책의 다른 장에서 더욱 분명하게 다루게 될 것이다. 지금 여기서는 한편으로는 농경적 현상과 그 신비성 사이에, 또 한편으로는 공동체의 생활을 총괄적으로 표현하는 한 방법으로서의 오르기 사이에 완전한 유사성이 있음을 지적하고자 한다. 종자가 땅속에서 그 외형을 완전히 용해시키고 분해하여 별개의 것(발아, germination)이 되듯이 인간은 오르기에서 개성을 상실하고 유일하게 살아 있는 통일체 가운데로 결합된다. 그러므로 여기서는 '형식'도 '법'도 구별할 수 없을 정도로 감정의 완전한 융합이 실현된다. 그들은 원시의 상태, 천지창조 이전의 혼돈 상태로 다시 되돌아가려고 한다. 이 상태는 우주론적 차원에서는 창조 이전의 카오스적 미분화에 대응하는 상태이다. 이렇게 하는 것은 모방적 주술에 의하여 종자가 대지의 모태로 융합하는 것을 촉진하기 위해서이다. 이를 통해

[원주97] Meyer, vol. ii, pp. 108 ff.에 있다.
[원주98] Meyer, vol. ii, p. 113 참조.

인간은 비록 그 단일성이 '사람'(person)의 성질로부터 '종자'(seed)의 성질로의 퇴행을 의미하긴 하지만 생물우주적인 단일성 가운데로 재합일한다. 어떤 의미에서 오르기는 인간을 농경적 상태로 변화시킨다. 규범이나 한계, 개성을 모두 폐기하고 대지나 밤을 체험할 수 있게 자신을 열어놓음으로써, 인간은 땅속에서 분해되어 자기의 형태를 잃어버리고 새로운 식물을 낳는 상태를 획득하는 것이다.

오르기는 공동체의 영적, 심리적 통일 가운데서 성취하는 여러 기능 중에서도 생의 '갱신'과 재생을 가능케 하고 그것을 준비하는 기능을 가지고 있다. 오르기의 깨어남은 밭에서 푸른 싹이 나타남과 비교될 수 있다. 즉 새로운 생명이 시작하며, 오르기는 인간을 그 생명의 본질과 에너지로 충만하게 한다. 그뿐만 아니라 오르기는 창조 이전의 신화적 카오스를 재현함으로써 그 창조의 반복을 가능하게 한다. 인간은 일시적으로 무정형의 암흑의 상태로 퇴행하여, 거기서부터 그는 낮의 자기보다 더 활력이 넘치는 자기로 재탄생될 수 있다. 오르기는 침례와 같이(§64) 창조를 파괴하는 한편 동시에 창조를 재생한다. 인간은 무정형의 우주창조 이전의 존재와 자신을 일체화함으로써 회복되고 재생된 자기, 요컨대 '새로운 인간'으로 회귀하기를 바란다. 우리는 오르기의 구조와 기능에서 원초의 행위(즉 창조는 무질서에 질서를 부여하는 행위이다)를 반복하려는 동일한 열망을 인식할 수 있다. 오르기(사투르누스 축제, 카니발 등)에 의해 일상생활의 형태가 여기저기서 붕괴되고 우리는 활동과 수면, 탄생과 죽음으로 성립된 순환적 주기로서의 생명관을 볼 수 있고, 우주는 카오스에서 태어나 대이변, 우주의 붕괴(mahāpralaya) 또는 '대붕괴'를 통하여 다시 우주로 되돌아가는, 즉 원환으로 성립된 우주의 개념을 볼 수 있다. 물론 모든 오르기의 기괴한 형태는 이러한 우주의 순환적 주기에 대한 근본적인 개념과 부활에 대한 갈망이 타락한 형태일 것이다. 그러나 이러한 이상한 형태를 오르기의 기원과 기능을 이해하기 위한 출발점으로 삼을 수는 없다. 모든 축제는 그 본성상 오르기의 요소를 포함하고 있기 때문이다.

139. 농경적 신비주의와 구원

여기서 내가 강조하려고 하는 것은 비(非)오르기적 형태까지 포함하는 농경의 신비성이 지닌 구원론적 성격이다. 그 표면적 소멸(종자를 땅에 묻는 것)을 수단으로 하여 다시 태어나는 식물은 하나의 본보기가 됨과 동시에 희망을 제공해준다. 이와 똑같은 것이 죽은 자의 혼에서도 일어날 수 있다. 확실히 이 주기적 재생의 광경은 그냥 단순히 일어나는 어떤 것이 아니며, 또 인간이 관조하고만 있어도 직접적으로 나타나는 것도 아니다. 원시신앙에서 볼 때, 그것은 의례와 인간의 행위에 의해서 생길 수 있는 것이다. 재생이란 주술적 행위를 통하여, 대여신을 통하여, 여인의 존재를 통하여, 에로스의 힘과 자연(비, 뜨거운 열 등) 전체의 협력작용을 통하여 획득되는 것이다. 더욱이 이 모든 것은 의례적 성혼이건 시간의 재생('신년')이건 혹은 원형적 카오스를 다시 나타나게 하는 오르기이건 간에 모두 원형적 행위의 반복일 때에만 가능하다. 노력이 없이는 아무것도 획득할 수 없다. 인간의 삶은 일을 통하여, 즉 생의 규범과 일치하는 행위를 통하여, 다시 말해서 원형적 행위를 반복함으로써만 획득할 수 있다. 그러므로 농업 공동체의 구성원들이 스스로 식물을 경험함으로써 형성한 희망은 처음부터 활동이나 행위로 향하게 되었던 것이다. 인간은 어떤 과정을 따르고, 어떤 전형에 따라 행동하면 재생의 희망을 가질 수 있다. 행위와 의례는 없어서는 안 될 필수의 것이 되었다. 우리는 고대의 비의종교를 연구할 때 이 점을 상기하지 않으면 안 된다. 고대의 비의종교는 농경의례의 흔적을 가지고 있을 뿐만 아니라, 만약 그들이 선사시대로 되돌아가는 농경 신비주의의 오랜 흐름을 그들 배후에 가지고 있지 않다면, 전혀 가입의례적 종교가 되지 못했을 것이다. 다시 말하면 수천 년 동안 인간이 식물의 주기적 재생을 관찰하지 못하였다면, 즉 이로부터 인간과 종자의 연대성을 배우지 못하였다면, 또 죽음을 수단으로 하여 죽은 후에 재생이 달성된다는 희망을 갖지 못하였다면 가입의례적 종교는 되지 못했을 것이다.

농경의 발견이 인류에게 풍부한 식량을 확보해주고 이로부터 인구의 폭발적인 증가가 가능하였기 때문에, 인류역사의 과정이 근본적으로 변하였다고 보통 말한다. 그러나 농경의 발견이 결정적인 결과를 가져다준 것은 전혀 다른 이유 때문이다. 즉 역사의 발전과정을 결정한 것은 인구 증가나 풍부한 식량 때문이기보다는 인간이 농업을 발견하면서 만들어낸 **이론** 때문이다. 인간이 곡물 가운데서 **본 것**, 인간이 곡물을 접촉함으로써 **배운 것**, 종자는 어떻게 땅속에서 자기의 동질성을 잃어버리는가를 봄으로써 인간이 **이해한 것**, 이 모든 것이 인간에게 결정적인 교훈을 가르쳐주었다. 농업은 인간에게 유기적 생명의 근본적 단일성을, 즉 여성과 밭, 성행위와 파종이라는 비유를 계시해주었다. 또 순환적 생명, 귀환으로서의 죽음 등, 가장 발전된 지적인 종합도 이 계시로부터 나온다. 이 종합은 인류의 발전에 기본적인 것으로서 농경의 발견 이후에만 가능하였다. 구원에 대한 희망의 근거 중 가장 중요한 것은, 땅속에 숨겨져 있는 종자와 같이 죽은 자는 새로운 양태를 띠고 삶으로 귀환하기를 바랄 수 있다는 선사시대의 농경에 대한 신비함 가운데서 발견할 수 있다. 그러나 비관적인 때로는 회의론적인 생명관 또한 식물계의 관조 속에서 그 기원을 발견한다. 왜냐하면 인간은 들에 핀 꽃과 같으니까……

제10장
성소 : 사원, 궁전, '세계의 중심'

140. 히에로파니와 반복

모든 크라토파니나 히에로파니는 모두 그것이 현현하는 장소를 변형시킨다. 즉 지금까지 세속적 지역이었던 것이 성스러운 지역으로 승격하는 것이다. 예를 들면 뉴칼레도니아 제도의 카나카족은 다음과 같이 말하고 있다.

수풀 속에 있는, 셀 수 없이 많은 바위나 구멍이 난 돌들은 특별한 의미를 가지고 있다. 바위의 갈라진 틈은 비를 피하기에 적당하고 또 다른 틈에는 토템이 거주하고 있으며, 또 어떤 곳에는 살해된 자의 복수의 영이 출몰한다. 이렇게 하여 풍경 전체는 살아 있으며, 풍경의 모든 세부적

인 면이 의미를 갖고, 자연은 인간의 역사로 가득 차게 된다.[원주1]

더 자세히 말하면, 자연은 바로 히에로파니와 크라토파니의 사실로 인하여 변용을 겪고, 그 결과 자연은 신격화되는 것이다. 레비-브륄은 A. R. 래드클리프-브라운이나 A. P. 엘킨의 고찰에서 출발하여 성소의 히에로파니적 성격을 올바르게 해명하였다.

원주민들에게는 성스러운 장소가 결코 그 단독으로 정신에 나타나지 않는다. 성스러운 장소란 항상 어떤 복합체의 일부로서, 이 복합체에는 계절에 따라 풍부히 존재하는 식물과 동물, 이곳에 살고 방황하고 창조하며 그리하여 가끔 그 토지에 매장되어 일체화되어버리는 신화적 영웅들, 때때로 그곳에서 열리는 의식, 마지막으로 이상의 모든 것에 의하여 일어나는 감정 등이 포함되어 있다.[원주2]

래드클리프-브라운에 의하면 그 복합체의 기본 요소는 '토템의 국지적 중심점'이다. 대부분의 경우에 시원의 때에 살아서 그때 토템의 중심을 창조한 신화적 인물과 토템의 중심 사이에는 직접적인 유대(레비-브륄의 말을 사용하면 '참여' participation)를 인정할 수 있다. 원초의 계시가 이루어지는 곳은 이 히에로파니적 장소이다. 거기에서 인간은 자기의 신체를 양육하고 식량의 저장을 확보하는 방법을 배우게 된다. 그러므로 성스러운 구역, 토템의 중심 영역에서 식물과 관련하여 행하는 모든 의례는 '그 태초의 때'에 신화적 인물이 행한 행위의 모방 및 재현에 지나지 않는다. "옛날 부가리(bugari, 신화시대의) 영웅은 이런 식으로 인도산 큰 쥐, 올빼미, 물고기, 벌을 그들의 굴에서 끌어내었다."[원주3]

[원주1] Leenhardt, *Notes d'archéologie néocalédonienne*, Paris, 1930, pp. 23~24.
[원주2] Lévy-Bruhl, *L'Expérience mystique et les symboles chez les primitifs*, Paris, 1938, p. 183.

사실 성소라는 개념은 어떤 장소를 변용하고 특수화하여, 요컨대 주위의 세속적인 공간으로부터 그곳을 분리함으로써 그 장소를 성별하는 원초의 히에로파니를 반복하는 개념을 포함하고 있다. 다음 장에서 나는 이 동일한 반복이 어떻게 하여 성스러운 시간의 관념의 근거가 되고 있는지를, 또 무수한 의례체계만이 아니라 일반적으로 종교적 인간이 개인의 구원에 대하여 품고 있는 희망도 이에 기초하고 있음을 입증하려고 한다. 성소는 그 공간을 성별한 히에로파니로부터 항구적 유효성을 이끌어낸다. 이 때문에 볼리비아의 어떤 종족은 에너지와 활력을 새롭게 할 필요가 있다고 느낄 때에는 선조 발양의 요람이라고 생각되는 장소로 되돌아갔다.[원주4] 여기서 히에로파니의 효과는 다만 구별되지 않는 세속적 공간의 임의의 일부분을 성별하는 것만이 아니고 장래까지 그 성성의 유지를 보증해주는 것이다. 거기, 그곳에서 히에로파니는 스스로 반복된다. 이와 같이 하여 장소는 힘과 성성의 한량없는 원천이 된다. 이 장소는 인간이 들어가기만 해도 인간에게 힘을 부여해주고 성성과 교제를 갖게 한다. 히에로파니를 통하여 그 장소가 성의 항구적인 '중심'이 된다는 이 기본적 개념은 왕왕 복잡하고 정밀한 여러 체계의 전체를 지배하고 설명해준다. 그러나 성스러운 공간은 아무리 다양하고 여러 가지로 형성되었다고 할지라도 그들은 모두 다음과 같은 공통의 특징을 가지고 있다. 즉 성과의 교제를 가능케 하는(대단히 다양한 형태라도) 명확한 장소가 항상 존재한다는 것이다.

히에로파니의 연속성은 이 성별된 장소의 영속성을 설명해준다. 오스트레일리아 원주민들이 그들의 전통적인 비밀장소를 계속 지키는 것은 어떤 경제적 환경의 압력 때문이 아니었다. 엘킨이 지적하고 있는 바와 같이 원주민들은 백인에게 귀속된 이래 그들의 식량과 경제를 일찍부터 백인에게 의존하고 있었기 때문이다.[원주5] 원주민들은 이 장소에서 종족의 문명을 창

[원주3] A. P. Elkin, Lévy-Bruhl, p. 186에서 재인용.
[원주4] 같은 책, pp. 188~89.
[원주5] 같은 책, pp. 186~87.

시한 선조나 지역과의 신비적 결합을 계속 유지하려고 한다. 오스트레일리아 원주민들이 히에로파니적 공간과 접촉을 유지할 필요성을 느낀 것은 본질적으로 종교적인 것이었다. 그것은 성을 낳는 '중심'과 직접 교류하고 싶다는 욕구 이외에 아무것도 아니다. 이러한 중심으로부터 그 중요성을 박탈한다는 것은 대단히 어려우며 그 중심은 세습재산과 같이 어떤 인종집단에서 다른 집단으로, 어떤 종교에서 다른 종교로 전해졌다. 고대부터 여러 가지 형태로 숭배된 바위, 샘, 동굴, 숲 등은 현대의 그리스도교도들도 성스러운 것으로 생각하고 있다. 피상적인 관찰자는 이러한 민간신앙을 '미신'이라고 보고 있으나, 우리는 거기에서 집단의 종교생활이라는 것은 그 대부분이 선사시대의 유산에 의하여 구성되어 있다는 증거를 볼 수 있다. 사실상 성소의 연속성이 지시하고 있는 것은 히에로파니의 자율성이다. 성은 그 고유의 변증법적 법칙에 의해 표현되는데, 그 표현은 인간의 **외부로부터** 오는 것이다. 만약에 성소의 '선택'이 인간 자신에게 맡겨져 있다면, 이 연속성은 설명될 수 없을 것이다.

141. 공간의 성별

장소는 결코 인간이 '선택하는' 것이 아니다. 단지 그것은 인간에게 발견되는 것뿐이다.[원주6] 다시 말하면 성소는 어떤 방법으로 인간에게 계시되는 것이다. 이 '계시'가 반드시 직접 히에로파니적인 어떤 것(이 공간, 이 샘, 이 나무 등)을 통하여 이루어지는 것은 아니다. 때로는 우주론적 체계로부터 이끌어낸, 거기에 기초를 둔 전통적인 기술을 통하여 그 계시가 얻어진다. 방위(orientatio)는 그 지점을 '발견하기' 위한 중요한 수단의 하나였다.

곧 뒤에서 고찰하겠지만, 성역만이 성별되는 장소는 아니다. 집의 건축

[원주6] Van der Leeuw, *Religion in Essence and Manifestation*, pp. 393~94.

도 세속적 공간의 변용을 포함하고 있다. 그러나 어떤 경우든 그 지점은 항상 그 밖의 어떤 것에 의해 지시되고 있다. 혹은 방위나 흙점(geomancy)을 밑받침하고 있는 우주론적 원리에 의하여, 더 단순한 형태로 말해서 히에로파니를 드러내는 '표지'(sign), 즉 대부분의 경우 동물에 의하여 그 지점이 지시되고 있다. 사르토리는 인간의 주거지로 선택한 장소의 타당성을 보증해주는 동물의 표지에 대한 증거자료를 풍부하게 수집하였다.[원주7] 가령 그 토지에 개미나 쥐 같은 것이 있느냐 없느냐 하는 것이 히에로파니의 결정적인 표시가 된다. 때로는 황소와 같은 가축을 놓아주고, 며칠 후에 그 황소가 발견되는 장소에서 그 황소를 제물로 바치고 그곳에다 마을을 건설했다.

로버트슨 스미스는 "성역은 모두 신의 현현에 의하여 성별되었다"[원주8]고 말하고 있다. 그러나 이 말을 오로지 성역만이 성별된 곳이라고 좁게 생각할 필요는 없다. 오히려 이 말은 은자나 성인이 거주하는 곳까지, 일반적으로 인간들의 주거지까지 넓혀 생각할 수 있다.

전설에 의하면, 16세기 말 엘 헤멜을 창설한 회교 고행자는 밤을 지내기 위해 샘 근처에서 발을 멈추고 그의 지팡이를 땅에 꽂았다. 그런데 다음날 아침 길을 계속 가려고 지팡이를 뽑으려 했을 때 그 지팡이가 뿌리를 내리고 싹이 돋아나 있음을 알았다. 그는 이 사실에서 신의 뜻의 표시를 보고 이 장소에 자기의 거처를 정했다.[원주9]

성인들이 살고 기도하고 묻힌 장소는 모두 성화되어 울타리나 돌을 쌓음으로써 자기들 주위의 세속적 공간과 분리하였다.[원주10] 이미 위에서 우리

[원주7] Sartori, "Uber das Bauopfer," *ZFE*, 1898, vol. xxx, p. 4의 주.
[원주8] Robertson Smith, *Lectures on the Religion of the Semites*, p. 436.
[원주9] René Basset, Saintyves, *Essais de folklore biblique*, Paris, 1923, p. 105에서 재인용.
[원주10] 모로코에서 발견되는 이와 같은 예는 Westermarck, *Pagan Survivals in*

제10장 성소 : 사원, 궁전, '세계의 중심' 475

는 사람이 비명에 죽은 장소에(벼락을 맞든가 뱀에게 물려서 등) 돌을 쌓아 성별한 예를 보았다(§75). 이 경우 비명의 죽음은 크라토파니나 히에로파니의 가치를 지닌다.

울타리, 성벽, 원형으로 늘어선 돌기둥들 등 성소를 둘러싸고 있는 것은 우리에게 인간이 만든 성역의 가장 유명하고 오래된 구조를 보여준다. 이미 인더스 문명(예컨대 모헨조다로, §97 참조)이나 에게 해 문명 가운데서 [원주11] 그것이 나타나고 있다. 울타리는 단지 둘러싸고 있는 땅의 내부에서 크라토파니나 히에로파니가 끊임없이 현현하고 있음을 내포하거나 의미하지는 않는다. 오히려 울타리는 그 성역에 아무런 주의 없이 들어감으로써 그에게 나타날 위험에서 속인을 보호할 목적으로 만들어졌다. 모든 종교적 행위가 요구하는 '접근의 동작'을 통하지 않고, 즉 아무 준비 없이 성과 접하는 사람에게는 누구든 위험이 뒤따른다. 하느님은 모세에게 다음과 같이 말했다.

하느님이 가라사대 이리로 가까이 하지 말라. 너의 선 곳은 거룩한 땅이니 네 발에서 신을 벗으라.[원주12]

여기에서 사원에 들어가는 것과 관련된 무수한 의례와 규정(맨발 등)이 생겨났는데, 이들에 관해서 우리는 셈족과 지중해 지역의 여러 민족 사이에서 풍부한 증거를 볼 수 있다.[원주13] 사원이나 집의 문지방이 지니는 의례적인 가치는[원주14] 비록 시대와 함께 어느 정도 여러 가지 다른 해석이나 가

　　　　Mahometan Civilization, London, 1933, p. 96에서 볼 수 있다.
〔원주11〕 Axel W. Persson, *The Religion of Greece in Prehistoric Times*, Berkeley(Cal.), 1942, nos. 6, 7, 15, 16 등에서 미노아와 미케네의 반지의 재생 참조.
〔원주12〕 출애굽기 3 : 5.
〔원주13〕 Picard, *Ephèse et Claros*, Paris, 1922, p. 271, n. 3.
〔원주14〕 예컨대 Frazer, *Folklore in the Old Testament*, vol. iii, pp. 1~18을 보라.

치를 지니기는 하지만 우리가 이미 정의한 바와 같이 경계로부터의 단절이라는 기능으로 설명할 수 있다.

도시의 성벽에 대해서도 같은 설명을 할 수 있다. 성벽은 군사상의 보루가 되기 훨씬 전에는 주술적인 방어벽이었다. 왜냐하면 이 성벽은 악마나 유령이 거주하고 있는 '카오스'적인 공간 한가운데서 조직화, 우주화되었기 때문, 즉 '중심'을 갖춘 공간으로 변했기 때문이다. 이 때문에 위기의 때(성벽이 포위되거나 유행병이 돌 때)에는 주민 전체가 행렬을 지어 도시의 성벽 주위로 모여 경계와 성벽의 주술종교적 성질을 증강시켰다. 즉 그 도시가 소유하고 있는 모든 성물(聖物)이나 밀초를 가지고 이와 같은 행렬을 지어 도시를 둘러쌌는데, 이것은 단순히 주술상징적인 형태를 취할 뿐일 때가 많았다. 즉 도시의 수호성인에게 길이가 성벽의 둘레만한 밀초를 바친다. 이러한 방어를 위한 행사는 중세시대에도 널리 행해졌지만,[원주15] 다른 시대나 다른 곳에서도 볼 수 있다. 예컨대 인도 북부에서는 악질이 유행할 때에 마을 주위에 원을 그리고 액신(厄神)이 그 울타리 가운데로 들어오지 못하게 하였다.[원주16] 많은 주술종교적 의례에서 즐겨 행하는 '주술적 울타리'의 목적은 두 가지의 이질적 공간 사이에 격벽을 세우는 것이다.

142. 성스러운 공간의 '건조'

제단이나 성역과 같이 최고의 성소는 물론 전통적인 규범에 따라 건조되었다. 그러나 끝까지 분석해보면, 이 건조는 '태초의 때에'(in illo tempore) 성소의 원형을 밝히는 원초의 계시에 근거하고 있다. 그 이후 이 원형은 새로운 제단, 사원, 성전 등을 건조할 때 무한히 모사되고 반복되었다. 원형적인 범형에 따라 성소를 건조하는 예는 어디서나 발견할 수 있다.

[원주15] Saintyves, *Essai, de folklore biblique*, pp. 189 ff. 참조.

[원주16] W. Crooke, *Popular Religion and Folklore of Northern India*, London, 1894, vol. i, pp. 103~42.

근동이나 극동의 예를 몇 개 살펴보자. 먼저 이란의 마가(maga)를 들 수 있다. 니베르크는 이에 대한 이전의 해석을 버리고(겔드너는 이것을 동맹적 Bund, 비밀동맹 Geheimbund이라고 번역하였다) 오히려『비데바트』의 마야(maya)와 결부시켰다(이 말은 9개의 구멍이 있는 성스러운 장소에서 행해지는 청정화의 행위를 가리킨다).[원주17] 그리고 니베르크는 여기에서 모든 부정이 폐기되고 하늘과 땅의 결혼이 가능한 성소를 볼 수 있다고 한다.[원주18] 니베르크가 '가타(Gatha) 공동체'라고 부르는 집단의 체험이 생기는 것도 분명히 경계를 그은 구역에서였다.[원주19]

이 점에 대하여 베다 시대의 공희(共犧)의 제단 건립은 오늘날까지도 시사해주는 바가 많다. 장소의 성별은 두 가지 상징에 의해서 전개되었다. 한편으로는 제단 건조는 세계의 창조라고 생각되었다.[원주20] 점토를 섞은 물은 원초의 물과 동일시되고, 제단의 토대를 이루는 점토는 대지와 동일시되고, 벽은 대기와 동일시되었다.[원주21] 또 한편으로 제단 건조는 시간의 상징적인 집적이며, 시간은 '제단의 본체 가운데서 물질화하는 것'이라고 보았다.

> 불의 제단은 해(年)이다. ……밤은 제단을 둘러싸고 있는 돌인데, 이 돌은 360개가 있다. 왜냐하면 밤이 1년에 360번 있기 때문이다. 낮은 벽돌(yajuṣmati)인데, 이 벽돌은 360개가 있다. 왜냐하면 낮이 1년에 360번 있기 때문이다.[원주22]

그러므로 제단은 세속적인 공간, 시간과는 질적으로 구별되는 신비적인

[원주17] *Videvdat*. 9, 1~33.
[원주18] *Yasna*. 53.
[원주19] Nyberg. *Die Religionen des Alten Iran*. Leipzig, 1938, pp. 147 ff.
[원주20] 예를 들면 *Śatapatha-Brahmaṇa*. vi, 5, 1 ff.
[원주21] *Śat.-Br.*. i, 9, 2, 29 등.
[원주22] *Śat.-Br.*. x, 5, 4, 10.

공간, 시간에 존재하는 소우주가 된다. 제단의 건조는 결국 우주창조의 반복에 지나지 않는다. 이 반복의 깊은 의미는 뒤에 더욱 명확해지리라고 본다(§151 이하).

이와 동일한 우주창조의 의미는 탄트라교가 실천하고 있는 만다라(maṇḍala)의 건조에서도 분명하게 나타난다. 만다라라는 말은 '원'(圓)을 의미한다. 티베트어로는 '중심' 혹은 '둘러싸고 있는 것'으로 번역한다. 만다라 자체는 일련의 '원'으로 성립되어 있는데, 그 원은 동심원이 될 수도 있고 동심원이 되지 않을 수도 있으며 정방형의 한가운데 자리잡고 있다. 색실을 사용하거나 혹은 색가루로 선을 그어 지면에 그린 이 선도(線圖)의 내부에 탄트라교의 여러 신들의 상이 세워져 있다. 만다라는 세계상임과 동시에 상징적 신전(pantheon)이다. 가입의례란 무엇보다도 신가입자에게는 여러 지대에 들어가는 것, 또는 만다라의 영역에 도달하는 것을 말한다. 이와 똑같은 이유로 이 의례를 프라닥시나(pradakṣiṇa)와 대응하는 것으로 볼 수 있을 것이다. 프라닥시나는 잘 알려져 있는 의식으로 사원이나 성스러운 탑(stūpa) 주위를 도는 의식, 혹은 미궁에 의례적으로 들어가는 가입의례이다. 사원과 만다라의 동일시는 보로부두르의 예와[원주23] 탄트라교 교의의 영향을 받아 건조된 인도 티베트 사원의 예에서도 분명히 나타난다.[원주24] 이러한 성스러운 건조물은 모두 우주 전체를 상징적으로 표현하고 있다. 이 건조물의 계단이나 테라스는 '하늘'이나 우주의 각 층에 해당한다. 어떤 의미에서 이 건조물은 각각 우주산을 재현하고 있는데, 다시 말하면 그것은 '세계의 중심'에 세워지는 것이라고 생각되고 있다. 뒤에서 언급하겠지만, 중심의 상징은 집의 건조에서뿐 아니라 도시의 건설에도 포함되어 있다. 즉 '중심'에 있는 것은 모두 성별된 공간이다. 다시 말해서 히에로파니와 테오파니가 생길 수 있는 모든 공간, 하늘과 땅의 차원의 단절이 확

[원주23] P. Mus, *Barabudur*, Paris-Hanoi, 1935, vol. i, p. 320.
[원주24] G. Tucci, "Il Simbolismo archittetonico dei Tempi di Tibet occidentale," *Indo-Tibetica*, Rome, 1949, vols. iii, iv 참조.

인되는 공간에 중심이 있다.

새로운 인간의 거주도 어떤 의미에서는 세계의 재건이라고 할 수 있다 (§151). 영속하기 위해서, 실재하기 위해서 새로운 주거지나 도시는 건조 의례를 통하여 '우주의 중심'에 투영되지 않으면 안 된다. 많은 전승에 의하면, 세계의 창조는 중심에서 시작되었으며, 이런 이유로 도시의 건설도 중심을 둘러싸고 발달해야만 한다. 로물루스는 깊은 참호(fossa)를 파고 그 참호를 과실로 채우고 그 위에 또 흙을 덮었다. 그리고 그 위에다 제단(ara)을 세우고 쟁기로 그 주위에 성벽 자리를 나타내는 선을 그어놓았다 (designat moenia sulco).[원주25] 참호는 세계(mundus)이며, 플루타르크가 지적하고 있듯이,[원주26] "그들은 우주 자체에 세계란 이름을 붙이듯이 참호에도 세계(mundus)란 이름을 붙였다"고 기록하고 있다. 이 세계는 우주의 세 영역이 교차하는 장소였다.[원주27] 로마의 원시적인 모델은 원과 그 가운데 그려넣은 정방형이었을 것이다. 원과 사각의 쌍생아라는 전통이 극히 광범위하게 보급되어 있는 것은 이것을 연상하게 한다.[원주28]

한편 그리스의 원형 기념건조물(지하의 굴 bothros, 원형지붕 tholos, 제단 thymele 등)이 지닌 지하세계적인 의미는 F. 로베르의 최근의 연구[원주29]에서 분명하게 고찰되었는데 그것을 다시 지나치게 강조하는 것은 피하고자 한다. 남은 문제는 이 예외적인 의미가 실제로 에게 해 세계의 '특수화'의 결과인지 아닌지를 탐구하는 일이다. 왜냐하면 모든 종류의 성스러운 건조물, 예컨대 장례기념비(인도의 탑 stūpa 참조)조차도 보통 광대한 우주론적 의미를, 즉 각 건조물을 '중심'으로 하고 있는, 우주의 모든 층의 교차점이라고 하는 의미를 제공해주고 있기 때문이다. 이 점에 대하여 아프리카는 우리에게 교훈적인 예를 제공해준다. 즉 지하세계적 요인이 우

〔원주25〕 Ovid, *Fasti*, iv, 821~25.
〔원주26〕 *Romulus*, 12.
〔원주27〕 Macrobius, *Sat.*, i, 16, 18.
〔원주28〕 A. H. Allcroft, *The Circle and the Cross*, London, 1927 참조.
〔원주29〕 F. Robert, *Thymélé*, Paris, 1939.

주창조적 모티프를 가려버리지 않은 예이다. 프로베니우스가 기술하고 있는, 만데족이 행하는 도시의 건설의례가 그러한 예이다.[원주30] 장메르[원주31]와 케레니[원주32]는 이 의례를 로마의 건설의례와 비교하였다. 이 아프리카의 의례는 지하, 농경적 요소(황소를 공물로 바치고 그 생식기 위에 남근 형태의 제단을 세움)를 포함하면서 우주창조론적 개념에 기반을 두고 있다. 도시의 건설은 세계의 창조를 반복하는 것이다. 이 장소는 의례를 행한 이후에 사각형 혹은 원형의 울타리가 그 주위에 세워지는데, 자석의 4개의 방위에 상응하는 4개의 문을 그 주위에 열어놓는다. 이미 우세너가 입증한 바와 같이,[원주33] 도시는 우주(cosmos)를 모방하며 넷으로 나눈다. 즉 도시는 우주의 복사인 것이다.

143. '세계의 중심'

'중심'의 상징과 그 우주론적인 의미에 대해서는 앞의 몇 개의 연구에서 행한 바 있으므로,[원주34] 여기서는 몇 가지 예만 들고자 한다. 여러 가지 사실들을 하나의 전체적인 관점에서 조망해보면 문제의 상징은 다음과 같은 세 개의 상호 관련되어 있으면서 상호 보충적인 유형으로 나누어 설명할 수 있을 것이다.
 (1) 하늘과 땅이 만나는 '성스러운 산'은 세계의 중심에 있다.
 (2) 모든 사원이나 궁전, 더 나아가 모든 성스러운 마을이나 왕궁은 '성

[원주30] *Monumenta Africana*, Frankfurt, 1929, vol. vi, pp. 119~24; *Histoire de la civilisation africaine*, p. 155.
[원주31] Jeanmaire, *Couroi et Courètes*, Paris, 1931, pp. 166 ff.
[원주32] C. G. Jung-K. Kerenyi, *Introduction to a Science of Mythology*, London, 1951, pp. 24 ff.
[원주33] Usener, *Götternamen*, pp. 190 ff.
[원주34] Eliade, *Cosmologie si alchimie babiloniana*, Bucharest, 1937; *Commentarii la legenda Mesterului Manole*, Bucharest, 1943; *The Myth of the Eternal Return*, London, 1955, passim.

스러운 산'과 동일시되며, 따라서 '중심'이 된다.

(3) 반대로 사원이나 성도(聖都)는 세계축(Axis Mundi)이 통과하는 장소로서 하늘, 땅, 지하가 교차하는 점으로 생각된다.

예컨대 인도의 신앙에서 메루 산은 세계의 중심에 있으며 북극성이 그 산 위를 비추고 있다. 이와 똑같은 관념은 우랄알타이 어족, 이란인, 게르만민족 등도 가지고 있으며,[원주35] 말라카의 피그미족과 같은 '원시인'에게서도 보이고,[원주36] 선사시대 기념건조물의 상징에도 똑같은 것이 나타나고 있다.[원주37] 메소포타미아에서는 중앙의 산('나라의 산')이 하늘과 땅을 연결하고 있다.[원주38] 팔레스타인의 산 이름인 타보르(Tabor)는 아마도 타부르(tabbur)일 것인데, 이것은 '배꼽'(omphalos)이라는 의미가 있다.[원주39] 또한 게리짐(Gerizim) 산은 '대지의 배꼽'(tabbur eres)으로 알려져 있다.[원주40] 팔레스타인은 대단히 높은 지역에 있다는 지리적 조건 때문에(팔레스타인은 우주산의 정상에 가깝다) 홍수가 덮칠 수 없다.[원주41] 그리스도교도에게는 골고다가 세계의 중심이다. 골고다는 우주산의 정상에 있으며 동시에 아담이 창조되고 묻힌 지점이기도 하다. 그러므로 구세주의 피는 십자가 밑에 묻혀 있는 아담의 두개골 위에 뿌려져서 아담의 죄를 속량해 주었다.[원주42]

[원주35] Eliade, *The Myth of the Eternal Return*, passim 참조.
[원주36] Schebesta, *Les Pygmées*, Paris, 1940, p. 156.
[원주37] W. Gaerte, "Kosmische Vorstellungen im Bilde prähistoricher Zeit," *APS*, 1914, vol. ix, pp. 956~79.
[원주38] A. Jeremias, *Handbuch d. altorientalischen Geisteskultur*, Berlin, 1929, p. 130.
[원주39] E. Burrows, "Some Cosmological Patterns in Babylonian Religion," in *The Labyrinth*, ed. S. H. Hooke, London, 1935, p. 51.
[원주40] 판관기 9 : 37.
[원주41] Wensinck, *The Ideas of the Western Semites concerning the Navel of the Earth*, Amsterdam, 1916, p. 15.
[원주42] 이에 대해서는 Eliade, *Cosmologie si alchimie babiloniana*, Bucharest, 1937, p. 35를 참고했음.

사원이나 도시가 우주산과 동일시되고 있는 것을 명확하게 지적해주는 메소포타미아의 단어는 많다. 즉 사원은 '산의 집', '모든 나라의 산의 집', '폭풍의 산', '하늘과 땅 사이의 유대' 등이라고 부른다.[원주43] 구데아 왕 시대의 점토문서에는 "(왕이) 건조한 (신의) 침실은 우주산과 같았다"[원주44]고 기록되어 있다. 오리엔트의 각 도시는 세계의 중심에 있다. 바빌론(Babylon)은 Bab-ilani였는데 이것은 '신들의 문'이라는 뜻이다. 왜냐하면 신들이 지상으로 내려오는 곳이 바로 이곳이었기 때문이다. 메소포타미아의 피라미드형 사원 지쿠라트는 원래 우주산이었다(§31 참조). 보로부두르 사원도 우주의 상이며 산의 형태로 건조되었다.[원주45] 순례자가 사원에 오를 때는 세계의 중심에 가깝게 가고 있는 것을 의미하며, 가장 높은 계단에 오를 때는 다른 영역, 즉 속적, 이질적 공간을 초월한 '순수한 대지'로 들어가는 것을 가리킨다.

성도와 성지는 우주산의 정상과 똑같은 의미를 가진다. 예루살렘과 시온의 땅이 홍수로 덮이지 않은 이유가 여기에 있다. 한편 이슬람교의 전통에 의하면 지상에서 가장 높은 대지는 카아바 신전이다. 왜냐하면 북극성은 이 신전이 천공의 중심을 향하고 있음을 증명해주고 있기 때문이다.[원주46] 중국의 황제가 있는 수도는 하지날 정오에 해시계가 어떤 그림자도 드리우지 않는 곳이어야 한다. 이 수도는 또한 하늘, 땅, 지하라는 세 우주영역이 교차하는 '건목'(建木, Kien-mou)이라는 기적의 나무 곁에, 즉 우주의 중심에 위치하고 있다.[원주47]

사원이나 성도는 우주의 중심에 위치하고 있기 때문에 항상 세 개의 우주적 영역이 만나는 지점이기도 하다. '하늘과 땅의 유대'라는 뜻을 가진 두

[원주43] Dombart, *Der Sakralturm, I: Zikkurat*, München, 1920, p. 34 참조.
[원주44] Albright, "The Mouth of the Rivers," *AJSL*, 1919, vol. xxxv, p. 173.
[원주45] P. Mus, vol. i, p. 356.
[원주46] Text from Kisa'i, Wensinck, p. 15에서 재인용.
[원주47] Granet, *La Pensée chinoise*, Paris, 1934, p. 324 참조.

란키(Dur-an-ki)는 니푸르, 라르사, 시파르와 같은 성역에 붙인 명칭이었다.[원주48] 바빌론은 대단히 많은 이름을 가지고 있지만, 그중에서도 '하늘과 땅의 기반인 집', '하늘과 땅의 유대'라는 이름을 가지고 있다.[원주49] 하늘과 땅, 지하의 영역 사이에 교류가 이루어지는 것은 항상 바빌론에서였다. 왜냐하면 바빌론은 bab-apsi, 즉 '압수(Apsu)의 문' 위에 건설되어 있기 때문이다.[원주50] '압수'는 창조 이전의 카오스의 물(水)을 의미한다. 이와 같은 전통은 헤브루인에게서도 볼 수 있다. 즉 예루살렘 사원의 바위는 지하의 물(tehom, apsu의 헤브루어에 해당함)까지 깊숙이 들어가 있다. 미슈나(Mishna)에 의하면 사원은 지하의 물 위에 있다고 한다. 바빌론이 '압수의 문'을 가지고 있는 것처럼 예루살렘 사원의 바위는 "지하의 물의 수문(水門)"[원주51]을 막고 있다. 로마 세계에서도 이와 동일한 개념을 볼 수 있다. 바로는 이렇게 말한다.

세계(mundus)의 문이 열릴 때 그것은 곧 지하세계의 음산한 신들의 문이 열리는 것이다.[원주52]

이미 지적한 바와 같이(§81), 옴팔로스는 '대지의 배꼽', 즉 '우주의 중심'으로 간주되었다. 옴팔로스가 대지적, 장례적인 것과 관련된 어떤 의미를 갖고 있다고 하더라도 그로 인해 그것에 처음부터 우주론적인 의미가 담겨 있다는 것을 제약하지는 않는다. '중심'의 상징은 다양한 개념을 포함하고 있다. 즉 우주의 각 층의 교차점이라는 개념(지하와 지상을 연결하는 수로 ; 야곱의 베델, §79 이하 참조), 히에로파니인 동시에 실재하는 공간이라는 개념, 특히 '창조적'인 장소라는 것, 즉 모든 실재의 원천이며 에너

[원주48] Burrows, pp. 46 f.
[원주49] Jeremias, p. 113.
[원주50] Burrows, p. 50.
[원주51] 같은 책, p. 55에서 재인용.
[원주52] Macrobius, *Sat.*, i, 16, 18에서 재인용.

지와 생의 원천이 이곳에서 발견된다는 개념이 그것이다. 우주론적 전통이 마치 발생학에서 차용한 듯한 용어로 중심의 상징을 표현하고 있는 경우가 있다.

참으로 성스러운 것이 마치 태아처럼 세계를 창조하였다. 태아가 배꼽에서 성장하는 것과 똑같이 신은 세계를 배꼽에서 창조하기 시작하였고, 세계는 배꼽으로부터 모든 방향으로 확대되었다.[원주53]

요마(Yoma)는 이렇게 말하고 있다. "세계는 시온으로부터 창조되었다." [원주54] 『리그 베다』에서도[원주55] 세계는 중심점으로부터 확장되고 있는 듯이 상상하였다.[원주56]

불교의 전통도 동일한 개념을 제시하고 있다. 즉 창조는 정상으로부터, 즉 중심적이며 동시에 초월적인 점으로부터 시작되었다.

불타는 태어나자마자 대지를 밟으면서 북쪽을 향하여 7보를 내딛고 북극에 이르러 이렇게 외친다. "나는 세계의 정점에 섰다(aggo'ham asmi lokassa). ······ 나야말로 세계에서 최초로 탄생한 자이다!(jetto'ham asmi lokassa)"[원주57]

마침내 불타는 우주의 정상에 도달하여 세계의 시초와 동시대인이 된 것이다. 주술적인 방법으로(전우주가 발상된 '중심'으로 들어감으로써) 불타는 시간과 창조를 폐기하고 우주창조 이전의 무시간적 순간으로 들어갔던

[원주53] Wensinck, p. 19에서 재인용.
[원주54] Wensinck, p. 16.
[원주55] 예를 들면 X, 149.
[원주56] Kirfel's commentary in *Die Kosmographie der Inder*, Bonn-Leipzig, 1920, p. 18 참조.
[원주57] *Majjhimanikāya*, iii, 123.

것이다.[원주58] 뒤에서도 곧 살펴보겠지만, 모든 '건조'와 모든 '중심'과의 접촉은 속적인 시간을 폐기하고 우주창조의 신화적인 시간인 '태초의 때'(illud tempus)에 들어가는 것을 포함하고 있다.

세계의 창조는 중심에서 시작되었기 때문에 인간의 창조도 동일한 지점, 즉 가장 **실재적**이고 **생생한** 지점에서만 생길 수 있다. 메소포타미아 전승에 의하면, 인간은 UZU(육체), SAR(유대), KI(장소, 대지)에서 나온 '대지의 배꼽'에서 형성되었으며 여기에 두란키, 즉 '하늘과 땅의 유대'도 존재한다.[원주59] 오르무즈드(Ormuzd)는 최초의 황소 에바그다트(Evagdath) 및 최초의 인간 가요마르드(Gayomard)를 세계의 중심에서 창조하였다.[원주60] 아담이 진흙으로 창조된 장소인 낙원은 물론 우주의 중심에 있다. 낙원은 '대지의 배꼽'이며, 시리아의 전통에 의하면 낙원은 "다른 어떤 산보다도 높은 산 위에" 있다고 한다.[원주61] 시리아의 『지하보물실의 서(書)』에 의하면, 아담이 창조된 곳은 대지의 중심이며, 바로 이 장소에 후에 예수의 십자가가 세워졌다.[원주62] 같은 전통이 유대교에도 보존되어 있다.[원주63] 유대교의 묵시록이나 미드라심(유대교 정전의 주석서)은 아담이 예루살렘에서 창조되었다고 언명하고 있다.[원주64] 즉 아담은 창조된 그 장소에 매장되었는데, 그곳은 세계의 중심이 있는 골고다 언덕으로 상기한 바와 같이 후에 구세주가 흘린 피로 죄를 직접 속량해주는 장소이기도 하다.

[원주58] Mus, *La Notion du temps réversible*; Eliade, *Sapta padani kramati*.
[원주59] Texts in Burrows, p. 49.
[원주60] Texts in Christensen, *Le Premier Homme et le premier roi*, Uppsala, 1918, vol. i, pp. 22 ff.
[원주61] Wensinck, p. 14.
[원주62] *The Book of the Cave of Treasures*, translated by Wallis Budge, London, 1927, p. 53.
[원주63] Dähnhardt, *Natursagen*, Leipzig, 1907, vol. i, p. 112 참조.
[원주64] Texts in Burrows, p. 57.

144. 우주적 유형과 건조의례

우주창조는 모든 건조의 모범적인 형이다. 새로 건설하는 모든 도시, 모든 집은 세계의 창조를 새롭게 모방하며 어떤 의미에서 그것을 반복한다. 모든 도시, 모든 주거지는 '세계의 중심'에 있어서 그것을 건설하는 것은 세속적인 공간과 시간을 폐지하고 성스러운 공간과 시간을 창시함으로써만 가능하다.[원주65] 도시가 언제나 우주의 모상(imago mundi)이 되는 것과 같이 집은 또한 소우주가 된다. 집에서 성(聖), 속(俗)의 두 공간을 분리하는 것은 문지방이다. 가정은 세계의 중심에 해당한다. 원시민족(그래브너-슈미트 학파의 원문화 Urkulturen)이나 북극, 북아메리카 민족(사모예드족, 아이누족, 북캘리포니아와 중앙 캘리포니아의 인디언, 알곤킨족)의 주거 중앙에 있는 기둥은 우주축과 동일시되고 있다. 주거의 형태가 여러 가지로 다르고(예컨대 중앙아시아의 목축민족이나 유목민족처럼) 집이라기보다는 천막(yurt)에 거주하고 있을 때에는 중앙기둥의 신화종교적 기능은 연기가 빠져나가는 지붕의 구멍 역할을 한다. 공희를 바칠 때에는 그 천막의 중앙에 나무를 하나 갖다놓는데, 그 나무 꼭대기는 그 구멍을 통과하게 하였다.[원주66] 가지가 일곱 개인 공희의 나무는 7층의 하늘을 상징하고 있다. 그러므로 한편으로 집은 우주와 대응하며, 또 한편으로 연기가 나가는 개구부는 북극성 바로 밑에 있어서 집은 세계의 중심이 된다고 생각하게 된다. 공간의 성별이라는 역설에 의하여, 또 건조의례에 의하여 모든 주거는 중심으로 변화한다. 그러므로 모든 집은 모든 사원이나 궁전, 도시가 그렇듯이 '우주의 중심'이라는 유일한 공통의 지점에 위치하고 있게 된다. 그것은 이미 살펴본 바와 같이 세속적 공간과는 성격상 전혀 다른 초월적 공간이며, '중심'의 다양성과 무한성의 양립이 허용되는 곳이다.

〔원주65〕 Eliade, *Myth of the Eternal Return*, pp. 6 ff. 참조.
〔원주66〕 Eliade, *Le Chamanisme et les techniques archaïques de l'extase*, Paris, 1951, pp. 117 ff. and *passim*에서 참고했음.

인도에서는 집을 건축하기 전에, 점성학자가 세계를 떠받치고 있는 뱀의 머리에 어떤 초석을 놓을 것인가를 결정한다. 집 짓는 사람의 대표자는 지하의 뱀의 머리를 튼튼하게 '고정'하고 지진이 일어나지 않도록 하기 위해서 지정된 지점에 기둥을 박는다.[원주67] 집의 건축은 세계의 중심에서 행해지는 것일 뿐 아니라 어떤 의미에서 우주의 창조를 반복하는 것이다. 일반적으로 알려져 있는 바와 같이, 많은 신화에서는 뱀의 형태를 한 원초의 괴물이 세분되면서 세계가 발생했다고 말하고 있다. 주거지가 모두 주술을 통하여 '세계의 중심'에 있다고 생각되듯이, 집의 건조도 세계창조 때와 **동일한 태초의 시간에 일어나는 것이다**(§152 이하). 성스러운 공간과 똑같이 신화적인 시간도 인간이 만든 모든 새로운 것과 함께 '무한히'(ad infinitum) 반복될 수 있다.

145. '중심'의 상징

무수한 신화나 전설은 우주를 상징하는 우주나무(7층의 하늘에 해당하는 일곱 개의 가지를 가진)를 등장시키고 있다. 우주나무는 세계를 떠받들고 있는 나무나 중앙의 기둥이며, 그 열매를 먹는 자에게는 불사(不死)를 주는 생명의 나무 혹은 기적의 나무였다(§97 이하 참조). 나무가 절대적 실재, 생명과 성스러운 힘을 구현하고 따라서 세계의 '중심'에 위치하고 있다는 의미에서, 이러한 신화와 전설은 모두 중심의 이론의 변형이다. 우주나무든, 영생의 나무든, 선악과나무든, 그 나무에 이르는 길은 '어려운 길'이며, 이르는 곳마다 장애가 나타난다. 왜냐하면 나무는 괴물이 지키고 있는, 가까이 할 수 없는 장소에 있기 때문이다(§108). 아무도 그 나무에 도달하려고 한 사람이 없지만 비록 도달하려 하더라도 그 나무를 지키고 있는 괴물과 싸워서 승리하지 않으면 안 된다. 이러한 장애들을 물리치고 나무나 약초, 황금사과, 황금양털 등을 지키는 괴물을 살해하는 것이 영웅

[원주67] Eliade, *Comentarii*, pp. 72 ff.에서 참고했음.

들의 운명이다. 지금까지의 여러 장에서 이것을 몇 번 확증하였던 바와 같이 절대적 실재, 성스러운 힘, 불사를 구현하는 상징은 용이하게 접근할 수가 없다. 이 상징은 '중심'에 위치하고 있어서, 다시 말하면 그 상징은 잘 수호되고 있어서, 거기에 도달하는 것은 가입의례에 해당하며, 불사를 '영웅적'으로 '신비적'으로 획득하는 것과 똑같다.

미궁이라는 것의 원초적인 의미나 기능에 대하여 서둘러 규정하지 않고도, 미궁에는 '중심'을 지키고 있다는 관념이 포함되어 있음은 의심할 수가 없다. 미궁에 아무 거리낌없이 들어가고 혹은 무사히 그곳으로부터 나올 수 있다고 단언할 수 있는 사람은 인간으로서는 아무도 없다. 미궁에 들어감은 가입의례의 가치를 지니고 있다. '중심'도 여러 가지로 형상화되어 있음은 말할 것도 없다. 미궁은 도시나 무덤, 성역 등을 지킬 수 있지만, 어떤 경우에도 소명받지 못한 자나 미가입자에 의하여 침해되지 않도록 주술종교적 공간을 지키고 있다.[원주68] 미궁의 군사적 기능은 '악', 적대적인 정령, 죽음에 대한 방어라는 본질적 기능의 한 변형에 지나지 않는다. 군사적으로 말하면, 미궁은 적의 침입을 막거나 최소한 그 침입을 어렵게 만들지만, 한편 미궁의 방어도를 아는 자에게는 들어가는 것을 허용한다. 종교적으로 말하면, 미궁은 외부의 정령, 황야의 악령, 죽음이 도시에 가깝게 접근하는 것을 저지한다. 이 경우 '중심'은 도시 전체를 포함하는데, 도시의 윤곽은 이미 본 바와 같이 우주 그 자체를 재현하고 있다.

그러나 미궁은 대체로 말의 제일차적인 엄밀한 의미에서 '중심'을 지키는 것을 사명으로 하고 있다. 즉 미궁은 성, 불사, 절대적 실재에 가입의례적으로 들어가는 것을 표현하고 있다. 가입의례의 토대가 되는 미궁의례(예컨대 말레쿨라에서)는 신가입자에게 지상에서 삶을 보내는 동안 죽음의 영역에 미혹되지 않고 들어가는 방법을 가르친다. 다른 모든 가입의례의 시련이 그러한 것처럼 미궁은 어려운 시련인데, 이 시련을 누구나 다 극복할 수 있는 것은 아니다. 어떤 의미에서 크레타 섬의 미궁에서 테세우스가 겪

[원주68] W. F. Jackson Knight, *Cumœan Gates*, Oxford, 1936, *passim* 참조.

은 시련은 헤스페리데스의 정원에 있는 황금사과나 콜키스의 황금양털을 획득하려는 모험에 필적하는 것이다. 이 모든 시련들은 쉽게 접근할 수 없는 금지된 장소에 성공적으로 들어가는 것으로 귀결되는데, 그 속에는 힘과 성과 불사의 다소 명료한 상징이 존재하고 있음이 발견된다.

그러나 이러한 '힘든 도정'은 다만 이상에서 기술한 바와 같은 가입의례적 또는 영웅적 시련에서만 생긴다는 것을 뜻하지는 않는다. 다른 많은 상황에서도 이러한 것을 볼 수 있다. 예컨대 보로부두르 사원과 같은 어떤 사원의 복잡한 미로, 성지순례(메카, 하르드바르, 예루살렘 등), 자기 자신에 이르는 길, 자기 존재의 '중심'에 이르는 길을 항상 구하는 고행자의 고뇌 등이 있다. 이 길이 어려워서 도달하는 데 위험이 따르는 것은 결국 이 길이 속으로부터 성으로, 환영적인 것으로부터 실재와 영원으로, 죽음으로부터 생으로, 사람으로부터 신으로의 통과의례이기 때문이다. '중심'에 도달한다는 것은 성별식이나 가입의례에 상응한다. 어제의 세속적이고 환영적인 실재 다음에 현실적, 영속적이고 힘이 있는 새로운 실존이 뒤따라오는 것이다.

좀더 자세히 음미해보면, 성소의 변증법, 무엇보다도 '중심'의 변증법은 모순되고 있는 듯이 보인다. 그리고 신화, 상징, 의례 전체는 모두 '중심'에 실패하지 않고 들어가는 것의 어려움을 강조하고 있다. 그러나 한편으로 마치 경쟁이라도 하듯이 중심에 도달할 수 있다는 것을 명확히 하고 있는 일련의 신화, 상징, 의례 들이 있다. 성지순례는 어려운 길이다. 그러나 교회를 방문하는 것도 그 자체가 순례가 아닌가. 우주나무에는 접근하기가 힘들다. 그러나 우주나무를 대표하는 나무를 모든 사람의 천막으로 가져올 수 있는 것이 정당화된다. '중심'에의 길은 장애를 수반하는 것이다. 그러나 모든 도시, 사원, 주거지는 우주의 중심에 위치하고 있다. 최상의 가입의례는 미궁에 들어갔다가 거기서 벗어나는 것이다. 그러나 매일의 일상생활, 최소의 사건이라도 미궁을 통과하는 길(도정)로 생각할 수 있다. 율리시스가 경험한 고통이나 시련은 모두 가공적이다. 그러나 어떤 사람이 가정으로 돌아오는 것은 율리시스가 이타카로 귀환하는 것과 상응하는 가치를 지니고 있다.

146. '낙원에의 노스탤지어'

이상에서 검토한 상징은 요컨대 다음과 같은 것을 증명해주고 있다. 즉 성스러운 공간이 세속적 공간과 질적으로 아무리 다르다고 하더라도 인간은 이런 종류의 성스러운 공간이 없이는 살 수 없다는 것이다. 성스러운 공간이 히에로파니를 통하여 인간에게 계시되지 않는 경우에는 인간은 우주론이나 흙점의 법칙에 따라서 스스로 그것을 건설한다. 그러므로 '중심'이 가입의례를 통과한 소수의 사람만이 들어갈 수 있는 '어떤 곳'으로 생각된다고 할지라도, 그에 못지않게 모든 집은 세계의 동일한 중심에 건축된 것이라고 생각하는 것이다. 우리는 다음과 같이 말할 수 있다. 어떤 전승에서는 인간은 노력 없이도 '세계의 중심'에 이를 수 있다는 원망을 나타내는 데 반하여, 어떤 전승에서는 '중심'에 이르는 어려움을 강조하여 중심에 이를 때의 공로를 운위하기도 한다. 나는 여기서 이 상이한 전통의 모순된 특성을 서술하려고 하는 것은 아니다. 이러한 두 전통 가운데서 특히 전자(모든 인간의 집 안에 '중심'을 용이하게 건설할 수 있다고 하는)가 거의 어디서나 발견될 수 있다는 사실은, 만약 이런 전통이 더욱 원시적인 것이라고 간단히 단정해버리지만 않는다면, 최소한 우리에게 그것의 유의미한 특질, 인류 전체의 특질로 인식할 수 있게 해준다. 그것은 우주 안에서의 인간의 일정한 상태, 즉 '낙원에의 노스탤지어'라고 부를 수 있는 것을 분명하게 보여주고 있는 것이다. 이러한 표현이 가지고 있는 의미는 무엇인가? 그것은 항상 노력 없이 성과 실재와 세계의 중심에 머물고자 하는 소망이다. 다시 말해서 자연적인 수단을 매개로 하여 인간의 조건을 초월하고 신적인 조건을 회복하고자 하는, 그리스도교에서 말하는 소위 타락 이전의 상태를 회복하고자 하는 소망인 것이다.

그러므로 원시문화 민족 가운데서 보이는 집의 기둥과 세계축의 동일시는 다른 곳에서 고찰한 바 있는 하늘과 땅의 연결에 관한 신앙과 같이[원주69]

우리에게 다음과 같은 것을 단정케 한다. 즉 자연적으로 영원한 성소에, '세계의 중심'에 있고자 하는 인간의 소망은 문명사회에서보다도 고대사회 구조 속에서 더욱 용이하게 만족된다는 점이다. 그러나 중심에 이르는 길은 점점 더 달성하기가 어려워졌다. 홀로 '중심'에 들어가야 할 입장에 있는 영웅에 관한 신화가 문명이 발달함에 따라 더욱 흔한 것이 되었다. 공로, 용기, 강한 인격, 가입의례적 시련 등의 개념이 차츰 더 중요한 역할을 하게 되고, 이 개념은 주술이나 인격적 힘에 대한 절대적인 강조를 통하여 키워지고 지지되었다.

그러나 어떤 경우이든 낙원에의 노스탤지어는 동일한 힘을 가지고 표현되었다. 엄하게 금지되어 있는 '중심'이라는 전통이 지배하는 곳에서라도 이 중심의 '등가물'을 많이 발견하게 되는데, 그것은 훨씬 접근하기가 용이한 수준에 위치하고 있다. 이미 살펴본 바와 같이(§111), 모든 주술적 초목이나 약초도 결국에는 생명의 나무나 불사의 약초의 대용이 될 수 있다는 의미에서 그 '간편한 대리물'이 주술, 약물학, 민간의술 가운데서 발견되고 있다. 이와 똑같은 의미에서 중심의 '간편한 대리물'도 발견할 수 있다. 요컨대 어떠한 각도에서 그것을 보든 성스러운 공간의 변증법은 언제나 낙원에의 노스탤지어를 드러내는 것이다.

이 사실은 대단히 흥미가 있다. 그것은 진정한 철학적 인간학의 확립을 시사하고 그 인간학에 귀중한 기여를 하고 있다. 기성의 표현을 빌려 말한다면 그것은 아직도 '민족학적 수준'에 머물러 있는 인간에게 어떤 정신적 태도를 계시해주고 있다. 즉 그 정신적 태도는 단지 한정된 표현수단(상징, 의례, '속신' 등과 같은 것)만을 사용하는 그들의 정신이 신학이라든가 형이상학이 지니고 있는 정밀한 체계나 논리적 정합성과 구별된다는 것이다. 그러나 그 표현수단의 빈곤이나 미숙성은 그것에 의해 표현된 정신적 태도에 특별한 무게를 부여해주고 있다. 어떻든 이 표현수단의 정당성이나 그

〔원주69〕 Eliade, *Le Chamanisme et les techniques archaïques de l'extase*, pp. 235 ff., 423 ff.

것이 원시인, 반문명인의 생활에서 중요한 기능을 하고 있다는 사실은 신학, 형이상학의 여러 문제가 인간정신의 최근의 산물이 아니며 또 인류 정신사에서 예외적이거나 일시적인 국면을 나타내고 있는 것이 아니라는 점을 증명해주고 있다.

그러나 이 성스러운 공간의 역설적 변증법(접근하기 쉽기도 한 반면 접근하기 어렵고, 유일하고 초월적이기도 한 반면 마음대로 반복할 수도 있는)은 다른 관점에서 한 번 더 검토해보지 않으면 안 된다. 이 변증법은 우리를 성의 양면성으로 직접 이끌어간다(§6 이하). 이미 살펴본 바와 같이 성스러운 것은 끌어당기는 동시에 쫓아버리기도 하며 유익하면서 동시에 위험하며, 죽음을 가져다주는 동시에 불사를 주기도 한다. 이러한 양면성은 성스러운 공간의 복잡하고 모순되는 형태의 창조에서도 그 기능을 발휘한다. 성스러운 공간의 부정적인 성질(접근할 수 없다, 위험하다, 괴물이 수호한다 등)은 성의 '무서운' 형태(터부, 위험 등)에 의해 설명될 수 있으며 또 그 반대도 가능하다.

끝으로 '성스러운 공간의 간편한 대리물'에 대하여, 특히 '중심'에 대하여 한마디할 필요가 있다. 일련의 성스러운 공간이 잇따라 만들어지고, 더욱이 차츰 낮아지고, 가까이 하기 쉬운 차원으로 만들어지는 것은(여러 가지 동화에 의해 **모든 것은** 중심, 미궁, 불사의 상징 등이 될 수 있다) 유일하고 동일한 원형이 차츰 '국지적'이 되고, '조야한' 것이 된 변종을 재생하는 것, 다시 말하면 기계적으로 재생산하고 있는 것을 증언하고 있다. 여기서는 그 원형의 구조와 기능에 대해 더욱 깊이 서술할 수는 없다. 그것에 대해서는 이 책의 다른 장에서 이미 취급하였기 때문이다. 예컨대 어떤 나무도 우주나무가 될 수 있고, 어떤 물도 원초의 물과 동일시될 수 있다. 우리는 이 문제에 대하여 특별한 연구를 하였으므로[원주70] 후에 그것을 참조할 기회가 있을 것이다. 여기서는 다음과 같은 점을 강조하면 충분할 것이다. 즉 성스러운 공간의 '역학'(dynamics)과 '생리학'은 히에로파니나 임의의

[원주70] Eliade, *The Myth of Eternal Return*.

장소의 성별을 통하여 '실현될' 수 있는 원형적인 공간의 존재를 확증할 수 있다는 점이다. '중심'의 다양성이란 이미 살펴본 바와 같이 성스러운 공간의 성격이 하나의 중심 속에 무한한 장소의 공존을 인정하기 때문이다. 이 다양성의 '역학'이나 '실현'은 그것이 원형의 반복이기 때문에 가능하다. 우리는 이미 원형이란 인간이 소망하고 있는 어떤 차원에서나 어떤 형태에서나, 비록 조야한 형태일지라도(성스러운 나무, 성스러운 물 등과 같이) 반복될 수 있음을 보여준 바 있다. 그런데 우리에게 의미 있는 것은 원형이 조야한 모방(반복)에 열려져 있다는 사실이 아니라 인간은 가장 낮은 차원의 '직접적', 종교적 체험에서일지라도 원형에 가깝게 실현하려는 경향이 있다는 사실이다. 만약 이것이 우주 안에서의 인간의 위치에 관하여 어떤 것을 계시하고 있다면, 그것은 예컨대 생명나무가 어떤 주술요법적 속신으로까지 격하될 가능성이 있다거나 중심의 상징이 난로와 같은 '간편한 대리물'로 격하될 가능성이 있다는 의미가 아니다. 오히려 그것은 인간의 직접적 존재의 가장 비속하고 가장 더럽혀진 차원에서조차도 원형을 '실현'하고자 하는 끊임없는 감정을 갖는 인간의 욕망인 것이다. 즉, 이것은 초월적인 형태(예컨대 성스러운 공간)에 대한 갈망이다.

제11장
성스러운 시간과 영원한 재생의 신화

147. 시간의 이질성

이 장에서 취급할 문제는 종교현상학 가운데서 가장 어려운 문제 중의 하나가 될 것이다. 그 어려움은 단순히 주술종교적 시간과 세속적 시간이 성격상 서로 다르다는 데 있는 것이 아니다. 오히려 그보다도 시간 그 자체에 대한 현실적 체험이 원시인들과 현대의 서구인들이 상호 동일하지 않다는 데 있다. 성스러운 시간은 세속적 시간과 다르다. 더욱이 세속적 시간 그 자체도 고대사회의 경우와 현대사회의 경우가 성격상 다른 형태를 나타내고 있다. 세속적 시간에 관한 '원시인'의 체험이 자신의 신화종교적 시간관념으로부터 아직도 완전히 탈피하지 못하였다는 사실에서 이러한 차이가 생겨나는지 어떤지를 결정하기는 처음부터 쉽지가 않다. 그러나 확실히 이러한 시간체험이 원시인에게 종교적 시간으로 들어가는 영원한 '입구'를 제공해준 것은 사실이다. 이 장의 서술을 간결하게 하기 위해 연구결과를 어느 정도 예측해본다면 무엇보다 '원시인'의 시간경험 자체는 세속적인 시간을 성스러운 시간으로 변하게 하기가 쉽다는 점을 말할 수 있을 것이다. 그러나 이 문제는 무엇보다도 철학적 인간학과 사회학에서 주로 관심을 가지는 분야이므로, 우리는 그것이 히에로파니적 시간에 대한 논의를 제기하는 범위 안에서만 취급하려고 한다.

우리가 다루려고 하는 문제는 다음과 같은 것이다. 즉 **성스러운 시간**은 그것에 전후하는 '속적' 지속과는 어떤 점에서 다른가? 곧 다음에서 고찰하겠지만, '히에로파니적 시간'은 대단히 다종다양한 현실을 포함하고 있다. 히에로파니적 시간은 의식이 집행될 때 생기는 시간, 즉 **성스러운 시간**을 의미하는데, 이 시간은 이에 선행하는 세속적 시간과 본질적으로 다르다. 히에로파니적 시간은 또 신화적 시간을 의미하기도 한다. 즉 의례에 의하여 회복된 시간이거나 혹은 신화적 원형을 가진 행위를 단순히 반복함으로써 실현되는 시간이다. 끝으로 히에로파니적 시간은 우주적 리듬(예컨대 달의 히에로파니)을 의미한다. 이 경우의 리듬은 우주에 잠재하는 기본적인 성스러움의 계시(즉 현현)로 보여진다. 그러므로 어떤 순간, 어떤 시간의 일부도 언제나 히에로파니가 될 수 있다. 다만 크라토파니, 히에로파니 또는 테오파니가 생김으로써만 그 시간이 성별되며, 그 반복에 의하여, 무한히 반복함으로써 시간이 기념되는 것으로 충분하다. 어떤 종류의 시간이라도 성스러운 시간에 '개방되어' 있다. 다시 말하면 어떤 시간이라도 적절한 표현을 빌리면 **절대**라고 부를 수 있는 상황, 즉 초자연적, 초인간적, 초역사적인 것을 계시할 수 있다.

원시인의 심성에서 볼 때 시간은 결코 균질적인 것이 아니다. '히에로파니화한' 시간은 물론이고 시간 그 자체가 여러 가지 밀도나 다양한 목적을 가지고 변화하면서 여러 형태로 나타나고 있다. 레비-브륄은 하르델란드에 이어 디야크족이 5가지 시간을 구별하고 있음을 지적하였다. 즉 같은 하루의 길이(이 경우는 일요일의 길이)가 각각 고유의 목적에 따라서 다르게 나타났다. ① 일출 : 일을 시작하기에 적절한 때. 이 시간에 태어난 아이는 행운이 있다. 그러나 이 시간에는 사냥, 고기잡이, 여행을 하러 나가서는 안 된다. 모두 성공하지 못할 것이다. ② 오전 9시경 : 흉한 시간. 이 시간에는 무엇을 시작해도 성공하지 못한다. 그러나 이 시간에는 여행을 하더라도 산적 같은 것은 두려워하지 않아도 좋다. ③ 정오 : 크게 길한 시간. ④ 오후 3시경 : 전투할 시간. 적, 산적, 수렵인, 어부 들에게 이롭다. 여행하는 사람에게는 흉. ⑤ 해질 무렵 : 잠깐 '길한 시간'.[원주1]

이와 같은 예들은 이외에도 쉽게 발견할 수 있다. 모든 종교가 다 길일과 흉일, 같은 길일 가운데도 최적의 때, '응축된 시간'과 '희박한 시간', '강한' 때와 '약한' 때 등의 개념을 가지고 있다. 지금부터 유의해야 할 것이 한 가지 있다. 즉 시간이라는 것은 일정한 의례체계의 구조 속에 그것의 모든 가치가 받아들여지기 이전에는 비균질적인 것으로 나타난다는 것이다. 예컨대 어떤 시간은 길하고 어떤 시간은 흉하다. 다시 말하면 시간은 히에로파니적이라고 부를 수 있는 새로운 차원으로 나타날 수 있는데, 이 차원 때문에 시간 그 자체가 특별한 리듬을 지니고 있을 뿐만 아니라 여러 가지 '사명'이나 모순적인 '목적'도 획득하게 되는 것이다. 말할 것도 없이 이와 같은 시간의 히에로파니적인 차원은, 예컨대 디야크족의 5가지 시간, 하지나 동지의 위기, 월상(月相) 등의 경우에서와 같이 우주적 리듬에 의하여 계시되고 '야기될' 수 있다. 그것은 또 예컨대 농경생활 중 쉬는 계절에 집중된 겨울축제와 같은 형태로, 인간사회의 종교생활에 의하여 '야기되는' 것이기도 하다.

최근 여러 학자들은 성스러운 시간의 리듬의 사회적 기원을 해명하였다(예컨대 모스, M. 그라네). 그러나 우주적 리듬도 이 시간체계의 '계시'나 조직화에서 중요한 역할을 하고 있음도 부인할 수 없을 것이다. 이는 원시인의 영적 운명에서 달의 드라마(§47 이하)나 식물의 드라마(§139)의 종

[원주1] Lévy-Bruhl, *Le Surnaturel et la nature dans la mentalité primitive*, Paris, 1931, pp. 18~19.

교적 가치가 얼마나 중요한가를 생각해보면 충분히 알 수 있다. 이 장에서 한 번 더 논할 리듬과 반복이라는 관념은 사회생활의 구조 속에 있는 리듬이나 반복의 범례와는 무관한 달의 히에로파니의 '계시'로 보일 수도 있다. 성스러운 시간의 계산법의 사회적 '기원'은 성력(聖曆)과 우주적 리듬 사이의 불일치에서 생겨난 것이라고 말할 수도 있다.[원주2] 실제의 문제로서 이러한 차이가 있다고 하더라도 역(曆)의 계산법과 우주적 리듬 사이의 연대성이 결코 약화되지는 않는다. 오히려 이렇게 사이가 벌어진 것을 통하여 다음과 같은 것을 말해주고 있다. 즉 한편으로는 원시인의 역의 계산법과 시간측정법의 불일치를 증명하고, 다른 한편으로는 원시인의 종교성의 '비자연숭배적' 성격을 증명하고 있다. 왜냐하면 원시인의 제의는 자연현상 그 자체를 대상으로 하지 않고 자연현상의 종교적 효력에 호소하기 때문이다.

초목의 히에로파니는(§123) 역에서 봄축제의 위치가 얼마나 유동적인가를 강조하는 계기가 되었다. 봄축제를 특징짓는 것은 봄 자체의 '자연적' 현상이라기보다는 대자연의 **재생**과 생명의 **갱신**이라는 형이상학적, 종교적 의미였다. 성스러운 시간이 자연의 리듬과 무관하게 편성된 것은 역이 천문학적 시간을 표준으로 하지 않았기 때문이라고 말할 수는 없다. 이 우주적 리듬은 그 자체가 히에로파니가 되며, 더욱이 그 '히에로파니화'는 그 리듬의 모태였던 천문학적 시간으로부터 반대로 리듬 자체를 해방시켜줌으로써 가치가 부여된다고 생각한다. 봄의 '표지'(sign)는 '자연의 봄'이 느껴지기 이전에 봄을 '계시'할 수 있다(§123). 봄의 표지가 새로운 시대의 개시를 보여주며 자연의 봄은 곧 자연현상으로서가 아니라 우주적 생명의 전면적 갱신과 재시작을 확증해준다. 갱신이라는 관념은 우주의 회복과 동시에 개인의 갱신, 사회의 혁신도 포함하고 있다. 원시인의 심성이라는 관점에서 말한다면, 모든 사물은 통일되어 있고, 모든 식물은 서로 조응하고 있다는 것을 우리는 이 책에서 이미 몇 번 강조한 바 있다.

[원주2] Hubert and Mauss, "La Représentation du temps dans la religion et la magie," *Mélanges d'histoire des religions*, 1909, pp. 213 ff.

148. 히에로파니적 시간의 통일과 연속

시간이 불균질이라는 것, 시간이 '성'과 '속'으로 이분되어 있다는 것은 단지 세속적 시간 가운데서 주기적인 '분열'이 생겨서 거기에 성스러운 시간이 삽입된다는 것만을 의미하지 않고, 그보다도 성스러운 시간의 삽입은 서로 연결되어 있어서 자신은 스스로 연속성을 지니고 있으면서 다른 지속의 시간을 구성하고 있음을 보여준다. 그리스도교의 어떤 주일의 예배는 그전 주의 주일이나 다음 주의 주일과 연결되어 있다. 빵과 포도주가 구세주의 '몸'과 '피'로 성화하는 신비가 일어나는 성스러운 시간은 현재와 미래 사이에 뚝 떨어져 있는 공간처럼 속적 시간과는 질적으로 다르며 그로부터 분리되어 있다. 이 성스러운 시간은 그 이전과 이후의 예배시간과 연계되어 있을 뿐만 아니라, 성화(聖化)의 신비가 처음 행하여진 때로부터 현재에 이르기까지 집행될 수 있는 모든 예배와 연속하고 있다고 이해되는 것이다. 이와 반대로 전후 두 예배 사이에 흐르는 속적 시간은 성스러운 시간으로 변용되지 않았기 때문에, 의례의 히에로파니적 시간과 직접 연결될 수 없는 것이다. 말하자면 이 속적 시간은 성스러운 시간과 평행하여 흐르고 있고, 따라서 성스러운 시간은 '연속체'(continuum)로 우리에게 계시되고 있는데, 그 연속체가 속적 시간의 간격에 의하여 중단되는 것은 외관에 지나지 않는다.

그리스도교 예배시간 때에 느껴지는 진실성은 다른 모든 종교, 신화, 전설의 시간에도 똑같이 느껴지고 있다. 어떤 의례는 단지 그 이전의 의례를 반복하는 것만이 아니고(대체로 의례 그 자체는 원형의 반복이기 때문에) 그 이전의 의례에 연접하여, 그것을 정기적 또는 부정기적으로 연속시키고 있다. 주술적인 풀을 뽑음은, 예컨대 성 요한제의 한밤중과 같이 속적인 시간과 주술종교적인 시간 사이의 단절을 표시하는 위기적 순간에 나타난다. 민간신앙에서는 '철(鐵)의 풀'(루마니아어의 iarba fiarelor)이나 양치식물을 뽑을 때 몇 초 동안 하늘이 열리고, 그 순간에 주술적인 풀은 비상한 힘을 가지게 되며 그 풀을 뽑는 자는 불사신이 되거나 몸이 보이지 않게 된다고 한다.

이 같은 히에로파니적인 순간은 매년 반복된다. 이 순간은 '지속'을 형성한다는 의미에서(성격상 성스러운 구조를 지니나 역시 그것도 지속이라고 할 수 있다) 연속적이며, 몇 년 몇 세기에 걸쳐 유일하고 독자적인 '시간'을 형성하고 있다. 그럼에도 불구하고 표면적으로 히에로파니적인 순간이 주기적으로 반복되는 것이다. 우리는 이 순간을 위대한 시간에의 전격적인 입구로서 상상할 수 있다. 그것은 주술종교적 시간이라는 이 같은 역설적 순간이 속적 시간으로 들어오는 것을 가능케 하는 입구인 것이다. 주기성과 반복성이라는 관념은 신화나 민간전승에서 중요한 위치를 차지하고 있다.

물에 잠긴 성, 도시, 수도원, 교회의 전설에서 저주는 결코 최후적인 것이 되지 않는다. 그것은 주기적으로 새로 일어난다. 매년마다, 7년마다, 혹은 9년마다 재액이 일어나는 날에 도시는 다시 일어나고, 종이 울리며, 성의 여주인이 숨어 있던 곳에서 나오고, 보물들이 공개되며, 파수꾼은 잠자고 있다. 그러나 정해진 시간이 되면 마법은 해제되고 모든 것은 사라진다. 이 같은 주기적 재발은 동일한 날짜에 동일한 현상이 일어나고 있음을 완전하게 입증하고 있다.[원주3]

149. 주기적인 반복 : 영원한 현재

종교에서나 주술에서나 주기적인 반복은 무엇보다도 **현재화한** 신화적 시간을 무제한으로 이용하는 것을 의미한다. 의례는 모두 **지금**, 이 순간에 일어난다고 하는 특질을 지니고 있다. 이 의례에 의하여 사건이 기념되고 반복될 때 시간은 **현재화**되며, 다시 말해서 그 시간이 아무리 먼 과거라 하더라도 그것은 '재현'되는 것이다. 그리스도의 수난과 죽음과 부활은 단지

[원주3] Hubert and Mauss, p. 205.

성주간(聖週間, 부활절 전의 한 주간)의 제사의식에 의해 **기념되기만** 하는 것이 아니라 그것은 **그때**에 실제로 신도의 눈 앞에서 일어나는 것이다. 진정한 그리스도교도는 자신이 그러한 초역사적인 사건의 **동시대인**이라고 느끼지 않으면 안 된다. 테오파니적 시간은 반복에 의해 신도에게 현재가 되기 때문이다.

주술에 대해서도 똑같이 말할 수 있다. 이미 살핀 바와 같이(§111) 사람들은 "우리는 구세주의 상처에 바를 약초를 뽑으러 간다"고 하면서 약초채집을 나가는 것이다. 주술적 의례의 힘으로 치료자는 그리스도의 수난과 동시대인이 된다. 그녀가 뽑은 약초의 효능은 그것을 구세주의 상처에 바른다는 사실(최소한 바를 수 있다는 사실), 또 그것이 십자가 밑에서 자란다는 사실에서 유래한다. 주문의 시간적인 틀은 현재에 속한다. 치료자는 성모 마리아나 다른 성인을 만나서, 마리아에게 어떤 사람의 병에 대해 말하니 마리아가 약을 가르쳐준다는 등으로 되어 있다. 특히 루마니아의 풍부한 민화집 가운데서 몇 개의 예를 인용해보자.

아홉 사람의 각각 다른 아버지를 가진 9인의 형제가 모두 똑같은 옷을 입고 9개의 곡괭이와 9개의 날카로운 도끼를 가지고 모였다. 함께 출발하여 청동으로 된 다리의 중간까지 갔을 때 거기서 그들은 성모 마리아를 만났다. 마리아는 밀랍으로 된 사다리를 내려오다가 그들에게 이렇게 묻기 시작하였다. "9인의 다른 아버지를 가지고 똑같은 옷을 입은 너희들 9인의 형제는 어디로 가고 있느냐?" "우리들은 낙원의 나무를 자르러 갈릴리 산으로 가고 있습니다." "낙원의 나무는 그대로 두고 사마귀 치료를 위해 이온이 있는 곳으로 가라. 그래서 그 혹을 자르고 도려내어 그것을 바다 속으로 던져버려라."[원주4]

[원주4] Pavelescu, *Cercetari asupra magiei la Romanii din Muntii Apuseni*, Bucharest, 1945. p. 156.

이 장면은 낙원의 나무가 아직 베어지지 않은 신화적 시대를 표상하고 있는데, 한편으로는 이온이 사마귀 때문에 고통받고 있는 **현재**의 이 순간에 이 장면이 나타나고 있다. 주문은 성모 마리아의 힘을 간청하고 있는 것으로 끝나는 것이 아니다. 왜냐하면 가령 신의 힘이나 어떤 힘이라도 일단 세속적인 시간에서 발동하고 나면 그 힘은 약화되고 상실되기 때문이다. 그러므로 이 주문은 다른 시간, 주술종교적 시간을 창시한다. 즉 사람들이 낙원의 나무를 베러 갈 수 있는 시간, 성모 마리아가 몸소 하늘로 통하는 사다리를 타고 내려오는 시간인 것이다. 뿐만 아니라 이 시간의 창시는 비유적인 것이 아니라 현실적인 것이다. 이온과 그의 병은 성모 마리아와 9인의 형제의 만남과 동시대이다. 이 위대한 신화적 순간과의 동시대성은 주술종교적 효력의 불가결한 조건이 된다. 이런 관점에서 보면, 키에르케고르가 그리스도교도가 되는 조건을 '예수와 동시대인'이 되는 것이라고 표현한 것도 그렇게 혁명적인 것이 아님을 알 수 있다. 원시인에게는 그저 일반적이고 정상적이었던 태도를 키에르케고르가 새로운 말로 표현한 것에 지나지 않는다.

주기성, 반복성, 영원한 현재라는 주술종교적 시간의 세 가지 특질은 모두 크라토파니적, 히에로파니적 시간의 불균질성이 지닌 의미를 해명해주고 있다. 의례는 다른 모든 인간생활의 중요한 활동(어로, 수렵, 과실의 채집, 농경 등)과 같이 신들이나 '선조'에 의하여 계시되는 것이며, 의례 이외의 다른 인간활동은 뒤에(전적으로 그렇게 되는 것은 아니지만) '속적'인 활동이 되어버리는 것이다. 의례나 혹은 의미 있는 행위(수렵 등)가 반복될 때마다 인간은 신이나 선조의 원형적 행위, 시원의 때에 즉 신화적 시대에 일어난 행위를 모방한다.

그러나 이 반복은 동시에 신들이나 선조의 신화적 시간을 창시하는 효과를 가진다. 예컨대 뉴기니에서 선장은 출항할 때에 신화적 영웅인 아오리(Aori)의 화신이 된다.

선장은 아오리가 입었을 것으로 생각되는 옷을 입고, 검게 칠한 얼굴을 하고, 이비리(Iviri)의 머리에서 아오리가 뽑은 것과 같은 종류의 로베(love)를 머리에 붙인다. 그는 갑판 위에서 춤을 추며, 아오리가 날개를 편 것과 같이 양팔을 벌린다. …… 한 어부가 나에게 말한 바에 의하면 그가 (활과 화살로) 고기를 쏘러 갈 때에는 그는 키바비아(Kivavia) 자신이 된다.[원주5]

그러므로 그는 신화적 영웅 키바비아의 가호를 간청하지 않았다. 그는 키바비아 그 자신이 되었기 때문이다. 말을 바꾸면, 선장이 아오리와 일체화하여 그 영웅의 초역사적 시대를 산 것처럼, 어부는 키바비아의 신화적 시대를 산 것이다. 멜라네시아인은 영웅 자신이거나 영웅과 **동시대인이 되든지 어떤 세속적 시간과도 혼동할 수 없는 신화적 현재**에 살고 있는 것이다. 멜라네시아인은 원형적 행위를 반복함으로써 무역사적인 성스러운 시간 가운데로 자신을 편입시켰는데, 이 편입은 속적 시간이 폐기되지 않는다면 생길 수가 없다. 원시인에게 시간을 폐기하는 것이 얼마나 중요한지는 한번 고찰해볼 필요가 있다.

150. 신화적 시간의 회복

모든 종류의 의례, 모든 의미 있는 행위(수렵, 어로 등)에 의하여 원시인은 스스로 신화적 시간으로 들어간다. 왜냐하면 "신화기(神話期, dzugur)는 단순히 과거로만 생각해서는 안 되고 현재와 미래로도 생각되어야 하며, 상태임과 동시에 시기로도 생각될 수 있기"[원주6] 때문이다. 이 시기가 '창조적'이라는 것은,[원주7] 신들이나 선조들, 문화영웅들에 의해 모든 원형적 활동이 계시되는 것과 마찬가지로 우주창조와 구성의 실현도 '태초의 때에'

[원주5] F. E. Williams, Lévy-Bruhl, *La Mythologie primitive*, Paris, 1935, pp. 163~64에서 재인용.
[원주6] A. P. Elkin, Lévy-Bruhl, *La Mythologie primitive*, p. 7에서 재인용.
[원주7] 같은 책, p. 8.

뿌리를 두고 있다는 의미에서이다. '태초의 때에', 즉 신화시대에는 어떤 일도 가능하였다. '종류'는 아직 고정되지 않았고 형태도 '유동적'이었다(이 유동성의 기억은 가장 발달된 신화전승 가운데에도 남아 있다. 예컨대 그리스 신화에서 우라노스의 시대, 크로노스의 시대. §23 참조). 한편 이와 같은 '형태'의 유동성은 시간의 다른 극에서 세계의 종말의 징후를 표시한다. 즉 '역사'가 종말에 이르는 순간, 전세계가 성스러운 시간, 영원성에 살기 시작할 순간의 징후였다. "그때에 이리가 어린양과 함께 거하며, 표범이 어린 염소와 함께 누우며"[원주8] 그때에는 "황소무리가 큰 사자를 두려워하지 않을 것이다"(nec magnos metuent armenta leones).[원주9]

사회가 아무리 발달했다고 할지라도 어느 사회에서나 관찰할 수 있는 경향, 즉 '태초의 때', 신화적 시간, 위대한 시간을 회복하려는 경향을 우리는 강조하지 않으면 안 된다. 왜냐하면 이 회복은 모든 의례, 모든 의미 있는 행위에 의해서 산출된 결과이기 때문이다. "의례는 시원(始源)의 때의 한 부분의 반복이다." 시원의 때는 모든 때의 범형이 된다. 옛날 어떤 때에 일어난 일은 영원히 반복된다. 생이란 무엇인가를 이해하기 위해서는 신화를 이해하지 않으면 안 된다.[원주10] 신화의 표현과 의미에 대하여 반 데르레우의 "생이란 무엇인가를 이해하기 위해서는 신화를 이해하지 않으면 안 된다"는 정식이 어디까지가 진실인지는 검토해야 할 것이다. 우선 신화적 시간(혹은 성스러운 시간, 주술종교적 시간, 히에로파니적 시간)의 두 가지 특질을 정리해보자. ① 반복의 가능성(어떤 의미 있는 행위도 그 시간을 재현하고 있다는 의미에서), ② 성스러운 시간은 모든 우연성 너머에 위치하고 있어서, 즉 영원 가운데 위치하고 있어서 초역사적인 것으로 보이지만, 그것은 역사 가운데서 '시초'를 가진다. 즉 신이 세계를 창조하고 형성하는 때라든가 문화영웅 혹은 선조가 어떤 주어진 활동의 계시를 만들어주는 때

[원주8] 이사야 11 : 6
[원주9] Virgil, *Fourth Eclogue*, 22.
[원주10] Van der Leeuw, *L'homme primitif et la religion*, Paris, 1940, pp. 120, 101.

등을 말한다.
 원시인의 심성이라는 관점에서 말하면, 모든 시초는 '태초의 때'여서 그 후 위대한 시간으로, 영원을 향하여 열려 있다. 마르셀 모스는 "시간 가운데서 일어나는 종교적 현상은 정당하게 그리고 논리적으로 영원 가운데서 생기는 것으로 보인다"[원주11]고 적절히 말하고 있다. 이와 같이 '종교적 사상(事象)'은 모두 각각 원형을 무한히 반복한다. 즉 '시초'에 의례와 종교적 행위가 계시되고, 동시에 그들이 역사 가운데 나타날 때에 일어난 일을 반복한다.
 뒤에서 자세하게 살피겠지만, 원시인의 심성에서 보면 역사는 신화와 합치하고 있다. 모든 사건(의미 있는 모든 사건)도 시간 가운데서 생기는 것이므로 속적 시간의 단절과 위대한 시간의 침입을 표상한다. 그리하여 모든 사건은 현상이고 시간 가운데서 생기는 것인 동시에 또 히에로파니이고 '계시'인 것이다. 이 '사건=히에로파니'와 '역사적 시간=신화적 시간'이라는 역설은 외관의 역설에 지나지 않는다. 그 외관을 해소하기 위해서는 그것을 만들어낸 심성의 독특한 조건으로 관점을 돌려야만 한다. 원시인은 신들이나 문화영웅, 선조들에 의해 계시된 행위를 반복할 때에만, 즉 그러한 한에서만 인간의 행위(예컨대 농경작업, 사회관습, 성생활, 문화 등)에서도 의의와 흥미를 발견하는 것이다. 의미 있는 행동을 벗어나 있는 것은 무엇이건 초인간적인 범형을 가지고 있지 못하기 때문에 명칭도 가치도 없다고 생각한다. 그러나 모든 원형적 행위는 '태초의 때에', 기록된 역사를 초월하는 시간에, 신화적 시간에 계시된다. 원형적 행위는 계시에 의해서 속적 시간을 단절하고 거기에 신화적 시간을 도입한다. 그러나 동시에 그 행위는 '시초'를, 속적 시간의 따분하고 단조로운 조망(의미 없는 행동이 지속되는 시간) 속에 들어간 '사건'을 창조하였다. 그래서 그 행위는 '역사'를 자동적이고 무의미한 행위의 연속과는 다른 일련의 '의미 있는 사건'으로 구성한다. 그러므로 그것이 비록 역설적으로 보일지라도 이른바 원시사회

[원주11] Hubert and Mauss, p. 227.

의 '역사'는 '태초의 때'에 생겨서 그때부터 오늘날까지 끝없이 반복된 신화적 사건으로 구성되어 있는 것이다. 현대인이 '역사적'이라고 생각하는 것, 즉 유일하고 돌이킬 수 없는 것이라고 생각하는 것은 모두 원시인의 입장에서 보면, 신화-역사적 전례를 가지지 못하기 때문에 전혀 중요성이 없다고 생각되는 것이다.

151. 비주기적인 반복

이러한 관찰은 신화에 대한 우리의 이해와 지금 이 장의 중요한 대상인 신화적, 히에로파니적, 주술종교적 시간에 대한 설명에 똑같이 도움을 준다(§156 이하). 우리는 지금 어떤 축제(물론 히에로파니적 시간에만 행해짐)는 주기적으로 반복되는 데 비해 성스러운 시간, 종교적인 시간은 왜 항상 주기적으로 재생산되지 않는지에 대해 이해해야 할 지점에 있다. 이 현상을 가만히 살펴보면, 표면이 속적인(어디까지나 표면상으로만 그렇다) 행위의 배후에는 한편으로 저 태초의 때에 창조되었지만 어떤 세속적 시간에도 나타날 수 있는 시간적 구조가 들어 있음을 알게 된다. 인간은 어느 때나 수렵을 하거나 고기잡이를 하러 떠날 수 있지만 동시에 신화적 영웅을 모방하고 그 화신이 되며, 그에 따라 신화적 시간을 회복하고 속적 시간을 떠나며, 신화-역사를 반복할 수 있게 된다. 방금 말한 바와 같이 어떤 시간이든 성스러운 시간이 될 수 있다. 즉 어떤 순간에나 시간은 영원으로 변화될 수가 있다. 앞으로 더 살피게 되겠지만, 성스러운 시간의 주기적 발생은 모든 인간의 종교적 개념에서 중요한 위치를 차지한다. 그러나 원형적 행위의 반복, 원형의 모방이라는 메커니즘이 속적 시간을 폐지하고 그것을 성스러운 시간으로 변용시키며, 더욱이 정기적인 의례 이외의 장으로 이끌어갈 수 있다는 것은 큰 의미를 내포하고 있다. 시간을 '히에로파니화'하는 경향은 사회생활에 기초를 둔 어떤 체계나, 속적 시간(예컨대 구년)을 폐지하는 정상적 수단이나, (우리가 곧 살피겠지만) 성스러움(신년)을 설립하는 수단과는 독립한 본질적인 어떤 것을 확증해주고 있다. 또 한편으로는 성스러운 공간의 창설에 관하여 기술할 때 말한 '간편한 대리물'을 여기서도 생각하게 된다(§146). '세계의 중심'은 본래 접근할 수 없는 장소에 존재하고 있지만 실제로는 영웅신화, 전설이 말하는 어려움을 만나지 않아도 되는 어떤 장소에서나 창설될 수 있었다. 이와 마찬가지로 대축일에 의해 제정된 성스러운 시간도 일반적으로 원형적, 신화적 행동을 반복함으로써 언제나 누구에 의해서나 획득될 수 있다. 성스러운 시간 제정에서 사회구조에 영향을 받지 않는 이와 같은 경향을 기억할 필요가 있다. 이 같은 경향은 어떤 방법으로든 뒤에서 더 살피게 될 것이다.

152. 시간의 재생

축제는 성스러운 시간에, 혹은 마르셀 모스가 지적하고 있는 바와 같이 영원성 가운데서 발생한다. 그러나 확실히 가장 중요한 몇몇 계절적인 축제는 그 이상의 것을 우리에게 보여준다. 그것은 이미 과거인 세속적 시간을 폐지하고 '새로운 시간'을 창시하는 것이다. 다시 말해서 시간의 한 순환주기를 종료하고 새로운 순환주기를 창시하는 계절적인 축제는 **시간의 완전한 재생**을 달성하기 시작한다. 구년의 종말과 신년의 시작을 뜻하는 의례적 시나리오에 대해서 다른 책[원주12]에서 자세히 논했으므로 여기서는 중요한 문제에 대해서만 간결하게 고찰하려고 한다.

계절적 의례의 드라마 형태는 대단히 풍부하다. 프레이저, 벤싱크, 뒤메질 등의 연구를 다음과 같은 방법으로 그 내용을 요약해볼 수 있을 것이다. ① 죄의 소멸, 정죄(定罪), 죄의 고백, 악령의 축출, 마을로부터 악의 구축. ② 불을 끄고 또 점화하는 것. ③ 가면행렬(죽은 자의 영을 표상하는 가면으로), 죽은 자의 영입, 그는 제례에 초대됨, 끝으로 죽은 자를 지역의 경계, 바다, 작은 개울까지 보내줌. ④ 두 적대집단 사이의 싸움. ⑤ 카니발, 농경신 사투르누스 축제, 상규(常規)의 일탈('오르기').

[원주12] Eliade, *In The Myth of the Eternal Return*.

물론 구년의 종말, 신년의 시작에 관한 의례의 시나리오에서 상술한 내용을 전부 포함하고 있는 의례는 아무데도 없다. 더욱이 위에 기술한 의례 중에서 어떤 것도 몇몇 지역에서 일어나는 유괴에 의한 결혼이나 가입의례 등은 취급하고 있지 않기 때문에 전부 망라하고 있다고는 할 수 없을 것이다. 그럼에도 불구하고 위의 의례는 동일한 의례적 구조의 일부를 이루고 있다. 그 각각의 의례들은(그 자신의 차원에서 그 자신의 독특한 견해를 갖고) 순환주기가 완결되는 사이에 시간의 폐기를 목표로 하고 있다. 이런 의미에서 볼 때 죄의 소멸, 정죄, 구년을 본뜬 인형의 소각 그리고 악령 및 마녀, 구년을 표상하는 모든 것들의 구축은 모두 과거의 시간 전체를 일소하고 폐지하는 것을 목적으로 하고 있다. 불을 끄는 것은 '어둠'을, 즉 일체의 '형태나 외형'을 없애고 혼돈으로 화하는 '우주의 밤'을 만들어내는 것을 가리킨다. 우주론적인 면에서 말하면, '어둠'은 카오스와 동일시되며 불을 붙이는 것은 형태를 만들고 경계를 세우는 창조를 상징한다. 산 자를 의례적으로 방문하는 선조나 죽은 자의 혼을 구상화한 가면(일본이나 게르만계 여러 나라의)은 경계가 폐지되고 모든 형태의 생명이 함께 침몰된 것을 표시한다. 그 두 개의 '때'(두 개의 우주) 사이의 역설적인 간격에서 산 자와 죽은 자의, 바꿔 말하면 실현된 형태와 형성 이전의 유배적(幼胚的) 상태 사이의 교류가 가능하다. 어떤 의미에서 구년의 청산으로 생긴 '어둠'이나 '카오스'에서 모든 형태는 일치한다. 만물의 융합('밤'—'홍수'—'해체')은 노력함이 없이, 자동적으로 모든 면에서의 '반대의 일치'(coincidentia oppositorum)를 가능케 하고 있다.

시간을 폐기하려는 의지는 신년제 때 나타나는 '오르기'에서 분명하게 드러난다. 오르기는 또한 '어둠'으로의 퇴행, 원초의 카오스의 회복을 말하는데 이런 의미에서 오르기는 모든 창조, 모든 조직된 형태의 출현에 선행하는 것이다. 모든 형태가 유일하고 광대하며 미분화된 단일체로 융합하는 것은 확실히 실재의 '전체적' 양식을 재생산하는 것을 말한다. 우리는 앞에서(§138) 오르기의 성적, 농경적 기능과 의미를 지적하였는데, 우주론적 차원에서 보면 '오르기'는 카오스나 경계의 궁극적 소멸에 상응하고, 시간의 관점에서 보면 위대한 시간, '영원의 순간', 비지속에 상응한다. 시간의 주기적인 구분을 나타내는 의례중에 오르기가 출현하는 것은 **모든 창조의 폐기**에 의하여 과거를 전면적으로 폐기하려고 하는 의지를 나타내고 있다. '형태의 침몰'은 사회적 신분의 역전에 의하여 예증되거나(사투르누스 축제 기간중 노예는 주인이 되고 주인은 노예가 된다. 메소포타미아에서는 왕은 왕위를 빼앗기고 모욕을 받는다), 반대의 일치에 의하여 예증되거나(상류 부인이 창녀로 취급된다), 모든 규범의 기능 정지에 의하여 예증된다. 성적 방종이 용인되고 모든 명령이 위반되며 모든 반대가 일치하는 것으로써, 그리고 하나의 공동체가 표본으로 하고 있는 하나의 세계를 해체함으로써 그 '태초의 때'를 회복하는 것을 목표로 하고 있음을 알 수 있다. 그 '태초의 때'는 말할 것도 없이 '시초'(카오스)와 종말(홍수, 대화제, 묵시)의 신화적 순간인 것이다.

153. 매년 반복되는 우주창조

연말에 행해지는 오르기의 이상과 같은 우주론적 의미는 카오스 다음에는 반드시 우주(cosmos)의 새로운 창조가 뒤따른다고 하는 것으로 확증되고 있다. 모든 계절적인 의례는 모두 창조의 다소 명료한 상징적 반복을 계속한다. 몇 가지 예를 들어보도록 하자. 바빌로니아인은 신년제 아키투(akitu) 기간 동안(12일간 계속) 마르두크 사원에서 창조시편「에누마 엘리시」를 몇 번 영창한다. 그것은 구송주술(口誦呪術)과 이에 동반되는 의례를 통하여 마르두크와 바다의 괴물 티아마트 사이에 싸움이 벌어지고, 즉 태초의 때의 전쟁이 일어나 최후로 신이 승리를 거두고 카오스에 종지부를 찍는 싸움을 재현하는 수단이 된다. 히타이트인도 이와 동일한 관습을 가지고 있다. 그들은 신년제의 일부로서 대기신(大氣神) 테슈브(Teshub)와 뱀 일루얀카스(Iluyankas)의 싸움이라는 범형을 영창하고 또 재현하였다. [원주13] 마르두크와 티아마트의 싸움은 두 인간집단의 충돌에 의하여 행해졌다. [원주14] 그리고 이 의례는 히타이트인에게도 보이고(신년제 때)[원주15] 이집트인에게서도 보인다.[원주16] 여기서 카오스로부터 새로운 우주의 이행이 재현된다. 사람들은 이렇게 소리친다. "마르두크가 티아마트를 계속 정복하고 그 수명을 단축시키기 위해!" 그리하여 마르두크와의 투쟁과 승리, 그리고 세계의 창조가 실현되는 것이다.

아키투 때에 자크무크(zakmuk), 즉 '추첨의 축제'(feast of lots)도 거행된다. '추첨의 축제'라는 이름이 붙게 된 것은 아키투 기간중 일년 동안 매월의 운수를 알아내는 제비를 뽑기 때문이다. 다시 말해서, 다른 많은 전승에도 공유되어 있는 공통적인 개념에 따라서 다음 12개월을 창조했던 것이다. 일련의 의례는 모두 다음 사항과 결부되어 있다. 즉 마르두크의 지하로의 강하, 왕의 모욕, 속죄양의 행태를 취한 액병의 쫓음, 끝으로 신과 사르파니툼과의 결혼이다. 그 결혼의 형태를 보면, 왕은 사원의 노예를 취하여 여신의 성역에서 결혼식을 재현하는데,[원주17] 이것은 일시적이나마 집단적 성적(性的) 방종의 표시라 할 수 있다. 그리고 우리는 카오스로의 퇴행을 여기서 보게 된다(티아마트는 여기서 우위에 서고 모든 형태는 혼란스러워진다). 그후에 새로운 창조가 뒤따른다(마르두크의 승리, 모든 운명의 결정, 성혼 혹은 '새로운 탄생'). 즉 고대세계가 원초의 카오스로 해소하는 동시에 암암리에 옛 시간의 폐기를 결과하는데, 근대인이라면 그것을 한 순환기의 '역사'가 완결되는 것이라고 표현할 것이다.

원시인의 심성에서 보면 옛 시간은 세속적 시간으로 이루어져 있는데, 그 속적 시간은 중요하지 않은 사건이나 의미, 즉 원형적 범형을 갖고 있지 않은 사건이 계속되고 있는 것이다. '역사'란 바로 그와 같은 사건의 기억,

---

[원주13] Gotze, *Kleinasien*, Leipzig, 1933, p. 130 참조.
[원주14] Labat, *Le Caractère religieux de la royauté assyro-babylonienne*, Paris, 1939, p. 99.
[원주15] Gotze, p. 130.
[원주16] Ivan Engnell, *Studies on Divine Kingship in the Ancient Near East*, Uppsala, 1943, p. 11.
[원주17] Labat, p. 247.

결국 '무가치한 것' 혹은 죄라고밖에 달리 부를 수 없는 것의 기억에 지나지 않는다(이들 사건이 원형적인 규범으로부터 벗어나 있기 때문에). 우리가 이미 살펴본 바와 같이 원시인이 생각하는 참된 역사는 그런 것이 아니라 신화이다. 즉 참된 역사란 신화적 시간에, 즉 태초의 때에 신, 선조, 문화 영웅 등에 의해 계시된 원형적 행위의 반복만을 기록하는 것이었다. 원시인의 생각에 따르면 원형의 반복은 모든 세속적 시간의 밖에서 일어난다. 이러한 원형적 행위는 '죄'가 될 수 없고, 규범으로부터 벗어날 수 없으며, 그 행위는 주기적으로 폐기되는 시간, 즉 '옛 시간'과는 아무런 관계도 없다. 마신이나 정령의 구축, 죄의 고백, 정죄, 특히 원초의 카오스로의 상징적 회귀, 이 모든 것은 세속적 시간의 폐기를 의미한다. 즉 모든 의미 없는 사건, 모든 일탈이 생기는 옛 시간의 폐기를 뜻한다.

여기서 일년에 한 번 옛 시간, 과거, 범형적이 아닌 모든 사건의 기억(현대적인 의미에서의 '역사')은 폐기되는 것이다. 옛 세계의 상징적 폐지에 뒤따라오는 우주창조의 상징적인 반복은 **시간을 전체적으로 재생시킨다**. 왜냐하면 성스러운 시간의 '영원적 순간'을 세속적 시간에 삽입하기 위한 축제만이 문제 되는 것은 아니기 때문이다. 이것이 목표로 하고 있는 것은 이미 논한 바와 같이 종료된 순환주기의 구조 속에서 흐르는 속적 시간 전체를 폐지하여버리는 것이다. **새로운 창조 가운데서 새로운 생을 재개하고 싶다**고 하는 갈망(연말과 신년의 의례에서 분명히 표명된 갈망) 가운데서 무역사적인 생을 시작하고 싶은, 즉 성스러운 시간 가운데서만 살고 싶은 역설적 원망으로 들어간다. 그것은 결국 시간 전체의 재생을, 시간을 '영원'으로 변화시키는 것을 목표로 하는 것을 말해주고 있다.

시간의 전체적 재생(창조를 매년 반복함으로써 실현 가능)이라는 욕구는 원시적인 전통 가운데에도 보존되어 있다. 이미 바빌로니아 신년제가 어떻게 생겨났는지에 대해 언급하였다. 이에 해당하는 유대교의 의례에서도 우주창조적 요소는 마찬가지로 인정되고 있다. "해의 종말에",[원주18] "해

[원주18] 출애굽기 34 : 22

가 종료할 때",[원주19] 야훼와 바다의 괴물 라합(티아마트에 해당)의 싸움이 일어나는데, 라합이 야훼에게 패한다. 야훼가 바다에 대하여 승리를 거두는 것은 세계창조의 반복에 해당하는 동시에 인간구제에도 해당한다(죽음에 대한 승리, 다음해를 위한 식량의 확보 등).[원주20]

벤싱크는 유대교와 그리스도교 전통에 보존되어 있는 해마다 우주의 '재창조'라는 고대적 기념의 유물이 아직도 남아 있음을 지적한다.[원주21] 세계는 티슈리(Tishri)나 니산(Nisan) 월(月)에, 즉 우주창조의 이상적인 기간인 우기에 창조된다. 그리스도교도에 의하면, 주의 공현(公現) 때에 행하는 물의 축도(祝禱)도 우주창조론적인 의미를 가진다. "신은 새롭게 천공을 창조하셨다. 왜냐하면 죄인들은 모든 천체를 숭배하였기 때문이다. 신은 아담에 의해서 쇠해진 세계를 다시 창조하셨다. 신은 그의 타액(唾液)으로부터 새로운 창조를 하셨다."[원주22] 또 코란은 이렇게 기록하고 있다. "알라는 창조에 영향을 미치는 자이다. 그리하여 알라는 창조를 반복한다."[원주23] 우주창조 행위의 이 영원한 반복은 매신년마다 새로운 시대를 개시하였으며, 죽은 자가 생으로 돌아오는 것을 가능케 하고 신자에게 육(肉)의 부활에 대한 희망을 갖게 하였다. 이 전통은 그리스도교도뿐만 아니라[원주24] 셈족에게도 살아 있다.[원주25] "(에피파니 때) 전능하신 신은 혼과 신체를 함께 일깨운다."[원주26]

[원주19] 출애굽기 23 : 16
[원주20] Johnson, "The Role of the King in the Jerusalem Cultus," in *The Labyrinth*, ed. S. H. Hooke, London, 1938, pp. 97 ff. 참조.
[원주21] Wensinck, "The Semitic New Year and the Origin of Eschatology," *AOA*, 1923, vol. i, p. 168.
[원주22] St. Ephraim the Syrian, *Seventh Hymn on the Epiphany*, 16; Wensinck, p. 169.
[원주23] *Qur'an*, xxix, 20 ff.
[원주24] Wensinck, p. 171.
[원주25] Lehman and Pedersen, "Der Beweis für die Auferstehung im Koran," *Der Islam*, v, pp. 54~61.
[원주26] St. Ephraim the Syrian, *First Hymn on the Epiphany*, 1.

다르메스테테르[원주27]가 번역한 팔라비어 텍스트에는 이렇게 기록되어 있다.

프라바르틴(Fravartin) 월(月)의 크슈르다트(Xurdhath) 일(日)에 오르마즈드 공(公)은 부활이 성취되어 '제2의 몸'이 될 것이다. 세계는 악귀나 마취제 등에 의한 쇠약화로부터 구해질 것이다. 그래서 모든 것이 풍요하게 될 것이다. ……이제 누구도 더 이상의 식물을 요구하지 않을 것이다. 세계는 순수할 것이며, 인간은 (악령의) 방해로부터 해방되고 영원히 불사하게 될 것이다.

카즈위니는 나우로즈 일(日)에 신은 죽은 자를 일으키고 "혼을 되돌려주며, 하늘에 명령하여 비를 뿌려주었다. 그 때문에 사람들은 이날에 물을 뿌리는 습관을 갖게 되었다"[원주28]고 말했다. '물에 의한 창조'라는 관념(물에 의한 우주창조, 주기적으로 '역사적' 생명을 재생시키는 홍수, 비)과 탄생의 관념, 부활의 관념 사이에 밀접한 관련이 있음은 다음의 탈무드의 말에서도 확인된다. "신은 세 개의 열쇠를 가지고 있다. 비의 열쇠, 탄생의 열쇠, 죽은 자를 일으키는 열쇠이다."[원주29]

페르시아의 신년인 나우로즈 일은 동시에 아후라 마즈다의 축일(첫번째 달 '오르마즈드 일(日)'에 축하된다)이며, 그날은 세계와 인간이 창조된 날이다.[원주30] 나우로즈 일에 '창조의 갱신'이 일어난 것이다.[원주31] 디마슈키가

[원주27] *Zend-Avesta*, Paris, 1892~93, vol. ii, p. 640, n. 138.
[원주28] Kazwini, *Cosmography*, A. Christensen, *Le Premier homme et le premier roi*, Uppsala, 1918~34, vol. ii, p. 147에서 재인용.
[원주29] *Ta'anith*, ch. 1; Wensinck, p. 173.
[원주30] J. Marquart, "The Nawroz, its History and Significance," *Journal of the Cama Oriental Institute*, Bombay, 1937, no. xxxi에 수집되어 있는 문헌, 특히 16 ff. 참조.
[원주31] Albiruni, *The Chronology of Ancient Nations*, trans. Sachau, London, 1879, p. 199.

전하는 전통에 의하면, 왕은 이렇게 선언하였다. "지금 신년, 신월의 새로운 날이 되었다. 다 닳아진 모든 시간은 갱신되어야만 한다!"[원주32] 1년간의 인간의 운명이 결정되는 것도 그날이다.[원주33] 나우로즈 일 밤에는 수많은 불이나 등화가 보이고,[원주34] 물에 의한 정죄식이나 오는 해의 풍요한 물을 확보하기 위해 신주(神酒)를 뿌리는 관습이 생겨났다.[원주35]

그 밖에 '대(大)나우로즈' 때에는 모든 사람이 병 속에 7종류의 종자를 뿌리고 그것들의 생육상태를 보아 그해의 수확에 대한 결론을 이끌어낸다.[원주36] 이것은 바빌로니아 신년제 때에 '운수를 정하는' 것과 유사한 풍습으로서, 만데족이나 예지디족들은 지금도 정월 초하루에 이러한 풍습을 행하고 있다. 크리스마스로부터 주의 공현일까지의 12일간은 또한 1년의 12개월을 예시하는 날이기도 하다. 신년은 우주창조적 행위를 반복하기 때문이다. 유럽의 농민은 그 12일 동안의 '기상의 징후'를 보고 다가올 일년 열두 달의 예상되는 기온과 우량을 판단한다.[원주37] 초막제(Feast of Tabernacles, 유대인 조상의 광야 방랑을 기념하는 가을축제 — 옮긴이) 때에도 매월의 강우량이 결정된다.[원주38] 베다 시대의 인도인은 한겨울의 12일이 일년의 전모를 상징하고 모사하고 있다고 믿었다.[원주39] 또 12일 속에 1년이 응축되어 있다는 생각은 중국의 전승에서도 나타난다.[원주40]

[원주32] Christensen, vol. ii, p. 149.
[원주33] Albiruni, p. 201: Kazwini, in Christensen, vol. ii, p. 148.
[원주34] Albiruni, p. 200.
[원주35] 같은 책, pp. 202~203.
[원주36] 같은 책, p. 202.
[원주37] Frazer, *The Scapegoat*, London, 1936, pp. 315 ff.; Dumézil, *Le Problème des Centaures*, Paris, 1929, pp. 36 ff. 참조.
[원주38] Wensinck, p. 163.
[원주39] *RV*, iv, 33.
[원주40] Granet, *La Pensée chinoise*, p. 107.

154. 우주창조의 우연적 반복

이상에서 관찰한 모든 것으로부터 우리는 다음과 같은 공통점을 발견할 수 있다. 즉 우주창조를 상징적으로 반복함으로써 시간이 주기적으로 재생한다는 관념이 전제되어 있다는 것이다. 그러나 우주창조의 반복은 엄밀하게 한 공동체의 신년제하고만 결부된 것은 아니다. 바꾸어 말하면 '옛날의' '속적' '역사적'인 시간은 폐기되며, 신화적인 '새로운' 재생된 시간은 우주창조의 반복에 의하여 그해의 중간에라도 전술한 공동체의 신년제와는 관계없이 개시되는 것이다. 예를 들면 아이슬란드의 노인들은 토지를 점유하는 것은 카오스를 코스모스로 변환하는 것에 해당한다고 생각하며,[원주41] 베다 시대의 인도에서는 토지의 점유는 불의 제단을 세움으로써, 다시 말하면, 결국 우주창조의 반복에 의하여 유효해진다고 생각한다. 불의 제단은 우주를 재현하는 것으로서 그것을 건립하는 것은 세계창조에 해당한다. 이런 제단을 건조할 때마다 창조의 원형적인 행위가 반복되며 시간이 '건조'되는 것이다.[원주42]

피지 섬에서는 새로운 족장의 취임을 '세계창조'라 부른다.[원주43] 이와 똑같은 관념은 비록 명료하게 표현되고 있지는 않지만 한층 발달된 문명에서도 발견되고 있다. 모든 취임의 행위는 세계의 재창조, 재생과 동일한 가치를 지닌다. 중국의 황제가 즉위를 공포하는 최초의 법령에 따라서 중국에서는 새로운 달력이 정해지는데, 이때 새로운 시간의 질서를 제정하기 전에 황제는 우선 옛날의 시간질서를 폐하는 것이다.[원주44] 아수르바니팔(기원전 7세기 고대 아시리아 제국의 왕)은 자기가 우주의 재생자라고 자인하

[원주41] Van der Leeuw, p. 110.
[원주42] Śatapatha-Brahmaṇa, vi, 5, i ff. 참조; "불의 제단은 해(年)이다", 같은 책, x, 5, 4, 10; "불의 제단에는 5개의 층이 있으며 (각 층은 하나의 계절이며), 5개의 계절이 1년이 되고, 제단(Agni)은 해이다", 같은 책, vi, 8, 1, 15.
[원주43] Hocart, Kingship, Oxford, 1927, pp. 189~90.
[원주44] Granet, La Pensée chinoise, p. 97.

고 있다. 왜냐하면 그가 말하고 있는 바와 같이 "신들이 친절하게도 나를 아버지의 왕좌에 앉힌 이래 라만은 비를 보내주고…… 수확을 풍부하게 해주고 곡식이 풍부하며…… 가축이 번식하였기"[원주45] 때문이다.

베르길리우스의 제4전원시에는 다음과 같은 예언이 있다. "지금 새로운 시대, 큰 시대가 생겨나고 있다"(magnes ab integro saeclorum nascitur ordo). 이 말은 어떤 의미에서는 왕후 군주에게도 적용될 수 있는 말이다. 비록 만족스럽지 못한 군주라고 하더라도 실제로 새로운 군주와 더불어 '새로운 시대'는 시작되는 것이다. 새로운 치세는 나라 역사의 재생, 넓게는 세계의 재생으로 간주된다. 이러한 과장된 표현을 나라가 쇠퇴할 때에 흔히 하는 군주들의 허장성세, 신하들이 하는 간사스런 말이라고 간주해버리는 것은 잘못일 것이다. 새로운 군주에 의한 '새로운 시대'의 개시라는 희망은 진실한 것이고 마음속으로부터 생겨나온 것일 뿐만 아니라 고대인의 관점에서 본다면 그것은 또한 자연적인 것이기도 하다. 그뿐 아니라 새로운 시대를 열기 위해 새로운 치세를 필요로 하지 않는 경우도 있다. 결혼이라든가, 자식의 출산이라든가, 집의 신축 등만으로도 새로움이 시작되는 데는 충분하다. 우주와 인간은 어떤 수단에 의해서든 재생되어가며, 과거는 소멸하고 지나간 죄는 제거된다. 그 어떤 것으로도 이러한 진행을 멈추게 할 수는 없다. 그러나 이러한 재생을 위한 수단이 아무리 여러 가지가 있다고 하더라도 이들은 모두 하나의 같은 목적을 가지고 있다. 즉 과거의 시간을 무화(無化)하고 '태초의 때'로 항상 되돌아감으로써 역사를 폐지하는 것이다.[원주46]

그러므로 앞에서 말한 피지 섬 사람의 경우로 돌아가 말해보면, 새로운 족장의 취임식 때뿐만이 아니라 수확이 위기에 처했을 때에도 세계창조를 반복하는 것이다.[원주47] 피지 섬 사람들은 우주의 리듬이 무너지고 생명 전

[원주45] Jeremias가 Hastings, *Encyclopaedia of Religion and Ethics*, vol. i, p. 187 b에서 재인용.

[원주46] Eliade, *Myth of the Eternal Return*, chs. ii~iii을 보라.

[원주47] Hocart, p. 190.

체가 위협을 받을 때마다 '태초에'(in principiuo)로 되돌아감으로써 난을 피한다. 다시 말하면, 우주의 재건으로서 수복(修復)이 아닌 재생을 기대하고 있다. 이와 같은 사고방식에 의하여 주술이나 민간요법에서 '시작', '새로운 것', '순결한 것' 등이 어떤 역할을 하는지 알 수 있다(초수 初水나 새로운 물 혹은 처녀, 아이, 순결 등의 상징). 이미 살핀 바와 같이(§149) 주술은 약이나 병의 치료를 보증하는 신화적인 사건이 나타나게 한다. '새로운 것', '아직 시작되지 않은 것'의 상징도 또한 현재의 행위와 원형적인 신화적 사건의 동시대성을 확증하고 있다. 수확이 위기에 처한 경우와 같이 병의 치유도 수복에 의해서가 아니라 '태초의 때'로의 회귀를 포함한 새로운 시작에 의해서 얻을 수 있다. (이러한 의례를 행하는 여자 마술사가 반드시 그 의례의 이론적 근거를 자각하고 있을 필요는 없다. 그 의례가 그와 같은 이론을 포함하고 있고 거기서 흘러나오고 있다는 것만으로도 충분하다. §3 참조.)

이와 유사한 관념은, 비록 적절치 못한 부가물이나 불가피한 변질로 왜곡되어 있긴 하지만, 광산이나 야금(冶金)의 기술에서도 확실하게 나타난다.[원주48] 한편 가입의례(즉 옛 인간의 '죽음'과 새로운 인간의 '탄생')는 과거의 시간('역사')은 폐지되고 새로운 시간이 개시될 것이라는 희망에 근거하고 있다. 물의 상징(§63 이하)이나 달의 상징이 원시인의 정신생활에서 중요한 역할을 하고 있다면, 그것은 물과 달이 '형태'의 계속적인 소멸과 재설정, 주기적인 소멸과 재출현, 영원회귀(실제로 시초에의 영원회귀) 등을 명백하고 분명하게 해주기 때문이다. 우주론에서부터 구제론에 이르는 모든 면에서, 재생의 관념은 새로운 시간이라는 개념, 즉 인간들이 때때로 도달하기도 하는 절대적인 시초에 대한 신앙과 결부되어 있다.

[원주48] Eliade, "Metallurgy, Magic and Alchemy," *CZ*, Paris, 1938, vol. i, *passim* 참조.

155. 전면적 재생

이 재생이라는 강박관념은 나의 저서 『영원회귀의 신화』에서 연구한 순환적 시간이라는 신화와 교의에서도 표현되고 있다. 순환하는 시간, 영원회귀, 새로운 우주, 새롭게 재생된 인류의 출현이 뒤따르는 우주와 인류의 주기적 멸망 등에 대한 신앙은 무엇보다도 과거의 시간, 역사의 주기적 재생에 대한 원망이나 희망이 있음을 증언해주고 있다. 이 순환기를 그리스-오리엔트의 유명한 용어로 표현한다면 '위대한 해'(Great Year)가 될 것이다. '위대한 해'는 우주창조로 개시되고 카오스에 의하여, 즉 모든 요소의 완전한 융합에 의하여 마무리된다. 하나의 우주적 순환기는 '창조'와 '존재'(혹은 '역사', 소진, 퇴화), '카오스에의 회귀'(대화재 ekpyrosis, ragnarok, pralaya나 아틀란티스 대륙의 침몰, 묵시) 등을 포함하고 있다. 구조적으로 보면 '위대한 해'와 연(年)의 관계는 연과 월, 일의 관계에 해당한다. 그러나 여기서 우리의 흥미를 끄는 것은 무엇보다도 시간의 **전면적 재생**에 대한 희망인데, 그것은 우주적 순환기를 포함한 일체의 신화와 교의에 명료하게 나타나 있다. 어떤 순환기든 **절대적인 시초**를 가지고 시작한다. 왜냐하면 어떤 과거나 '역사'도 '카오스'에의 전격적 귀환에 의하여 결정적으로 폐기되어버리기 때문이다.

그러므로 우리는 인간들 속에서 모든 면에 걸쳐 세속적 시간을 폐하고 성스러운 시간에 살고 싶어하는 동일한 희망을 발견할 수 있다. 더욱이 여기서 시간을 전면적으로 재생하고 싶다는 원망이나 희망을 발견하게 된다. 다시 말해서 시간을 영원의 순간으로 변하게 함으로써 영원 속에 살고자 하는 희망, 그러면서도 '인간적으로' 살 수 있고 '역사적으로' 살 수 있다는 희망을, 원망을 발견하게 된다. 이 영원에의 노스탤지어는 우리가 앞 장(§ 146)에서 보아온 낙원에의 노스탤지어와 대칭을 이루고 있다. 성소에 영원히 자연적으로 살고 싶다는 희망은 원형적 행위의 반복에 의하여 영원 가운데 살고 싶다는 원망과 대응하고 있다. 원형의 반복은 인간실존의 조건 가운데서 이상적 형태(원형)를 실현하고 싶다는 희망, 즉 시간의 하중을 짊어지지 않고, '시간의 불가역성'이라는 제약을 받지 않고, 시간 속에 살고 싶다고 하는 역설적인 원망을 나타낸다. 이와 같은 원망은 일종의 '정신주의적 태도'로서는 해석할 수 없다는 것에 주목하도록 하자. 즉 이 세상으로부터의 해탈이라고 하는 '정신성'의 입장에서, 다시 말해서 이 세상적인 것은 일체 그 가치를 인정하지 않는 정신주의적 태도로써는 설명이 되지 않는다. 오히려 반대로 '영원에의 노스탤지어'는 인간이 구체적인 낙원을 동경하고 그 낙원을 이 세상에서, 지상에서 **지금**, 이 순간에 획득할 수 있다는 것을 나타낸다. 이런 의미에서 성스러운 공간과 시간에 관련된 고대의 신화와 의례는 '지상의 낙원'이나 인간이 접근할 수 있다고 믿는, 일종의 '경험 가능한' 영원에의 노스탤지어로 되돌아갈 수 있다고 생각한다.

제12장
신화의 형태와 기능

156. 우주창조 신화 : 범형신화

태초에는 우주의 어둠 속에 빠져 있는 원시의 물만 존재했다고 폴리네시아인들은 말한다. 최고신 이오(Io)는 그의 휴식처 '광대무변의 공간'에서 나오고 싶은 욕망을 표현했다. 그러자 곧 빛이 나타났다. 이오는 말한다. "타이카마의 물이여, 갈라져라! 하늘이여, 형상을 나타내라!" 그리하여 이오의 천지창조의 말에 의하여 세계는 존재하게 되었다. 현대의 폴리네시아인 하레 홍기는 "고대 태초의 말씀이…… 공(空)으로부터 자라나온 고대 태초의 우주론적 지혜(wananga)"를 회상하면서 어색한 웅변조로 다음과 같이 말한다.

나의 형제들이여, 이 태초의 말씀에는 오늘날 성스러운 의례에서 사용되고 있는 것처럼 세 가지 매우 중요한 사용방법이 들어 있다. 첫째는 불임의 자궁에 수태시키는 의례에서 나타난다. 둘째는 마음과 몸의 미혹을 일깨우는 의례에서 나타난다. 셋째이자 마지막은 죽음, 전쟁, 세례, 계보 암송과 같은 신성한 대상 혹은 사제가 특별히 직접 관계를 가질 정도로 중요한 대상과 관련된 의례에서 나타난다.

이오는 말에 의해서 우주를 창조하였다. 다시 말해서, 말에 의해 빛의 세계를 낳았다. 이와 같은 말은 불임의 자궁에 수태를 시키는 의례에서도 사용한다. 어둠 가운데서 빛을 비추게 한 이오의 말은 낙담에 빠진 음울한 마음, 쇠약한 노인, 노쇠한 자를 위안하는 의례에서도 사용된다. 또한 이 말은 숨겨진 사물이나 장소에 빛을 비추고, 노래를 작곡할 때나 불행한 전쟁의 시기나 그 밖에 인간을 절망에 빠뜨리는 여러 가지 일에 영감을 주기 위한 의례에서도 사용된다. 이러한 모든 의례는 어둠을 물리치고 극복하기 위해 (이오가 사용한) 말을 포함하고 있다. 셋째로 인간 자신의 계보의 역사와 우주 내부의 연속적인 형성을 다루는 준비의례가 있다.

그러므로 폴리네시아인에게 우주창조 신화는 모든 '창조', 즉 생물학적, 심리학적, 정신적 등 모든 차원에서 일어나는 창조의 원형적인 범례가 된다. 신화의 중요한 기능은 일체의 의례나 의미 있는 모든 인간행위의 범례를 정하는 것이다. 이에 대해서는 많은 민족학자가 증언하고 있다. P. 위르츠는 이렇게 기록하고 있다.

'마린드-아님족(옛 네덜란드 영토 뉴기니)에서' 신화는 데마(Dema)를 나타내는 가면을 쓴 배우가 출연하는 많은 큰 의례의 기반이 되고 있을 뿐만 아니라 비밀예배의 기반도 되고 있다.[원주1]

[원주1] Lévy-Bruhl, *La Mythologie primitive, Le Monde mythique des*

이미 살핀 바와 같이 신화는 종교적인 행위이기도 하지만 항해나 고기잡이 같은 인간의 의미 있는 행위의 범형이 되기도 한다.

폴리네시아의 창조신화에서 흥미 있는 점은 최소한 표면적으로 볼 때 종교생활을 포함하지 않는 여러 상황에 그것이 적용된다는 점에 있다. 예컨대 생식행위, '낙담에 빠진 마음, 쇠약한 노인, 노쇠한 자'를 위안하거나, 노래를 작곡할 때나 전쟁에 나갈 때 영감을 고취하는 것 등에 신화가 적용된다. 그러므로 우주창조는 어떤 것, 즉 상술한 바와 같이 '살아 있는' 것이나 '생명 있는' 것(생물학적, 심리학적, 정신적 차원에서)을 만들 때 의문이 생기면 하나의 **범형**을 제공해준다. 뿐만 아니라 표면적으로는 생명을 갖지 않는 것, 즉 집, 선박, 국가 등을 만들 때에도 '범형'이 되고 있다. 여기서 집, 궁전, 도시를 건설할 때에도 우주창조론적 범형이 있음을 생각하게 한다(§ 143 이하).

이와 같은 신화적 범형은 원시적인 전통에서만 발견되는 것은 아니다. 인도의 형이상학 개설서『브리하다라냐카 우파니샤드』는 남자 출산의 의례를 전해주고 있다. 여기서는 생식행위를 성혼으로 변형시키는 모습이 보인다. 인간부부는 우주의 부부와 동일시되고 있다. 남편은 이렇게 선언한다. "나는 하늘이며, 너는 땅이다"(dyaur aham, pṛthivī tvam).[원주2] 수태는 신들을 총동원하여 우주의 각 부분을 만들어내는 창조행위와 동일하게 된다. "비슈누는 자궁을 준비하게 하라. 트바슈트리는 형태를 만들도록 하라. 프라자파티는 종자를 넘치게 하라. 다트리는 종자를 그대 가운데 놓도록 하라."[원주3]

하늘과 땅, 태양과 달의 성혼(聖婚)은 가끔 다음과 같은 말로 이해되고 있다.

Australiens et des Papous, Paris, 1936, p. xvii에서 재인용.
[원주2] Bṛhadāraṅyaka-Upaniṣad, vi, 4, 20.
[원주3] vi, 4, 21.

성행위에서 남편은 아내 위에 위치하는 것같이 하늘은 땅 위에 놓여 있다(ut maritus supra feminam in coitione iacet, sic cœlum supra terram).[원주4]

이 성혼의 개념을 '원시심성'에서만 생길 수 있는 것으로 보는 것은 잘못일 것이다. 이와 동일한 신인동형론(神人同形論)은 태양과 달의 결합과 관련된 가장 발전된 연금술적 상징이나[원주5] 혹은 그 밖의 우주론적, 영적 원리 사이의 '결합'(coniunctio)에도 사용되고 있기 때문이다.[원주6] 요컨대 성혼은 자기가 위치하고 있는 상황과는 관계없이 또 성혼을 표현하는 문구가 아무리 인격화되어 있다고 해도 우주론적 구조를 보존하고 있다.

창조신화가 성혼을 포함하고 있든 아니든 그것은 모든 인간행위의 근거이자 범형으로서의 중요한 기능을 가지고 있고 또한 복잡한 신화와 의례 체계 전체의 원형을 구성하고 있다. 갱신, 재시작, 회복이란 관념은 그것이 어떤 단계에서 발현하든 '탄생'의 개념으로 환원되며, 탄생의 개념은 '우주창조'의 개념으로 환원된다. 우리는 식물의 재생과 결합된 의례나 상징을 연구할 때(§118 이하) 이와 동일한 동일화를 만나게 된다. 즉 매년 봄이 돌아옴은 우주창조를 재현하는데, 식물 재생의 모든 표지는 우주의 완전한 현현에 해당한다. 그 때문에 이미 살핀 바와 같이(§123) 나뭇가지, 꽃, 동물 같은 모든 표지는 집집마다 행렬을 지어 운반하면서 누구에게나 보여지는 것이다. 이것은 '봄이 온다'는 증거이기도 한데, 반드시 자연법칙에 따른 현상으로서의 자연의 봄만은 아니고, 생명의 부활의 증거이기도 하다. 신년(§152 이하)과 봄의 도래 때(봄과 겨울의 싸움, 죽음의 추방, 겨울 혹은

[원주4] Hollis, *The Masai*, Oxford, 1905, p. 279; Krappe, *Mythologie Universelle*, Paris, 1930, p. 370, n. 1.

[원주5] 예를 들면 G. Carbonelli, *Sulle Fonti storiche della chimica e dell'alchimia in Italia*, Rome, 1925, p. 43, fig. 49; C. G. Jung, *Psychology and Alchemy*, London, 1953, p. 317, fig. 167을 보라.

[원주6] Jung, p. 395, fig. 226, fig. 268 등을 보라.

죽음의 사형집행 등, §121 이하) 행해지는 의례적 드라마는 우주창조 신화에서 유래한 유일, 동일한 신화의 단편적이고 '특수화된' 변형에 지나지 않는다.

매년 세계는 새롭게 만들어지고 있다. 예컨대 메소포타미아에서 창조는 명료하게 반복되고 있다(창조시편의 낭송). 비록 창조의 모방이라고 분명하게 말할 수는 없지만 최소한 그 흔적은 아직도 명료하게 찾아볼 수 있다(불의 점등과 소등, 죽은 자의 방문, 두 파당 간의 싸움, 가입의례, 결혼, 오르기 등, §152 참조). 신년이나 봄의 의례가 모두 명료하게 '신화'와 관계되는 것은 아니다. 오히려 어떤 것들은 창조의 기능에 역점을 두지 않는 2차적인 신화군과 관련되어 있다. 그러나 이러한 성스러운 행위나 신년, 봄의 개시 때에 실현되는 '표지'(이 행위나 표지의 본질이 상징적이든 의례적이든 신화적이든 전설적이든 문제가 되지 않는다) 등은 모두 전체적으로 보면 하나의 공통된 구조를 제시해주고 있다. 즉 이 행위나 표지는 다소 분명하게 '창조'의 드라마를 표현해내고 있는 것이다. 이런 의미에서, 본래의 '신화'가 아니고 의례나 표지에 지나지 않는 경우가 많이 있다고 해도 전체적인 것은 '우주창조 신화'에 관여하고 있다. 예컨대 봄을 예고해주는 '표지'는 그 표지의 현시가 창조를 선언하고 있기 때문에 숨겨진 신화 혹은 '응축된' 신화로서 보일 수가 있는 것이다. 본래의 신화는 말을 통하여 범형적인 사건(예컨대 우주창조)을 기술하고 있는데 '표지'(예컨대 푸른 가지나 동물)는 사건을 단순히 지시함으로써 환기하는 기능을 가진다. 우리는 뒤에서 본래의 신화와 이런 범주의 주술종교적 사상에서 '숨겨진' 혹은 '응축된' 신화라고 이름붙일 수 있는 것 사이의 관계를 더욱 분명하게 부각시킬 수 있는 예를 들어보겠다.

157. 우주창조의 알

소시에테 제도의 창조신화에 의하면 '모든 신들의 선조'이자 우주창조자인 타아로아(Ta'aroa)는 "영원의 예부터 어둠 가운데 자신의 껍데기 속에 앉아 있다. 그 껍데기는 끝없는 공간 속에서 구르는 알과 같은 것"[원주7]이었다. 우리가 폴리네시아[원주8]에서 발견한 우주창조의 알이라는 모티프가 공통으로 보이는 곳은 고대 인도,[원주9] 인도네시아,[원주10] 이란, 그리스,[원주11] 페니키아,[원주12] 라트비아, 에스토니아, 핀란드,[원주13] 서아프리카의 팡웨족,[원주14] 중앙아메리카의 서해안(프로베니우스의 지도에 의함[원주15]) 등이다. 이 신화가 전파되어온 기원은 아마도 인도나 인도네시아에서 찾을 수 있을 것이다. 특히 우리에게 중요한 것은 우주창조의 알의 신화적 또는 의례적인 유사성이다. 예컨대 오세아니아에서는 인간은 알에서 태어났다고 믿는다.[원주16] 다시 말하면, 우주창조는 여기서 인간발생의 범형이 되고 있으며, 인간의 창조는 우주창조를 모방하고 반복하는 것이다.

한편 상당히 여러 지역에서 알은 자연이나 식물의 재생의 상징이나 표장(emblem)과 결부되어 있다. 신년의 나무, 5월의 나무, 성 요한제의 나무 등은 알이나 알의 껍데기로 장식을 한다.[원주17] 주지하는 바와 같이, 이러한 식물이나 신년의 표장은 모두 주기적 창조의 신화를 요약하고 있다. 나무 그 자체가 자연의 한 상징이며 끊임없는 갱신이므로 알이 나무에 덧붙여지면 그것은 모두 우주창조적 가치를 입증해주는 것이 된다. 그러므로 동양의 신년제의 드라마에서 알은 중요한 역할을 한다. 예컨대 페르시아에서는

[원주7] Handy, *Polynesian Religion*, Honolulu, 1927, p. 12.
[원주8] Dixon, *Oceanic Mythology*, Boston, 1916, p. 20 참조.
[원주9] *Śatapatha-Br.*, xi, 1, 6, 1 ff.; Laws of Manu, 1, 5 ff. 등.
[원주10] Numazawa, *Die Weltanfänge in der japanschen Mythologie*, Lucerne-Paris, 1946, p. 310; Krappe, p. 397.
[원주11] Harrison, *Prolegomena to the Study of Greek Religion*, pp. 627 ff.
[원주12] Numazawa, p. 309.
[원주13] Numazawa, p. 310; Krappe, p. 414.
[원주14] Krappe, p. 371, n. 1.
[원주15] W. Liungman, "Euphrat-Rhien," I, p. 21, fig. 1.
[원주16] Indonesia, Dixon, p. 160, pp. 169 ff.; Melanesia, Dixon, p. 109; Polynesia, Micronesia, Dixon, p. 109, n. 17.
[원주17] Mannhardt, *Baumkultus*, pp. 244 ff.; pp. 263 ff. 등.

신년의 특별한 선물로 채색된 알을 사용하는데, 오늘날까지 '붉은 알'의 축제라고 부른다.[원주18] 발칸 반도의 여러 나라에서는 부활절에 붉은 알을 배당받게 되는데, 이 붉은 알은 아마도 봄의 도래를 기념하는 유사한 의례체계에서 넘겨받은 것처럼 보인다.

이상에서 서술한 사례에서 보든지 앞으로 지적할 사례에서 보든지, 알의 의례적인 힘은 알을 종자로 간주하는 경험주의적 혹은 합리주의적 가치로는 설명이 되지 않는다. 알의 힘은 알에 구현되어 있는 상징으로부터 나오는 것이다. 이 상징은 탄생에 의하여 우주창조적 범형에 따라서 반복되는 재생과 결부되어 있다. 알의 힘이 상징으로부터 나오는 것을 이해하지 못하면 알이 신년제나 죽은 자의 의례에서 왜 그 정도로 중요한 역할을 하는지 그 이유가 이해되지 않을 것이다. 우리는 이미 죽은 자의 숭배와 그해의 시작 간의 밀접한 관련을 이미 살펴보아서 잘 알고 있다. 즉 세계가 재창조되는 신년에는 죽은 자는 산 자에게 이끌려짐을 느끼며, 어느 정도까지 생으로 돌아갈 희망을 가질 수 있다. 신화, 의례의 형태가 어떤 쪽을 취하든 간에 그 근본 관념은 '탄생'이 아니라 우주의 모범적 탄생의 반복이며 우주창조의 모방이다. 힌두교의 식물제인 홀리제는 동시에 죽은 자의 제이기도 한데 이 기간중에 어떤 지방에서는 불을 붙이고 남자와 여자의 형태를 한 두 인형을 그 불속에 던지는 습관이 있다. 그 각각의 인형은 카마데바(Kāmadeva)와 라티(Rati)를 나타내고 있다. 이 최초의 인형과 함께 불속에 한 개의 알과 한 마리의 살아 있는 암탉을 던져넣는다.[원주19] 이 의례가 그와 같은 형태를 취할 때에 이 의례는 카마데바와 라티의 죽음과 부활을 상징하고 있는 것이다. 알은 부활을 확인하고 촉진시켜준다. 이 부활은 또 탄생이 아니고 '회귀'이며 '반복'인 것이다.

이런 종류의 상징은 이미 몇몇 선사시대나 고대사회에서도 발견되었다.

[원주18] Lassy, *Muharram Mysteries*, Helsinki, 1916, pp. 219 ff.; Liungman, "Euphrat-Rhein," I, p. 20.

[원주19] Crooke, "The Holi: A Vernal Festival of the Hindus," *FRE*, vol. 25, p. 75.

스웨덴과 러시아의 많은 무덤에서 흙으로 만든 알이 발견되었다. 아르느(Arne)는 그것을 불사의 표장이라고 올바르게 보고 있다.[원주20] 오시리스 의례에서는 여러 성분(다이아몬드 분말, 무화과나무 가루, 향료 등)을 포함한 것으로 알을 만들었다. 비록 그 알이 어떤 기능을 하고 있는지 충분히 이해되고 있지 않다고 하더라도 말이다.[원주21] 보이오티아 묘에서 발견된 디오니소스상은 손에 알을 가지고 있는 것이었는데,[원주22] 이 알은 생에의 회귀를 상징하는 것이었다. 이것으로서 오르페우스교가 알을 먹는 것을 금지한 이유가 무엇인지를 설명할 수 있는데,[원주23] 왜냐하면 오르페우스교의 신비주의는 무엇보다도 우선 끝없는 재생의 순환적 주기로부터 탈출하는 것, 다시 말하면, 주기적 생으로의 회귀를 폐지하는 것을 희구하고 있기 때문이다.

알이 의례에서 어떻게 사용되고 있는지에 대한 몇 개의 예를 들어보면서 끝맺도록 하겠다. 우선 현대까지 존속하고 있는 농경의례에서의 알의 역할을 들 수 있다. 핀란드의 농민은 종자가 확실하게 자라게 하기 위해 씨를 뿌리는 동안 주머니 속에 알을 넣고 있든가 혹은 밭 위에 알을 놓든가 한다.[원주24] 에스토니아인은 농경중에 '힘을 얻기 위해서' 알을 먹는다. 또 스웨덴인은 경작하는 밭에다 알을 던진다. 독일인은 아마씨를 뿌리면서 알도 함께 뿌리거나, 밭에다 알을 놓거나 혹은 씨를 뿌리는 동안 알을 먹거나 한다.[원주25] 독일인은 오늘날까지도 교회에서 축성된 부활절의 달걀을 밭에다 묻는 풍습이 있다.[원주26] 체레미스족과 보탸크족은 씨 뿌리기를 시작하기

[원주20] T. J. Arne, *La Suède et l'Orient*, Uppsala, 1914, p. 216.
[원주21] Liungman, "Euphrat-Rhein," I, pp. 141 ff.
[원주22] Nilsson, *Geschichte*, vol. 1, p. 565.
[원주23] Rohde, *Psyche*, London, 1925, p. 357, n. 2; Harrison, p. 629.
[원주24] Rantasalo, "Der Ackerbau in Volksaberglauben der Finnen und Esten mit entsprechenden Gebräuchen der Germanen verglichen," *FFC*, Helsinki, 1919~25, no. 32, pp. 55~56.
[원주25] 같은 글, p. 57.
[원주26] 같은 글, p. 58.

전에 알을 공중에다 던지거나,[원주27] 혹은 대지의 어머니에게 바치는 공물로서 경작지에다 알을 묻거나 한다.[원주28] 알은 지하의 신들에게 바치는 공물임과 동시에 가끔 죽은 자 숭배에서의 공물이기도 하다.[원주29] 그러나 알이 어떠한 의례의 형태와 결부되어 있든 그 중요한 의미를 잃어버리고 있지는 않다. 즉 저 태초의 때에 생겨난 형태를 낳은 창조행위의 반복을 확증해주고 있다. 약초를 뽑을 때에 뽑은 장소에 알을 놓는 것은 뽑은 것 대신으로 똑같은 약초가 나오도록 하기 위해서이다.[원주30]

위에서 든 예를 보아도 알은 창조행위인 원초의 행위를 반복하는 가능성을 보증하고 있다. 그러므로 어떤 의미에서 그것은 우주창조 신화의 의례적 변종이라고 할 수 있다. 왜냐하면 '신화'의 개념은 '말'이나 '우화'(fable)의 개념으로부터 분리하여(호메로스 시대에는 mythos를 '말'이나 '설화'로 사용하였다) '성스러운 행위', '의미있는 행위', '원초의 사건'과 같은 개념에 가까운 것으로 사용할 수 있기 때문이다. 신화는 저 태초의 때에 생긴 사건이나 그때에 생긴 인물에 대하여 말하고 있을 뿐만 아니라 원초의 사건, 원초의 인물과 직간접으로 관계를 가진 모든 것이다. 알은 신년과 봄의 귀환의 구조와 결부되어 있는 한에서 창조의 신적 현시를 표상하고 있고(경험주의적이나 합리주의적인 경험이 아니라 히에로파니적인 구조 내에서) 알은 우주창조의 요약인 것이다.

어떤 관점에서 보면 모든 신화는 '우주창조 신화'이다. 왜냐하면 모든 신화는 새로운 우주적인 '상황'을, 원초의 사건의 출현을 말하고 있기 때문이다. 이와 같은 상황이나 사건은 단지 현현되는 것만으로 시간의 흐름 전체에 대한 범형이 되는 것이다. 그러나 몇 세대 전까지만 해도 상당히 영향력 있는 학자들까지도 신화를 모두 태양이나 달의 에피파니로 돌려버리는 것

[원주27] 같은 곳.
[원주28] Holmberg-Harva, *Die Religion der Tchermissen*, Porvoo, 1926, p. 179.
[원주29] Martin Nilsson, "Das Ei im Totenkult der Alten," *AFRW*, 1908, xi.
[원주30] Delatte, *Herbarius*, Liège-Paris, 1938, p. 120.

같은 태도, 어떤 공식에 꿰어맞추거나 모든 신화의 형태를 유일의 원형으로 환원시켜버리는 것 같은 태도를 취했는데 그것은 현명한 태도라고 할 수 없다. 신화의 분류나 그 가능한 '기원'의 탐구보다 훨씬 유익한 것은 신화의 구조나 신화가 원시인의 심적 경험에서 어떤 역할을 하였는지를 탐구하는 것이라고 생각된다.

158. 신화가 계시하는 것

신화는 그 성질이 어떤 것이든 간에 인간의 행동(성스러운 또는 속적인) 뿐만 아니라 인간 자신의 조건에 대해서도 항상 하나의 선례이며 범형이다. 좀더 적절하게 표현하면, 실재의 양태 일반에 대한 선례인 것이다. "우리는 신들이 태초에 행한 바를 하지 않으면 안 된다."[원주31] "신들이 행한 바와 똑같이 인간도 행한다."[원주32] 이러한 말은 고대인의 행동을 완전히 표현하고 있다. 그러나 그것이 신화의 내용이나 기능을 반드시 다 드러냈다고는 말할 수 없을 것이다. 사실상 일련의 신화는 모두 신들이나 신화적 존재가 '태초의 때'에 행한 것을 말하고 있는 동시에 경험주의나 합리주의로도 이해되지 않는 실재의 차원을 드러내주고 있는 것이다. 그중에서도 양극성(이원성)의 신화 및 재합일의 신화라고 부를 수 있는 신화를 들 수 있다. 후자의 신화에 대해서는 이미 내가 다른 책에서 연구하였다.[원주33] 일군의 중요한 신화적 전설은 신과 악마(예컨대 데바 deva와 아수라 asura) 사이의 우애, 영웅과 그 적대자(인드라와 나무키의 형) 사이나 성인과 마녀(성 시시니우스와 그 자매의 마녀 우에르젤리아 Uerzelia의 형) 사이의 '우정' 또는 혈족관계 등에 대하여 말하고 있다. 양극단의 원리의 화신이 되고 있는 두 인물에 공통의 '아버지'를 부여하는 신화는 이란의 신학과 같이 이원

[원주31] *Śatapatha-Br.*, vii, 2, 1, 4.
[원주32] *Taittirīya-Br.*, i, 5, 9, 4.
[원주33] Eliade, *Mitul Reintegrarii*, Bucharest, 1942.

론을 강조하는 종교전통에까지도 존속하고 있다. 제르반(Zerban) 숭배는 오르무즈드(Ormuzd)와 아흐리만(Ahriman)을 제르반의 아들이라고 보고 있는데, 이와 같은 개념은 아베스타(Avesta) 경전 가운데서도 그 흔적을 볼 수 있다.[원주34] 이 신화는 어떤 경우 민간전승 가운데로 들어오고 있는데 루마니아의 많은 속신이나 격언으로 신과 악마(Satan)가 형제였다는 것을 단정하고 있다.[원주35]

다른 카테고리의 신화, 전설 속에는 적대적인 인물들 사이의 혈연관계뿐만 아니라 양자의 역설적인 변환의 예도 들어 있다. 신의 원형인 태양은 가끔 '뱀'(§45)이라고 불리기도 한다. 불의 신 아그니(Agni)는 동시에 '사제 아수라' 즉 본질적으로 악마인 것이다.[원주36] 가끔 아그니는 똬리를 튼 뱀과 같이 "발도 없고 머리도 없고, 그의 두 머리를 감추고 있는" 것으로 묘사되고 있다.[원주37] 『아이타레야 브라흐마나』[원주38]에 의하면 아히부드니야(Ahi-Budhnya)는 눈에 보이지 않는 데 비하여 아그니는 눈에 보인다. 다시 말하면, 뱀은 불의 잠재적 형질에 지나지 않는 데 비하여 어둠은 잠재적 상태에 있는 빛이다. 『바자사네이 산히타』[원주39]에서는 아히부드니야는 태양과 동일시되고 있다. 불사를 부여해주는 음료 소마는 '신성하고' '태양적'인데, 『리그 베다』에서 우리가 읽을 수 있는 바와 같이,[원주40] 소마는 "아그니와 같이 그 옛날 살갖으로부터 나온다"고 기록하고 있다. 그것은 신의 음식에게 뱀의 양태를 부여해주는 표현인 것이다. 천공의 신이며 '만물의 주권자'(§21)인 바루나는 『마하바라타』에서 기술하고 있는 바와 같이 동시에 대

[원주34] 예를 들면 *Yasna*. 30. 3~6 또한 Nyberg의 주해서 "Questions de cosmogonie et de cosmologie mazdéennes," *JA*, 1929, pp. 113 ff.
[원주35] Zane, *Proverbele Romanilor*, Bucharest, 1895~1901, vol. vi, p. 556 참조.
[원주36] *RV*, vii, 30, 3
[원주37] *RV*, iv, i, ii.
[원주38] *Aitareya Brāhmaṇa*, ii, 36.
[원주39] *Vājasaneyī Saṁhitā*, v. 33.
[원주40] *RV*, ix, 86, 44.

양의 신으로 뱀이 거주하고 있다. 바루나는 '뱀의 왕'(nāgarāja)인데, 『아타르바 베다』에서는 '독사'라고 기술하고 있다.[원주41]

　논리적인 경험이라는 관점에서 보면, 이상과 같은 뱀의 속성은 모두 바루나와 같은 천공의 신에게 적합한 것은 아니다. 그러나 신화는 피상적인 논리적 경험으로는 가까이 할 수 없는 존재론적 영역을 드러내고 있다. 바루나 신화는 신의 이원성, 반대의 일치, 신성 안에서의 여러 속성의 통합을 계시하고 있다. 이 신화는 형이상학이나 신학에서 변증법적으로 정의하는 것을 조형적으로 드라마틱하게 표현하고 있다. 헤라클레이토스는 "신은 낮이면서 밤이고, 겨울이면서 여름, 전쟁과 평화, 포식과 기아이다. 모든 대립은 신 안에 존재하고 있다"[원주42]는 것을 알고 있었다. 이와 똑같은 형태가 인도의 문헌에서도 나타나고 있다. 이 문헌에 의하면 여신은 "선행을 하는 자의 집에서는 슈리(śrī, 빛남)이지만 사악한 자의 집에서는 알라크슈미(alaksmi, 즉 행운과 번영의 여신 라크슈미의 반대)이다."[원주43] 그러나 이 문헌은 또 다른 대여신과 같이 인도의 대여신(칼리 등)도 유화와 공포의 속성을 겸하고 있다는 사실을 밝혀주고 있다. 인도의 대여신은 풍요와 파괴의 신임과 동시에 탄생과 죽음의 신이다(가끔 전쟁의 여신도 된다). 예컨대 여신 칼리는 '부드럽고 자애롭다'고 불리고 있지만, 그럼에도 불구하고 칼리의 신화와 도상은 공포를 불러일으키는 존재로 묘사되고 있다(칼리는 피로 덮여 있고 사람의 해골로 목도리를 하고 있으며, 해골로 만든 하나의 컵을 들고 있다). 칼리 숭배는 아시아의 어느 곳에서나 가장 피가 많은 존재로 나타난다. 인도에서는 모든 신이 '부드러운 형태'와 나란히 '무서운 형태'를 나타내고 있다. 이 점에 관해서 시바 신은 주기적으로 전 우주를 창조하고 파괴하기 때문에 이러한 일련의 많은 신이나 여신의 원형으로 볼 수 있을 것이다.

〔원주41〕 *Atharva Veda*, xii, 3, 57.
〔원주42〕 Fr. 64.
〔원주43〕 *Markandeya Purāṇa*, 74, 4

159. 반대의 일치 : 신화적 유형

이상의 모든 신화는 다음 두 가지를 계시해주고 있다. 첫째, 이 신화는 한편으로 많은 설화에서는 종말의 저때에 가서 화해할 운명을 지닌 유일하고 동일한 원리에서 나온 두 신격(神格)의 양극성을 표현해주고 있다. 둘째로, 신의 본성인 반대의 일치를 나타내고 있다. 신은 자비심이 있는 존재임과 동시에 공포를 주며, 창조적임과 동시에 파괴적이고, 태양적임과 동시에 뱀적(다른 말로 하면 현실적임과 동시에 잠재적)이라는 것을 보여주고 있다. 이러한 의미에서 합리주의적 경험이 그것을 계시할 수 있는 이상으로 신화는 더욱 깊이 모든 속성을 초월하고 모든 대립물을 통합하고 있는 신의 구조 자체를 계시해준다고 말할 수 있을 것이다. 이러한 신화적 경험이 결코 탈선이 아니라는 것은 그 경험이 인류의 종교경험에, 심지어는 유대-그리스도교적 전통과 같은 엄밀한 전통 안에서까지도 거의 전면적으로 통합되고 있다는 사실로 입증되고 있다. 야훼는 선한 신이기도 하지만 노하는 신이다. 그리스도교의 신비학이나 신학의 신은 공포를 주는 신이기도 하지만 자애로운 신이기도 하다. 이 반대의 일치로부터 디오니시우스, 마이스터 에크하르트, 니콜라우스 쿠자누스와 같은 대담한 사변이 나올 수 있는 것이다.

반대의 일치란 신적인 실재의 역설을 표현하는 가장 원시적인 방법의 하나이다. 이러한 표현법에 대하여는 신의 '형태', 즉 모든 '신격'에 의하여 계시되는 독자적인 구조를 취급할 때 한번 더 검토해보려고 한다. 왜냐하면 신격이라는 것은 말할 것도 없이 어떤 경우에서나 인격의 단순한 투영으로만 볼 수 없기 때문이다. 그러나 모든 반대물을 화해시킨다는(오히려 초월한다는) 이러한 개념은 사실상 신성의 기본적인 정의를 내린 것으로 신의 속성이 인간의 속성과 어떻게 완전히 다른가 하는 것을 보여주고 있는데, 그럼에도 불구하고 반대의 일치는 종교적 인간의 어떤 유형이나 종교적 경험의 어떤 형태를 위한 원형적 모델이 되고 있다. 반대의 일치 혹은 모든 속성의 초월은 인간에 의하여 모든 종류의 방법을 동원하여 달성될 수 있다. 예컨대 오르기는 종교생활의 가장 기본적인 차원에서 그것을 표시하고 있다. 오르기는 무형태와 무차별로의 퇴행, 모든 속성이 사라지고 대립물이 동화되는 상태의 회복을 상징하고 있다. 한편 우리는 동양의 현자나 고행자의 이상 가운데서도 똑같은 가르침을 읽을 수 있다. 즉 그들의 명상의 기법과 방법은 모든 속성을 초월하는 것을 목표로 하고 있다. 고행자, 현자, 인도나 중국의 신비가는 자기의 경험이나 의식으로부터 일체의 '극단적인 것'을 제거하려고 노력한다. 다시 말하면, 완전히 중립적으로 무관심한 상태를 획득하고, 쾌락이나 고민에도 마음이 움직이지 않게 되고, 완전히 자율적으로 된다. 고행이나 명상에 의하여 극단적인 것을 초월하는 것은 또한 '반대의 일치'로 귀결한다. 이 같은 인간의 의식은 갈등이라는 것을 알지 못한다. 즉, 신성 속에서 대립물의 완전한 실현과 대응하여 인간 내부에서 무언가가 일어나는 동안 쾌락과 고뇌, 욕구와 혐오, 추위와 더위, 쾌와 불쾌와 같은 서로 짝이 되는 대립물을 그의 의식으로부터 지워버린다. 이미 기술한 바와 같이(§57),[원주44] 동양적 정신에서는 모든 반대물이 그 자체의 충만함으로 드러나기 전까지는 완전함이란 생각할 수 없다. 가입의례에서 새로운 가입자는 우선 우주(태양과 달)를 지배하는 리듬을 동화함으로써 그들의 경험 전체를 우주화하기 시작한다. 그러나 한번 이 '우주화'를 획득하면 그는 태양과 달을 일체화하려고, 즉 우주 전체를 흡수하려고 모든 노력을 다한다. 그는 자기 안에서, 자기를 위해서 창조 이전의 원초의 통일성을 재현하는 것이다. 이 통일성은 창조 이전의 카오스를 의미하는 것이 아니라 모든 형태가 흡수되는 미분화된 존재를 의미한다.

160. 양성구유 신의 신화

신화에 의하여 계시되고 있는 신적 원형을 모방하는 종교적 인간의 노력에 대하여 더욱 분명하게 설명해줄 다른 예를 하나 더 들어보려고 한다. 신

[원주44] Eliade, *Cosmical Homology and Yoga* 참조.

성 가운데에는 모든 속성이 공존하고 있기 때문에 양성이 많든 적든 명료하게 함께 표현되어 있는 것을 볼 수가 있다. 양성구유 신은 신의 이원성의 원시적인 표현형식에 지나지 않는다. 신화적, 종교적 사고는 이 이원성의 개념을 형이상학적 용어(존재와 비존재) 또는 신학적 용어(명시와 비명시)로 표현하기 전에 우선 생물학적 용어(양성)로 표현하고 있다. 이미 우리는 고대의 존재론이 생물학적 용어로 표현되고 있음을 몇 번 확증하였다. 그러나 신화적 언어를 구체적이고 세속적('근대적인')인 의미로 해석하여 그 용어를 피상적으로 받아들이는 실수를 저질러서는 안 된다. 신화나 의례의 문맥에서는 '여성'은 여성이 아니다. 그것은 여성이 구현하고 있는 우주론적 원리를 포함하고 있다. 그 때문에 많은 신화나 신앙에서 보이는 양성구유 신은 이론적, 형이상학적인 가치를 가지고 있는 것이다. 이러한 표현형식의 진정한 의도는 생물학적 용어를 통하여 신성의 중심 내부에 대립물의 공존, 우주론적 원리(즉 남성과 여성)의 공존을 표현하는 것이다.

여기서는 나의 저서 『재합일의 신화』에서 취급한 문제를 고려해볼 만한 여지가 없다. 다만 다음의 것만을 환기하려고 한다. 즉 우주풍요의 신은 그 대부분이 양성구유적이든가 혹은 일년마다 번갈아 여성신이 되거나 남성신이 되거나(예컨대 에스토니아의 '숲의 정령') 한다. 대부분의 식물신(아티스, 아도니스, 디오니소스 등)이나 대모신(키벨레형)은 양성적이다. 원초의 신은 오스트레일리아와 같은 원시종교는 물론 보다 고도로 발전된 인도의 여러 종교(때때로 디아우스나, 『리그 베다』의 거대한 원인(原人) 푸루샤[원주45] 등) 등에서도 양성구유적이다. 인도의 만신전(pantheon)에서 가장 중요한 배우신 시바-칼리는 가끔 한 몸으로 표상되고 있다. 탄트라교의 도상에서는 시바 신이 여성신(칼리)의 모습을 하고, 그 '성적인 힘' 샤크티(Śakti)를 포옹하고 있는 상이 많이 나타나고 있다. 그뿐만이 아니라 인도의 에로틱한 신비주의는 모두 인간을 배우신과 동일시함으로써, 즉 양성구유의 단계를 거쳐 인간의 완전성을 표현하는 것을 그 특별한 목적으로 하

[원주45] *RV*. x. 90.

고 있다.

신의 양성은 여러 종교에서 나타나는 극히 보편적인 현상으로[원주46] 강조할 가치가 있는 특질이다. 더욱이 가장 남성적이고 혹은 여성적인 신들까지도 양성구유적이다. 어떠한 형태를 취하는 신이든, 신은 궁극적 실재이며 절대적인 힘이다. 이 실재, 이 힘은 어떤 종류의 속성이나 성질(선, 악, 남, 여 등)에 의해서 한정되는 것을 거부하고 있다. 이집트의 가장 고대의 몇몇 신들은 양성적이다.[원주47] 그리스에서 양성구유는 고대 말기까지 인정되고 있었다.[원주48] 스칸디나비아 신화의 중요한 신들 거의 대부분은 양성구유의 흔적을 오늘날까지도 보존하고 있다. 예컨대 오딘, 로키(Loki), 투이스코(Tuisco), 네르투스(Nerthus)[원주49] 등 이란의 태고의 신 제르반(그리스의 역사가들이 그것을 크로노스라고 번역한 것은 옳았다)도 또한 양성구유적이며,[원주50] 전술한 바와 같이 제르반은 쌍둥이 형제 오르무즈드와 아흐리만을 낳았다. 그것은 '선'의 신과 '악'의 신, '빛'의 신과 '어둠'의 신이다. 중국인들도 양성구유의 지고신, 빛과 어둠의 신을 인정하고 있다.[원주51] 이 상징은 이론적으로 정합되어 있는데, 왜냐하면 빛과 어둠은 유일하고 동일한 실재가 서로 이어지는 양상에 지나지 않기 때문이다. 이 두 개의 양상을 떼어놓고 보면 분리하고 대립하고 있는 듯이 보이는데, 현자가 보면 그것은 쌍둥이(오르무즈드와 아흐리만과 같이) 이상의 것이다. 즉 그들은

[원주46] Bertholet, *Das Geschlecht der Gottheit*, Tübingen, 1934 참조.

[원주47] Budge, *From Fetish to God in Ancient Egypt*, Oxford, 1934, pp. 7. 9.

[원주48] 예를 들면 Jung-kerenyi, *Introduction to a Science of Mythology*, pp. 70 ff. 참조.

[원주49] 예를 들면 De Vries, *Handbuch der germanischen Religionsgeschichte*, vol. ii, p. 306; *The Problem of Loki*, FFC, no. 110, Helsinki, 1933, pp. 220 ff. 참조.

[원주50] Benveniste, *The Persian Religion According to the Chief Greek Texts*, Paris, 1929, pp. 113 ff.

[원주51] Hentze, *Frühchinesische Bronzen und Kultdarstellungen*, Antwerp, 1937, p. 119 참조.

유일하고 동일한 본질을 형성하며, 어떤 때는 그 본질이 표명되고 어떤 때는 표명되지 않는다.

배우신(벨과 벨리트와 같은)은 대부분의 경우 후대의 산물이거나 모든 신의 특징인 원초의 양성구유 신의 불완전한 표현이거나 하다. 예컨대 셈족에서 여신 타니트(Tanit)는 '바알의 딸'이라는 별명을 가지고 있고, 아스타르테는 '바알의 이름'이라고 불리고 있다.[원주52] 신이 '아버지이면서 어머니'라는 이름을 갖고 있는 신은 무수히 많다.[원주53] 원래 세계나 존재나 인간은 그 자신의 실체로부터 어떤 다른 개입을 받음이 없이 탄생되었다. 양성구유 신은 논리적 귀결로서 단성생식이나 자기발생을 포함하고 있다. 많은 신화가 신은 어떻게 하여 자기 몸에서 자신의 존재를 이끌어내는가를 말하고 있다. 그것은 신이 자기충족한 상태로 있는 것을 설명해주는 단순하고 드라마틱한 방법인 것이다. 이와 동일한 신화가 비록 복잡한 형이상학에 기반을 두고 있긴 하나 고대 말기의 신플라톤파나 그노시스파의 견해에서 다시 나타나고 있다.

161. 양성구유 인간의 신화

양성구유 신의 신화는 '반대의 일치'를 표현하는 것 중에서도 더욱 명료하게 신의 존재의 역설을 드러내고 있는데, 이 신화에 대응하는 것은 양성구유 인간에 관한 일련의 신화와 의례이다. 이 경우, 신에 대한 신화는 인간의 종교경험의 범형을 이루고 있다. '원인'(原人)이나 선조가 양성구유라고 하는 전통(투이스코형)은 대단히 많으며, 이보다 후대의 신화전통은 '원초의 배우신'에 대하여 말하고 있다(쌍둥이 야마 Yama와 그 자매 야미 Yami형, 혹은 이란의 이마 Yima와 이마그 Yimagh, 마시야그 Mashyagh와 마시야나그 Mashyanagh형의 부부). 몇몇 라비의 주해서는 아담도 양

[원주52] Bertholet, p. 21.
[원주53] 같은 책, p. 19.

성구유라는 것을 이해시켜주고 있다. 이 경우에 이브의 '탄생'은 최초의 양성구유를 남과 여, 두 가지 존재로 나눈 것에 지나지 않는다.

아담과 이브는 등과 어깨가 붙어 있었다. 그런데 신이 그들을 도끼로 나누었거나 혹은 둘로 쪼갬으로써 두 사람을 분리하였다. 이와는 다른 설을 말하는 사람도 있다. 즉 최초의 사람(아담)은 오른쪽이 남자, 왼쪽이 여자였는데, 신은 이들을 반으로 나누었다.[원주54]

최초의 인간이 양성이었다는 것은 이른바 원시사회에서는(예컨대 오스트레일리아, 오세아니아) 살아 있는 전통을 형성하고 있는데,[원주55] 그것은 플라톤의 인간학이나[원주56] 그노시스파의 인간학[원주57]과 같은 정밀한 인간학 가운데에서도 보존되어 있고 발전되어왔다.

최초의 인간의 양성구유는 완전성과 전체성의 표현의 하나로 볼 수 있다는 것은 최초의 양성구유가 가끔 구체(球體)(오스트레일리아, 플라톤)로서 상상되고 있다는 사실에서도 알 수 있다. 그리고 주지하는 바와 같이, 구체는 고대문화의 수준에서 이미(예컨대 중국) 완전성과 전체성을 상징하고 있다. 구체의 양성구유라는 신화는 우주창조의 알이라는 신화와도 결부되어 있다. 예컨대 도교에서 가르치는 바에 의하면, 원래 '기'(氣)(원래의 이원, 남녀 양성을 구현하고 있다)는 융합하여 하나의 알, 즉 태일(太一)을 형성하고 있다. 후에 그 태일은 하늘과 땅으로 나누어진다. 이 우주론적 도식은 분명히 도교의 신비적 생리학의 기법의 모범이었다.[원주58]

[원주54] *Bereshit rabbah*, I, 1, fol. 6, col. 2 등. 그 이상의 텍스트로서는 A. Krappe, "The Birth of Eve," *Occident and Orient, Gaster Anniversary Volume*, London, 1936, pp. 312~22를 보라.
[원주55] Winthuis의 작업 참조.
[원주56] *Symposium*.
[원주57] Eliade, *Mitul Reintegrarii*, pp. 83 ff. 참조.
[원주58] H. Maspero, "Les Procédés de nourrir le principe vital dans la religion taoiste ancienne," *JA*, April-June, 1937, p. 207, n. 1 참조.

양성구유 신의 신화와 양성 선조(최초의 인간)의 신화는, 인간성의 완전한 표현이라고 생각되는 이 최초의 상태로의 주기적 회귀 쪽으로 방향지어진 일련의 의례 전체에 대한 범형이 되고 있다. 오스트레일리아 원주민이 소년, 소녀에게 실시하는 할례(割禮)나 하부절개는 이들 남녀를 양성구유로 의례적으로 변형시키는 것을 목적으로 하고 있다.[원주59] 이 밖에도 '의복교환'에 관한 여러 가지 의례를 들 수 있을 것이다.[원주60] 이들은 양성구유의 잔재를 지니고 있는 변종에 지나지 않는다. 인도, 페르시아, 그 밖의 아시아 각지에서 '의복교환'의 의례는 농경제의에서 중요한 역할을 하고 있다. 인도의 어떤 지방에서는 식물의 여신의 제사기간 중 남자들은 인공적인 유방을 붙이고 다닌다. 그 여신도 양성구유임은 말할 것도 없다.[원주61]

요컨대 인간은 신 안에서 남녀 양성과 다른 모든 성질과 속성이 공존하고 있다는 똑같은 의미에서 남녀 양성이 공존하는 완전한 인간의 상태로 주기적으로(단 한 순간만이라도) 되돌아갈 필요성을 느낀다. 여자의 복장을 한 남자는 피상적인 관찰자가 짐작하는 것처럼 그 남자가 바로 여자로 변한 것은 아니다. 다만 그 남자는 잠시나마 양성의 결합을, 우주의 전체적 이해를 용이하게 해주는 상태를 구현해주고 있다. 원초의 '일체성'으로 돌아가기 위해서 분화되고 고정된 조건을 정기적으로 폐기하려는 인간의 욕구는 주기적인 오르기와 똑같은 욕구로 설명된다. 오르기에서는 모든 형태가 창조 이전의 '전일'(全一)을 회복하기 위하여 해체하여버리는 것이다. 우리는 여기서도 과거를 파괴하고 '역사'를 지워버리고, 새로운 창조를 통해 새로운 생으로 출발하려는 욕구를 만나게 된다. 본질적으로 '의복교환'의

[원주59] Winthuis, Roheim 등의 연구를 보라.
[원주60] 그리스에 대해서는 Nilsson, *Griechische Feste*, pp. 370 ff.; 축제의 시간에 대해서는 Dumézil, *Le Problème des Centaures*, Paris, 1929, pp. 140, 180 등; 인도에 대해서는 Meyer, *Trilogie*, vol. i, pp. 76, 86 등; 유럽의 봄축제는 같은 책, vol. i, pp. 88 ff.; Crawley-Besterman, *The Mystic Rose*, new ed., London, 1927, vol. i, pp. 313 ff. 등 참조.
[원주61] Meyer, vol. i, pp. 182 ff.

의례는 의례적 오르기와 유사하다. 더욱이 변장은 현실적으로 오르기를 일으키는 계기가 되는 일이 가끔 있었다. 그러나 의복교환과 같은 변형된 의례는 아무리 중심에서 벗어났다고 하더라도 그 본질적인 의미, 즉 '원초의 인간'의 낙원적인 조건으로 환원한다고 하는 의미는 잃어버리지 않고 있다. 그리고 이 모든 의례의 범형은 양성구유 신의 신화 가운데에 있다.

더욱 많은 실례를 통하여 신화의 범형적 기능을 예증하려고 하면 이 책의 지금까지의 장에서 취급한 자료의 대부분을 한 번 더 들어보는 것으로 충분할 것이다. 이미 살펴본 바와 같이, 반드시 의례의 범형이 되는 것만이 아니라 '지혜'나 신비적 생리학의 기법 등과 같은 그 밖의 종교적, 형이상학적 경험의 전형이 되는 신화도 있다. 기본적인 신화는 인간이 본래의 종교생활 외에서 가끔 실현하고 있는 원형을 계시한다고 말할 수 있다. 한 예를 들어보자. 양성구유는 오스트레일리아의 가입의례를 동반한 외과적 수술이나 오르기나 '의복교환' 등에 의하여 획득될 뿐만 아니라 연금술의 방법에 의해서(현자의 돌은 또한 '연금술적 양성구유'라고 불린다), 결혼에 의해서(예컨대 카발라에서), 또 독일 낭만파의 사상에서는 성행위에 의해서도 획득될 수 있다.[원주62] 연애에 의한 '양성구유화'라는 것도 있다. 왜냐하면 연애에서 남녀 각자의 성은 상대의 성의 '특질'을 획득하기 때문이다(사랑하는 사람에 의하여 획득되는 매력, 순종, 헌신 등).

162. 갱신, 건조, 가입의례 등의 신화

어떤 경우이든 신화는 '자연적' 사건의 환상적인 투사라고만 볼 수는 없다. 우리가 이미 지적했던 바와 같이, 주술종교적인 경험의 면에서 볼 때 자연은 결코 '자연적'이지 않다. 경험주의적 혹은 합리주의적인 정신에서 자연의 상황 또는 과정으로 보이는 것은 주술종교적 경험에서는 크라토파니 또는 히에로파니로 계시되고 있다. 그러므로 이 크라토파니나 히에로파

[원주62] Eliade, *Mitul Reintegrarii*, pp. 82 ff.

니에 의해서만 '자연'이 주술종교적 대상이 되며, 그와 같은 대상으로서 자연은 종교현상학이나 종교사학의 흥미를 끌게 된다. 이 점에 관하여 '식물신'의 신화는 '자연의' 우주적인 사건을 변용시키고 가치를 부여한 좋은 예가 되고 있다. 이들 식물신(타무즈 Tammuz, 아티스, 오시리스 등)의 상이나 신화를 생산해낸 것은 식물의 주기적인 출현이나 소멸은 아니었다. 최소한 이 '자연'현상을 단순히 경험주의적 혹은 합리주의적으로 관찰한 결과로 만들어낸 것은 아니었다. 주술종교적 경험에서 보면, 식물의 출현이나 소멸은 항상 우주의 주기적 창조의 표지로 느껴져왔다. 신화에서 표현되고 있는 타무즈(수메르의 신화)의 수난, 죽음, 부활, 그리고 실재로서 그들이 계시하는 것은 바로 『보봐리 부인』이나 『안나 카레니나』의 행동이 간통과는 거리가 먼 것처럼 겨울이나 봄의 '자연현상'과는 거리가 먼 것이다. 예술작품과 똑같이 신화는 정신의 자율적인 창조행위이다. 계시가 이루어지는 것은 바로 이 창조행위에 의해서이며, 계시가 사용하고 있는 사물이나 사건에 의해서가 아니다. 요컨대 타무즈의 신화가 식물의 죽음과 부활의 드라마를 계시하는 것이지 그 역은 될 수가 없다.

실제로 타무즈의 신화는 다른 유사한 신들의 신화와 같이 식물계의 영역을 훨씬 초월하는 우주적 양태를 드러내주고 있다. 즉 한편으로는 생과 사라는 근본적 일체성을, 다른 한편으로는 인간이 사후의 생에 관하여, 그 근본적 일체성으로부터 이끌어낼 수 있는 희망을 드러내고 있다. 이런 관점에서 보면, 식물신의 수난, 죽음, 부활에 관한 신화는 인간조건에 대하여 범형이 될 수 있다고 보인다. 즉, 이 신화는 경험주의적 혹은 합리주의적 관찰이나 경험이 자연에 대하여 가질 수 있는 것 이상으로 더욱 친밀하고 더욱 좋게 '자연'을 계시하는 것이다. 그러므로 신화가 성별되고 반복되지 않으면 안 되는 것은 이 계시를 유지하고 갱신시켜야 하기 때문이다. 식물의 출현과 소멸 그 자체를 '우주적 현상'으로 본다고 해도 실제로 그것은 식물의 주기적 출현과 소멸 이상의 것을 의미하지는 않는다. 신화만이 이 사건을 존재의 양태로 변형시킨다. 물론 한편으로는 식물신의 죽음과 부활은 어떤 평면에서 출현하든지 모든 죽음과 부활의 원형이 되고 있기도 하지만 다른 한편 식물신의 죽음과 부활은 다른 어떤 경험주의적 혹은 합리주의적 방법에 의한 것보다도 더 인간의 운명을 계시해주고 있기 때문이기도 하다.

이와 똑같이 원초의 거인의 몸으로부터 혹은 창조신 자신의 피로부터 어떻게 우주가 창조되었는가를 말하는 우주창조 신화들은 '건조의례'(주지하는 바와 같이 집, 다리, 성소를 건립할 때의 인신공희도 포함되어 있다)의 전형이 되고 있을 뿐만 아니라, 말의 좀더 넓은 의미로 말하면 모든 종류의 '창조'의 범형이 되고 있다. 신화는 모든 '창조'의 본성을 계시한다. 창조는 '생명을 부여해 주는 것'(animation) 없이, 즉 이미 생명을 가진 피조물로부터 직접 그 생명을 전해받지 않고는 성취할 수 없다. 동시에 신화는, 인간은 인간 자신을 생산하는 것 외에는 다른 것을 창조할 수 없다는 것을 드러내주고 있다. 인간의 창조는 많은 사회에서 보면, 인간 바깥에 있는 종교적 힘에 의하여 이루어지고 있다(아이들은 나무, 돌, 물, '선조' 등으로부터 유래되었다고 생각하는 경우가 그것이다).

많은 신화, 전설은 반신이나 영웅이 언제나 초월적인 영역을 상징하는 금단의 구역(천공이나 지하)에 들어갈 때 만나게 되는 '곤란'에 대하여 언급하고 있다. 그 곤란은 칼처럼 끊어진 다리를 건너야 한다든가, 흔들리는 넝쿨을 지나야 한다든가, 거의 짝 달라붙은 바위 사이를 통과해가야 한다든가, 단지 한 순간만 열리는 문으로 들어가야 한다든가, 산이나 물과 불로 둘러싸여 있고 괴물이 지키고 있는 지역이든가, '하늘과 땅'이 만나는 곳에 있는 입구, 혹은 '해(年)의 종말'이 만나는 입구로 들어가야 한다든가 하는 어려움이다.[원주63]

헤라클레스의 모험과 노동, 아르고선 일행의 원정과 같은 수난신화의 여러 설화는 고대에 이미 빛나는 문학화의 역사를 거치고 있을 뿐만 아니라

[원주63] *Jaiminīya Upaniṣad Brāhmaṇa*, i, 5, 5: i, 35, 7~9 등. 여기에 관련된 신화에 대하여는 Cook, *Zeus*, Cambridge, 1940, vol. iii, 2, Apendix P, "Floating Islands," pp. 975~1016: Coomaraswamy, "Symplegade," in *Homage to George Sarton*, New York, 1947, pp. 463~88.

그후에도 끊임없이 신화 편찬자나 시인에 의하여 개척되고 재형성되었다. 이와 같은 신화는 반대로 알렉산더 대왕의 설화들과 같은 반(半)역사적인 전설 가운데서 모방되기도 하였다. 알렉산더 대왕도 어둠의 나라를 방황하고 생명의 풀을 탐색하며, 괴물과 싸우기도 하였다. 이러한 신화는 대부분 말할 것도 없이 가입의례의 원형이 되고 있다(예컨대 군대의 가입의례에서 고전적인 '시련'인 3개의 머리를 가진 괴물과의 투쟁).[원주64] 그러나 이 '초월적인 나라의 탐구의 신화'는 가입의례적인 드라마 이외의 것도 표현하고 있다. 즉 어떤 세계에서든(어떤 조건에서든) 없어서는 안 될 부분인, 이 양극성을 초월하는 역설적인 존재의 방법이 있다. '좁은 문', '바늘구멍', '짝 달라붙은 바위' 등을 통과해가는 것은 항상 한 쌍의 반대물을 포함하고 있다(선과 악, 밤과 낮, 높은 것과 낮은 것 등의 형).[원주65] 이런 의미에서 '모험'의 신화, '가입의례적 시련' 신화는 인간의 정신이 반대물 사이에서 흔들리는 조건지어진 단편적 우주를 초월하여 창조 이전의 근본적인 단일성으로 되돌아가기 위한 행위를 예술적이고 드라마틱한 형태로 보여준다고 말할 수 있을 것이다.

163. 신화의 구조 : 바루나와 브리트라

상징으로서의 신화는 그 고유의 '논리'를 가지고 있고, 처음에 신화가 출현한 평면과 아무리 멀리 떨어진 평면이라 하더라도 그 모든 다양한 여러 평면에서 신화가 '진실'일 수 있는 내적 일관성을 가지고 있다. 이미 기술한 바와 같이 우주창조 신화는 아무리 여러 방법으로, 여러 관점에서 보더라도 '진실'이며, 따라서 응용 가능하고 유용하다. 여기서 한 예로서 바루나의 신화와 구조를 한 번 더 서술해보려고 한다. 바루나는 최고의 천공신으로 전능하며 어떤 경우에는 그 '영적인 힘', '주술'로 '속박하는' 신이기도 하다.

[원주64] Dumézil, *Horace et les Curiaces*, Paris, 1942.
[원주65] Coomaraswamy, p. 486 참조.

그러나 그 우주적 측면은 더욱 복잡하다. 이미 본 바와 같이 바루나는 천공신일 뿐만 아니라 달과 물의 신이기도 하다. 바루나에게는 아마도 그 초기부터 '밤의' 특징이 있었는데, 그에 대하여는 베르게뉴,[원주66] 최근에는 쿠마라스와미가 강조하고 있다. 『타이티리야 산히타』의 주석자인 베르게뉴가 지적하는 바에 의하면,[원주67] 바루나는 '어둠과 같이 포용하는 자'라는 뜻이 있다. 바루나의 밤의 측면은 그 천공적인 의미, '밤의 하늘'이라는 의미로만 해석되지 않고 보다 넓은 의미로, 보다 우주론적이고 형이상학적인 의미로 해석되고 있다. 바루나는 밤이기도 하지만 잠재성, 종자, 비표명이기도 하다. 이 바루나의 '밤의' 요소 때문에 바루나는 물의 신이 될 수 있고 악마 브리트라와 동일시되기도 한다.[원주68]

여기서 '브리트라와 바루나'의 문제를 착수할 자리는 되지 못한다. 여기서는 이 양자 사이에 공통점이 한 가지 있다는 것을 환기하는 것으로 만족하려고 한다. 비록 그 두 이름 사이에 어원적인 가까움이 있음을 차치하더라도[원주69] 양자는 물과 관계가 있으며, 무엇보다도 '흐르는 것을 막는 물' (위대한 바루나는 바다를 숨긴다)과 관계가 있다.[원주70] 브리트라는 바루나와 똑같이 가끔 마유인(māyin), 즉 '주술사'라고 불린다[원주71]는 것을 지적하는 것이 중요하다. 다른 관점에서 말하면, 위에서 말한 바와 같은 바루나와 브리트라의 여러 가지 동일시는 바루나의 그 밖의 모든 양태나 기능이 그러한 것처럼 서로 대응하며 서로 도움을 주고 있는 것이다. 밤(비표명성), 물(잠재성, 종자), 초월성과 비행동성(지고신과 천공신의 특징) 등은 한편으로는 모든 종류의 '속박자'이고, 또 다른 면으로는 물의 '흐름을 멈추

[원주66] Bergaigne, *La Religion védique d'après les hymnes du Rig-Veda*, Paris, 1878~83, vol. iii, p. 113
[원주67] *Taittirīya Saṁhitā*, i, 8, 16, 1.
[원주68] Bergaigne, vol. iii, p. 128.
[원주69] Bergaigne, vol. iii, p. 115 등; Coomaraswamy, *Spiritual Authority and Temporal Power*, New Haven, 1942, pp. 29 ff.
[원주70] *RV*, IX, 73, 3.
[원주71] 예를 들면 ii, 11, 10.

게 하는' '중지하는' '속박하는' 브리트라와 신화적, 형이상학적으로 연결되어 있다. 우주적인 차원에서는 브리트라도 '속박자'이다. 위대한 신화가 모두 그러한 것과 같이 브리트라의 신화도 다가적(多價的)이고 단순한 해석으로는 그 의미를 다 드러낼 수 없다. 신화의 중요한 기능 중의 하나는 직접적 의식이나 반성적 의식에서 다양하고 불규칙적인 현실의 차원을 고정하고 공인한다고 할 수 있을 것이다. 그러므로 브리트라 신화에서는 여러 가치 중에서도 비표명성에의 회귀, '형태', 즉 우주생명의 개화를 저지하는 '정지', '묶는 자'라는 가치에 주목할 수 있을 것이다. 여기서는 브리트라와 바루나의 비교를 이 이상 더 할 수는 없을 것이다. 그러나 '밤의', '비행동적인', '주술사로서의', 그리고 멀리 떨어져서 죄인을 속박하는 바루나와 물을 '묶어두는' 브리트라 사이에 있는 구조적인 친연성은 부정할 수 없을 것이다. 양자의 행동은 모두 어떤 경우에는 개인적으로, 다른 경우에는 우주적으로 생명을 정지시키고 죽음을 가져오게 하는 것이다.

164. 모범적 역사로서의 신화

모든 신화는 그 성질 여하에 관계없이 태초의 때에 생긴 사건을 설명하고 있으며, 따라서 후대에 그 사건을 반복하기 위한 모든 행동이나 '상황'에 대한 모범적인 선례가 된다. 인간이 실행하는 모든 의례, 모든 의미 있는 행동은 신화적 원형을 반복하는 것이다. 이미 설명한 바와 같이(§150), 이러한 반복은 속적 시간의 폐지, 주술종교적 시간으로 인간을 투입시킨다. 주술종교적 시간은 이른바 시간과는 아무런 관계가 없고, 신화적 시간의 저 '영원한 현재'를 구성한다. 다른 말로 하면 신화는 다른 주술종교적 경험과 함께 인간을 무시간적인 시대로 환원시킨다는 것이다. 무시간적 시간이란 요컨대 저 시초의 때, 즉 역사 밖에 있는 시간의 여명, '낙원'의 시간을 말한다. 어떤 의례를 집행하는 자는 속적인 시간과 공간을 초월한다. 이와 같이 신화적 범형을 '모방하는' 자, 혹은 단순히 의례에서 신화의 영창을 듣는 자(혹은 영창에 참가하는 자)는 속적 **생성**의 세계에서 벗어나 위대한 시간으로 다시 귀환하는 것이다.

우리 현대인의 입장에서 본다면, 신화(신화와 함께 모든 종교적 경험)는 '역사'를 폐지하는 것이다(§150). 그러나 여기서 유의할 수 있는 것은 대부분의 신화는 '태초의 때에' 생긴 것이라고 기술할 수 있기 때문에 신화 자체가 그 신화를 보존하고 있는 인간집단과 그 집단의 우주의 **모범적 역사**를 구성하고 있다는 것이다. 우주창조 신화도 역사이다. 왜냐하면 그 신화는 태초에 일어난 모든 것을 말하고 있기 때문이다. 그러나 한 가지만은 더 말해둘 필요가 있다. 즉 말의 근대적인 의미에서 '역사'는 아니고(즉 이미 한 번 과거에 생긴 사건은 미래에 그와 똑같은 사건이 생기지 않는다는 역사의 불가역성), 반복되는 가운데 그 의미와 가치가 보이는 모범적 역사이다. 태초에 생긴 역사는 반복되지 않으면 안 된다. 왜냐하면 원초의 신의 현현은 풍요이므로, 유일한 어떤 표명만으로는 그것을 충분히 다 표현해낼 수 없기 때문이다. 또한 신화는 내용이 풍부하고 모범적이다. 그 때문에 그 내용은 의미를 제시하고 무언가를 창조하고 우리들에게 무언가를 말해준다.

신화의 모범적 역사로서의 기능은 고대인이 신화에 기록된 사건의 '증거'를 제시하려고 하는 욕구를 느낄 때 더욱 분명해진다. 그것이 잘 알려진 신화의 주제라고 할 수 있을 것이다. 이러한 것이 일어났기 때문에 인간은 죽지 않으면 안 되었고, 바다표범은 발가락을 잃었고 혹은 달에 반점이 생기게 되었다. 이러한 주제는 고대인의 심성에서는 인간이 죽을 수밖에 없는 존재이기 때문에, 바다표범이 발가락이 없기 때문에, 달에는 반점이 있기 때문에 완전히 '증명 가능'한 것이 된다. 통가 섬을 낚시질을 해서 바다 밑에서 끌어올렸다는 신화는 그 바위를 끌어올릴 때 사용한 낚싯줄이나 낚시바늘을 지금도 여전히 볼 수 있다는 사실에 의해서 증명된다.[원주72] 이 신화의 진실성을 증명하고자 하는 욕구는 원시인의 심성에서 역사나 '사료'가 어떤 의미를 가지고 있는지 우리에게 이해시켜주고 있다. 이 욕구는 원시

[원주72] Ehnmark, *Anthropomorphism and Miracle*, Uppsala-Leipzig, 1939, pp. 181~82.

인이 실제로 일어난 일과 그의 주위에서 실제로 일어난 사건을 얼마나 중요하게 생각하고 관계를 맺는가를 보여주고 있다. 즉 원시인의 정신은 '실재적인 것', 충실한 의미로 '존재하는 것'에 대하여 얼마나 굶주려 있는가를 보여주고 있다. 그러나 동시에 태초의 사건이 주는 원형의 기능은 고대인이 의미 있고 창조적이고 범형적인 실재에 대하여 갖고 있던 관심의 일단을 알게 해준다. 이러한 관심은 고대 세계의 최초의 역사가들에게도 살아남아 있는데, 그들에게는 '과거'는 모방할 수 있는 모범이 될 수 있고, 따라서 그것은 전 인류의 교육대전이 될 수 있는 한에 있어서만 의미를 가지고 있기 때문이다. 이렇게 신화에 부과된 '모범적 역사'라는 사명은, 만약 우리가 그것을 잘 이해하기만 한다면, 고대인이 이상적 원형을 구체적으로 실현하고자 하는, 즉 지금 여기서 영원을 '체험적으로' 살고자 하는 경향(요컨대 우리가 성스러운 시간을 분석할 때(§155) 연구한 원망)과 관계되어 있다는 것을 봐야만 한다.

165. 신화의 타락

신화는 서사시적 전설이나 발라드, 로망 등으로 타락하였고, 혹은 '미신', 풍습, 향수 등과 같은 왜소화된 형태로 살아남아 있다. 그러나 신화는 아직까지 그 본질이나 의미를 잃어버리지 않고 있다. 우주나무의 신화는 약초 채취의 전설이나 의례에도 보존되어 있음을 기억하도록 하자(§111). 가입의례 지원자가 경험하는 '시련', 고난, 편력은 서사시나 극의 영웅이 그 목적에 도달하는 과정에서 겪는 역경과 고난의 이야기에도 살아남아 있다(율리시스, 아이네이스, 파르시팔, 셰익스피어의 작품 중의 어떤 등장인물, 파우스트 등). 서사시, 연극, 로망의 주제가 되고 있는 이러한 '시련'이나 '고난'은 모두 '중심에의 길'의 의례에서의 고난과 장애로 쉽게 연결될 수 있다(§146). 확실히 이 '길'은 똑같은 가입의례의 차원은 아니지만 유형학적으로 말하면, 율리시스의 편력이나 성배(聖杯)를 찾아다니는 19세기의 장편 소설에도 반영되어 있고, 그 플롯의 기원이 고대에까지 소급해갈 수 있는 대중소설의 문학에도 반영되어 있음은 말할 것도 없다. 오늘날에도 추리소설이 범인과 탐정의 각축을 말하고 있다면(선한 마귀와 악한 마귀, 옛날 이야기의 용과 마법의 왕자 등) 수세대 전에는 '악한'에게 붙잡혀 있는 고아왕자나 순진한 소녀를 즐겨 등장시키고 있고, 150년 전에는 '암흑소설', 허풍소설이 유행하였는데 거기서는 '악덕승려', '이탈리아인', '악한', '유괴된 소녀', '가면의 보호자' 등이 많이 등장하고 있다. 이러한 소설에서는 민중의 감수성의 지향이나 색깔의 차이에 따라 그 세부묘사는 다양하지만 주제는 변함이 없다.

말할 것도 없이 시간이 지나면 지날수록 극의 갈등이나 극중인물이 점점 흐려지고 '지방적 색깔'이 점점 더 첨가된다. 그러나 먼 옛날부터 전해져온 범형은 소멸하지 않고 생명으로 되돌아갈 가능성을 잃어버리지 않는다. 그 범형은 근대적인 의식 가운데서도 유효성을 보존하고 있다. 수천 개의 예 가운데서 한 가지만을 들어보겠다. 그 예로서 아킬레스와 키에르케고르를 들어본다. 아킬레스는 결혼을 하면 행복하고 유족한 생활이 있게 될 것이라고 예언되었음에도 불구하고 다른 많은 영웅들처럼 결혼을 하지 않았다. 그러나 만약 결혼을 하면 아킬레스는 영웅이 되는 것을 단념하지 않으면 안 되었을 것이고 단독자가 되는 것을 실현할 수 없고, 불사를 획득할 수도 없었을 것이다. 키에르케고르도 레기나 올센에 관하여 그와 똑같은 실제적 드라마를 낳았다. 즉 그는 그 자신으로 남아 있기 위해서, 단독자임을 유지하기 위하여 일반적으로 행복한 생활이라는 양태를 배척하고 영원을 갈망하기 위하여 결혼을 거부하였다. 키에르케고르는 이 점을 그의 일기의 단편[원주73]에서 분명하게 언급하고 있다.

내가 내 육체 가운데 있다고 느끼는 이 가시를 뽑아내기만 한다면, 나는 유한한 의미에서는 더욱 행복하게 되었을 것이다. 그러나 무한의 차원에서는 나는 파멸할 것이다.

[원주73] viii. A 56.

이와 같은 신화적 구조는 아직도 실현 가능한 것이고, 사실상 실존주의 적 체험에서 실현되고 있다. 더욱이 키에르케고르의 경우는 확실히 신화적 범형을 의식하지도 않았으며 그 영향을 받지도 않았다.

원형은 차츰차츰 낮은 차원으로 타락하고 있긴 하지만 아직도 여전히 창조적이다. 예컨대 축복의 섬이나 지상의 낙원 신화는 세속인의 상상력에 집요하게 붙어다니는 것이었을 뿐만 아니라 위대한 해양 발견의 시대에까지 항해술을 자극하기도 하였다. 거의 모든 항해자는 명확한 경제적인 목적을 추구하고 있던 사람이었다고 해도(인도 항해), 역시 축복의 섬이나 지상낙원을 발견하게 되기를 희망하고 있었다. 그리고 실제로 천국의 섬을 발견했다고 생각한 사람이 적지 않았다는 것은 주지의 사실이다. 페니키아 인으로부터 포르투갈인에 이르기까지 지리상의 위대한 발견은 모두 이 에덴 동산 신화에 의하여 도발된 결과였다. 이와 같은 여행, 탐구, 발견만이 정신적인 의미를 획득하고 문화를 창조한 것이다. 알렉산더 대왕의 인도 여행이 그렇게 불후의 명성을 얻게 된 것은, 그것이 신화적 카테고리로 동화되어 우리 인간에게 없어서는 안 될 '신화지리학'의 욕구를 채워주고 있기 때문이다. 크리미아나 카스피 해에 있는 제노바인의 상업기지, 시리아나 이집트에 있는 베네치아인의 상업기지는 대단히 진보된 항해술을 상상케 하지만 당시의 상업항로는 "지리상의 발견의 역사에 어떤 명성도 남겨놓지 않았다."[원주74] 이에 반하여, 신화적인 나라의 발견을 위한 원정은 전설을 만들어냈을 뿐만 아니라 지리학을 발달시키기도 하였다.

이렇게 발견된 새로운 섬이나 육지는 지리학, 과학이 된 이후에도 그 신화적인 성격을 보존하고 있다. '축복의 섬'은 카모잉스(16세기 포르투갈의 시인 — 옮긴이)에게도 살아남아 있었고 계몽주의 시대, 낭만주의 시대를 통하여 존속하였고, 현대에까지도 그 위치를 보존하고 있다. 그러나 신화적인 섬은 이제 에덴 동산을 의미하지는 않는다. 그것은 사랑의 섬(카모잉

[원주74] Olschki, *Storia letteraria delle scoperte geografiche*, Florence, 1937, p. 195.

스)이나 '선량한 야만인'의 섬(다니엘 데포), 극락의 섬(에미네스큐)이고, 그 밖에도 '이국적인' 섬, 감추어진 아름다움을 지니고 있는 꿈의 섬, 자유의 섬, 완전한 휴식의 섬이며, 혹은 이상적 휴가, 호화선을 타고 항해하는 섬 등과 같은 현대인이 문학, 영화, 혹은 단지 자기의 상상력을 통하여 주어진 환상적인 동경의 섬이 되었다. 완전한 자유의 낙원적인 나라의 기능은 변하지 않고 남아 있다. 다만 그 가치만이 지상의 낙원(성서적인 의미에서)으로부터 현대인의 꿈의 이국적인 낙원에 이르기까지 많은 변화를 거쳤다. 확실히 그것은 타락이라고 할 수 있을 것이다. 다만 그것은 열매가 풍부한 타락일 뿐이다. 인간경험의 모든 차원에서, 비록 그 차원이 아무리 일상적인 것이라 할지라도, 원형은 아직도 계속해서 삶에 의미를 부여해주고 '문화적인 가치'를 계속 창조해낸다. 현대소설에서의 낙원, 카모잉스의 섬은 중세문학의 섬과 같이 문화적인 가치를 지니고 있다.

바꾸어 말하면, 인간은 그 밖의 어떤 존재로 자유롭게 되려고 한다 해도 이 우주에서 최초로 자신의 상황을 자각한 순간에 형성된, 그 자신의 원형적인 직관의 영원한 포로가 되어버리고 만 것이다. 낙원에 대한 노스탤지어는 현대인의 가장 평범한 행동 가운데에서도 그 흔적을 발견할 수 있다. 절대에 대한 인간의 관념은 결코 완전히 근절될 수 없다. 그것은 단지 타락할 수 있을 뿐이다. 고대인의 정신은 행동으로서가 아니라 그 자신의 방법으로, 인간이 효과적으로 어떤 것을 달성할 수 있게 하는 게 아니라 예술, 과학, 사회이론, 그 밖의 모든 것들에게 전체성을 부여해줄 그들 스스로 자율적 가치가 되는 어떤 것을 창조하는 노스탤지어로 계속 살아남아 있다.

제13장
상징의 구조

166. 상징으로서의 돌

어떤 형태, 어떤 종류의 상징을 내포하고 있지 않은 주술종교적 현상은 드물다. 앞의 여러 장들에서 검토해온 자료는 이 점을 충분히 증명하고 있다. 물론 어떤 주술종교적 대상 혹은 사건이든 모두 크라토파니, 히에로파니 혹은 테오파니의 속성을 띠고 있다는 사실은 부정할 수 없다. 그러나 우리는 간접적인 크라토파니, 히에로파니, 테오파니를 가끔 접하게 된다. 그것은 항상 상징적 체계, 즉 심벌리즘을 이루고 있는 주술종교적 체계를 분유하거나 혹은 거기에 재통합함으로써 얻어지는 것이다. 이미 보아온 바와 같이 어떤 종류의 돌이 성스럽게 되는 것은 죽은 자('선조')의 영이 거기에 깃들여 있기 때문에, 혹은 그 돌이 성스러운 힘, 성성을 표명하거나 표상하기 때문에, 혹은 신성한 약속, 종교적 사건이 그 돌 근처에서 일어났기 때문이다. 그러나 그 밖에도 많은 돌이 간접적인 히에로파니나 크라토파니에 의하여, 즉 다른 말로 하면 돌에 주술종교적인 가치를 부여하는 심벌리즘에 의하여 그 주술종교적인 특성을 획득한다.

야곱이 그 돌을 베고 잠들었다가 꿈속에서 천사들이 오르내린 사다리를 보았던, 그 돌이 성스러운 돌이 된 것은 그 돌이 히에로파니의 장소가 되었기 때문이다. 그러나 그 밖에도 베델이나 옴팔로스가 성스럽게 된 것은 그것들이 '세계의 중심'이며, 따라서 우주의 세 영역의 접점에 위치하고 있기 때문이다. 분명히 '중심'은 성스러운 지대이다. 따라서 그 성스러운 지대를 구현하거나 표현하는 대상도 성이 되며, 그 결과 히에로파니로 보이는 것이다. 그러나 그와 동시에 베델이나 옴팔로스는 그 안에 초공간적인 실재('중심')를 품고 있어 그것을 속적 공간 속에 투사하기 때문에 중심의 '상징'이 되는 것이다. 이 경우 그 '히에로파니화'는 돌의 '형태' 자체에 의해 직접적으로 계시되는 명백한 상징으로 실현되는 것이다(이 경우의 '형태'는 물론 경험주의적 혹은 합리주의적 경험에 의해서가 아니라 주술종교적 경험에 의하여 파악된다). 그 밖에도 항상 명료하지는 않지만 심벌리즘을 분유하고 있으므로 그 가치를 지니고 있는 주술적인 돌, 치료석, '보석' 등이 있다. 여기에서는 지금까지 우리가 서술한 돌의 상징에서는 볼 수 없었던 더욱 복잡한 심벌리즘의 발전을 해명하는 예들을 들어보려고 한다.

비취는 고대 중국의 심벌리즘에서 아주 중요한 역할을 한 보석이다.[원주1] 사회적 차원에서 비취는 주권과 힘을 구현하고, 의료 면에서는 만능통치약으로서 육체의 재생을 얻기 위해 복용하였다.[원주2] 또한 비취는 정령의 음식으로 생각되었고 도교 신자는 그것이 불사를 보증해준다고 믿었다.[원주3]

[원주1] Laufer, *Jade. A Study of Chinese Archaeology and Religion*, Chicago, 1912, *passim*을 보라.
[원주2] 같은 책, p. 296
[원주3] De Groot, *Religious Systems of China*, Leyden, 1892~1910, vol. i, pp. 271~73.

그래서 비취는 연금술에서 중요한 역할을 하였으며, 또 장례의 신앙과 의식에서 중요한 위치를 차지하였다. 연금술사 갈홍의 책에는 다음과 같이 씌어 있다.

시체의 9개의 구멍에 금과 비취를 놓으면, 시체를 부패로부터 방지할 것이다.[원주4]

그리고 도홍경(5세기)의 논문은 다음과 같이 상술하고 있다.

만약 옛 묘를 열어 그 안의 시체가 살아 있는 듯하다면, 그 시체의 내부나 외부에 다량의 금이나 비취가 있는 것을 볼 수 있을 것이다. 한왕조의 규정에 의하면 군주, 제후는 시체의 부패를 방지하기 위해 진주를 아로새긴 의복, 비취 상자와 함께 매장되었다.[원주5]

최근의 고고학 발굴은 장례의 비취에 관한 기술을 캐내고 있다.[원주6]
그러나 비취가 이와 같은 힘을 저장하고 있는 것은 그것이 우주론적 원리인 '양'(陽)을 구현하고 있기 때문이며, 그에 따라서 비취는 태양적, 제왕적 혹은 파괴할 수 없는 특성을 모두 구비하고 있기 때문이다. 비취는 금과 같이 '양'을 포함하고 우주적 에너지의 중심이 된다. '양'이 그렇게 많은 용도로 사용될 수 있는 것은 '양' 자체가 매우 다양한 가치를 지니고 있기 때문에 생기는 논리적 귀결이다. 만약 '음양'이라는 우주론적 정식이 있기 전의 선사시대를 탐구한다면, 우리는 또 하나의 우주론적 정식을 보게 되고 비취를 현실에 응용한 또 하나의 상징을 발견하게 될 것이다.[원주7]

[원주4] Laufer, p. 299.
[원주5] 같은 곳.
[원주6] Eliade, "Notes sur le symbolisme aquatique," p. 141(*Images et Symboles*, Paris, 1952, p.179에 수록되어 재출간되었다).
[원주7] Karlgren, *Some Fecundity Symbols in Ancient China*, Stockholm, 1936 참조.

진주의 경우에는 선사시대에까지 고대의 심벌리즘을 추적할 수 있다. 우리는 이미 그것에 대하여 연구하였다.[원주8] 선사시대의 묘지에서는 진주나 조가비가 발견된다. 그것들은 주술이나 의술에 사용되었고, 의례 때는 강의 신 등에게 바쳤다. 그것들은 아시아의 여러 숭배에서는 특별한 위치를 차지하며, 여성은 연애나 출산에 행운을 원할 때 몸에 지니고 다닌다. 진주나 조가비가 어디서나 주술종교적인 의의를 가졌던 시대가 있었다. 그러나 서서히 그 역할은 마술이나 의술에 한정되게 되었다.[원주9] 근대에 이르러 어떤 사회계층에게 진주는 단지 경제적, 미적인 가치만을 가진 것이 되었다. 이와 같이 형이상학적인 의미가 '우주론'으로부터 '미학'으로 타락하는 것은 그 자체로서도 흥미 있는 현상이다. 이제 그것을 논해보려고 한다. 그러나 그전에 하나의 문제에 답변하지 않으면 안 된다. 즉 진주가 왜 주술적, 의료적 혹은 장례적인 의미를 갖게 되었는가? 그 이유는 진주가 '물로부터 태어났기' 때문에, '달로부터 태어났기' 때문에, '음'의 원리를 나타내기 때문에, 혹은 창조하는 여성의 상징인 조가비 가운데서 발견되기 때문이다. 이러한 점들은 모두 진주를 달, 여성, 다산, 분만 등의 여러 특권을 가져오는 '우주론적 중심'으로 변화시켜버린다. 진주는 그것이 만들어지는 장소인 물이 지닌 발아력(germinative force)으로 가득 차 있다. '달로부터 태어난'[원주10] 진주는 달의 주력(呪力)을 분유하고 있고 그 때문에 진주는 여성의 장식품으로 사용되는 것이다. 조가비의 성적 상징은 그 안에 내포하고 있는 모든 힘을 진주에게 전한다. 마지막으로 진주와 태아의 유사점은 진주에게 생식과 출산에 관한 특성을 부여한다(중국의 문헌에는 홍합의 조개가 "진주를 품고 있는 모습이 여성의 모습과 비슷하다"[원주11]고 기록되어 있다). 이러한 달, 물, 여성이라는 삼중의 상징으로부터 진주가 가진 약물, 부인과의학, 장례에 관한 주술적인 특성이 발생한다.

[원주8] Eliade, *Images et Symboles*, ch. iv 참조.
[원주9] 같은 책, pp. 190 ff. 참조.
[원주10] AV, iv, 10.
[원주11] Karlgren, p. 36에서 재인용.

인도에서 진주는 만능약이다. 진주는 출혈, 황달, 중독, 눈병, 결핵, 정신병 등에 효험이 있다.[원주12] 유럽 의학은 진주를 특히 우울병, 간질, 정신착란의 치료에 사용한다.[원주13] 이런 사실에서 알 수 있는 바와 같이, 진주가 효험을 보이는 병의 대부분은 우울병, 간질, 출혈 등 '달과 관련된' 병이다. 진주가 가지고 있는 해독제의 특성도 똑같이 설명될 수 있다. 달은 모든 종류의 중독을 치료해주기 때문이다.[원주14] 그러나 동양에서 진주의 가치는 주로 최음제, 수태촉진제, 부적이라는 특성에서 유래한다. 진주를 묘 가운데 시체와 접하여 놓으면 진주를 형성하는 달, 물, 여성이라는 우주론적 원리에다 죽은 자를 결합시키는 것이다. 다른 말로 하면, 진주는 우주의 리듬 가운데 죽은 자를 놓음으로써 죽은 자를 재생시키는 것이다. 우주의 리듬은 특히 순환적인데(달 모양의 형태와 같이) 탄생, 생명, 죽음, 재생을 포함하고 있다. 죽은 자를 진주로 덮으면 그는 달의 운명을 획득하며, 우주의 순환 가운데로 되돌아가기를 원하게 된다.[원주15] 왜냐하면 그렇게 함으로써 죽은 자는 달이 가지고 있는 살아 있는 형태를 창조해내는 모든 힘으로 가득 차기 때문이다.

167. 상징의 타락

진주의 다양한 가치를 구성하는 것이 무엇보다도 진주를 둘러싸고 있는 상징이라는 것은 쉽게 이해가 된다. 그 상징을 해석하면서 특히 그 성적(性的) 요소를 강조하든, 혹은 그 상징을 선사시대의 의례의 형태로까지 환원하든, 여전히 그 상징이 우주적인 구조를 가지고 있는 것만은 확실하다. 모든 고대사회에서 여성의 표장과 기능은 우주론적 가치를 지니고 있다. 진주가 선사시대의 어떤 시점부터 이상에서 열거한 전체의 가치를 획득하였

[원주12] *Images et Symboles*, p. 192 참조.
[원주13] 같은 책 참조.
[원주14] Harṣacarita, *Images et Symboles*, p. 191에서 재인용.
[원주15] *Images et Symboles*, pp. 178 ff.

는지를 자세히 말할 수는 없다. 다만 최소한 확실한 것은, 진주가 '주술적인 돌'로서의 성격을 가지게 된 것은 인간이 물—달—생성이라는 우주론적인 유형을 의식하고, 달에 의해 지배되는 우주의 리듬을 발견한 뒤였다는 것이다. 따라서 진주의 상징의 '기원'은 경험적인 것이 아니라 이론적인 것이었다. 그 상징이 여러 가지로 해석되고 '체험되면서' 마침내는 속신이 되어 현대의 우리에게 진주가 보여주고 있는 바와 같은 경제적, 미적인 가치로 타락해버린 것은 그 이후의 일이다.

이 문제에 관한 우리의 연구를 약간의 주술종교적인 돌을 살펴봄으로써 완결해보도록 하자. 먼저 유리(lapis lazuli)가 있다. 이 푸른 돌은 메소포타미아에서는 상당히 귀하게 여겼는데, 그 성스러운 가치는 이 보석이 가진 우주론적 의미 때문이다. 즉 유리는 별이 반짝이는 밤과 달의 신인 신(Sin)을 나타낸다. 바빌로니아인은 어떤 돌이 부인과의학적 효험을 가지고 있다고 여겼는데, 그 돌은 후에 그리스 의학에 전해졌다. 보슨(Boson)은 그러한 돌의 하나인 '임신석'(妊娠石, abane-ri-e)을 디오스코리데스의 사모스석(lithos samios)과 동일한 것으로 보았는데, 또 다른 돌 '사랑의 돌', '풍요의 돌'(多産石, abanrami)도 디오스코리데스의 '달의 돌'(lithos selenites)과 똑같은 것으로 보인다. 이런 종류의 돌이 부인과의학적 효험을 갖는 것은 그것이 달과 서로 결합되어 있기 때문이다. 벽옥(abanashup)의 부인과의학적인 진가는, 그 돌이 부서질 때 그 '태'에서 다른 어떤 돌을 낳기 때문이라고 한다. 그것이 무엇을 상징하는지는 명백하다. 벽옥의 부인과의학적인 기능은 바빌로니아인으로부터 그리스・로마 세계에 전해지고 여기서 중세까지 이어져왔다. 같은 상징에 의하여 고대세계에 '독수리석'(aetites)이 환영되었던 이유도 설명된다. 플리니우스는 독수리석에 대해서 이렇게 기술하였다. "'임신'한 모든 여성에게 유익하다"(utilis est, mulieribus praegnantibus).[원주16] 즉 이 독수리석을 흔들면 마치 그 돌의 '태' 안에 다른 돌이 들어 있는 것처럼 그 돌 안에서 이상한 소리가 들린다. 이러한 산부

[원주16] *Nat. Hist.*, xxxvi: 21. 149~51.

인과, 부인과의학적인 돌의 효험은 그것이 달의 원리와 관련하고 있기 때문에, 혹은 특별한 기원을 나타내는 것임에 틀림없는 그 특이한 형태로부터 직접 도출된다. 이 돌의 주술적 본질은 그 돌의 '생'의 결과이다. 즉 그 돌은 '살아 있으며', 성(性)을 지니고 있고, 임신을 한다. 그러나 이 돌만이 예외적으로 그러한 것이 아니라 다른 모든 돌이나 금속도 똑같이 '살아 있으며', 성을 지니고 있다.[원주17] 단지 그러한 돌이나 금속의 삶은 훨씬 조용하고, 그 성도 훨씬 막연할 뿐이다. 그것들은 엄숙한 리듬에 따라서 대지 가운데서 '자라는'데, '성숙에까지 이르는' 것은 대단히 적다(따라서 인도인은 다이아몬드는 성숙pakva이지만, 수정은 미숙kaccha이라고 생각하고 있다).[원주18]

상징이 전이하고 변화하는 좋은 예는 '뱀돌'(snake-stone)에서 볼 수 있다. 많은 지방에서 보석은 뱀이나 용의 머리에서 떨어진 것이라고 생각하였다. 예컨대 다이아몬드는 원래 뱀의 목구멍 속에 있었기 때문에 유독하다고 생각하여 그것을 입술에 갖다 대지 않았다(이것은 인도 기원의 속신으로 그리스와 아랍 세계에 전해졌다).[원주19] 보석이 뱀의 침으로부터 유래한다는 속신은 중국으로부터 영국에 이르는 광대한 지역으로 퍼졌다.[원주20] 인도에서는 나가(nāga)는 목구멍이나 머리에 번쩍이는 마법의 돌을 얼마가량 가지고 있다고 믿고 있다. 플리니우스는 드라콘티아(dracontia) 또는 드라콘티테스(dracontites)라고 불리는 돌은 용의 머리(cerebra)로 만들어진 것이라고 썼는데,[원주21] 이는 그가 동방 기원의 속신을 합리화한 것이다. 이 합리화의 과정은 필로스트라투스의 경우에는 더욱 뚜렷한데, 그는

[원주17] Eliade, "Metallurgy, Magic and Alchemy," Paris, 1938, *CZ*, vol. i, *passim* 참조.
[원주18] 같은 글. p. 37 참조.
[원주19] Laufer, *The Diamond. A Study in Chinese and Hellenistic Folklore*, Chicago, 1915, pp. 40~44를 보라.
[원주20] Eliade, "Piatra Sarpelui," *Mesterului Manole*, Bucharest, 1939를 보라.
[원주21] *Nat. Hist.*, xxxvi, 10.

어떤 용의 눈은 마력이 부여된 '눈을 멀게 하는 휘황한 빛'의 돌이며 주술사들은 파충류를 숭배할 때 그 파충류의 머리를 잘라 거기서 귀석을 꺼낸다고 말했다.[원주22]

이상과 같은 전설이나 그 밖의 많은 전설의 기원 및 이론적 근거를 전혀 찾아볼 수 없는 것은 아닌데, 그러한 것으로 '생명의 나무', 특별히 성별된 장소, 성스러운 물질, 절대적 가치(불사, 영원한 젊음, 선악을 아는 것 등)를 지키고 있는 '괴물'(뱀, 용)에 관한 고대 신화를 들 수 있다. 이러한 절대적 실재의 모든 상징은 선택된 자만 들어가는 것을 허용하는 괴물이 항상 지키고 있다는 것을 기억해야 할 것이다. '생명의 나무', 황금사과 나무, 황금양털, 모든 종류의 '보물'(대양 밑의 진주, 대지 가운데 있는 금 등)은 용이 지키고 있다. 그리고 이러한 불사의 상징 중에서 하나라도 얻고자 하는 자는 어떤 종류의 위험이든 무릅쓰고 극복하며 파충류인 괴물을 살해하여 자기 자신의 '영웅성'이나 '지혜'를 증명해내야만 한다. 이 고대 신화의 테마로부터 여러 가지 합리화나 속화의 과정을 거치면서 보물, 마법의 돌, 보석 등에 대한 모든 신앙이 발생한다. 생명의 나무, 황금사과 나무, 황금양털 등은 **절대적인 상태**(황금은 '영광', 불사 등을 의미한다)를 상징하고 있으며, 땅속에 숨겨져 있고 용이나 뱀이 지키는 황금의 '보물'이 되었다.

뱀이 감시하고 지키는 형이상학적인 **표장**은 뱀의 앞머리, 눈, 목구멍 등에서 발견되는 어떤 구체적인 **대상**으로 변형한다. 처음에는 절대적인 **기호**(sign)로 평가되던 것이 후에는 사회의 다른 계층으로 이행하거나 의미가 타락하든가 하여 주술적, 의료적, 미적인 가치를 취하게 된다. 예컨대 인도에서 다이아몬드는 절대적 실재의 표장이었는데, 다이아몬드를 가리키는 바즈라(vajra)라는 말은 인드라의 상징으로서 파괴시킬 수 없는 본질의 표장인 벼락을 뜻하기도 했다. 힘, 불파괴성, 벼락, 생식력의 우주적 표현이라는 여러 관념의 형태에서는, 다이아몬드는 그것이 광물학적 차원에서 이러한 본질을 구현하고 있는 한 성스러운 것이었다. 다른 관념의 형태, 즉

[원주22] *Vita Apol. Tyan.*, iii, 7.

괴물이 지키는 절대적 실재라는 '민속적인' 모습에 있어서는 다이아몬드는 뱀의 후예로 평가되었다. 이와 똑같은 동일한 기원에서 다이아몬드에 주술적, 의료적인 특성도 부여되었다(이 경우는 차츰차츰 차원이 낮아지지만). 예컨대 다이아몬드는 다른 많은 '뱀돌'(석류석, 붕사, 결석 등)과 같이 뱀의 독으로부터 보호해주는 효험이 있다. 이 '뱀돌' 가운데는 실제로 뱀의 머리로부터 취한 것이 있는데, 뱀의 머리 부분에서는 이따금 견고하고 돌 같은 결석이 실제로 발견된다. 그러나 뱀의 머리에서 뱀돌이 발견되는 것은 그것을 거기서 찾으려고 기대하였기 때문이다. 뱀돌은 광대한 지역에 퍼져 있는데, 견고하고 돌 같은 응결물이 뱀에서 관찰되는 것은 아주 최근의 일이다. 사실상 '뱀돌'이 실제로 뱀의 머리에서 추출한 돌인 경우는 아주 진귀한 경우이다. 기타 대부분의 주술적, 의료적인 돌은 그것이 뱀의 별명을 가지고 있든 그렇지 않든 간에, 원초의 신화에 의하여 뱀과는 다양한 관계를 맺고 있다. 이 신화는 이미 기술한 바와 같이, '불사의 표장을 괴물이 지키고' 있다는 형이상학적인 테마로 환원된다. 많은 전설이나 속신은 이 원초의 신화적 완성으로부터 직접적으로 발생하는 것이 아니라 그 정식이 생겨나는 무수한 측면적 혹은 '타락한' 변종으로부터 발생한 것임은 의심의 여지가 없다.

168. 유치화(幼稚化)

나는 여기서 의도적으로 단지 한 영역에서만 수집한 예들에 한정하려고 하는데, 그것은 한편으로는 상징의 여러 분기를 밝히고, 또 한편으로는 상징이 더욱 낮은 차원에서 해석되는 가운데 합리화, 타락, 유치화의 과정을 거치는 것임을 해명하기 위한 것이다. 이미 확증된 바와 같이 표면적으로는 다양한 '민속적'인 설화가 있지만, 그 기원은(궁극적으로 형이상학적, 즉 우주론적이다) 쉽게 인식될 수 있고(예컨대 뱀돌같이), 유치화 과정의 모든 흔적을 나타내고 있다. 이러한 과정은 다른 여러 가지 방법으로도 생겨나고 있다. 그 가운데서 가장 빈번히 일어나는 두 가지 예만을 인용해보도록 한다. ① '지적인' 상징이 오랜 기간 최하층의 사회계급에서도 사용되면서, 그 때문에 원초의 의미가 저락한다. ② 상징이 유치한 방법으로 이해되는, 즉 극단적으로 구체화되어 그 상징이 속해 있는 체계로부터 이탈해버린다. 첫번째 카테고리에 속하는 예는 이미 몇 개 살펴보았다(뱀돌, 진주 등). 여기서는 이와 똑같이 시사적이라고 생각되는 하나의 예를 인용해보려고 한다. 옛날 루마니아 농민의 민간요법에는 이런 처방법이 있었다.

사람이나 동물이 변비가 되었을 때는 Phison, Gehon, Tigris, Euphrates 등의 말을 깨끗한 접시에 써놓는다. 그리고 나서 그 접시를 깨끗한 물로 닦아, 그 물을 환자가 마시면 병이 낫는다고 한다. 만약 동물인 경우에는 콧구멍으로 그 물을 흘려넣는다.[원주23]

이 4개의 단어는 성서에 나오는 낙원을 흐르는 강의 이름인데, 주술종교적인 관점에서 보면 이 강들은 모든 '우주'를 정화시킬 수 있고, 따라서 인간이나 동물의 신체를 구성하고 있는 소우주도 정화시킬 수 있다. 이 경우 낙원의 물에 의한 정화라는 상징 해석의 유치화는 4개의 단어와 접촉한 물을 마신다고 하는 단순소박하고 구체적인 방법으로 분명하게 나타나고 있다.

상징의 유치화 유형(이것은 반드시 어떤 '역사'나 지적 계층으로부터 서민계층으로의 '타락'을 의미하지 않는다)에 대하여는 레비-브릴의 명저 『미개인에 있어서 신비적 경험과 상징』에 많은 예가 들어 있다.[원주24] 이 프랑스 학자가 인용하고 있는 자료의 대부분은 성스러운 대상의 대용으로서의 상징, 혹은 그것과 관계를 설립하는 수단으로서의 상징을 해명하고 있다. 그리고 이와 같은 대용에서는 유치화 과정이 필연적으로 생긴다. 이런 현상은 이른바 '원시인'에게서뿐 아니라 가장 발달한 사회에서도 생겨난다.

[원주23] Eliade, *Les Livres populaires*, p. 74.
[원주24] Lévy-Bruhl, *L'Expérience mystique et les symboles chez les primitifs*, pp. 169~299.

레비-브륄의 저서에서 하나의 예를 살펴보자.

   밤바족 추장의 설명에 의하면, 적도 아프리카의 고지 오고우에(Ogooue)에서는, 양(羊)이 밤에만 풀을 뜯어먹는다. 낮 동안에는 양은 거처를 옮기지 않고 잠을 자든가 반추를 하든가 한다. 원주민은 이 습성을 정주성(定住性)의 상징으로 삼았다. 원주민은, 이 양의 고기를 함께 먹은 자라면 누구든지 새로운 촌락을 세웠을 때 결코 그 촌을 떠나서 다른 곳으로 옮겨 살지는 않을 것이라고 확신하고 있다.[원주25]

   바로 위에서 인용한 접시 바닥에 써놓은 4개의 문자가 변비인 사람을 '정화'할 수 있다는 유치화한 주술의 경우에서와 똑같이 상징은 참여를 통한 구체적인 분유에 의하여 전달된다고 원시인은 생각하고 있다. 그러나 해석의 이와 같은 변종도 원초의 상징을 완전히 소진시킨 것은 아니며, '원시인'이 수미일관한 상징체계에 도달하는 능력을 고갈시켜버리는 것도 아니다. 반복해서 말할 수밖에 없지만 이것은 유치화의 하나의 예에 지나지 않는다. 이 예는 모든 문명화한 종교경험에도 무수히 많다. 원시인도 수미일관한 상징체계, 다시 말하면 우주적, 신학적 원리 위에 세워진 상징체계를 가지는 것이 가능하다는 것은 우리가 이 책의 지금까지의 장에서 검토해온 많은 실례가 증명하고 있다(예컨대 북극 주민, 함족, 핀우고르족 등에 있어서 '중심'의 상징 및 말라카의 피그미족에 있어서의 3개의 우주의 교류 그리고 오스트레일리아인, 오세아니아인 등에 있어서의 무지개, 산악, 우주적인 덩굴식물 등의 상징). 그러나 원시인이나 원시종족의 이론능력에 대하여는 한 번 더 논할 기회가 있을 것이다.

   여기서는 원시사회에도 진화한 사회에도 유치화한 상징체계와 수미일관한 상징체계가 공존하고 있는 것을 주목하도록 하자. 다만 이 유치화가 생기는 원인과, 이 유치화는 인간조건 그 자체의 결과로 단순히 생기는 것인

[원주25] 같은 책, pp. 257~58.

가 하는 문제는 일단 차치하도록 한다. 여기서는 상징이 논리적으로 정합한지 퇴화하여 있는지는 별문제로 하고 모든 사회에서 상징이 여전히 중요한 역할을 하고 있다는 것을 명료하게 보여주면 충분하리라고 생각한다. 상징의 기능은 의연히 불변한 것으로 남아 있다. 즉 상징은 어떤 대상, 어떤 행위를, 속적 경험의 관점에서 보는 것과는 다른 어떤 것으로 변용시키는 것이다. 이미 인용한 예를 한 번 더 참조해보면 옴팔로스든, '중심'의 상징이든, 비취나 진주와 같은 보석이든 혹은 '뱀돌'과 같은 주술적인 돌이든 이 모든 돌은 그것이 어떤 상징을 표현하고 있는 한 인간의 주술종교적인 경험에서 의미가 있는 것이다.

169. 상징과 히에로파니

이런 관점에서 볼 때 상징은 히에로파니의 변증법을 연장한다. 히에로파니에 의해 직접적으로 성별되지 않은 것은 모두 상징을 분유함으로써 성스러운 것이 된다. 레비-브륄이 논한 원시적인 상징의 대부분은 어떤 종류의 성스러운 사물의 대용들이거나 그 성스러운 사물과 관계를 맺는 방법들이다. 일련의 상징적 사물이나 표시는 그것들이 신의 '형태'나 현현(신의 장식, 신의 치장, 신의 표시, 신이 가지고 있는 물체 등) 가운데로 들어가기 때문에 성스러운 가치나 기능을 가지게 된다는 점을 이해하기 위해서는, 예컨대 E. 반 부렌의 「메소포타미아 예술에 있어서 신의 상징」에 기재되어 있는 바와 같은, 전체를 망라한 리스트에 눈을 돌려봄으로써도 충분할 것이다. 그러나 위에서 언급한 신의 장식, 신의 치장, 신의 표시, 신이 가지고 있는 물체 등이 상징의 전체라고 하는 것은 아니다. 신의 역사적인 '형태'가 자리잡기 이전에 이미 상징이 된 것도 있다. 그것은 곧 많은 식물의 상징, 달, 태양, 벼락, 어떤 종류의 기하학적 도형(십자가, 오각형, 마름모꼴, 卍꼴 등)과 같은 것이다. 이상의 상징의 대부분은 메소포타미아의 종교사를 지배하고 있는 신들에게 부속되어 있다. 예컨대 신(Sin, 달의 신)은 초승달 모양을 하고 있고, 샤마시 신은 태양의 원반꼴을 하고 있다. 약간의 상징은 신들에게 부속되지 않고 자율성을 가진 것도 있지만(예컨대 어떤 종류의 무기, 건축의 상징, '3개의 점'의 기호와 같은 여러 가지 기호 등) 대다수의 상징은 상당히 많은 신들에게 부속되어 있다. 그것은 그러한 상징이 메소포타미아의 여러 만신(萬神)들보다도 이전에 있었다는 것을 암시하고 있다. 그리고 또 종교사에서는 어떤 신으로부터 다른 신으로 상징이 전해지는 것은 상당히 일반적인 현상이다. 예컨대 인도에서 '벼락'이며 '다이아몬드'인 바즈라(만물의 지배권, 파괴할 수 없는 견고성, 절대적 실재 등의 상징)는 아그니로부터 인드라, 다음에 석가모니 붓다로 이동하였다. 이와 유사한 예는 많이 들 수 있을 것이다.

이상의 고찰에서 대부분의 히에로파니는 상징이 될 수 있다고 결론을 내릴 수 있다. 그러나 인류의 주술종교적 경험에서 심벌리즘이 가지는 중요한 역할을 이 히에로파니의 상징으로의 변환 가능성에서 탐구할 수는 없다. 즉 상징은 히에로파니를 연장하고 혹은 히에로파니의 대용이 되기 때문에 중요하지만, 단지 이 점 때문만이 아니라 무엇보다도 상징은 히에로파니화의 과정을 계속할 수 있고, 특히 경우에 따라서는 상징이 그 자체로 히에로파니가 되는, 다시 말해 상징은 다른 어떤 현현이 계시하는 것 이상으로 성스러운 실재 혹은 우주론적 실재를 계시하기 때문에 중요한 것이다. 이제 상징에 의해 히에로파니가 어떻게 연장되는지 일례를 살펴보자. 달이 표시된(초승달, 반월, 만월 등) 모든 부적이나 '표장'은 달이 표시되어 있다는 그 사실로부터 효험이 생긴다. 어떤 방법으로든 이 부적이나 표장은 달의 성스러운 힘을 분유하고 있다. 어떤 사람은 그것이 달의 저급한 현현이라고 말할지도 모른다. 그러나 이 왜소화되고 불명료한 것으로 되어버린 에피파니(봉납된 빵 위에 거칠게 표현된 초승달같이)[원주26]가 부적이나 호부(護符)의 중요성을 설명해주는 것은 확실히 아니다. 즉 우리가 그것의

[원주26] 메소포타미아에 대하여는 E. Douglas Van Buren, "Symbols of the Gods in Mesopotamian Art", *Analecta Orientalia*, Rome, 1945, vol. xxiii, p. 3 참조.

중요성을 찾을 수 있는 것은 실제로 상징 그 자체에 있어서이다. 백과 흑(빛과 어둠을 상징한다)을 다양하게 대비시켜 달의 모양을 '상징화'한 중국이나 유라시아 대륙 원시시대의 많은 도기에 묘사된 그림과 장식을 보면, [원주27] 그 과정이 명백해진다. 이 그림과 장식은 모두 주술종교적 기능과 의미를 가지고 있다.[원주28] 그러나 이 그림과 장식들에서 달의 에피파니는 거의 판독될 수 없고 그들에게 의미를 부여하는 것은 달의 상징인 것이다.

그뿐만이 아니다. 히에로파니는 종교경험의 불연속을 전제로 한다(왜냐하면 성과 속 사이에는 항상 어떤 형태로 단절이 있고 또 한편에서 다른 편으로의 이행이 있는데, 이 단절과 이행은 종교생활의 본질을 구성하고 있기 때문이다). 이에 대하여 상징은 인간과 성 사이에 항구적인 연속을 실현한다(비록 인간이 그때그때마다 이 연속을 자각하지는 못하고 다소 막연하게 느끼지만). 몸에 지니고 있는 부적, 비취, 진주 등은 그것을 지니고 있는 사람을 항구적으로 그것들이 표현하는(즉 상징하는) 성스러운 권내로 들어가게 한다. 이 항구성은 다만 주술종교적인 경험에 의하여서는 획득할 수 없는 것이다. 주술종교적인 경험은 성과 속의 단절을 전제로 하기 때문이다. 이미 본 바와 같이(§146), 우주나무, 세계축, 사원 등의 '간편한 대리물'은 항상 중심의 상징(중앙의 기둥, 난로 등)에 의해 표현된다. 주거는 모두 '세계의 중심'이다. 왜냐하면 주거의 상징은 어떤 방법으로든 중심의 상징을 재현하고 있기 때문이다. 그러나 이미 우리가 지적할 기회가 있었던 바와 같이, 그 '중심'은 용이하게 획득하기가 어려운 것이다. 또한 그 중심이 모든 사람의 자유로운 처분하에 놓여 있다는 사실은 내가 '낙원에의 노스탤지어'라고 지칭한, 즉 영원히, 아무 노력 없이, 어느 정도 무의식적으로 성스러운 권내에 이르고자 하는 욕망을 나타내고 있다. 이와 마찬가지로 상징화 작용은 '세계'의 히에로파니화를 무한히 연장하고, 임의의 히

[원주27] Hentze의 연구 참조.
[원주28] Hanna Rydh, "Symbolism in Mortuary Ceramics," *BMAS*, Stockholm, 1929, vol. i, *passim* 참조.

에로파니의 대리물, 대용물을 끊임없이 찾고, 끊임없이 히에로파니를 분유하고자 하는 욕망을 나타낸다. 좀더 적절히 말하면, 이 히에로파니를 우주 전체와 일체화시키고자 하는 경향을 나타내고 있다. 상징의 중요한 기능에 대하여는 이 장 마지막에서 한 번 더 서술하려고 한다.

170. 상징의 수미일관성

엄밀히 말해 '상징'이라는 용어는 히에로파니의 연장으로서의 상징에만, 혹은 다른 주술종교적 형태(의례, 신화, 신상 등)에 의하여는 표현될 수 없는 '계시'를 구성하는 상징에 적용될 수 있을 것이다. 그러나 넓은 의미로는 어떤 것이나, 즉 가장 기본적인 크라토파니(어떤 물체에 구현하여 있는 주술종교적인 힘을 어떤 방법으로 '상징화하는 것')로부터 예수 그리스도에 이르기까지 상징이 될 수 있고 상징의 역할을 수행할 수 있다. 예컨대 어떤 관점에서 보면 예수 그리스도는 인간 가운데 신성이 육화된 기적의 '상징'으로 간주될 수도 있는 것이다.

민족학, 종교학, 철학에서 현재 사용하고 있는 용어법으로는 상징이라는 말에 두 가지 의미를 인정할 수 있다. 우리가 이미 확인한 바와 같이, 그 두 가지 의미는 전인류의 주술종교적 경험에 의하여 뒷받침되고 있다. 그러나 상징의 진정한 성격과 기능은 분명히 히에로파니의 연장으로서의 상징, 또 계시의 자율적 형태로서의 상징을 특별히 연구함으로써 가장 잘 파악되는 것이다. 선사시대나 고대 예술에서의 달의 상징에 대하여는 앞에서 고찰하였다. 그런 식의 그림은 확실히 달의 히에로파니를 연장시키지만, 그러나 전체적으로 보면 그런 그림들은 달의 에피파니 중 어떤 것보다도 더 많은 것을 드러낸다. 그 그림들은 우리에게 달의 다른 모든 에피파니로부터 **달의 상징**을 구별할 수 있게 해준다. 달의 상징은 달의 다른 모든 에피파니가 전체로서 계시하는 것보다 더 많은 것을 계시할 수 있으며 동시에 다른 에피파니가 계기적, 단편적으로 나타내는 것을 동시적, 전체적으로 계시할 수 있다. 달의 상징은 달의 히에로파니의 실제적인 구조를 분명하게 해준다. 달의 동물의 표장인 도철(饕餮, 사람을 먹는다는 악한 동물)이나 곰 등 혹은 '선조'의 얼굴을 구현하고 있는 백과 흑의 그림은 똑같이 달의 모든 특권, 그리고 주기적이고 영원한 생성과정에 있는 우주와 인간의 운명을 계시한다.[원주29]

물의 성성과 물의 우주론, 묵시도 똑같이 물의 상징을 통해 비로소 완전히 계시될 수 있다. 물의 상징은 무수한 히에로파니의 개개의 계시를 통합할 수 있는 유일한 '체계'인 것이다. 물론 물의 상징이 구체적으로 명시되고 있는 곳은 어디에도 없다. 그것은 중심적인 지주가 없다. 그것은 하나의 체계로 통합하는 상호 의존하는 상징의 유형으로 구성되어 있기 때문이다. 그럼에도 불구하고 물의 상징은 현실적이다. 위에서 이미 서술한(§73) 물에 침수하는 상징(세례, 홍수, 아틀란티스 대륙의 침몰), 물에 의한 정죄(세례, 장례의 신주), 우주창조 이전(물, '백련' 혹은 '섬' 등) 등의 수미일관성을 상기하면, 그들이 한층 잘 구성되어 있는 '체계'인 것을 이해하는 데 충분할 것이다. 이 체계는 그 히에로파니의 스케일이 아무리 작다 하더라도 물의 모든 히에로파니에 분명히 내포되어 있지만 상징(예컨대 '홍수'나 '세례')을 통하여 더욱 분명하게 계시되며, 모든 히에로파니에서 드러나는 물의 상징을 통해 가장 전체적으로 계시되는 것이다.

지금까지의 여러 장들을 간략하게 정리해보면, 우리는 천공의 상징 및 대지, 식물, 태양, 공간, 시간 등의 각각의 상징을 취급해온 것이 분명하다. 이들 여러 가지 상징은 히에로파니가 개별적, 국지적, 계기적으로 표시한 것을 더욱 명료히, 더욱 전체적으로, 더욱 고도로 정합적으로 표현해내고 있으며, 그런 한에서 이 상징들을 자율적인 '체계'로 보아도 충분히 정당한 것이다. 그 때문에 나는 검토한 자료가 허용될 때마다 가능한 한 주어진 히에로파니의 심층의 의미에 도달하기 위해 그 고유의 상징의 빛 가운데서 주어진 히에로파니를 해석하려고 애썼던 것이다. 물론 그것은 기본적인 히에로파니로부터 자의적으로 어떤 종류의 상징을 '연역하는' 그런 문제는 아

[원주29] Hentze의 연구 참조.

니다. 또한 고대 말기에 태양의 상징에 대하여 그랬던 것과 같이(§46), 상징을 더욱 논리적으로 정합시키고 명료히 하기 위해 그것을 합리화시키는 문제도 아니다. 히에로파니가 함의되어 있는 상징의 틀에서 각각의 개별 히에로파니를 보는 것은 원시인의 심성에서 정상적인 경험이며, 그 심성을 분유하는 자는 누구나 모든 소재 가운데서도 그 상징체계를 참으로 볼 수 있었을 것이다. 다른 측면으로 그 상징체계를 보지 못했거나 혹은 유치한 상징으로밖에 이해할 수 없었다 하더라도 그런 사실이 상징의 구조의 유효성을 손상시키는 것은 아니다. 왜냐하면 상징은 이해되든지 이해되지 않든지 하는 것과는 무관하기 때문이다. 상징은 모든 타락에도 불구하고 그 자체의 견고한 구조를 가지고 있으며, 오랫동안 망각되어 있을 때라도 그 구조를 계속 보존하고 있다. 그 증거로 수천 년 동안 의미를 잃어버린 선사시대의 상징도 후에 그 의미가 '재발견'되고 있는 것이다.

현대의 '미개인'이, 가령 침례란 것이 대륙이 해양 밑으로 침몰하는 것이나 홍수에 대응하고, 또 그것이 '새로운 형태'의 재현을 위해서 '고형'(古形)의 소멸을 상징하고 있는 것이라고 이해하고 있든 그렇지 못하든 관계는 없다. 종교사에서 중요한 것은 다음의 한 가지 점이다. 즉 사람이나 대륙을 물에 잠기게 하는 것, 그리고 그 침례의 우주적, 종말론적인 의미는 이미 신화나 의례 가운데 존재한다는 것, 그리고 그 신화나 의례는 모두 수미일관하다는 것, 환언하면 그들은 어떤 의미에서 그들 모두보다 선재(先在)하는 체계를 형성하고 있는 것이다. 그래서 우리에게는, 곧 분명하게 이해되리라 믿지만, '상징의 논리'라는 말을 사용하는 근거가 주어진다. 이 논리는 주술종교적인 상징에서만이 아니라 인간의 잠재의식적, 초의식적 활동에 의하여 표현되는 상징에서도 확인되는 것이다.

상징의 특징의 하나는 그것이 계시하는 의미의 동시성이다. 달이나 물의 상징은 현실의 모든 차원에서도 유효하며, 그리고 그 다가성이 동시에 계시된다. 예를 들면 빛과 어둠의 조합은 동시에 우주의 낮과 밤, 어떤 형태의 출현과 소멸, 죽음과 부활, 우주의 창조와 해체, 잠재와 현재(顯在) 등을 상징한다. 하나의 상징 안에 함께 들어 있는 이와 같은 의미의 동시성은 본래의 종교생활의 영역 밖에서도 똑같이 확인된다. 이미 살펴본 바와 같이 (§166), 중국에서 비취는 주술종교적인 기능을 수행하거나 나타내지만, 이 기능이 비취의 상징의 전체를 이루고 있는 것은 아니다. 비취는 동시에 상징언어의 가치를 지니고 있으며, 그래서 어떤 여성이 비취를 몸에 지니면 그 돌의 수, 배열, 색 등은 그 여성을 우주나 계절과 결부시킬 뿐만 아니라 여성과 그것을 '일체화'시키며, 그래서 그 여성이 하녀인지 기혼녀인지 혹은 과부인지를, 또 어떤 사회계급이나 가정에 속하는지, 어떤 지방 출신인지, 그녀의 약혼자나 남편이 여행중인지 어떤지 등을 명시하는 것이다. 자바에서는 바티크(batik)라는 염색물이 이와 마찬가지로 그 디자인이나 색에 따라 그것을 몸에 지니고 있는 사람의 성별, 사회적 신분, 그것을 부착할 때의 계절이나 '경우' 등을 표시한다.[원주30] 똑같은 체계는 폴리네시아 모든 지역에서도 발견된다.[원주31]

이와 같이 상징은 공동체의 성원에게는 이해되지만 국외자들에게는 이해되지 않는 언어로 나타나고 있다. 그러나 모든 경우에서 이 '언어'는 그 상징을 몸에 부착하고 있는 자의 사회적, '역사적', 정신적 조건을, 또 그 사람의 사회 및 우주와의 관계를, 동시에 동일한 정도로 표현하는 것이다 (어떤 종류의 비취나 바티크 염색물은 봄에 농경작업 전날에, 춘분이나 추분에, 하지나 동지 등에 몸에 부착한다). 요컨대 의복의 상징은 그 인물을 한편에서는 우주와 결부시키고 또 한편에서는 그 인물이 성원으로 있는 공동체와 결부시켜 다른 성원에 대하여 그 인물의 근본적인 신원을 분명하게 표시해준다. 다양한 의미의 동시적 표현, 우주와의 연결, 사회에서의 신분의 명시라는 여러 가지 기능은 동일한 비약, 동일한 지향을 나타내고 있다. 이 모든 기능은 공통의 목적, 즉 사회와 우주 안에서 인간이 '부분'으로 있는 한계의 폐기와 인간이 더욱 광대한 단위인 사회와 우주에 통합되는 것

[원주30] Mus, *Barabudur*, vol. i, p. 332.
[원주31] Sayce and March, "Polynesian Ornament and Mythography; or, a Symbolism of Origin and Descent," *JRAI*, 1893, vol. xxii, *passim*.

을 향해 수렴된다. 그것은 인간의 근본적인 신원과 그 사회적 신분을 명확히 하는 것을 통해, 또 우주의 리듬과 연결하는 것을 통해 이루어진다.

171. 상징의 기능

이 통합화의 기능은 확실히 대단히 중요하다. 그것은 인간의 주술종교적 경험에 있어서 중요할 뿐만 아니라, 인간의 경험 일반에 있어서도 중요하다. 상징은 어떤 영역에 있어서든지 간에 현실의 몇 개의 영역에 대한 근본적인 일치를 계시한다. 여기서 물과 달의 상징에 의하여 실현되고 있는 광범한 '통합화'를 다시 언급할 필요는 없을 것이다. 이 통합화에 의해서 많은 생물, 인간, 우주적인 면이나 영역이 몇 개의 원리에 일치하는 것이다. 첫째로, 상징은 사물을 속적 경험으로 나타나는 것과는 다른 어떤 것으로 변하게 함으로써(예컨대 어떤 돌은 '세계의 중심'의 상징이 된다) 히에로파니의 변증법을 계속한다. 둘째로, 사물은 상징이 되고, 초월적 실재의 기호가 됨으로써, 그 사물 자체의 구체적인 한계를 폐지하고 고립된 단편이 되는 대신 전체의 체계 중에 통합된다. 더 적절히 말하면, 사물은 그 불안정성, 단편적 성격에도 불구하고 그 자체가 상징의 체계를 구현하는 것이다.

요약해서 말하면, 어떤 사물이 상징이 되면 그것은 '전체'와 일치되어가는 경향이 있다. 이와 같이 히에로파니는 모든 성을 구현하고, 히에로파니 그 자체만으로 성스러운 힘의 모든 표명을 포괄하려는 경향이 있다. 베다 시대의 제단에 있는 돌도 프라자파티(조물주)가 됨으로써 전체 우주와 일치하려는 경향이 있다. 이와 같이 모든 지방적 여신은 대여신이 되고, 마침내는 가능한 한 성을 모두 병합해버리려는 경향이 있다. 이와 같은 종교'형태'의 '제국주의'는 후에 이 책의 후속편에서 그 '형태'를 연구할 때에 더욱 명확히 확증할 것이다. 여기서는 이 병합주의적 경향은 상징의 변증법에서도 발견된다. 그 이유는, 어떤 상징이든 가능한 한 많은 인간적, 우주적 경험의 층이나 영역을 통합하고 일체화시키려고 할 뿐만 아니라, 가능한 한 많은 사물, 상황, 양태를 자신과 일체화시키려고 하기 때문이다. 물이나 달의 상징은 생명과 죽음에 관계되는 것, 즉 생성과 '형태'에 관계되는 것은 무엇이나 통합하려고 한다. 진주와 같은 상징은 그 단독으로 생명, 여성, 풍요의 모든 에피파니를 구현함으로써 달과 물의 이 두 가지 상징을 표현하려고 한다. 이와 같은 '통합화'(unification)는 혼동(confusion)과는 확실히 다르다. 상징은 한 차원에서 다른 차원으로, 어떤 양태에서 다른 양태로의 이행을 가능하게 하는데 그에 의해서 모든 면, 모든 차원을 통합하지만 결코 그것을 융합시키는 것은 아니다. '전체'와 일치하려는 경향은 '모든 것'을 하나의 단순한 체계에 통합시키고, 다양성을 될 수 있는 한 명료한 것이 되도록 하면서 유일의 '상황'으로 환원시키려는 경향으로 이해해야만 한다.

나는 다른 논문[원주32]에서 묶는 줄(기반), 매듭, 망(網)의 심벌리즘에 대하여 논하였다. 그 글에서 내가 다룬 것은 다음과 같은 것이었다. 브리트라가 물을 '결박하는' 것의 우주론적인 의미와 바루나의 '묶는 줄'의 우주지배적인 의미, 그리고 실제의 망이나 주술적인 묶는 줄로 적을 '결박하는' 것, 사체를 묶어 가두는 것, 지하세계의 신이 인간이나 죽은 자의 혼을 망으로 묶는 신화, '포박당한' 혹은 '사슬에 묶인' 인간들의 상징(인도, 플라톤), 실의 미궁을 푸는 상징, 삶의 문제를 해결하는 상징 등등을 생각해보았다. 그리고 나는 우리가 주술종교적인 생활의 여러 차원(우주론, 두려운 주권자의 신화, 공격적 혹은 방어적 주술, 죽음의 신화, 가입의례의 드라마 등)에서 다소 완전하게 표현된 동일한 상징적 유형을 만나게 됨을 밝혔다. 결국 모든 경우에 있어서 주술종교적 경험의 모든 면에서 표현되기를 갈망하는 원형이 문제가 되었다. 그러나 이보다도 의미가 깊은 것은 '결박하는' 것과 '푸는' 것의 상징이 세계 안에 있는 인간의 한계상황, 다른 어떤 히에로파니에 의해서도 계시될 수 없는 상황을 계시하고 있다는 것이다. 인간이 우주에서의 자기의 상황을 충분히 자각하고 그것을 수미일관하게 표현할 수 있

[원주32] Eliade, "Le 'Dieu lieur' et le symbolisme des mœuds," *Images et Symboles*, ch. iii.

는 것은 오로지 이 묶는 줄의 상징을 통하여서만 가능하다고 말할 수 있을 것이다. 그뿐 아니라 이 상징체계의 구성은 모든 '조건지어진' 모든 인간 ('포박되는' '주술로 묶이는' 혹은 단지 자기 자신의 운명에 직면하는 인간) 의 상황의 단일성과 동일성의 논리적 필연성을 확실하게 보여주고 있는 것이다.

172. 상징의 논리

그리하여 우리는 '상징의 논리'라는 것에 대하여 정당하게 말할 수 있다. 그것은 상징이 어떤 성질의 것이든, 어떤 차원에서 표현되는 것이든 항상 수미일관하고 체계적이기 때문이다. 이 상징의 논리는 종교학 고유의 영역을 넘어서서 철학의 문제에까지 위치를 차지하고 있다. 앞에서 '승천'의 상징을 연구할 때 이미 언급했다시피 이른바 무의식의 창작(꿈, 백일몽, 상상력, 정신병리적 창작 등)은 일면 승천 신화나 의례와 동등시되고 또 일면 승천의 형이상학과 동등시될 수 있는 구조와 의미를 나타낸다.[원주33] 실제로 무의식의 자연발생적인 창작(예컨대 승천의 꿈 등)과 각성상태에서 만들어지는 이론체계(예컨대 영적 고양과 승천의 형이상학) 사이에는 연속성이 단절되지 않고 있다. 여기에서 우리는 다음 두 가지 문제에 직면한다. ① 무의식(subconscious)만으로 논할 수 있을 것인가? 오히려 '초의식'(trans-conscious)의 존재를 전제하는 것이 더 정확하지 않을까? ② 무의식의 창작은 의식적 창작과는 다른 구조를 나타낸다고 말할 수 있을 것인가? 그러나 이 두 가지 문제는 그 고유의 관점으로, 즉 철학의 문제로 논해야만 할 것이다.

그러나 우리는 한 가지 점만을 강조하고자 한다. 즉 많은 무의식의 창작은 어떤 의미에서 원형의 모사적 혹은 모방적인 성격을 나타내고 있는데,

---

[원주33] "Dūrohana and the 'Waking Dream'," *Art and Thought*, London, 1947, pp. 209~13 참조.

이 원형은 전혀 무의식의 영역의 투영만은 아닌 것처럼 보인다는 것이다. 꿈이나 정신병은 그 자체로서 완전히 지적인 이해가 가능하고 아무런 내적 모순을 포함하지 않고, 아주 논리적인, 따라서 의식적(또는 초의식적) 활동에서 생기는 정신적 활동과 똑같은 형태를 취한다. 이 현상은 일반적으로는 히에로파니의 문제, 특수하게 상징의 문제를 해명하는 데 어떤 빛을 비춰주고 있다. 종교사에서는 거의 어디서나 원형의 '쉬운' 모방이라는 현상을 보게 된다. 나는 이 현상을 유치화라고 이름붙였다. 그러나 우리는 유치화는 히에로파니를 무한히 연장하는 경향이 있음을 보아왔다. 다시 말하면, 유치화는 성스러운 것을 모든 단편 가운데도 존재시키려 하고, 궁극적으로는 '전체'를 가장 미소한 하나의 단편 가운데 존재시키려 한다. 이와 같은 경향은 그 자체로서는 이례적인 것은 아니다. 왜냐하면 사실상 성은 속적인 현실과 일체화하는 경향이 있기 때문이다. 즉 전체 창조물을 변용시켜 성별하려고 하는 경향이 있기 때문이다. 그러나 유치화는 거의 언제나 용이성(facility), 기계성(automatism), 그리고 가끔 작위성의 성격을 가지고 있다. 그러므로 무의식의 창작 가운데서 의식 혹은 초의식의 활동구조를 모방하려는 경향과, 유치화 작용이 히에로파니를 무한히 연장하고 그것을 모든 차원에서 기계적으로 저속하게 반복하려는 경향 사이에는 평행관계를 세울 수 있을 것이다. 이러한 경향에서 공통으로 가지고 있는 것은 용이성과 기계성의 두 가지 특징이다. 그러나 우리는 여기서 또 그 밖의 것을 읽을 수 있다. 즉 창조물을 통일화하고 다양성을 없애고자 하는 욕망이다. 이 욕망은 또 이성의 활동의 모방이기도 하다. 왜냐하면 이성은 현실을 통일하고, 따라서 궁극적으로는 창조를 폐지하려고 하는 경향이 있기 때문이다. 그러나 무의식의 창작이나 히에로파니의 유치화는 오히려 휴식으로 향하고자 하는, 물질의 최초의 상태인 '타성'(inertia)의 회복을 바라는 생명의 운동과 관계가 있다고 하는 것이 더욱 좋을 것이다. 생명은 휴식, 안정, '단일성'을 지향하면서 다른 수준에서 그리고 다른 변증법적 필연성의 부분으로서 통일화와 안정화를 향해 비약하는 정신을 모방한다.

이상의 고찰이 적합하게 세워지기 위해서는 일련의 완벽한 주석이 필요하겠지만, 여기에서는 그 개략을 서술하는 것조차도 바랄 수 없다. 다만 내가 여기서 간략하게 주석을 시도해본 것은, 그것들이 전체로서 히에로파니를 안이하게 대치하는 경향과 심벌리즘이 주술종교적 생활에서 가지는 극히 중요한 역할을 이해하는 데 도움을 주기 때문이다. 소위 **상징적 사고**는 인간이 현실의 모든 차원을 자유롭게 순환하는 것을 가능하게 한다. '자유로운 순환'이라는 것도 충분한 표현은 아니다. 이미 본 바와 같이 상징은 여러 가지 다양한 차원과 표면적으로는 다른 것으로 환원될 수 없을 듯한 현실을 일체화하고 동화하고 통일화하고 있다. 그뿐만이 아니다. 주술종교적인 경험은 인간 그 자신을 상징으로 변하게 할 수 있다. 모든 체계, 인간 - 우주적인 모든 경험은 인간 자신이 상징이 되는 한에서 가능한 것이다. 이 경우에 인간 자신의 생활이 풍부해지고 확대된다. 그때 인간은 이제 자기가 '갇힌' 단편이라고 느끼지 않고, 주위의 다른 살아 있는 우주를 향해 열려 있는, 살아 있는 하나의 우주라고 느끼는 것이다. 대우주적 경험은 이제 자기 밖에 있는 어떤 외부의 것이 되지 않는다. 즉 '이질적'이고 '객관적'인 것이 되지 않는다. 그 경험은 인간을 인간 자신으로부터 소외시키지 않으며, 반대로 인간을 인간 자신으로 돌아오게 하여 인간 고유의 실존과 고유의 운명을 계시하는 것이다. 우주적 신화, 일체의 의례적 생활은 따라서 원시인의 실존적 체험으로서 나타난다. 원시인은 자기를 잃어버리지 않으며, 그들이 신화와 자기를 일치시켜 의례에 참가할 때 자기가 존재한다는 것을 잊어버리지 않았다. 오히려 원시인은 그때 그 자신을 재발견하고 자기를 이해했던 것이다. 왜냐하면 그 신화와 의례는 궁극적으로는 그가 자신의 존재 안에서 실재로서 깨닫게 되는, 그러한 우주적 실재를 표현하기 때문이다. 원시인에게는 현실의 모든 차원이 완전히 열려 있어서, 예컨대 별이 반짝이는 밤하늘을 **바라보기만** 하고 느끼는 감동이 현대인이 느끼는 가장 '내밀한' 개인적 체험과 같이 강렬하다. 그것은 무엇보다도 상징의 운동 덕분이겠지만, 원시인의 **진정한 실존**은 결코 현대 문명인이 직면한 단편적이고 소외된 실존은 되지 않는다.

결론

    이 책의 처음에서(§1), 성에 대해 내가 내린 가장 단순한 정의 '성은 속과 대립하는 것'이라는 명제가 올바르다면, 그 이하의 장에서 논한 히에로파니의 변증법은 속적인 영역을 끊임없이 축소시키고 마침내 그것을 폐지해버리는 경향이 있다는 점 또한 사실일 것이다. 어떤 최고의 종교경험은 성을 우주 전체와 동일시한다. 많은 신비가들에게 우주 전체는 그 자체가 히에로파니가 된다. 『마하니르바나 탄트라』는 대단히 유서 깊고 잘 알려진 인도의 격언을 인용하여 "전우주는 범천(Brahma)으로부터 하나의 초목에 이르기까지 '그의' 다양한 형태이다"[원주1]라고 되어 있다. 이 '그', 즉 범아일여(Ātman-Brahman)는 어디서나 모습을 나타낸다.

  [원주1] *Mahānirvāṇa Tantra*, ii, 46.

그는 한사(Haṁsa)로서 순수한 (하늘)에 앉아 있고, 빛나는 (신)으로서 공기중에 앉아 있으며, 제사의식의 집행자로서 제단에 있고, 주인으로서 거주하고 있다. 그는 인간의 집 가운데 있고, 서원(誓願) 가운데 있고, 법 가운데 있고, 창궁(蒼穹)에 있다.[원주2]

옳고 그름은 별문제로 하고 단순히 '범신론'이라고 부르는 것 이상의 것이 있음은 '생명의 신비'에 관하여 언급한 레옹 블로이의 다음 문장 가운데서 증명되고 있다.

……생명의 신비는 예수이다. 우리는 생명이다(Ego sum Vita). 생명은 인간 안에 있든 동물 안에 있든 식물 안에 있든 그것은 항상 생명인 것이다. 따라서 죽음이라고 불리는 순간, 손에 잡을 수 없는 순간이 올 때 나무로부터든 인간으로부터든 철수하는 것은 항상 예수이다.[원주3]

이 사상은 통상적인 의미에서의 '범신론'이 아니라 말하자면 '범유론'(panontism)에 속하는 것이 분명하다. 레옹 블로이가 말하는 예수, 인도의 전통에서 말하는 범아일여는 존재하는 모든 것 안에, 다시 말하면 절대적으로 존재하는 모든 것 안에 있다. 이미 몇 번 확증한 바와 같이, 고대의 존재론에서의 **실재**는 무엇보다도 '힘', '생명', 풍요, 풍부와 동일시될 뿐 아니라 이질적이고 기이한 것, 다시 말하면 가장 충실하게 존재하는 것, 이례적인 존재양태를 표명하고 있는 것 모두와 동일시된다. 성성(聖性)은 무엇보다도 우선 **실재적**이다. 인간은 종교적이 되면 될수록 차츰차츰 실재적이 되고 의미를 결한 비현실성으로부터 차츰 떠나게 된다. 따라서 인간은 생활 전체를 '성별'하려는 경향을 갖게 된다. 히에로파니는 우주를 성화(聖化)한다. 의례는 생활을 성화한다. 이 성화는 또한 간접적으로 생활 자체를

[원주2] *Katha Upaniṣad*, v. 2.
[원주3] Léon Bloy, *Le Mendiant ingrat*, vol. ii, p. 196.

의례로 변화시킴으로써 획득될 수 있다.

인간에게 있어서 배고픔, 갈증, 금욕은 (공희에서의) 성별식(聖別式) 딕샤(dikṣā)에 해당한다. 음식, 마실 물, 쾌락은 인간에게 있어서 우파사다(upasāda)라고 하는 의식에 해당한다. 웃음, 환대, 사랑은 찬가와 영창(stuta-Śāstra)에 해당한다. 고행(tapas), 보시, 정직, 불살생(ahiṁsā)과 진리에 대한 외경은 (의례를 집행하는 승려에게 바치는) 제물에 해당한다. [원주4]

이 책의 후속편에서 의례의 구조와 기능을 취급할 때 생리적, 심리적 활동이 의례적 활동으로 변하게 되는 메커니즘에 대해 서술할 기회가 있을 것이다. 물론 종교적 인간의 이상은 그가 행하는 모든 것이 의례적으로 행해져야 한다는 것, 다시 말하면 그의 행위가 모두 공희가 되어야 한다는 것이다. 모든 고대사회 또는 전통적 사회에서 모든 사람에게 사명이 되는 행위는 이러한 종류의 공희였다. 이런 의미에서 모든 행위는 종교적 행위가 되기가 쉽다. 마치 모든 자연적 사물이 히에로파니가 되기 쉬운 것과 같다. 말을 바꾸면, 어떤 순간이나 위대한 시간 가운데로 삽입될 수 있으며, 따라서 인간존재를 영원 가운데로 투사할 수 있다는 것이다. 그러므로 인간존재는 평행하는 두 면에서 동시에 실현되고 있다. 즉 시간, 생성, 환영의 면과 영원, 실체, 실재의 면이다.

한편 반대의 방향, 즉 성에 대한 저항이라는 경향도 관찰할 수 있다. 그것은 바로 종교적 경험의 핵심에서 나타나는 저항이다. 매료되는 것과 동시에 반발되고, 은혜스러움과 동시에 위험하다고 느끼는 성에 대한 인간의 양면적 태도는 성 그 자체의 양면성에 의하여 설명될 뿐만 아니라, 똑같은 강도로 매료됨과 동시에 공포를 느끼는 초월적 실재에 대한 인간의 자연적 반응에 의해서도 설명된다. 이 저항이 가장 명료하게 보이는 때는 인간이

[원주4] *Chāndogya-Up.*, iii, 17, 1~4.

성의 **전면적인 요구**에 직면하게 될 때나, 인간이 완전히 그리고 영구히 성스러운 가치에 집착하든가 혹은 그 성스러운 가치에 대하여 불확실한 태도를 취하든가 하는 고도의 결정을 내려야만 할 때이다.

성에 대한 이러한 저항은 실존적 형이상학의 관점에서 보면 **실재로부터의 도피**(a flight from reality)에 해당한다. 역시 실존적 형이상학의 관점에서 속이나 환영, 무의미에 대응하는 것은 '일반적'인 것들이다. '중심으로의 여행'이라는 상징은 현대의 형이상학 용어로는 자신의 본질의 중심으로의 여행, 비실재적인 것으로부터의 탈출이라는 말로 번역될 것이다. 성에 의하여 모든 생활이 근본적으로 점유되는 것에 대한 저항은 그리스도교 내부에서도 표명되고 있다. 교회가 지나친 종교경험, 특히 신비적인 체험으로부터 인간을 지키고, 속적 생활이 전면적으로 폐지되어버리는 위험을 방지해야만 한다는 것은 이상한 일이 아니다. 내가 이 책의 후속편에서 분석하려고 하는 이 저항의 실례는 '역사'에 의하여 연출된 본질적 역할에 대한 성장하는 자각, 그리고 인간생명의 가치는 특히 가장 발달한 종교들에 있어서는 그 역사 안의 존재, 역사를 만드는 능력에 도달하는 경향을 가진다는 사실의 점증하는 중요성을 어느 정도 나타낸다. 가장 초기 단계의 종교에서도 그 생명가치에 부여된 중요성을 인정하였다. 즉 동적이고 조직적이고 번식력이 있는 신들이 어떻게 무대 전면에 나타나게 되었는지를 상기해 보자(§26 이하). 시간이 지남에 따라 생명가치의 매력은, 특히 이러한 인간적인 가치, 궁극적으로는 역사에 대한 흥미를 한층 강화시키는 형태를 취하면서 차츰차츰 강화되어왔다. 역사적 존재로서의 인간존재는 직접적으로 종교적인 가치가 아니라고 하더라도 최소한 '초인간적'인 가치를 지니고 있다. 이 책의 후속편에서 '역사'는 어느 정도까지 성화될 수 있고, 반대로 종교적 가치는 어느 범위까지 역사화되는가 하는 문제를 검토해보려고 한다. 그러나 지금도 우리는 '낙원의 노스탤지어'나 중요한 종교경험과 상징의 '간편한 대리물'이 이 문제해결의 방향을 어떻게 찾아야 하는가를 지시해주고 있음을 알 수 있다. 왜냐하면 이 '노스탤지어'나 '간편한 대리물'은, 역사적 인간은 그 자신이 성스러운 경험에 전면적으로 몰입되어버리는 것에 대해 뿌리깊은 혐오감을 가지고 있다는 사실을 보여줄 뿐만 아니라 한편으로는 이와 같은 경험을 전체적으로 포기해버리는 그의 무능력도 보여주고 있기 때문이다.

이 책에서 나는 종교현상을 역사적 관점에서 연구하는 것을 피하고 종교현상 그 자체를 히에로파니로 취급하였다. 이 때문에 가령 물의 히에로파니의 구조를 해명하기 위해 나는 그리스도교의 세례와 나란히 오세아니아, 아메리카 혹은 고대 그리스-오리엔트의 신화와 의례를 제시하였는데 그들 사이의 차이, 즉 역사는 일체 무시하여버렸다. 우리의 주의가 직접 신자에 대한 종교적 의미로 향하고 있는 한, 역사적 관점의 무시는 정당화된다. 물론 이것은 이 책의 처음부터 인정하고 있던 바이지만(§1), 히에로파니가 히에로파니로서 현현한 최초부터 '역사적'이 아닌 히에로파니란 존재하지 않는다. 인간은 성의 계시를 자각한다는 단순한 사실로부터 그 계시가 어떤 면으로 작용하든지 간에 역사적이 된다. 인간이 그의 욕구가 일으키는 대로 성을 경험하자마자 역사는 개입하게 된다. 히에로파니를 조작하고 그것을 전달하는 것이 또한 히에로파니의 '역사화'를 한층 강화시켜준다. 그럼에도 불구하고 히에로파니의 구조는 동일한 채로 남아 있으며, 그리고 이 항구성 자체가 히에로파니를 인식시켜주는 것이다. 천공신은 무수한 변천을 거쳤겠지만 그 천공적 성격은 또한 영구적 요소이며, 그 인격의 항상성은 그대로 남아 있다. 풍요신의 신상에서도 무수한 융합이나 부가가 생겨나고 있지만, 그럼에도 불구하고 그 대지적 성격, 식물적 성격은 조금도 손상되지 않는다. 더 자세히 말해보자. 가능한 한 그 자신의 진정한 원형에 가까워지려고 하지 않는 종교적 형태는 하나도 존재하지 않는다. 다른 말로 하면, 가능한 한 '역사적'인 부가물이나 침전물을 벗어나려고 하지 않는 종교적 형태는 하나도 존재하지 않는다고 해도 지나친 말은 아닐 것이다. 가령 모든 여신은 대여신의 원형이 지니고 있는 모든 속성이나 기능을 합체함으로써 대여신이 되는 경향이 있다. 그래서 우리는 종교적 사물의 역사에서 이중의 과정을 기록할 수 있다. 한쪽은 히에로파니의 연속적이고 전격적인 출현으로, 따라서 우주 안에서 성의 표명이 극도로 단편화하는 결과를 가져오는 것이다. 또 한쪽은 가능한 한 원형을 구현하며 고유의 구조를 완전히 실현하려고 하는 히에로파니의 본래적인 경향에 의하여 원래의 히에로파니를 통일화하는 것이다.

절충주의(syncretism)를 몇 개의 고도로 발달된 여러 종교 간의 접촉의 결과로써만 생길 수 있는 후기의 종교현상으로 보는 것은 잘못일 것이다. 절충주의는 종교생활의 전 과정에서 어떤 시점에서나 보일 수 있는 것이다. 모든 농경신이나 부족신은 인접한 신의 여러 형태를 동화하고 그것과 일체화하려는 오랜 과정의 완성으로 생겨난 것이다. 그러나 다음과 같은 것을 지금부터 강조하지 않으면 안 된다. 즉 이러한 동화나 융합은 역사적 사정(두 인접한 부족 간의 상호침투, 영토의 귀속 등)에만 그 원인을 돌릴 수 없고, 그 과정은 히에로파니의 변증법적 성격 자체의 결과로써도 생겨난다. 히에로파니는 유사한 또한 상이한 종교형태와의 접촉에 의해 생기는 것이든 혹은 그것으로 생기는 것이 아니든 간에, 그것이 히에로파니로서 계시되는 모든 사람의 종교의식에서 가장 완전하고 충실하게 나타나는 것이다. 이러한 사실은 종교사가 미치는 곳 어디서나 발견할 수 있는 현상을 설명해주고 있다. 즉 모든 종교형태는 성장하고 정화되고 고귀하게 될 가능성을 지니고 있다는 현상이 설명되고 있다. 예컨대 부족신이 새로운 에피파니에 의해 일신교의 신이 될 가능성이 있으며, 지방의 많은 여신들이 우주의 어머니로 변용할 가능성이 있다.

이와 같은 통합화와 단편화, 일체화와 분리, 편력과 저항 내지 반발 같은 일견 모순되는 움직임은 모두 성에 접근하고 성을 조작하는 모든 기법(기도, 공물, 의례 등)을 검토하면서 종교현상의 역사라는 문제에 착수하게 될 때 더욱 쉽게 이해될 것이다. 이 연구는 이 책의 후속편으로 돌리려 한다. 그리고 이 책의 마지막 부분에서 내가 분명히 하고 싶은 것은 원시시대부터 이미 인간의 종교적 태도의 거의 전부가 인간에게 주어졌다는 사실이다. 어떤 관점에서 보면 '원시인'과 그리스도교도 사이에는 단절이 존재하지 않는다. 오스트레일리아의 추링가(churinga, 토템풍의 마귀를 쫓음)든 로고스의 수육이든 거기에서 히에로파니의 변증법은 동일하다. 어느 경우였거나 우주의 한 단편 가운데 있는 성의 표명이 문제가 되고 있다. 양자 안에서 에피파니의 '인격성'과 '비인격성'의 문제가 암암리에 제기되고 있다. 이미 살펴본 바와 같이(§8), 기본적인 히에로파니(마나처럼)의 경우에는 인격적 구조를 가진 성의 계시에 접하고 있는 것인지 비인격적인 구조의 성의 계시에 접하고 있는 것인지 확실히 보여줄 수단이 반드시 존재하지 않는다. 대부분의 경우에는 양쪽의 구조가 공존하고 있다. 왜냐하면 '원시인'은 인격적-비인격적이라는 대립보다는 실재적(힘 등)-비실재적이라는 대립에 훨씬 더 관심이 있었기 때문이다. 우리는 가장 발달한 종교나 신비주의에서 무수한 정식으로 표현되고 있는 이와 동일한 양극성을 보게 될 것이다.

중요한 종교적 태도는 인간이 우주 가운데서 실존적 상황을 자각하는 순간에 한꺼번에 주어지지만, 그렇다고 해서 '역사'가 종교경험 그 자체에 아무런 영향도 미치지 않는다는 것은 아니다. 오히려 그 반대이다. 인간의 생활에서, 특히 그 물질생활에서조차 생기는 모든 일은 그 종교경험에도 반향을 미친다. 수렵, 농경, 야금 등의 기술의 발견은 인간의 물질생활을 변화시켰을 뿐만 아니라 아마도 그 이상으로 인간의 정신생활도 풍부하게 하였다. 예컨대 농경은 전(前)농경사회에서 생겨난 것 이상으로 일련의 계시를 가능하게 하였다. 물론 경제적, 사회적 변화 그리고 역사적 사건도 그것만으로는 종교적 현상 자체를 충분히 설명할 수는 없다. 그러나 물질적 세계에서 생겨난 변화(농경, 야금 등)는 현실을 이해하는 새로운 수단을 정신에 계시해주고 있다. 역사가 종교경험에 영향을 미치고 있다면, 그것은 그러한 역사적 사건이 인간에게 지금까지 알려지지 않았던 상이한 존재방식을 제시하고 자기발견을 하도록 하며, 우주에 주술종교적 가치를 부여해주고 있다는 의미에서이다. 하나의 예를 살펴보자. 차라투스트라에 의해 기도된 종교개혁의 근본 요소 가운데 하나는 피 흘리는 동물공희에 반대한 것이었다.[원주5] 이러한 태도는 무엇보다도 유목생활로부터 농경생활로 발

[원주5] 원초의 황소에 대한 찬가, Yasna, 29 : 소에 대한 존숭(尊崇) Yasna, 12, 1 등

전하는 사회의 경제적 이해에 의하여 생겨났음이 분명하다. 그러나 이 역사적 사건은 차라투스트라에 의하여 그 종교적인 의미와 중요성이 부여되었다. 그에 의하여 피 흘리는 공희를 폐지하게 되었는데, 그것은 영적 규율과 고양을 위한 수단으로 변화하였다. 즉 이러한 형태의 의례를 폐지함으로써 명상에의 새로운 길이 열렸다. 요컨대 역사적 사건은 새로운 종교경험과 새로운 정신적 가치의 발견을 가능케 하였다. 진화는 쉽게 역행을 수반하리라는 것은 말할 필요도 없다. 즉 '역사'가 그 사회에 도입한 변화의 결과로써 원시사회의 고상한 종교경험을 획득하기란 점점 더 어렵게 되었다. 어떤 경우에 절대적인 정신적 파국이 생긴다고 하는 것은 지나친 과장이 아니다(예컨대 고대사회가 식민지주의적인 반(半)산업화된 사회의 경제구조에 흡수되어버린 경우 등).

그러나 역사는 새로운 종교경험을 촉진하거나 혹은 마비시키거나 하긴 해도 종교경험의 필연성을 최종적으로 폐지하는 것은 절대로 아니다. 참으로 히에로파니의 변증법은 모든 종교적 가치의 자발적이고 완전한 **재발견**을 가능케 한다. 이 경우, 그것들을 발견하는 사회나 개인이 어떠한 역사적 단계에 있고 그것들이 무엇인가 하는 것은 문제가 되지 않는다. 그러므로 최종적인 분석을 해보면, 종교사는 그러한 가치의 상실과 재발견의 드라마라는 의미로 표현될 수 있다. 더욱이 이와 같은 가치의 상실과 재발견은 최종적인 것이 아니며, 또 결코 최종적인 것이 될 수도 없다.

참조.

● 옮긴이의 말

 이 책은 오래 전에 2년 이상의 시간을 끌면서 번역했던 것을 이번에 다시 개정판을 내게 된 것이다. 지금의 한글세대를 위해서 한글전용으로 했고 내용을 평이한 문장으로 바꾸었으며 잘못된 오자를 바로잡는 일을 하였다. 주지하는 바와 같이 이 책은 엘리아데의 주저이다. 독특한 종교학 용어들이 많이 나오기 때문에 번역에 많은 애를 먹었다. 필자가 2년 이상의 시간을 끌면서 이 책을 번역하는 데 집착한 것은, 이 책은 엘리아데가 파리 대학에서 종교사학을 강의할 때 씌어진 것으로서 그의 생애에서 가장 의욕적인 시기에 이루어진 소산으로 그의 종교학 방법의 핵심을 이루고 있을 뿐만 아니라, 그의 사상의 중요한 테마가 모두 여기에서 제기되고 있으며, 이후에 쏟아져나온 많은 저서들은 이 책의 내용을 반복하면서 보다 더 전문화시키는 과정이라고 생각했기 때문이다. 그래서 비록 방대하여 얼른 손댈 용기가 나지 않는 책이었지만 본격적으로 엘리아데의 사상을 이 나라에 소개한다는 생각으로 착수하였다. 『종교형태론』은 엘리아데의 전 사상체계의 원천이자 총 집대성이기도 하다. 그러므로 엘리아데의 다른 책이나 논문을 읽고 엘리아데를 어느 정도 이해하는 분이라도 이 책을 다시 한번 읽어보라고 권하고 싶다.

엘리아데는 모든 종교현상을 하나의 히에로파니(신성의 현현)로 포착하고 현상학적 방법으로 성(聖)의 비교형태를 탐구해가는 것으로 일관하고 있다. 이 책 첫머리의 엘리아데 자신의 '지은이의 말'에서도 밝히고 있는 바와 같이 종교는 그 종교 자체의 독자성이나 순수성에서 찾아야지 종교 이외의 것으로 환원시키는 것을 극력 경계하고 있다. 그러면서도 종교의 절대적 기원이라는 것을 가정하여 거기서부터 종교가 발전했으리라고 보는 진화론적 방법도 거부하고 있다. 그가 종교의 독자성을 보는 관점은, 인간과 우주를 일체화시키고 있는 모든 종교현상이 원형과 반복이라는 구조로 이루어지고 있다는 것이다.

엘리아데의 관점에 서면, 인류의 정신사는 '우주'(cosmos)와 '역사'(history)라는 두 개념으로 대별할 수 있는데 전자를 고대적, 전통적 문화의 인간의 세계관이라고 할 수 있다면 후자는 유대-그리스도교적 문화와 근대적 문화의 인간관이라고 할 수 있을 것이다. 원형과 반복이 지배하는, 즉 영원회귀의 우주 안에서는 '종말관'을 생각할 수 없다는 데서 우주와 역사를 둘로 나누어 생각한 그의 관점이 엿보인다. 그에 의하면 역사철학은 19~20세기 사이의 겨우 2세기 동안에 이루어진 유행으로, 이 동안에 세계가 '우주'로서보다도 '역사'로 감수(感受)된 역사적 세계관이 보편화한 시기였다고 본다. 그러므로 현대에 와서 종말론에 대해 급격하게 관심이 고조된 것은 단순히 인간의 지적인 흥미에서만 비롯한 것이 아니라 오히려 세계의 구조적 변화, 즉 '우주'로부터 '역사'로의 변화 자체로부터 생겨난 것임을 환기시키고 있다. 세계의 역사화가 현대의 숙명이라고 한다면 종말론도 역시 회피할 수 없는 문제일 것이다. 이런 면에서 엘리아데 자신은 서구 중심, 그리스도교적 관점에서 벗어날 수 있어야 한다고 했음에도 불구하고 그는 다분히 그리스도교적 관점에서 벗어나고 있는 것 같지는 않다고 생각된다.

어쨌든 우리는 그가 '우주'를 보는 시야가 대단히 넓고 큰 전체성과 통일성 아래서 정합되고 있는 데 놀라게 된다. 모든 자연물은 다른 자연물과 마치 혈족처럼 유대를 가지고 있으며 상호 조응하고 있어서, 어느 것 하나 분리되어 있거나 고립되어 있는 것이 없음을 보게 된다. 이 책 전체는 총 13장 172절로 편의상 나누어져 있긴 하나 서로서로 연결되어 있어서, 이 책 전체를 통독하고 나면 어떠한 자연물을 통해서나, 인류가 그를 통해 읊어온 거대한 서사시를 접하는 느낌이 든다. 여기에 엘리아데의 특질이 있다고 생각한다. 예컨대 태양과 천공신에 뒤이어 달, 물, 돌, 대지, 식물과 같은 형태를 통하여 계시되는 히에로파니의 구조를 취급하고 있는데, 가령 피상적으로만 보면 달은 하늘에 있어서 태양과 같은 범주에 속하는 상징으로 보기 쉬운데, 이 책에서 강조하고 있는 것은 달이 풍요(물, 식물, 여성), 주기적 재생, 시간과 운명, 빛과 어두움 같은 여러 히에로파니를 통하여 인간의 지상적 생활과 밀접히 결부되어 있는 것을 보고 놀라게 된다. 그러므로 오늘의 역사적 세계관의 편협성으로부터 비교적 자유스러웠던 고대적, 전통적 문화의 정신을 이만큼 되살릴 수 있었던 것은 하나의 경이라고 하지 않을 수 없을 것이다.

또 지적할 것은, 우주 안의 자연물 내지 현상에 대한 엘리아데의 묘사가 매우 작가적이리만치 정치함을 이루고 있는 가운데에도 종교를 자연물에 대한 자연숭배로 왜소화하는 것을 피하고 있다는 점이다. 예컨대 그에 의하면 하나의 나무가 숭배되는 것은 그 나무의 자연적 존재 때문이 아니라 그 나무가 성(聖)을 계시하는 상징이 되기 때문이라고 말한다. 그래서 성의 형태학은 곧바로 상징의 해석학으로 연결된다. 상징의 본질적 성격은 그것이 다원적 가치를 지니고 많은 의미를 동시에 계시하고 있다는 데 있을 것이다. 어떤 천재라도 어떤 자연물의 상징을 온전히 다 알아낼 수는 없을 것이다. 가령 나무가 상징하는 것을 낱낱이 다 포착할 수가 있을까? 하나의 상징은 다른 상징에 의해 이해되고, 그것은 차츰 보다 고차적인 전체성에 연결되어 상징의 체계를 구성한다는 현상학적 방법을 취하는 엘리아데의 입장에 이해가 간다. 그러면서도 상징은 그 독자의 논리가 있으며 그 '논리'를 해독하여 의미를 탐구하는 일을 종교학자가 하게 된다고 말하고 있다.

여기서 한 가지 더 언급할 것은, 아무리 광범위한 현장조사를 하여 면밀한 데이터를 쌓아놓더라도 종교신앙을 히에로파니의 상징으로 보지 않고, 단순한 속신(俗信) 이상으로는 보지 않는 태도를 취할 때 그것은 단순한 인류학적 기술에 불과하리라는 것이다. 엘리아데의 일관된 입장은 종교적 인간에게 있어서 성(聖)과 존재는 일치한다는 것이다. 그래서 종교학자는 현상 가운데서 신앙의 핵심을, 즉 종교학적 의미를 탐구하는 자로서의 역할을 하게 된다. 엘리아데에 의하면 비종교적 인간을 자칭하는 근대인이라도 역사적으로는 종교적 인간의 후예에 지나지 않는다. 비록 비종교적 인간이라 하더라도 세계 안에서 실존적 의미를 찾으려고 희구하는 한 종교적 의미를 감추고 있을 것임에 틀림없다는 것이다. 그러므로 종교학의 수단인 해석학이 맡은 역할은 이와 같이 감추어진 의미를 발견하고 드러내는 일이며, 이것은 세속화한 문화 속에서 더욱 절실해진다는 것이다.

또 하나 이 책에서 발견할 수 있는 것은 농경의 발견이 지닌 정신사적 의미이다. 흔히 우리는 농경의 시작으로 인간은 정착생활을 하게 되고, 식량의 자급자족으로 인하여 폭발적인 인구증가를 가져왔다고 사회경제적 의미는 말하면서도, 농경문화의 정신사적 의미에 대하여는 등한히 하기가 쉽다. 농경을 통하여 인류의 운명이 바뀌게 되었다는 일반적 이론은 사회경제적 의미에서보다도 오히려 인간에게 유기적 생명의 단일성을 계시하였다고 하는 엘리아데의 견해에서 폭넓고 깊은 안목을 얻게 되는 기쁨을 맛보게 된다. 대지, 농경, 성(性)과 같은 자연과 인간의 율동적인 행위가 서로 관련하고 있다는 통일적인 파악에서 하나의 놀라운 비전을 제시해 주고 있는 것이다.

끝으로 이 책의 번역을 위한 원본은 *Patterns in Comparative Religion*(New York, 1958)으로 하였다. 책의 제목을 '종교형태론'이라고 한 것은 영어 책명을 따른 것인데 엄밀히는 '비교종교형태론'이라 해야 할 것이나 '비교'라는 글자는 뺐다. 우리나라에서 비교종교라고 하면 불교와 그리스도교의 비교와 같은 여러 고등종교 사이의 비교를 생각하기 때문이다. 이 책의 프랑스어판 제목은 *Traité d'histoire des Religions* (Paris, 1949)인데 '종교사 개론'이나 '종교학 개론' 정도로 번역돼야 할 것이다. 책 제목을 프랑스어판으로 선택하지 않은 것은 이 책이 국내에 나와 있는 종교학 개론류와 전혀 성격을 달리하기 때문이기도 하지만 종교의 역사(History of Religion)란 이름이 갖는 역사적인 내용을 잘 알지 못하는 일반 독자에게 엘리아데의 진의를 오히려 그르칠 염려가 있기 때문이기도 하였다. 엘리아데는 History of Religion을 독일어의 Religionswissenschaft와 동일하게 쓰고 있는데, 그 가운데에는 역사뿐만 아니라 종교의 비교연구, 종교형태학, 종교현상학을 모두 포함한 넓은 의미로 쓰고 있기 때문에 이 책의 내용으로 보아 종교형태론(학)이라고 하는 것이 무난할 듯하다.

1995년 6월
이 은 봉

• 엘리아데 연보

1907년 3월 9일 루마니아 부쿠레슈티에서 탄생. 아버지는 게오르게 엘리아데(Gheorghe Eliade), 어머니는 조안나 스텐네스코(Joana Stoenesco).

1913년(6세) **10월** 스트라다 만툴레아사(Strada Mântuleasa) 10번지에 있는 국민학교 입학.

1917~25년(10~18세) 스피루-하레트(Spiru-Haret) 고등학교에서 수학.

1921년(14세) **1월** 「나는 어떻게 철학자의 돌을 찾았는가?」라는 최초의 글을 잡지(*Ziarul Stiintelor Populare*)에 발표함.

1921~23년(14~16세) 많은 잡지(*Ziarul Stiintelor Populare, Orizontul, Foaia Tinerimii, Lumea, Universul Literar,*

Adevarul Literar 등)에 글을 기고함. 곤충학의 유행, 연금술의 역사, 종교사, 여행기, 문학비평 등 다양한 분야에 관심을 가짐.

1923~25년(16~18세) 파피니(Papini)와 비토리오 마치오로(Vittorio Macchioro)를 읽기 위해 이탈리아어를 배우고, 막스 뮐러(Max Müller)와 프레이저(Frazer)를 읽기 위해 영어를 배우고, 미할체스코(Mihalcesco)를 읽기 위해 헤브루어를 배우고, 이탈로 피치(Italo Pizzi)를 읽기 위해 페르시아어를 배움.

1924~25년(17~18세) 지금까지도 미발표된 자전소설 『유년시절 이야기』(*Romanul adolescentului miop*)를 출판함.

1925년(18세) **10월** 고등학교를 졸업하고 부쿠레슈티 대학의 문철(文哲)학과에 입학.

1926년(19세) **11월** 일간지 『쿠반툴』(*Cuvantul*, '말'이란 뜻)의 상임기고가가 됨. 몇 년 동안 최소한 주 2회 글을 기고함(작가나 과학자의 초상, 동양학의 리뷰, 철학·종교사, 여행기 등이 중요한 내용).

1927년(20세) **3~4월** 처음으로 이탈리아를 여행. 플로렌스에서 파피니를 만남. 오스트리아와 스위스를 여행함.

1928년(21세) **1월** 미발표 자전소설 『유년시절 이야기』의 속편으로 『가우데아무스』(*Gaudeamus*, 즐겁게 놀자는 뜻)를 씀. **4~6월** 로마에 머물며 그의 석사학위논문 「이탈리아 철학, 마르실리오 피치노로부터 조르다노 브루노까지」(Italian Philosophy, from Marsilio Ficino to Giordano Bruno) 발표. 『인도철학사』를 읽은 후에 다스굽타(Surendranath Dasgupta) 교수에게 편지를 써서 캘커타 대학에서 같이 연구하기를 원한다고 함. 그리고 다스굽타가 학생시절에 후원자였던 마하라쟈에게도 편지를 씀. **6월** 나폴리, 아테네, 콘스타티노플을 거쳐 부쿠레슈티로 되돌아옴. **9월** 다스굽타 교수와 마하라쟈에게서 격려 답장을 받음. 인도에 머물러 있는 동안 재정 지원을 약속함. 철학 학사학위를 받음. **11월 20일** 인도로 떠남. **11월 25일~12월 5일** 이집트 여행. **12월 17~20일** 콜

롬보에 도착. 그리고 스리랑카 방문. **12월 21일** 마드라스에 도착, 다스굽타를 만남. **11월 26일** 캘커타에 도착하여 리폰 가에 있는 영인(英印)협회 기숙사에 자리를 잡음.

1929년(22세) **1~6월** 다스굽타 강의에 참석하여 산스크리트어를 열심히 공부함. 베나레스, 알라하바드, 아그라, 자이푸르를 여행함. **7월** 다르질링과 시킴을 여행함. **8월** 『이사벨과 악마의 물』(*Isabel si Apele Diavolului*)이라는 소설을 완성하고 이듬해에 부쿠레슈티에서 출판함. **9~12월** 다스굽타는 엘리아데가 산스크리트어로 인도의 승려와 이야기할 수 있도록 하기 위해 권위 있는 전문가와 함께 연구하게 될 것이라고 함.

1930년(23세) **1~9월** 바쿨바간 가 120번지에 있는 다스굽타의 집으로 가서 함께 살게 됨. 매일 아침 1시간씩 다스굽타의 지도 아래 텍스트 분석(문법가 파탄잘리의 주석서를 사용함). **2월** 박사논문 주제로 '요가테크닉의 비교연구사'(Comparative History of Yoga Techniques)를 정함. **6~7월** 다스굽타가 엘리아데에게 자신의 우파니샤드 철학을 구술함. 인도의 철학과 종교에 관한 연구를 부쿠레슈티에서 출판(책명은 *Revista de Filozofie*). **9월** 다스굽타와 다툼. **10월** 리시캐쉬에 거처를 정하고 쿠티아르(kutiar)라는 옷을 걸치고 스와미 시바난다의 지도 아래 6개월간 요가를 함. **12월** 락쉬만주라에서 요기들을 방문하고 바드리나드에서 돌아오는 순례객들과 대화를 나눔.

1931년(24세) **1~3월** 요가 명상과 실행. **4월** 캘커타에 되돌아옴. **4~11월** 벵골의 아시아협회에서 일함. 거기서 티베트 전문가 요한 반 마넨과 친하게 지냄. 박사논문을 쓰기 시작함. **12월** 군복무를 위해 부쿠레슈티로 돌아감.

1932년(25세) **1~11월** 부쿠레슈티의 방공 포병대에서 근무. 그의 논문을 루마니아어로 번역하기 시작함.

1933년(26세) **1월** 소설을 써서 처음 상을 받음. 큰 평판과 성공을 거둠.

6월 박사학위(Ph.D) 획득. 대학위원회에서는 그의 학위를 프랑스어로 출판할 것을 권고함. 영어와 루마니아어, 산스크리트어를 아는 번역자를 찾기 시작함. **11월** 이오네스코 대학의 논리학 및 형이상학 교수로 임명됨. '인도철학에 있어 악의 문제'라는 주제로 강의를 시작함.

1934년(27세) 니나 마레스(Nina Mares)와 결혼하여 불바르에 아파트를 정함. 재정 확보를 위해서 몇 개의 잡지에 글을 쓰고 4권의 책을 출판함. 두 권은 소설이고 다른 것은 해양학에 관한 것과 여행기였음. **8월** 그의 논문을 완성하기 위하여 베를린에 체류함. **11월** '동양종교에서의 구원'이라는 제목으로 강의함.

1935년(28세) 겨울 니콜라우스 쿠자누스의 신비주의에 관한 세미나 책임자로 행사를 개최함. **봄** 인도에서의 생활일기 출판(제목 *Alchimia asiatica and Santier*). 바빌로니아 우주론과 연금술에 관한 책을 마무리하기 위해 베를린으로 돌아감. **11월** '우파니샤드와 불교'라는 제목으로 강의를 시작함.

1936년(29세) 겨울 아리스토텔레스의 형이상학 권10을 가지고 세미나 개최. **6월** 하스데우(B. P. Hasdeu)의 선집에 관한 작업. 『요가 : 인도 신비주의의 기원』(*Yoga: Essai sur les origines de la mystique indienne*) 출판(파리와 부쿠레슈티에서 동시 출판). **7~8월** 런던, 옥스퍼드, 베를린 등 여행.

1937년(30세) '종교적 상징'에 관한 강의 시작. 『하스데우 선집』을 두 권으로 출판하고 『바빌로니아 연금술과 우주론』을 출판함. **여름** 스위스와 이탈리아를 여행함.

1938년(31세) '불교사' 강의함. 페타조니(Pettazzoni), 프르질루스키(Przyluski), 아난다 쿠마라스와미(Ananda Coomaraswamy), 칼 클레멘(Carl Clemen), 헨체(C.Hentze), 롤랜드(B.Rowland) 등과 더불어 『잘목시스:종교학 연구 리뷰』(*Zalmoxis: A Review of Religious Studies*)를 출판. **11월** 소설 *Nuntain Cer*을 출

판함.
1939년(32세) **봄**『잘목시스』초판 출간. **여름**『잘목시스』재판 준비. 1940년에 출판되어 나옴.
1940년(33세) **3월** 루마니아 문정관으로 런던에 부임. **4~9월** 런던에 거주. **9월** 옥스퍼드로 감.
1941년(34세) **1월** 루마니아 문정관으로 리스본으로 감. **2월 10일** 부임하여 1945년 9월까지 복무함.
1942~44년(35~37세) 부쿠레슈티에서 3권의 책을 출판.『잘목시스』3판 간행.
1943년(36세) **11월** 아내 니나 마레스 사망. 리스본 근처의 어촌 마을로 이사함.
1945년(38세) 루마니아에서 '종교사 개론'(*Prolegomena to the History of Religions*) 집필(이 책은 1940~41년에 옥스퍼드에서 시작하여 1949년 프랑스에서『종교형태론』(*Traité d'histoire des Religions*)이라는 제목으로 출판됨. 후에 *Patterns in Comparative Religion*이라는 영어 제목으로 번역됨. **9월** 니나의 딸 아달 기자와 함께 파리에 도착. **11월** 뒤메질 교수의 초청으로 프랑스 파리 대학에 초빙됨(여기서『종교형태론』처음 3장을 가지고 강의를 함). 아시아협회 회원으로 피선됨.
1946~49년(39~42세) 바노 가의 쉬에드 호텔에 거주하면서 부쿠레슈티에서 온 친구들을 만남(E.M. Cioran, Eugène Ionesco, Nicolas Herescu 등).『종교사 리뷰』지에 기고.
1947년(40세) **봄** 파리 대학에서『영원회귀의 신화』를 가지고 강의함.
1948년(41세) **봄** 프랑스 갈리마르 출판사에서『요가』출판. **6월** 파리에서 개최된 동양학대회에 참석함. **가을** 망명 루마니아인들이 만드는 잡지『루체아파룰』(*Luceafarul*) 발간 시작.
1949년(42세) **겨울**『종교형태론』프랑스어판 출간. **봄**『영원회귀의 신화』프랑스어판 출판.

1950년(43세) **1월 9일** 크리스트넬 코테스코(Christinel Cottesco)와 결혼. **봄** 아내와 함께 이탈리아 여행. **3월** 페타조니와 투치(G. Tucci) 교수의 초빙으로 로마 대학에서 강의함. **8월** 처음으로 에라노스 회의에 참석함. 여기서 융과 반델레우, 마시농 등을 만나게 됨. **9월** 암스테르담에서 개최된 국제종교사학회에 참석함.

1951~55년(44~48세) 뉴욕에 있는 볼링겐 재단으로부터 월 200달러의 지원을 받음. 르네 라포르그(René Laforgue), 델리아 라포르그(Délia Laforgue), 로저 고델(Roger Godel), 엘리스 고델(Alice Godel) 등의 초청으로 파리에 있는 그들의 아파트에서 거주함. 코빈(Henry Corbin), 다니엘루(Jean Daniélou) 신부, 브뤼노(R. P. Jean Bruno), 구이아르(Jean Gouillard), 바데스코(Luc Badesco), 데홀리안(Christian and Marie-Louise Dehollain), 데스야르댕(Jacqueline Desjardin), 코테스코(Sibylle Cottesco), 그리고 지휘자인 페를레아(Ionel Perlea) 부부 등의 저명인사들과 우정을 나누게 됨. 로마, 파두아, 스트라스부르, 뮌헨, 프라이부르크, 룬트, 웁살라 대학 등에서 강의함. 이 기간 동안에 출판된 중요한 책은 『샤머니즘』(*Shamanism*), 『이미지와 상징』(*Images and Symbol*), 『요가』(*Yoga*), 『대장간과 도가니』(*The Forge and the Crucible*), 『금지된 숲』(*The Forbidden Forest*) 등이 있다. 대부분 프랑스어판으로 출판됨.

1956년(49세) **9월** 미국으로 건너감. **10~11월** 시카고 대학의 하스켈 강좌에서 강의함. 여기서 강의한 내용은 '이니시에이션의 유형'(이것은 1958년에 『이니시에이션의 의례와 상징』 *Rites and Symbols of Initiation*, 『탄생과 재생의 신비』 *The Mysteries of Birth and Rebirth*라는 책명으로 출판됨)이다.

1957년(50세) **3월** 시카고 대학 학과장 수락. 시카고 대학 사회사상위원회 교수직 수락.

1958년(51세) **1월** 시카고 대학에서 강의 시작. **6월** 파리로 되돌아감. **8~9월**

일본 도쿄에서 있었던 국제종교사학회에 아내와 함께 참석. 그의 동료교수 기타가와 부부와 함께 일본 여행. **10월** 하와이와 샌프란시스코를 거쳐 시카고로 되돌아옴. 영어판 책 4권을 출판(*Patterns in Comparative Religion, Yoga, Rites and Symbols of Initiation, The Sacred and the Profane* 등).

1959년(51세) 이때부터 일년에 두 학기 강의를 하고 박사논문을 지도하며 여름에는 유럽에서 시간을 보내는 생활을 함.

1960년(52세) **9월** 마르부르크에서 개최된 국제종교사학회에 참석.

1961년(53세) 윙거(Ernst Jünger)와 함께 『안타이오스』(*Antaios*)라는 잡지를 시작함(1961~72년까지 지속).

1963년(55세) 알타이저(Thomas J. Altizer) 교수가 『엘리아데와 성(聖)의 변증법』(*Mircea Eliade and the Dialectics of the Sacred*)이란 책을 출간.

1964년(56세) 시카고 대학에서 엘리아데에게 에이버리 공로봉사 교수(Sewell L. Avery Distinguished Service Professor)라는 상을 수여함.

1965년(57세) **2~3월** 멕시코 여행. 멕시코 대학에서 인도 종교에 관하여 강의함.

1966년(58세) **5월** 미국 예술과학아카데미 회원으로 선출됨. 예일 대학으로부터 명예박사학위를 받음.

1968년(60세) **4~5월** 그리스도교 문화상(Christian Culture Award) 동메달 수상(캐나다 윈저 대학에서 수여).

1969년(61세) 엘리아데 기념 논총 『신화와 상징』(*Myth and Symbols*) 출간. **4~5월** 아르헨티나 여행. 라플라타 대학에서 강의함. **4월 22일** 라플라타 대학으로부터 종교·철학 명예박사학위 받음. **5월 7일** 산살바도르 대학으로부터 명예교수직을 부여받음. **5월 18일** 리폰 대학으로부터 명예박사학위 받음.

1970년(62세) **1월 7일** 시카고에 있는 로욜라 대학으로부터 명예박사학위 받음. **7월 8일** 영국 학사원 회원이 됨. **8~9월** 스웨덴과 노르웨이 여행. 스톡홀름에서 개최된 국제종교사학회에 참석.

1971년(63세) 보스턴 대학으로부터 명예박사학위 받음.

1972년(64세) **5월 17일** 필라델피아에 있는 라살 대학으로부터 명예박사학위 받음. **5월 21일** 어벌린 대학으로부터 명예박사학위 받음.

1973년(65세) **5월 22일** 오스트리아 과학아카데미 회원으로 선출됨. **가을** 프랑스 갈리마르 출판사에서 『시사단편』(Fragments d'un Journal) 출판.

1974년(66세) 『신앙의 역사와 종교 관념』(L'Histoire des croyances et des idées religieuses : De l'âge de la pierre aux mystéres d"Eleusis) 제1권 완성. 이것은 1976년에 파이욧(Payot)에서 출판됨.

1975년(67세) **8월 15일** 영국 랭커스터 대학에서 명예박사학위 받음. **9월** 벨기에 왕립아카데미 회원으로 선출됨.

1976년(68세) **2월 14일** 파리 대학에서 명예박사학위를 받음. 1976년 이후 더러 연구논문을 발표하기는 했으나 건강이 여의치 않아 전과 같이 학술활동을 하지 않았음.

1984년 『종교대백과사전』(Encyclopedia of Religions) 전15권을 책임편집하기 시작함. 완간을 보지 못하고 사망. 『종교대백과사전』은 1987년 엘리아데가 사망한 다음해에 완간됨.

1986년 5월 사망. 사망 전까지 자신이 쓴 책인 '종교 관념의 역사'(A History of Religious Ideas) 증보판을 집필하던 중 1985년 12월 평소 즐겨 하던 시거에 불이 붙어 원고가 모두 불에 타버림. 그 후부터 정신이 혼미해진 그는 1986년 5월에 사망함.

• 찾아보기

ㄱ

가로트만 247
가루다 369
가르고미치 99
가이아 142, 143, 322, 323, 325, 331, 333, 340, 351
가입의례 54, 98, 115, 118, 119, 168, 170, 171, 176, 179, 181, 183, 201~208, 210, 220, 221, 227, 243, 250~52, 261, 262, 286, 367, 468, 478, 523, 532
   미트라 신앙의 - 178, 180
   샤먼의 - 179~81, 251
   오르페우스교의 - 115, 178
   오스트레일리아의 - 98, 100, 115, 118, 119, 202, 251, 367, 538
   오시리스의 - 252
간다르바 394, 410
갈리아 249
감숙 240
강우(와 달) ⇒ 의례(기우제)
개구리(달의 상징으로서의) 233, 237
거석(巨石) 205, 299~302, 304, 307, 319
게르만민족(의 종교) 58, 148, 150, 169, 218, 284, 326, 333, 389, 420, 428, 438, 444, 455, 460, 481
게르바시우스 392
게리짐 산 173, 481
게브 326
겨울(의 추방) 419~22
경기(봄과 여름 사이의 의례적 경기) 421~24, 522
계약의 궤 316
고르곤 242
곡물의 어머니 350
곡식단(최초의 또는 최후의) 440~42, 444~46, 460
곤드족 198, 299, 300
골고다 173, 393, 395, 481, 485
곰(달의 상징으로서의) 229, 237, 251
공간(성스러운) 472, 476~80, 486, 487, 490~93
공물의 밭 207, 208
공희, 제물, 공물 54, 79, 116, 117, 122, 127, 146, 158, 162, 168, 169, 178~80, 185, 195~97, 199, 200, 284, 286, 302, 310, 367,

371, 438, 474, 574, 578
말(馬)의 - 162, 168, 170, 179,
　　212, 284
인신 - 117, 146, 219, 446~51
과달카날 79
과테말라 241
괴물(수호자, 보호자로서의) 238, 383,
　　384, 556, 557, 487, 492, 541
교회 307, 411
구년(舊年) 505~507
구리온족 334
구석기시대 266
구아이쿠루족 246
궁전 480, 486
권화(權化) 84, 89
그라마 데바타 112, 113
그로고라갈리 193, 202
그리스 64, 92, 115, 129, 130, 141,
　　144~46, 165, 172, 211, 232,
　　237, 246, 249, 255, 279, 282,
　　283, 285, 287, 312, 320, 323,
　　331, 332, 334, 335, 340, 344,
　　346, 351, 359, 371, 372, 380,
　　391, 395, 404, 407, 418, 448,
　　459, 462, 524, 534, 554, 555
그리스도(예수) 84, 275, 276, 312,
　　368, 380, 499, 500, 563
그리스도교(그리스도교도) 57, 59, 73,
　　75, 88, 173, 182, 250, 275, 277,
　　280~82, 312, 379, 388, 390,
　　395, 396, 438, 473, 481, 490,

498, 500, 501, 511, 531
기둥(우주의 기둥, 우주축) 180, 397,
　　398, 487
기리아마족 109
길가메시 378, 379, 381, 384, 385
길랴크족 251, 398
까마귀 114, 195

ㄴ

나그푸르(의 회화) 241
나기 291, 292
나나르 164
나나마 79
나라다 349
나라야나 267, 268
나무 241
나무(우주나무) 56, 61, 62, 186, 267,
　　354~56, 358, 361, 364, 367~69,
　　374, 379, 390, 395, 397, 398,
　　427, 428, 562
　거꾸로 선 - 362~67
　불사의 - 377, 382
　생명의 - 271, 292, 354~56,
　　366~69, 371, 376~85, 387,
　　392, 396~98, 428, 487, 491,
　　493, 556
　선악과 - 376, 379, 381~83, 487
　성스러운 - 280, 354, 357~62,
　　369, 370, 373, 376, 397, 428,
　　493
　오월의 - 354, 412, 415

나무
  - 를 태우는 의례 412, 413, 426, 427
  - 의 결혼 354, 356, 409, 410, 417, 428
나무키 528
나바호족(인디언) 326
나우로즈 일 512, 513
나체즈족 205
남근(liṅgam) 60, 349
남양 240
네르투스 534
네이트 257
노르웨이 445
노아 166
농경 146, 185, 200, 219, 227, 234, 326, 332, 344~48, 402, 433~69, 585
  - 과 의례적 오르기 464~68
  - 과 인신공희 446~48
  - 신 61, 150, 274, 351, 352, 448, 449, 459
  - 의례 433~35, 437, 438, 441~46, 526
높음(성성(聖性)의) 95~97, 172, 174, 175, 186
뇌석(雷石) 146, 308, 311
누렌데레(무지개) 99
누트 207, 326
눔(눔-투렘, 눔-셴케) 122, 123, 193
눔가부란족 176

뉴기니 303, 464, 501, 520
뉴아일랜드 112
뉴질랜드 113, 119, 203, 232
뉴칼레도니아 제도 301, 408, 470
뉴헤브리데스 제도 69, 112, 203
니그리토 인종 105
니그릴로 인종 109
니안쿠폰 103, 108
니암베 194
니코바 제도 346
님프 285~87
닝갈라(벨투, 벨리트) 160, 161

ㄷ

다라물룸 98, 113, 130
다르메시 197
디야바프리티비 131
다야크족 78, 233, 495, 496
다이아몬드 555~57, 561
다코타족 114
다타스 159
단테 182, 216, 366
달 157, 164, 165, 189~91, 193, 194, 197, 198, 201, 203, 217, 225~63, 294
  - 과 물 231~34
  - 과 비 132, 133, 226, 227, 231~41, 245, 266
  - 과 식물 234~36
  - 과 알파벳 문자 255
  - 과 여성 238~42, 244, 260

596 찾아보기

-과 죽은 자 236, 245~52
-과 탄트라교 256, 262
-과 풍요(다산) 157, 226, 227,
  234~41, 244, 260, 262
측정기준(척도)으로서의 - 226,
  227, 244, 253, 254, 257, 260
달의 신, 달의 여신 112, 132, 164,
  211, 230, 232, 246, 554, 560
대승불교의 신비주의자 55
대여신 54, 112, 141, 151, 163, 165,
  184, 191, 237, 243, 259, 274,
  292, 311, 321, 351, 373, 374,
  378, 379, 381, 459, 468, 530,
  567, 576
대지 55, 199, 219, 246, 322~52
  -의 신 197, 323, 324, 351, 352
  -의 신탁소 340
  -의 어머니(대지모신, 지모신) 55,
    151, 161, 163, 164, 184, 191,
    199, 212, 236, 237, 243, 257,
    270, 302, 311, 324, 330~41,
    345, 350~52, 378, 434, 458,
    527
  -의 여신 152, 198, 199, 311,
    325, 326, 332, 337
  -의 요람 335
데네족(인디언) 112
데메테르 162, 248, 331, 350, 351,
  462
덴마크 445
델포이 340, 372

도나르 149
  -의 오크나무 115
독일 239, 334, 413, 414, 418, 419,
  435, 437, 436~41, 445, 446,
  454, 458, 526
돌
  성스러운 - 64, 66, 75, 83, 84,
    297~321, 475, 550
  장례석, 묘석 299, 300, 301, 304,
    308, 317
  주술종교적인 - 550, 554~57, 566
  풍요석 302~10, 318, 320
동물(달의) 233, 237~43, 251, 257,
  260, 367, 564
두르가 60, 61, 372, 459
드라비다족 158, 198, 299, 300, 331,
  448, 450
디아우스 130~32, 142, 143, 145,
  152, 153, 168, 213, 533
디에리족 176
디에우스 130, 146, 149
디오니소스 171, 235, 336, 372, 387,
  407, 526, 533
디오니시우스(유사 디오니시우스) 531
디오니시우스 트락스 255
디오스코리데스 554
디오스쿠로이 170, 171
딩기르 127, 128

ㄹ

라(Ra) 176, 207~11, 279

라르사 174, 483
라블레 349
라스 샴라의 문헌 313, 382
라자수야 136
라크슈미 310, 530
라프족 367
라합 511
란 288
랑기 112, 113, 324
러시아 413, 423, 442, 463, 526
레사 85
레자 103, 104, 108, 117
레토 212, 407
레티 군도 199, 464
로리차족 99, 118, 201, 202
로마(로마인) 78, 115, 130, 165, 211, 249, 312, 317, 334, 335, 341, 344, 388, 483
로모베(의 오크나무) 115
로물루스 148, 336
로우이족 194
로차차랴 86, 87
로키 288, 534
루드라 152, 156, 157, 183
루마니아 334, 404, 405, 408, 409, 500, 529, 558
루브루크(윌리엄) 125
루와 108, 117, 195
리아 파일 318
리카이오스 산 283
리티에르세스 448

ㅁ

마가 477
마나 74~87, 89~91, 97, 111, 113, 191, 406
마네스 246, 459
마누 법전 337, 348
마니교 247
마니토 78
마다가스카르 70, 71, 78, 303, 399
마라족 177
마루트 신 154, 156, 157
마르두크 128, 130, 160, 168, 169, 192, 422, 508, 509
마르스 148, 221, 405
마사이족 78, 104, 205, 220, 284
마소카 108
마술사, 마술 63, 72, 74, 77, 212, 436
마야 136, 477
마야족 337
마오리족 75, 97, 112, 113, 177, 186, 232, 324, 334, 336, 339
마우 104
마이두족 303
마크로비우스 221
마페이우스, 피터 392
마호메트 141, 182
만다라 478
만데이즘 379, 513
만데족 480
말라이타 섬 79

말라카 반도 198, 481, 559
말레이 반도 443
말레쿨라 301, 488
망구 칸 125
매장
  상징적 - 337
  의례적 - 251, 424
머큐리 221
메그베 77
메데아 212
메루 산 172, 481
메리아 450, 451
메르큐트 180
메소포타미아 169, 172, 192, 279,
  312, 357, 358, 362, 363, 369,
  370, 378, 397, 423, 447, 481,
  482, 485, 508, 523, 554, 560,
  561
메카 311, 316, 489
멕시코 189, 229, 232, 234, 244,
  267, 269, 339, 448
멜라네시아 54, 74~76, 111, 114,
  188, 234, 298, 502
멜란토스 422
모르도바족 270, 335
모범적 역사 544, 545
모세 57, 83, 141, 165, 166, 314
  ~16, 336, 389
모이라 258, 259
모헨조다로 157, 359, 370, 373, 475
목욕(신상의) 274

몰루카 제도 234
몽고족 123, 125, 126, 176, 181
무링족 98
무의식 569
무화과나무(ficus religiosa) 370,
  373
문다족 196~98, 300
문시족 194
물(의 상징) 264~96
물의 신(수신) 273, 284~88, 291,
  292
뭄무 269
뭉강가나 99, 117
미궁 478, 488, 489, 492
미궁의례 488
미낭카바우어족 443
미네하사족 325
미다스 448
미미르(기적의 샘) 368
미케네 287, 380, 475
미크로네시아 112, 188, 205, 325
미트라(Mitra) 132, 139, 153, 213
미트라(Mithra) 140, 169, 178, 220
미트라(계약) 140
미트라 - 바루나 139
미트라 - 아후라 139
민(Min) 152, 162, 163, 246
민라(Min-Ra) 206

ㅂ
바간다족 284, 417, 464

바다 286~89, 291~93
바드냐크 426
바로 317, 333, 483
바로체족 194
바루나 132~39, 143, 144, 149, 152, 153, 168, 213, 215, 267, 292, 377, 394, 529, 530, 541~43, 568
바베르 제도 199
바빌론(바빌로니아인) 128, 130, 159, 164, 205, 225, 231, 249, 255, 268, 361, 362, 382, 384, 397, 422, 508, 510, 513, 554
바빌리족 112, 325
바송고족 107
바알 56, 57, 152, 158, 161, 163, 166, 171, 185, 348, 535
바알과 하다드 161
바유 133
바이가족 331
바이아메 98, 99, 130
바이 울겐 179, 180, 397
바티크 566
반대의 일치 352, 530~32, 535
반투족 103, 107~109, 112, 114, 119, 194, 304
발루치스탄 157
발리제 466
발버 413
밤바라족 458
뱀 111, 147, 212, 226, 233, 237~45, 289, 292, 293, 317, 382~87, 529, 555~57
　달의 상징으로서의 - 237~45, 260
뱀돌 555, 557, 558, 560
뱅크스 섬 112, 205
번개 67, 97, 99, 104, 106, 147, 154, 157
범아일여(Ātman-Brahman) 572
베다 시대, 베다 성전 131, 132, 134, 139, 168, 170, 178, 213, 214, 216, 235, 258, 264, 265, 355, 364, 370, 374, 377, 385, 477, 513, 514, 567
베델 182, 312~14, 316, 319, 359, 550
베델(신의 집) 313
베르길리우스 69, 515
베트남 291
벨 160, 161, 535
벨라 페누(부라 페누) 196
벨리트 56, 57, 160, 535
벨티르족 123
벼락 95, 101, 106, 114, 115, 130, 147, 154, 157, 159, 161, 162, 164, 166, 226, 229, 231, 300, 310, 311, 560, 561
보굴족 123~25
보덴, 보탄 148~50
보로부두르 사원 54, 174, 478, 482, 489
보르네오 325, 347

보르시파 174
보탸크족 332, 526
볼로트 176
봄(의 도래) 419~22
부가 126
부라 페누(벨라 페누) 196
부랴트족 123, 124, 181, 310
부성(과 관련된 신앙) 329, 330, 333
부시먼족 117, 164, 193, 232
부처, 불타, 붓다, 불교 55, 59, 216, 241, 292, 359, 407, 484, 561
부활 171, 172, 202, 250, 276, 277, 525
북극성 173, 180, 481, 482, 486
북극 주민 122, 195
분질 99
불가리아 442, 445
불사 169, 203, 208~10, 235, 238, 243, 289, 364, 371, 375, 378, 379, 381~88, 390~92, 410, 418, 487, 488, 526
브라마(범천) 572
브라만 78, 120, 248, 253, 267, 364, 365, 370
브라질 232, 269, 334, 465
브리구 143
브리트라 153, 154, 159, 542, 543, 568
브리트라그나 156
블랙푸트족(인디언) 201
블로이, 레옹 573

비르호르족 196
비취 550, 551, 560, 566
비하르족 412
비행(주술적인) 182~84, 187
빌라도 380
빌족 300, 301
빔베알 99
빙하시대 226, 227

ㅅ

사다리(승천의 상징) 176~78, 182, 183, 186, 208
  의례의 — 96, 176~79, 199
사르디니아 282, 416
사르마타 제도 199, 464
사르파발리 245
사르페돈 168
사모예드족 81, 98, 122, 232, 303, 486
사비트리 214, 215, 339
사제 48, 59, 72, 74, 116, 178, 283, 343, 449, 453, 462, 464
사하군 448
산(山) 72, 147, 160, 172~75, 480
산라즈(Samrāj) 137
상제(上帝) 125
상징(심벌리즘) 61~65, 67, 84, 90, 92, 95, 105, 187, 549~71
  —의 유치화 565, 570
  나무의 — 355~58
  달의 — 225~32, 236~45,

252~55, 261, 262, 266, 516,
552, 562, 563, 565, 567, 568
물의 - 236, 265~96, 374, 516,
564, 567, 568
세례(영세)의 - 275~77
식물의 - 236, 321~27
중심의 - 145~93, 483, 484,
487~89, 550, 559, 560, 562
태양의 - 190, 217, 218, 309, 565
홍수의 - 293~95
색슨족 397, 420
샘(성스러운) 280~85
 -과 그리스도교 280, 281
샤마시 211, 560
샤먼, 샤머니즘 54, 74, 112, 124,
150, 176, 179~83, 397, 428
샤크티 533
샬라그라마 돌 86, 310
샹카라 56
서인도 제도 77, 113, 326
선조의 영혼(돌 안에 거주하는)
301~303, 549
성(聖), 성스러운 것 53~93, 116,
230, 358, 410, 561, 570, 572~77
 -의 양면성 67~73, 492, 574
 -의 양태 60, 62~65, 81, 83, 92
성 그레고리우스(투르의) 281
성 바울 182, 275, 305
성소(聖所) 48, 173, 359~61, 373,
470~93
성스러운 시간 494~518

성 요한(십자가의) 182
성 키릴로스(예루살렘의) 280
세계(mundus) 317, 479, 483
세계축(Axis mundi) 56, 172, 186,
311, 397, 398, 481, 562
세례 269, 275~77, 294, 295, 337,
520, 564, 575
세례 요한 275, 282
세르비우스 69
세리스 159
세망족(피그미족) 98, 105, 193
세트 252, 422
센케 123, 124
셀레베스 섬 68, 111, 325, 443
셀크남족 102
셈논족 148
셈족 69, 83, 348, 359, 380, 390,
475, 511
셈족의 종교 56, 57, 185, 312, 319
셋 388, 389
소마 153~55, 157, 231, 235, 271,
374, 375, 385, 391, 529
소시에테 제도 205, 523
소포클레스 345
솔로몬 왕 388
솥(기적의 솥) 288, 289
수레바퀴(태양의 상징으로서의) 218,
219
수령(cajan) 123
수리아 170, 213, 214
수마트라 310, 443

수메르 127, 128, 158, 163, 174,
  360, 408
수육(受肉)
  그리스도의 - 84, 88, 89, 577
  성(聖)의 구현화, 성의 - 84, 230
수족 77, 78, 96, 113, 114, 326
수크족 104
수확
  -의 인형 442~46, 460
  -의 힘 438~45, 452
  -의 의례 438~46, 453~56
숨, 호흡(prāna) 258
숨부르(수무루, 세메루) 산 173
스가랴 273
스웨덴 234, 337, 411, 421, 422,
  435, 439, 440, 444, 446, 454,
  455, 457, 526
스위스 420, 426
스카만데르 강 284
스칸디나비아 255, 309, 333, 334,
  338, 354, 355, 358, 369, 397,
  408, 423, 534
스코틀랜드 411, 440, 445
승천신화 175~78, 181, 182, 186,
  569
  -와 샤먼 179~81, 397, 428
  -의례 95, 175, 178~81, 186,
    569
  -의 상징 172, 182, 183, 569
시간
  성스러운 - 472, 486, 494~518,
    545
  세속적 - 494, 495, 498, 501,
    502, 505, 506, 509, 510, 517
  신화적 - 487, 495, 499, 501,
    502~505, 514, 543
시나이 산 166, 316
시두리 378, 379
시리아 259, 279, 447, 485, 547
시바 60, 61, 158, 365, 530, 533
시바 여왕 389
시아족(인디언) 119
시칠리아 282, 416
시타 349
식물 49, 61~63, 171, 192,
  234~36, 259, 353~429
  - 신 61, 164, 171, 192, 235,
    367, 371, 373, 424, 429, 533,
    537, 539, 540
신(Sin) 164, 211, 225, 231, 554,
  560
신(번식자로서의) 156~64, 168, 185,
  186, 192
  -의 주술적인 힘 135~38, 143,
    148, 149
  돌에서 진화한 -(그리스) 320
  원시 대우신(배우신) 111, 112,
    324~27, 535
  농경신, 달의 신, 천공신, 천지신, 폭
    풍신, 태양신, 식물신, 물의 신을
    보라.
신(창조주, 하느님) 46, 57, 85, 86,

88, 95, 97, 166, 168, 192, 276,
312~16, 319, 375, 381~84, 389,
396, 511, 529, 531
신년, 해(年) 505, 508, 510~14,
522~25
신명재판
　돌에 의한 - 318
　물에 의한 - 282
신석기시대 227, 237, 266, 281, 301,
319
신의 길(devayāna) 246
신전, 성전, 사원 173~75, 315, 316,
375, 476~78, 480~83, 486, 489
신주(장례식에서의) 279, 280, 295
신탁(물의) 283
신화(신화론) 142, 143, 211~13,
283~93, 320, 321, 324, 335,
336, 354, 392, 503, 505, 516,
517, 519~48
　달의 - 235, 236, 238, 250, 293
　물의 - 267, 283~93
　범형(範型) - 519~23
　우주창조 - 169, 196, 200,
267~72, 295, 322~27, 376,
452, 484, 485, 487, 519~28,
544
　홍수 - 233, 293~95
실레지아 415
실루크족 85
실재(절대적, 우주적) 91, 119, 167,
200, 228, 230, 231, 236, 277,

356, 360, 398, 401, 406, 410,
428, 487, 488, 556, 557, 561,
573, 574
십자가 387~90, 485
싱봉가 196, 197
쌍둥이자리, 쌍자궁, 쌍좌지 170

ㅎ

아그니 133, 134, 529, 561
아나톨리아 249, 279
아누 128~30, 160, 161, 168
아담 150, 173, 382~85, 388, 389,
481, 485, 511, 535, 536
아도니스 221, 401, 533
아디티야 153
아디티야스 156
아라크네 257
아라투스(시키온의) 239
아라파호족 201
아란다족 99
아랍인 242, 441, 555
　이슬람교 이전의 - 312
아룬타족 118, 201, 202
아르드비수라 아나히타 231, 273
아르메니아인 328
아르카 86, 87
아르테미스 242, 371, 407
아리스토텔레스 190, 215
아린나 159, 326
아몬 206, 207, 394
아몬라 206

아므리타 235, 264
아바시 아부모 117
아보 194
아브루치족 238, 333, 406
아비시니아 239
아수라 215, 372, 528, 529
아수르의 부조 371
아슈바메다 168, 170
아슈바타 56, 358, 364, 370
아슈빈 쌍둥이 신 170, 171, 391
아스타르테 360, 535
아스텍족 448, 453
아시리아 158, 161, 175, 249, 349
아에기르 288
아오리 501
아온도 194
아워나윌로나 116, 119
아이(버려진) 335, 336
　-의 기원 241, 328~30, 333~36,
　　339, 340, 540
　-의 매장 337~40
아이누족 81, 250, 398, 486
아이스킬로스 143, 323, 332, 333,
　344, 351
아이슬란드 334, 367, 514
아켈로오스 284, 287
아콰핌족 326
아크포소족(흑인) 97, 117
아키큐족 117
아키투 508, 509
아킬레스 284, 546

아테네 248, 257, 274, 279, 284,
　306, 465
아툼 206~208
아틀란티스 294, 295, 517, 564
아티스 336, 371, 400, 533, 539
아폴론 221, 239, 307, 317, 318,
　321, 372, 387, 407
아프로디테 144
　-의 목욕 274
아프리카 85, 86, 90, 94, 103, 106,
　108~10, 112, 116, 156, 157,
　162, 177, 188, 194, 205, 220,
　236, 240, 250, 284, 304, 312,
　325, 326, 334, 347, 373, 374,
　408, 417, 438, 448, 450, 464,
　479, 480, 559
아후라 마즈다 138~41, 152, 186,
　247, 385, 386, 512
아호리만 169, 386, 529, 534
악마(사탄) 529
안다만 제도 82, 101, 102, 337
안잠베 103
안티오페 162, 170
알(우주창조의) 523~28, 536
알곤킨족 78, 115, 486
알라 185, 511
알레이온 161, 171, 382, 422
알렉산더 대왕 238, 391, 392, 541,
　547
알룬다족 107
알제리 239

알치라 99, 118
알타이족 61, 124, 331, 355, 378, 397, 398, 428
암몬 162
암본드롬 산 71
압수 268, 269, 361, 483
앙고니족 108
애니미즘 60, 76, 82, 111, 113
야곱 182, 312~16, 408, 550
야마 175, 344, 535
야미 535
야차(夜叉) 268, 355, 359, 376
야쿠트족 123, 127, 181, 378, 423
야프 섬 111
야훼 57, 84, 165~68, 185, 314, 511, 531
약시니 373
양(陽) 551
양성 352, 533~38
양성구유
 − 신 141, 532~35, 537, 538
 − 인간 535~38
에게 해 171, 355, 370, 380, 475, 479
에로스 429
에리니에스 242
에스겔서 273, 375
에스키모인 81, 122, 164, 232, 238, 423
에스토니아 270, 435~37, 439~41, 454, 524, 526, 533

에아 361, 362
에우리피데스 351
에우스타시우스 69
에웨족 94, 104, 109, 326, 347, 462
에크바타나 시 180
에크하르트, 마이스터 56, 531
에타나 왕 385
에타샤 213
엔릴 160, 161, 164
엔릴벨 130
엘람 357
엘레우시스 346
엘리야 161, 166
엘아마르나 161
여성(과 농경) 346~48, 435~37, 441~45, 461~63
 −과 대지와 풍요 322~52
여성과 밭의 비유 344~46, 348~50
여호수아 314
영국 75, 76, 307, 411, 413, 416, 451, 555
영혼의 길(piṭryāna) 246
영혼인도자로서의 태양 202~206, 210, 214
예루살렘 389, 482, 485, 489
 − 사원 483
예언자(유대의) 55, 56, 141
예지디족 513
엘라파즈 111
오두나 325
오딘 149, 150, 326, 353, 368, 369,

397, 454, 460, 534
오라온족 197
오레스테스 318
오렌다 77, 78, 96, 97, 113
오르기(의례적) 185, 200, 217, 235,
   411, 412, 436, 450, 451, 456,
   461, 462, 464~68, 506~508,
   532, 537, 538
오르무즈드(오르마즈드) 485, 512,
   529, 534
오르페우스교 143, 179, 183, 221,
   259, 278, 526
오리노코 인디언 347
오마하족 115
오바탈라 107
오비디우스 405
오세아니아 117, 177, 204, 298, 325,
   524, 536, 559
오스탸크족 123, 124, 181, 397
오스트레일리아 54, 80, 82, 90, 92,
   98~100, 111, 115~19, 176, 188,
   193, 201, 202, 204, 205, 232~
   34, 238, 241, 250, 291, 302,
   334, 335, 350, 355, 359, 367,
   398, 401, 464, 472, 533, 536,
   537, 559
오스트리아 413, 420, 445
오시리스 171, 207~11, 221, 235,
   252, 279, 371, 395, 401, 422,
   453, 526, 539
오월의 기둥 411~16, 418, 420, 421,
   425, 426, 428
오월의 왕(여왕) 414~18, 427
오월의 행진 355, 356, 411, 414,
   416, 427
오월제 412~14
오이디푸스 336, 344
오이디푸스 왕 343
오지브와족(인디언) 73
오캄 88
오케 96
오케아노스 142, 286
오키(Oki) 77, 96
올로룬 106, 107, 325
올림포스 129, 147, 172, 323
올림피아(신탁소) 340
옴팔로스(배꼽) 267, 268, 316~19,
   321, 481, 483, 484, 550, 560
와차가족 108, 117, 194
와칸(신) 97, 114
와칸(힘) 77, 78, 97, 113, 114
와칸다 78, 115
와칸탄카 114, 115
와쿠타 섬 267
와헤헤족 108
왕, 군주, 주권자 71, 129, 136, 143,
   147, 175, 201, 205, 207, 208,
   216, 291, 292, 343, 514, 515
요가, 요가행자(Yoga, Yogis) 183,
   217
요루바족 106, 325
요한계시록 271

요한 크리소스톰 277
용(龍) 289~91, 387, 555, 556
우(U), 임(IM) 326
우간다 346
우라노스 141~45, 149, 322, 325, 503
우라부나족 241
우랄알타이 어족 124, 126, 127, 168, 173, 176, 179, 180, 481
우르(신) 206, 207
우르(장소) 158, 164, 174
우르드의 샘 354, 368
우마틸라족 331
우상숭배, 우상 77, 83, 84, 86, 87, 315
우샤 170
우석(雨石) 301, 310
우시네노 198
우시아푸 198
우월루우 97, 117
우주산 173, 174, 186, 478, 481
우크라이나 463
우트나피슈팀 384, 385
우티코 114
우파니샤드 55, 247, 248, 254, 292, 363, 364
우풀레로 199, 200
운석(隕石) 115, 308, 310, 311, 319
운쿨룬쿨루 114, 304
울간(울겐, 바이울겐) 124
원(圓) 475, 478, 479

원시인, 고대인 54, 60, 80~82, 90~92, 116, 120, 122, 190, 217, 227~29, 297, 298, 319, 350, 356, 358, 363, 395, 433, 452, 461, 463, 481, 494, 495, 505, 516, 558, 559, 571, 577
 ─의 시간에 대한 태도 494~96, 502~505, 509, 510
원형 91, 92, 121, 125, 141, 146, 149, 154, 379, 393, 423, 476
웨터 섬 111, 199
웸바족 108
위구르족 181
위대한 시간 499, 503, 504, 508, 543, 544, 574
위라주리족 98, 100, 193, 202, 367
유대(인) 220, 239, 249, 334, 359, 375, 510, 511
유라크 사모예드족 193
유럽 156, 162, 242, 244, 268, 304, 308, 309, 329, 348, 354, 388, 404, 406, 411, 418~20, 423, 426, 438, 446, 463, 465
유리(瑠璃) 361, 554
유메(天) 123
유인족 100, 367
유카기르족 193
유토에레 112
윤회 278
율리시즈 343, 378, 489, 545
은덴게이 111

은디암비 107
은자메(은삼베) 107, 109
은잠비 107, 113, 119, 325
음(陰) 552
음문(Yoni) 309
음밤바 117
음양(陰陽) 551
응가이(마나의 일종으로서) 78
응가이(신으로서의) 104
응구루히(神) 108
의례
  기우제 — 199, 200, 233, 275, 281, 283, 284, 289, 310, 346, 512
  농경 — 433~69
  봄의 — 410~24
  수확 — 438~56
  장례 — 176, 205, 265, 337~40
  탄생 — 334
의식용 악기 99, 100, 115, 146
이그드라실 353, 354, 368, 369, 397, 428
이란(이란인) 78, 138~41, 169, 170, 173, 231, 234, 235, 246, 388, 400, 477, 481, 524, 528, 534, 535
이로쿼이족 77, 96, 232, 326
이마 386, 535
이미르 169, 170, 288, 401
이브(하와) 239, 242, 389, 536
이비비오족 117

이성(nous) 248, 249
이슈타르 235, 259
이슬람(교) 173, 182, 312, 348, 366, 391, 438, 482
이시스 252, 394
이아손 350, 387, 462
이오 519, 520
이집트 69, 162, 165, 175, 177, 189, 206, 210, 211, 235, 257, 279, 334, 348, 370, 371, 373, 377, 395, 422, 447, 509, 534, 547
이호 97, 119, 120, 186, 221
인더스 문명 359, 475
인도(인) 56, 61, 78, 86, 89, 101, 112, 130, 143, 152, 156, 157, 170, 172, 175, 183, 193, 195, 201, 205, 213, 216, 217, 235, 238, 239, 241, 246, 253, 255, 258, 260, 264, 267, 272, 292, 293, 299, 302, 303, 309, 310, 331, 334, 338, 346, 354, 355, 359, 363, 369, 370, 372~74, 376, 385, 386, 390~92, 397, 399, 403, 407, 409, 412, 417, 437, 448, 457, 465, 466, 475, 476, 478, 479, 481, 487, 513, 514, 521, 524, 530, 532, 533, 537, 547, 555, 556, 561, 568
  —의 신들 60, 61, 86, 130~40, 142~44, 149, 152~60, 168~71, 195~98, 213~15,

259, 267~69, 372, 529, 530,
533, 537, 541~43, 567, 568
인도네시아 111, 112, 195, 198, 210,
291, 325, 405, 442, 524
인도아리아인 130, 131, 149, 158,
168, 226, 288
인도유럽 어족 135, 198, 212, 220,
226, 283, 284, 330, 369
인도이란어 374
인도차이나 355, 398
인드라 133, 136, 137, 149,
152~57, 159, 168, 170, 528,
556, 561
일라이 111, 195, 325
일루얀카스 159, 508
일본(일본인) 173, 219, 239, 326,
333, 334, 398, 507
일신교 47, 112, 185, 186, 314, 315,
577
　원시일신교 94, 95
입석 299, 300, 302, 304, 306, 308
잉카족 205

ㅈ

자바 섬 269, 443, 462, 566
작스, 한스 422
재생
　달에 의한 - 243, 245, 247
　대지와의 접촉에 의한 - 337, 338
　물에 의한 - 232, 233, 265,
　　273~80

식물의 - 353~430, 451~54
전면적 - 517, 518
전드라비다족 158, 198
전아리아인 198
제단 476~78, 514
　베다 시대의 - 477, 567
　불의 - 514
제르반(神) 529, 534
제미(Zemi) 77
제우스 130, 138, 142~47, 149,
152, 159, 162, 165, 168, 171,
186, 324, 336, 344, 394
　-의 오크나무 115, 151, 372
조물주 114, 153, 195, 220, 222,
304
조상숭배 60, 82, 89, 90, 103, 108,
184, 204, 205, 398
주노 405
주니족(인디언) 119, 326
주물숭배, 주물 47, 64, 74, 77, 86,
111
주술, 주술종교적인 힘 63~65, 67,
72, 80, 81, 177, 179, 191, 197,
226, 227, 229, 242, 272, 405,
436, 563
주안 카피스트라노족(인디언) 250
주오크 85
주피터 84, 130, 147, 148, 165, 186,
405
　-의 오크나무 115, 147
죽은 자 73, 220, 221

-와 달 245~52
-와 태양 202~11, 221
-의 목마름 278, 279
-의 혼(정령) 75, 77, 79, 96, 108,
    113, 157, 175, 176, 198, 202,
    203, 204, 211, 236, 242, 243,
    246, 249, 278, 279, 299~301,
    319, 374, 377, 458~61, 468
죽음
-의 추방 419, 420, 522
의례적인 - 202, 251, 295
줄루족 453
중국 125, 165, 174, 232, 234, 237,
    242, 261, 289, 326, 334, 355,
    367, 388, 397, 401, 457, 461,
    462, 513, 532, 534, 536, 550,
    552
-의 황제 126, 175, 290, 291,
    482, 514
중심 311, 316~18, 360, 383, 384,
    387, 392, 398, 472, 473, 476,
    478~81, 483~92, 550
세계의 - 172, 173, 180, 182,
    311, 316~18, 360, 361, 375,
    381, 389, 390, 397, 478,
    480~86, 490, 491, 550, 562,
    567
지고존재자(천공의), 지고신 60, 82,
    85, 86, 89, 96, 97, 99, 101, 103
    ~105, 108~12, 114, 116, 120,
    141, 184, 187, 191, 193~99,
    201~203, 206, 207, 220, 302
    - 예배의 결여 101, 103, 109,
    110, 142, 146, 195, 199
    - 의 수동성 101~109, 113, 126,
    137, 151, 191, 195
    - 의 태양화 191~98, 221
지바로족(인디언) 347
지쿠라트 174
직조(와 달의 여신) 257~59
진주 552~54, 558, 560, 568
징베 108, 109

ㅊ

차라투스트라 138, 140, 141
창조(창조행위) 169, 272, 295, 401,
    452, 461, 477, 480, 486, 487,
    509, 510~16
천(天, T'ien) 125, 152, 165, 186
천공 94~187, 324, 326
천공신(여신) ⇒ 천공의 지고존재자
    94~187, 326, 541, 542
천둥 98~101, 110, 114, 115, 127,
    130, 132, 147, 152, 157, 159,
    163, 165, 166, 310
천둥새 193
천지신(天地神) 113, 131, 142, 207,
    324~26, 416
청동기시대 298, 373
체레미스족 123, 270, 332, 526
체베니아탄 116
체코슬로바키아 418, 419

초목
　-으로부터의 인간발생 61,
　　398~402, 410
　-으로의 인간의 변형 403, 404,
　　410, 428
　약초 385, 396, 408, 491
　주술적, 기적적 - 357, 387, 390,
　　393~95, 408, 498, 500
추니고암 109, 110
추바슈족 123
추위족 103
추크치족 193
축복의 섬 247
치리구아노족 240
칭기즈 칸 125, 181
친테오틀 449
침례 265, 273~77, 295, 564, 565

ㅋ

카근 117
카나족 465
카나카족 470
카니발 418~20, 425~27, 467
카라자족(인디언) 269
카라카로크 99
카렌족 442
카렐리아인 270
카르멜 산 161, 182
카리 105, 106
카밀라로이족 98, 100, 193, 202, 367
카아바 신전 173, 311, 316

카비론도족 194
카비족 112
카시족 302
케이사르 섬 112
카파족 194
카피르족 453
칸사족(인디언) 114
칼라(Kāla) 259
칼리 259, 530, 533
칼리마쿠스 274
칼리유가 260
칼립소 378, 379
칼미크인 386
칼차키(인디언) 240
켈트족 150, 232, 318
코(ko) 158
코란 348, 511
코랴크족 81, 122, 251
코르쿠족 201, 300
코마티족 239
코스트로마(코스트루봉코) 423~25
콘데족 85, 117
콘드족 196, 450
콜족 195
쿠르나이족 80, 233
쿠리족 100
쿠마나족 326
쿠부족 116
쿨린족 99
크레타 섬 145, 162, 212, 274
크로노스 142, 149, 503, 534

크리크족(인디언) 453
크산토스 422
크샤트라 134
키루 204
키르케 212
키벨레(의 목욕) 274, 311
키스카누 361, 362
키클로프스 322
킴브리족 284

ㅌ

타니트 535
타라니스 150
타무즈 408, 539
타보르 산 173, 389, 481
타와키 177
타키투스 148, 270
타타르족 123, 124, 270
타페든 105
타히티 섬 119, 177, 325
탄생(대지 위의) 334
탄트라, 탄트라교 217, 253, 256, 262, 478, 533
탑(Stūpa) 479
탕가로아 114
태양, 태양신, 태양숭배 188~222
태양신 111, 385
　-과 죽은 자의 혼 203~11
　-의 양면성 203, 215, 216, 221
　-의 자손 200~202, 205
　그리스의 - 210~13

이집트의 - 206~11
인도의 - 213~17
천공신으로부터 발생된 - 191~98, 206, 207
태양영웅 218~20
태즈메이니아 116
태평양 연안 지역 251, 294, 367, 448
터부(금기) 46, 69~73, 176
터키-몽고족 181, 220
터키-알타이족 335
테르툴리아누스 276
테마우켈 102
테미스 142
테세우스 488
테슈브 158, 163, 508
테오크리토스 422
테크시즈테카틀 229
테티스 285~87
텔카파체 161
텡그리 123
토고족 241
토다족 112
토라자족 67, 195, 325
토러스 해협 204
토로루트 104
토르 149, 150, 152, 288
토모(최초의 인간) 101
토모리족 443
토치 449
토템, 토테미즘 47, 54, 60, 77, 82, 89, 90, 100, 111, 113, 359

통가 섬 544
통가족 251
투렘 124
투이스코 534, 535
투쿠라 99, 118
투피족(인디언) 114
툴라시 86, 310
툼부카족 108
퉁구스족 126
트라키아 178
트로브리안드 제도 267
트바슈트리 214, 521
틀라로크 244
틀링깃족(인디언) 114, 195, 251
티라와 아티우스 104, 105, 113, 116
티르 148, 326
티르치오 130
티모르라우트 제도 199
티모르 섬 111, 198, 199, 200
티베트 478
티아마트 130, 160, 169, 268, 269, 422, 508, 509
티폰 160

ㅍ

파라과이 334
파르자니야 150, 152, 153, 339
파리 파피루스 394
파우사니아스 239, 274, 283, 316, 320, 324, 340
파파 112, 324
파푸족 240, 405
팔레스타인 173, 279, 314, 481
팡웨족 524
팡족 107, 109
팡쿠(盤古) 169
페(Pe) 236
페니키아, 페니키아인 161, 171, 242, 249, 275, 422, 524, 547
페루 164, 189, 328, 442
페룬
 ─ 의 오크나무 115
페르세포네 242, 246, 248
페르시아 239, 512, 524, 537
페르쿠나스 150
페시누스의 흑석 311
평원 인디언 113
포니족 104, 113, 326, 450
포도나무 177, 378~81, 406
포르키스 150
포르피리 182, 259
포모족(인디언) 251
포세이돈 284, 287, 288, 336
포에베 142
폭풍신 127, 130, 131, 150~52, 154, 158, 159, 162, 164, 167, 168, 185, 186, 326
폴란드 447
폴리네시아 70, 111, 112, 125, 188, 204, 205, 234, 246, 519~21, 524, 566
표의문자 48, 62, 90, 92, 128, 159,

354, 355, 365, 397, 427, 428
푸루샤 133, 134, 169, 213, 254,
    267, 533
푸른 옷의 잭 413
푸에고 섬 사람 59, 60, 80, 90, 92,
    98, 102, 116, 193
풀푸가 101, 102
풀리얄라나 99
풍요, 다산, 생식, 번식 54, 80, 81,
    131, 142~47, 157, 159, 192,
    200, 220, 221, 236, 241, 243,
    322~52, 362, 374, 376, 409,
    410, 412, 417, 420, 423, 437,
    456, 459, 462, 463
    ─ 와 죽은 자 456~61
    ─ 의례 163, 164, 433~69
    ─ 의 신 56, 131, 141, 150, 151,
    154, 161, 164, 172, 192, 235,
    237, 274, 330, 352, 362, 370,
    458, 459, 530, 533, 576
프라자파티 168~70, 215, 254, 267,
    521, 567
프랑스 234, 239, 242, 304, 396,
    411, 416, 446
프레스터 존의 편지 391
프레치, 페데리고 366
프로클루스 222
프리가 326
프리슈니 156
프리티비 142, 152
플라톤 221, 249, 365, 536, 568

플레 105
플레이아데스 150, 324, 326
플로티누스 182
플루타르크 248, 252, 479
플리니우스 554, 555
피그미족 77, 82, 90, 92, 110, 116,
    193, 236, 481, 559
피라미드 텍스트 207~209
피마족(인디언) 113, 267
피오르트족 112
피요르긴 150
피지 섬 111, 250, 464, 514, 515
피타고라스 학파 183, 247
핀란드 367, 436, 437, 439, 441,
    524, 526
핀우고르족 270, 272, 331, 559
필로스트라투스 341
필리핀 398

ㅎ

하다드 152, 158, 161~63
하데스 213
하라베라자이티(하르부르츠) 성산 173
하라이티 산 385
하라파 373
하미트족 559
하밍야(hamingja) 78
하베이 섬 204
하오마(haoma) 235, 271, 385
하와이 177
하이다족 251

하토르 161, 235, 377
한국 398
한나트 379
할라퀼루프족 98
할리에이아제 212
함무라비 법전 129
함족 559
합일, 통일, 일체성 217, 256, 258, 262, 277, 532, 537, 570, 576, 577
헝가리 334
헤라클레스 170, 221, 284, 372, 384, 386, 387, 448, 540
헤라클레이토스 221, 530
헤레로족 107, 220
헤로도토스 138
헤르마이 320, 321
헤르메스 246, 320, 321, 395
헤스페리데스의 정원 381, 386, 489
헤시오도스 141, 142, 144, 284, 286, 324, 333, 343, 351, 387
헤카테 231, 242
헬리오스 211, 212
호렙 산 389
호루스 206, 209, 221, 395
호메로스 213, 258, 284, 287, 320, 323, 527
호스족 466
호텐토트족 109, 220, 240, 304
호피족 326

혼(Psyche) 248, 249
홀리제 465, 525
홈(hom) 375, 385, 386
홍수 101, 129, 167, 232, 234, 260, 293~95, 318, 342, 399, 481, 482, 512, 564, 565
화살(화살의 사슬) 177, 186
환상열석(環狀列石) 301, 302, 304, 306, 308
황소 143, 147, 152, 155~64, 185, 207, 208, 210, 212, 213, 220, 237, 284, 367, 480
후리트인 159
휴런족 77, 326, 337
히밍비요르그 173
히에라폴리스 206, 207
히에로파니
 달의 — 48, 164, 189, 190, 229, 230, 260, 495, 497, 563
 천공의 — 47, 48, 97, 116, 118, 128, 167, 170, 172, 184
 초목의 — 61, 66, 427, 429, 497
 태양의 — 188, 189, 190, 191, 205, 211, 213, 216~18, 221, 222
히타이트인 152, 159, 192, 205, 249, 259, 326, 508
힌투부헤트 112
힘(성스러운 힘) ⇒ 마나

HANGIL GREAT BOOKS 2

종교형태론

지은이 M. 엘리아데
옮긴이 이은봉
펴낸이 김언호

펴낸곳 (주)도서출판 한길사
등록 1976년 12월 24일
주소 10881 경기도 파주시 광인사길 37
홈페이지 www.hangilsa.co.kr
전자우편 hangilsa@hangilsa.co.kr
전화 031-955-2000~3 **팩스** 031-955-2005

인쇄 오색프린팅 **제본** 경일제책사

제1판 제 1 쇄 1996년 1월 30일
제1판 제12쇄 2022년 4월 10일

값 32,000원

ISBN 978-89-356-3071-4 94200

• 잘못 만들어진 책은 구입하신 서점에서 바꿔드립니다.

한길그레이트북스 — 인류의 위대한 지적 유산을 집대성한다

1 관념의 모험
앨프레드 노스 화이트헤드 | 오영환

2 종교형태론
미르치아 엘리아데 | 이은봉

3·4·5·6 인도철학사
라다크리슈난 | 이거룡
2005 『타임스』 선정 세상을 움직인 100권의 책
『출판저널』 선정 21세기에도 남을 20세기의 빛나는 책들

7 야생의 사고
클로드 레비스트로스 | 안정남
2005 『타임스』 선정 세상을 움직인 100권의 책
2008 『중앙일보』 선정 신고전 50선

8 성서의 구조인류학
에드먼드 리치 | 신인철

9 문명화과정 1
노르베르트 엘리아스 | 박미애
2005 연세대학교 권장도서 200선
2012 인터넷 교보문고 명사 추천도서
2012 알라딘 명사 추천도서

10 역사를 위한 변명
마르크 블로크 | 고봉만
2008 『한국일보』 오늘의 책
2009 『동아일보』 대학신입생 추천도서
2013 yes24 역사서 고전

11 인간의 조건
한나 아렌트 | 이진우
2012 인터넷 교보문고 MD의 선택
2012 네이버 지식인의 서재

12 혁명의 시대
에릭 홉스봄 | 정도영·차명수
2005 서울대학교 권장도서 100선
2005 『타임스』 선정 세상을 움직인 100권의 책
2005 연세대학교 권장도서 200선
1999 『출판저널』 선정 21세기에도 남을 20세기의 빛나는 책들
2012 알라딘 블로거 베스트셀러
2013 『조선일보』 불멸의 저자들

13 자본의 시대
에릭 홉스봄 | 정도영
2005 서울대학교 권장도서 100선
1999 『출판저널』 선정 21세기에도 남을 20세기의 빛나는 책들
2012 알라딘 블로거 베스트셀러
2013 『조선일보』 불멸의 저자들

14 제국의 시대
에릭 홉스봄 | 김동택
2005 서울대학교 권장도서 100선
1999 『출판저널』 선정 21세기에도 남을 20세기의 빛나는 책들
2012 알라딘 블로거 베스트셀러
2013 『조선일보』 불멸의 저자들

15·16·17 경세유표
정약용 | 이익성
2012 인터넷 교보문고 필독고전 100선

18 바가바드 기타
함석헌 주석 | 이거룡 해제
2007 서울대학교 추천도서

19 시간의식
에드문트 후설 | 이종훈

20·21 우파니샤드
이재숙
2005 서울대학교 권장도서 100선

22 현대정치의 사상과 행동
마루야마 마사오 | 김석근
2005 『타임스』 선정 세상을 움직인 100권의 책
2007 도쿄대학교 권장도서

23 인간현상
테야르 드 샤르댕 | 양명수
2007 서울대학교 추천도서

24·25 미국의 민주주의
알렉시스 드 토크빌 | 임효선·박지동
2005 서울대학교 권장도서 100선
2012 인터넷 교보문고 MD의 선택
2012 인터넷 교보문고 MD의 선택
2013 문명비평가 기 소르망 추천도서

26 유럽학문의 위기와 선험적 현상학
에드문트 후설 | 이종훈
2005 서울대학교 논술출제

27·28 삼국사기
김부식 | 이강래
2005 연세대학교 권장도서 200선
2012 인터넷 교보문고 필독고전 100선
2013 yes24 다시 읽는 고전

29 원본 삼국사기
김부식 | 이강래

30 성과 속
미르치아 엘리아데 | 이은봉
2005 『타임스』 선정 세상을 움직인 100권의 책
2012 인터넷 교보문고 명사 추천도서
『출판저널』 선정 21세기에도 남을 20세기의 빛나는 책들

31 슬픈 열대
클로드 레비스트로스 | 박옥줄
2005 서울대학교 권장도서 100선
2005 연세대학교 권장도서 200선
2008 홍익대학교 논술출제
2012 인터넷 교보문고 명사 추천도서
2013 yes24 역사서 고전
『출판저널』 선정 21세기에도 남을 20세기의 빛나는 책들

32 증여론
마르셀 모스 | 이상률
2003 문화관광부 우수학술도서
2012 네이버 지식인의 서재

33 부정변증법
테오도르 아도르노 | 홍승용

34 문명화과정 2
노르베르트 엘리아스 | 박미애
2005 연세대학교 권장도서 200선
2012 인터넷 교보문고 명사 추천도서
2012 알라딘 명사 추천도서

35 불안의 개념
쇠렌 키르케고르 | 임규정
2012 인터넷 교보문고 필독고전 100선

36 마누법전
이재숙 · 이광수

37 사회주의의 전제와 사민당의 과제
에두아르트 베른슈타인 | 강신준

38 의미의 논리
질 들뢰즈 | 이정우
2000 교보문고 선정 대학생 권장도서

39 성호사설
이익 | 최석기
2005 연세대학교 권장도서 200선
2008 서울대학교 논술출제
2012 인터넷 교보문고 필독고전 100선

40 종교적 경험의 다양성
윌리엄 제임스 | 김재영
2000 대한민국학술원 우수학술도서

41 명이대방록
황종희 | 김덕균
2000 한국출판문화상

42 소피스테스
플라톤 | 김태경

43 정치가
플라톤 | 김태경

44 지식과 사회의 상
데이비드 블루어 | 김경만
2002 대한민국학술원 우수학술도서

45 비평의 해부
노스럽 프라이 | 임철규
2001 『교수신문』 우리 시대의 고전

46 인간적 자유의 본질 · 철학과 종교
프리드리히 W.J. 셸링 | 최신한

47 무한자와 우주와 세계 · 원인과 원리와 일자
조르다노 브루노 | 강영계
2001 한국출판인회의 이달의 책

48 후기 마르크스주의
프레드릭 제임슨 | 김유동
2001 한국출판인회의 이달의 책

49 · 50 봉건사회
마르크 블로크 | 한정숙
2002 대한민국학술원 우수학술도서
2012 『한국일보』 다시 읽고 싶은 책

51 칸트와 형이상학의 문제
마르틴 하이데거 | 이선일
2003 대한민국학술원 우수학술도서

52 남명집
조식 | 경상대 남명학연구소
2012 인터넷 교보문고 필독고전 100선

53 낭만적 거짓과 소설적 진실
르네 지라르 | 김치수 · 송의경
2002 대한민국학술원 우수학술도서
2013 『한국경제』 한 문장의 교양

54 · 55 한비자
한비 | 이운구
한국간행물윤리위원회 추천도서
2007 서울대학교 추천도서
2012 인터넷 교보문고 필독고전 100선

56 궁정사회
노르베르트 엘리아스 | 박여성

57 에밀
장 자크 루소 | 김중현
2005 서울대학교 권장도서 100선
2000 · 2006 서울대학교 논술출제

58 이탈리아 르네상스의 문화
야코프 부르크하르트 | 이기숙
2004 한국간행물윤리위원회 추천도서
2005 연세대학교 권장도서 200선
2009 『동아일보』 대학신입생 추천도서

59 · 60 분서
이지 | 김혜경
2004 문화관광부 우수학술도서
2012 인터넷 교보문고 필독고전 100선

61 혁명론
한나 아렌트 | 홍원표
2005 대한민국학술원 우수학술도서

62 표해록
최부 | 서인범 · 주성지
2005 대한민국학술원 우수학술도서

63 · 64 정신현상학
G.W.F. 헤겔 | 임석진
2006 대한민국학술원 우수학술도서
2005 연세대학교 권장도서 200선
2005 프랑크푸르트도서전 한국의 아름다운 책 100선
2008 서우철학상
2012 인터넷 교보문고 필독고전 100선

65 · 66 이정표
마르틴 하이데거 | 신상희 · 이선일

67 왕필의 노자주
왕필 | 임채우
2006 문화관광부 우수학술도서

68 신화학 1
클로드 레비스트로스 | 임봉길
2007 대한민국학술원 우수학술도서
2008 『동아일보』 인문과 자연의 경계를 넘어 30선

69 유랑시인
타라스 셰브첸코 | 한정숙

70 중국고대사상사론
리쩌허우 | 정병석
2005 『한겨레』 올해의 책
2006 문화관광부 우수학술도서

71 중국근대사상사론
리쩌허우 | 임춘성
2005 『한겨레』 올해의 책
2006 문화관광부 우수학술도서

72 중국현대사상사론
리쩌허우 | 김형종
2005 『한겨레』 올해의 책
2006 문화관광부 우수학술도서

73 자유주의적 평등
로널드 드워킨 | 염수균
2006 문화관광부 우수학술도서
2010 『동아일보』 '정의에 관하여' 20선

74·75·76 춘추좌전
좌구명 | 신동준

77 종교의 본질에 대하여
루트비히 포이어바흐 | 강대석

78 삼국유사
일연 | 이가원·허경진
2007 서울대학교 추천도서

79·80 순자
순자 | 이운구
2007 서울대학교 추천도서

81 예루살렘의 아이히만
한나 아렌트 | 김선욱
2006 『한겨레』 올해의 책
2006 한국간행물윤리위원회 추천도서
2007 『한국일보』 오늘의 책
2007 대한민국학술원 우수학술도서
2012 yes24 리뷰 영웅대전

82 기독교 신앙
프리드리히 슐라이어마허 | 최신한
2008 대한민국학술원 우수학술도서

83·84 전체주의의 기원
한나 아렌트 | 이진우·박미애
2005 『타임스』 선정 세상을 움직인 책
『출판저널』 선정 21세기에도 남을 20세기의 빛나는 책들

85 소피스트적 논박
아리스토텔레스 | 김재홍

86·87 사회체계이론
니클라스 루만 | 박여성
2008 문화체육관광부 우수학술도서

88 헤겔의 체계 1
비토리오 회슬레 | 권대중

89 속분서
이지 | 김혜경
2008 대한민국학술원 우수학술도서

90 죽음에 이르는 병
쇠렌 키르케고르 | 임규정
『한겨레』 고전 다시 읽기 선정
2006 서강대학교 논술출제

91 고독한 산책자의 몽상
장 자크 루소 | 김중현

92 학문과 예술에 대하여·산에서 쓴 편지
장 자크 루소 | 김중현

93 사모아의 청소년
마거릿 미드 | 박자영
20세기 미국대학생 필독 교양도서

94 자본주의와 현대사회이론
앤서니 기든스 | 박노영·임영일
1999 서울대학교 논술출제
2009 대한민국학술원 우수학술도서

95 인간과 자연
조지 마시 | 홍금수

96 법철학
G.W.F. 헤겔 | 임석진

97 문명과 질병
헨리 지거리스트 | 황상익
2009 대한민국학술원 우수학술도서

98 기독교의 본질
루트비히 포이어바흐 | 강대석

99 신화학 2
클로드 레비스트로스 | 임봉길
2008 『동아일보』 인문과 자연의 경계를 넘어 30선
2009 대한민국학술원 우수학술도서

100 일상적인 것의 변용
아서 단토 | 김혜련
2009 대한민국학술원 우수학술도서

101 독일 비애극의 원천
발터 벤야민 | 최성만·김유동

102·103·104 순수현상학과 현상학적 철학의 이념들
에드문트 후설 | 이종훈
2010 대한민국학술원 우수학술도서

105 수사고신록
최술 | 이재하 외
2010 대한민국학술원 우수학술도서

106 수사고신여록
최술 | 이재하
2010 대한민국학술원 우수학술도서

107 국가권력의 이념사
프리드리히 마이네케 | 이광주

108 법과 권리
로널드 드워킨 | 염수균

109·110·111·112 고야
홋타 요시에 | 김석희
2010 12월 한국간행물윤리위원회 추천도서

113 왕양명실기
박은식 | 이종란

114 신화와 현실
미르치아 엘리아데 | 이은봉

115 사회변동과 사회학
레이몽 부동 | 민문홍

116 자본주의·사회주의·민주주의
조지프 슘페터 | 변상진
2012 대한민국학술원 우수학술도서
2012 인터파크 이 시대 교양 명저

117 공화국의 위기
한나 아렌트 | 김선욱

118 차라투스트라는 이렇게 말했다
프리드리히 니체 | 강대석

119 지중해의 기억
페르낭 브로델 | 강주헌

120 해석의 갈등
폴 리쾨르 | 양명수

121 로마제국의 위기
램지 맥멀렌 | 김창성
2012 인터파크 추천도서

122·123 윌리엄 모리스
에드워드 파머 톰슨 | 윤효녕 외
2012 인터파크 추천도서

124 공제격치
알폰소 바뇨니 | 이종란

125 현상학적 심리학
에드문트 후설 | 이종훈
2013 인터넷 교보문고 눈에 띄는 새 책
2014 대한민국학술원 우수학술도서

126 시각예술의 의미
에르빈 파노프스키 | 임산

127·128 시민사회와 정치이론
진 L. 코헨·앤드루 아라토 | 박형신·이혜경

129 운화측험
최한기 | 이종란
2015 대한민국학술원 우수학술도서

130 예술체계이론
니클라스 루만 | 박여성·이철

131 대학
주희 | 최석기

132 중용
주희 | 최석기

133 종의 기원
찰스 다윈 | 김관선

134 기적을 행하는 왕
마르크 블로크 | 박용진

135 키루스의 교육
크세노폰 | 이동수

136 정당론
로베르트 미헬스 | 김학이
2003 기담학술상 번역상
2004 대한민국학술원 우수학술도서

137 법사회학
니클라스 루만 | 강희원
2016 세종도서 우수학술도서

138 중국사유
마르셀 그라네 | 유병태
2011 대한민국학술원 우수학술도서

139 자연법
G.W.F 헤겔 | 김준수
2004 기담학술상 번역상

140 기독교와 자본주의의 발흥
R.H. 토니 | 고세훈

141 고딕건축과 스콜라철학
에르빈 파노프스키 | 김율
2016 세종도서 우수학술도서

142 도덕감정론
애덤스미스 | 김광수

143 신기관
프랜시스 베이컨 | 진석용
2001 9월 한국출판인회의 이달의 책
2005 서울대학교 권장도서 100선

144 관용론
볼테르 | 송기형·임미경

145 교양과 무질서
매슈 아널드 | 윤지관

146 명등도고록
이지 | 김혜경

147 데카르트적 성찰
에드문트 후설·오이겐 핑크 | 이종훈
2003 대한민국학술원 우수학술도서

148·149·150 함석헌선집 1·2·3
함석헌 | 함석헌편집위원회
2017 대한민국학술원 우수학술도서

151 프랑스혁명에 관한 성찰
에드먼드 버크 | 이태숙

152 사회사상사
루이스 코저 | 신용하·박명규

153 수동적 종합
에드문트 후설 | 이종훈
2019 대한민국학술원 우수학술도서

154 로마사 논고
니콜로 마키아벨리 | 강정인·김경희
2005 대한민국학술원 우수학술도서

155 르네상스 미술가평전 1
조르조 바사리 | 이근배

156 르네상스 미술가평전 2
조르조 바사리 | 이근배

157 르네상스 미술가평전 3
조르조 바사리 | 이근배

158 르네상스 미술가평전 4
조르조 바사리 | 이근배

159 르네상스 미술가평전 5
조르조 바사리 | 이근배

160 르네상스 미술가평전 6
조르조 바사리 | 이근배

161 어두운 시대의 사람들
한나 아렌트 | 홍원표

162 형식논리학과 선험논리학
에드문트 후설 | 이종훈
2011 대한민국학술원 우수학술도서

163 러일전쟁 1
와다 하루키 | 이웅현

164 러일전쟁 2
와다 하루키 | 이웅현

165 종교생활의 원초적 형태
에밀 뒤르켐 | 민혜숙·노치준

166 서양의 장원제
마르크 블로크 | 이기영

167 제일철학 1
에드문트 후설 | 이종훈
2021 대한민국학술원 우수학술도서

168 제일철학 2
에드문트 후설 | 이종훈
2021 대한민국학술원 우수학술도서

169 사회적 체계들
니클라스 루만 | 이철·박여성 | 노진철 감수

170 모랄리아
플루타르코스 | 윤진

171 국가론
마르쿠스 툴리우스 키케로 | 김창성

172 법률론
마르쿠스 툴리우스 키케로 | 성염

173 자본주의의 문화적 모순
다니엘 벨 | 박형신

174 신화학 3
클로드 레비스트로스 | 임봉길

175 상호주관성
에드문트 후설 | 이종훈

176 대변혁 1
위르겐 오스터함멜 | 박종일

177 대변혁 2
위르겐 오스터함멜 | 박종일

178 대변혁 3
위르겐 오스터함멜 | 박종일

179 유대인 문제와 정치적 사유
한나 아렌트 | 홍원표

●한길그레이트북스는 계속 간행됩니다.